勞工法系列

集體勞工法
理論與實務
增訂6版

五南圖書出版公司 印行

楊通軒 著

六版序

　　本書在2017年9月五版一刷，距今已近2年，期間我國的集體勞動環境又有一些新的變化。有鑑於此，作者以為應在本書中，對於我國勞動法制的變革及部分具代表性的集體勞資爭議案件，加以適度的補充或修正，以符合現時的需要。本書自出版以來雖經數次修正，但闕漏之處仍然所在多有，幸願同道先進不吝指正。

楊通軒

嘉義縣民雄鄉
國立中正大學勞工關係學系研究室
2019年07月31日

五版序

　　本書在2015年9月四版一刷，距今已近2年，期間我國集體勞動關係法制幾無新的變革，惟勞動環境仍然有不少的變化，勞資雙方的緊張關係似乎也在加劇，實務上重要的發展，包括有社會各界關注的勞資爭議事件、不當勞動行為裁決委員會裁決意見的繼續累積，以及法院的判決等。因此，本書作者以為應藉由此次修正，加入中央勞政機關歷來有關勞動三法的函釋、重要法院判決、以及一些我國與德國的重要文獻，以修補之前的缺漏。本書的修正完成，難謂繭絲蠅跡學士心肝，幸願同道先進不吝指正。

楊通軒

嘉義縣民雄鄉

國立中正大學勞工關係學系研究室

2017年07月30日

四版序

　　本書在2012年1月三版一刷，距今已3年有餘，期間五南圖書出版股份有限公司曾有幾次詢問是否修正，無奈本人因諸事纏身，有心無力蹉跎至今，心中頗覺難安。在這三年多來，台灣集體勞動實務的最重要發展，毋寧是不當勞動行為裁決委員會所努力發展的實務見解，其所提供工會活動者的保障，值得予以肯定。只是，其見解仍難免與集體勞動法的原理原則不相符合或與法院見解有所出入者。本書只略加收入及臧否，以饗讀者。另外，書中也更正一些統計數字及法院見解。整體觀之，台灣與一些歐洲國家的工運活動相比，本地的集體勞工運動還是顯得寂靜許多，無法評價工會在團體協商及爭議行為中的貢獻與角色。

　　本書的修正完成，除了有感於韓文公《送孟東野序》中所言「樂藉八音、天藉四時、人藉文辭」發其不平之聲的心境外，也希望自駐於《老子》第四十四章所言「知足不辱，知止不殆，可以長久」的天境之上。

楊通軒

嘉義縣民雄鄉

國立中正大學勞工關係學系研究室

2015年04月30日

三版序

　　本書在2007年11月初版一刷，距今已4年有餘，期間雖在2010年1月二版一刷，但只作小幅度的修正。在這四年之中，一直到2011年5月1日新勞動三法修正施行之前，台灣的集體勞動關係領域呈現沉寂的現象，勞工運動或社會運動的量與質並無值得大書特書之處。全國性總工會及職業工會的繼續成長，廠場工會及團體協約數量的持續消退，少量、零落的罷工（爭議）事件，反映出台灣產業環境所面臨的挑戰，以及勞工對於勞動環境的無奈。

　　但是，自1990年8月啟動的工會法修正行動，揭開一場長達近20年（2010年6月工會法修正完成）的勞動三法艱辛修法戰役。中央勞工主管機關、勞資雙方、甚至學者專家都投入各種形式的努力，不少人已經殫盡竭力。因此，雖然新勞動三法的修正內容瑕不掩瑜，但集體行動本來就不完全受集體勞動法規的規範，所以，勞資雙方自主的具體實踐，反而是更重要的、也是各界更為期待的。再下來，就要看勞資雙方怎麼因應行動了。本書的修正，即在將新勞動三法的重要內容予以納入、並且對之臧否，也針對不當勞動行為裁決委員會的裁決決定書予以評釋，希望能盡到寫書者忠實言責的本職。古人嘗言：「其文章寬厚敦朴而無怨言，此必有

所樂乎斯道也」（蘇軾，上梅直講書）。此誠為作者內心的寫照，也是終
生的嚮往。

楊通軒

嘉義縣民雄鄉

國立中正大學勞工關係學系研究室

2011年11月25日

二版序

　　本書的初版是在2007年9月中旬完成，並在2007年11月初版一刷。歲月悠悠，時光荏苒，轉眼間已到2009年10月了。在這期間，勞動三法在立法院的修法已取得一定的成果—姑且不論勞工、工會／團體、雇主、雇主／團體對於修正內容是否滿意。實則，任何修法都必須兼顧各方的利益，也都是妥協的結果，形成各方雖不滿意，但卻能接受的局面。綜觀這三法的修正過程，首先是團體協約法在2008年1月9日修正通過，其後，勞資爭議處理法在2009年6月5日修正通過，至於工會法則未能在2009年6月立法院休會前通過。由於勞動三法的立法設計，均是在修正條文最後一條加上「本法施行日期，由行政院定之」，因此，可以預期行政院會在工會法修正通過後，發布勞動三法的統一施行日期。且讓我們拭目以待之。

楊通軒

嘉義縣民雄鄉

國立中正大學勞工關係學系研究室

2009年10月10日

序

　　勞工法是一個國家經濟體制及社會體制的象徵。資本主義、社會主義或共產主義的國家均有其不同的勞工法制及社會法制之設計。而在標榜修正資本主義的福利國家或社會國家的台灣，勞工法正逐漸地走出自己的特色，甚至朝向形成一個擁有自己體系與內涵的固有法律領域。這可從學者專家勞工法著述的不斷推出、立法者相繼地制定各種勞工法令、法院判決逐漸地累積，以及其他實務工作者與研究者的增加，即可窺知。可以說，勞工法是一個快速成長的法律領域。

　　勞工法是屬於財經法律的一環，自然必須體察整體社會經濟的變遷。因此說，勞工法是一個會變動的法律領域。它會受到新的資訊科技、經濟的全球化、甚至地區性（例如台灣與中國、東南亞國家間）人員與貨物、勞務往來的影響，並且某種程度地造成失業率的增加。這也形成了工作位置確保與社會安全降低如何折衷之問題。為了確保勞工能共享經濟成長的果實，我們當然不能將勞動條件的變動完全交由經濟市場及勞動市場決定。但是，我們也不能期待藉由強制的勞工立法，就可以達到推升勞動條件的目的。正確地說，必須經由勞工法令、社會法令與市場經濟長期地磨合程序，一個具有社會安全及福祉的勞動世界才會到來。這其中，還要考慮為促進就業的各種非典型工作法令所可能引起的附帶效果或負面作用。

　　集體勞工法是一個具有豐富的內涵，但卻又極具爭議性的法域。可以說，它是具有某種程度的「政治法」，受到立法者、勞資團體、學者專家

主觀的團體意識及個人意識極大的影響。集體勞工法的領域中又擁有三個法規範者,分別是立法者、司法者(法官)及團體協約自治當事人,各司制定法律、形成個案見解(或稱法官法)及訂定團體協約之責任。彼此間互相合作、互補有無。理論上,早在1947年中華民國憲法制定施行前,立法者早已依據法律保留原則的精神,在1929年起即已陸續制定勞動三法。但是,在國家統合主義的思想背景下,國家管制及指導的意圖仍多,所謂國家中立原則、協商與爭議對等原則、禁止過度原則等重要的集體勞工法原理原則並未見之於勞動三法中。另外,由於法令的不備與不全,也迫使法官必須以立法代理人的角色,逐案地形成原理原則。雖然大體上法官的見解係正確且可採,但此仍然與法律的明確性與安定性原則有所不合。因此,勞動三法的修正乃有其必要,但是,更重要的是:不要忘記集體勞工法仍然必須與台灣的經濟體制與社會體制配合,而不是要將之塑造成一個不需要遵照集體勞工法原理原則的「超級法律領域」。

最後,雖然就教學課程來看,勞工法在勞工關係學系並未全部列為必修課目,而在法律學系,勞工法也只是一個選修的科目。但是,本書希望能培養出極具思考、批判力的半法律人及法律人,將其所學的勞工法知識運用於議會、司法判決、行政解釋以及勞資團體的運作上,以繼續形塑台灣勞工法的美麗園地。筆者也樂於接受各界嚴厲的批評與指正。

楊通軒

嘉義縣民雄鄉

國立中正大學勞工關係學系研究室

2007年9月15日

目錄

PART 1　基礎理論

PART 2 集體勞工法

PART *1*

基礎理論

第一章 勞工法之意義、體系及規範任務

案例1 從事件工的木工 （最高法院89年度台上字第1301號民事判決）[1]

上訴人（原告）於被上訴人（被告）所有之工廠內擔任木工工作，時間長達16年11個月，職稱為「件工」，編入製造課，並登錄於考勤表，被上訴人於民國85年8月將上訴人解僱，並未遵守預告期間且拒絕給付資遣費。雙方爭議上訴人究為承攬工或勞工。上訴人主張應為勞工之理由為：上訴人從事木工工作近17年，持續為相同單一雇主工作，必須在被上訴人工廠內工作，而無選擇在外工作之自由；須於上午8時上班前打卡，工作時間為上午8時至下午5時；工作時須受公司主管指示分配，公司並指定完工日期；如違反廠規、規定情節重大者，被上訴人得將之解僱；工作材料、所需器具及設備皆由被上訴人提供；每月定期兩次獲得薪資，並經扣繳薪資所得稅；已辦理勞工保險，由被上訴人負擔80%之勞工保險費。被上訴人主張上訴人為承攬人（工）之理由為：上訴人承攬家具製作工程，僅須與被上訴人協商單價、數量、交貨期及品質等；有關承攬工作之時間及是否另找他人幫忙，被上訴人均不予干涉；上訴人不須上下班及請假。

案例2

甲出租一棟辦公大樓給五家企業，其中一家企業（乙）的工會（丙）進行罷工，並且配合職場占據，甲可否出面主張住宅權受到侵害或侵入住宅罪？或者，罷工糾察線是在大賣場所有的旁邊土地上進行，是否侵害大賣場的所有權？又，乙企業的勞工丁想要入廠工作，但卻受到丙工會所設立糾察線的干

---

[1] 有關本案的評釋，請參閱楊通軒，勞動法上之勞動者概念——最高法院89年度台上字第1301號民事判決，台灣勞動法學會學報第二期，頁217以下。

擾,在場維持秩序的警察可否護送丁入廠?另外,本案中罷工糾察線是否應受到集會遊行法的適用?又,乙主張受到丙工會的罷工業務停頓為由,拒絕給付甲租金,有理否?

第一節　意義、目的及法源

一、意義

　　勞工法為對於具有從屬性、聽從他人指示、為他人利益工作之人(勞工)之特別法;或謂:勞工法為對於勞工及雇主之特別法(例如醫生、律師原則上非其當事人的勞工)。此處之特別法,尤其是指其與民法之規定(僱傭契約章)之關係而言。至於其他的公司法規或企業法制法規,例如公司法、中小企業發展條例、企業併購法、金融機構合併法及國營事業管理法等,雖然其也有少數條文涉及員工的權利義務,但因其並非主要在規範員工與事業單位間之關係,故並非勞工法規(即使在該等法規中加入「加薪的規定,亦無法改變其本質」),而且由於具有其規範的特殊性,故其在與勞工法規間發生牴觸時,仍然具有優先適用性。

　　勞工法內含:

(一)個別勞工法(勞動契約法)

　　所謂個別勞工法,係指以規範個別勞工與雇主間權利義務關係的相關法規。在勞工法初期發展的時候,個別勞工法兼指勞動契約法及勞工保護法,因其均以勞工與雇主間的權利義務為規範對象。但是,之後則漸漸地有所區隔,而將個別勞工法侷限於私法的法規部分,而且以勞動契約法為最主要的法規範。另外,勞工保險條例是屬於社會法的範疇,係以勞工先繳交保險費,而於一定給付事故發生後,可以向國家請領保險給付,其既非單純的勞工福利措施,也不屬於「個別勞動關係」的範疇。

　　不過,我國固然在國府時代,於1936年12月25日制定了一部勞動契約法,但因行政院始終未以命令公布施行日期(第43條)。因此,其並未

具有法律的效力。學者間認其頂多具有法理效力而已（民法第1條）。目前，有關勞工與雇主間私法上權利義務關係之解決，殆皆回到民法僱傭契約章的規定，也就是說，原則上民法僱傭契約章的規定，都可以適用於勞動契約。除此之外，勞動基準法（以下簡稱勞基法）中勞動契約章之規定（第9條至第20條），當然亦有其適用，只不過其規範的重點是在定期勞動契約及契約終止之相關規定而已。

　　雖然民法僱傭契約章的規定原則上可以適用於勞動契約，但是，民法畢竟是個人主義、自由主義下的產物，其假設契約當事人有同等議約的地位，顯然並不符合勞動契約當事人的實況。也因此，無論是民法總則、債編總則或債編各論中僱傭契約章之規定，有些或者不能適用，或者應該予以修正。另外，有不少勞動契約的原理原則或應該有的規定，並未見之於僱傭契約章，而亟待於實務界及學術界加以研究釐清，並進一步予以落實於勞動實務。

　　例如針對企業或廠場轉讓所涉及的勞工勞動關係存廢及勞動條件變更之問題，台灣民法僱傭契約章並無如德國民法第613a條企業轉讓之「當然承受」的規定。而企業轉讓與債之移轉（台灣民法第294條以下）並不相同。想要將台灣民法第305條適用於企業轉讓後的新、舊雇主與勞工間的權義關係，並非沒有疑義。蓋如有特別法（公司法、企業併購法等）者，應該優先適用之也。[2]對此，德國是以參考「買賣不破租賃」的法理，處理新雇主與勞工間的勞動契約與勞動條件。而台灣學者間也有主張「買賣不破勞動契約」之原則者，否定法人將其所有權（所有資產、設備）移轉時雇主可以行使解僱權。其所謂的「買賣不破勞動契約」即是當然承受說。不過，吾人如觀台灣民法第425條第2項規定，買賣不破租賃並不適

---

[2] 公司法第185條第1項所列的三種行為即是與企業併構有關者，由於其屬於有關公司的重大行為，必須經過股東會的特別決議。惟其只在處理公司股東與併構間的關係，與併構與員工間的權利義務關係尚無直接關聯。此一議題，另請參閱呂孟晉，勞動法上因企業併構基於勞動契約所涉問題之研究——歐盟與英國法上比較，國立東華大學財經法律研究所碩士論文，2007年5月，頁14以下。

用於「未經公證之不動產租賃契約，其期限逾5年或未定期限者」。這表示除非經過公證，否則長期的租賃契約並無買賣不破租賃之適用，以免影響房地產行情。如將引用到僱傭契約，似乎只有定期的僱傭契約始有其適用。這主要是考量到接手企業的意願會不會受到影響。（至於民法第425條之1之規定，如果土地及土地上之房屋同屬一人所有，而僅將土地所有權讓與他人時，並不會造成企業轉讓的結果）另外，更重要的是勞基法第20條及企業併購法第15條以下之規定，即可知其並非採取當然承受說，而是採取「原則終止、例外存續」的作法，而且勞動條件也可以改變。留用的勞工必須承受勞動條件變更的不利益。

　　如以集體勞動關係為例，台灣民法第269條之利益第三人契約，原則上亦適用於工會會員依據團體協約的約定，向雇主主張權利。不過，如依民法第269條的規定，工會會員是可以拋棄權利的。但依據團體協約法第22條第1項之規定，工會會員卻被禁止拋棄其權利；亦即民法的規定受到團體協約法的修正或限制。

　　除此之外，民法第188條之僱用人責任，亦未考慮某些工作具有相當程度風險，不宜將所有責任歸給受僱人負擔的問題〔所謂「具有損害性工作理論」（schadensgeneigte Arbeit）〕。而民法第266條之不可歸責雙方當事人（勞工、雇主）之事由，雙方互相免除對待給付責任，也並未考量勞動關係中的各種風險（企業風險、經濟風險、爭議風險），一律適用「未工作、無工資理論」（ohne Arbeit, kein Lohn）的理論解決，並不妥當。

（二）勞工保護法

　　勞工保護法，係指立法者制定法令，將勞動關係中特定責任，強制由雇主來負擔。其本質為單方強制雇主的法律。這些責任原本是私法上的關係而可予以更易，但經由立法者有意地昇華為強制法後，已不得再由雇主與勞工任意約定變更或廢棄。一旦違反，通常會有行政罰或／及刑事罰之制裁，例如性別工作平等法第38條及第38條之1規定。原本，勞工法的起源即是為保護勞工，有一段期間勞工法也就是勞工保護法的化身或代名

詞。但是，今日勞工法已呈現多樣化及細緻化。固然廣義上來講勞動契約法與集體勞工法也是勞工保護法，但終究與職業安全衛生法、勞基法之嚴格意義下的勞工保護法有所不同。而且，整體上來講，勞工法也只是一個在一定限度內（in Grenzen）有利於勞工的保護工具而已。這裡所謂的一定限度，是指雇主也受到勞工法的一定保障，例如其應該也有解僱權或鎖廠權的爭議手段。

　　勞工保護法與集體勞工法之產生，均與勞工無法經由契約自由原則獲得足夠的保護有關。蓋所謂契約自由，係法律上對於經濟過程的市場經濟組織之實施，此顯然是不夠的。以歐洲19世紀的經驗，在該時勞工為了工資而從屬地提供勞務，外表上是勞工有締結契約之自由，然而實際上卻必須屈服於雇主單方面所決定的勞動條件。以實際的情形來說：勞工向雇主求職，雇主將會告訴他「你可以從我這裡賺取一定數目的工資，如果你不同意，則請你離開，你得不到這個工作」。這即表示：由於其較個別勞工強勢，雇主即可單面強制決定勞動契約之內容。因此，這不是真的有訂定契約之自由，而只是執行勞動契約所約定的條件而已。而此種市場運作的後果是：過長時間的工作、不足以餬口的工資（饑餓工資）、女工與童工，以及不健全的意外保險與健康保險。

　　為了對此種真實情形加以矯正，因此才有整部的勞工法，而團體協約自治（集體勞工法）亦屬其中之一。在真正的契約自由不存在時，為了保護勞工，勞工法是唯一的機制，可以以其強制的效力，對之加以修正。如以德國為例，設使無團體協約自治及無具強制力的勞工法，那麼，今天在德國經驗上是否會有相似的結果，此間已受到德國及其他工業國家的經濟學者的懷疑。簡言之，經由勞工保護法及集體勞工法，不僅勞工的生活已達到值得一提的富裕的程度，政治上也獲得高度的穩定性。一個能發揮功效的勞工保護法及集體勞工法，要比立法強制或半強制企業調（加）薪，更合乎法理、也更具有說服力。畢竟，股東的利益應該透過股東會，而勞工的利益應該透過個別勞工或勞工團體（或準勞工團體：勞資會議）向雇主爭取，此一雙軌制的現象，是世界上大多數國家的作法。並且，在個別勞工或勞工團體（或準勞工團體）的爭取調薪未果後，採取其貫徹要求

之手段（調解、爭議行為等）。這在現行的團體協約法第12條第1項（之「工資」）及勞資爭議處理法中已經有所規定。而且，勞資會議實施辦法第13條第1項二討論事項（二）關於勞動條件事項（三）關於勞工福利籌劃事項也有其適用餘地。台灣在2015年3月間所謂的「加薪四法」中，以勞基法第29條修正案所規定者，並非針對工資的調整，而是對於獎金或紅利的分配，其要求公開發行股票公司應公平考量勞工之年資、薪資、職位及績效等因素後，會同工會訂定獎金或分配紅利的利潤分享計畫書，無工會者，召開勞資會議共同訂立後，將計畫書報請當地主管機關備查，並於次一年度終了結算前實施，違反者處以新台幣50萬元以上500萬元以下罰鍰。此一修正的強制規定，已經改變原第29條訓示規定的性質。其必須與公司法第237條等規定一併修正，以免發生法規衝突及無以適從的情況。畢竟，勞基法與公司等企業法制的法律性質不同，無所謂普通法與特別法可言。除了法令修正的一致性外，更重要的，是何謂「會同工會訂定」「召開勞資會議共同訂立」？蓋其與勞基法第30條第2項、第30條之1、第32條第1項之「工會同意」「勞資會議同意」、以及大量解僱勞工保護法第5條第1項勞雇雙方本於勞資自治精神進行「協商」解僱計畫書的用語不同。依本書所見，即使修正案有高額罰鍰的規定，「會同工會訂定」「召開勞資會議共同訂立」似乎仍應解為經勞雇雙方協商而取得協議而言。也就是說，較近於大量解僱勞工保護法第5條以下之設計。如此的解釋，既可符合勞資會議實施辦法第13條第1項二討論事項之共識決精神，而且，工會也保留其原本針對獎金與紅利的協商權及爭議權。工會得依其策略與實力，選擇採取「會同決定」或傳統的協商與爭議手段，以爭取其權利的實現。只是，此處的協商或討論，即使雇主已會同工會協商或勞資會議已進行討論，也可能經過冗長的協商程序而未能取得共識。果如此，究應如何處理其爭議？蓋即使欲在次一年度終了結算前實施分配獎金或紅利，也是以勞雇雙方已經達成協議為前提。現在既然未能獲致協議，而勞基法或公司法等又無類似大量解僱勞工保護法第7條協商委員會之設置，則雙方似乎只能循一般勞資爭議處理的管道為之。附帶一言者，政治本不得干預經濟，否則將難免牴觸經濟憲法之嫌。而且，政治性工資將會弱化勞雇團

體的功能與力量，將主要的工作條件決定權移交到政治人物手上。

(三)集體勞工法

所謂集體勞工法，係指以規範勞工團結體（Koalition）與雇主或雇主團結體間勞動關係的法規。惟亦兼及於勞工團結體與勞工，以及雇主團結體與雇主間之法律關係。並且，及於雇主與個別或多數工會會員間之關係（工會法第35第1項第1款～第4款參照）。例外地，亦及於非勞工團結體之集體勞工與雇主間之關係（勞資爭議處理法第7條第2項參照）（反面解釋之，也可能及於非雇主團結體之集體雇主與個別工會間）（惟並不包括個別勞工因權利事項勞資爭議，依據勞資爭議處理法第9條第2項委任所屬工會申請調解之情形。行政院勞工委員會78年12月20日(78)台勞資一字第29180號函參照）。一般所稱集體勞工法之範圍，包括勞工與雇主組織團結體、進行協商、進行爭議，以及雙方以勞工參與的方式，合作解決廠場及企業間的相關事項。此一集體勞工法的領域，隱含著相當高的政治性，國家將一些規範勞資關係的權限，委諸於勞工團體及雇主團體自行行使，希望由其尋找一利益的平衡點。但另一方面，集體的勞工與雇主或雇主團體如未能經由協商達成合意，勢必會引起更大的爭議，甚至以集體鬥爭的方式迫使他方屈服，如此，將難免會損及相對人、上下游廠商、不相干的社會大眾，以及整個國家公共安全與秩序的利益。因此，國家乃有必要合理地、適度地制定法律予以規範，而不得抽身由團體協商當事人自行解決。也就是說，國家有必要依據法律保留原則、在尊重團體協約自治的前提下，形塑集體勞工法的法規。

在集體勞工法下，實際上是以工會與雇主，以及勞資會議為主體所引發之法律關係為處理對象。這乃引起一個有趣的問題：台灣是二元制度（Dualsystem）嗎？工會（或稱團結體、同盟、結盟）與勞資會議均能夠發揮其作用嗎？彼此間的權限與義務如何劃分？對此，從與雇主互動的角度來看：工會是一個鬥爭的模式（Konfliktmodell），而勞資會議則是一

個合作的模式（Kooperationsmodell）。彼此的角色、功能互有所分。[3]我國勞資會議名義上擁有的權限或職能有：資訊權與諮詢權[4]，但實際上並無法發揮效果。更不用說達到一個真正平（對）等的共同決定權。[5]值得注意的是，台灣這幾年勞工參與的法令規定有更分散化的現象，也就是立法者在個別勞工法律中加入勞工參與的規定，而且是同意權（即共同決定權）的規定〔例如勞基法第30條、第30條之1、第32條、大量解僱勞工保護法（以下簡稱大解法）第4條以下〕，形成「弱中央（即勞資會議實施辦法）、強地方（即個別的勞工法律）」的表徵，此種發展現象並非正道，也實在令人憂心。

　　再就勞工參與一言者。在評價上，原則上勞工參與並不會危害企業主的經營。勞工參與只是提供勞工一定程度的保護而已。蓋每當勞工經由勞工法令或社會法令而得到權利時，雇主即會擔心其經營自由受到限制，這應是可以理解的，也是自然的。然而，其自由的限制只存在於：由於勞工法為了保護勞工，雇主必須為此花費金錢。試想：如果企業無須繳交社會政策的費用，對之當然較為簡單、有利。但是，假使一個國家如首先或只關心企業能否自由地經營，那麼，是否能夠長期地維護社會正義（Sozial-gerechtigkeit）呢？似乎是有疑問的。因此，為求利益的平衡，應該讓企業可以依據資本主義及市場經濟法則自由地決定企業經營，另一方面，則是藉由勞工法令及社會法令的規定，讓勞工也能共享其應得的福祉。若如此，社會的和諧才能到來。由此觀之，勞工參與應無牴觸憲法所保障的雇主的財產權。

---

[3] 值得一提的是，李震山，罷工糾察線作為預防犯罪的警察權發動對象──警察法觀點，發表於「爭議行為之行使所涉及相關法律問題」學術研討會，2006年12月8日，頁89謂：「所以集體協商是藉共同參與（Mitwirkung）與共同決定（Mitbestimmung）之制度。」此一見解混淆了鬥爭機制與合作機制的分野，顯不足採。

[4] 勞資會議實施辦法第13條規定。

[5] 其實勞工參與的極致的表現是一個提案權（Initiativrecht），不過，台灣勞工參與的相關法令並未賦予勞資會議有此一權限。試想：台灣的勞資會議勞方代表可以提出一個工作規則討論嗎？這似乎是一個不曾存在的問題。

　　另一個問題是，每一個國家的集體勞工法的設計，均與其經濟的及國家的基礎有關，也是其民族精神及文化的總合表現。其他國家的法制或模型，並不當然適合之。以德國而言，依據一般人的看法，整體而言，團體協約自治過去在德意志聯邦共和國的實施已證明其正面的效用。勞工的生活已達到值得一提的富裕程度。雖然過高的社會政策費用而造成企業與其他國家競爭者競爭上的困難，但他們也已經可以妥善處理團體協約自治所產生的後果。對於政治上高度的穩定，團體協約自治有一顯著的貢獻。這也可以反映出：團體協約自治及與其相伴的社會市場經濟要較社會主義或共產主義為優。值得一提的是，德國的團體協約自治是立基於強而有力的部門聯盟（Branchenverbänden）[6]，以及其受到國家的支持，而不是社會主義的或共產主義的制度。而且，德國此一以部門為範圍的團體協約政策，也必須以廠場中的勞工參與補充之。這或許是不以部門或行業聯盟為準的台灣所必須思考的。值得注意的是，台灣在2011年5月1日修正施行的工會法第6條第1項第2款規定中，已經有產業工會的設計，理論上當能逐步發展部門別或行業別的協商政策。而且，第6條第1項第1款結合「同一事業單位、依公司法所定具有控制與從屬關係之企業，或依金融控股公司法所定金融控股公司與子公司內之勞工，所組織之工會。」也是採取「產業工會化的企業工會」的設計，目的在擴大企業工會的組織與範圍，以強化其協商及爭議力量。惟其是否達到立法之目的，吾人觀自2011年5月1日施行以來之效果，似乎還難以從實務獲得印證，反而在集體勞動法的法理上帶來一些疑問（例如第6條第1項第1款規定，是否造成承認多元企業工會之後果）。

　　又，即使在社會主義體制之下，也有工會的組織。但其與資本主義或社會的市場經濟下的工會組織，功能上並不相同，連帶地，其所衍生的集體勞工法亦有差異。例如以前東德（德意志民主共和國，DDR）而

---

[6]　亦即以行／產業（金屬業、紡織業等）為準的工會聯盟與雇主聯盟的對抗模式。但台灣的產業工會恐怕仍不夠強。

言，其亦存在有廠場工會（Betriebsgewerkschaft）[7]，這些廠場工會全部都在一個叫做自由德國工會聯盟（Freier deutscher Gewerkschaftsbund）的屋脊下組成聯盟（Dachverband），惟這些工會與西德的工會意義並不相同。其並非市民社會下利益團體的角色。東德當時是共產國家，在共產國家並不適用市場經濟的法律，而是適用國家的計畫。工會從未支持較高的薪資，工會只是國家的計畫的一環，它並無決定權，決定權是在共產黨手上。這是共產主義制度所規定的。東德時期下的工會，從未成為「雇主」的談判對手，當然也就沒有真正的團體協約的訂定。[8]這些自由德國工會聯盟及其所有附屬之工會，在德國統一之前即解散了，因此並不發生西德工會與其合併的問題，而只有德意志聯邦共和國的工會延伸至新的、現在已民主的、市場經濟的德東部分適用的問題；亦即在統一的全德國一致適用之問題。

　　針對本章案例二所提的問題，首先，由於甲出租房屋樓層供乙使用，因此，在丙工會占據職場的被害人應係乙，而非甲。丙的進行爭議行為，對手是乙而非甲，只要按照爭議行為法規進行即可，無須事先或事後取得甲的同意。假設丙的合法罷工造成甲的損害，甲並不得依爭議行為損害賠償之理論，向丙及其會員、非會員、其他第三人請求賠償（甲的出租人身分具有如同乙的上下游廠商的連帶關係）。在此，無論依據爭議風險理論或將合法罷工視為不可抗力，一旦乙因丙的罷工而無法生產，甲亦因之喪失租金請求權的依據。其次，配合罷工進行的糾察線只能在廠場外進行，如其所使用的空間為雇主所有或屬於公有／用的土地，均屬合法。有問題的是，如為第三人（大賣場）所有，是否當然違法？對此，雖然第三人並無提供場地作為糾察線之用的義務或公共責任，但是，似乎也不應該即採

---

[7] 東德工會具有細緻化、極小化及分散化的特色，根本難以想像會有進行爭議行為的能量或能力。

[8] 同樣地，依據中國全國人民代表大會常務委員會2007年6月29日通過的中國勞動合同法第51條第2項的規定，工會代表企業職工與用人單位訂立集體合同。其所謂此之集體合同與台、德兩國的團體協約並不相同。

肯定見解，而應綜合判斷糾察線之時間長度及實力強度，按照現場狀況而個案決定之，即視其有無符合社會相當性而定。再者，合法糾察線所造成欲入場工作者的干擾，警察機關不得採取手段護送入場。最後，遵守罷工目的範圍內所採取之糾察線，也不會受到集會遊行法的適用。

(四) 勞動司法

　　勞工司法是針對審理權利事項的勞資爭議而言。一直到司法院公布2018年12月5日制定的勞動事件法施行前，台灣的勞工司法並非由特殊的勞工法院體系、依據特殊的訴訟程序來進行。而是由1.勞工主管機關依據勞資爭議處理法第6條的規定，以調解的方式加以解決。但更重要的是，由2.勞工法庭或民事法庭依據民事訴訟法及其他與勞動訴訟有關的法令（例如職業災害勞工保護法第32條、勞資爭議處理法第57條～第61條、勞工訴訟輔助辦法等[9]）的規定，以判決或裁定的方式加以處理。這與德國、日本的勞動訴訟審判程序不同。後兩者已有特殊的訴訟法律（勞工法院法、勞動審判法），德國甚且有獨立的法院體系（勞工法院）。至於日本則是在地方裁判所中組成勞動審判委員會，專責個別勞動關係紛爭之調停及審理（介於調解與訴訟之中間程序）。經由勞動事件法的施行，我國已然成為擁有獨立勞動訴訟程序的國家，提供勞工程序正義的保障。惟須注意者，依據勞動事件法第4條第1項規定，「為處理勞動事件，各級法院應設立勞動專業法庭。但法官員額較少之法院，得僅設專股以勞動法庭名義辦理之。」可知其僅係在現行勞工法庭的基礎上，擴充至包括最高法院設立勞動法庭而已，並非設立一獨立的勞動法院系統。另一方面，該法中不乏舉證責任倒置的規定，性質上較屬於實體法的規定。可知其名為「勞動事件法」，即在與勞動法院法、或勞動審判法、或勞動訴訟程序法加以區隔。

9　由行政院勞工委員會所發布的為輔助勞工訴訟的行政命令，尚有：大量解僱勞工訴訟及必要生活費用補助辦法、性別工作平等訴訟法律扶助辦法。另外，行政院勞工委員會依據2011年5月1日修正施行的勞資爭議處理法第6條第4項規定，已於2011年4月20日制定（並同步於2011年5月1日修正施行）勞資爭議法律及生活費用扶助辦法。而且勞工訴訟輔助辦法已在2009年4月17日廢止適用。

　　因此，在勞動事件法施行前，民事訴訟法的相關規定，原則上均可適用於勞工與雇主間權利事項的爭議。諸如管轄法院、當事人、裁判費、訴訟救助、訴訟程序（含調解程序、簡易訴訟程序、小額訴訟程序）、舉證責任、保全程序（尤其假處分及定暫時狀態處分）[10]、強制執行等規定[11]。其中有些規定係新修正增入者，如將其適用於勞資爭議，應亦稱允當。例如民事訴訟法第44條之1第1項的選定當事人制度，使得工會有代表工會會員進行訴訟之權限。不過，為凸顯勞資爭議的特殊性，尤應強化訴訟救助（民事訴訟法第107條以下）、調解強制主義（民事訴訟法第403條、第424條第1項）、簡易訴訟程序，以及小額訴訟程序等的適用。

　　雖然如此，民事訴訟法中的有些規定，實際上並不適合於勞動訴訟。例如合意管轄的規定，可能使弱勢的勞工必須遠赴他地訴訟，增加勞工精神上及金錢上的負擔。此在勞動事件法施行前，或許可以透過實務的操作，讓勞工得以在其原工作所在地訴訟，[12]但解決之道，或在於將之限於「爭議發生時始能個案合意」，更能防堵不公平現象的出現。而在勞動事件法施行後，依據第7條規定，已對管轄合意做有利於勞工的設計。而且，依據第15條規定，「有關勞動事件之處理，依本法之規定；本法未規定者，適用民事訴訟法及強制執行法之規定。」顯示該法係特別法，應予以優先適用。

　　至於就司法院所頒布的「法院辦理勞資爭議事件應行注意事項」來看，其要求應以對勞工法令有相當研究之法官，來擔任勞工法庭或指定辦理勞資爭議事件之專人，以及明示調整事項之勞資爭議，法院無審判權限。[13]此均屬正確而值得贊同。然而，其中仍然有些規定不明或有待商榷

---

[10] 請參閱最高法院91年度台抗字第294號裁定（肯定說）及最高法院100年度台抗字第862號裁定（否定說）。另請參閱Nauditt, Die Eingriffsbefugnisse der Polizei im Arbeitskampf, AuR 1987, 159; Grunsky, Prozessuale Fragen des Arbeitskampfrechts, RdA 1986, 196 f.。

[11] 詳細的論述，請參閱鄭傑夫，勞動訴訟，收錄於：勞動基準法釋義──施行二十年之回顧與展望，2009年9月，二版一刷，頁575以下。

[12] 鄭傑夫，前揭書，頁579。

[13] 德國早在威瑪共和國時期，帝國法院即已採取此種見解，見RGZ 106, 272 (277); sieh.

者，例如權利事項爭議應確實核定訴訟標的之金額或價額，徵收裁判費，並未考慮勞工無法負擔訴訟費用之事實，亦未在訴訟救助上給予較寬的認定，其結果，勞工可能根本未向法院起訴。再者，勞工訴訟案件是否應限定期間迅速結案，亦未規定。[14]

　　由上論述，可知在勞動事件法制定施行前，台灣的勞工司法是散布在不同的法令中，既沒有專門的「勞工法院」審理，也有一些規定仍然不符合勞工訴訟的特殊性。此種現象，在勞動事件法制定施行後始有改觀。

　　雖然如此，勞動事件法的施行，並未改變勞資爭議處理法行政解決的做法，而民事訴訟法之部分規定，例如簡易訴訟程序、小額訴訟程序等規定，似乎仍有適用的餘地。剩下的，是勞動事件法與勞基法施行細則、勞資爭議處理法（第57條到第59條）等勞動法規中有關訴訟的規定，其整合的問題。另外，1998年12月24日開始施行之仲裁法中對於權利事項解決之規定，也似乎未被勞動事件法排除適用。

二、目的

(一)主要目的

　　從勞工法的源起觀之，其主要目的係在於對經濟上弱者之勞工提供保護及照顧。此一目的，至今並未有所改變，且不僅見之於勞工保護法，即使在勞動契約法、集體勞工法，甚至勞工司法的規定中，均得窺見此一立意。蓋勞工經濟上的弱勢及保護的必要性，並沒有隨著科技的發展或知識經濟的來臨而煙消雲散，反而產生勞動法的新課題，諸如勞動者定義的失靈、企業組織定義的瓦解，以及契約給付的再建構等問題，這也迫使立法者以新思維的方式、全盤地檢討現行勞工法令，並提出因應之道的必要性。[15]同樣地，2011年5月1日修正施行的新勞動三法，對於團體協約自治

---

auch Seiter, Streikrecht und Aussperrung, 176 f., 178 f.。

[14] 楊通軒，國家中立原則在勞資爭議中之運用，國家科學委員會研究彙刊：人文及社會科學，2000年1月，第10卷第1期，頁97。

[15] 楊通軒，資訊社會下勞動法之新課題——兼論業務性質變更，全國律師，2000年5月，頁14以下。

及勞工團體協商與爭議實力的提升，似乎都隱而未明。即使勞動部不當勞
動行為裁決委員會不斷地裁決雇主成立不當勞動行為，似乎也無助於勞工
團體的議價能力及爭議實力。連帶地，其勞工保護的功能即仍有如畫紙老
虎。

(二)附加目的

不過，另一方面，在西元2000年之後，台灣正以穩定的速度增訂勞
工法規，其規範的密度也逐漸的完備中。甚至其中有些法令的規定，都要
比先進國家的規定嚴格許多。[16]因此，法規的制定固然有其需要，但更重
要的是：如何保障勞工人格之發展；亦即如何讓勞工在雇主經營企業中，
也以各種方式貢獻其知識與經驗。蓋勞工畢竟是自己的主人，如能確實
「我思故我在」，那才能彰顯人性的價值及符合人性尊嚴的勞動環境。所
以說，如何建構勞工參與的法規，以確保勞工人格的發展，應是勞工法的
另一個重要目的。對此，不僅勞工參與法規中未有所規定，即使法院實務
對於（屬於特別人格權之一的）勞工隱私權保護的認知，也過於鬆散（最
高法院89年度台上字第2267號判決：財團法人台灣省敦睦聯誼會案）。邇
來，對於在事業單位中任職，而基於公益目的揭發弊端的（所謂「吹哨子
的人／爆料者／告密者Whistleblower」），是否應該給予或強化公益告密
的保障規定（類似勞基法第74條第1項及職業安全衛生法第39條第1項規
定之保障），也與勞工的人格發展有關。但其最主要是涉及言論自由及社
會大眾的利益保障，是否應該優先於勞工對於雇主的忠實義務的問題。對
此，歐洲人權法院（Europäischer Gerichtshof für Menschenrechte, EMRK）
在2011年7月21日的Heinisch案件中持肯定的見解。本書以為其對於未來
我國勞動契約中附隨義務之限縮或具體化，當會有一定的啟發作用。

---

[16] 這可以大解法與德國解僱保護法中區區幾條大量解僱的規定相比較，即可知之。尤其是
限制負責人出國的規定，更是德國的規定所未見之。

三、關係

(一)個別勞工法與集體勞工法之關係

這是指勞動契約（含工作規則）是否會受到集體勞工法的影響而言。這裡會形成個別勞工法修正私法自治，而集體勞工法又修正個別勞工法之現象。個別勞工法與集體勞工法之起源，均是因為在勞工法的領域，並不存在一個能發揮功能的勞動市場及因而能發揮功能的私法自治。由於雙方並非勢均力敵，因此也無法確保契約內容的合理性。有問題的是，如何界定雙方已達到一勢均力敵的地位；亦即雙方已具有協商對等。無論如何，集體勞工法的產生，只是在修正、補強勞動契約法的不足。這是為了體現：契約關係的真正主人是勞工與雇主，而非工會與雇主，不應該樣樣越俎代庖。也因此，團體協約所約定的勞動條件，只是在設定一最低的基準，而非設定一最高的標準，其出發點正有如勞基法第1條的宗旨一樣。

在勞動契約與團體協約的關係上，原則上為修正、補強關係，而非取代關係。但是，例外的，卻會發生取代的現象。依之，依據2008年1月9日修正通過、並且自2011年5月1日施行的團體協約法第19條規定，「團體協約所約定勞動條件，當然為該團體協約所屬雇主及勞工間勞動契約之內容。勞動契約異於該團體協約所約定之勞動條件者，其相異部分無效；無效之部分以團體協約之約定代之。」基此，團體協約乃具有取代勞動契約之效力。而為了發揮此一替代的功能，當然不能任由當事人自由決定是否締定團體協約，而是應該賦予當事人之一方可以實力迫使他方屈服與之締定團體協約。在此，乃有團體協約自治保障，尤其是爭議行為保障之出現。即使2011年5月1日施行的誠信協商（團體協約法第6條第1項），也在於發揮其補強功能。雖然，誠信協商的要求與團體協約自治的內涵仍然有所不符。

(二)勞工保護法與集體勞工法之關係

這是指勞工保護法是否會受到集體勞工法的影響（修正或不得適用）而言。例如勞基法上之解僱保護規定（德國則可以變更終止或變更解僱 Änderungskündigung 為例），並不會受到集體勞工法不利的影響。嚴格上

來講，集體勞工法並非勞工保護法，雖然前者的目的也在提供或強化個別勞工的保護。但是，由於經濟的發展所導致的勞資關係越趨複雜，勞工保護法原來所設計的規範，恐已逐漸無法滿足解決問題的需要，所以，立法者乃在勞工保護法中特別增入集體勞工法的規定，以求能對症下藥。例如原本勞基法第11條諸款之規定，也可適用於大量解僱的情形。但是，面對著大量勞工失業所造成的家庭、社會及政治的問題，勞基法的有限規定可能無法有效因應。為此，立法者乃在2003年2月7日制定通過的大解法第4條以下之規定，賦予工會或／及勞資會議協商或／及對話的權限。所以說，面對大量解僱的情形，吾人必須同時兼顧勞基法及大解法中有關解僱保護的相關規定，始能真正地解決其所引起的法律問題。

　　有問題的是，台灣的立法者越來越趨向於在勞工保護法中同時加入集體勞工法的設計，其是否將集體勞工法誤認為勞工保護法？實不無令人懷疑之處。例如勞基法第30條、第30條之1、第32條第1項，以及第49條第1項但書規定。另外，此種立法方式是否侵害非工會會員集體勞工法的權利（尤其是消極團結權），也有再深入探討的必要（依據行政院勞工委員會78年3月8日(78)台勞資一字第04654號函「關於工會會議通過全體會員不延長工作時間，不於休假日工作及依法罷工時，對非會員是否具有約束力乙案，查工會會議之決議對非會員無拘束力。」）。三者，此種立法方式，恰可保障全體勞工（不延長工時）的權利，或剝奪了部分勞工（尤其是非會員）的（延長工時的）權利？似乎也有必要加以釐清。[17]四者，如果雇主允許非會員自行其是（加班或不加班），其是否為不當勞動行為（工會法第35條第1項第5款）？

四、法源：零碎主義（個別法主義）

　　雖然勞工法從學理上可以劃分為個別勞工法（勞動契約法）、勞工保

---

[17] 在理論上，雖然勞動基準法第32條第1項已賦予工會同意的權限，但是，2011年5月1日修正施行的團體協約法第19條但書之有利原則是否當然即無適用餘地？似非無疑。果如此，則個別勞工的加班如是對其有利，其自行決定加班的權利，似乎即應優先受到保障。

護法、集體勞工法及勞工司法等，而也提供我們判斷現行勞工法令法律性格的標準。但是，台灣現行的勞工法規並未法典化，而是以個別法的方式散布在各個勞工法令中。此種立法方式固然能夠針對個別對象或事項解決問題，不過由於欠缺體系化或欠缺整體的思考，勞工法的基本原理原則恐難以適用到各個勞工法律領域，或者法規難免有互相衝突、牴觸之處。

　　不過，就現實面來看，想要將勞工法法典化，實際上正有如「想將布丁釘在牆壁上」一般，其機會可謂相當渺茫。這不僅是我國過去勞工法典立法過程的寫照，即便是勞工法規發展已達相當成熟的德國也是一樣。[18]試想，即以攸關勞雇關係權義相當重大的「勞動契約法」為例，由於勞工團體與雇主團體的意見衝突，德國至今仍未立法通過。而且，立法可謂遙遙無期。至於在台灣，雖然1936年已制定通過勞動契約法，但因為未以行政命令公布施行，性質上頂多是法理而已，法官甚少引用為裁判之依據，其實際上的效用甚低。因此，行政機關乃有重新制定勞動契約法之意。不過，進程卻是相當有限。立法同樣是遙遙無期。

　　以下，簡單地說明台灣勞工法的法源。

(一)制定施行之法律

　　就目前已經制定施行的有關勞工的法規來看，可以區分成私法性質的及公法性質的勞工法。在私法的部分，如前所述，目前主要以民法僱傭契約章的規定為適用依據。雖然其未明定可以適用於勞動契約，學者間殆皆認為其原則上也可適用。而實務界早就未區分僱傭契約或勞動契約，一律以僱傭契約章的規定予以裁判。雖然如此，僱傭契約章第482條以下之規定，畢竟是立基於舊的自由思想而來，其假設僱用人與受僱人是典型的勢均力敵的兩造，有能力自行決定訂約的對象、要不要訂約、契約的條件，以及契約的終止。不過，事實上勞動市場仍然是一供給與需求的市場，常由於勞工資訊及議價能力的不足，呈現出契約失靈的現象。另外，僱傭契約章也欠缺針對勞動契約而生的特殊規定，諸如未明定就勞（僱用）請求

---

[18] 德國歷史上法典化的過程有兩次成功：一次是民法典，另一次是社會法典。

權,也未明定具有損害性工作理論（gefahrgeneigte Arbeit）,以減輕勞工的責任。此種私法規範的不足,迫使法官在審理勞動契約案件時,不得不參考學者的見解及國外的法令規定,以立法者替代者的角色,逐案地判決,並逐漸形成勞動契約的共同準繩。其欠缺法律安定性及法律明確性,乃不言自明。

其次,相較於私法規定之不足,台灣公法性質的勞工法規（勞工保護法）就顯得質量俱豐得多了。其中,尤其是一般的勞工保護法,例如1929年工廠法、勞基法、職業安全衛生法、職業災害勞工保護法等,立法的速度一向較快,適用的對象也逐步地放寬。[19]至於特殊的勞工保護法;亦即針對青少年、身障者、原住民等加深保護的法律,則是散布在相關的法規中,例如勞基法、職業災害勞工保護法、身心障礙者權益保障法,以及原住民族工作權保護法。惟就身心障礙者權益保障法及原住民族工作權保護法來看,其規範重點是身障者及原住民的職業訓練與介紹,也規定了公務機構及事業單位應該僱用的最低比率。但是,並未加以公務機構及事業單位「強制僱用」的義務,而是以行政罰鍰（代金）取代之。[20]

(二)制定未成之法律

就我國過去勞工法立法沿革觀之,制定未成之法律,首先是指失敗的法典化嘗試。就此,國民政府曾在1929年嘗試制定一部「勞動法典」,其內容共七編,凡21章,總共863條條文。另外,台灣政府一直要到1968年才再度提出一部「勞工法典」草案,惜仍然無功而返。

其次,也有幾個重要的個別立法,雖然公布但卻未正式施行。這是指:1932年的最低工資（Mindestlohn）法、1936年的勞動契約法。這兩個重要的法律,也就一直無聲無息地沉睡至今,仍然是在南柯一夢中,徒

---

[19] 另外,位階屬於行政命令、目前已廢止施行的1960年的廠礦工人受僱解僱辦法,雖然條文不多,但其對於試用期間、定期契約、資遣費等的規定,對於當時的廠礦工人可謂影響重大。

[20] 有關身障者部分,請參閱台灣台北地方法院93年度勞簡上字第52號民事判決、高雄高等行政法院93年度訴字第577號判決。

留世人聲聲地呼喚。吾人如將該兩個法律的條文瀏覽一遍，即會發現其中仍有不少規定並未被時代的洪流所淘汰，甚至還走在時代的尖端。更重要的是，當時的立法者確實已考慮最低工資或勞動契約所應該納入的箇中因素，可以平衡地保障各方當事人的利益。以最低工資為例，其計算基準是勞工加上配偶，然後再加上一個未成年子女。而不似今日的勞基法第21條之基本工資（Grundgehalt）的計算，並未加入一個子女。其公平合理性自然有所差異。難道，這可以基本工資與最低工資的定義及內涵不同，而合理化其差異嗎？

(三)施行於台灣的地方勞工法規

在我國勞工法規當中，也有只適用於地方的勞工法規。其中最著名者，當屬已廢止施行的1951年的台灣省工廠工人退休規則。該規則並未有授權依據，但其退休金的相關規定，卻是後來勞基法退休金相關規定參考的藍本，可知其在法制史上的重要地位。

第二節　體系

一件勞資爭議之發生，往往會同時牽動到勞動契約法、勞工保護法、集體勞工法及勞工司法等領域，其解決遂必須同時兼顧各個領域的規定。這也是我們在上面詳細敘述各個領域的內涵的原因。茲舉如下之例說明。

 案例3

甲是某飯店乙之客房部總監。乙於2003年3月、4月間受SARS病情衝擊，幾無營業收入，「經勞資雙方會議決議暫時停業（甲為該勞資會議資方代表之一），讓勞工在家休息或選擇辦理資遣自行離職」。甲選擇辦理資遣。乙給付甲資遣費及1個月的預告工資。雙方間勞動關係於2003年5月31日終止。甲事後單獨起訴主張乙未於60日前「公告」即解僱上訴人及大量勞工，甲雖已離職，但仍然有加班費、年假工作津貼、特別休假工資、福利旅遊津貼等給付請

求償權。問，本問題涉及哪些勞工法律問題？（台灣高等法院93年度勞上易字第44號民事判決）

對於上舉之例，其所牽涉之勞工法律問題如下：

1.勞基法之資遣，或自行辭職，或合意終止契約？
2.勞基法第16條之預告期間；
3.勞基法第17條之資遣費計算；
4.大解法第4條之通知義務（而非預告期間）；
5.大解法第5條以下之協商義務；
6.勞工司法：大解法第2條之「人數」，必須全體或超過最低門檻之人數提出訴訟，才能適用大解法？
7.末了，甲是勞工嗎？如果不是勞工，則1～6之敘述有其適用嗎？

第三節　勞工法的規範任務及規範體系

一、私法自治與勞工法

(一)契約自由原則之適用與限制

基於私法自治與契約自由原則，法律對於私法關係的形成，原則上不加以干預。這是因各個人在私法範圍內，關於自己之生活條件，能為最合理的立法者，如不違反國家法之根本精神，皆得依自己之意思，自由創造規範，以規律自己之私法關係。雖然在憲法條文中，並未有明示對契約自由原則加以保障者，但憲法學者均以憲法第22條之概括規定（所謂種類不定原則）包含契約自由原則在內。[21]而依據司法院大法官會議釋字第576號解釋：「契約自由為個人自主發展與實現自我之重要機制，並為私法自治之基礎，除依契約之具體內容受憲法各相關基本權利規定保障外，亦屬憲法第22條所保障其他自由權利之一種。」

---

[21] 陳新民，中華民國憲法釋論，1995年9月，頁133。

　　我國民法第153條第1項規定「當事人互相表示意思一致者，無論其為明示或默示，契約即為成立」，可知契約之成立非常簡單，只要當事人意思一致，即可成立，此即契約自由原則之表現。而依據學者見解，契約自由原則包括五種自由：締約自由、相對人選擇自由、內容自由、方式自由，以及變更或廢棄的自由。[22]

　　勞動契約亦為私法契約，因此，原則上亦有契約自由原則之適用。不過，由於在現實的勞動環境，勞動條件殆由雇主片面所決定，勞動契約遂亦為附合契約的實態之一，為求契約自由與契約正義之調和，勞動契約遂被社會化與團體化。對於契約自由原則在勞動契約中之限制，學者間早有認此原則在勞動法已被打破。勞動契約不但受法令上之限制，並受協約上之拘束。[23]亦有舉團體協約法第14條「團體協約得約定雇主僱用勞工，以一定工會之會員為限」；亦即雇主不得僱用非工會會員〔所謂封閉工廠條款（closed shop）〕，來作為相對人選擇自由之限制的例子。[24]惟契約自由原則在勞動契約中之限制，主要係受到法令及團體協約（包括封閉工廠條款之例）之規範；亦即勞動契約之締約、相對人選擇、內容、方式及變更或廢止等自由，會受到不同程度的限制。[25]

(二)勞動契約之性質

　　勞動關係為債的關係，且為交換的關係（勞務與麵包交換）。[26]其本質為雙務的法律關係，雇主與勞工間彼此負有給付義務，而此種存在於特

---

[22] 王澤鑑，民法實例研習叢書第三冊，債編總論第一卷，1988年1月，頁69以下；楊通軒，非典型工作型態相關法律問題之研究，行政院勞工委員會委託研究，1999年4月，頁5以下。

[23] 史尚寬，勞動法原論，1978年7月重刊，頁17以下。

[24] 鄭玉波，民法債編總論，1980年1月，頁37；孫森焱，民法債編總論，1980年3月，頁23。

[25] 楊通軒，非典型工作型態相關法律問題之研究，頁6以下。

[26] 陳繼盛，我國勞動契約法制之研究，行政院勞工委員會委託研究，1989年7月，頁17；Schaub/Linck, Arbeitsrechts-Handbuch, 12. Aufl., 2007, §29 Rn. 4: Der Arbeitnehmer schuldet ein Wirken und nicht ein Werk. （勞工的義務是提供勞務，而非完成工作）。

定人間之給付關係，構成了法律上之特別結合關係。雖然勞動關係之內容並非全由勞動契約所決定，[27]然而勞動關係之成立，必須以勞動契約之訂立做為前提。這是因為勞動契約做為交換的契約，依民法第153條第2項之規定，當事人必須對於必要之點意思一致，契約始能成立。[28]團體協約或勞資會議所做成之決議，並不能直接成立勞動關係，而只能補充或強化勞動關係。

　　勞動契約是一法律行為、私法上的契約，且是以勞務與報酬交換的雙務契約。[29]勞工的主要義務是提供勞務，而雇主的主要義務是給付報酬。現代的勞工（尤其是工作於大公司者），很少會認為自己是雇主的扈從（Dienst-oder Gefolgsmann），而是視自己為雇主的對手而執行其職務，並獲得賴以生存的報酬。至於早期曾被學者支持的「勞動契約係身分法上之共同關係的契約」（ein personenrechtlicher Gemeinschaftsbegründender Vertrag），目前已不為學者所接受。[30]

　　勞動契約為關於無自主性勞務契約之特殊型態，就其法律性質而言，係屬一種僱傭契約。[31]其雖為交換的關係，但不以一次的給付交換做為標的，而是通常為一持續性的行為或在一定的期間，債務內容繼續的實現，故為一繼續性債之關係。通常繼續性債之關係契約當事人結合之程度，相較於其他債之關係為強。雙方當事人基於誠信原則（民法第148條第2項）所導出之照顧義務及忠誠義務（Rücksichtnahme-und Loyalitätspflich-

---

[27] 除勞動契約外，法律之規定（尤其是勞工保護法）、團體協約及雇主之指示等，均得為確定勞動關係內容之依據。

[28] 民法第482條即為民法第153條之具體規定。惟民法第483條則為民法第153條之突破規定；亦即在報酬部分可以不必事前意思合致，而依價目表或習慣定之。

[29] Schaub/Linck, a.a.O., §29 Rn. 1 ff.; Zöllner/Loritz/Hergenröder, Arbeitsrecht, 6. Aufl., 2008, 131 f.

[30] 黃越欽，論勞動契約，政大法學評論第19期，頁45以下；Lieb, Arbeitsrecht, 6. Aufl., 1997, Rn. 38; Neue Selbstständigkeit und Arbeitsverhältnis – Grundsatzfragen sinnvoller Abgrenzung von Arbeitnehmern, Arbeitnehmerähnlichen und Selbständigen, ZfA 1998, 291 ff.

[31] Konzen, in: Horst Konzen (Hrsg.), Lexikon des Rechts, Schuldrecht, 34.

ten），即相較於其他債之關係為強。[32]

　　民法第482條至第489條之規定，雖原則上亦適用於勞動契約。但勞動契約對於大多數依賴勞動而生的人，卻有一重要之意義。勞動關係是許多人經濟上生存之基礎。另外，勞動的條件對於生活關係具有決定性的影響，因其對於人格的開展及生活意義之實現具有關鍵性的地位。勞動契約不僅是以「勞力」與「報酬」之交換為核心而建立之財產關係，而是經由勞動契約所建立之法律關係，人類始被當作一個人對待；亦即勞動契約特別強調人格性。這種特性，深具抽象性的民法規定對之並無正確地加以評價。[33]傳統上係以勞務之提供具有無自主性，做為區別僱傭契約和勞動契約之標準。而所謂無自主性意即勞動者具有人格從屬性。[34]

　　勞動關係既以勞工之從屬性為其特徵，因此乃產生人的結合關係及勞工保護必要性之理念，故勞動關係之內容非僅單純的勞務與金錢之價值交換的對待關係而已。於此，民法僱傭未考慮人的組合關係及勞資雙方倫理義務之現象，必須於勞動契約時予以正視。民法中個別條文的規定不能完全毫無疑義地適用於勞動契約，有者須經修正才能適用，有者則根本無法適用。[35]

---

[32] 王澤鑑，民法學說與判例研究(二)，1981年8月，頁247；Loewisch, in: Horst Konzen (Hrsg.), Lexikon des Rechts, Schuldrecht, 32.

[33] Konzen, in: Horst Konzen (Hrsg), Lexikon des Rechts, Schuldrecht, 35; Sieh. Auch Adomeit, Der Dienstvertrag des BGB und die Entwicklung zum Arbeitsrecht, NJW 1996, 1710 ff.

[34] 史尚寬，前揭書，頁14；Wiese, Der personale Gehalt des Arbeitsverhältnisses, ZfA 1996, 439ff.; BAG AP Nr. 1 zu §611 BGB Abhängigkeit; BAG AP Nr.42 zu §611 BGB Abhängigkeit; LAG Köln v. 28.4.95, AUR 1996, 412 (413)；須注意的是LAG Köln v. 30.6.95, AuR 1996, 413ff.重新對勞工加以定義，認勞工之特徵為：長期性的、僅為一賦予工作者服勞務、親自提供而無同事、基本上無自己的資金及基本上無自己的組織。至於傳統上所採行之人格之從屬性，LAG Koeln認為基於保護基本權之觀點，不應再加以採用。同說，Konzen, in: Horst Konzen (Hrsg.), Lexikon des Rechts, Schuldrecht, 36。

[35] 這種情況在德國亦然，請參閱Lieb, a.a.O., Rn. 34; Adomeit, Der Dienstvertrag des BGB und die Entwicklung zum Arbeitsrecht, NJW 1996, 1712。

二、集體的自治與勞工法

除了私法自治之外，勞工法中最重要的特色，即是勞工團體及雇主具有相當程度的集體自治，可以自行決定所轄的勞工或雇主的勞動條件及其他條件，在此其是具有一定公法上的任務，可以免除國家機關的干預或管制。這在其他的法律關係中幾乎很少見到。以下即分別說明之：

(一) 勞資自治原則

首先，所謂勞資自治原則，係指個別的勞工與雇主，或者集體的勞工與雇主或雇主團體有權自行協商並決定其勞動條件及其他條件之謂；亦即，除了私法自治之外，團體協約自治及勞資會議自治亦在其內。台灣學者在言及此一原則時，往往不加細分。2009年6月5日修正通過、並且自2011年5月1日施行的勞資爭議處理法第2條規定為，勞資雙方當事人應本誠信及「自治原則」，解決勞資爭議。其用語亦未盡精確，實有必要修正之。蓋用語不同，內容亦不同也。

應注意者，勞動關係中應以個人的私法自治為先，而輔以團體協約自治或勞資會議自治。蓋每一個勞工有權自主決定其是否訂約及其勞動條件，不足之處，可以自由地加入勞工團體（尤其是工會）求助於其團體的力量。所以，原則上工會與勞資會議從旁輔助，[36] 而為之爭取較好的勞動條件及勞動環境，但究竟不是取而代之決定。尤其是針對非會員的勞工，工會應無法律地位為其發聲或主張代表權。可惜的是，台灣勞工立法上卻不乏見到工會代表「全體」勞工與雇主議定勞動事項者，例如勞基法中的變形工時（第30條、第30條之1）、延長工時（第32條）[37]、女工夜間工作（第49條）等。[38] 這也顯示出立法者不了解工會只是代表其會員的利益

---

[36] 這也包括訴訟法上的地位，例如訴訟輔助、擔任選定當事人（民事訴訟法第44條之1第1項）。

[37] 這裡所涉及的問題是：到底是延長工時以獲得較多的工資對勞工有利？還是拒絕加班領取較少的工資對勞工較為有利？工會可以清楚的判斷嗎？

[38] 另外，同樣值得可議的是，依據大解法第4條以下之規定，工會有權與雇主協商解僱計畫書的內容，而其中影響重大的是「大量解僱勞工人數與對象選定標準」，在此，有可

團體而已。真要代表全體勞工，勞資會議勞方代表才有此一權限。

(二) 團體協約自治

所謂團體協約自治，[39]是指工會和雇主或雇主團體擁有一個締結團體協約之自由，而經由這個團體協約對於勞資雙方的勞動條件有所規範。勞動條件之內容完全由勞資雙方以團體協約加以規定，國家不得加以干預。此一制度可以說是對於勞動生活秩序具有立法權限的立法者的一個輔助，國家因此不必事事涉入，而可令勞資雙方自行規範其勞動生活，由其自行判斷可以要求或接受的勞動條件，國家亦可藉此減輕其負擔。[40]

在團體協約自治之下，工會與雇主係居於對抗的角色，而其透過協商及爭議的手段，目的是在恢復典型的機會平等（typische Chancengleichheit）。因此國家只須創造健全的集體勞工法規範，給予雙方抽象的、實質的對等保障，以確保雙方可以協商對等及爭議對等，其後，乃由工會與雇主自行決定是否協商及爭議，不受國家的控制與監督。晚近，由於勞動環境的改變及非典型僱用的興起，針對一般僱用關係所制定之傳統的勞工法令，不免顯得左支右絀。因此，由工會出面與雇主協商解決的方案，即有其必要性與急迫性。另外，觀察德國近年來的勞動契約法的發展，除了希望在勞動契約法中設定一最低的勞動保護外，也希望賦予團體協約自治團體、勞工參與團體自行約定符合其行業或廠場需要的規定，此其中尤其是賦予其在彈性化中扮演一定之角色。[41]

(三) 勞資會議自治

所謂勞資會議自治，是指勞資會議可以自行經由對話，針對社會事

能淪為被解僱的對象者，是非會員。

[39] 蔡維音，罷工行為規範之憲法基礎探討，台灣大學法律研究所碩士論文，1992年6月，頁142：稱此為「勞資集體自主協商制度」。

[40] BVerfGE 44, 322 (344); Müller, Arbeitskampf und Recht, 1987, 60 ff. 蔡炯燉，勞動集體爭議權之研究——中美日三國法制之比較，政治大學法律研究所博士論文，1992年6月，頁270以下：美日勞動集體爭議立法，係出於協助之立場，而非積極地介入及干預。

[41] 楊通軒、成之約、王能君、陳正良，各國勞動契約法規制度之研究，行政院勞工委員會委託研究，2003年11月，頁109。

項及勞動條件達成一定的合意，免於受到國家機關的干擾。勞資會議是台灣勞工參與的最主要舞台，其雖非單純由勞工組成的勞工團體，而是由各占一半的勞工代表與雇主代表所組成，但是，其亦具有集體地議定勞動條件、以補充或（甚至）補強個別勞工議約能力之不足。此亦可從勞基法中的變形工時（第30條、第30條之1）、延長工時（第32條）、女工夜間工作（第49條），以及大解法第4條以下之有關與雇主協商解僱計畫書的內容規定，得知之。

當然，在勞資會議自治之下，會衍生出是否亦為憲法第14條或第15條或第22條保障之問題。對此，本文以為與團體協約自治不同的是，勞資會議自治並未具有憲法保障的地位。甚至只是部分的法律保障而已，也就是除非個別法律明定勞資會議有同意權者外（例如前述之勞基法、大解法），勞資會議自治僅是行政命令保障的位階而已，此從我國現行法制只有「勞資會議實施辦法」之規定，即可知之。整體來講，勞資會議係扮演一個合作的角色，而且勞資會議自治在彈性化中也扮演一定之角色，此正如團體協約自治一般。即使2014年4月14日修正施行之勞資會議實施辦法賦予勞資會議較強的權責，例如第13條第2項規定「工作規則之訂定及修正等事項，得列為前項議事範圍。」但是，仍然改變不了其採共識決的本質（第19條第1項參照）。

第二章　集體勞工法之誕生

 案例 1

　　乙事業單位生產水泥，多年來由於造成空氣汙染，屢受當地居民的圍廠抗議。距離乙不遠的C大學也身受其害，C大學的學生會屢屢向校方表達學生不滿的心聲，希望校方能直接與乙協商改善。至於乙事業單位中所僱用的35名員工，也是站在居民及C大學、C大學學生（會）的立場，向乙要求改善，但乙不為所動。慢慢地，當地環保機關（丙）也注意到了這個現象，但礙於乙的空氣汙染未達到防治空氣汙染法令標準值的規定，而無法對於乙逕行開罰，而只能柔性地勸導乙改善。警察機關（丁）則嚴密觀察整個事件的過程，深怕擦槍走火，所以也有介入處理的準備。在多股力量認為只有透過有組織的動作，始能促成乙努力改善空氣汙染的情況下，乙事業單位的勞工組織成立「乙事業單位員工合作及敦親睦鄰聯誼會」，正式要求與乙進行團體協商，必要時也要一同暫時停止工作（即罷工）。而C大學的學生也組成了C大學學生（含研究生）工會，一方面向C大學施壓，另一方面也與「乙事業單位員工合作及敦親睦鄰聯誼會」合作，要求乙出面與之進行對話，必要時也會參與及支持「乙事業單位員工合作及敦親睦鄰聯誼會」停止工作的舉動。同一時間，C大學的學生會也向C大學表達其訴求，並且向乙要求對話改善。當地居民則是組織成「還我美麗家鄉協會」，繼續其圍廠抗議的活動。請附理由說明或闡述下列的問題：

1. 請說明環保運動、學生運動及工會運動的相同點及相異點，尤其是其組織、理想、民主程序等問題。
2. 請說明「還我美麗家鄉協會」、「乙事業單位員工合作及敦親睦鄰聯誼會」、C大學學生會、C大學學生工會的法律性質及可能的法律規定所在（也就是該等組織須要受到何種法律限制或保護，包括人民團體法、教育規章等）。

3.乙突然間發現四面楚歌，想要開門協商，但是，不知道對手是誰。請說明「還我美麗家鄉協會」、「乙事業單位員工合作及敦親睦鄰聯誼會」、C大學學生會、C大學學生工會四者中誰具有協商／對話代表權？或者各談各的？或者誰根本無協商／對話？或者四者應共組一個協商／對話小組，其協商／對話結果始有法律拘束力？

4.乙經過與各路人馬協商／對話後，終究未能達成協議。「乙事業單位員工合作及敦親睦鄰聯誼會」有權進行罷工嗎？「還我美麗家鄉協會」、C大學學生會、C大學學生工會有權在乙工廠門前進行靜坐示威或圍廠嗎？

5.丙可否以乙環境汙染仍然在法定標準值之下，而要求「還我美麗家鄉協會」、「乙事業單位員工合作及敦親睦鄰聯誼會」、C大學學生會、C大學學生工會離開現場？

6.丁可否以靜坐示威圍廠擾民而要求各路團體離開，否則要進行驅離？理由？

7.C大學行政主管也趕到現場，並且要求C大學學生會、C大學學生工會離開現場，否則要以校規處分？有理否？C大學學生會、C大學學生工會如何與之對抗？

第一節　台灣

一、國家統合主義之興衰

(一)內容

台灣勞工政策的演變過程中，國家統合主義曾經占有重要的地位。國家常常將工會運動看成是非法運動或動亂的來源，忘記其排解資本與勞力衝突的功能。所謂國家統合主義即是威權主義統合主義（authoritarian corporatism），其是依資本主義發展和非霸權性階級關係來促進的，從而國家統合主義由上而下的組織化及國家依賴威權來控制社會而形成的一種制度化的體制。即國家統合主義是國家或執政的政黨運用強有力的政治手段，（透過國家機關或政黨組織）對於社會團體（包括上述的聯誼會、學

生會、學生工會）的組織和活動施加干預、控制或操縱等方式，以達成國家或政黨利益和目標的一種策略（此與鼂錯論貴粟疏中所言的「民者，在上所以牧之，趨利如水走下，四方無擇也。」的牧民心態，尚有不同）。國家統合主義通常在自由主義傳統弱、資本主義發展晚、傾向威權主義及重商主義的國家出現。其相似的制度環境是集中的行政權力、一黨獨大的政黨系統，至多象徵性的選舉及強調意識型態的行政體系。[1]另外，其在工會運動的具體形塑上，通常會有樣板工會、樣板團體協商（約）、以及樣板的勞工立委（指未能認清本身的勞工本質與義務、甚且鮮少到立法院發言捍衛勞工權益者）。

　　觀察過去台灣政府的勞工政策，一開始即是一方面積極制定個別勞動保護法規，試圖以政府力量提高勞工的勞動條件與勞工福利（但這並非謂一開始即有基本工資等最低勞動條件的保障），以降低勞工集體議價的需求，避免影響生產秩序與投資意願；另一方面則壓抑工會組織的發展，防止控制範圍外自發性工會的出現，藉以維持政治與經濟的穩定。[2]政府對於勞資關係採取干預的這種作法，一直延續到政府遷台，直到前些年才慢慢鬆綁改觀。因此台灣的工會，多係由黨國以其力量自上而下所扶植起來，透過國家政策的執行、法律的頒布，（一旦經備查或核備而獲得登記【反對說，中央勞政機關及法院實務均採取核定或核准的見解。請參照最

---

[1] 徐正光，統合主義下的台灣勞工，第一屆勞資關係研討會論文集，中華民國勞資關係協會，1987年，頁190；丁仁方，台灣的統合主義，中山社會科學季刊，第7卷第4期，1992年，頁34。另請參閱Schiek, Europäisches Arbeitsrecht, 2. Aufl., 2005, 262 f.。

[2] 謝國雄，純勞動：台灣勞動體制諸論，1999年8月，頁266～270，頁298：在立法上，個體與集體勞動法之間有著「抵換」的關係（從政權擁有者的角度來看）（作者按：至少在2011年5月1日新勞動三法施行後，個別勞工法與集體勞工法間已演變成「互補」關係？）；成之約，國際化趨勢與勞資關係政策發展之探討，刊載於：邁向二十一世紀勞工政策選集，1995年，頁295-312。另有關中國國民黨到台灣後的工會發展，詳細描述請參閱工運春秋：工會法制80年，行政院勞工委員會出版，2011年5月1日，頁71～82。至於台灣在日治時期的勞工組織發展，除了參閱工運春秋：工會法制80年，頁66～71外，尤其可以品賞由黃信彰編著、台北市文化局發行、蔣渭水文化基金會所製作之「絕世美聲 林氏好1930年代絕版流行歌專輯」，頁8、12、16以下。

高行政法院108年度判字第35號判決、最高行政法院107年度判字第58號
判決、台北高等行政法院107年度訴字第1165號判決】）即可擁有合法的
地位，與西方國家經過長期抗爭然後始得建立之自發性工會不同（謝國雄
說：1924年的廣州工會條例是一部先行性（工會法走在工會運動之先）、
扶植性、複合性（集容忍、承認與扶植於一身）的立法。制定條例理由，
表明給予勞工團體之權利及自由，即國家並不對集體勞動關係介入。雖然
如此，本書以為工會條例係政治性的法案，有其政治意圖存在，人們不應
受到其制定理由所眩惑。另外，由於欠缺歐美工人流血奮鬥始取得團結權
保障的經驗，中國工人並未能真正體認團結權的意義及其可貴之處）。然
而這種基於國家統合主義被扶植起來的工會，其自主性即相對的不足，其
為勞工爭取勞動條件改善的意識與能力也相對不夠，反倒是其政治的功能
及社會的功能，蓋過了其經濟的功能。此種工會功能不彰及勞動三權無法
彰顯的現象，其實還與台灣長期施行戒嚴令（1949年5月20日～1987年7
月15日）密切相關（戒嚴時期或動員戡亂時期應該與國家統合主義互不排
斥）。因為，基於戡亂時期的特別刑法法令規定（尤其是非常時期農礦工
商管理條例第11條及30條），直接禁止員工進行罷工及怠工的爭議行為。
但其並未禁止員工以（罷市、）罷工及怠工等手段以外的方法爭取權利。
影響所及，勞工及工會仍得行使其團結權與協商權。所以，理論上，在該
期間應該多少存在一些團體協約才對，尤其是具有一定樣板意義的國公營
事業單位。雖然因其本身的特殊性，而無法普遍適用於民營事業單位，也
就是民營事業單位團體協約應該更為少見。此種團體協約的存在，其前提
當然是經過工會與雇主一定的協商程序而得，只是，其是否經過冗長的、
艱辛的協商過程而來，即不可得知（特別是公部門的勞資關係下，工會及
團體協約具有人民表率的用意，公部門的資方似乎無強力對抗或反對的動
機）。剩下的，即是勞工組織及加入工會的權利了。也就是說，當時仍然
存在一定數目的廠場工會及聯合工會，並且扮演著聯繫員工及以非團體協
商或爭議行為的方式，為員工爭取勞動權利的實現。也是因為如此，國
民政府早在1947年11月1日公布施行「動員戡亂時期勞資糾紛處理辦法」
（比1949年5月20日公布施行的戒嚴令還早），藉由「評斷制度」以迅速

處理勞資爭議。行政機關也曾經引用該辦法介入處理勞資爭議者。依據行政法院60年判字第568號判例，不問爭議性質如何，上述評斷概為最終之裁決，不容再事爭執。這是基於動員戡亂時期的思想而來。所以，在1987年7月15日解嚴後，司法院在1987年12月23日以大法官會議釋字第220號解釋認為「動員戡亂時期勞資糾紛處理辦法第8條前段規定：『勞資評斷委員會之裁決，任何一方有不服從時，主管機關得強制執行。』係指當事人不依裁決意旨辦理時，該管行政機關得依法為行政上之執行而言，如有爭議，仍得依法定程序請求救濟。是前開規定並未限制人民之訴訟權，與憲法尚無牴觸。至行政法院60年判字第568號判例，與上開解釋意旨不符，不得再行援用。」在此，大法官係採取合憲性解釋，以免該糾紛處理辦法面臨違憲的命運。吾人整體觀之，在戒嚴時期或動員戡亂時期，勞動三權確實受到一定程度的壓抑。當時不少企業工會比較像事業單位的內部組織。團體協約集中在公部門，具有一定樣板的用意。惟實務上終究未能禁絕所有的勞資爭議。一直到1984年7月勞動基準法施行後，雖然仍處於戒嚴時期，但禁錮勞工權益的思想已難以持續，取而代之的是一連串勞工法令之立法行動。

　　所以，台灣自1987年解嚴以來，隨著大環境的改變，威權主義與重商主義已逐漸地淡化，強調對於社會力的管制及實現社會正義的呼聲正不斷地強大，這也迫使立法者加速地制定勞工法規，以回應勞工的要求。在1987年中國國民黨第13次全國黨代表大會所通過的「中國國民黨現階段勞工政策綱要」，是中國國民黨到台灣後，針對勞工問題所提出的最明確及具體的政策主張，具有宏觀的視野及相當高的未來性與可行性。甚至勝過2008年總統大選時，中國國民黨馬英九先生所提出的勞工政策主張（當時的勞工政策口號為「自主、公平、發展的尊嚴勞動」）。再下來，隨著2011年5月1日新勞動三法的施行，是否代表著執政黨有著新的政策意涵（保護兼扶植；尤其是掃除過去集體勞動法「去集體化」的現象，還給集體勞動法本來的面目？或者以自由入會的大纛，達到惡化「去集體化」的目的）？或者只是一個（舊衣新穿的）新的干預手法？值得我們持續觀察。另一方面，面對著勞資爭議事件（包括工會與其會員或非會員的爭

議）的接續發生，行政機關應已慢慢了解以中立態度處理的重要性，畢竟，保持行政中立是人民對於行政機關的期待（含警察中立，尤其是中性看待勞資爭議的民事爭議特性。另外，在公部門勞資關係中，勞工行政主管機關亦不宜不當或不法介入公部門工會與公部門機關的勞資爭議，例如發生在2011年前後的新北市環境保護局工會與新北市環境保護局的會務假爭議）。而且，更重要的是，台灣的集體勞工法制既要走向團體協約自治之路，就不容許國家統合主義的繼續留存，因為，團體協約自治與國家統合主義是彼此對立之物。這也是台灣在修法引進新的制度或觀念（例如不當勞動行為）時，所須要注意者，切莫為特定的制度而破壞或動搖原本的架構（在少數工會已自我特權化的時代，不當勞動行為會不會淪為維護特權的工具？）（雖然，自2011年5月1日起至2017年6月30日止，不當勞動行為裁決委員會所作成的裁決決定書已有167個，而且也言之有物，申請裁決的案件數更是超過167個，從統計數字來看，應該已具一定績效）至於論者所謂的「深信對工會發展有正面積極效果」，在當時確實有點言之過早。即使在目前（2017年6月底），也應該關注工會的協商及爭議力量有無提升。特別是，針對「集體勞動法個別化」的現象，不當勞動行為真的能使集體性質的爭議，回復到原來集體勞動法的本質（相當程度而言，這是指脫離勞工保護法的窠臼。只是，目前歐洲／盟法院卻是將集體勞工法定位為勞工保護法。這是裁決委員會所追求實現的目的？）此或許並不為立法者修法當時所意識到，不過仍然值得我們繼續觀察。最後，伴隨著國家統合或控制主義在新勞動三法中的消退，我們固然可以預見各類工會數目的繼續成長，但是，工會的協商能力及爭議能力是否也會隨之提高？恐怕難以樂觀，這還要經過一段時間的實證經驗後，才能加以論斷（所以說，王如玄謂「新勞動三法實施後，未來集體勞動關係將成為主軸」，顯然不了解集體勞動關係的本質。我們是否至少先以1年為期先觀察，然後再斷言？又，論者間有認為勞動三法的修法竟全功，「寫下波瀾壯闊的史頁」，這同樣是誤解了集體勞動的本質，簡而言之，修法或立法並不會波瀾壯闊，勞工運動或工會運動才會！）。因此，中央勞工主管機關應該為下一次勞動三法的修正預作準備了？

(二)與市民社會之關係

　　就今日而言，市民社會係要求一由下而上建構社會秩序以作為獨立於國家以外之自主區域，對於市民社會之運作（如社會運動），與國家雖不無關聯，惟國家不得以專擅的權力不當介入。大體而言，市民社會係隨著資本主義的形成而漸趨成熟，此社會中的市民也漸成長為具有獨立自主及自我判斷、負責的個體。與歐洲的市民社會相比，台灣的市民社會仍然需要長期的建構與累積，才能臻於至善，且斷非政府不斷地在媒體上的宣傳或是強加道德上的教育，即可收效。如以實際的工會運動為例，即使台灣政府廢棄了國家統合主義，實際上仍然有待於工會與雇主長期的互動，累積經驗，才能夠成熟地、有效地獲致協商的成果。[3]這種現象，並不會隨著勞動三法的修正通過而立即改觀，而是需要一段時間的實際操作。即使經由勞工主管機關及裁決委員會的行政函釋、行政指導、裁決書等輔助，是否確能有助於市民社會的實踐，也有待於加以驗證。無論如何，勞雇雙方才是市民社會的主角。

　　從德國對於團結自由基本權廢止刑罰的過程觀之，即與市民社會的崛起息息相關。1869年6月21日的工廠法乃將所有的禁止規定及刑罰規定予以廢止，並且在法律的層次規範了團結自由及爭議行為的自由。工廠法第152條第2項及第153條之規定，係植基於自由主義的思想，蓋其賦予個別勞工在對抗團結體壓力時，仍有其決定的自由（Entschliessungsfreiheit）（亦即擁有消極的團結權）。Cassau說：德國在1860年代末期的廢棄禁止團結體自由之動作，並非是新的工會運動抗爭的結果，而是市民社會的自由思想的結果，希望藉此掃除警察對於經濟的管制。[4]

　　另外，從法治國轉變為福利國或社會國後，國家已被禁止動輒將工會運動認定為非法行動，至於社會國家的警察，也應該跳脫出法律實證主

3　楊通軒，從市民社會看國家在勞資關係中之角色——以台灣為例，輔仁學誌第38期，2004年1月，頁153。

4　Cassau, Die Gewerkschaftsbewegung, ihre Soziologie und ihr Kampf, 1925, 254. 引自 Seiter, Streikrecht und Aussperrungsrecht, 1975, 55.

義的思考模式，採取對於勞工友善的行為方式，即使工會運動者所採取的主張是居於較少數說的一方，亦應如此。畢竟，工會及其轄下的勞工不僅代表其社會的及政治的利益，扮演一個將歷史往前推進的角色，也無法避免將其利益往違法的界線推進，有時候甚至要跨過去〔所謂「有限度的法規違反」（begrenzte Regelverletzungen）〕。也因此，工會不應該畏懼於法律上模糊的空間，就算在政治上往往會回頭嚴格依據現行法令加以處理或處罰。[5]何況，按照一定條件進行的罷工，是一個非暴力對抗的、已經模式化的及主要使用的範例（Muster-und Hauptanwendungsfall）。無論如何，本來是市民社會象徵的市民的不服從（zivil ungehorsam），如果因為發生在工會及勞工身上，即受到過分的行政罰鍰的威脅而變得困難，這將會顯示出社會國家或福利國家的現狀與困境。再舉一例以為分辨。例如，社會團體在特定工廠門口所做的靜坐示威，以阻止人員的出入與貨物的運出（例如抗議事業單位為血汗工廠），究竟與工會及其人員在工廠門口所組成的罷工糾察線或快閃行動（Flash）有何不同？前者是合法的市民反抗或集會權利，而後者是非法的罷工集會？或者兩者應該更細緻依據各種狀況而定？

二、國家中立原則下之勞資關係

　　依據國家中立原則，在立法、司法及行政（含協助勞工行政機關處理勞資爭議的各種專業委員會）上，確實建立與維護一勞資團體的協商、爭議制度，令社會自治當事人立於實質平等的地位，締結團體協約，以規範雙方間的勞動條件。原則上國家應採取消極中立的態度，不介入勞資的協商、爭議（例如針對工會選舉所發生之爭議，中央勞政機關認為依據工會法第26、33、34條，主管機關應輔導轄內工會於章程內訂定相關工會選任、解任及停權，如未訂定相關規定，則由工會循內部程序參照人民團

---

[5]　Zechlin, in: Muhr (Hrsg.), Streikrecht, Demokratie und Sozialstaat,1987, 224; 1954年斯徒加特（Stuttgart）邦高等法院院長Richard Schmid說：進步及改革是歷史上所需要的，它們往往會違反實證法並且受到其制裁，不過，這也是事物本質的必然。

體法令相關規定議決辦理。行政院勞工委員會100年12月26日勞資1字第1000095136號函參照），但在勞資雙方力量失去平衡時，則應採取積極中立的態度，積極地介入，以回復實質的平等。這些集體勞工法上之重要原則，理應在修正完成之勞動三法中加以明確規定，始為正確之途。不過，從現實面來看，資本家往往會利用各種機會與公權力接觸或掛勾，以達到公權力處理勞資爭議案件時，偏向自己有利的方式。反而是勞工階層較疏於與公權力建立關係。這當然會反映在公權力處理勞資爭議的態度上與結果上。所以，已經具有相當程度政治性格的全國性的工會組織，其似應強化與公權力機關的接觸及意見溝通，以影響公權力的決策。

三、社會運動與勞工運動

(一)國家與社會二元論

國家與社會二元論係大陸法系國家所特有之現象（我國刑法也有二元論的設計，蓋其區分為國家法益、社會法益、個人法益），英美法系國家並無此種分類，而係將國家視為社會之一部分。在二元論下，國家被理解為一具有目的理性、有權制定規範、擁有法定組織之人為統治團體，其功能亦限於政治決策，而不及於社會整體；相對地，社會則係一自發形成之秩序，先國家而存在，受私法自治原理支配個人或團體向其自我目標自由發展之領域，有免受國家支配之自由供其角色揮灑。兩者間各有天地，互不干預。

二元論之基本意義，在於認為社會自身並無自行規整調解之能力，故有賴於國家作為有組織之工具，用以保障具體個人或一般大眾之自由。國家之公權力雖非不能干預人民之自由，惟應先就國家與社會加以區分，作為個人自由之基本條件。自由主義者要求國家與社會二分，實際上係植基於一項重要的信念：對於社會能自我協調、自行運作之高度信任。

(二)國家與社會二元論之存廢

1.從利益衝突之角度觀之

依據多元主義，社會係由不同的利益團體所組成，彼此之間進行利益

的爭取，故難免衝突之產生，而有待於競爭者之外之裁決機構予以調處。
國家即為此利益衝突的仲裁者，制定行為的規範給予公平的處遇。例如，
工會罷工的利益與大眾利益的調和（雖然合法罷工法律性質為不可抗力，
參與罷工者及工會並無需為之負擔法律責任，但仍應與雇主的企業經營自
由及憲法所保障的其他自由權取得平衡。惟，另一方面，此一集體勞工法
上之（具有自我特殊性格的）不可抗力現象，究與勞基法第11條第3款之
「不可抗力」不同，即使工會及會員罷工期限超過一個月以上，亦無須
擔心雇主援引勞基法第11條第3款終止契約。此亦為集體法優於契約法理
論的展現。行政院勞工委員會78年3月31日(78)台勞資三字第06962號函參
照）。

　　德國勞工法學者Bernd Rüthers曾說：「一個國家中為數眾多的中間
的、社會的團體，如果不允許國家將各自的利益融入國家整體的架構中
處理，那麼，這個國家已瀕臨解體及革命的階段，蓋其已喪失在社會中
的獨立性及規範的權力也。」[6]為此，國家有必要制定人民團體法或社團
法（Verbändegesetz）加以規範，或者說予以某種程度的控制。如以勞工
團體及雇主團體而言，更應進一步受到勞動三法及其他組織法的規範（至
於公務人員則必須受到公務人員協會法及其他公部門法規的拘束），以避
免其逸出爭取勞動條件及經濟條件的權限之外（例如質變為政治性的團
體）。由此觀之，國家角色扮演最大的困難，應在於如何在介入規範與國
家中立原則間取得一個平衡點；亦即，在此，國家仍然有必要適度地採取
國家統合主義的立場與手段。較為困難的，是公部門（含教育部門）勞資
關係中，工會所應該遵守的規範。因為長久以來，國家已經制定為數眾多
的權利義務規定，從僱用到退休均已詳細規定，其通常具有全國一致性的
性質，不容各地或各個機關或學校做不同的對待。這也是基於社會公益的
要求。因此，有關公務人員及教育人員的權利義務規定，其性質似與勞動

---

[6]　引自Seiter, a.a.O., 555.

基準法為最低勞動條件的基準規定有所不同。而且，公部門工作者所遭受到的權利損害的救濟（含程序規定），相較於私部門的勞工而言，相關的規定也較為嚴密、完整。因此，公部門工會並無完整的勞動三權，公部門工會的主要任務並非在爭取工作條件的改善或提升。而國家強化對於公部門工會的管制力量，似乎也較具有合理性。這是同樣位處於公部門內部的勞工行政單位，在面對公部門工會與公部門發生勞資糾紛時，所必須有所認知的。切莫以私部門的勞資關係的標準，適用於公部門的勞資關係。更不應該以同處於公部門內部的緣故，而給予較私部門工會更佳的優待。

再舉一例而言，在一個職業工會積欠勞工保險費及健康保險費的案例中，地方勞工主管機關可否依據人民團體法第58條、第59條等規定，予以限期改善或解散？對此，理論上，如果人民團體法第58條及第59條規定之事項，有超出於工會法第37條及第43條規定之外者，其應有補充適用之餘地。但是，吾人將兩個法律的條文對照觀之，其規範之內容與事項幾乎完全相同，故適用上應以具特別法性質的工會法第37條及第43條規定為準。（採取同說者，台灣台南地方法院106年度抗字第93號民事裁定。）亦即勞工主管機關得予以警告或令其限期改善。必要時，並得於限期改善前，令其停止業務之一部或全部（第43條第1項）。工會違反法令或章程情節重大，或經限期改善屆期仍未改善者，得撤免其理事、監事、理事長或監事會召集人（第43條第2項）。另外，工會經會員大會或會員代表大會認有必要時，得議決自行宣告解散（第37條第1項第4款）；或者法院得因主管機關、檢察官或利害關係人之聲請解散之（第37條第2項）。有問題者，此處的利害關係人是否包括雇主或社會大眾在內？對此，本書毋寧採取否定見解，蓋該條項的利害關係人，應侷限於具有法律上利害關係之人，而不包括單純經濟上受到不利影響者。解釋上，工會法第37條第1項各款之關係人，即具有利害關係。例如破產時之破產管理人；工會的幹部及會員面對會員人數不足時（但不包括工會違反法令或章程情節重大，或經限期改善屆期仍未改善者。第43條第2項參照）。至於雇主或社會大眾

並不在其內。也就是說,對於工會的組織及運作,雇主的利益首當其衝,但這只是經濟上的利益而已。而社會大眾固然也可能因工會活動而權益受到波及,但這是社會共同體或現代社會難以切割的現象,即使其權益受到嚴重損害而得求償,亦無權聲請解散工會。至於在多元工會之下,工會之間不僅在競爭會員人數,也可能競爭到殊死戰的地步,雖然如此,其仍非利害關係人可言。而在公部門(含教育部門)勞資關係中,工會法第37條第2項之「主管機關」,是否除勞工主管機關外,尚包括公務人員協會的主管機關(依據公務人員協會法第5條規定,在中央為銓敘部,在地方為直轄市政府、縣(市)政府)及教育主管機關(在中央為教育部,在地方為直轄市政府、縣(市)政府)?對此,本書基於公部門勞資關係的特殊性及公益考量的立場,採取肯定的看法。

附帶一言者,雖然100年勞裁字第25號裁決決定書及101年勞裁字第19號裁決決定書(102年勞裁字第18號裁決決定書意旨亦同)均認為工會法第43條規定,與1948年第87號國際勞工公約第3條及第4條的規定不符。而且,也與國際勞工組織結社自由委員會決定及原則摘要第444項及683項相牴觸,我國理應將其作為修正工會法參考之用。然而,果如斯言,則人民團體法第58條、第59條也與之不符而應作修正?如此一來,可謂茲事體大、需要從長計議。蓋集體勞資關係法規與每個國家的法律文化及風俗民情習習相關,本無法強制與他國相同,而是應按照自己發展現況而定。這也是歐洲聯盟的27個會員國家,而各自仍保有自己的集體勞資關係法規的原由。果如裁決會之言,那歐盟會員國本應接受國勞公約的規範,採取歐盟層次的一致性的規範即可,何以目前仍然是以會員國法規為準?再者,姑且不論國勞公約的法律性質及其對我國並無拘束力(兩公約有拘束力?)(最主要是我國並非國勞的會員國),如欲將國勞公約或兩公約的規定移植到台灣來,恐怕有甚多的集體勞工法規面臨重新校準的面運,這可能也與人民的法律感情不合。例如,正因為部分人民主張強制入會,因此,始有工會法第7條之設計,如依國勞公約的精神,似乎即應將

之刪除而回歸工會法第4條第1項。這才是團結權的根本問題所在，裁決會以為如何？

　　附帶一言者，對於工會違反章程之行為，其法律效果規定在工會法第33條、第34條及第43條，其中，尤以第43條的規定最為重要（行政院勞工委員會100年12月26日勞資1字第1000095136號函：依工會法第33條第1項及第34條規定，主管機關不得逕為撤銷工會之選舉或決議。相關判決，請參閱最高法院106年度台上字第1669號判決、台灣高等法院103年度上字第1229號判決、台灣新北地方法院104年度訴字第1289號判決）。此處的章程，當是指經過法定程序訂定（第13條）、並且記載一定事項的章程（第12條）。惟工會法第12條並未明示「得」或「應」記載下列事項，惟法理上自應解為「應」而言。只是，其中第5款的任務，又牽涉到工會法第5條總共11項工會的任務。綜合觀之，其並非均屬工會必須完成之任務，而是以團體協約的協商與締結（第5條第1款）及勞動條件的促進（第5條第3款）為核心工作。其他的，充其量只是「得」盡力完成的工作而已，如以第9款的「依法令從事事業之舉辦」為例，吾人當不得謂工會無論如何必須舉辦事業。因此，工會法第33條規定之「召集程序及決議方法」，大多已經在工會法第22條到第27條規定，惟工會法第12條第12款之「會議」，得為特殊的規定。至於工會法第34條及第43條之違反章程無效或受到主管機關一定之不利行政處分，則應將之限縮為章程所定的工會的核心工作始可。此一推論，亦可從工會法施行細則第37條及第38條獲得支持，尤其是第38條規定「主管機關為本法第43條第2項所定之處分時，應衡量違反之情節有無妨害公共利益或影響工會運作及發展，其處分並應符合比例原則。」

2.從市場經濟角度觀念

在形塑市民社會成員之社會、政治及經濟上共同的態度與觀念上，自

由主義可以說係目前最具影響力之意識型態與價值體系。[7]然而，自由主義所主張之經由一隻看不見的手（the invisible hand）自行運作之市場經濟，即能止於至善之理論，在現實的環境下卻不存在。取而代之的，是為數眾多的欠缺實質的合理性的「契約失靈」（contract failure）[8]、「市場失靈」（market failure）[9]的案例，再加上我國集體勞資關係上「工會失靈」及「團體協商失靈」，造成對於公共利益與社會正義之戕害，亟待於國家公權力的介入處理。

3.由政治決策過程考察

從政治決策過程考察，是指在市民社會之外，另外需要有一國家組織（含地方組織）存在。此一理論主要係由黑格爾所建構。黑格爾認為社會係一欲望需求與特殊（個別）利益之體系──需要體系（欲望體系）。而該種特殊利益需要法律制度與外部秩序（國家）的保障。國家之目的，在於調和多元化社會之各種利益衝突，以確保普遍共通利益（das allgemeine Interesse）之實現，例如，對於集體爭議行為設定界限（勞資爭議處理法第25條第2項之一方申請仲裁及第4項之職權交付仲裁即屬之）。又例如團體協約法第10條第2項之特定當事人（公部門勞資關係當事人）所擬簽訂之團體協約，必須先取得上級主管機關的核可，亦是基於公共利益的考

7　自由主義中重要之意識型態有：肯定個人自由、承認價值多元、人在基本權利方面之平等性、必要的經濟及政治措施。請參閱劉淑珍，從市場失靈到契約失靈──勞資關係中意識型態與政府角色的再思考，中國文化大學勞工研究所碩士論文，1999年7月，頁54以下。

8　契約失靈是指在契約自由原則之下，處在優勢地位的一方，可以因為對於權力及資訊的充分掌握，而對他方的自由意志施以強制壓迫（coercion）而締結契約。請參閱劉淑珍，前揭書，頁5。

9　經濟學者認為，即使是完全透過市場機制的運作來進行社會的經濟活動，有些時候仍然無法達到經濟學上所謂的最高效率，此種狀況稱為「市場失靈」。一般而言，造成市場失靈而需要政府介入處理之原因有：自然獨占（natural monopoly）、外部性（externalities）、公共財（public goods）、訊息不對稱（asymmetries of information）。劉淑珍，前揭書，頁65以下。

量。另外，立法者在團體協約法第12條明定團體協約得約定之事項，其亦具有與雇主或社會大眾利益的折衷平衡考量。

(三)國家與社會二元論之新義

1.「國家之社會化」與「社會之國家化」之交錯

由於介於國家與社會之間或重疊處之事務，日益增多，造成了「國家之社會化」與「社會之國家化」之現象。此不僅係權責劃分以及在憲法上權限歸屬之問題，亦隱含著起初僅在社會上受到重視之問題（例如環保），在全民意識漸趨形成而均以之為重要時，一變而為國家以立法之方式予以保障（例如環境保護法）。

2.就國家與社會之權責劃分以及在憲法上權限歸屬之問題而論，其涉及了在權能的實行上須有主從之分，以及司法審查之可能性

就前者而言，由於自由主義主張社會本具有自我協調及自我運作之能力，故其要求透過法律，將國家之權力予以限制而成為有限政府。其意味著，基於私法自治之運作模式及其功能，在基本價值觀實踐上，社會實具有較（國家為）高之水準。因此，在權責劃分以及在憲法上權限歸屬之設計上，應採取「國家補充原則」（Subsidiaritätsprinzip）[10]；而在國家職權與社會職權無法明確分辨時，則應採「疑則歸社會」原則解決。根據此一原則，立基於公民社會思想之團體協約法第12條第1項（尤其是第1款之事項）及第2項規定，乃賦予勞雇團體擴張性解釋及協商的空間。只要尊重公益原則及比例原則，國家原則上應尊重勞雇團體的協商權限（協商過程及協商結果）。

就後者而言，由於現代福利國家，為推行福利政策，可能無限度地課徵高額租稅而過度地侵害人民在憲法上之基本權（尤其是財產權。例如2015年2月4日修正公布施行的勞動基準法第78條第1項即規定未依第17條

---

[10] 台灣憲法第23條規定：為增進公共利益，國家在有法律依據時，限制人民之自由與權利。因其係以「所必要者」為限，體現出採取國家與社會二元論之精神。

44　集體勞工法──理論與實務 ▶▶▶

（資遣費）或第55條（退休金）之標準或期限給付者，處新台幣30萬元以上150萬元以下罰鍰，（其法定的高額的150萬元罰鍰）即有違反比例原則之疑慮，尤其是具有社會給付性質之資遣費本應移往社會保險法中，現在竟然更進一步強化其管制。而即使國家所實施之強制性的社會保險，也會有此種現象，所以必須謹守比例原則，避免過度侵害人民的財產權。台灣正在研議立法中的長期照護保險即有此種疑慮，實應謹慎為之）。因此，有必要採取國家社會二元論，在憲法上設定制度性保障事項及概括自由保障事項，[11]以達到限制國家行為之目的（即抵禦權）。反面言之，即是將一些社會政策交付社會（含利益團體及社區）完成，例如一些國家即由社區提供青年工作的機會，以解決青年居高不下的失業問題。解釋上，工會亦有解決失業問題的權責（此從工會法第5條第6款之「會員就業之促進」亦可窺知，但本書以為其促進對象實應超出會員之外）。

(四)市民社會理論在台灣之實踐

台灣早已接受西方自由主義之思想與制度，市民社會所須具有之個人之特殊性、市場交易與營利思想，早已深藏於人心。再加上數十年來經濟的發展，所形成之龐大的中產階級，蘊育著強大的民間社會力。1987年的解除戒嚴所導致民間勢力的日增，更使得市民社會及社會運動之發展，逐漸邁向成熟之路。

1.新社會運動之辨正

近年來，市民社會在台灣最重要之演變，毋寧是社會運動的受到重視與支持。此一演變，亦與後馬克思主義者之看法相符，蓋後者不僅重視社會運動現象，並且將之視為現代市民社會中的關鍵。論者認為，台灣社會運動之所以獲得支持及參與，其理由在於：社會運動之本質並不僅是社會學的範疇──它是針對某種物質的，或理念的利益，而形成的有組織的抗爭團體（學生運動也是如此）；而且也是倫理學的範疇，係自由與自主在

---

[11] 台灣憲法第22條規定：「凡人民之其他自由及權利，不妨害社會秩序公共利益者，均受憲法之保障。」此一概況自由權（或稱剩餘權限）須以國家社會區分為前提；亦即社會中之人民得以此一基本權對抗國家公權力之侵犯。

社會中的具體實現。因此，社會運動既有現實的必要性，也有道德的理想性，促使著平凡的眾人以行動達到和他人相同的目的，並且完成自我。

　　值得一提的是，台灣的社會運動亦與其他國家一樣，不僅包括傳統的工會運動，連70年代出現於西方世界之新社會運動，例如婦女運動、環保運動（例如反對興建核電廠），亦可見之於台灣。[12]雖然如此，西方世界之新社會運動之出現，依據後馬克思主義者溝通行動理論的觀點，係由於權力與貨幣二種媒介日益侵蝕了市民社會自主性的基礎，為了反抗這種改變，公民透過溝通行動，積極地介入公共事務。惟此一理論背景，並未為台灣市民社會論者所採用。因而，論者間遂有主張台灣的社會運動（其實）都是新興社會運動，這和歐美有「新社運（環保、婦女等）／舊社運（工運）」之分不同，所以「新社會運動」的提法在台灣是不適用的、奇怪的，甚至是突兀的。……台灣的社會運動和政治運動相比，不但新興而且都是弱勢的。即使以新興資訊傳播工具I-Pad與I-Phone所帶來廣大勞動階層的生活與工作影響而言，人們似乎亦欠缺反抗的能力。試想：面對著雇主或主管機關以line交付員工或屬下工作時，勞動階層或勞工團體、公務人員團體如何強而有力地加以對抗？只是從工作時間及工資方面著想即已解決問題了嗎？

2.喪失主體性之社會運動

　　社會運動，從社會的觀點來看，就是一種「由下而上的民主控制」（democratic control from below），它指出代議民主的侷限性與自利／私性，而要求實現真實的、具體的人的政治參與。[13]就台灣的社會運動而

---

[12] 西元2002年，台灣的社會運動更是顯得色彩繽紛，相繼出現了勞工運動（反對勞健保雙漲）、教師大遊行（反對教改），以及農民運動（反對廢除農會信用部），雖然參與的利益團體不同，但卻都謹守理性非暴力之方式，以訴求其主張。因此，此或可解讀為民間社會力要求參與政策的形成與運作，而無須憂慮其是否會危害政治的安定性。至於2014年的學生運動（反服貿），雖然是一個由全國各地學生及學生團體臨時編組而成運動團體，但卻顯示出其高度的組織力與自制力，彰顯出台灣學生運動成熟的一面。

[13] 林孝信，「社會運動中的改革迷思」，中國時報，2002年11月30日，第15版：最近幾場重大的社會運動，似乎都針對政府的若干改革政策而發的。928……，1123……。似

言，雖然兼含了西方所謂的舊社會運動與新社會運動，然而台灣社會運動的歷史畢竟不長，而且主要集中在1987年解嚴之後。因此，台灣社會運動的成熟度及參與者所懷有之道德理想性，仍然有待加強。

台灣的社會運動，仍然無法跳脫於發生在其他國家之「假性社會運動」之詛咒。[14]所謂「假性社會運動」，是指由於政治國家的建立與擴張，使得原本自主的、叛革的（insurgent）社會運動，逐漸地轉化為「由國家出發的」（state-initiated）或「朝向國家的」（state-oriented）社會運動。前者，社會運動成為國家為達成某種目的的工具，例如「新生活運動」、「三反」、「五反」、「批林批孔」；後者，社會運動已喪失其目標或不具理想性、批判性與前瞻性，只冀望藉由社會運動為手段，以進入國家機器，而成為既得利益份子。[15]

詳言之，台灣的社會運動者（尤其是勞資雙方），長久以來習慣於倚賴國家介入處理其爭議，遂使得國家藉機擴張與茁壯其勢力（社會運動變成工具），而且大大提高國家對於社會運動的影響力。由於過於倚賴國家公權力之介入，遂致使勞資雙方進行勞工運動時之舞台或主角，已不在社會自治主體身上，而是往往已轉移到國家身上。此種習慣於仰賴國家調解（或協調）、仲裁，甚至裁決社會衝突及社會運動之舉動，遂造成了日益發達的國家機器（含各種專業的委員會），以及日益萎縮的市民社會。其

平，社會運動成了反改革的保守行為。這種弔詭的根源，在於把改革抽象化、概念化，而未深究改革的內容。理論上，只要變更既有的體制，都可稱之為改革，因此，改革可以有不同的取向。可以改革得更好，也可以改革得更差。……不能以簡單的二分法加以化約。

[14] 以農運為例，如前所述，設如農民運動組織（無論是農會或自救會）如未能成為具有壓力之自主性的團體，以監督政府的農業政策，並自行擬訂因應加入WTO後所生之諸種不利農業的政策，則其或將淪為曇花一現的活動，或者將成為「朝向國家的」社會運動，徒令帶頭者晉身士宦而已。

[15] 趙剛，現代性、國家與社會運動──小心國家：給獻身於社會運動的人，頁9：這是「項羽」式的社會運動，一心只想「彼可取而代之」，而無任何改革的理想可言。或者，本書以為是「宋江式」的水滸寨運動，一心只想朝廷招安而言。

後果之嚴重以及積重之難返，斷非短暫時日即可回復。[16]

　　如將台灣的勞工運動涵攝入假性的社會運動觀察，則其將難免被歸類入「朝向國家的社會運動」，[17]這是由於台灣的（集體）勞工法令，已相當程度地「常規化」（routinization）勞資雙方在進行衝突時所必須遵守之遊戲規則，迫使勞工運動藉運動改變現狀之理想，萎縮到只能在有限的事項上（如工資）獲得滿足。勞資雙方為避免受到國家制裁，而依循競賽規則（如罷工）互動，實際上即意味著對於國家現狀的肯定。這也使得工業革命後，工人藉由勞工運動反對資本家的剝削、反對整個社會結構與歷史走向之功能淪喪，也造成真實的人與人形成的社團團結性隨之消滅。[18]雖然如此，已經被規範化的團體協約法第12條第1項1款規定之事項，仍然賦予勞工團體極大的協商空間，甚至部分及於雇主的企業經營權。由於其係植基於公民社會思想，勞雇團體自應發揮其力量，以落實其歷史的職責。倒是，此一具體協商的事項與內容，與工會法第5條之工會任務仍有

---

[16] 面對著全球化所帶來之衝擊，尤其是跨國企業之合併所造成勞工權益之受損，並非單靠政府的力量即可解救之（法院以「實體同一性」或「實質控制權」理論，擴大認定雇主的同一性，其效果也有限）。實者，具有自主性之工會更應設法提出一對策，以保護自己之權益。在此，工會所面臨之難題，與農會因我國加入WTO所帶來之難題，有其異曲同工之處，尤賴於自主性的團體擘劃一對應之策。對此，本書以為台灣勞工或勞工團體理應與國際性或特定國家的勞工組織串聯合作或以自身的力量，在台灣或前往跨國企業總部所在地國進行抗爭，以追求勞動權益的實現。必要時，輔助性地尋求我國政府部門給予各種必要協助。請參閱簡錫堦，台灣工運的新思維，中國時報，2003年11月4日，第A4版。

[17] 台灣的社會運動，仍免不了存在著「由國家出發的社會運動」；亦即是由國家所支持，例如「三民主義統一中國大同盟」。甚至，由政黨（尤其是中國國民黨）主導或影響的勞工團體或運動，仍然未完全根絕。反對說，工運春秋：工會法制80年，頁81：中國國民黨主導工會機制，一直到民國75年底，才開始露出突破性轉變的端倪。

[18] 趙剛，現代性、國家與社會運動——小心國家：給獻身於社會運動的人，頁18。以台灣的罷工為例，其所能爭議之目的係以協商之對象為限，因此有關企業經營權之核心部分（如投資、人事），即可能被排除在外。另外，針對國家而進行之政治罷工及總罷工，學者多數見解均否定其合法性。因此，工會如欲突破現行勞工法令之限制，其空間並不大，然而，亦並非絕無可能，例如西方國家的工會所進行之警告性罷工，其合法性如何，即引起學術界及實務界極大的爭論（至少在德國是如此）。

不同，後者係一提示性的或任意性的目標指示規定，任務的落實度如何或重點任務為何，仍然恃工會的力量及自我定位而定，從避免喪失主體性的社會運動而言，國家自然無權強制規定並且要求工會完成一定的任務。

(五)由自私自利之市民社會到具公共性之市民社會

就市民社會中之工會而言，近來歐洲（例如德國）的工會已不再僅是扮演為工會成員爭取較高的勞動條件而已，而是在與雇主協商、締結團體協約時，為失業者爭取就業機會（含職業訓練）。其所彰顯的，正是其所帶有的公共性格；亦即，利益團體亦須體認其負有公共的任務，必須追求公共利益的實現。在2003年之後，德國工會聯盟同意與雇主聯盟訂定數個有關派遣勞動的團體協約，一方面提高派遣勞工的工作權益，另一方面也能有助於就業的促進，這也是其公共性格的表現。

四、案例評析

針對案例1所涉及的社會運動，本書的看法如下。

問題 1

請說明環保運動、學生運動及工會運動的相同點及相異點，尤其是其組織、理想、民主程序等問題。

答：

(一)相同點

三者都是社會運動、都在追求完成特定社會目的、具有改造社會功利取向的作用（追求社會正義）。也都具有道德性與理想性。此三者通常係對於高度工業化發展所帶來的弱勢者的被剝削，發出不滿或反抗的聲音。三者的團體間常互相串聯呼應行動，以成就特定目標的落實。

(二)相異點

組織：

1. 環保運動：由實踐環保正義的成員所組成，自發性的組織，組織

不拘形式，並不以依據法令規定組成者為限。

2. 學生運動：可以是地區性的或全國性的或個別學校性的運動，目前台灣並無一全國性的學生（會）團體，大多是大專院校間的學生團體臨時結合、分工合作的編制式活動組織。學生組織包括學生會、學生議會及其他社團組織，在一些大專院校成立工會組織後，也可將之視為學生團體。

3. 工會運動：台灣的工會運動除了全國性的或較大型區域性的運動，由具有法人身分的工會組織（總工會、大型企業工會）參與或帶領外，也參雜著許多社會運動型的或政治理想性的勞工研究團體。但針對特定廠場的特定事件，也一直存在工人組成的抗議團體，或者個別行動、或者聯合組織行動。

理想：

1. 環保運動：環境保護。此一環境，也可及於校園環境及工作環境。

2. 學生運動：多方面的公共議題，並不以教育政策相關議題（例如高學費）為限。

3. 工會運動：追求符合人性尊嚴的工作環境，但也可追求其他社會的及政治的訴求。

民主程序：

1. 環保運動：議會組織。但也有少數核心人士所發動及帶領者。

2. 學生運動：議會組織或臨時性議會型態。

3. 工會運動：議會組織。但也有少數核心人士所發動及帶領者。

 問題2

　　請說明「還我美麗家鄉協會」、「乙事業單位員工合作及敦親睦鄰聯誼會」、C大學學生會、C大學學生工會的法律性質及可能的法律規定所在（也就是該等組織須要受到何種法律限制或保護，包括人民團體法、教育規章等）。

答：

1. 「還我美麗家鄉協會」：社區型組織，可以是一時性或永久性的組織，如有依法設立則必須受到人民團體法的適用。
2. 「乙事業單位員工合作及敦親睦鄰聯誼會」：非工會組織，屬於親善型的團體。
3. C大學學生會：依據大學法、各校規定所組織的團體，代表學生的意見與利益。無法人身分。並不存在體制外的學生會。
4. C大學學生工會：學生工會應依照工會法組織登記成為法人，其對手為學校。但是，一個問題是：如果教師只能組織產業工會或職業工會，而不能組織企業工會，那麼，學生可以組織企業工會嗎？又，以台大工會為例，教師得加入嗎？誰主？誰輔？教師聽學生的（理事長是學生）？

 問題 3

　　乙突然間發現四面楚歌，想要開門協商，但是，不知道對手是誰。請說明「還我美麗家鄉協會」、「乙事業單位員工合作及敦親睦鄰聯誼會」、C大學學生會、C大學學生工會四者中誰具有協商／對話代表權？或者各談各的？或者誰根本無協商／對話？或者四者應共組一個協商／對話小組，其協商／對話結果始有法律拘束力？

答：

　　乙所造成的空氣污染問題，由於未達到防治空氣汙染法令標準值的規定，以致於不會受到行政處罰。但現代人環保意識高，即使未違反法令，不代表「無污染」或「不會危害人體」（民法第744條參照）。因此，各種團體的要求對話改善，仍然具有其社會正當性與合理性。

　　至於在協商對手上，「還我美麗家鄉協會」、「乙事業單位員工合作及敦親睦鄰聯誼會」、C大學學生會、C大學學生工會四者均具有協商對話的正當化地位（非法律地位）。即具有要求改善的保護利益。惟四者均

非嚴格意義的協商或爭議對手（四者均非乙事業單位的工會），所達成之協議理論上並無法律所保障之（得以強制執行之）地位。

　　雖然「還我美麗家鄉協會」、「乙事業單位員工合作及敦親睦鄰聯誼會」、C大學學生會、C大學學生工會四者均在追求相同的目的，但各有自己的組織目標及法律根據，並無由得出誰具有協商／對話代表權。理論上可以各談各的，四個組織得提出不盡相同的要求，乙的承諾遂會有所不同，乙即應以協議或共識決的基礎，自我實踐之。從乙的立場及利益觀之，要求四者應共組一個協商／對話小組，以達成一個單一的結論，對其最為有利。但也可能耗時耗力最久。惟此一協商／對話結果同樣無法律拘束力。

 問題 4

　　　乙經過與各路人馬協商／對話後，終究未能達成協議。「乙事業單位員工合作及敦親睦鄰聯誼會」有權進行罷工嗎？「還我美麗家鄉協會」、C大學學生會、C大學學生工會有權在乙工廠門前進行靜坐示威或圍廠嗎？

答：

1. 「乙事業單位員工合作及敦親睦鄰聯誼會」並非工會，無權進行罷工。
2. 「還我美麗家鄉協會」、C大學學生會、C大學學生工會得以社會運動的方式，透過集會遊行等形式，在乙工廠門前進行靜坐示威。惟如已符合集會遊行法及其他法規規定或管制的要求，理論上即應先滿足法規的規定。但即使未如此，基於集會結社自由之保障及言論自由之保障，檢警機關仍然應以比例原則處理該事件，除非必要，否則不得進行騰空。

　　另外須注意者，在乙工廠門前進行靜坐示威，必須讓人貨仍然得以進出。所以不得圍廠，否則可能構成違警罰法或刑事罪（例如強制罪）。惟對此，檢警機關仍然應以比例原則處理該事件。

問題 5

丙可否以乙環境汙染仍然在法定標準值之下，而要求「還我美麗家鄉協會」、「乙事業單位員工合作及敦親睦鄰聯誼會」、C大學學生會、C大學學生工會離開現場？

答：

如上所言，雖然乙所造成的空氣污染問題，並未達到防治空氣汙染法令標準值的規定。但基於環境保護基本權的理論，四個團體的要求對話改善，具有其社會正當性與合理性。因此，丙（環保機關）並無權要求抗議團體離開現場，其也不得強力驅離之。即使環境保護法規賦予環保機關如此權限，其仍應尊重公民運動的意見，除非後者的行動已明顯違法。

 問題 6

丁可否以靜坐示威圍廠擾民而要求各路團體離開，否則要進行驅離？理由？

答：

如上所言，檢警機關應可要求四個團體遵守集會遊行法、社會秩序維護法等法規的規定，但仍應尊重公民團體的集會遊行權及言論自由，故其必須嚴格遵守比例原則的要求，原則上不得進行驅離行動。

 問題 7

C大學行政主管也趕到現場，並且要求C大學學生會、C大學學生工會離開現場，否則要以校規處分？有理否？C大學學生會、C大學學生工會如何與之對抗？

答：

1. 即使C大學校規中已有類似的處罰規定，但是，C大學學生會及C大學學生工會仍然得以公民社會團體的身分，從事與公益有關的社會運動。在此，除非學生會及學生工會的活動已經達到明顯違法的程度，且已經為檢警機關處分，否則，校規應被排除適用。在此，所謂特別權力關係或特別法律關係應該受到限縮。

2. 假設C大學執意以校規處分，C大學學生會、C大學學生工會即可採取行政救濟途徑，以該處分違法或不當，循訴願及行政訴訟的管道救濟之。

第二節　德國

一、威瑪共和國之前

可以1869年北德聯盟的帝國工廠法（Reichsgewerbeordnung）為分水嶺。之前，同盟行為係被禁止的。[19]最重要的規定，當然是1845年的普魯士工廠法明白禁止工人組織工會。任何集體約定停止工作的行為，均被視為係一應該受到刑罰制裁的違約行為。工人組織或集結的行動，均應獲得警察事先的許可。一直到北德聯盟的帝國工廠法第152條及第153條將禁止的規定予以廢止。[20]惟該時同盟行為僅是被「容忍」（Duldung）而已，而非被「承認」（Anerkennung）。對於同盟間所締結的協議，如一方未履約時，第152條規定並未賦予他方當事人訴請履行的權利，其性質僅止於自然債務而已（Naturobligation）。如果強制工人加入工會會受到刑事制裁，而且，工會阻止破壞罷工的人（Streikbrecher）入廠工作，會被以侵害消極的團結權為由追訴。其後，1916年的「救助勞務法」（Hilfedi-

---

[19] 德國在1731年的帝國手藝業行會條例（Reichszunftordnung）以刑罰禁止技匠聯盟（Gesellenbund）的成立，並且對於爭議行為（尤其是罷工）以刑罰加以制裁。

[20] 北德聯盟的工廠法只適用於工廠事業主及其助手、學徒、工人，以及煤礦工人。

enstgesetz）始某種程度地承認同盟或團結的權利。

　　詳言之，德國1869年6月21日的工廠法針對「目的在爭取較好的工資及勞動條件的協議及團結體（Vereinigung），尤其是以停止工作及解僱勞工的方式為之者」，已將所有的禁止規定及刑罰規定予以廢止，並且在法律的層次規範了團結自由及爭議行為的自由。此處被廢止處罰之行為，包括組織爭議團體及使用爭議手段。對於勞工與雇主的爭議行為，第152條第1項係採取完全形式的平等對待。[21]惟第152條第2項並未給予團結體成員一個訴請履行的權利；第153條則是規定，團結體對於個別勞工的壓力行為，均應以刑罰加以制裁。其立法目的，係在確保自由不受到權利濫用、脅迫及暴力的不當影響。[22]此種立意在保障個人意志的規定，在實務的操作上卻發生如下的流弊：由於對於個人自由保護的擴張解釋，團結體在法律上已無可能強迫爭議行為的參與人或聯盟的成員要遵守決議或要進行一團結一致的舉動。[23]也就是團結體的紀律規定，會被聯盟成員以消極團結權為由予以排除。

　　另一方面，在當時，對於工會運動最大的威脅，係來自於社團法（Verein）的規定。這是因為第152條第1項雖然排除社團法之適用，但僅限於聯盟的行為及爭議的行為係在「爭取得到較好的工資及勞動條件」時。而法院實務卻是從嚴解釋此一要件。[24]一旦超出單純的勞動契約形成之外而追求社會政策的目的，例如縮短法定的工作時間，不問其係將之納入工會的計畫之內或只是偶然地在集會中談論，第152條第1項所賦予的特權隨即被剝奪。[25]依據1887年10月10日帝國法院刑事法庭判決的見解，

---

[21] 也就是採取形式的對等說。

[22] 在當時，不承認消極的團結權，即會被視為是對於自由主義的反動。

[23] Seiter, a.a.O., 55 f.：本來，工廠法第152條及第153條之規定，可以發展成為爭議行為自由的大憲章（Magna Charta）的。只不過，實務的運作卻阻撓了這一條路，因其太過於寬鬆地運用條文中有關組織爭議團結體及進行放下工作之限制規定。

[24] RGStr. 16, 383 ff.

[25] 依據當時勞工法學者Lotmar的見解：法定的團結自由（Koalitionsfreiheit）僅是指不受到限制（Unverbotenheit）及不受到刑法處罰（Straflosigkeit）而已。團結體是自由的，但

工廠法第152條第1項「絕對與任何具有一般政治性格的標的無關，而是完全侷限於雇主與勞工間具體的勞動契約可以直接約定的工資與勞動條件的事項，以及所爭議的社會經濟的利益直接與此條件有關者」。一旦團結體「逾越到國家的領域，一旦其自以為國家機關而代行國家的行為，其工廠法上團結體的身分也不再存在，而是搖身一變為政治的社團，其當然受到社團法的限制」。這也意味著團結體應該受到政治團體特殊規定的適用，其應該將會員名冊繳交主管機關，主管機關也可以將之「關閉」（geschlossen）。[26]（台灣依據2011年5月1日修正施行的工會法第11條第2項規定，籌備會在召開工會成立大會後，應檢具會員名冊請領登記證書。此一規定，幾乎與人民團體法第10條完全相同。惟依工會法第9條第1項規定之不予登記情事，卻不包括會員名冊。故主管機關應依工會法第9條第3項限期令籌備會補正，屆期不補正者，始不予登記。所以，會員名冊的檢具，主要目的是在檢視工會是否具有形式的成立要件。）

　　由工廠法第152條第1項之規定可以得知，爭議行為仍應負擔契約法上的後果。目的在進行爭議之停止工作及解僱，必須遵守預告期間終止契約，始不會違反契約。工廠法並未賦予當事人一個「主觀的－私法的（subjekt-privat）罷工權或鎖廠權」，只是讓爭議行為阻卻違法而已。至於工廠法第152條第1項規定在私法上的重要性，則是在於侵權行為（unerlaubte Handlung）的部分。由於廢止了罷工行為的刑事制裁，雇主也失

只是如鳥一樣的自由（vogelfrei），真正的團結權（Koalitionsrecht）仍然有待於建立。引自Seiter, a.a.O., 56。

[26] 在此，台灣在2011年5月1日修正施行前的工會法第40條第1項第2款規定，主管機關在工會破壞安寧秩序時，得予以解散。而依據1975年5月21日修正施行前的舊工會法第3條之規定，工會之主管機關在中央為內政部。因此，解散工會之主管應是指內政部及各縣市政府的警察機關而言。如此一來，即與普魯士的行政命令的規定一模一樣。還好在1975年5月21日修正施行的工會法第3條規定，已將工會之主管機關改為：在中央及省為行政院勞工委員會。而在2011年5月1日修正施行的工會法第3條再規定為，工會之主管機關：在中央為行政院勞工委員會。更重要的是，已經將舊工會法第40條第1項第2款主管機關在工會破壞安寧秩序時，得予以解散之規定，予以刪除。

去了請求損害賠償的依據。由第152條第1項的規定也可以得知：勞工集體
地預告終止契約以進行爭議行為，[27]並不會受到刑事上的〔強制罪（Nöti-
gung）或脅迫罪（Erpressung）〕及民事上的（侵權行為）制裁。其實，
早在19世紀初期，帝國法院民事庭即採取工廠法中自由主義的思想，認為
爭議行為係一合法之行為。罷工對於設立及經營企業權利的侵害，在法律
上並不被評價為非法。除非其已符合德國民法第826條「故意以背於善良
風俗之方法加損害於他人者」之要件。

　　最後，在1869年之後至第一次世界大戰末期，雖然存在著工廠法對
於組織工會及爭議行為的限制規定，但是勞工還是組織了力量強大的聯
盟，而這也促成雇主成立雇主聯盟的決心。勞工團體與雇主團體成為訂
定勞動條件的最主要決定者，立法者也在1918年的「團體協約命令（Tar-
ifvertragsverordnung）承認了勞資團體的上述權限」。

二、威瑪共和國時期及1945年之後

　　1919年8月11日的威瑪共和國憲法的第159條、第165條第1項規定，首
度承認特殊的結社自由（團結權）的保障，並廢棄了北德聯盟工廠法中對
於團結自由基本權的刑法上的限制及社團法上的限制（第152條第2項、第
153條）。依據第159條規定，任何人及所有職業，均可以為維護及促進勞
動條件與經濟條件而組織團體（Vereinigungsfreiheit）。所有為限制或阻
止結社自由之約定與措施，均屬違法。在此法條中，團結權只是一個個別
的權利而已，並不包括集體的基本權。而且，並未明白規定罷工之問題，
勞工如要合法放下工作，仍然必須預告終止勞動契約。否則，單純地放下
工作係一違約之行為，雇主可予以解僱，可以請求損害賠償。爭議行為，
一般被認為係違反善良風俗（sittenwidrig）之行為，依據德國民法第826
條處理。雖然如此，有關刑法上及社團法上的限制及制裁，已被刪除。自
此時起，雇主亦不得以勞工具有工會會員的資格為由，而予以解僱。[28]

---

[27] 這與台灣前些年的以集體辭職做為爭議手段者，幾乎無所差異。

[28] Kalb, Arbeitskampfrecht, in HZA, Gruppe 18, 1994, Rn. 1005.

　　至於在1949年之後，雖然基本法第9條第3項規定之用語與威瑪憲法第159條的規定一樣，但團結自由基本權的內涵已有相當的不同。包括團結體（工會、雇主聯盟）本身也有團結權的保障，只要經由工會以一定的程序決定，勞工無須預告終止契約即可放下工作，以及侵權行為多依民法第823條處理等，均已較之前的基本權內涵擴大許多。其詳細的內容，將於以下各章敘述之。

PART 2

集體勞工法

第三章　團結權之基礎理論

第一節　集體基本權之內涵

一、勞動三權應採割裂的處理

　　台灣有關勞工集體權利之保障，主要是規定在工會法、團體協約法及勞資爭議處理法等勞動三法中。雖然學者間多主張勞動三權具有基本權的保障，但無論從憲法第14條或第15條規定的用語中，實際上均未明定「特殊結社權（即團結權）」之保障。學者間殆以釋義學的方式，參考國外的法令與學說，而得出憲法保障之結論。論者因而批評謂「我國現行成文法體系中，對於爭議行為並無明確之規範意旨，而是用『反面推論』之方式，得知立法者保障勞動者之爭議行為，但是這畢竟並非精確之法學論證模式。」[1]此誠屬的論。

　　就勞動三權間的關係來說，其均係為確保勞工生存之手段，具有密切相互關聯之關係。即其本身只是確保勞工生存之基本手段，而非目的。雖係起源於保障勞工生存權與工作權，但並非僅侷限於狹義的階級鬥爭思想。所以，並不保障「為爭議而爭議」之集體勞動行為。尤其重要的是，對於提供勞務的「勞動者」，勞動三權雖然原則上應該一體適用之（釋字第373號解釋參照）。但是，勞動者的身分千差萬別，也可以做如公務人員般的區分，從最狹義到最廣義都有（團體協約法第12條第2項參照），而其受到法令保障的嚴密度本來就有不同，勞動三法及其內涵的原理原則（例如工會自主原則、章程自治原則）應該集中於為實踐員工權益的「雪中送炭」（尤其是中小型事業單位企業工會以集體力量，提升員工的勞動條件），而不是「錦上添花」作為或為工會幹部創造職務與福利（例如

---

[1] 彭常榮，勞動者爭議行為合法性研究——以醫師罷工為中心，中原大學財經法律研究所碩士論文，2004年6月，頁16。

工會理監事負責工會政策的擬定及執行或監督，為免角色混淆或利益衝突，並不得擔任工會會務人員，包括會計、出納、採購、業務及組織發展推動等。部分不同意見說，行政院勞工委員會101年10月31日勞資1字第1010127313號函參照）。因此，例外仍可做「割裂式的處理」；亦即不採「全有或全無原則」，而是區分適用的對象，例如供應民生必需品的勞工、公務員、教師、軍人等，而對其爭議權，甚至協商權即予以限制。吾人如觀釋字第373號解釋意旨，亦可得知其是採此一見解。[2]學者間偶有主張「一體適用」者；亦即不區分其身分，所有的「勞動者」均有罷工權，包括供應民生必需品的勞工、公務員、教師、軍人等在內，雖然具有一定的震撼性，但卻未顧及受到勞資爭議影響的社會大眾及不相干第三人的權益，而且也忽略了可以其他途徑（例如仲裁）解決斯類人員勞資爭議的可能性及可行性，其見解之偏於一隅與不當，自不待言。[3]更重要的是，公部門（含教育部門）勞資關係中的員工並不當然享有勞動三權，這是因為傳統上公部門員工所負責執行之任務，多具有公權力之作用或帶有社會公益的性格，因此，對於國家負有（相較於私部門勞工）較強的（政治）忠誠義務，而國家也相對地報之以較為善的權利保障（勞動基準法第84條甚至創造了「公務員兼具勞工身分」的特殊勞動者階級，其所享的特權是；適用公務員法令或勞動基準法中較優的規定）。此在先進國家多是如此處理。而在台灣，雖然公部門勞資關係的法令架構不明及學者專家研究不多，但從勞基法第84條及團體協約法第10條第2項及勞資爭議處理法第54條第2項、第3項規定，也大概可以略知一二。

2　陳宛玲，銀行組織變革下勞工行使爭議權之研究──以2005年台企銀工會罷工案為例，國立中正大學勞工研究所碩士論文，2006年12月，頁43：勞動三權間的關係不僅是平行的，彼此也是有所關聯性，但此三者本身是可被切割式處理的。
3　例如李震山，罷工糾察線作為預防犯罪的警察權發動對象──警察法觀點，發表於「爭議行為之行使所涉及相關法律問題」學術研討會，2006年12月8日，頁89：罷工權應是勞動基本權保障核心內容之一，與團結權、團體協議權不可分割。又，司法院大法官會議釋字第373號解釋的不同意見書，也是從保障勞工生存權的角度，認為勞動三權絕不可分割而任缺其一，即三權間「在行使上有結合之關係，在結構上有連繫之關係」。

再一言者，團體協商的必要性，其強弱係建立在勞動契約（勞動關係）有無勞基法規範的前提上，亦即國家有無強制規定最低勞動條件的保障。論者間有謂個別勞動法係以勞基法為核心（國家公權力的直接介入、管制），即可反面推出此一意涵。這與本書作者所主張之個別勞工法應以勞動契約法為重心，自然會得出勞動三法的重要性，其間的意義並不相同。也就是說，在國家手段的選擇上，可以勞動基準法、或以團體協商為優先，而以另一個為輔，有其中之一，另一個手段的必要性即大大減低（但是，這不是說不可以兼採兩者）。吾人如以德國1952年的最低勞動條件法為例，其中即有團體協約優先的規定，所以該法律並未被啟動適用過（德國在2015年1月1日開始施行最低工資法，明定各行各業原則上最低工資為時薪8.5歐元）。德國這樣的手段選擇，並非建構在產業結構負擔能力的考量上，反而是在尊重團體協約自治。倒是，在台灣，我們還要考量產業發展的現況、重心，平衡勞工的權益及產業的發展。

二、集體行乞與跪地求饒的避免

一般在論及爭議權保障之必要性者，均以舉德國聯邦勞工法院之判決為例，強調：無罷工權保障之協商，對勞工而言，實無異乎「集體行乞」（kollektives Betteln）。[4]此固為實情，而且在經濟正常發展下，冀望團體協約自治能發揮所得重分配之作用，無罷工權之輔助確實難以達成其訴求。不過，集體團結權之保障並不以勞工為限，假使勞工能夠組成工會，甚至進一步組成工會聯盟，則其施壓的能力必定倍增，想要以單一的雇主與之對抗，恐怕力有未逮，因此，雇主當然也有組成團結體的需要與權利。惟假使個別雇主不組織或加入雇主聯盟／團體，即表示其協商或爭議對手已經回歸到企業工會，雙方也是為達成廠場或公司團體協約而努力。所以，工會團體（產業工會或職業工會）當不得以個別雇主作為協商或罷工的對象（因此，中央勞政機關認為直轄市教師職業工會或產業工會得直

---

[4] BAGE 33, 140 (151); 48, 191 (201). 另請參閱黃程貫，由罷工權及工作拒絕權之法律性質談勞工集體休假，政大法學評論第37期，頁109。

接與個別公立學校進行團體協商，其見解與工會法第6條第1項的立法意旨相違而不足採。行政院勞工委員會100年10月28日勞資2字第1000126586號函、101年5月22日勞資2字第1010062480號函參照）。但工會團體當得提供企業工會各種協助，例如幕後工作及依據團體協約法第8條第2項規定，推派人選擔任企業工會的協商代表。[5]另外，假使在工會施壓之後，勞資雙方的力量不僅回復平衡，甚至向工會傾斜時，就不能不賦予雇主爭議手段以為對抗。這也是對等原則之所以為勞資爭議最高指導原則的由來。因此，本章以為雇主也應該擁有爭議權（繼續營運、黑名單等），而且在一定的情況下也有鎖廠權（Aussperrung），否則，無鎖廠權的雇主將難免淪為「跪地求饒」的處境。

第二節　團結權之概念

一、團結之自由與結社之自由之差異

從廣義來說，團結之自由也可以說是結社之自由。不過，結社之自由係在18、19世紀之經濟自由主義與其他之自由主義之下被強調、承認之自由，而勞工團結之自由毋寧係在此思想下受到壓抑而孕育而成的，在此限度，兩者之原理即有差異。也就是在工業革命之後，勞工在職場上面臨的困境，乃有勞工運動之起，其集合勞工所組成之團體，目的是在爭取勞動條件的改善，本質上自然與其他的社團有所不同，甚至也引起人們社團法或人民團體法是否可適用於勞工團體或雇主團體之疑慮。由於團結自由係在工業革命才衍生，其並非傳統的基本權（klassisches Grundrecht）（即其並非天賦人權）。

又，相較於結社自由，團結自由雖然也是自由權（Freiheitsrecht），

---

[5] 反對說，李震山，前揭文，頁89：「稱勞動基本權者，包括勞動者之團結權、協商權及爭議權之勞動三權。」在此，作者似乎有意否認雇主也有勞動三權。與李震山看法相同者，蔡震榮，集會遊行與罷工集會，發表於「爭議行為之行使所涉及相關法律問題」學術研討會，2006年12月8日，頁138：勞方的勞動三權屬勞工基本權，受到憲法的保障。

但其特殊性係在於其係一「為維持及促進勞動條件及經濟條件之組織」。
此為德國基本法第9條第3項規定與第9條第1項規定差異之所在；也就是
說，基本法第9條第3項對於團結權置入了一個「功能描述」（Funktions-
beschreibung），「維持及促進勞動條件及經濟條件」即是一個對於團結
體的目的保障（Zweckgarantie）（台灣工會法第1條、第5條第1款及第3款
參照）。[6]

　　另外，在一般結社自由與團結自由之差異上，是否包括「限制保留」
（Schrankenvorbehalt）的差異？對此，德國少數學者有主張德國基本法
第9條第2項之限制保留，依據其用語，只是針對同條第1項的一般的結社
自由適用而已。[7]一個未受限制保留的基本權保障，不應該受到一般法律
規範的限制而相對化，這也包括警察法規在內。其界限，只能由憲法本身
導出。雖然如此，多數學者及聯邦憲法法院、[8]聯邦勞工法院仍然認為團
結自由基本權並非是一個內容不受任何限制的權利，而是只在其核心部分
（Kernbereich）受到保障而已。至於團結體的權利為何？應該由立法者將
之詳細規定。也就是說，一般結社自由與團結自由均會受到限制。[9]

　　再就台灣對於團結自由的規範來看。相較於德國的立法，令人遺憾
的，台灣2009年6月23日修正的、並且自2011年5月1日施行的工會法第1
條規定，甚至未談到「勞動條件之改善」是工會的目的，反而是不知所
云地列出「為促進勞工團結，提升勞工地位及改善勞工生活，特制定本
法。」其中，所謂「提升勞工地位及改善勞工生活」，即使為工會之職責
之一，但似乎不應規定於工會法中。又，改善勞工生活一語，顯然不如改

---

[6]　不過，須注意者，依據德國聯邦憲法法院的見解，基本法第9條第3項所欲保障之促進勞
　　動條件及經濟條件的形式，並不以團體協約制度為其唯一的形式，而是包括藉由共同決
　　定法（Mitbestimmungsgesez）所強化之企業層次的勞工參與。請參閱BVerfGE 50, 290,
　　371。

[7]　Nauditt, Die Eingriffsbefugnisse der Polizei im Arbeitskampf, AuR 1987, 154.

[8]　BVerfGE 50, 290 (368 ff.), 57, 220 (246).

[9]　就台灣來講，台灣憲法第23條之規定，適用於第14條，或第15條，或第22條，並未有例
　　外的設計。

善勞動條件一語精確。所幸，原來修正條文草案中的重大缺陷，並未出現在修正條文中。亦即其原本將「保障協商權及爭議權之行使」作為工會法之宗旨，超出了工會法規範的範圍之外，令人有摸不著頭腦之感，蓋協商及爭議係工會的手段保障內容，工會之是否有協商權或爭議權，本應視個別工會而定，例如公務員協（工）會，以及各界爭議不休的教師組工會問題。現在，如在工會中作如上用語之保障，將難免引起人們任何勞工均有團結權、協商權、爭議權一體成形的勞動三權之感（即所謂「一體適用說」），並不妥當。因此，本文以為擁有團結權之人是否也擁有協商權，甚至爭議權，理當在團體協約法及勞資爭議處理法中加以規範才對（例如團體協約法第10條第2項及勞資爭議處理法第54條第2項、第3項參照），該兩個法律才是協商權與爭議權規範的法律所在也。

在2011年5月1日修正施行前的舊工會法中，係在第20條第4款明白規定，「勞動條件之維持或變更應經會員大會或代表大會之議決」。對此條款之解釋，固然首先是指工會面對團體協商時（前、後），內部有關勞動條件維持或變動之決議。因此，該條款係工會目的規範之所在，彌補了舊工會法第1條規定之不足。不過，該條款應該不以適用在團體協商時為限，而是包括（非團體協商時期）工會針對個別事項，代表會員議決雇主所為勞動條件之變動。例如台灣新竹地方法院民國94年7月26日91年重勞訴字第3號判決謂：「產業工會既為同一廠場內之被僱人員所組成之團體，以集體之力量，與資方談判勞動條件，以保障勞工權益，促進勞工福利等為宗旨，工會會員代表大會討論之事項係以多數決之方式行之（見舊工會法第6條、第21條），經工會會員代表大會議決之事項，自得拘束各會員。又按舊工會法第20條第4款規定：下列事項經會員大會或代表大會之議決：四、勞動條件之維持或變更。同法第30條規定：工會之選舉或決議，有違背法令或章程時，主管機關得撤銷之。被告之減薪方案已與工會代表協商，並經由產業工會會員大會之議決追認，且未有違背法令或章程，經主管機關撤銷之情事，自已對所有之工會會員發生效力。即使已提出退休之工會會員亦然。」

如上所述，舊工會法第20條第4款規定，符合工會的目的與任務，具

有相當程度的重要性。詎料，2011年5月1日修正施行的工會法第26條中已將該款刪除，其理由為：「勞動條件之維持或變更，屬於個別勞動契約內容之調整，除有團體協約外，應屬於各該勞工與雇主間權利義務問題，不宜概括授權由會員大會或代表大會議決之，爰刪除現行條文第4款。」對此，本文頗表不解。蓋該條款係明確化工會的目的與任務，而不在於排除個別勞工與雇主協商勞動條件之權限也。

雖然如此，2011年5月1日修正施行的工會法第26條第10款卻有如下之規定：集體勞動條件之維持或變更，應經會員大會或會員代表大會之議決。其目的，仍然是在強調會員大會或會員代表大會之議決事項，不及於會員的個別事項。果如此，則其與新工會法第5條第3款規定之工會之任務為「勞動條件之促進」有何不同？後者是否仍然侷限在「集體」勞動條件之維持？對此，本書毋寧採取否定見解，認為其及於會員個別的勞動條件促進。

觀察德國基本法的制定歷程，制憲國民大會委員會（Parlamentaisch Rat）雖有考慮在基本法第9條第4項中納入罷工權，但在內部諮商之後還是決定放棄。其理由在於：罷工何時合法、何時非法，必須針對個案詳細地加以規定。而基本法本非一部可以將全部判例（Kasuistik）納入的法律，自然不應該列入罷工。由此可知，制憲者顯然認為應由一般法律的立法者，來具體規定與罷工有關的事項，包括團結體的行動、存續、目的等。立法者有必要制定社團法（Verbandsgesetz）、團體協約法，以及爭議行為法（Arbeitskampfgesetz），這是其基於法律保留原則所負擔之義務（台灣司法院大法官會議釋字第373號解釋也有類似的陳述）。

所以說，制憲者並非忽略了行動權的保障，而是有意不在基本法中規範。這當然不能說：制憲者應該相信立法者會有所行動，而一旦立法者無所作為，那麼，即無行動權或罷工權之保障可言。只是，立法者既然未加以具體化，則在保障的程度上，自然與明定在憲法上的保障有所不同。其保障僅在一定的限度內（in gewissem Umfang）而已，德國聯邦憲法法院稱之為核心部分，並且以絕對必要性理論（Unerlässigkeit）作為核心部分保障的特徵。只有絕對必要的團結體的行動，才在基本法第9條第3項的保

障之內。

　　至於核心部分理論之內容，將於下面再加以說明。

　　但是，學者間也有從政治的動機，想要對團結權的解釋加以操控。[10]
依其見解，罷工權絕對不受任何限制，這是聯邦憲法法院判決的意旨。至
於鎖廠則不是如此，即使同情性罷工（Sympathiestreik）及社會連帶的罷
工（Solidaritätsstreik），也是合法的行為。多數學者以其為「非真誠地論
述」（nicht seriös argumentiert），無法與之進行實質的討論，稱之為政治
魔術（politische Zauberei）可也。其所謂國家不需要社團法或爭議行為法
的規範，或行動權的限制以法有明文為限，均是出自於政治上的動機。

二、團結體（工人團體）與工會的異同

　　2011年5月1日修正施行前的舊團體協約法第1條第1項規定，有法人
資格之「工人團體」始具有團體協商的能力（tariffähig）。此工人團體指
的是什麼？是否不以工會為限？（2011年5月1日修正施行的團體協約法第
2條則是將其明定為「依工會法成立之工會」）再者，準備進行勞動鬥爭
是否為團體協商能力的內涵？換句話說，假使有一個工人團體的章程明定
其不進行爭議行為〔例如德國的家事服務人員聯盟（Hausgehilferinenver-
band）的章程規定：家事服務人員聯盟不得進行爭議行為〕，則其是否可
以稱為工會？對此，德國聯邦勞工法院持否定見解。而聯邦憲法法院則持
肯定見解，認為只要具有社會的壓力（Sozialmächtigkeit）或在社會領域
貫徹要求之能力（Durchsetzungsfä-higkeit），即稱得上是工會。

　　團結體與工會的定義並不完全相同。德國公務員工會聯盟（DBB）
並未具有協商能力及不得進行爭議行為，並不是真正的工會，但其是一個
團結體。而在台灣的公務人員協會，依據公務人員協會法的規定，同樣不
得要求協商（公務人員協會法第7條參照），也不得進行爭議行為，所以
也只是一個團結體。至於新工會法第4條第3項規定，「教師得依本法組織
及加入工會。」據此所成立之教師工會，論者間雖有主張根據教師法修正

---

[10] 例如Däubler, AuR 1992, 1 ff.。

條文已有的權利義務規定，教師工會即不得要求在團體協約中另有約定。
本書認同此一見解，蓋其工資及其他的勞動條件既已明定在教師法等相關
法規，即已表示立法者已給予一定程度的保障（教育法規已構成勞動條件
的上限），教師工會似已無以團體協商爭取勞動條件的改善及促進的必
要，連帶地，新勞資爭議處理法第54條第2項規定遂也禁止其進行罷工。
只有採取如此之解釋，根據工會法所成立之教師工會，在理論上始能與公
務人員協會獲得相同對待。而這也是公部門勞資關係的特性使然。而團
結體，其本質則是一個社團（Verein），是一個由人員組成的社團，所以
說，團結體的範圍大於工會的範圍。

三、是職業聯盟自由或工業聯盟原則？或廠場（企業）工會？

（一）一般

所謂職業聯盟自由（Berufsverbandsfreiheit）或工業聯盟原則（Indus-
trieverbandsprinzip），原本係德國勞工及雇主組織團結體普遍所採行的作
法或原則。台灣在舊工會法時代亦已經有職業工會的設計，而在2011年5
月1日修正施行的工會法第6條第1項第2款規定中，新增產業工會的類別。
詳言之，前者係指團結體（工會及雇主聯盟）之組成，以職業（例如銷售
員、鎖匠、印刷工）為對象；後者則係指依其部門、工業（例如金屬、化
學、銀行等等）來組織。蓋工會與雇主之團結自由並未受到法律的限制
（Schrankenvorbehalt），所以其也可以決定團體的數目與內容；亦即基
本法第9條第3項保障了多元團體（Koalitionspluralismus），以及將組織
高權保留給團體。所以依據德國法的理解，跨廠場的組織也是屬於團結體
的概念。這裡所指的跨廠場的工會組織，包括各種行業的工會聯盟（例
如台灣的全國總工會／各縣市總工會，德國工會聯盟，DGB）及單一行
業的產業工會（例如中華民國營造業總工會，德國金屬工會IG-Metall.但
是，德國金屬工會經由2016年修正章程擴大其管轄領域，與德國工會聯盟
形成權限衝突的現象。Volker Rieble, IG Metall als Universalgewerkschaft,
RdA 2017, 26 ff.）。

勞工及雇主如係採取工業聯盟的型態而組織，則以化學工業為例，即

會將化學工廠裡面的鎖匠涵蓋進來。就實際狀況而言，工會及雇主聯盟通常均是依照部門〔工業部門〕來組織；亦即原則上每一部門，在工會及雇主每一方面，均只有一個聯盟有其管轄權〔例如金屬工會與金屬工業〕。多元團體並未被充分利用。在自願的及法律未強制規定之下，法律的實證上係以工業聯盟原則為其最主要的組織型態。在工業聯盟原則之下，工會團體與雇主團體所簽訂的團體協約，稱為部門的團體協約（Branchentarifvertrag）。在此之工會聯盟與雇主聯盟可以締定一對全部部門之廠場（金屬、化學等）與勞工適用之團體協約〔聯盟的團體協約（Verbandstarifvertrag）〕。所以說，部門的團體協約適用即是一聯盟的團體協約。至於由工會與單一的雇主簽定公司團體協約（Firmentarifvertrag, Haustarifvertrag），則是一非常顯著的例外（在德國，還有由雇主團體與工會團體所簽訂，針對個別雇主量身而定的團體協約，稱為「以特定企業為對象之聯盟的團體協約unternehmensbezogener Verbandstarifvertrag」。請參閱 Christopher Melms，Der unternehmensbezogene Verbandstarifvertrag – nichts als Risiken？ NZA 2017, 365 ff.）。但是，企業工會在台灣反而是常態，一直到2014年第3季底之前實務上所存在的團體協約，也都是廠場或公司團體協約（在2014年2月底時，全台灣只有110個有效的團體協約，簽訂比率甚低。但自2014年第3季底之後，職業工會所簽訂的團體協約已達191個，遠超過101個企業工會團體協約。更令人訝異的／驚奇的，是在2015年第4季底，在全國總數664個團體協約中，產業工會團體協約342個，其次為職業工會團體協約191個，企業工會團體協約則為131個。所以，2015年第4季底起，在實務上，企業工會團體協約反而為數最少。吾人如觀2017年第1季底的統計，全台灣有688個團體協約中，其中產業工會團體協約342個，其次為職業工會團體協約195個，企業工會團體協約則增至151個。企業工會團體協約仍然為數最少。在2019年第1季底，全台灣共有713個團體協約，其中產業工會團體協約353個，其次為職業工會團體協約196個，企業工會團體協約為164個。三者均呈現微幅上揚的局面）。倒是，立法者配合工會組織多元化發展，在新工會法第6條第1項第2款新增產業工會（工業聯盟原則）的類型，以突破企業工會難以成立（包含容易受到

雇主打壓）或無法成立（廠場僱用勞工人數未滿30人）的困境（只是，要思考的是，儘管以前法無明文，勞工即不能成立產業工會嗎？雖然，根據勞動統計月報，在2011年之前並無產業工會數及產業工會會員人數之統計）。欲加入產業工會者，必須具有受僱人的身分（所以，產業工會會員加入勞保的投保單位，仍然是各自的雇主／事業單位，而非該產業工會）[11]。其後，新竹科學園區的電子產業，也依之成立台灣電子電機資訊產業工會。有問題的是，如何找到其協商的雇主團體？或者說，誰來輔導成立雇主團體？工會的對手是雇主、而非政府（但在台灣卻常是政府、還有工人自己）。理論上，新竹科學園區的電子產業也應該成立具有協商權的雇主聯盟，如此，才有可能進行團體協商及（必要時的）爭議行為。產業工會的協商及爭議對象，應該不是該部門裡的個別雇主（同樣地，職業工會的對手也應是特定職業的雇主團體。他們才具有團體協商的協商資格（團體協約法第6條第3項的反面解釋）。職業工會當然不得任意選定特定的雇主作為其對手。這也是基於武器對等的理論而來。就此看來，教師職業工會或產業工會當然須以學校團體／雇主團體為協商及爭議對手，個別學校無法成為協商或爭議對手，這也是當初工會法第6條第1項第1款排除教師成立企業工會的緣由，以免個別學校間具工會會員身分的教師或單一學校中具工會會員身分的教師及非會員教師間的勞動條件不一。再者，教師法等相關教育法規已經對於教師勞動條件統一的上限規定，並不容許有差別對待的情況出現。這是基於教育部門勞資關係的本質使然。在此，縣市政府及教育部均只是學校／雇主／雇主團體的監督主管機關，本身並非

---

11 同樣地，企業工會或廠場工會的會員及其幹部（含理、監事），仍然應以勞工的身分，由雇主以投保單位為其加保勞工保險，始為合法。就此看來，行政院勞工委員會94年4月13日勞保三字第0940018540號函准許企業工會及總工會為其理監事投保勞保職業災害保險，顯然違反勞工保險條例第6條第1項的規定，紊亂法律體制，並不可採。該函示要旨為：「查本會93年3月3日勞保三字第0930010461號令『產業工會（作者按：此即為2011年5月1日後的企業工會）得以負擔全部之職業災害保險費，為事業單位員工兼任工會理、監事者投保職業災害保險。』事業單位員工兼任各級總工會理、監事者，可適用本會前開令示，得由總工會投保勞保職業災害保險。」

雇主（或者：頂多只是教育法上的或教育行政上的雇主而已，而非勞動契約或集體勞動法上的雇主），無法為個別學校或學校團體做出承諾，故難以成為協商或爭議的對手。在101年勞裁字第31號裁決決定書中，不當勞動行為裁決委員會欲藉由「不當勞動行為救濟制度上之雇主」之概念，擴大雇主的範圍，以實踐勞動三權的原始理想，實屬不當且不足取。不僅埋下勞工主管機關與教育主管機關見解歧異的導火線外，並且有可能導致政治協商或政治罷工之疑。相對的，行政院勞工委員會100年10月28日勞資二字第1000126586號函及最高行政法院102年度裁字第1511號裁定的見解則屬正確。前者認為，「二、查教師係受聘僱於學校，接受學校之指揮監督，因教師與學校間存在勞動關係，故學校應為教師之雇主，而教育行政主管機關僅為編列與教師權利義務相關預算、訂定與教師相關之法規（職權）命令或法律者，屬學校之目的事業主管機關。另依團體協約法第10條第2項第3款規定『一方當事人為前二款以外之政府機關（構）、公立學校而有上級主管機關者……，』以及主管機關辦理勞資任一方申請交付仲裁注意事項第7點規定『勞資爭議當事人一方為團體協約法第10條第2項規定之機關（構）、學校者，非經該項所定機關之核可，不得申請交付仲裁』足見，學校於團體協約之協商及勞資爭議之處理皆為一方當事人。三、又教師相關工會與公立學校進行團體協約之協商團體時，如協商事項涉及教育部或教育局（處）執掌職權或基於法律授權訂定命令者，學校當可指定上開機關所選定之人員擔任雇方協商代表參與協商。」（在此所牽涉的、且屬微妙的問題是：無論是勞動部的函釋或裁決委員會的決定書，均是以勞動部的名義發布，代表勞動部的意見。但在兩者的見解不一致時，究竟應以何者為準？本書以為從勞工行政的本質及結構性來看，似應以函釋的見解為準）後者則認為，「公立學校教師受聘於學校，就教師之薪資、聘用任用、任期等事項，縱如被上訴人所稱學校無決定之權，惟從勞動關係來觀察，教師受聘後，向學校提供教學等勞務，且仍須接受學校之指揮監督，故勞動關係存在於教師與學校間，就此而言，學校應為上開工會法所規定之雇主，而有該法之適用。」果若確實存在「不當勞動行為救濟制度上之雇主」，則其內涵似乎即與「工會法上之雇主概念」不同，而且，另

外要思考的是，是否亦應承認仲裁制度上及調解制度上的自有雇主概念？集體勞動法上的雇主概念究竟如何正解？是否應該採取一致性的定義？其與憲法上的勞動者概念有何連動？）。另外，依據新工會法第11條第1項規定，組織工會應有勞工30人以上之連署發起，組成籌備會辦理公開徵求會員、擬定章程及召開成立大會。條文既未指明限於企業工會，則產業工會及職業工會的成立，也要受到同樣人數的限制。從競爭的意義來看，如果是企業工會的團體協商，其缺點是其他的廠商會來搶單，而且因為團體協約所增加的工資，不利於與同業競爭（除非是具有獨占性質的事業，例如鐵路。但是，在火車員工罷工時，顧客還是會流向長短程的客運業或汽車租賃業，且視火車員工罷工次數的頻率及時間的長短，而影響顧客是否回流的意願。在2014年德國火車司機員多次罷工的情況下，即有不少顧客改以租賃車前往目的地，有一家汽車租賃業即以火車司機員工會理事長的肖像製作成一幅廣告，上面落題為：本月份最佳員工）。但如果是產業工會的協商及協約，就不會有這方面的問題。

　　除此之外，德國工會及雇主聯盟實務上，仍然存在由不同工業聯盟所共同組織的上級團結體，如德國工會聯盟（Deutscher Gewerkschaftsbund, DGB）及德國雇主聯盟（Deutscher Arbeitgeberbund, BDA）。理論上，德國工會聯盟與德國雇主聯盟並不針對屬下所有部門之廠場（金屬、化學等等）與所有勞工的勞動條件統籌地進行團體協商，因為各行各業的差異性頗大。因此，其是在屬下特定的職業或產業勞雇團體進行協商或爭議時，扮演一協調、輔／補助或統籌的角色而已。

　　欲再一言者，如前所述，一般而言是工會與雇主聯盟締定一聯盟的團體協約。因為雇主通常會加入聯盟，以便在與工會發生爭議時，能夠獲得其他雇主的團結的支持。反過來講，工會也對於聯盟的團體協約有興趣；當締結團體協約失敗而發生爭議時，工會無論如何是有興趣的；亦即，工會可以把所有追求締結聯盟的團體協約的勞工都涵蓋進來以進行爭議行為。工會因此對之非常重視。相異於較為薄弱的廠場／企業工會（Betriebsgewerkschaften），依據工業聯盟原則所組織的統一的工會（Einheitsgewerkschaften），可以創設一具有很高的抗爭能量的強而有力

的組織體。此亦符合團體協約自治之原意，因為希冀經由團體協約提供適當的保護的前提，只有透過具有貫徹能力的組織體，始克有功。

　　但是，不可否認地，一個以部門為準的統一規定，內容上當然會有其後果。所提出之要求必須考慮整個部門；亦即以跨廠場來做決定。個別企業的問題，在聯盟的團體協約自然毫無地位。由於以整個部門作為決定的考量，因此所締結的團體協約只能採取平均的標準（Durchschnittsniveau）。所約定的事項，通常對大公司而言是太低了，對小公司而言卻又太高，因而可能被驅向破產。相反地，支付能力較強的公司能夠提供較高的薪資，以及實際上經常將之落實於勞動契約，以保有其核心的勞動力。實際薪資（Effektivlöhne）常常超越團體協約薪資，基於有利原則（德國團體協約法第4條第3項；台灣團體協約法第19條）實際薪資具優先性。另一方面，以部門作為決定的考量，也意味著個別公司的問題，例如加班、縮短工時的工作（Kurzarbeit）或者按件計酬，無法經由團體協約加以規定。上述這些問題，在德國勞工法上，係以企業組織法賦予員工代表會（Betriebsrat）的參與權限，來加以訂定。否則，工會與雇主只能分別退出工會聯盟及雇主聯盟，再自行協商訂定公司的團體協約解決。

　　台灣在2011年5月1日修正施行的工會法第6條第1項第2、3款中，即是分別採取了工業聯盟原則及職業聯盟原則。第2款規定，「產業工會：結合相關產業內之勞工，所組織之工會。」亦即產業工會係指從事同一產業，如紡織工業、石化工業之勞工所組織之工會。第3款規定，「職業工會：結合相關職業技能之勞工，所組織之工會。」亦即職業工會為從事相同職業技能，如駕駛員、泥水工所組織之工會。至於原來以同一廠場勞工所組織之工會（如某某公司某某廠之工會），則改稱為企業工會（第1項第1款）（行政院勞工委員會101年4月9日勞資2字第1010059188號函：依據工會法第47條，於新工會法適用後，僅修正章程變更名稱為企業工會，其法人格未有變動，不影響原以產業工會名義所簽訂團體協約之效力）。只不過，新增訂企業工會之對象，也包括：結合同一廠場、同一事業單位、依公司法所定具有控制與從屬關係之企業，或依金融控股公司法所定金融控股公司與子公司內之勞工，所組織之工會。在第6條第1項第1款的

規定之下，會出現兩個問題，首先，是同一廠場、同一事業單位、依公司法所定具有控制與從屬關係之企業（例如聯合報關係企業），以及依金融控股公司法所定金融控股公司與子公司內之勞工，均可以各自成立工會，完全依其意思而定（但是，如果原來只是以廠場為範圍的工會，例如「台北市中國青年救國團產業工會」，則在新工會法施行後，如其未擴充到以整個事業單位為範圍，則其所變更的名稱仍然要清楚地標明為廠場工會，例如其只能變更為「劍潭青年活動中心之廠場工會」，而非「中國青年救國團企業工會」。自由時報，2011年8月23日，A7版）。這也是工會法第9條第1項規定，依本法第6條第1項所組織之「各」企業工會，以組織一個為限，的真正意義所在（見立法理由）。但其已相當程度逸出單一工會的規定之外，而且也已侵入產業工會的領域（就具有控制與從屬關係之企業，以及金融控股公司與子公司內之員工而言：此或可稱之為「產業工會化的企業工會」）。惟其優點是：可以達到團體協約一致適用於同一事業、關係企業及金融控股公司與子公司的效力，避免各自成立工會所可能導致的團體協約（商）競爭化與零碎化、及其可能衍生的勞工間權利義務的差異。更重要的是，理論上無論是以同一事業或以關係企業組織一個企業工會，均可以集合所有廠場員工的力量，進行一強而有力的爭議行為。甚且，此種產業工會化的企業工會較有可能善用孫子兵法虛實篇中所言的「攻而必取者，攻其所不守也。」即善用聲東擊西的策略，以其中特定廠場作勢罷工，而由其他廠場實際罷工（與此差堪比擬的是，派遣勞工可否加入要派機構的企業工會？也就是說，以類推適用工會法第6條第1項第1款控制與從屬關係企業、或金融控股公司與子公司間之關係理論，作為派遣勞工加入要派機構企業工會的理論依據。在此有類推適用的基礎嗎？或許，立法者應該以修法的途徑為之）。其次，較為複雜的問題是，假設針對特定的議題，同一廠場或同一事業單位所成立的工會，與依公司法所定具有控制與從屬關係之企業，或者依金融控股公司法所定金融控股公司與子公司內之勞工，所成立之工會意見不一致時，甚至爭做協商的主體時，究竟是以廠場或事業為主的企業工會為優先？或者是控股企業或金融控股公司的工會擁有優先權？對此，法無明文規定，本書以為應以該議題主要

涉及廠場或企業、或者是控股企業或金融控股公司的利益，而決定優先協商或談判權的歸屬。倒是，有鑑於跨國企業的形成，無論是依公司法所定具有控制與從屬關係之企業，或者依金融控股公司法所定金融控股公司與子公司，都有可能觸及他國的屬地管轄權，而集體的勞資關係往往是各國勞動法規的規範重點所在、也是各國勞資文化的象徵，在此種情形下，想要在跨國企業中成立一企業工會，無論是法令上或實際上，都有其困難。

　　針對工會法第6條第1項第1款之各企業工會，實際上會引發團體協商及聯合罷工、甚至同情罷工或團結一致罷工（Solidaritätsstreik）之問題。亦即：由於同一廠場、同一事業單位、控股企業或金融控股公司各企業工會間的關係密切、經營網路錯綜複雜或綿密交錯，再加上實質同一性或實質管理權說的倡議，而且在特定議題上可能涉及各企業工會與各事業單位間的利益與職掌，因此，勞方或資方均得要求他方推選協商代表進行協商（類推適用團體協約法第6條第4項規定）。其所衍生的問題是：一旦協商未成時，各企業工會當得經過法定程序後聯合罷工，惟個別企業工會應亦得決議不進行罷工。而在雇主的勞動鬥爭對策上，所有涉及的事業單位都可以互相支援（繼續營運）。另外，承上而來的問題是：由於同一廠場、同一事業單位、控股企業或金融控股公司各企業工會間的關係密切，以及基於實質同一性理論，使得廠場工會罷工時，事業單位工會得否行使同情性罷工或團結一致罷工（Solidaritätsstreik），以支援其罷工？而事業單位企業工會罷工時，關係企業的企業工會行使同情性罷工或團結一致罷工？金融控股公司的子公司企業工會罷工時，金控公司企業工會行使同情性罷工或團結一致罷工？對此，雖然不當勞動行為裁決在會務場所提供上採取肯定的態度，但本書以為在聯合團體協商及聯合罷工的管道下，無需再承認各企業工會行使同情性罷工或團結一致罷工的合法性（與本書採取不同見解者，BAG v. 12.1.1988, NZA 1988, 474 = AP Nr. 90 zu Art. 9 GG Arbeitskampf）。

　　不過，就實務的發展來看，台灣與德國的工會至少具有如下三點明顯不同之處：(1)台灣的企業工會（原廠場工會）具有相當的數目，德國卻為數甚少；(2)台灣跨廠場的工會已逐漸有產業工會的成立（依據勞動

統計月報的統計，在2019年第1季底，台閩地區產業工會總共有182個，
會員82,072人），德國的工會聯盟原則卻是其主要的工會組織型態；(3)
台灣跨廠場的全國性工會繁多（依據勞動統計月報的統計，在2017年第1
季底，台閩地區產業工會總共有105個，會員4,240人），德國的全國性工
會數目卻極為有限，較著名的德國工會聯盟（DGB）、德國職員工會聯
盟（DAG）及服務業聯合工會（Vereinte Deinstleistungsgewerkschaft, ver.
di.）。如以最後一點做比較，本來全國性的各行各業所組成的總工會，
只在負責協調或統籌而已，並無可能進行爭議，數目的增多，可能只會增
加各全國性總工會間協調的困難或猜忌，也可能造成雇主或雇主聯盟認清
到底誰是對手的困難（也就是誰具有團體協商資格。台灣團體協約法第6
條第3項參照）。雖謂多元工會是團結自由的表現，卻也可能稀釋全國性
總工會的原來實力。只是，論者有懷疑「下面多元，上面單一」的法律設
計的合理性者（謝國雄，頁282），另外，也有論者認為聯合組織採多元
制的好處，是可以逃脫中國國民黨掌控的局面。吾人如對照2000年5月1日
全國產業總工會在法無根據情形下的毅然決然成立（首任理事長為台灣石
油工會理事長黃清賢），似乎有幾分的可信度與說服力（只是，全產總的
成立，也帶來全國性總工會紛紛成立的局面，到2011年底時已達全國11大
總工會，這對於台灣工會運動及勞工權益到底是福？是禍？而且，這些全
國性的總工會與中國國民黨的關係又是如何？是否已走出自主之路？或者
仍然只是中國國民黨的工會？工會聯合組織的「傀儡化」？）。又，吾人
如追溯中國國民黨來台後，刻意以推動成立總工會、公營事業產業工會及
職業工會為優先選擇（同一時間，中國共產黨也派員在台灣省工會中擔任
幹部，較著名者有蔡孝乾、洪幼樵及陳澤民等。中國時報，2011年9月29
日，A17版：破獲最大共諜案中將吳石匪諜身分曝光），則在避免政黨控
制的考量下，企業工會反而較具有自主發展的可能性，所以企業工會應該
是未來發展的重心。只是，這也不能說國民黨絕對沒有將眼光投注到廠場
工會或企業工會（少數的大型國公營企業的工會，即與中國國民黨保持密
切的關係，或者更恰當地說：形成一個共生的政治結構），蓋當時政府也
在加工出口區積極輔導成立工會，再加上輔以疏導調解的政策下，有效地

壓抑工會運動及勞工抗爭活動。此種幾乎無勞工抗爭的情況，與現今科學園區沒有企業工會、且沒有勞工運動的現象，其背後的因素是不同的。

　　對照德國的工業聯盟原則，實際上必須同時考量勞資雙方的爭議風險；亦即雙方在爭議行為中，各自有哪些機會與風險？如何將之綜合評量？對此，從勞工而言，其損失了工資，而且可能丟掉工作位置。工會要支出爭議的費用，也可能無法順利執行罷工行動（所以，爭議行為的帶領者與參與者必須深切體會孫子兵法形篇中所言的「勝兵若以鎰稱銖，敗兵若以銖稱鎰」的道理，詳細計算工會所擁有的人力與物力。並且，不要輕易發動一場沒有勝算的勞動鬥爭，畢竟，孫子兵法也講「勝兵先勝，而後求戰；敗兵先戰，而後求勝」）。從雇主而言，其可能減損營業利潤，也可能喪失市場占有率，尤其是雇主聯盟的會員間不遵守團結一致的約定而互相競爭業務時。在工業聯盟原則之下，透過一個聯盟的指導，上述的風險將會相當程度地降低。但是，假使是台灣的廠場或企業工會，上述的風險就會增高許多，勞工的工作可能被他人取代，工會也沒有金錢或能力進行罷工，而罷工中的雇主的營業及客戶也可能被同業或同行趁機搶走。勞資雙方為進行爭議所需要考量的因素，顯然複雜許多。

(二)台灣職業工會之法律問題

　　台灣各類型工會成立時間的先後，（公民營廠礦）產業（即廠場或企業）工會最先，其次為各縣市總工會，再其次為職業工會，而後為民營企業的產業工會（即廠場或企業），最後為體制外工會。公營事業單位組織率高，民營事業單位則相當低。惟，之後台灣的工會結構在產業工會與職業工會上極不平衡，形成企業工會低度發展、職業工會高度成長的現象（真正吸引職業工會的快速增加，是1979年勞保條例第6條的修正，允許無一定雇主的職業工人，如其具有職業工會會員資格，即可加入勞保，享受政府40%保費的補助，並且可以獲得勞工保險綜合保險的各種給付。相較於許多國家職業工人要負擔100%保費，我國的補助措施，使得職業工會的發展極大化、甚至偏鋒化，即使國保施行亦無法扭轉趨勢）。這可能與企業工會的孤兒化有關。規模小、人數少的企業工會，先天上具有麻雀

工會的特質，無法擁有強大的協商能力及爭議能力（不過，本書認為麻雀要解決的問題不是在籠子裡想：「天這麼高，我能飛嗎」？而是要勇敢地飛出去，能跨出這一步，則經過幾次的摔落，應該有助於其蛻變成堅強的麻雀。畢竟，飛行本是麻雀的本性，就如同工會也應具有協商及爭議能力的天性一般）。由1989年以來，產業工會不論是數目或會員人數均呈下降趨勢，而職業工會雖由1994年起總人數略有減少，但工會數仍在增加，職業工會會員人數近250萬人，產業工會則不到60萬人。[12]由於職業工會的結構問題，會員中甚至有帶有資方身分的自營作業者，導致工會喪失其純粹性，是否尚能稱為工會已成疑問外，產業工會實際上才是具有對雇主協商之社會自治當事人，其會員人數的減少，更是值得加以重視。[13]依據統計，1995年產業工會數與會員人數隨著產業外移及產業結構改變之影響，續呈遞減趨勢，工會數降為1,204家，會員人數598,479人，分別較1994年減少33家與38,616人，已連續第五年下降。至於在2006年第四季底，產業工會的數目更降到989家，會員人數為579,291人，又較2005年第四季底的1,027家工會及618,006會員人數少。在2011年第2季底時，企業工會（原產業工會）進一步減少到891家，人數只有52萬8千人。之後幾年間，企業工會數目雖呈現先減後增，但會員人數則是持續緩步向上的現象。在2017年第1季底，企業工會有919家，會員人數有58萬2千多人，惟綜合企業及產業勞工的工會組織率，卻只有7.7%，呈現低組織率的結構現象（在2017年第1季底，全國勞工的工會組織率為33.5%；職業勞工的工會組織率為43.1%。在2018年第4季底，企業工會有900家，會員人數有58萬5千多人，惟綜合企業及產業勞工的工會組織率，卻只有7.6%，仍然呈現低組織率的結構現象。在2018年第4季底，全國勞工的工會組織率為32.9%；職業勞工的工會組織率為42.2%。均呈現下滑的現象）。反之，職業工

---

[12] 王惠玲，經濟發展與工會體制之轉變，發表於：產業發展國際化與勞資關係研討會，1996年4月，頁5。工運春秋——工會法制80年，頁110～112。

[13] 楊通軒，聯盟策略與勞工政策——從工會聯盟觀之，勞資關係論叢第8期，1998年12月，頁125以下。

會從工會數及會員人數相較，職業工會在2005年第四季底的組織率為47.98%，高於2006年第四季底的47.15%。在2017年第1季底則是43.1%，也是呈現下滑的現象。在2011年第2季底時，職業工會進一步增加到3,864家，人數已達272萬8千人。在2014年第4季底，職業工會已增至4,088家，會員人數有2,725,373人。而在2017年第1季底，職業工會為4,127家，會員人數有2,721,332人，呈現家數增加而人數減少的現象。令人不解或遺憾的，在2008年10月1日國民年金法施行之後，原來掛名加保勞工保險的現象並未隨之改善，反而由於勞工保險所得替代率達到1.55%，而國民年金只有1.3%，促使職業工會的發展更加快速。此一非法現象的持續發展，終有一日將會拖垮勞工保險的財務。如以總工會而言，在2006年第四季底已經增加至69家，較2000年第四季底的25家成長近兩倍，可以說是增加速度最快的領域。在2011年第2季底時，以全國為組織區域的總工會已達78家（在2014年第4季底為98家，在2017年第1季底增為105家），如再加上區域性工會聯合組織的139家，工會聯合會的總數為217家。在2018年底，綜合企業及產業勞工工會組織共43家，職業工會聯合組織共110家，綜合性工會聯合組織共112家。值得注意者，依據2011年5月1日修正施行的工會法第8條第3項規定，「以全國為組織區域籌組之工會聯合組織，其發起籌組之工會數應達發起工會種類數額三分之一以上，且所含行政區域應達全國直轄市、縣（市）總數二分之一以上。」根據此一規定，區域性工會聯合組織（如縣、市總工會），並無如全國性工會聯合組織之籌組條件限制，即其可依其內部程序自主結盟（例如只要2家基層工會即可籌組設立），其是否會造成縣市總工會的虛級化？值得我們觀察。至於工會聯合組織之程序及應備資料等事項，依據新工會法施行細則第13條規定，「工會聯合組織之組織程序，準用本法第2章及本章之規定。」由此觀之，區域性工會聯合組織成長的速度，將來恐怕會快速凌駕於全國性工會聯合組織之上，也須要我們持續觀察。

　　若從整體工會組織的現況特徵觀之，在2018年第4季底，企業工會共900家、產業工會共210家（自2011年第2季底起，中央勞政機關開始產業工會工會數的統計，當時共有10家）、職業工會共4,161家，三者加總為

5,271家。職業工會會員數為2,696,741人，產業工會會員數為87,271人。
職業工會約占78.9%，產業工會約占3.9%，而企業工會約占17.07%。以往
單一總工會的情形已被打破，形成多元工會的局面，是否會對工會運動帶
來不利之影響，值得進一步加以觀察。另外，產業工會中之製造業雖持續
下降，但「金融與保險業」、「公共行政部門」的工會數則持續上升。[14]
形成公營事業單位組織率高，民營事業單位組織率相當低的兩極現象。其
中「金融與保險業」不少是民營化的金融機構。可知，台灣以後的工會運
動，將難逃公共部門（含教育部門）或公營事業工會繼續主導之現象。一
旦工會法放寬公教人員組織工會後，公共部門的工會恐將會急遽成長。雖
然說組織或加入工會係每一個勞動者的權利，但是身處製造業、勞動條件
一般較差的藍領勞工的工會不斷地萎縮勢微，但另一方面的公共行政部
門、公營事業，以及實質上行政部門仍然擁有一定參與資金的民營事業，
其勞動條件一般較優的白領勞工的工會卻不斷地成長、壯大，形成「弱者
越弱、強者越強」的景象，恐怕是當代許多實務專家及學術工作者所始料
未及，這或許也不是學術先賢當初大聲疾呼建立團結權的原始初衷。雖然
如此，公部門勞資關係具有公益性與特殊性，公部門勞工的工資與其他勞
動條件也大多獲得較為完密的保障，因此，其勞動三權所受到的限制，會
較私部門勞工來得多、也來得嚴格。此在個別勞動法的領域也是如此。

　　最後，雖然新工會法第6條第1項第3款已明定職業工會，係結合相關
職業技能之勞工，所組織之工會，顯示立法者有意採取職業聯盟自由。但
是，吾人如觀工會法第6條第2項及第9條第2項規定，仍然有立法者未能逸
脫於現實職業工會環境、甚至仍在保障既有職業工會的感覺，這或許是我
國長久以來工會現狀的寫照，也帶有幾許的無奈。只是，有鑑於舊工會法
時代的職業工會的組成份子及其目的大多限縮在勞、健保，則在新法修正
後所成立的職業工會，理論上應該有團體協商及進行爭議行為的能力，如

---

[14] 古松茂、翁美玲，我國工會組織發展及未來展望，台灣勞工雙月刊第7期，2007年5月，
頁74以下。韓仕賢，符合台灣需求金控工會獲准成立，台灣勞工季刊第22期，2010年6
月，頁76以下。

此即會形成職業工會「名同、實不同」的雙軌制現象，且會併存相當長的一段時間，想要將舊工會法時代的職業工會直接過渡（換算）到新工會法時代的職業工會，法理上並不可行。另外，在雙軌制並行的時代，我們還要擔心工會互爭代表權及爭權的問題。只不過，回顧歷史，早在1989年3月4日台中市政府首先核准「台中市銀行行員職業工會」成立，即已開了受僱員工成立職業工會的例子，勞委會甚至在2001年1月17日核准成立銀行員工會全國聯合會，據實而言，自那時起，即已存在雙軌制的現象。在此，另外一個由工會法第9條第2項規定「同一直轄市或縣（市）內之同種類職業工會，以組織一個為限」，所衍生的問題是：應該運用何種標準區分工會是否為同種類？吾人如以教師組工會為例，依據工會法第6條第1項規定，教師僅得組織產業工會及職業工會，則教師工會的區分標準為何？對此，本書主張從寬解釋的立場，以免教師工會陷入單一化的巢臼，也就是可以小學、中學、大學（專）、公立學校、私立學校為區分標準，也可以科系類別（例如英文、數學）為標準。如此的組工會標準，既可免於單一學校學校受教權益受到影響的不利，也可以兼顧教師的團結權，應該是一個寬嚴適中的解決途徑。

(三) 體制外工會

一般所稱的體制外工會，係指未依工會法所形成，且不為政府接受或承認之勞工團體或聯盟。其是單純從形式上觀察，而未從實質上考量其是否具有工會的成立要件。這些體制外工會的成立，大多為因應解嚴後集體勞動法制的管制而出現，論者有稱之為自主工會者，其形式有自主聯盟、聯誼會、自救會等，其側重於橫向的串聯，以與國家控制下的縱向控制相對抗。

由於體制外工會的型態眾多，除早些年縣市產業總工會外（目前已為地方自治制度下的合法勞工團體），其他較知名者尚有全國自主勞工聯盟（自主工聯）、台灣勞工陣線（勞陣）協會、工人立法行動委員會、全國公營事業工會聯合會、銀行員工會全國聯合會、台塑企業工會聯合會等。這些體制外工會各有其目標、策略與訴求，雖有時也會為特定事件而一體

行動，但基本上仍應分別加以觀察，視其是否符合工會之實質要件，而將其評價為真正的工會。如果該勞動者團結體已符合純粹性、自主性、以改善、維持勞動條件與經濟條件為主要目的、持續性、為求目的之實現，必須具有進行爭議之實力，那麼就應肯定其為我國法制下之工會，賦予其協商權及爭議權（只是，如果是企業工會，則其是否與已經成立的體制內的企業工會形成多元工會的現象？除了會形成競爭態勢之外，體制外工會是否也享有代扣會費、會務假及會務場所的權利？對此，雖然我國工會法為單一企業工會的立法，而應採取否定說。但是，本書以為工會畢竟應以是否具有實質的成立要件，作為最主要的考量，單一工會或多元工會的立法，僅是單純立法者的選擇，不應該反而影響勞工藉由集體力量追求勞動條件改善的原始目的。況且，台灣憲法第14條之結社自由應該也包括多元工會在內。所以，具有獨立地位的體制外工會，原則上應該獲得合法的多元工會的保障）。惟即使其不具有工會的成立要件，如以台灣勞工陣線協會而言，其由原本法律個案的服務轉向社會運動層次，甚至扮演智庫的角色，提供民進黨勞工政策的意見，其裨益國家社會的進步實是有目共睹。至於其他勞動者團體，如其僅具有遊說團體或政黨性質者，自不應該將其歸類為工會，這包括現時雖為工會法相關法令及勞工行政主管機關允許成立，而被稱為工會之團體在內，其中大多數是職業工會，但亦有企業工會（如其為雇主所控制之御用工會）。由此觀之，假設勞工團體的活動只能從事請願、陳情、遊行，[15]則其與工會應以團體協商為主要任務者不同，因此並不能將其視為工會法上之工會。此尤其是指由有公務人員所組成的團體（例如公務人員協會）。基於公務員對於國家之忠誠義務，並不得進行爭議行為。[16]

---

[15] 例如銀行員工會全國聯合會。

[16] 楊通軒，聯盟策略與勞工政策——從工會聯盟觀之，頁130以下。

四、以維護及促進勞動條件與經濟條件為主要目的（團結體的目的：目的保障）

以德國基本法第9條第3項規定與第9條第1項規定相比較，其特殊性在於其係一「為維持及促進勞動條件及經濟條件之組織」。不過，假使在此一範圍內任何的行動都被禁止的話，那麼，結盟權所受到的基本權保障也是空洞的。因此，首先必須承認「團結體的目的」（Koalitionszweck）是受到憲法保障的。根據基本法的意志，勞雇團體得自由地制定規範。在勞雇團體的行動領域，國家原則上保留其影響力，而將勞動條件及經濟條件的必要的規範，大部分地【作者按：所以不是全部地】留給勞雇團體自治地約定。

又，此處的「經濟條件」，並非謂團結體可以在勞工法的領域之外（亦即經濟的領域），自行約定規範，而是指其在勞工法領域中的約定，具有經濟的效果而已。

再者，所謂「維持及促進勞動條件及經濟條件」，最典型的來講，是勞資雙方協商訂定團體協約（BVerfGE 103, 293 = NZA 2001, 777）。至少必須做到這一點。在此，必須避免團結體的存續受到立法者的侵害，也必須避免團結體迫使他方訂約。因此，憲法對於團結體之保障，應該包括其目的[17]、存續[18]、行動，以及爭議手段的保障。

有問題者，德國修正前的就業促進法（Arbeitsförderungsgesetz, AFG）第116條之規定，[19]是否間接地屬於此處的「維護及促進勞動條件與經濟條件」？對此，涉及了基本法第9條在憲法中的地位及立法者的自治問題，應採否定見解。蓋「維護及促進勞動條件與經濟條件」應該限於與訂定團體協約有關之事項（核心部分領域）。基本法第9條第3項規定並非係一超級的基本權（Supergrundrecht），不能說只要一點點與勞動條件有關者，即准予工會進行爭議行為。立法者在制定法律時，只要沒有違反

---

[17] BVerfGE 4, 96 (106); 19, 303 (312); 28, 295 (304).

[18] BVerfGE 28, 295 (304).

[19] 此一規定，目前已成為1997年3月24日社會法典第三部第146條之規定。

基本法第9條第3項，即有充分的形成自由空間。工會更不能以罷工企圖影響立法者的立法方向與內容。

　　當然，也不能忘記：只要是與勞資爭議有重要關係的規定，即可能觸及了基本法第9條第3項的保障範圍。此不僅原本是勞資爭議手段的法律（Arbeitskampfmittelgesetz），而且是其他每一種對於團體協約兩造的力量對等產生影響之規定，均必須依照基本法第9條第3項加以判斷。屬於立法者對於保護團體自由權的範圍的，不只是集體的勞資爭議法，也包括社會保險法、與勞資爭議相隨的個別勞工法及員工代表會在勞資爭議中之廠場的共同決定權（Mitbestimmungsrecht）。[20]

　　惟，無論如何，基本法第9條第3項之「維護及促進勞動條件與經濟條件」，並非單純只是一項權利而已，而是負有一定義務之權利（Pflichtrecht）；亦即其在完成一項具有公共利益的任務，國家將此一權利與義務交予團體協約當事人自行完成。但是，卻不能說：從基本法第9條之規定，可以導出國家在勞動條件及經濟條件的領域已無制定法律的權限，如其未得工會的同意，不得制定僱用促進法（Beschäftigungsgesetz）或解僱保護法（Kündigungsschutzgesetz）。此種論調，已經構成對於國會的強制（Parlamentsnötigung），自屬不當。也就是工會／工會團體（雇主團體也一樣）並無規範獨占／壟斷權。

　　以下即針對存續保障、行動保障，及手段保障簡單說明之。

(一)存續保障

　　為了追求團結體目的的實現，必須確保團結體的存續。此處的保障，並非指事實上的保障（Sachverhaltsgaratie）；亦即不是指如何維持工會的存續。例如國家並無義務從稅捐中提撥一定的金額給工會，以便其可以存活運作下去（參照工會法第28條第1項第7款規定「政府補助」）。這裡所指的是一系列法規範的保障；亦即在法律的設計上，必須使得工會可以存

---

[20] Griese, Mittelbar arbeitskampfbetroffene Arbeitnehmer - Folgerungen aus dem Urteil des Bundesverfassungsgerichts vom 4.7.1995, in: Das Arbeitsrecht der Gegenwart, Bd. 33, 1996, 33 (37).

續下去。因此，只能給團結體的存續一定程度的限制。至於在法規上，如果規定「雇主只能針對工會會員鎖廠」，則因該選擇性鎖廠侵害了工會的存續保障而無效。

在實務上爭議較大的是：雇主有無提供會務場所給工會辦理會（業）務的義務？工會得否基於存續保障或行（活）動保障的理論，提出並實現此一主張？或者現行實務上的會所使用，係基於民法第464條以下的使用借貸關係或民法第421條以下的租賃關係而來（如果是第345條以下的買賣關係，則不會有此問題）？對此，雖然工會法中並無會務場所的明確規定（這與工會法有明定會務假及代扣會費義務者，尚有不同），但法院實務上似乎有從工會活動權的角度，採取肯定者（台灣高等法院82年度上字第124號判決：基隆客運案）。惟無論是實務上存在的作法或不當勞動行為裁決委員會的看法，都是從民法契約（使用借貸契約或租賃契約）（101年勞裁字第31號裁決決定書參照）的角度或直接引用外國不當勞動行為制度與學說的方式，肯定雇主有提供會所之義務者。

以103年勞裁字第12號裁決決定書為例，不當勞動行為裁決委員會即無視工會法並無類似會務假（第36條）及並無代扣會費（第28條第3項）之規定，且不區分金控公司與個別子公司的不同，直接以日本學說及實務之中立義務的平等對待義務，而認為金控公司如不提供會所供申請人使用，即有認識申請人工會有遭遇壓抑結果之事實，其未加論證地直接引用外國學說作為裁決依據（作者按：或許，美國或南韓學說與實務也有同樣的規定或作法？或者，裁決會此一議題主要是隨機式地借鏡日本的學說及實務？）、且誤解複數工會的原意，實令人懷疑其見解是否正確可採（惟最高行政法院105年度判字第389號判決肯定裁決會的見解）。

本書以為現行勞動三法中，只有團體協約法第12條第1項第4款有與此相關的規定。依之，「工會之組織、運作、活動及企業設施之利用」。惟其並未明文規定會務場所，而是從解釋上包括在團體協約中得約定雇主或雇主團體應提供會所及其他設施（如餐廳、會議室）供其本身及會員之利（借、租）用者。即使如此，此一約定的本質，仍然是使用借貸或租賃的關係，而非工會或工會團體當然得基於存續保障或行動保障理論，迫使

雇主或雇主團體提供。針對上述實務界及學者間的見解，本書以為並不可採，蓋基於工會自主性（獨立性）的要求，至多只能根據使用借貸的規定，要求提供一最小限度的辦公處所（如是租賃關係，則毋庸關心處所的大小）。況且，工會會務場所的使用，固不宜與工會法第36條的會務假時間一致，但也非謂雇主即應24小時提供，具決定性因素的，是其會（業）務量的多寡，而非工會法第5條規定的工會任務的多寡。如此的有限度的提供會所，始能避免雇主的干擾或介入工會的運作。為工會會務運作計，工會似應要求雇主提供事業單位外的會所，始能擺脫雇主的觀察。

如再以103年勞裁字第12號裁決決定書為例，本書以為其有待斟酌者如下：一者，既然不當勞動行為制度係學習自日本、美國或南韓，則在引用相關制度時，仍應將相關國家的制度交相論證，以取其平衡，並庶幾得出我國自有的道路，斷不宜在個案情況下，單純直接引用日本制度，否則在其他情況下是否仍可直接引用美國制度？南韓制度？這是否會讓台灣掉入拼裝車不當勞動行為制度的漩渦？例如美國的學說與實務有承認中立義務的平等對待義務嗎？要知道不當勞動行為裁決委員會並非從事比較學術研究的學術工作者，而是專家委員會，其見解的深入透徹，始能確保此一制度的可長可久，並給予當事人確實的權利保障！

二者，就本案中的金控公司工會（申請人工會）與金控公司所屬子公司的工會（甲公司工會），並非工會法上的嚴格意義的複數或多元工會，而是工會法第6條第1項第1款的「各」企業工會，係立法者所刻意創造的企業工會類型（所謂「產業工會化的企業工會」），各有其成立的範圍與會員人數，並且各有不同的任務重點，所以彼此間並無比較的基礎，如何而來平等對待的義務？裁決委員會以中立態度而要求平等對待，恐怕誤解複數或多元工會的原意及日本學說與實務的真正內涵！並且也創造出一與一般勞工法上的平等對待原則，內涵不同之平等對待義務。其甚至將中立義務擴及於工會與協進會之間，似乎其外延已經及於非工會的勞工團體或聯誼性的團體（××協進會）矣。這與其所鼓吹之「複數工會」間的平等對待，形成自相矛盾。而台北高等行政法院101訴字第1389號判決亦從複數工會及實質管理權之觀點，肯定控制公司具有同一地位之雇主，並且推

論出不當勞動行為的結果，其見解同屬不當。惟相對於裁決委員會的「中立義務的平等對待義務」之說，台北高等行政法院則是使用較為中性的「具有實質管理權之雇主，是否針對特定工會予以特別提供便利和援助而介入工會自主活動」用語，顯然較為客觀可採。蓋雇主不得以特別提供便利和援助而介入工會自主活動，不代表雇主即須中立地給予其他工會便利與援助。此處判斷的重點應置於「介入工會自主活動」。

三者，況且，在集體勞工法中是否存在雇主對於工會之義務，亦非無疑。蓋不當勞動行為既屬集體勞動法之一環，自然應該遵守集體勞動法的原理原則，斷不可採取「不當勞動行為有中立義務的平等對待」、而「不當勞動行為外之集體勞動行為無中立義務之平等對待義務」的雙軌制運作。因此，即使在面對多元的工會時，雇主透過一般協商或團體協商，本來就會給予不同工會間不同的對待（給予較友善的工會較佳的承諾，有何違法可言？同樣地，給予對雇主較友善的會員較佳的待遇，有何違法可言？）。團體協約法中的誠信協商也沒有要求團體協約內容應一致。再加上雇主集體勞動策略上的應用，會對工會差別對待，以造成工會間的矛盾。這也是競爭工會間正常的現象。現在，依據裁決委員會的中立義務之平等對待義務理論，則雇主已經被要求一律平等對待。如此一來，則相對而言，雇主當可要求複數或多元工會間對其所作所為，皆應步調一致，除了按照團體協約法第6條第4項推選協商代表進行一致（次）性的團體協商及締結團體協約之外，所有工會尚且不得有個別的要求。工會法第6條第1項第1款的各企業工會間，均不得有單獨的爭議行為。如果個別工會承諾雇主一定的行為或義務，其他所有的工會亦應遵照履行。

四者，申請人工會係於2003年3月30日在相對人甲公司成立，斯時甲公司已經存在一個由乙、丙公司工會合併而來的甲工會，形成兩個（廠場）工會競爭的態勢。惟顯然甲工會的會員占有極大多數，而申請人工會只占極小的人數。從2003年3月30日到2011年5月1日的發展過程中，其會員也幾乎沒有增加。尚且在新工會法修正施行後，藉由新創的工會法第6條第1項第1款的金控公司的企業工會，申請人工會乃重新申請登記為一全新的金控公司工會（雖然申請人工會及裁決委員會均堅稱「更名」，但本

書以為其見解並不可採，蓋在舊工會法時代並不承認包括母公司及子公司在內的金控公司工會，而且此一金控公司工會係一組織架構完全不同的工會，如何得認為係單純地更名？況且，申請人工會即使「以某股份有限公司暨轄下所屬事業單位員工為組織範圍」，也只是其章程所定的會員範圍而已，基於章程自治原則，勞工主管機關並不會加以干預，在「登記制」之下，也無所謂主管機關「同意」其組織範圍之問題，何來「更名」之謂？如屬更名，為何董監事的身分已異？任期重新計算？權利義務甚且有所增減？），其會員仍然未增加、且其仍然以甲公司為設立基地，可見其會務也少有增加。既然會員及會務並未增加，則其要求會所的必要性及正當性即屬可疑。以法理而言，會員及會務係會所的前提，而非會所係會員及會務的前提。而且，會所與會務係密切相連。如謂會所與會員及會務的多寡無關，恐怕已遠離事實而陷入偏頗之見。再者，在此裁決委員會以相對人公司（金控公司）對於甲公司具有百分之百的持股，而要求其自行提供或協調甲公司提供辦公室，似乎亦未能認清新設立的金控公司工會（申請人工會）的對手為誰之問題。蓋其既然是以金控公司與子公司為成立範圍，則請求提供會所的相對人當然為金控公司，而非（含甲公司在內之）各子公司（換言之，甲公司並不具有當事人適格。申請人工會對於甲公司提供會所的申請，似應予以不受理）。尤其是不應讓甲公司多重負擔會所提供之義務，以免違反單一企業工會設計的原意。退而求其次，果若甲公司基於實質管理權理論，而應對申請人工會提供會所，則在最小限度或必要性原則之下，當可要求申請人工會與甲工會合署辦公。如此，即使再出現其他的工會，亦只能共同使用同一會所，以免雇主的負擔過大，影響企業（藉由公司的空間）的創造利潤。而在實質管理權理論（具有同一地位之雇主）之下，金控公司與子公司在爭議行為上也會連動，亦即其彼此間都可名正言順地互相支援（繼續營運）、並且可以依照工會所採取的爭議手段而共同採取對抗手段。或許，相對於實質管理權之雇主概念，亦存在一具「實質決定權之工會概念」，由組織範圍較大之工會享有雇主所提供的便利，並且由其進行分配使用。

　　五者，103年勞裁字第12號裁決決定書主文一方面認為「關於提供

辦公室之具體條件內容,應由相對人公司與申請人工會依協商方式決定
之」,另一方面卻又認為相對人應於收受裁決決定書後20日內開始協商,
並且在6個月內提供適當的辦公室給申請人工會使用。其見解有無前後矛
盾?蓋既然是「具體條件內容」由雙方自行協商,則除了裁決委員會所言
「參以相對人甲公司之企業工會與申請人工會之會員人數,有大幅差距,
則所謂合理之協商議定內容,並非意味相對人公司應如其子公司甲公司提
供甲公司企業工會辦公室之條件內容相同,而應綜合考量各雇主所有之辦
公處所之面積及目前使用之情形、各公司經營之狀況、會員之人數等勞資
雙方之各種客觀事實,在不妨礙雇主之營業狀況下,依社會一般通念認為
所定之內容方法為適當合理者,始足當之。」外,也應包括契約種類(使
用借貸、租賃、甚至是買斷一辦公處所)及其是否達成合意,完全視雙方
的協商結果而定。如依裁決委員會6個月內提供辦公室的裁決決定,即表
示雇主無法不與工會協商、且無法拒絕訂約,這使得雇主已經陷入一被強
制締約的地位。提供辦公室已然成為一有如公益上的義務矣!此在法理上
究竟有無疑慮?雖然,依據勞資爭議處理法第51條第4項規定,雇主對於
該項處分不服者,得於決定書送達之次日起2個月內提起行政訴訟。而雇
主一旦提起行政訴訟,則不當勞動行為「預防工會及會員之權利受侵害及
快速回復受侵害勞工之相關權益」之構想,將無法如期達成。

　　六者,承上,根據裁決會所自承,其係「參酌」團體協約法第6條第
5項規定,命相對人公司應在6個月內提供適當的辦公室給申請人工會使用
及應在收受裁決決定書翌日起20日內開始協商。惟依本書所見,裁決會之
「參酌」,似乎係擴充解釋或類推適用之意,只是,團體協約法第6條第5
項似乎並無法作為「參酌」之用。蓋觀該條項之規定,必須是:針對違反
誠信協商、符合勞資雙方當事人利益與有簽訂團體協約之可能性、以及由
縣(市)主管機關考量後依職權交付仲裁。該條項自始至終並無授予裁決
會介入處理之權限,裁決會為何得引用之作為命令雇主應為一定行為之依
據?法條引用是否錯誤?

　　七者,最後,假設所涉及之金融機構係屬於公股或泛公股行庫,其企
業營運或財產之使用、處分(含資產活化)須經過其上級行政機關(財政

部、金管會）之同意者，則基於公部門勞資關係之特殊性，會務場所之提供（含使用借貸、租賃、買賣等法律關係），恐怕即非金控公司或其子公司擁有最終決定權。這也是公部門勞資關係的特色與要求。

(二)行動保障

團結體的行動，必須是為實現其目的所絕對必要的。在此，憲法只給予最低限度的行動保障，超出最低限度以外的，必須由立法者在法律（工會法、團體協約法、勞資爭議處理法或爭議行為法）中明定。一般認為招攬或廣告的行為，係工會絕對必要的行動之一。[21]其他具體的行動有：在黑板公布事項、散發工會報紙、在雇主所有的工作服或鋼盔上貼上工會的標誌或貼紙。其中，在雇主所有的工作服或鋼盔上貼上工會的標誌或貼紙，應係違法之行為。

(三)手段保障

罷工應係自由的爭議規範及調解規範（freiheitliche Kampf-und Aus-gleichsordnung）的必要組成要素。無此一壓力手段，團體協約自治將難以奏效。而團體協約自治卻是以雙方協商機會的對等為前提，至於爭議行為法作為一個制度，則是具有恢復雙方對等力量的任務。再觀聯邦勞工法院在警告罷工案件中，即強調協商對等（Verhandlungsparität）是最高的勞動鬥爭法的最高原則，其他的原則均必須受其衡量。即使2011年5月1日新修正施行的團體協約法第6條第1項規定誠信協商，也必須受到協商對等原則的制約。[22]而為了配合爭議對等，必須要有一自由選擇爭議手段的原則（Grundsatz der Freiheit der Wahl der Kampfmittel），之後，團體協商當事人即可選擇適當的爭議手段，以維持及回復爭議的對等。

---

[21] BAG AP Nr. 29 zu Art. 9 GG Arbeitskampf.

[22] BAG v. 12.9.1984, AuR 1985, 28.Nauditt, Die Eingriffsbefugnisse der Polizei im Arbeits-kampf, AuR 1987, 154.

五、派遣勞工加入工會之問題

(一) 加入要派機構勞工團體之疑義

　　有關派遣勞工與要派機構中工會間之互動關係，在派遣勞工初到要派機構工作時，即已開始顯現出來。依據論者的見解，派遣勞工之工資，係依據其與派遣人之勞動契約而來，與要派人（依據讓與勞工使用契約）給付予派遣人報酬之高低並無直接關聯。藉由此一用人途徑，要派企業中所訂定之團體協約工資，乃會遭到架空。[23]此將破壞團體協約薪資的一致性（Tarifeinheit）以及導致勞動者團結體的瓦解。[24]惟此種薪資的差異性所引起要派機構中勞工團體力量的削弱或甚至瓦解，應該也是要派機構之所以引進派遣勞工目的之一。只不過，不僅派遣勞工不樂見到此種局面，要派機構中的工會也是極力反對：首先，其會設法反對或要求減少派遣勞工的入廠工作，如不可行，其次，則或許可以思考讓派遣勞工加入工會，以整體的力量避免被雇主分化。

　　然而，根本的問題是：派遣勞工究竟有無權利或資格加入要派機構中的勞工團體（工會、勞資會議／職工大會）？尤其是工會？此種勞工團體係勞工在事業單位中集體的利益代表，[25]以爭取工作條件及工作環境的改善為宗旨，其本質上是封閉性的團體（其對象並不是社會上的任何第三人），因此，派遣勞工有權加入其所屬的派遣機構中之勞工團體自不在話下。現在，無論派遣機構中有無工會或勞工參與機制，在派遣勞工到要派機構處工作時，是否能讓派遣勞工（附加的／第二次的）主動地加入或被動地受邀加入其中的勞工團體？[26]對此，中國勞動合同法第64條規定已明

---

[23] Dazu BGB, in: BT-Drucks. 14/4220, 27.

[24] Marschall, Gelöste und ungelöste Fragen der Arbeitnehmerüberlassung, RdA 1983, 18.

[25] Schüren, Leiharbeit in Deutschland, RdA 2007, 234：（勞工）集體的利益代表可以區分為廠場層次的勞工參與、企業層次的勞工參與、團體協約的利益代表。在台灣，有點美中不足的是，在2014年4月14日修正施行的勞資會議實施辦法中，並未納入規定派遣勞工在要派機構中的勞工參與權或尋求苦情申訴等權利。

[26] 一個有趣（但可能不成為問題）的問題是，假設派遣機構中的勞工團體運作得非常好（至少比要派機構中的勞工團體做得好），確實能夠保障派遣勞工的權益，那麼，要派

文承認派遣勞工得加入要派機構中的工會。雖然如此，從法理上來講，似乎不無疑義，有必要加以釐清。

　　首先，擬針對勞工參與機制（勞資會議／職工大會）加以說明。在派遣勞工短暫地到要派機構處工作時，是否可以加入其勞資會議，以取得雇主經營廠場的資訊、討論勞動條件等事項（勞資會議實施辦法第13條）、甚至可以在延長工作時間時（勞基法第32條第1項）獲得其支持與保護？[27]對此，吾人如觀勞資會議實施辦法第1條規定，「本辦法依勞基法第83條規定訂定之。」而依據勞基法第2條第1款之定義：「勞工，謂受雇主僱用從事工作獲致工資者。」則其係以具有人格從屬性之勞務提供關係為前提，無疑。因此，派遣勞工應該不得加入要派機構中的勞資會議。只不過，派遣機構中的人員流動率甚高，派遣勞工彼此或不認識、或者互動不多，實在難以期待其會有極高的熱誠成立勞資會議。[28]因此，面對此種派遣機構無勞工參與機制的情形，立法者或者應該思考修正勞資會議實施辦法的相關規定，讓派遣勞工也有權獲得要派機構處勞資會議提供諸如上述事項的協助。惟究不宜修法讓派遣勞工有權加入要派機構處的勞資會議，以免發生雙重管轄權衝突等問題。

機構中的正職勞工是否可以（回流）要求加入派遣機構中的勞資會議或工會，取得與派遣勞工同樣的權益保障？

類似的表達，亦可見之於Stückmann的文章中：最為棘手的問題是，要派機構如未僱用任何自己的員工（則當然不會有員工代表會）或雖僱用有自己的員工，但卻無員工代表會的組織，則原本應由要派機構中員工代表會行使之參與權限，究應如何處理？能否經由擴張解釋的方式，或以企業組織法保護勞工之立法目的為理由，而將參與權限轉由派遣機構之員工代表會代為行使？Stückmann採取否定的態度。Stückmann, Betriebsverfassungsrechtliche Mitbestimmung im arbeitnehmer- und betriebsratlosen Entleihbetrieb, DB 1999, 1902 ff.吾人以為若為避免此種狀況的出現，預先在法律上加以規範，或許是一可思採行之道。

[27] 同樣地，在雇主面臨大量解僱時，有關「解僱人數」及「解僱對象之選定標準」，勞資會議的參與協商，也會直接的或間接的影響到派遣勞工是否能繼續留在要派機構處工作的機會。請參照大量解僱勞工保護法第4條第4項第4款、第5款、第5條以下。

[28] 其實，在德國實務的運作上，派遣機構中具有員工代表會者，也是少數。

　　如從比較法的角度來看，德國的企業組織法係其廠場層次勞工參與規範之所在，其規範的對象是對於事業單位具有廠場的歸屬性者。[29]在此，派遣機構藉由派遣勞工的幫助，以追求其廠場在勞動技術上的（arbeitstechnisch）目的，故派遣勞工對於派遣機構具有廠場的歸屬性。雖然在派遣後，派遣勞工會暫時地納入第三人的企業組織。惟派遣勞工在企業組織法上之歸屬於派遣機構，並不會因此而受到影響。不過，既然派遣勞工已在要派機構處工作，就應該同時遵守派遣機構與要派機構之企業組織的規定。連帶地，企業組織法上之一般的保護作用，亦提供派遣勞工在企業組織法上享有雙重的歸屬。這倒不是說派遣勞工到要派機構處工作後，即自然而然地、自始至終地可以加入要派機構處的員工代表會，而是希望企業組織法上之保護作用／功能，不要化為烏有。畢竟，是要派機構在進行指揮監督，並不宜完全否認要派機構處員工代表會的參與權限。也就是說，雖然要派機構處員工代表會並非由派遣勞工所選出，但是，在法律設計的例外狀況下（例如勞工派遣法第14條第2、3項規定、企業組織法第7條規定），也讓要派機構中之員工代表會對於派遣勞工，具有企業組織法上之代理權。惟無論如何，勞工派遣法及企業組織法均未明訂派遣勞工有加入要派機構處員工代表會之權，所謂的兩個員工代表會的雙重管轄權（Doppelzuständigkeit zweier Betriebsräte）的衝突現象，實際上並不會發生。在這裡，最大的問題是，針對派遣勞工在要派機構中所發生的事項（例如加班），[30]應該由那一個員工代表會行使企業組織法第87條第1

---

[29] 楊通軒，歐洲聯盟勞動派遣法制之研究-兼論德國之勞動派遣法制，中原財經法學第10期，2003年6月，頁297以下。

[30] 針對包括延長工時的限制等工作時間的問題，林更盛則是認為「因涉及勞工身心、健康與自由/休閒時間（後者又同時涉及勞工人格之自由發展）的保障，因此，要派機構及派遣機構皆應受拘束。……另一方面，派遣機構亦應促使要派機構遵守工時的相關規定。」其並未討論勞基法第32條第1項之同意權限，是應該由派遣機構或要派機構中的工會或勞資會議來行使。請參閱林更盛，「派遣機構」角色與功能探討，發表於「勞動派遣理論與實務對話」研討會，2006年10月20日，頁1-7。

另外，林更盛下述的主張「面對延長工時，要派機構可以與派遣機構約定，要求派遣機

項第3款之共同決定權？對此，由於派遣勞工一直保有對於派遣機構的廠場／組織歸屬性，所以原則上派遣機構中的員工代表會擁有優先權。[31]

　　其次，爭議更大的是，派遣勞工可否加入要派機構處的工會？持肯定說者，大多基於以下之事實：派遣勞動關係多為短期僱用、派遣勞工缺乏共同的利益考量、派遣勞工流動率高，組織或加入派遣機構中工會不僅困難、意義也不大。也就是，相較於從事典型工作的勞工，派遣勞工在組織與加入工會一事上會遭遇到較多的困難，故日後立法時應允許派遣勞工可以自由選擇加入要派機構或派遣機構的工會以保障其團結權。[32]晚近（2006年底），台灣勞工法學者邱駿彥氏也從解釋論／合目的性解釋的立場，採取肯定的看法，[33]其語略謂：從解釋論的立場，（台灣）（舊）工會法第12條之「工人」，工會法本身並未加以定義，但究不宜採取與勞動基準法同樣的定義。其次，（舊）工會法第12條僅規定男女工人，均有加入「其所從事」產業工會為會員之權利。法條用語為「其所從事」，似乎隱含著未必設限於受雇主僱用始有加入工會之權。三者，從合目的性解釋上看，（舊）工會法第13條之所謂被僱人員，並不一定限縮於有締結僱用契約者為限，而是可以廣義解為凡具有指揮監督關係者，均在其意涵射程之內。

　　構派遣足夠（其他的替代）人手，即可能獲得與工時延長相近的結果」（頁1-8），其實也頗有問題。蓋這與加班不一樣，派遣機構本無須應允。因為，如果要派遣其他的勞工，表示派遣機構要增聘其他的勞工，負擔多增的義務與責任。如果將派遣勞動契約定位為第三人利益契約，則派遣機構亦無此義務。

[31] 依據德國聯邦勞工法院2001年6月19日判決意旨，如果該延長工時之決定係在讓與勞工契約訂定時，即已在要派機構內施行，則派遣機構中的員工代表會擁有共同決定權；反之，如果在讓與勞工契約訂定時，在要派機構內仍未存在，而係在派遣勞工到達要派機構處工作後，要派機構始決定要施行加班，則要派機構中的員工代表會擁有共同決定權。BAG v. 19.6.2001, NZA 2001, 1263 ff.相關論述，請參閱楊通軒，歐洲聯盟勞動派遣法制之研究-兼論德國之勞動派遣法制，頁302以下。

[32] 鄭津津，派遣勞動之法律關係與相關問題之研究，中正大學法學集刊第二集，1999年7月，頁249。

[33] 邱駿彥，台北大學法學論叢，第60期，2006年12月，頁65以下。

　　雖然如此，本文以為仍以否定說為宜，亦即只有派遣機構的工會始有接受及代表派遣勞工的權利與義務（勞動部108年1月31日勞動關2字第1080125196號函參照）。雖然派遣勞工實際上在要派機構處提供勞務，但並非要派機構之受僱人員（舊工會法第12、13條），原則上不得加入要派機構的工會。[34]所謂的「可以廣義解為凡具有指揮監督關係者，均在其意涵射程之內」，更是不當，蓋如果按照此說，那麼被借調而來的勞工及因為勞務承攬而來的勞工，均有權加入使用單位的工會矣。在此，本文以為憲法團結權適用對象之勞工，必須以真正的勞動者為限，且其必須限於具有人格從屬性者。[35]因此，面對要派機構僅具有組織從屬性及經濟從屬性之派遣勞工，並無加入要派機構工會之權。基此，派遣勞工能否加入要派機構的工會，並非是一個解釋論的問題，而是一個立法論的問題。即使工會法第12條僅規定男女工人，均有加入「其所從事」產業工會為會員之權利。此一「其所從事」也是跟隨著前面的「工人」而來，不宜單獨觀之，亦即必須有受僱用之事實。[36]

---

[34] 林更盛，「派遣機構」角色與功能探討，頁1-14。本書以為如將要派機構作為工會法上的雇主看待，那不可避免地，將會連動到工會法第35條規定之不當勞動行為之適用問題。此將會增加派遣勞動集體勞資關係的不確定性及複雜性。

[35] 楊通軒，勞動者的概念與勞工法，中原財經法學第6期，2001年7月，頁231以下。其實，如前所述，主張派遣勞工有加入要派機構工會之權者，大多建立在一個假設上：派遣機構的工會並無能為派遣勞工爭取較好的勞動條件與福利。惟，此豈其然乎？反面思之，要派機構的工會就一定能為派遣勞工爭取較好的工作條件？本書以為，在派遣勞動的緊密連結的三方關係中，只要派遣機構的工會能發揮協商及爭議的實力，也將會迫使要派機構逐步墊高其工作條件與福利，正所謂「強而有力的派遣機構工會」，要遠勝於「弱而無力的要派機構工會」。不是嗎？

或者，在主張派遣勞工有權「加入」要派機構工會的思維下，更有意義的，是讓派遣勞工有權「組織」自有的工會，以為自己爭取較好的工作條件，如此也可避免要派機構工會積弱不振或對之懷有敵意的窘境。

何況，派遣勞工當能組織產業工會，並以雇主團體作為其協商及爭議對手，如其具有實力，即可提供其較企業工會為佳的權利保障。

[36] 在這裡，不可否認的是：要派機構的工會對派遣勞工往往不持友好的態度，亦即其欠缺「社會聯帶的共同體」的感覺。

即使從比較法的角度來看，日本的勞工派遣法中似乎亦無明文規定派遣勞工可以加入要派機構中的產業工會。勞工派遣法第27條固然規定，要派機構不得以派遣勞工之國籍、信仰、性別、身分及工會之正當行為作為藉口而解除要派契約。惟此似不得作為明文規定看待。[37]至於德國的勞工派遣法同樣未允許派遣勞工加入要派機構的工會。[38]倒是，在勞工派遣法2003年1月1日修正施行時，為了配合平等待遇原則之適用，加入了（工會與派遣機構訂定）部門的團體協約（Branchentarifvertrag）的設計。[39]基於此，在勞動派遣實務上，德國工會聯盟（DGB）中的8個工會已經組成團體協商小組（Tarifgemeinschaft），且也在2003年初與派遣機構的利益聯盟締訂了團體協約。但是，由於派遣勞工加入工會的組織率甚低，因此，德國工會所組成的利益代表並非是建立在一個健全的會員基礎之上的。[40]其所彰顯的意義，反而是在派遣機構的工會才是派遣勞工的利益代

---

[37] 此在邱駿彥所著一文中，亦未加以指出。同時，吾人亦未能得知日本多數的學者及實務的見解，是否肯定派遣勞工有加入要派機構產業工會之權？

[38] 對此有誤解者，中國論者薛孝東，「在德國，基於僱用與使用分離的特性，直接使派遣勞工行使要派機構工會會員的相關權利」、「德國立法上賦予要派機構處工作期間逾三個月的派遣勞工亦有選舉權」。參閱薛孝東，論勞動力派遣中的理論問題，收錄於：勞動合同研究，2005年，頁305以下。

[39] 2003年1月1日修正施行的勞工派遣法，刪除了循環使用與重覆僱用的禁止。相對應的，從派遣的第一日起，即有平等待遇原則之適用。但也有例外：當派遣人受到一部門的團體協約適用時，即可不受到平等待遇原則之拘束。因應此一規定，實務上已有不少的團體協約簽訂，平等待遇原則乃無其適用之餘地。

[40] 爭議更大的，是基督工會聯盟（Christliche Gewerkschaften Zeitarbeit und Personalservice-agenturen, CGZP）的團體協商小組（Tarifgemeinschaft）有無為其會員締結團體協約的能力？對此，德國聯邦勞工法院至今並未有機會表示其見解，下級審則有採取懷疑的立場者。勞工法學者Schüren及Ulber則是持否定的看法，蓋該團體協商小組完全附和雇主所提出的各種要求，絲毫未維護會員的權利，已達濫用團體協商權力的地步。惟勞工法律師Lembke則是採取肯定的見解。有關此一問題的討論，請參閱，Lembke, Die Aussetzung von Verfahren zur Prüfung der Tariffähigkeit einer Organisation (hier: CGZP), NZA 2008, 451 ff.; Ulber, Tariffähigkeit und Tarifzuständigkeit der CGZP als Spitzenorganisation? NZA 2008, 438 ff.; Schüren, Tarifunfähigkeit der Tarifgemeinschaft Christlicher Gewerkschaften für die Leiharbeitsbranche, NZA 2008, 453 ff.; Schüren, Tarifunfähigkeit der CGZP wegen Miss-

言人、以及德國工會聯盟逐漸地放棄杯葛的態度，改採與派遣機構協商及訂定團體協約的積極作為。[41]在台灣的團體協約法制上，本書以為或將團體協約法第12條第2項規定之適用對象，修法擴充至派遣勞工身上。即令其以要派機構之派遣勞工、而非「正職勞工」的身分，同時受到要派機構工會與要派機構所簽訂之團體協約之適用。而在未修法之前，則應類推適用該條項規定之方式，令派遣勞工受到團體協約之適用。前提是，團體協約已將之納入適用之人的範圍。

　　最後，在立法上果真應允許派遣勞工可以自由選擇加入要派機構或派遣機構的工會以保障其團結權？此似乎正好是中國勞動合同法第64條規定之立法設計。此種設計看似簡明扼要，兼顧各方的利益，尤其是派遣勞工的團結權。實者是一個隱含諸多疑點的設計，為將來的司法實務埋下不少爭端的引信。先就舉舉大者來講，此種立法的建議或設計，實際上是立基於採取雙重勞動關係說，讓派遣勞工可以同時與派遣機構及要派機構建立起勞動關係，若非如此，則在要派機構與派遣勞工並無勞動關係的情況下，要派機構的工會有何權利或義務讓派遣勞工加入呢？況且，基於團結自由基本權而來的章程自治原則，要派機構的工會本就有權設定各種入會條件，其並無被強制接收派遣勞工的義務，只要其遵守禁止歧視原則即可。[42]至於其他的法律疑點及第64條規定之立法缺陷，以下即分別敘述之。

---

brauchs der Tariflichen Normensetzungsbefugnis in der Leiharbeit, AuR 2008, 239 ff.; LAG Niedersachsen v. 2.7.2008, AuR 2008, 113 f.。

[41] 在這之前，或者派遣機構、或者工會，均因自身利益或立場的考量，而無意與他方簽訂團體協約（1999年6月21日Adecco與數個工會簽訂團體協約，以在2000年Hannover世界博覽會工作，實屬特例。蓋其僅是短期的僱用、且優先僱用的對象為（長期）失業者，雙方較易取得妥協）。

[42] 這裡，先不論在共產主義或社會主義的計畫經濟下，工會只是扮演黨的「傳動皮帶（Transmissionsriemen）」的角色而已。其或者在調停廠場領導階層與勞動者間的爭議，或者只是在完滿地詮釋黨的各種計畫。相關論述，請參閱Däubler/Wang, Das neue chinesische Arbeitsrecht, AuR 2008, 89。

　　首先，就派遣勞工受到勞工團體的保障部分，應該適用勞動合同法第4條及第6條之規定。[43]而該二條之職工代表大會、工會，應是指派遣機構之勞工團體而言，亦即以派遣勞工與派遣機構具有勞動關係為前提。惟此等規定，已經受到第64條的部分修正。至於第51條到第56條有關集體合同之規定，亦應配合第64條之規定而作解釋。

　　至於依據第64條規定，「被派遣勞動者有權在勞務派遣單位或者用工單位依法參加或者組織工會，維護自身的合法權益。」本條所涉及之問題如下：首先是欠缺勞動關係（派遣勞工與要派機構）之問題。除非本條文係以二（雙）重勞動關係作為出發點，否則，派遣勞工並無權加入要派機構的工會。這也是為什麼採一重勞動關係的德國，在其勞工派遣法中沒有派遣勞工加入要派機構工會之設計的原因。至於德國勞工派遣法第14條之得向要派機構之員工代表會尋求救濟，係從企業組織的角度，例外地賦予派遣勞工有要派機構組織的歸屬性，以免企業組織法中的保護作用被架空，並不表示其有權加入要派機構的員工代表會。此已在前面有所說明。

　　其次，依據第64條規定，「被派遣勞動者有權在勞務派遣單位或者用工單位依法參加或者組織工會，維護自身的合法權益。」是否代表派遣勞工只能擇一加入派遣機構或要派機構中的工會？或者可以同時或先後加入派遣機構及要派機構中的工會？此從法條中固然有「或者」用語，但是，「或者」並不必然代表「擇一」。何況，派遣勞工本來即可組織或加入派

---

[43] 依據勞動合同法第4條規定，「用人單位應當依法建立和完善勞動規章制度，保障勞動者享有勞動權利、履行勞動義務。用人單位在制定、修改或者決定有關勞動報酬、工作時間、休息休假、勞動安全衛生、保險福利、職工培訓、勞動紀律以及勞動定額管理等直接涉及勞動者切身利益的規章制度或者重大事項時，應當經職工代表大會或者全體職工討論，提出方案和意見，與工會或者職工代表平等協商確定（第1款）。在規章制度和重大事項決定實施過程中，工會或者職工認為不適當的，有權向用人單位提出，通過協商予以修改完善（第2款）。用人單位應當將直接涉及勞動者切身利益的規章制度和重大事項決定公示，或者告知勞動者（第3款）。」依據勞動合同法第6條規定，「工會應當幫助、指導勞動者與用人單位依法訂立和履行勞動合同，並與用人單位建立集體協商機制，維護勞動者的合法權益。」

遣機構中的工會，本條的用意，是在另外賦予一在要派機構處的團結自由基本權，以克服在派遣機構中組織或加入工會的困境。由此觀之，派遣勞工有可能同時或先後具有兩個機構中工會會員的資格。[44]只不過，在中國，勞工之組織或加入工會係採取自由主義，而且工會也可以在章程中設定勞工入會或除名的條件。因此，立法上並不能強迫派遣機構或要派機構中的工會，一定要接受派遣勞工入會。

　　承上。一旦派遣勞工同時或先後擁有兩個機構中工會會員資格時，即會衍生出管轄權的衝突問題，亦即針對一定的事務引發積極管轄或消極管轄的衝突。[45]例如勞動條件的調整（第62條第1項）。果如此，究應如何處理？是以先管轄者具有優先權？或者是以屬於派遣機構或要派機構的權義而作劃分？或是一律以派遣機構中工會有優先權？或是反之？對此，雖然勞動合同法第62條賦予要派機構一定的義務（與權限），但是，除了勞動保護部分外，實際上均應歸諸派遣機構負責，此亦係採一重勞動關係說的當然解釋。因此，本文以為原則上派遣機構中的工會擁有優先管轄權。亦即：在工資及勞動條件的部分，應該由派遣機構的工會與派遣機構進行協商、進而締結團體協約或集體合同，其效力即及於派遣勞工。至於派遣勞工加入要派機構中的工會，其僅係在扮演一補充或輔助的角色，或者是在提供派遣勞工工資或其他勞動條件外的幫助、或者在欠缺派遣機構中的工會時，於其與要派機構進行協商、締結團體協約或集體合同時，將其效力間接地適用及於派遣勞工。不過，無論如何，要派機構中的工會並不得直接與派遣機構進行協商、締結團體協約或集體合同。

---

[44] 有問題的是，派遣機構的工會本有讓派遣勞工加入的權義，現在立法上讓要派機構也可以競爭派遣勞工加入，是否會危害到派遣機構工會的存續保障（甚至行動保障）？對此，在一般的工會實務中，各個工會的互相競爭挖角實屬常態。但是，在派遣機構工會與要派機構工會的「非常態」競爭關係下，本文毋庸採取較為保守的看法，亦即派遣機構的工會可以存續保障受到危害為由，對抗要派機構中之工會。有關工會存續保障之說明，請參閱本書前面之說明。

[45] 假使不考慮派遣機構工會之存續保障問題。在理論上，其中一個工會仍舊可以將之除名。但如果沒有工會願意如此做，接下來就是要處理管轄權衝突的問題。

　　當然，觀察中國集體勞動法的發展，其實也不僅以廠場工會為限，而是逐漸地擴及於行業別或職業別的工會（參照勞動合同法第53條規定）。因此，有朝一日，由所有的派遣勞工組成的「派遣勞工職業工會」與派遣機構協商勞動條件、並且進而締結團體協約或集體合同的情況，將有可能逐漸地發生。而此也正是德國工會實務上的現況，即德國工會聯盟（DGB）與德國聯邦短期工作聯盟（BZA）所簽訂之跨部門團體協約，以作為所有具工會會員資格之派遣勞工的規範。此實可為吾人借鏡之用。

　　末了，另外應釐清的問題為：1.面對派遣勞工加入要派機構中工會之問題，是否應該設定一個等待期？亦即以其在要派機構工作一段時間（例如3個月後），表示其與要派機構或其中的工會已有一定的連結後，始令其有選擇加入工會之權。畢竟，不可否認地，工會面對非典型工作者到廠工作的情況，大體上係採取對抗或敵視的態度。即使派遣勞工已待在要派機構一段時間，也不代表其已與要派機構的工會形成「社會聯帶的共同體」。因此，這種對抗非典型工作者的態度，將不會因為第64條的規定而立即改觀，[46]連帶地，工會是否確實會為之爭取權利或勞動條件的改善，實在也令人存疑；[47]2.再者，即使肯定派遣勞工有權加入要派機構中的工會，也不必然要賦予其參選工會幹部的積極的選舉權。也就是，是否僅賦予其消極的選舉權即可？對此，本文採取肯定的見解。此雖未明定於勞動合同法第64條規定中，惟解釋上應採取限縮的見解，蓋派遣勞工在要派機構工作的時間通常不長，而且應該儘量避免派遣勞工與要派機構中工會的會員發生權力的紛爭。如此，始有助於其勞動權益的保護。不過，為免爭議的發生，似應儘速通過修法，將「要派機構中工會之選舉，派遣勞工無積極選舉權」，明訂於第64條規定之中。

　　綜上之說明，歸根結底之道，是應該否認派遣勞工有加入要派機構工會之權。即使立法者亦不能偏離法理的正軌，否則將有可能造成一連串

---

[46] 說不定要派機構中的工會，會認為立法讓派遣勞工可以加入，是一個不樂之捐。

[47] 假使硬性規定派遣勞工有權加入要派機構的工會，卻沒有設定任何條件，那麼，將有可能引發要派機構工會與派遣勞工間的勞資爭議，形成另一種新類型的不當勞動行為。

無法解決的法律後果。不過,與此似同而實異的問題是:要派機構中的工
會可否例外地提供派遣勞工幫助?或者要派機構與其工會所簽訂之團體協
約,可否將其效力適用至派遣勞工身上?對於前者,畢竟派遣勞工是在要
派機構中工作,要派機構中的工會當可任意地提供派遣勞工一些幫助(例
如法律諮詢、個別勞資爭議的解決)。[48]因此,應可予以肯定。後者,則
必須透過立法或修法的途徑,明定要派機構中所適用之團體協約之勞動條
件,亦應作為最低勞動條件適用至派遣勞工,尤其是派遣勞工未受到(派
遣機構所簽訂之)任何團體協約的保障時。[49]因此,後者實際上已屬於勞
工保護法的領域矣。

(二)應以勞工保護法為重心

如上所述,派遣勞工團結自由基本權的保障,係以在派遣機構內為
限。不過,由於派遣機構的人員流動快速,實際上並不容易成立工會。況
且,即使有工會,也不見得會與派遣機構締結有團體協約,以提供給派遣
勞工法規範效力的保障。尤其甚者,如德國工會聯盟中的團體協商小組與
派遣機構雇主聯盟所訂立的團體協約,也可能因為加入工會的派遣勞工太
少,而欠缺健全的會員基礎及限制其效力的發揮。

由此可見,想要以派遣機構的工會提供派遣勞工保障,可謂困難重
重。這也是為什麼德國有關派遣勞工在集體勞工法上的保障,除了派遣機
構的工會及員工代表會之外,側重在要派機構中的勞工參與機制上。亦
即:由於派遣勞工與要派機構欠缺勞動關係,故其當然不得加入或組織要
派機構的工會。但是,派遣勞工會暫時地納入要派機構的企業組織,而在
該期間內(同時與要派機構)發生企業組織法(BetrVG)上之「廠場歸
屬性」,因此,例外地賦予要派機構的員工代表會行使有關派遣勞工事項
的勞工參與權限,以避免企業組織法的保護功能化為烏有。[50]為了強化派

---

[48] 至於派遣勞工是以單純勞工的身分或者是以贊助會員的方式加入而獲得幫助,則似乎無
　　須再加以討論。

[49] 請參閱BT-Drucks. 14/4220, 20, 27。

[50] 楊通軒,歐洲聯盟勞動派遣法制之研究──兼論德國之勞動派遣法制,頁296以下。

遣勞工與要派機構員工代表會的連結，德國立法者甚至在2001年7月23日公布經修正的企業組織法第7條規定如下：「廠場內所有滿18歲之勞工，均有選舉權。勞工如係由其他雇主派遣至廠場內工作，如其工作期間逾三個月者，亦有選舉權。」[51]不過，值得注意的是，此一條文並未賦予派遣勞工有一加入或成為要派機構員工代表會會員的權利。

　　承上，即便是如此，一者，要派機構中的勞工參與團體（員工代表會）是否會抱持著（較工會對待派遣勞工）友善的態度？仍然不得而知；二者，實務上要派機構沒有僱用任何員工或雖有自己的員工但卻未有勞工參與團體者，仍然不計其數。總結起來，想要期待藉由勞工參與增加對於派遣勞工的保障，也極有可能淪為空中樓閣而已。果如此，最後將只能經由增修勞工保護法的途徑著手矣，而這在派遣勞動實務上，無論是在工業先進國家、台灣、中國，實際上都較為可行、且也不至於引發集體勞工法上理論的爭議。有鑑於此，中國學者間也有主張通過勞動法對要派企業課以公法上的義務，將要派企業依據私法上的利他契約而負有的對派遣勞工的附隨義務，通過勞動法而上升為保護照顧義務，例如安全衛生的工作環境和條件。[52]本文以為其見解可採。

(三)小結

　　本文基於以上之論述，謹提出以下兩點看法，以供參考：

　　基於一重勞動關係說，派遣勞工只可加入或組織派遣機構中的工會。派遣勞工之可否加入要派機構的工會，並非是解釋論的問題，而是立法論的問題。惟即使中國勞動合同法第64條規定，令派遣勞工可以選擇加入派遣機構或要派機構的工會，其亦忽略派遣勞工與要派機構工會欠缺社會連帶共同體感覺的事實，並且可能引發兩個機構工會的管轄權衝突，立法並

---

[51] 依據此一規定，派遣勞工除了有員工代表會的積極選舉權之外，在要派人中的監事會（Aufsichtsrat）改選時，亦可行使其積極的選舉權。

[52] 楊曉蓉，勞動派遣法律問題探析——從裁判的角度出發，收錄於：勞動派遣的發展與法律規制，2007年4月，頁278。不過，氏在文章中主張派遣勞工有權與其他正式職工享受同工同酬。此一見解似乎有誤。

不妥當、允宜予以修正。其並不值得我國參考。

　　派遣勞工的廠場歸屬性仍在派遣機構，惟因其在要派機構處工作，接受要派機構的指揮命令，故其亦應在一定條件下，受到要派機構中勞工參與機制的保護。惟在立法的設計上，主要權限的行使仍應在派遣機構及其內之勞工參與機制上，例外始在要派機構及其內之勞工參與機制上。如仍有劃分不清之現象，則應由勞工法院或勞工法庭予以個案認定。

第三節　憲法第14條為法律基礎？第15條？或第22條之剩餘權限？

一、法律依據之爭議

　　就法制現況來說，我國憲法對於勞動基本權或爭議權並未有明文之規定。即使憲法第154條規定「勞資雙方應本協調合作原則，發展生產事業。勞資糾紛之調解與仲裁，以法律定之。」也無法反面解釋其為（禁止）爭議行為的明文規定。[53]不過，如從國內法來看，勞動者團結權憲法上之根據，學者間容或有爭議，但均認其為憲法上所保障之基本權利之一。而司法院大法官會議釋字第373號則已明白指出：由憲法第14條人民之結社自由，可以導出勞工組織工會之權利，並認為舊工會法第4條禁止教育事業技工、組織工會部分，使其難以獲致合理之權益，實已逾越憲法第23條之必要限度，侵害從事此類職業之人民在憲法上保障之結社權。至於劉鐵錚及戴東雄兩位大法官在不同意見書中，則是以憲法第15條之生存權作為勞動三權之根據，論述亦屬有理而自成一格。惟這可能要從生存權的內涵加以釐清。台灣學者間也多是從憲法第14條或第15條作為其憲法依據。倒是，也常出現在其他大法官會議解釋中之憲法第153條（例如釋字第549及578號解釋）或第155條（例如釋字第549號解釋），並未被提出作為勞動三權的依據。

---

[53] 遍查制憲國民大會實錄，也並無有關罷工問題之討論。

　　本人在之前有關團結權的論述中，也是主張以憲法第14條作為其憲法依據。但是，在經過一段時間的思考後，綜合我國勞工團結權之保障，早已規定於1929年的工會法，反而是在制憲時制憲國民大會代表並未討論到團結自由的保障，顯然制憲者是有意將勞工團結權的事項，保留給立法者規範。因此，立法者乃得以善用其立法形成空間，在工會法中予以詳細規定。此與德國由於欠缺一般法律的規定，針對團結權之內涵，學說及實務乃被迫從最高的規範及原則找尋解決的答案者，[54]尚有不同。因此，有關團結權、協商權及爭議權的內容，台灣既然已在勞動三法中規定，理論上應無必要處處再回到憲法討論。

　　再者，何況台灣憲法第14條的規定，並未有如德國基本法第9條第3項（相異於第9條第1項之）對於團結權所設置的「功能描述」（Funktionsbeschreibung）；亦即未有「維持及促進勞動條件及經濟條件」的規定，難以明確認定其係團結自由基本權的憲法依據所在。畢竟，憲法第14條之「結社」自由，範圍包括所有的人民組織，並不以經過法定登記程序之法人為限。例如中國清代文人聚集而成、大家互相激勵以考取功名為旨之「文社」，也在此一保障對象之內（參閱清代蒲松齡，聊齋誌異，陸判一文中朱爾旦與其文友的讌集）。另外，公法學者亦有認為勞動基本權固然已具有基本權的實質要件或基本權利品質之內涵，但卻尚未在憲法列舉權利保障範圍，故應以憲法第22條作為保障之依據者。這是因為，以第22條作為勞動基本權之依據，可以避免需要迂迴以「工作權」第三人效力理論間接保障勞動者之基本權益。[55]綜上，在未將團結自由基本權入憲之前，目前集體基本權保障的憲法根據，應該是在第22條，[56]而此集體基本

---

[54] Seiter, Streikrecht und Aussperrungsrecht, 1975 53：相較於其他私法的領域，爭議行為法在私法上的發展，遠遠地受到憲法討論的影響。

[55] 李震山，罷工糾察線作為預防犯罪的警察權發動對象——警察法的觀點，發表於「爭議行為之行使所涉及相關法律問題」學術研討會，2006年12月8日，頁90以下。

[56] 反對說，蔡震榮，集會遊行權與罷工集會，發表於「爭議行為之行使所涉及相關法律問題」學術研討會，2006年12月8日，頁140：採第14條結社權與第15條工作權說。「綜上所述，勞動三權之保障，應可直接援引『結社權』，間接也可歸屬『工作權』之範

權之內涵，包括罷工權及鎖廠權在內。[57]

　　整體而言，理論上應歸屬在結社自由項下，但因現行憲法的規定過於空洞，並未有半言隻字對於團結權、協商權及爭議權的明文規定，學者間所謂的勞動三權毋寧都是透過參照各國憲法規定後、漫長的理論推演而得。可以說，實際上是一個憲法釋義學的範圍，經由演繹團結自由之意義與目的而得。因此，想要以目前的結社自由推出所謂的勞動三權或集體的基本權，將難免陷入結社權與團結權間之差異，以及第三人效力理論等爭議之疑慮。不過，反向思考，如果只因為現行工會法、團體協商法、勞資爭議處理法的規定，而認為勞工的團結權、協商權及爭議權全面只有法律上的保障，則似又與國際勞工組織第87號及第98號公約，以及世界上主流國家的作法有所不同。因此，在處理的方式上，將勞動三權或集體的基本權歸入憲法第22條的保障似係一可取的作法。否則，效法主流國家的作法（只在憲法上規定結社權與團結權，而將協商權及爭議權留待法院實務的逐漸形成），亦係可思採取之道。面對台灣解嚴後的勞資爭議案件，法院實務即是以解釋學的方式逐步地具體化之。

二、形式與適用

　　如上所述，憲法第22條保障了勞工與雇主的團結自由。此一團結自由基本權，並不屬於傳統的基本權（klassische Grundrechte），它是在19世紀現代的工業生產環境下所生成。其並非僅是一對抗國家的自由權／抵禦權（Abwehrrecht），而是一個將社會國原則或福利國原則具體化的規定，因此內含有社會權的保障。只不過尚未達或尚不宜將之視為社會基本權（soziales Grundrecht）而已。[58]

　　團結自由所保障之對象，也超出個人的個別的自由權之外，而及於

　　團。」

[57] 台灣若要否定雇主享有鎖廠權，則或可參考德國黑森邦憲法第29條第5項規定：鎖廠係違法的。不過，德國聯邦憲法法院已在1991年6月26日判決中，肯定具有暫時休止效力的鎖廠受到憲法保障。

[58] V. Hoyningen-Huene, Vereinigungsfreiheit, in: AR-Blattei D Vereinigungsfreiheit I, 1984, 1 R.

團結體的集體的自由權，學者因此稱之為雙重的基本權（Doppelgrundrecht）。

　　我國憲法對於團結自由的保障範圍多廣？其實應該從制憲的資料中去找尋答案。不過，這一部分卻是空白的。[59]直到1995年2月24日，司法院大法官會議才在釋字第373號解釋明確地肯定「從事各種職業之勞動者，為改善勞動條件，增進其社會及經濟地位，得組織工會，乃現代法治國家普遍承認之勞工基本權利，亦屬憲法上開規定意旨之所在。國家制定有關工會之法律，應於兼顧社會秩序及公共利益的前提下，使勞工享有團體交涉及爭議等權利。」（該號解釋可以說是台灣勞動三權的燈塔）從該號解釋中，可以得知憲法第23條之規定，可加予團結自由一定的限制。所以說：相對於其他的自由與權利，團結自由並無特權可言，其並非一超級的基本權（Supergrundrecht）。

　　除了上述釋字第373號解釋之外，各級法院對於勞工的團結自由雖偶有說明，但大多簡明扼要，未做深入的論述，而且是環繞在現行工會法的規定。實際上，團體協約法中也有部分團結自由的規定（例如第2條第1項）。而現行的人民團體法及人民團體選舉罷免辦法的規定，係工會法的一般規定，可以補充工會法規定之不足，但法院實務上甚少論及（但是，依據公務人員協會法第1條第2項規定，「公務人員協會之組織、管理及活動，依本法之規定；本法未規定者，適用民法有關法人之規定。」其既已明文規定「適用民法有關法人之規定」，解釋上即應排除人民團體法之規定矣）。具體而言，1.人民團體法第25條以下之規定，於工會法未規定時，適用之；2.有關工會會員除名之程序，於工會章程內無議決額數之規定時，究應如何處理？此在舊工會法施行細則第11條規定，「工會會員之除名，應經會員大會或會員代表大會之決議。」相較於人民團體法第14條、第27條規定，由於後者的規定較為詳盡、嚴謹，自然應該適用之。即

---

[59] 在德國，基本法第9條第3項的規定幾乎與威瑪憲法第159條的規定完全相同。因此，聯邦憲法法院在解釋其內涵時，常常強調應考慮過去歷史的發展。BVerfGE 38, 386 (394); 50, 290 (367)。

使2011年5月1日修正施行的新工會法施行細則第11條第1項規定，「本法第12條第7款規定有關會員停權及除名之章程記載事項，應包括其資格、條件及處理程序」，理論上章程所明訂之處理程序，即應包括議決數額之規定，且依之進行停權及除名之表決。雖然如此，假設工會章程還是沒有議決數額之規定，則仍然應該回到人民團體法第14條、第27條的規定處理；3.至於舊工會法第40條、第41條，與人民團體法第58條、第59條比較，本來後者可以補充前者。但因新工會法第37條及第43條，已有參酌人民團體法第58條及第59條，增入特殊的規定，因此，即無再適用人民團體法第58條及第59條之必要。另外，人民團體選舉罷免辦法第46條及第47條之規定，在工會法中並無類似的規定，是否應該適用及之？對此，原本舊工會法第33條的罷免規定，相對簡陋，故應援引人民團體選舉罷免辦法第46條及第47條的規定處理。只不過，新工會法中已無舊工會法第33條的罷免規定，而是一律以解任予以處理（解釋上，解任包括因為被罷免所引起的去職）。依據新工會法第26條第1項第4款規定，「會員代表、理事、監事、常務理事、常務監事、副理事長、理事長、監事會召集人之選任、解任及停權之規定，應經會員大會或會員代表大會之議決。」再依據同條第2項規定，「前項第4款之規定經議決訂定者，不受人民團體法及其相關法令之限制」。解釋上，此處之「其相關法令」，即包括人民團體選舉罷免辦法。如此一來，除非解任規定未經議決訂定，否則人民團體選舉罷免辦法第46條及第47條的規定已無適用的空間（行政院勞工委員會101年3月21日勞資1字第1010058195號函：依據工會法第12、26條，工會會員代表、理事、監事等人之選任規定，如已經會員大會或會員代表大會之議決訂定者，即排除人民團體法及其相關法令之適用）。

　　上述人民團體法之相關規定，在2011年5月1日工會法修正條文中，已有多項被納入。例如修正條文第12條（原條文第10條）之工會章程事項，納入第15款「財產之處分」，即是參照人民團體法第27條之規定而來，以應實務之需要也。又，修正條文第26條之應經會員大會或會員代表大會議決之事項，納入第2款「財產之處分」、第5款「會員之停權及除名之規定」，亦是參照人民團體法第27條之規定而來。至於配合修正條文第26條

之第27條第1項但書，亦擴大為「但前條第1項第1款至第5款之事項，非有出席會員或會員代表三分之二以上同意，不得議決。」

　　在具體個案上，針對工會法與集會遊行法之關係，台北高等行政法院2006年11月16日95年度簡字第00201號判決認為：工會法的立法目的及對象針對勞工，與集會遊行法的目的與對象是針對全體國民，兩者不同。「工會法與集會遊行法所規範者各有不同領域，彼此間並無特別法與普通法之關係，即工會依工會法舉行罷工，仍應受集遊法之規範；況工會法第26條規定：『工會於罷工時，不得妨害公共秩序之安寧，及加危害於他人之生命財產及身體自由』，揆諸上開司法院釋字第445號解釋意旨，主管機關對於工會所舉辦之罷工活動，為維護交通安全或社會安寧等重要公益，亦得於事前採行必要措施，妥為因應。」

　　而除了人民團體法之相關規定為規範工會的普通法外，民法有關法人的相關規定，則是人民團體法相關規定的普通法，其同樣可以作為補充工會法及人民團體法不足之用。例如針對會議召集程序或決議方法，違反法令或章程時之法律效力，雖然民法第56條第1項有規定，但因工會法第33條第1項已經有特別規定，因此，民法第56條第1項遂被排除適用（同說，台灣新北地方法院104年度訴字第1289號判決）。觀兩個法條的用語，頗有異曲同工之妙。前者規定，「總會之召集程序或決議方法，違反法令或章程時，社員得於決議後三個月內請求法院撤銷其決議。但出席社員，對召集程序或決議方法，未當場表示異議者，不在此限。」後者規定，「工會會員大會或代表大會之召集程序或決議方法，違反法令或章程時，會員或會員代表得於決議後三十日內，訴請法院撤銷其決議。但出席會議之會員或會員代表未當場表示異議者，不得為之。」所謂決議方法的違反，出席的社員不足法令或章程所定之數額，即其一例。在會員或會員代表訴請法院撤銷其決議前，該決議仍然有效存在。就此觀之，針對某工會臨時會員大會決議方法違反章程所定出席會議數額之情形，行政院勞工委員會不當勞動行為102年勞裁字第18號裁決決定書援引最高法院96年台上字235號判決之民法第56條第1項規定，而未引用工會法第33條第1項，其認事用法已違背法令。

三、核心部分保障

團結權之保障，也包括政治罷工、同情罷工或示威罷工？憲法條文似未明文禁止。由於這涉及團結權保障的內涵與範圍，有必要加以詳述之。

首先，團結權之保障僅止於核心部分而已；亦即應受「必要性理論」的限制，以免過度地侵害相對人及其不相干第三之權益。所謂「必要性理論」，係指為達成團結體之功能，而由憲法所直接給予之絕對必要的最低限度保障，且立法者並未為任何的規定者。若欲為超出最低限度外之保障，則必須由法律明定之，立法者具有形成法律的空間。在此，立法者並未被禁止以法律對於細節部分加以規定。另外一方面，在核心部分理論之下，顯示出制憲者並不承認受到保護的個人及團結權，擁有一個憲法位階上內容不受任何限制的行動空間，反而是將確定團體權範圍的權限，授予立法者個案的及詳細地規定。[60]吾人如觀台灣團結權相關法令，即可知立法者透過工會法、人民團體法以及勞資爭議處理法的規定，某種程度地將工會的規範權限，限縮在最低限度裡。立法者並非透過上述法律擴大工會的權限或任務。工會第5條規定，也並非立法者強加以工會無論如何必須完成的任務，而是提示工會按照本身的優先考量，加以追求的目標。所以，即使是工會（會務）自主原則或章程自治原則，仍得予以一定限度的立法限制或行政機關的審查（行政院勞工委員會85年2月16日(85)台勞資一字第105612號函、101年5月8日勞資1字第1010125835號函參照）。

如從勞工、工會或雇主的角度出之，所謂「絕對必要」，係指為了維護自己權利之人，通常能夠預測自己的行為是合法的。以罷工為例，即是參與罷工行動的勞工對於自己必須罷工以改善勞動條件一事，「相當具有信心」不會受到法律制裁。同樣地，對於其他附屬的爭議行為，例如職場占據或圍堵，他也可以預測會受到法律的制裁。

承上之問題為：為了避免工會行動（多年後）被法院判定為不在必

---

[60] BVerfGE 50, 290, 368 f.

要範圍之巨大風險，應將諸如招攬會員（Werbung）、[61]爭議行為「類型化」（typisieren）。類型化才會使得法律具有安定性及具有可預測性；亦即：「如果典型上被使用的手段，即是合法的；相反地，如果典型上是不被使用的手段，當然即是非法的（非必要的）」，換言之，「對於團結體的行動及目的的保護，（招攬）行為如果是必要的，即是合法的」。否則，下面兩個案例即會發生法律上的疑義：1.勞工在廠場內散發工會報紙。五年後，法院判決其非法，蓋勞工可以在黑板上公布事項，並不需要以散發報紙的方式為之；2.勞工進行罷工，並且呼籲工會聯盟中三分之二的勞工一起罷工。法院判決其敗訴，蓋雙方對於調薪的幅度只有0.3%的差距而已（工會要6%，雇主只願給5.70%）。勞工應該先進行警告性罷工。此種需要類型化的過程，並不因台灣勞資爭議處理法等已有罷工的規定，即顯得多餘。

　　承上，在判斷是否為典型上必要的手段時，在團體協商領域內之罷工，應該是沒問題的。而在雇主所有的工作服或安全帽或通訊聯絡工具或交通工具等物品上貼上工會的標章或標誌，則並非典型上必要的。同樣地，在現代資訊社會下，使用雇主所有的電子郵件信箱以作為工會與會員聯絡或廣告、資訊傳播之用，解釋上應該也不是典型上所必要的。

　　其次，依據德國聯邦憲法法院的判決，團體協約制度為核心部分理論所包含，但非謂整個團體協約法的內容都在基本法第9條第3項保障內容之內。例如台灣新團體協約法第12條第1項第2～7款規定，原則上大多只具有債法上的效力，不在核心範圍之內。此處，核心部分所要保障的是團體協約自治，而團體協約自治卻又是以爭議行為為前提。至於所謂的團體協約自治，係指人們可以藉之彌補契約當事人，在個別勞工法的層面上，所欠缺的典型的勢均力敵的地位（態勢）。因此，在勞雇雙方未能針對團體

---

[61] 此處招攬會員之方法，包括在休息時間散發工會報紙、在黑板上公布事項，以及招攬會談等。而且，不論是企業工會、產業工會或職業工會或綜合性工會，理論上均可透過媒體、車廂、公開場所的公布欄或網路等管道招攬會員。

協約法第12條第1項第2至7款及第2項事項達成團體協約時,任何一方均不得進行爭議行為。如此始能與勞資爭議處理法第5條第3款及第53條第1項之規定一致。

至於作為測量爭議行為領域中之團體協約自治的標準,是對等(Parität);亦即爭議手段可以使得雙方擁有協商的對等,所謂存在一幾乎勢均力敵的當事人。因此,只要罷工及鎖廠係為對等所絕對必要,即會受到基本法第9條第3項所保障。聯邦憲法法院1991年6月21日的判決,即認為鎖廠為基本法第9條第3項所保障,只是稍有限制而已(限於防禦性的鎖廠)。

但是,除了核心部分理論之外,聯邦憲法法院卻也運用了另一項理論。依之,只要團結體的行動未與他人的權利發生衝突,其行動即受到保障,稱為權衡模式(Abwägungsformel)。立法者所制定的法律如果是超出為保護其他的法益之外,而限制行動權,即是侵害團結體行動的核心內容。[62]吾人觀此種行動權的保障,顯然要比必要性理論廣了許多。兩種理論實際上有所衝突,也造成法律的不安定性。依據德國勞工法學者Horst Konzen的見解,正確的,應該是必要性理論,而其正確的作法是將之類型化。

四、禁止過度原則之運用

在德國,一旦立法者在爭議行為法中承認由工會所帶領的、具有團體協約相關性的罷工合法,那麼,此即表示工會對於雇主基於基本法第14條而來之設立及經營事業單位之權利(das Recht am eingerichteten und aus-geübten Gewerbebetrieb)之侵害,係一合法之行為。果如此,乃延伸下一個問題:對於他人受到基本法保障之權利或自由的侵害,應該依據何種標準評價其合法性?對此,應依比例原則或禁止過度(Übermaßverbot)原則為之;亦即對於他人權利之侵害,必須是為達成其目的所適當的(gee-

---

[62] BVerfGE 50, 290, 369.

ignet）、必要的，以及合乎比例性（verhältnismäßig）原則的手段。為了
追求其目的，所使用之手段不可逾越必要之限度。為了避免手段逾越必要
之限度，必須對之進行一過度的控制（Exzeßkontrolle）。這也就是說：
立法者如為保護第三人的基本權或者其他人具有憲法地位的利益、以及
遵守比例原則時，即可對於團體協約自治加以限制（BVerfGE 103, 293 =
NZA 2001, 777〔zu B 3〕; BAG, NZA 2009, 1355 = AP TzBfG § 14 Nr. 64
= EzA EG-Vertrag 1999 Richtlinie 2000/78 Nr. 12 Rn. 16 = NJW 2009, 3808
L）。基本法第9條第3項只賦予團體協商當事人一規範制定權（Normset-
zungsrecht），但並無一規範制定獨占權（Normsetzungsmonopol）。立法
者根據基本法第74條第1項第12款規定（台灣憲法第108條第1項第13款規
定參照），得制定勞工法規。這表示團結自由雖受到基本法第9條第3項毫
無保留的保障。但並非意味在基本權保障的領域，任何國家的行動均為法
所不許。

　　再進一步言之，以爭議行為或招攬會員行為侵害他人之權利，不僅係
為維持勞動條件所絕對必要，而且不可違反禁止過度原則。雖然有人認為
既然雇主已經讓勞工進入廠場，則工會在廠場內的招攬會員行為即無侵害
雇主的住宅權（Hausrecht）或所有權之可能。但是，不可否認地，雇主
是讓勞工入內工作，而非入內招攬新會員。因此，只有招攬會員行為典型
的是為存續保障所絕對必要的，才能夠在經過權益衡量後認為其為合法之
行為。

　　其實，屬於核心部分保障的絕對必要性，與為達成目的之必要性手
段，兩者的內涵並無不同。絕對必要性理論要求要類型化，以免事後被評
價為非法或錯誤，所以說罷工及鎖廠係典型合法的行為。雖然如此，所進
行之罷工或鎖廠仍然需要受到禁止過度的控制。一旦工會未提供維持性
的勞務（Erhaltungsarbeiten）（新勞資爭議處理法第56條規定），例如鍋
爐的工作，或未提供緊急性的勞務（Notdienstarbeiten）（新勞資爭議處
理法第54條第3項規定），例如水、電、醫療院所的勞務等民生必需的服
務，則此一罷工行為即會造成毀滅生存的效果，而不再與改善勞動條件有
關。此一具毀滅性效力的罷工或雇主進行鎖廠之勞工遠多於罷工之勞工

時，例如3千名勞工罷工，但雇主卻鎖廠2萬4千名勞工，懸殊的比例達1比8，即已屬於一過度的行為，也不符合比例性原則。[63]

對於爭議行為的過度控制，德國聯邦憲法法院在1991年6月21日判決固然肯定鎖廠之控制，但是並不支持對於罷工的控制，因其擔心比例性的控制（Verhältnismäßigkeitskontrolle）會造成對於團體協約的審查（Tarifzensur）。而團體協約自治係核心部分保障的領域，不得受到任何侵害。只不過，德國勞工法學者Horst Konzen教授認為對於過度的控制（緊急性的勞務、禁止具毀滅性效力的罷工），實際上不會影響團體協約的多樣性（Tarifvielfalt），也與團體協約的審查無關。

第四節　團結權之主體

一、任何人？

依據學術界及實務界多數的見解，勞工享有團結自由基本權，可以組織或加入工會。雖然如此，如果我們從現行憲法的規定觀之，無論是第14條或第15條或第22條之規定，均以「人民」為限，解釋上當然是指本國人民。如此，未具有我國國籍的外國勞工，將無法組織或加入工會。除非，我們將團結權之保障，解釋為人權，而非只是民權或公民權而已。對此，吾人以為可採，蓋團結自由基本權只是涉及改善勞動條件及勞動環境的組織體，與其人性尊嚴有關，其並非給予非本國籍的勞工加入政治團體或社會團體的權限，不須給予太多限制或管制。此種不同的對待方式，也是德國基本法第9條第1項及第3項的規範方式。亦即基本法第9條第1項「一般結社權」的適用對象，僅限於德國人民；但基本法第9條第3項「特殊結社權（即團結權）」的適用對象則是「任何人」，不僅包括非勞動者的公務

---

[63] 另外，德國印刷及紙業工會（IG Druck und Papier）1978年只有6個廠的2,300位勞工參加罷工，卻換來聯邦印刷聯盟（Bundesverband Druck）全國性鎖廠，此應亦已違反比例原則。

員，也包括不具德國籍的工作者。只不過，在台灣，憲法第14條或第15條或第22條之規定，可以在第23條的各種情況下，由立法者予以限制。而立法者已在工會法第4條中將部分職業排除，甚且，在舊工會法第16條中也將工會理監事限於具有中華民國國籍者，連帶地也排除外籍勞工組織工會的可能性。惟，在新工會法第19條規定中，已將國籍的限制刪除，自此而後，理論上外籍勞工也可以組織工會、擔任工會理監事。

因此，整體來講，團結權之適用對象，包括本國人、外國人、無國籍人、難民。此處外國人（漁船員），包括中國籍配偶、中國人民在台工作者、取得華僑身分之香港澳門居民（取得華僑身分之香港澳門居民聘僱及管理辦法），惟外國人應以合法外勞為限。另外，具學生身分之第三類外國人（就業服務法第50條、雇主聘僱外國人許可及管理辦法第30條以下），亦擁有團結權。

二、任何職業？

(一)勞工

此處的勞工，係指一個人基於私法契約，在他人指示下提供具有人格從屬性之職業上勞務者（惟並不問事業單位是否有納入勞動基準法適用。行政院勞工委員會86年6月23日(86)台勞資二字第025286號函參照）。只要是基於私法契約，即使其是在公營事業單位或行政機關任職，均不影響其團結權。不能因為其所領工資是來自於國家預算，就否定其私法契約的本質。至於其事業單位是否為勞基法適用之對象，並不影響團結權之有無。再依據司法院大法官會議釋字第373號解釋：「從事各種職業之勞動者，為改善勞動條件，增進其社會及經濟地位，得組織工會，乃現代法治國家普遍承認之勞工基本權利」。因此，教育事業技工、工友可以組織工會。吾人從該號解釋意旨，大法官似有意將團結權擴大到「從事各種職業之勞動者」，可知其範圍之廣泛。

承上之勞工，包括童工、工讀生（但建教合作生、技術生不在內。雖然團體協約法第12條第2項允許團體協約將技術生、建教合作班之學生納入適用，但這只是團體協約人的適用範圍而已，不代表其有權加入工會。

同樣地，大專院校學生兼任助理，其身分應與技術生、建教合作生及學徒同等對待，並非勞工，因此，亦不在內）、漁船員、臨時工、部分工時工、派遣勞工、清潔工、駕駛員等。至於承攬工則不得在定作人事業單位內組織或加入工會（所以，論者如果認為派遣勞工得在要派機構處組織或加入工會，則似乎亦應承攬人派至定作人處工作者有此一權利）。

實務上發生爭議的，是碼頭工會與港務局簽訂團體協約及碼頭工會工人是否具有受僱人身分之問題。對此，如果碼頭工會是由受僱於港務局的工人所組成，則工人與港務局間不僅具有僱傭關係，雙方亦得簽訂團體協約。反之，如果是由具有相關職業技能之勞工組成碼頭職業工會（例如基隆市碼頭裝卸搬運職業工會、高雄市碼頭裝卸搬運職業工會），則其雖得與雇主簽訂團體協約，惟究不得謂工人與港務局間具有僱傭關係。就此觀之，中央勞政機關87年7月9日(87)台勞資二字第028048號函認為高雄市碼頭裝卸搬運職業工會工人與港務局間，「實難遽以判斷僱傭關係」，應屬正確。相對地，行政院勞工委員會83年2月3日(83)台勞資二字第04864號函認為基隆市碼頭裝卸搬運職業工會，「自可與該會會員提供勞務之雇主」簽訂團體協約，即屬錯誤而不足採。

理論上，即使是在特種行業工作的員工、地下（非法）工廠工作的員工，雖然與一般勞務有甚大的差距，甚至是法律所欲取締之對象，只要其是在提供勞務，亦不妨害其組織或加入工會之權利。但是，依據新工會法施行細則第2條第1項規定，本法第6條第1項第1款所稱廠場，指有獨立人事、預算及會計，「並得依法辦理工廠登記、營業登記或商業登記之工作場所。」依此規定觀之，似乎能夠組織、加入工會者，會被限制在合法登記有案之事業單位的員工，而不包括地下（非法）工廠工作的員工在內。惟此並不正確，蓋工會法施行細則第6條第1項第1款係規定「得依法辦理登記之工作場所」，所以只要具備得辦理登記的實質要件（必須符合工廠登記、營業登記或商業登記的各種要件，例如必備的環保、工安等的設備），即使未實際辦理登記，員工亦得組織或加入工會。否則，反而像是在處罰員工。現行勞動基準的事業單位，也是採取此種解釋方式。也就是說，工會法施行細則第6條第1項第1款係與勞動基準法、商業登記法、商

業會計法採取同樣的規範方式，而且與集體勞工法的法理相符。試想，如果中央勞工主管機關已將非法外籍勞工納入職業災害勞工保護法的適用對象、甚且也可以討論非法外籍勞工組織、加入工會的權利，則限制或禁止本國非法工廠的員工行使其組織權，在法理上及現實上即屬有疑。

(二)公務人員

此處的公務人員，包括最狹義的國家機關的公務員及最廣義的國家賠償法或刑法上的公務員，具公務人員身分的教師、軍人、警察。至於勞基法第84條之公務員兼具勞工身分者（在公營事業單位工作者），亦在其內。其中，舊工會法第4條規定明文禁止「各級政府行政及教育事業、軍火工業之員工」組織工會，該等人員的團結權遂被剝奪。學者間多有訾議者，本文亦以為與「割裂式的處理」不相符合，理應予以適度放寬。此亦為2011年5月1日的工會法修正條文第4條第2項所接受，依之，「現役軍人與國防部所屬及依法監督之軍火工業員工，不得組織工會；軍火工業之範圍，由中央主管機關會同國防部定之。」據此，當時的勞委會乃會同國防部，按照三個原則訂定範圍，並且公布自2011年5月1日起施行。其所謂三個原則是：1.國防部所屬及依法監督之單位從事軍火研發（中山科學院）、製造（軍備局生產製造中心各廠）、測試、及現有武器翻修、裝配、修製、組裝、測驗等單位，涉及國家安全者，予以納入；2.非一般通念所認定之軍火工業範圍之軍情、資訊及作戰單位，不予以納入；3.僅為單純之彈藥儲存、撥發、檢驗、運用、銷毀而不涉及翻（整）修者，不予以納入。所以，公告納入的軍火工業共有25項，應係一較為折衷的範圍。只是，本書擔心在一些個案的情況，恐怕難以清楚斷定其究為1.或3.的領域。果如此，究應如何處理？至於教師則已不再設限，同條第3項規定，「教師得依本法組織及加入工會。」（教師既可組織工會，則原來已經存在的教師會（其實是半個工會）何去何從？如果併存，則一個主管機關是勞工主管機關，另外一個是教育主管機關，於其意見不一時究應如何處理？協商解決？又，針對教師的權利義務，有發言權及參與權者，究竟是教師工會或教師會？或兩者皆是？另外，依據勞資爭議處理法第54條第2

項規定，教師不得罷工。針對此條項「教師」之範圍及對象，中央勞工主管機關已經與教育主管機關協商擬定。換言之，非在條項所指之「教師」之內者，即有權進行罷工及爭議行為）但公務員部分則仍然受到限制，同條第4項規定，「各級政府機關及公立學校公務人員之結社組織，依其他法律之規定。」此一規定原則上並無疑義（BVerwG v. 30.6.2016, NZA 2017, 405 ff.：Keine Dienstbefreiung unter Fortzahlung der Dienstbezüge für Einsatz als Ordner bei Warnstreik）。只不過，公務員中之「警察」負有維護公共安全之任務，必須防止危險及從事刑事調查，其對於維護國家安全與秩序的重要性，應與現役軍人無所差異，這也是國際勞工組織第87號公約允許國家以法律限制軍人與警察團結權之理由。因此，本章以為兩者不宜做不同的立法對待，允宜一律禁止其組織工會。[64]

　　依本書所見，立法者顯然係將警察置於公務人員之列（不問其工作的特殊性與及時性），並且依據工會法第4條第4項「各級政府機關及公立學校公務人員之結設組織，依其他法律之規定。」加以立法規範。此處的其他法律，係指公務人員協會法而言。該法的規定，具有其一般性（幾與工會法相同）與特殊性（與工會法不同），茲說明如下：在其一般性部分，舉其要者有：公務人員協會為法人（第3條）、其得辦理一定的事項（第8條第1項）、公務人員協會章程應載明一定事項（第12條）。就其得辦理一定事項觀之，似乎是參照工會法第5條之工會任務而來。其中，尤其是第3款「會員與機關間或會員間糾紛之調處與協助」最為重要，也最符合協會成立的目的。倒是，第12條第16款「興辦事業者，其事業名稱及相關事項」之規定，顯然是相對應工會法第5條第9款「依法令從事事業之舉辦」而來，但是，此一公務人員協會「興辦事業」之設計，實在令人難以想像。蓋公務員不得經營商業或投機事業，如投資於非屬其服務機關監督之農、工、礦、交通或新聞出版事業者，亦有一定投資總額之限制（公務員服務法第13條第1項參照）。果如此，由公務員所組成之公務人員協

---

[64] 請參閱王惠玲，國際勞工組織對團結權之保障，收錄於：勞動基本權學術研討會論文集，2004年10月，行政院勞工委員會編印，頁210。

會得不受該法之限制？或者，相對於公務員服務法，公務人員協會法第12條第16款係一特別規定？而且，公務人員協會法第27條經費來源中，亦無「興辦事業之利益」，與工會法第28條第1項第4款明列「舉辦事業之利益」者，殊不相同。本書以為實可刪除公務人員協會法第12條第16款規定。

　　再就其特殊性部分言之。首先，全國公務人員協會得推派代表參與涉及全體公務人員權益有關之法定機關（構）、團體（第8條第2項）。因此，其遂得在該等機關（構）、團體中表達協會意見及追求實現其利益。另外，更為重要者，是其並無如一般勞工般的勞動三權，而只具有相當有限度的建議權（第6條）及協商權（第7條）而已。就建議權而言，由於大部分涉及法定事項，故其所提意見將被一併納入參考。只是，針對「工作簡化事項」（第6條第6款）事涉工作流程，應該並非只是得建議而已，而是可以作為協商事項。再就協商事項而言，由於涉及權利義務之事項，都已經明定在公務員的相關法令中，公務員如覺得權益受到侵害，並得循申訴、復審、訴願、行政訴訟等途徑救濟之，並無再經協商之必要。也因此，所剩下的，只有辦公環境之改善、行政管理、服勤之方式及起迄時間等事項。這一些，除了服勤的起迄時間可視為工作時間外，其他的均非實質的勞動條件，再撇掉公務機構辦公環境大多較民營企業為優、致其協商空間有限外，其他的行政管理及服勤方式，也只是行政過程及工作方式的事項，其範圍模糊而難以界定，因此，究有多大的協商空間與實益？實在令人懷疑。雖然如此，公務人員協商得儘量擴大解釋該等事項的範圍，例如以警察勤務而言，協會應可要求協商減少酒測、護送運鈔及進行個案保管重要財物之行為（尤其是年節、婚喪喜慶所收取現鈔的保管）（根據報導，在2015年3月31日，台北市長柯文哲在市政會議上刪除警察27項行政協助，以便讓警察回歸治安交通本業，刪除的項目包括稽查攤販、大學聯考考生載送、護童專案、查緝禁菸場所、查緝不法食品稽查取締、稽查爆竹、拆除違章建築安全維護等。請參閱中國時報，2015年4月1日，A4版：柯大刪警察協助業務　員警喊讚）。如是消防隊員，則應協商刪除抓蛇、（在河川水溝或池塘中）抓鱷魚、採蜂窩及救貓狗或其他動物等工

作，以使消防救災專責化。至於行政工作是否減少或完全刪除，涉及整個消防體系的結構性問題，恐怕無法以協商方式解決，故其應非屬此處的協商事項。進而言之，針對雙方協商所獲致之「結果」，參與協商之機關及公務人員協會均應履行。其所謂「結果」，法律性質究竟為一般契約？或公法契約？或者集體合同？不無疑問。倒是，雙方所締結者並非團體協約（第30條）。而如果雙方協商不成，即要依據公務人員協會法自有規定的調解程序進行（第31條以下）。如果經調解不成，再依據公務人員協會法自有規定的裁決程序進行（第38條以下）。一旦經爭議裁決委員會裁決，爭議當事人及其他關係機關即不得聲明不服（第44條）。無論如何，公務人員協會不得發起、主辦、幫助或參與任何罷工、怠職或其他足以產生相當結果之活動，並不得參與政治活動（第46條）。這也是公部門勞資關係的特性使然。

雖然公務員（軍人、警察除外）及教師已可組織結社或工會，惟並不代表其當然可行使協商權或爭議權。除了公務員被完全禁止罷工外，依據2011年5月1日修正施行的勞資爭議處理法第54條第2項規定，教師亦被禁止罷工（理論上教師亦不得進行附屬的爭議行為，例如杯葛或快閃行動），如再依據第25條第2項規定「勞資爭議當事人之一方為第54條第2項之勞工者，其調整事項之勞資爭議，任一方得向直轄市或縣（市）申請交付仲裁」，即可知應依一方當事人申請交付仲裁，而非以爭議行為解決雙方調整事項之爭議，即可知之。

在這裡，配合2011年前後的政府組織再造工程，有一些機構（例如行政院勞工委員會勞工保險局）已經陸續改制為行政機關（2014年2月勞動部成立，勞工保險局隨著改隸），如此一來，該機構中的工會（勞保局產業工會）是否繼續存在？原來加入工會（具有公務員身分）的人，能否繼續保有工會會員身分？對此，雖然新工會法第4條第4項規定，「各級政府機關及公立學校公務人員之結社組織，依其他法律之規定。」似乎公務人員的結社權，只能依據其他法律規定（公務人員協會法）而為，而不得按照工會法成立。但是，從質的方面來看，公務人員協會仍然具有部分工會的性質，只是礙於國情及為與工會所擁有的勞動三權有所區隔，所以稱之

為協會而已。況且，不可否認的是，即使在行政機關中，仍然僱用有許多勞工、公務員兼具勞工身分者，所以在改制為行政機關後，工會當然仍有繼續存在的空間與必要。至於公務員因轉制而具有簡薦委官等者，仍然可以繼續保有工會會員資格，惟其協商權及爭議權的有無，必須依照團體協約法及勞資爭議處理法的規定辦理（同樣涉及組織改制，行政院勞工委員會101年7月9日勞資1字第1010126468號函似乎亦採取相同看法。依之，各港務局（公營事業單位）因組織整併另行成立公司者，非屬工會法第38條第2項所定之「廠場或事業單位合併」，主管機關得就公營事業單位因組織後工會之合併，予以行政指導，並給予必要之協助）。

(三)雇主

依據工會法之規定，其所欲保障之團結權，限於勞工而已，並未包括雇主在內。但是，無論是依據憲法第14條或第15條或第22條之規定，其權利的主體均是「人民」。因此，理論上雇主當然亦可組織其團結體，即雇主聯盟。此從團體協約法第2條「有法人資格之雇主團體」一語，亦可推知之。至於雇主團體成立及運作，即應回歸到人民團體法處理（在台灣，雇主團體除必須具有法人格外，其章程事項必須明訂團體協商及締結團體協約的權限。否則，其仍然只是服務雇主的團體而已，例如工業總會、商業總會等。就此觀之，中央勞政機關認為「營造公會」可與「縣市工會」締結團體協約，似未納入考量章程所訂權責，非無疑義。內政部45年11月20日內勞字第101220號函參照。行政院勞工委員會認為各業同業公會或其聯合會，為具有團體協商資格的雇主團體，同樣有法律上疑慮。行政院勞工委員會101年3月29日勞資2字第1010125500號函參照）。這裡的雇主，同樣亦包括合法在台居留的外國人。而且，針對勞動條件的調整，如能由工會聯盟及雇主聯盟協商解決，對於勞工及工會來講也有利。何況，2011年5月1日的工會法修正條文第6條第2項、第3項已允許成立產業工會及職業工會，則在協商時，自然應以整個產業或職業的雇主聯盟為對象，始有意義。更明確地說，產業工會或職業工會以個別雇主作為協商或爭議對手，並不具有當事人適格，係一違法的行為。

又，此處只在討論雇主團結自由基本權之有無，並未論及雇主的爭議權或鎖廠權，該問題應該留待後面適當處再討論。不過，倒是可以從比較法中得知：德國部分立場親勞工的學者認為：罷工係廣泛地受到基本法第9條第3項規定的保障，該條項並無任何限制保留（Schrankenvorbehalt）。相反地，鎖廠並不在基本法第9條第3項保障之內，其是屬於基本法第14條財產權的保障，可以在憲法中任意地予以限制。更為極端的是，黑森邦憲法第29條第5項明文禁止雇主行使鎖廠之行為。此種在邦憲法中或在學說主張排除雇主鎖廠權的規定或見解，或因牴觸聯邦憲法的規定無效，或因見解偏於一隅而又欠缺堅強的理論基礎，而不足採取。

三、團結體本身

除了個別勞工之外，團結體本身（工會、工會聯盟、雇主聯盟）亦擁有團結權的保障；亦即該團結體亦有存續保障及行動保障（包括加入工會聯合組織及擔任上級工會代表。行政院勞工委員會101年1月19日勞資1字第1010050671號函參照），此所以稱團結自由基本權為一雙重的基本權（Doppelgrundrecht）。這表示：一旦工會發起人向工會會址所在地之直轄市或縣（市）主管機關完成登記取得法人身分起（行政院勞工委員會101年9月26日勞資1字第1010023162號函：依據人民團體法第5、6條、工會法第6條、施行細則第6條，為促進勞資關係之和諧及穩定發展，企業工會會址應設於其組織範圍內有相對之事業單位或廠場所在行政區域，並以其組織範圍內之直轄市、縣（市）政府為主管機關），即具有自外於工會會員的組織結構及自主的生命，並且會逐步地完善與強化，終至於（反過來）影響及塑造會員及非會員的勞動生活及行為模式（例如團體協約法第13條參照）。理論上工會有其自有的內在精神及總體與細部計畫，以追求並落實自有的目標與理想。一直到其生命結束（即解散：工會法第37條）為止。吾人從工會法第35條第1項第5款係以「工會」作為不當勞動行為的受害對象，明顯地與同條項第1至4款係以會員或勞工為受害對象，即可知其具有集體基本權的保障。

雖然如此，無論是憲法第14條或第15條或第22條所保障之人民之團

結權，依據文義解釋，實際上只是一個別勞工或雇主的基本權而已，不包括集體的（勞雇團體的）基本權。惟既然在理論上及實際上工會均需要具有基本權的保障，則剩下的，主要是如下的問題：在個別勞工的團結權與工會的團結權發生衝突時，究應如何處理？亦即：究以何者為優先保障對象？（或者，反面地說：工會對於會員或非會員有無可能構成不當勞動行為？）

對此，雖然工會擁有獨立的組織結構及自主的生命，惟其仍然是源自於個別勞工的團結權。故工會的團結自由，首先本質上是一個別的自由權。無個別勞工的團結權（即無會員或會員人數不足），即無工會的團結權可言。蓋既無會員或會員人數不足以成立工會，即無個別會員的工作條件需要保護，自然即無工會存在的目的與任務。畢竟，工會並無自我存在的價值，工會也非工會理監事自我實現（理想或想法）的工具。所以，雖然在雙重基本權理論之下，工會的團結自由保障與個別勞工的團結自由保障，在憲法保障的利益上具有同等的地位，甚至前者被視為理所當然地應優先於後者。而且，在個案的情形下，團體協約係綜合平衡所有會員的不同利益，因此個別勞工的利益理應置於集體的利益之下。但是，不可否認的，憲法明文保障的，是個別勞工的結社自由。集/團體的自治（Kollektivautonomie）並非得自於國家所授予或源自於團體本身，而是經由會員的私法自治（決定加入工會）始具有合法性及存在價值。經由團結自由的實踐，個別勞工乃得以降低雇主的威權（Arbeitgeberherrschaft），而且，不應該發生的是：個別勞工因為實現其團結自由，反而落入工會威權（Gewerkschaftsherrschaft）之中。否則即會陷入「脫離虎口、而落入狼口」（古語云：官虎吏狼）的困境/深淵。理由無他：不應該是個別勞工為工會服務及完成工會的「超越個人的」目的，而是工會應為個別勞工服務。工人團體或雇主團體也不過是利他的利益捍衛者，而非利己的利益守成者。只有在保護個別勞工利益的必要限度內，集體的自治始具有合法性，超出此限度的侵及個別勞工的契約自治，既不符合比例原則、也不具有合憲性（Günther Wiese, Individuum und Kollektiv im Recht der Koalitionen, ZfA 2008, 317, 323 f., 346 f.）。

　　承上之說明，可知原則上應以個別勞工的團結權為優先保障對象，所以在工會的團結權侵害到個別勞工的團結權時，即會發生不當勞動行為，更具體而言：構成侵權行為，例如個別勞工被迫違反自有意志地加入工會（強制入會或軟/柔性地強制入會）（例如團體協約約定凡經工會依法開除會籍或新進員工進入公司內未加入工會者，公司應予以禁止勞動契約；或者，工會與雇主協議員工必須加入工會為會員或公司不得任用經工會除名之會員。行政院勞工委員會77年8月29日(77)台勞資二字第18300號函、81年8月22日(81)台勞資一字第25600號函參照）或被迫強制代扣會費時，個別勞工即得依民法侵權行為的規定求償。在此，個別勞工得要求回復原狀（民法第213條參照）（主要是返還工會會費）。

第五節　團結體之成立要件

　　無論是由勞工所組成之工會或雇主組成之團結體（雇主聯盟），其既係在追求較佳的勞動條件，即必須具備下列諸要件：

一、純粹性

　　工會之組成份子是勞工，具有雇主身分者（例如委任經理人）不得加入，[65]以免稀釋工會的凝聚力與戰鬥力。畢竟，工會的發動爭議行為，必須如孫子兵法形篇中所言「善守者，藏於九地之下；善攻者，動於九天之上。」如此地保密自己的實力及優缺點，而在適當的時機一飛沖天、一鳴驚人，而這是以工會具有純粹性作為前提。一個由雇主與勞工共同組成之協合團體（Harmonieverband）並非是工會，因其並不具有團體協商之能力。[66]令人不解的是，此種純粹性的要件，不僅被裁決委員會誤認為自主性處理（101年勞裁字第19號裁決決定書）。而且，在實務上未被嚴格

---

[65] 參照舊工會法第13條及舊工會法施行細則第10條規定。

[66] BVerfGE 50, 290 (368); Däubler/Hege, Koalitionsfreiheit, 1976, S. 59; Hanau/Adomeit, Arbeitsrecht, 13. Aufl., 2005, Rn. 171.

遵守，即使在新工會法中亦未被嚴格要求。以台灣新竹地方法院91年重勞訴字第3號民事判決為例，法院認為：惟按工會法第13條固規定：同一產業之被僱人員，除代表僱方行使管理權之各級業務行政主管人員外，均有會員資格。惟基於保護勞工之立場，應就工會會員之資格作限縮解釋，使大多數勞工均得享有工會集體力量之保障，上開原告除林福隆（擔任總工程師）、姜××（副廠長）、彭××（經理）、蕭××（稽核）外，其餘均屬低階管理人員，且亦有實際從事生產、研發工作，在提供勞務之關係上，仍具有從屬性，尚難認係代表僱方行使管理權之業務行政主管人員。本書以為此一法院判決忘了純粹性，也忽略消極團結權之問題。雖然低階管理人員或「代表雇主行使管理權之主管人員（新工會法第14條規定）」的界限不明（2014年4月14日修正公布施行之勞資會議實施辦法第8條，則是明定為「代表雇主行使管理權之一級業務行政主管人員，不得為勞方代表」）。新工會法施行細則中也未加以定義，但原則上應以具有委任契約者為準，即包括副理在內，襄理以下（含）即不屬之。惟針對身為擔任「員工關懷管理經理」之人力資源處之管理主管，不當勞動行為裁決委員會認為其並非「總經理、協理、顧問、各單位及分行最高主管」，故仍有申請加入申請人工會之權利（101年勞裁字第19號裁決決定書）。這表示其同樣對於「管理主管」採取限縮解釋，以促使多數勞工有權加入工會。

　　再依據第14條規定，「代表雇主行使管理權之主管人員，不得加入該企業之工會。但工會章程另有規定者，不在此限。」如依此規定，只要章程另有規定，即使是委任經理人都可以組織、加入該工會了。此種牴觸基本集體勞工法理的規定，其法律的有效性，實令人生疑。在前述101年勞裁字第19號裁決決定書中，申請人工會章程第6條並未允許「總經理、協理、顧問、各單位及分行最高主管」加入工會。其並認為何姓主管身為擔任「員工關懷管理經理」之人力資源處之管理主管，應屬於章程第6條所規定之除外對象。惟其主張並不為裁決會所採。裁決會並且認為「工會為維持自主性（作者按：純粹性？），亦得依工會法第14條規定，於工會章程中規定代表雇主行使管理權之主管人員不得加入工會或雖可加入工會但不得擔任工會幹部（例如擔任工會理事或監事）或從事工會職務（例如

擔任團體協商代表等），然觀申請人工會在制定工會章程第6條規定時，並未限制人力資源處之員工加入工會，申請人甚且到人力資源處招募會員。」裁決會此一意見，似乎存在者如下疑問：首先，工會法第14條是規定「行使管理權之主管人員，不得加入工會。但章程另有規定者，不再此限。」亦即「原則上禁止、例外允許」。但是，若依裁決會的意見，就變成了「原則上允許、例外禁止」。此一謬誤真不可以道里計。其次，若依裁決會意見，工會章程即使讓管理主管加入工會，也可以對之作差別對待，即禁止其擔任工會幹部或從事工會職務。果如此，即會構成權利義務的歧視待遇。這似乎已經逾越章程自治原則的範圍，造成對於積極團結權的侵害。如依裁決會意見，工會當可要求管理主管負擔較重的義務與責任，例如繳交較多的會費。三者，由裁決會的用語「並未限制人力資源處之員工加入工會」，推而及之，工會亦可要求人力資源處的員工不得擔任工會幹部或從事工會職務、或者負擔較重的義務與責任？其違反禁止歧視原則是否更為明顯？另一項令人不解的問題是，新工會法第14條只針對企業工會規定，那麼，解釋上產業工會及職業工會更可以自始排除純粹性之要件矣，其謬誤尤甚。最後，新工會法施行細則中並未對「代表雇主行使管理權之主管人員」作出定義，反而是在施行細則第12條規定，本法第12條所定代表雇主行使管理權之主管人員，「不得為企業工會之發起人。」（反面言之，產業工會或職業工會即可以？本書採取否定見解）其規範內容的取擇，也令人難以理解。

　　不過，隨著勞工法令不斷地加強勞工參與的程度，工會也在實行部分雇主的職權，也有危及雇主純粹性之虞。例如工會對於雇主欲施行變形工時、延長工時，及女工夜間工作的同意權（勞基法第30條、第30條之1、第32條、第49條）。尤其是目前施行在國營事業中的勞工董事（國營事業管理法第35條），由於其是在董事會執行董事的權限，其會相當程度影響雇主的純粹性，係一不言自明之事。

二、自主性（獨立性）

　　工會必須是勞工自主的組織，必須在人事上、財政上，以及組織上

保持獨立性（此與工會據以成立的廠場必須具有獨立的人事、預算及會計者，尚有不同。工會法施行細則第2條第2項參照。至於所謂「獨立」，法院實務上有採取嚴格解釋者，例如台北高等行政法院107年度訴字第1165號判決；但也有採取稍微寬鬆的認定者，例如最高行政法院107年度判字第58號判決）。惟此並非謂工會的行動絕對不受任何限制，而是在於獨立性不能受到危害（例如工會章程得規定申請復權的會員，應一次繳清積欠之會費及加徵百之十滯納金。行政院勞工委員會83年1月12日(83)台勞資一字第80766號函參照）。況且，工會亦不得假工會會務自主之名，而完全不顧法治國的共通法則（例如工會章程不得訂定理監事可以擔任工會會務及組織發展推動之會務人員。採不同意見說者，行政院勞工委員會101年10月31日勞資1字第1010127313號函參照）。在此，第三者不得試圖控制，此第三者包括國家、政黨及雇主等（就此看來，包括勞委會主管官員及許多學者專家所高聲讚揚的「新工會法可以達到會務自主化」，恐怕都還需要一段時間的驗證。蓋新工會法第28條第7款規定，政府補助係工會經費來源之一，至於其補助額度有無限制？所以，先想想看，「工會會務自主化」是要自主於誰？其次，再想想，由立法者及中央勞工主管機關所賦予／賞賜的自主化，還會是自主化嗎？）。[67]因此工會的經費只可少數來自於國家補助，不可過量。這也適用於全國性總工會身上。為了使工會擁有較充裕的經費使用，新工會法第28條第2項乃有經常會費下限的規定（以聯合報產業工會為例，其在2011年的工會入會費為500元，月費為100元，並不符合新工會法下限規定的標準）。依之，「前項入會費，每人不得低於其入會時之一日工資所得。經常會費不得低於該會員當月工資之百分之零點五。」此種規定，改變以往上限規定「經常會費不得超過一月收入百分之二」的作法，是否代表以往的上限規定效果不彰，所以有此一百八十度的轉變？又撇開此一規定有無侵害章程自治自由（立法侵害）

---

[67] 黃程貫，勞動法，頁197以下；BVerfGE 50, 290 (376); Söllner, Grundriß des Arbeitsrechts, 11. Aufl., 1994, 61.至於宗教是否會介入工會的運作、進而影響其獨立性？目前在台灣似乎尚未成為問題。

不論（依據工會法第26條第6款規定，「工會各項經費收繳數額」，是會員大會或會員代表大會的議決權限），此一轉變對於會員的招收究竟有何影響？須要持續觀察。或許，此種下限規定係為了避免惡性競爭，但是，其正當性更應係立基在自由入會之上。又雇主雖可為工會由勞工薪資中扣除會費及提供最小限度的辦公處所（先不問此一提供會所的法律性質及工會得否要求設立在事業單位內，從戰略上來講，工會及雇主都應從自己運作或管理／制的角度來思考，這當然還牽涉到平時（非罷工或非爭議行為時期）或戰時（罷工或爭議行為時期）的考量。依照孫子兵法所云「凡軍喜高而惡下，貴陽而賤陰」（行軍篇），這是紮營布陣時所必須遵守的法則。如此，至少在爭議行為時期，會所就有如作戰指揮所，是否適宜設立在事業單位管轄範圍內？即非無疑（雖然，在罷工時期，參加罷工的勞工得聚集在會所內休息、清談、開會等）。至於在平時，從會員服務及資訊流通或蒐集的角度來看，對於工會自有正面的意義，惟工會與雇主均會面臨保密與防止對方刺探軍情的難題。所以，會所究竟係在事業單位內或外，均難謂對於工會或雇主絕對有利或不利），至於逾此之外之費用補助，工會即不得接受，否則將無能力與雇主進行對等談判。其中代扣會費（check-off）的條款，要求雇主直接從會員的薪資中扣取會費，再交給工會，係台灣舊工會法時代強制入會成敗的關鍵所在。連帶地，在強制入會之代扣會費，其影響工會獨立性的機率，當然要遠大於自由入會下的代收會費行為。而且，工資係勞工生活的主要來源，勞基法且要求雇主應全額直接給付給勞工，現在團體協約中約定雇主代收會費，該約款有無牴觸勞基法的規定而無效？針對雇主直接扣費的行為，主管機關可否依勞基法第27條之規定，限期雇主補足差額的工資？這些都是有待釐清的。

在舊工會法時代，立法者並未針對代收會費有半言隻字。實務上，工會反而是以強制入會的規定，主張雇主有代扣會費的義務。而學者間也少有論及其與自主性之關聯者。惟新工會法則是一方面採取自由入會的精神，另一方面從工會財務健全的角度，規定了雇主的代扣會費，此種組合顯然要比舊法時代的組合來得好（工會的存亡及自主性，總不能以代扣會費為依歸。工會會員人數的增加或流失，也無法靠法律的代扣會費規定而

轉向，較重要的，是工會本身能否提升其（致命的？）吸引力）。依據新工會法第28條第3項規定，「企業工會經會員同意，雇主應自勞工加入工會為會員之日起，自其工資中代扣工會會費，轉交該工會。」據此規定，解釋上只要企業工會經會員同意，立法者即強制雇主要代扣會費，並不要求會員與雇主有同意扣下會費的約定，也不要求工會與雇主間要有團體協約或至少要有一般協議的存在。此種立法方式，呈現跳躍式的思考、明顯具有法律的漏洞而不足採。如果連會員與雇主、工會與雇主間的約定或團體協約都不要求，那麼，雇主直接扣費的行為，應該已違反勞基法第22條第2項工資全額直接給付的規定，所謂的「工會法第28條第3項係勞基法第22條第2項的例外規定」云云的論調，即有問題。相較於工會法第28條第3項的跳躍式規定，工會法施行細則第25條的規定則較為正確可採（缺點是，其又將適用的對象限於產業工會及職業工會。真是怪哉！）。依之，「產業工會及職業工會經會員個別同意，並與雇主約定或締結團體協約之代扣工會會費條款者，雇主應自勞工工資中代扣工會會費，並轉交該工會。」同樣也是較為正確可採的，是工會法施行細則第26條規定，依之，「工會會員經常會費之繳納，得由雇主按同意代扣之全體會員當月工資總額統一扣繳轉交工會，『或由會員自行申報當月工資，並按月計算繳納』。」據此規定，所謂『會員自行申報當月工資，並按月計算繳納』，即在避免違反勞基法第22條第2項規定之後果。整體觀之，現行代扣工會會費的三個條文規定，都只是個別性的枝節規定，必須綜合觀之及運用，始會回歸到代扣會費的法理。最後，令人疑憾的是，即使行政院勞工委員會不當勞動行為裁決委員會在2011年7月1日的勞裁（100）字第1號裁決決定書中，也未能正確認識代扣會費的法理，蓋其認為在工會法第28條第3項的代扣會費同意，「尚包括經工會（代表）大會決議及章程訂定之情形」，而此一規定，即屬勞基法第22條第2項但書之例外規定。其實，正確而言，無論是工會法第28條第3項的代扣會費同意、或「經工會（代表）大會決議及章程訂定之情形」，都只是涉及會員與工會間的約定或是會員與工會間的自治事項，其效力並不會及於雇主。裁決委員會為何未能見之？至於裁決委員會引用工會法第28條第3項的立法理由，認為代扣會

費規定目的在「穩定企業工會與雇主間之勞動關係」，同樣未具有說服力。蓋其並未具有因果關係，況且，代扣會費有可能導致雇主干預工會的運作，致使其失去獨立自主性，裁決委員會為何未能知之？

同樣屬於雇主給予工會的便宜行為、但也可能影響工會的獨立自主性者（這有如一劍之兩刃、或者說水能載舟亦能覆舟），係會務假的提供。就工會來講，代扣會費、會務場所及會務假的提供，都攸關工會的成立、生存與發展。惟這三者畢竟與典型工會的存續保障或行（活）動保障的案例類型不同。它們也並非憲法所保障的團結自由或團體協約自治的內涵。而是立法者在工會政策的考量下、透過寬廣的立法形成自由的產物（代扣會費及會務假）、或（回到）民法契約的運用（會務場所）。裁決會在許多號決定書中（100年勞裁字第29號裁決決定書、102年勞裁字第17號裁決決定書、103年勞裁字第1號裁決決定書），都主張其是「工會活動」的保障，顯然未能正確理解會務假的本質（會務假也可以作為不當支配介入或甚至腐蝕工會存續及活動的工具，因此美日二國規範禁止之）。所以，雖然裁決會對於會務假大多採取從寬給予的態度，但本書以為仍有以下疑點有待釐清：

(一)會務及會務假的提供

1.首先，何謂會務？

對此，除了法定的與約定的範圍問題外，還涉及法院見解（證明責任）與裁決會見解（釋明責任）的重大歧異。影響到會務假的合法性及其長短。雖然工會法施行細則第32條規定，大體上或絕大部分已經界定會務的範圍，但仍不乏抽象而待具體確定者，尤其第4款（其他經與雇主約定之事項）（102年勞裁字第28號裁決決定書參照）是一概括規定。至於實務上所發生的會務假爭議，工會所辦理的事務也常有超出工會法施行細則第32條之外者。這表示會務假的事務範圍，固然係以法定的為準，但如勞雇雙方約定同意（含長年的慣例）者，亦屬有效。在具體事務上，並不僅限於工會本身之事務，例如還包括對工會聯合組織之參與（惟102年勞裁字第28號裁決決定書卻又援引工會法第1條之工會目的及第5條之工會任務

作為其決定依據，使其見解反顯不當）（其實，中央勞政機關早已認為：「查工會法第35條所稱『會務』，一般而言，係指辦理工會本身內之事務及從事或參與由主管機關或所屬上級工會指定或舉辦之各項活動或集會。惟是否確為『會務』，仍應就個案事實加以認定。至於因辦理工會會務而申請公假，其有關手續及須備之證明文件，得由工會與事業主參照勞工請假規則協商或於團體協約中訂定之。」行政院勞工委員會79年7月13日(79)台勞資一字第14849號函參照）。惟無論如何，法令如已明定的涉及勞工的事務、且其已經明定假別者（含各種委員會），原則上即無須再依會務假處理。例如針對勞資會議勞方代表的參與勞資會議，由於2014年4月14日修正施行的勞資會議實施辦法第12條第3項已經明定得請公假，則在工會代表擔任勞資會議勞方代表時，工會或工會代表已無需再繞道會務假以免除勞務，裁決會也無需再假道辦理會務予以擴充解釋。在此，裁決會似應正確分辨工會與勞工參與的理論與角色的差異為宜（100年勞裁字第14號裁決決定書參照）。

從整體上來看，工會法中所涉及工會之職掌範圍者，或稱為「會務／事務」、或稱為「業務」（工會法第43條）、或稱為「任務」（工會法第5條），其內涵似乎並不完全相同。任務，代表著工會的使命及存在目的。藉以區別工會與其他勞工團體或其他社會／利益團體（如環保團體）的差異性。由於工會具有獨立自主性，因此工會法第5條所規定之任務，並非國家強制其務必執行者，而只是一任意性或提示性的規定而已。其究應以何者為先或為重（例如辦理會員的康樂事項），完全由工會自主決定。違反者，並無處罰工會或工會幹部之規定。至於業務，其範圍除了日常事務外，也包括工會的會務及工會已經在推動的「任務」。而且，解釋上，工會的會議活動（工會法第23條以下）及財務事務（工會法第28條以下）等活動也在其內。所以，在法律效果的處理上，似不應將會務、任務及業務混淆。

如上所述，有關工會幹部之個別行為，是否屬於工會法施行細則第32條的會務範圍，往往需要經過解釋以具體確定之。例如第1款之選舉範圍應包括工會辦理勞資會議勞方代表之選舉；第2款由主管機關或目的事

業主管機關要求辦理之活動，應該也包括各種（學術）研討會；第3款之
參加工會所屬聯合組織之活動，應該也包括年會、各種慶典活動、甚至尾
牙春酒活動在內；第4款之約定事項範圍更廣，例如參加友會的活動即屬
之。

　　至於在裁決會的認定上，屬於會務範圍者有：會議之事前籌備工作、
處理會員勞資爭議、辦理日常業務等（103年勞裁字第1號裁決決定書參
照）；執行勞資會議勞方代表、勞工安全衛生委員會勞方委員、勞工退休
準備金監督委員會勞方委員、團體協約會議勞方代表、職工福利委員會勞
方委員、台北市產業總工會會員代表及中華民國鐵路工會全國聯合會常務
理事等業務行為（100年勞裁字第14號裁決決定書）。至於依據中央勞工
主管機關的見解，工會理事長出席裁決委員會之調查及詢問程序，得依工
會法第36條及工會法施行細則第32條請公假處理。至於整理不當勞動行
為裁決所需資料文件，尚非屬工會法施行細則第32條所定辦理會務之範圍
（101年9月28日勞資一字第1010127149號函）。有問題的是，工會理事
長出席裁決委員會之調查及詢問程序，究竟屬於工會法施行細則第32條的
那一款規定？是第2款「參與由主管機關舉辦與勞動事務或會務有關之活
動」？中央勞工主管機關並未進一步說明。依本書所見，其得請公假之理
由，並不在工會法第36條及工會法施行細則第32條（同樣見解錯誤者，行
政院勞工委員會80年9月18日台(80)勞動二字第22485號函），而是勞資爭
議的起因（部分）可歸責於雇主以及人民負有接受並完成訴訟之法律義務
使然。此不僅在訴訟程序上如此（行政院勞工委員會76年9月14日台(76)
勞動字第2138號函參照。但是，該函示下半段「如判決勝訴，雇主應改給
公假」，反面解釋即為「如判決敗訴，即只能請事假或特別休假」。其見
解即屬錯誤），在裁決程序上亦然。

　　除了上述行政機關（中央勞工主管機關、裁決會）的見解外，法院通
說對於會務（範圍）也有加以界定。其係針對如下之事務：勞資會議、工
會理監事會議、工會代表大會及勞資雙方共同出席之各項委員會。依法院
所見，「所謂會務，係指辦理工會本身內之事務及從事或參與由主管機關
或所屬上級工會指定或舉辦之各項活動或集會，惟是否確為會務，仍應就

個案事實加以認定。」（最高法院90年度台上字第2282號判決、99年度台上字第2054號判決）這顯示法院一方面依據工會法施行細則規定，另一方面又認為必須就個案事實加以認定。其似乎係採取較為謹慎的作法。如此，該案中所涉及之幾種事務，遂有被否認或限縮範圍認定之可能。

綜上所述，會務與否的認定，實際上還牽涉到司法機關與行政機關間權限的優先問題。換言之，對於是否會務假的認定上，本書以為法院、中央勞工主管機關、以及裁決會所持的見解，似乎並不完全一致。果如此，在解釋所持的態度及方法論上，似乎應以法院為準。另外，針對會務與否的認定，在實務上也不乏出現中央勞工主管機關與裁決會的見解互有出入，如此一來，究應以何者為準？本書毋寧以前者的見解為是。理由除了中央勞工主管機關與裁決會結構性的差異外，還有：前者的解釋具有法規命令的效力，而後者的見解為行政處分、勞雇當事人尚得對之進行法律救濟程序也。

2.承上而來之問題是：一旦會務存在，則在考量其多寡及繁簡程度後，事業單位即應准許一定長度的會務假供工會及其幹部使用。

在此，並非不問會務之有無或繁簡，事業單位均應給予公假。所以，按照民事訴訟法第277條規定，工會或工會幹部理應提出相關證據以實其說。這也是法院向來的通說。依據最高民事法院的見解，「（至於）因辦理工會會務而申請公假，其有關手續及須備之證明文件，得由工會與事業主雙方參照勞工請假規則協商或於團體協約中訂定之。足見勞工以辦理職業工會【作者按：此似為「企業／廠場工會」之誤】會務為由請公假，仍須衡量其有無必要性及繁簡度，並提出相關證明文件，雇主亦有就個案事實加以認定、審酌之權。……故勞工為辦理會務依上開規定請假時，自應向雇主說明會務之內容，並提供相關資料，俾使雇主審究是否准假，始合乎上開工會法之規定，……。」（最高法院90年度台上字第2282號判決、99年度台上字第2054號判決）上述見解，並為最高行政法院所採。依之，「由工會法第36條第1項可知，得請求會務公假者，除所辦理事項須為工會會務之外，尚必須衡量有無必要性。是以，勞工以辦理職業工會會務為由請公假，應就是否確為會務一節提出相關證明文件，雇主亦有就個案事

實加以認定、審酌之權。故勞工為辦理會務依上開規定請假時，自應向雇主敘明會務之內容，並提供相關資料，俾使雇主審究是否准假，始合乎上開工會法之規定，……。」（最高行政法院102年度裁字第1511號裁定）由上述法院判決，可見從舊工會法到新工會法時代，民事法院及行政法院均依法採取「證明責任說」。

　　惟與法院立場不同者，裁決會明顯地係主張採取「釋明責任說」。在數號裁決書中，裁決會均強硬地表示：「我國司法實務固有認【作者按：其實，這是法院通說，而非零星的見解！】勞方以辦理會務為由請公假，應就是否確為處理會務一節提出相關證明文件。惟本會於權衡雇主利益與工會活動權下，認工會於申請會務假時僅須提出一定程度之釋明，其理由為：(1)參酌工會法施行細則第32條辦理會務之範圍，包含：一、辦理……。其中，部分工會會務得明確註明，並提出相關證明文件（如召開會議、教育訓練）。惟亦有無法明確註明者，例如會議之事前籌備工作、處理會員勞資爭議、辦理日常業務等，特別是會員勞資爭議之處理，如雇主要求工會須一一詳附理由說明並提出證明文件，恐有介入工會內部事務之疑慮，更將影響工會運作或活動。(2)企業工會之組織範圍侷限於雇主監督管理之職場，工會幹部通常於職場範圍內辦理工會之事務，並未脫離雇主監督管理之範圍。是就工會幹部於職場內處理工會會務之情形下，自無強令提出證明文件之必要，僅須釋明會務之理由。爰此，本會認為，雇主固非不得要求工會就會務假提出說（證？）明，供雇主審酌請假事由是否屬實及請假期間是否相當，惟為避免雇主過度介入工會會務，工會如已就會務內容提出一定程度之釋明，雇主亦不得強令工會提出處理會務之證明文件或詳附理由始予准假。特別是勞資間處於爭議關係之緊張時期，考量工會會務活動頻繁並與雇主處於對立狀態，因應工會活動之需要往往不欲雇主得知活動內容，是於勞資爭議期間，雇主本應容忍工會以「處理會務」簡式記載申請會務假。」（102年勞裁字第17號裁決決定書、102年勞裁字第47號裁決決定書、103年勞裁字第1號裁決決定書、102年勞裁字第17號裁決決定書）吾人綜觀其見解，無非是強調申請會務假僅須一定程度之釋明即可，除非釋明有明顯的不足，否則雇主即應准予公假。特別是在

勞資爭議期間，雇主更應容忍工會以「處理會務」簡式記載申請會務假。而且，在未釋明或釋明明顯不足時，亦應允許工會或工會幹部補充釋明。惟即使未儘速提出釋明或補充釋明，「但有如下情形之一者，雇主亦應給假：(1)有緊急或不可預測之事由時，工會或工會幹部得於事後儘速提出釋明，但於請求會務假時，仍應敘明因緊急或不可預測事由致未能釋明，於此情形，雇主應暫予給假。(2)若釋明則有明顯傷害工會會務自主性之虞時，工會或工會幹部應在請求會務假時敘明該等事由，以代替釋明，於此情形，雇主即應給假。」（102年勞裁字第47號裁決決定書）裁決會唯一認為雇主毋庸給予公假者，係在申請會務假時未提出釋明，而在雇主不准假後，事後始提出釋明文件（102年勞裁字第33號裁決決定書、103年勞裁字第11號裁決決定書）。

　　本書以為上述數號裁決會一致採取之決定意見，似有補充說明的必要：(1)工會辦理之事務確實有無法或難以證明者。惟會議之事前籌備工作、處理會員勞資爭議、辦理日常業務等是否即屬之？並非無疑。更何況工會得經由第4款約定的管道，以作為（簡單）證明之用。至於裁決會所擔心的「詳附理由說明」，似乎只是個假想。在實務上應該不常發生。蓋以勞資爭議處理而言，勞雇本應基於勞資自治原則，尋求自主解決之道。否則，在雇主不願或藉故拖延時，恐怕只會迫使勞工及工會轉而尋求勞工主管機關的介入處理。(2)在會所的提供部分，其與會務假一樣，本質上均非工會活動保障之一環。雇主並無義務提供會所，更不用說是在職場內或職場外，因此，以雇主得監督管理在職場內辦理會務，而作為釋明的理由，似有倒果為因之嫌。(3)既然法令允許雇主要求工會幹部舉證證明辦理會務之必要性及時間的長短，則如何會構成「過度介入工會會務」呢？此一論證是否自相矛盾，且有循環論斷之疑？話又說回來，如果工會擔心勞資爭議期間提出證明，會暴露自己的活動內容，則似乎是應循第4款的約定途徑為之，由雙方基於勞資自治原則約定解決之道，不宜又繞道回工會法第35條之不當勞動行為。

　　除了上述裁決會決定書之補充說明外，本書以為最根本的問題是：權利救濟程序的舉證責任，原則上係採取證明責任說，此即規定在民事訴訟

法第277條。例外地，立法者亦得在特定法律中，明定採取釋明責任（所謂「釋明法定原則」），以適度地減輕當事人的舉證責任。此可以性別工作平等法第31條規定為例。因此，釋明責任並非是解釋論的問題，而是立法論的問題。在工會法未經過修正前，裁決會並不宜視司法實務採取「舉證責任說」的見解於無物，無權地（一而再、再而三地）強硬表態應採取釋明責任，否則將置其決定書於被法院撤銷的極大風險中。雖然，其用意或在教示法院對於會務假本質的認識。裁決會有關釋明之態度，最後甚至以為即使在未釋明或釋明明顯不足時，如有一定之情形，工會或工會幹部即使未盡速提出釋明或補充釋明，雇主亦應給假。其可謂極盡不當或違法擴張解釋之權限矣！試問，即使法院願意改採釋明責任說，在未修正工會法之前，法院是否有權如此做？裁判違背法令？而在未修法之前，裁決會可以不接受法院裁判的拘束？或者裁決會應該建議立法者修法而先放下抗拒之態度？

（二）其次，與會務相隨的問題是：會務假的本質究竟為何？會務假是權利（或謂「國家特別賦予的權利」）？或者雇主無須給付工資？

對此，工會法第36條只規定「會務公假」而已，至於中央勞工主管機關2011年12月26日勞資一字第1000037082號函則是謂「雇主對於工會理事長所提符合會務公假事由時，應予信任、尊重，不得不予同意；惟工會理事長對於會務公假亦不得濫用。」其似乎也未界定會務公假的本質。反而在數號裁決會的決定書中有論及此一問題者，其中，最為清晰者，當屬100年勞裁字第29號裁決決定書。依之：「考工會法第36條立法本意在於：勞工與雇主締結勞動契約後，勞工依約提供勞務，雇主則依約給付工資，此為締結勞動契約之目的，因之，工會基於辦理會務之必要，擬於工作時間內辦理會務時，本應與雇主協商，而於取得雇主同意後，免除於工作時間內提供勞務之義務，至於勞工是否仍應於工作時間外另外補服勞務？或者雇主是否應給付會務期間之工資（含給付工資之金額多寡）？均有待協商。」其後的102年勞裁字第28號裁決決定書及102年勞裁字第17號裁決決定書均再度重申：「考工會法第36條立法本意在於：勞工與雇主

締結勞動契約後，勞工依約提供勞務，雇主則依約給付工資，此為締結勞動契約之目的，因之，工會基於辦理會務之必要，擬於工作時間內辦理會務時，本應與雇主協商，而於取得雇主同意後，免除於工作時間內提供勞務之義務。」102年勞裁字第17號裁決決定書尚且引用台北高等行政法院101年度訴字第746號判決見解：「免除於工作時間內提供勞務之義務」。但是，102年勞裁字第28號裁決決定書、102年勞裁字第17號裁決決定書及台北高等行政法院101年度訴字第746號判決均已無100年勞裁字第29號裁決決定書「至於勞工是否仍應於工作時間外另外補服勞務？或者雇主是否應給付會務期間之工資（含給付工資之金額多寡）？均有待協商。」之表達。也就是留下「會務公假究竟是有薪或無薪」的疑雲。換言之，會務公假的本質，至少有以下三個選項之一的可能：1.會務公假本質為有薪公假，工會理監事既可免服勞務，亦可領取工資；2.會務公假本質為無薪公假，工會理監事雖可免服勞務，但並無工資請求權；3.會務公假本質為「有薪事假」，工會理監事既可免服勞務，亦有工資請求權。

　　上述會務公假本質的界定問題，實際上還牽涉到會務假是否與公益有關及會務假的長短問題（目前相關法令所規定的公假大多只有一或二日之長，罕見經年累月者）（另外，102年勞裁字第18號裁決決定書針對申請人濫用會務假之行為，相對人卻未有任何諸如警告、記過等具體的「論處」，實際上也涉及到會務公假的定位。亦即會務公假受到法律保障的地位。話又說回來，如果相對人有權對申請人予以論處，而其一直遲未執行，頂多只是放棄行使權利／力而已，在其一旦發動解僱權時，何來即有不當勞動行為之動機可言？裁決會的見解令人難以苟同）。依據台灣高等法院102年度上字第409號判決（中華民國全國教師會案）：「觀諸系爭言論中關於「支應教師會幹部因為處理會務假而不能上課，改聘代課老師的鐘點費」、「教師會幹部出席各項會議出席費」等語，所涉及教師會幹部請會務假之合法性及正當性、教師減授課及代課教師鐘點費等議題，本屬各地教師、家長及公眾所關心之事項，且與政府預算及教育資源能否合理分配有相當關係，顯與社會公共利益有相當關係，本屬可受公評之事項，任何人均可將其意見提出於公眾討論。」雖然教師會與教師工會的本質有

所不同，教育工作者的勞工組織與一般行職業勞工組織性質殊異，但是，從會務假目的的角度來看，應該無所差異（有問題的是，令學校同時負擔教師會幹部及教師工會幹部的雙重或三重會務假，在法理上是否具有合法性與正當性？能否將教師會、教師產業工會、教師職業工會視為多元工會？）。只不過，如同公部門的勞資關係一般，教育部門的勞資關係仍然有其特殊性（教師請假規則也已明定各種假別及其期限，其具有全國一致性的適用效力），也就是涉及到社會大眾的利益問題，此並不會發生在私部門的勞資關係上。就此觀之，教師會幹部會務假所涉及與社會公共利益的關係，實際上來自於教育部門的勞資關係使然，並非會務假即會與社會公益有關。

　　至於會務假的長短，主要是會務假期間合理性的問題。在審查上，必須先有處理會務的必要性，而後再審查合理的會務假長度。後者，又涉及兩個層次之問題：一者，是申請程序之問題，亦即是逐日或逐次申請？或者按數日、按（數）週、按（數）月、或（以理監事的任期為期之）一次性申請會務假？二者，是會務假時數之問題，亦即每次辦理會務時間是半日？或全日？或幾小時？對此，裁決會在數號裁決書中均強調應由勞雇雙方就會務假期間之長短（給予天數及給予方式）進行協商，基於勞資自治之原則，裁決會不宜介入該等本應由勞資雙方協商之事項（101年勞裁字第47號裁決決定書、102年勞裁字第17號裁決決定書、102年勞裁字第47號裁決決定書、103年勞裁字第1號裁決決定書）。如果雙方對於會務假的長短已經形成慣例，亦具有拘束力，雇主不得單方予以變更。又，申請人工會理事長欲超過工會法第36條第2項之規定要求全日駐會之會務假，應由工會與雇主協商決定之，裁決會並無命雇主應超過法律之規定給予工會理事長全日駐會會務假之職權（103年勞裁字第12號裁決決定書）。雖然工會法第36條及裁決書均認為勞雇雙方應自行約定會務假及其期間，但是，實務上仍然不乏協商未果者。果然如此，最高行政法院認為裁決會宜明確宣示請假事由及假期長短必要性之指導原則或認定標準，俾令勞資雙方得以遵守，係迅速有效解決勞資糾紛之唯一方法（最高行政法院102年度裁字第1891號裁定參照）。

　　如上所述，會務公假法律性質之定位，必須考慮諸多問題，斷非只言法律賦予工會理監事的特權即可了事。本書認為無論是舊工會法第35條或新工會法第36條之會務假，都是立法者基於立法形成之自由所為，其應該已經考量到各方利益的平衡。依據新工會法第36條立法說明：「工會辦理會務屬內部事務，本宜於工作時間外進行，惟如有於工作時間內進行之必要時，得與雇主約定，由其給予一定時間之公假辦理會務，爰為第一項規定。至於未有約定者，考量企業工會與雇主間較具關聯性，為穩定其勞資關係正常發展，其會務處理亦有助於企業正常運作，要求雇主給予公假理由較為充分，爰酌修第二項。」由此觀之，由於工會辦理會務屬內部事務，所以如果是在工作時間內進行，則無論是企業工會、產業工會或職業工會，原則上會務公假均應由勞雇雙方約定之。例外地，在雙方無法協商一致時，企業工會因「與雇主間較具關聯性，為穩定其勞資關係正常發展，其會務處理亦有助於企業正常運作，要求雇主給予公假理由較為充分。」立法者顯然在利益平衡考量下，加以雇主一個忍受或促成會務假的義務。惟其雖名為「公假」，卻與其他典型的公假性質殊異。蓋所謂公假，或係出自於國家社會的利益（公共利益），或係出自於雇主本身的利益，工會本質上既係一與雇主折衷經營利潤分配的團體，本就無何公假權利可言。會務假也與公共利益無關。此可以性質上屬於合作團體的勞資會議開會時，勞方及資方代表得請求公假（勞資會議實施辦法第12條第3項參照）為例而知之。另外，勞工參加役男體檢抽籤等徵兵必要事務（行政院勞工委員會76年10月17日台(76)勞動字第4464號函）及勞工參加技能檢定之職類與其職務有直接關係者（內政部74年6月6日(74)台內勞字第311984號函），亦可為證。由於具有公共利益或雇主利益的本質，況且停止提供勞務的時間有限（大多為一或二日），因此，法令要求雇主照給工資（勞工請假規則第8條參照），並不違反比例原則[68]。在此，勞工固

---

[68] 雖然如此，由於公假造成雇主工資上的負擔，因此理論上應以法律明定公假的種類及時間為宜。以勞工參加役男體檢而言，即應在兵役法中規定，或者至少在兵役法中授權法規命令定之，如此，始符合依法行政原則。現行以解釋令的方式為之，究屬不妥。同

應提出相關事證以實其說，但雇主在審查請假時間長短的合理性上，只能採取寬鬆的審查密度（例如在役男的體檢過程，雇主不得要求勞工提出實際所花費的時間，並於體檢完畢後儘速回廠工作）。在進行法令所賦予的公假過程中，由於勞工並非從事私人事務，理論上仍應受到職業災害的保障。

　　如上所言，工會辦理會務之公假與公益或雇主的利益無關，純粹係立法者基於勞資關係和睦的考量所設立者。雖然和諧的勞資關係有利於企業的經營，但會務假終究與雇主的直接利益無關。況且，會務假如係一次申請的全日制公假，其綿延的時間可能經年累月，造成雇主經營成本的增加，也形成與其他勞工的差別待遇（最高行政法院102年度裁字第1891號裁定參照）。因此，並不宜將之解釋勞工請假規則第8條所指之公假（連帶地，在雇主違反會務假時，也不會受到勞動基準法第79條第1項第3款之罰鍰制裁）。此一名為公假的會務假，本質上為一「有薪事假」。也就是工會提出辦理會務事證申請，而由雇主實質審查有無必要性及合理性（長度）（行政院勞工委員會79年7月13日(79)台勞資一字第14849號函：因辦理工會會務而申請公假，其有關手續及須備之證明文件，得由工會與事業主參照勞工請假規則協商或於團體協約中訂定之）。對於合理限度內之會務假，工會幹部免除勞務，而雇主仍應給付工資。勞工並無須在工作時間外另外補服勞務。至於超出合理限度外的會務假申請，雇主固可不予

理，其他的公假種類及期間也應全面檢討並回歸法律規定。由此觀之，現行勞工請假規則第8條規定，勞工依法令規定應給予公假者，工資照給，其假期視實際需要定之。其所謂依「法令」，應該限縮解釋為法律及依法律授權所定之行政命令，而不包括各機關所發布的函釋在內。同樣不妥者，勞動部與衛生福利部在2015年3月開會後，由衛福部以函釋表示民眾（勞工）配合主管機關依傳染病防治法第38條進行登革熱防疫措施以致未能到廠工作時，事業單位應給予公假；適用勞基法者，依勞工請假規則第8條規定，該公假期間工資照給。此一解釋令同樣違反依法行政原則，對於司法人員及人民恐怕不具有拘束力。正確之計，應是將公假修正入傳染病防治法第38條，至少應將之納入傳染病防治法施行細則。相關報導，請參閱勞動部2015年3月24日新聞稿；中國時報，2015年3月25日，A6版：配合登革熱防疫公司應給薪給假。

同意，但也得與工會合意一「無薪事假」（這樣的處理原則，亦適用於工會原本以請事假或特別休假辦理會務，而後申請更改為公假者。102年勞裁字第33號裁決決定書參照）。最為極端者：設如工會已經無任何會務可處理，而工會仍然提出會務假申請，則雇主固可不予同意，但也得與工會合意一次性的、以理監事任期為期的「無薪事假」或者與之合意一「留職停薪」模式（這樣的處理原則，即使在裁決會令雇主基於慣例給予工會會務假時，亦同樣適用）。在該期間，即應由工會自行負擔理監事的所需要之一切費用。而在工會理監事的有薪事假或無薪事假期間，其因執行工會會務所遭遇的意外，並不得向勞保局或雇主主張職業災害補償（行政院勞工委員會77年1月7日台(77)勞資一字第00088號函、81年7月21日(81)台勞資一字第20656號函參照）。至於工會法第36條第2項固然規定，「企業工會與雇主間無前項之約定者，其理事長得以半日或全日，其他理事或監事得於每月50小時之範圍內，請公假辦理會務。」但是，其仍然以有辦理會務的必要性為前提，而且還是要遵守合理性的限度。也就是說，對於合理辦理會務的期間究竟是全日或半日或數小時，工會與雇主的意見還是有可能不一致，如此，理論上即必須經過勞資爭議處理程序解決，亦即調解程序或仲裁程序（但不得由裁決會直接引用工會法第35條第1項第5款處理！）。在此，雇主尚未不依工會法第2項規定給予公假，勞工主管機關並不得援引工會法第46條予以罰鍰處分。

承上而來的問題是，申請會務假的主體為誰？對此，雖然理論上工會才是法人，應該以工會名義提出申請。但是，由於工會幹部為工會的代表人，兩者實係一體之兩面，因此，實務上（含裁決會）並未區分工會提出或工會幹部提出而作不同對待。倒是，在一件會務假爭議案件中，由於擔任工會理事的申請人被相對人解僱，雖然經其提出定暫時狀態假處分而獲法院准許，但工會並未將之列於會務假之申請名單中，以致相對人並未予以審核。裁決會認為一旦經定暫時狀態假處分後，工會即應回復申請人於雇主終止勞動關係前的工會會員及因會員身分而經工會程序取得之身分，亦即包括申請人理事身分及經工會選出之各項功能委員會勞方代表、參與團體協商及上級工會的工會代表等身分，則在有工會活動，相對人就申請

人本於上開身分申請會務假時，應與其他工會之理事、代表或委員為平等之對待。對此，本書以為裁決書見解並不可採，蓋工會是否回復申請人的工會會員及因會員身分而經工會程序取得之身分，其爭議係存在於申請人與工會之間，而非申請人與相對人（雇主）之間（套一句102年勞裁字第39號裁決決定書所言：屬工會內部之事務，並不足以證明與相對人有任何關聯，更無從認相對人有所謂支配介入之不當勞動行為）。只有在申請人與工會間的爭議獲得解決（必要時透過訴訟管道）、而且工會將其列入會務假申請名單中時，雇主始可據以審核。這也是權利實現的正確途徑。不此之圖，而欲以平等對待義務為由，而令相對人給予申請人會務假，終究並未解決申請人與工會間之爭議。如果工會已經有人取代申請人的位置、且也獲得會務假，現在裁決會命令再給予申請人會務假，強加相對人再負擔一次會務假的責任，似非得宜。且也非裁決會以有權作成何種救濟途徑的裁量，即可自圓其說。更何況，向來我國集體勞資爭議理論上並無所謂平等待遇之義務，因其與多元工會或多元雇主的內涵相牴觸，現在裁決會引用外國學說而強令相對人要對於所有工會理監事、代表、委員一視同仁，不僅自陷於法理之爭，而且也有未能認清集體勞資爭議現實之嘆。果然要引進此一平等對待的中立義務，則本案中的所有會員、以及多元工會下的所有會員，恐怕也都要集體一致地採取行動，以確保（多元）雇主的利益。撇開法理的正確性不論，在現實上有可能實踐嗎？所以，在多元工會下，各工會各自依據工會法第36條向雇主申請會務假，雇主依據各個工會辦理會務的必要性與合理性，而做出准假與否及會務假長短的決定。倒是，有問題的是，在多元工會下，勞工如同時擔任一個以上之企業工會理、監事，則其可請會務公假之時數是否加總起來？對此，中央勞工主管機關認為「其會務公假時數如無約定，仍應在前揭（工會法施行細則第32條）法定範圍內，非可因此而將可請會務公假之時數相加。」也就是採取否定說。本書以為：從會務假是「有薪事假」的角度來看（詳見前述），如果是工會法第6條第1項第1款之「各」企業工會以及企業工會理監事擔任上級工會理監事職務者，則勞動部的見解應屬可採，即雇主無義務雙重或多重負擔工資給付義務。惟從擔任多個企業工會的理監事來看，理論上

會務內容應該有所不同，且各有服務的會眾，似乎即可承認其多重的有薪事假。與中央勞工主管機關意見不同的是，銓敘部部管二字第0993236328號函認為「機關協會之理事長、理事、監事或會務人員如同時兼具全國協會理事長、理事、監事或會務人員身分，以是類人員擔任全國協會與機關協會雙重職務，其辦理會務時間勢須增加。復以協會法第50第2項公假時數規定之立法理由，在於促進協會順利運作並吸引會員擔任理事、監事，並考量各級協會成立後，會務之繁重程度有別，故依協會之層級及擔任職務之不同，分別規定得請公假時數。爰基於上開立法精神並因應是類人員處理協會會務之需求，是類人員之公假時數，得分別計算並加總之（例如：同時擔任全國協會與機關協會理事長，每月不得超過40+20=60小時）。」

　　其次，工會分會由於只是工會之分支機構，其本身並不具獨立之法人格，並無要求與雇主約定會務假之資格（102年勞裁字第39號裁決決定書參照）。至於中央勞工主管機關針對分會之常務幹事及幹事之申請會務假，其引用舊工會法第35條第2項「工會理、監事因辦理會務得請公假；……。其有特殊情形者，得由勞資雙方協商或於締結協約中訂定之。」，認為可由勞資雙方協商訂之，或依貴公司以往之慣例辦理（行政院勞工委員會84年11月14日台(84)勞資一字第141679號函）。對此，本書以為中央勞工主管機關似乎誤會了「其有特殊情形者」之意義，蓋其係承接前文「其請假期間，常務理事得以半日或全日辦理會務，其他理、監事每人每月不得超過五十小時」而來，因此，「特殊情形」係指因辦理會務必要、雙方得就「請假時間」協商超過法律所定者而言。並不包括工會分會之常務幹事及幹事之申請會務假之情形。雖然如此，基於勞資自治或團體協約自治原理，雇主本可同意給予工會分會之常務幹事及幹事辦理會務公假。這是雙方的任意約定，並非基於舊工會法第35條第2項的規定而來。

　　再者，申請會務假之主體是否包括會務人員？此從新工會法第36條規定觀之，似應採否定說。其最主要的理由是：會務人員固然在幫忙處理會務，但是，不問是專、兼職人員，如果是由工會聘僱而來，其雇主即為

工會,其相關費用(包括勞健保費用)當然應由工會自行負擔。至於如果
是由工會的對手(雇主)所僱用、並且將之派遣至工會處幫忙處理會務
者,工會亦無權為之申請會務假,雇主是否令該會務人員暫停原來工作而
專門處理工會會務或者同意其會務公假,完全是雇主與會務人員間的任意
約定。就此觀之,裁決會承認會務人員有權向雇主申請會務假,其見解即
屬可疑(100年勞裁字第29號裁決決定書參照)。(與此不同的是,雖然
依據公務人員協會法第50條第2項規定,「理事長、理事及監事因辦理會
務,得請公假」。但是,銓敘部部管二字第0993236328號函卻承認會務人
員也得請公假。本書以為該解釋已經逾越母法之規定,因此無效。就算會
務人員是由公務機關派至公務人員協會處理會務,其是否享有公假,也是
由公務機關與會務人員自由約定)

　　又,最具爭議性者,當屬:職業工會或產業工會請求會務假之相對人
為誰?也就是說,雇主為誰?是否包括教育主管機關?對此,裁決會採取
肯定說,而中央勞工主管機關及最高行政法院卻採取否定說。先就前者而
言,裁決會的立場是由溫和肯定轉趨堅決肯定。其先是認為:「申請人工
會固得以相對人為對象,循一般性團體協商之方式,請求相對人協商系爭
會務假,然能否以相對人之上級機關嘉義市政府(教育處)為協商對象?
關於此點,本會認為:環視我國公共部門勞動關係相關實務及法理尚在萌
芽發展,相對人之上級機關何時得以雇主身分參與協商(含團體協約之協
商及一般性團體協商)?宜由我國相關政府部門儘速對話解決,且如上所
述,本會認為申請人工會得以相對人為雇主而就系爭會務假進行一般性團
體協商,而於一般性團體協商之際,相對人如認為必要時,亦得經內部協
調,由上級機關派員參與協商。」(100年勞裁字第29號裁決決定書)而
後就直接肯定學校、地方教育主管機關及中央教育主管機關均為裁決程序
中的雇主(101年勞裁字第31號裁決決定書)。再就後者而言,中央勞工
主管機關認為「二、查教師係受聘僱於學校,接受學校之指揮監督,因教
師與學校間存在勞動關係,故學校應為教師之雇主,而教育行政主管機關
僅為編列與教師權利義務相關預算、訂定與教師相關之法規(職權)命令
或法律者,屬學校之目的事業主管機關。另依團體協約法第10條第2項第

3款規定「一方當事人為前二款以外之政府機關（構）、公立學校而有上級主管機關者……，」以及主管機關辦理勞資任一方申請交付仲裁注意事項第7點規定「勞資爭議當事人一方為團體協約法第10條第2項規定之機關（構）、學校者，非經該項所定機關之核可，不得申請交付仲裁。」足見，學校於團體協約之協商及勞資爭議之處理皆為一方當事人。三、又教師相關工會與公立學校進行團體協約之協商時，如協商事項涉及教育部或教育局（處）執掌職權或基於法律授權訂定命令者，學校當可指定上開機關所選定之人員擔任雇方協商代表參與協商。」（行政院勞工委員會100年10月28日勞資二字第1000126586號函）同樣地，最高行政法院也以為「公立學校教師受聘於學校，就教師之薪資、聘用任用、任期等事項，縱如被上訴人所稱學校無決定權，惟從勞動關係來觀察，教師受聘後，向學校提供教學等勞務，且仍須接受學校之指揮監督，故勞動關係存在於教師與學校間，就此而言，學校應為上開工會法所規定之雇主，而有該法之適用。」（最高行政法院102年度裁字第1511號裁定）本書毋寧以中央勞工主管機關及最高行政法院的見解可採。蓋教師的雇主為學校，教育主管機關與學校間並非「實質同一性」或「實質管理權」的雇主關係，教師並不得以教育主管機關為雇主而主張權利。惟教育部門的勞資關係終究有其特殊性，教育工作者的權利義務具有全國一致性的性質，與一般私部門的勞資關係差異極大。此從工會法第6條第1項排除教師組織企業工會，亦可得知立法者在避免校際之間勞動條件的不同。先進國家也有將教育部門的勞資關係排除於不當勞動行為之外者。何況，依照集體勞動法的理論，基於武器對等原則、協商／爭議對手明確性原則、以及集體勞動條件一體適用原則，職業工會或產業工會的對手是「雇主團體」，而非個別雇主，如此，始能與企業工會的對手是「個別雇主」有所區分，並且發揮各種類型工會的功能。現在裁決會承認工會團體得以個別雇主作為協商及爭議對象，似乎未能認清上述集體勞動法上的原則，也紊亂各類型工會的組織與功能。

　　再其次是，會務假如何約定？根據工會法第36條「工會得與雇主約定」會務假，至於約定的方式則未具體規定。如依據中央勞工主管機關的

見解，「工會法第36條第1項之約定，非以約定團體協約為限；惟勞資雙方如將上開約定簽訂於團體協約中亦無不可。另依團體協約法第12條規定：『團體協約得約定下列事項：……四、工會之組織、運作、活動及企業設施之利用。……』如工會理監事之會務假，係依團體協約之方式與雇主或雇主團體約定者，則依該法第10條第2項規定，如一方當事人為公立學校而有上級機關者，應先經上級主管機關核可。」（100年10月28日勞資二字第1000126586號函）在工會實務上，會務假多由工會與雇主勞資協調而成，惟其並非團體協約法中之團體協商（最高法院103年度台上字第608號裁定、台灣高等法院102年度勞上字第103號判決、台灣新北地方法院102年度勞訴字第48號判決）。依據最高法院99年度台上字第2054號判決，「因辦理工會會務而申請公假，其有關手續及須備之證明文件，得由工會與事業主雙方參照勞工請假規則協商或團體協約中訂定之。」這也表示工會與雇主的一般協商／協調或團體協商均可。此處之一般協商／協調，實際上就是裁決會在100年勞裁字第29號裁決決定書中所創造之「一般性團體協商」，惟其並不以「團體」進行協商為要，也沒有一定的進行方式，更不具有團體協約的效力。裁決會認為雇主面對工會的一般性團體協商，其依法並無協商義務，即並無團體協約法第6條第1項之適用。惟因其使用「一般性團體協商」之用語，似乎有誤導雙方所簽訂者為團體協約之疑慮。另外，裁決會在另一項裁決書中認為事業單位如有「請假程序及管理辦法」，工會之申請會務公假，即應遵照其所規定提出的時程及檢附適當證明文件（102年勞裁字第28號裁決決定書）。本書以為果如此，則是單純回到請假的程序及雇主的同意程序而已，並無協調或協商的過程。只是，無論是未依「請假程序及管理辦法」申請會務假、或工會未依雙方的約定申請會務假，依照最高法院的見解，只要工會幹部仍然在執行工會會務，雇主即應定期令工會補提事證並且溯及准假，不得以工會幹部無正當理由曠工3日以上，而予以立即解僱（最高法院103年度台上字第608號裁定）。

同樣與會務假約定有關者，是勞雇雙方默示同意或形成習慣的問題。實務上常見工會與雇主爭議究竟有無存在「會務假慣例」，尤其是有無

「簡式記載」及「會務假長短」之慣例（最高行政法院102年度裁字第1891號裁定也認為「慣例」至少包括此二部分）。對此，中央勞工主管機關早在工會分會常務幹事及幹事的會務假爭議中，表示「可由勞資雙方協商訂之，或依貴公司以往之慣例辦理（行政院勞工委員會84年11月14日台(84)勞資一字第141679號函）。之後，裁決會屢屢在決定書中表示「勞雇雙方本得採取明示方式協商工會會務公假，但若勞資雙方已經就會務公假之申請作業形成習慣者，解釋上亦屬本條所指工會與雇主雙方已有約定之情形。」（101年勞裁字第47號裁決決定書、102年勞裁字第17號裁決決定書、102年勞裁字第28號裁決決定書）大體上，針對工會以已經形成慣例主張雇主應繼續給予會務假，裁決會在斟酌過去一段時間工會的請假記載方式及雇主過去已經有多久的時間核予一定期間的會務假，才決定「簡式記載」或詳細記載並附上相關事證、以及有無一次核給數個月或甚至一次性同意給予（以理監事任期為準的）會務公假慣例。在此，完全是以雇主過去已經有多久的時間同意請假簡式記載方式及核給多長會務假時間為準。例如以簡式記載申請會務假前後時間長達1年4個月左右，申請人及申請人工會已經產生合理信賴，因之於雙方間已經形成企業內之習慣，相對人如欲調整此項慣常作業，理應與申請人及申請人工會展開協商，而不宜單方改變此項會務假之習慣（101年勞裁字第47號裁決決定書）。至於針對「會務假長短」，裁決會認為申請人自100年4月到9月間請假天數多為1或2日，最多不超過3日；100年10月請假天數在7日之內；從101年開始，請假則為1個月、2個月或3個月；最後一次請假期間自101年8月20日到12月31日，自此以觀，雙方間對於會務假期間之長短，尚未形成慣例（102年勞裁字第17號裁決決定書）。上述裁決會以具體的歷程年月為準而認定有無「簡式記載」或「會務假長短」之慣例的見解，本書以為可採。惟也有裁決會的認定似有再斟酌之必要者，例如以「長久以來」均准予會務假而視為雙方已有約定，似乎即不夠具體（102年勞裁字第28號裁決決定書）。

而在法院實務上，似乎也有觸及會務假慣例者。例如台灣高等法院102年度勞上字第103號判決（前審為台灣新北地方法院102年度勞訴字第

48號判決、後審為最高法院103年度台上字第608號判決）即認為工會與雇主經勞資協調同意自100年8月1日起至100年10月31日止試辦3個月一次性全日會務假，是否再延續此模式，則需另行檢討評估。兩造嗣於100年10月24日再進行協調，雇主給予工會100年11月1日起至100年12月31日之會務假2個月，惟此尚難憑認雇主同意給予工會理事長任期內之一次性會務假，或兩造已有協議日後均核給3個月或2個月之一次性全日會務假。之後，工會一再行文要求雇主給予理事長任職期間的一次性會務假，但雇主均未同意，反就會務假期間由1次准予3個月，減縮為1次僅核予1個月，更於101年5月8日發函要求工會理事長其後應提出前1月辦理會務之事證，以供其決定是否准予該月之會務假及是否有全日辦理會務之必要。益徵雙方並未達成工會理事長任期內核給一次性會務假，或核給3個月一次性會務假之協議。本書認為該案中工會不斷強調兩造就3個月請假一次之模式已運作8個月以上，應可認定已形成慣例，但法院並未採信，顯然是在8個月的期間內核假有時3個月，有時2個月，有時1個月，且8個月的期間也稍短，故否認慣例的存在。

承上會務假慣例而來的問題是，會務假慣例得否予以更改？對此，理論上工會如與雇主達成變更或作其他請假方式的合意，當然有效。即使雇主單方變更，而工會未拒絕接受或以實際行動踐履新的會務假模式者，亦已發生變更效力。又，即使工會與雇主存在會務假的慣例，然雙方已在102年勞裁字第43號裁決申請案之和解書明白約定會務公假之申請程序，自應依雙方約定程序辦理申請，無再依所謂慣例申請會務公假之餘地（103年勞裁字第11號裁決決定書）。

另外一個與會務假有關的問題是，違反會務假之法律效果為何？是依工會法第46條制裁？或依工會法第35條第1項第5款處理？或者一事二罰？對此，裁決會對於雇主要求工會提出辦理會務之事證，逕將會務假從3個月改為1個月，以為未盡合理且破壞工會的信賴（101年勞裁字第43號裁決決定書）、或雇主片面變更請假程序（102年勞裁字第28號裁決決定書）、或雇主對於工會幹部已經釋明辦理會務的必要，但卻無正當理由否准會務假之申請（102年勞裁字第33號裁決決定書），均認為雇主有介入

工會內部事務之疑慮，進而影響工會運作或活動。從至今的裁決書觀之，裁決會似乎全部引用不當勞動行為處理，而未引用工會法第46條的特別規定。此誠令人不解。蓋針對會務假之給予，立法者已經在第36條特別規定，緊根著，針對雇主未依工會法第36條第2項規定給予公假者，工會法第46條已有「處新台幣2萬元以上10萬元以下罰鍰」之特別規定，顯然立法者已經選擇以36條及第46條作為獨立於第35條及第45條外的立法規範與制裁手段，此也與會務假並非工會活動保障的理論相符（此可從36條及第46條的立法說明中，未再提及不當勞動行為，可以獲得印證）。值得肯定。現在，裁決會顯然將第46條棄如敝屣，而處處回歸到抽象條款的第35條第1項第5款，其係以普通且抽象規定優先於特別且具體的規定，吾人恐怕其自陷於法律體系不明及理論矛盾之境。果如此，雇主也可能掉入工會法第46條及第45條一事二罰的困境（因為，第46條無論如何還是要發動）！裁決會此種將工會法第35條第1項第5款作為集體勞動法帝王條款的決定模式，甚至也擴充及於團體協商，也就是工會法第35條第1項第3款已經明定團體協商的不當勞動行為，第3款相對於第5款也是具體的規定，而且是一獨立的請求權，但是，裁決會除了引用第3款規定外，必定再附上抽象的第5款（102年勞裁字第33號裁決決定書、101年勞裁字第47號裁決決定書），實在令人莫明所以其意義何在，也有疊床架屋之憾。理論上，第5款所指之行為，應該是前四款所指以外之行為，否則，即應將第5款移置第35條第1項的本文中，始有同時引用第1～4款的意義。

（三）最後，猶欲一言者，係公部門及教育部門勞資關係中會務假之角色若何？

其對於工會法第46條或（裁決會所主張的）第35條與第45條之適用，究竟有何影響？此一問題之重要性，主要是因為我國會務假的爭議，有相當大的比例集中在公部門，也有少數發生在教育部門。吾人如觀自始至今的會務假爭議，即可了然於胸。只不過，不僅裁決會，連法院都幾乎欠缺公部門及教育部門勞資關係具有特殊性的認識。蓋公部門及教育部門的一切行政作為及教育行政，均具有公益性及全國或一地（縣市或直轄

市）一致性的性質，其勞資關係遂也在此一特性下發展。公部門及教育部門具有層層的法令規範（例如新北市政府環境保護局適用勞動基準法人員工作規則。請參閱台灣新北地方法院102年度勞訴字第48號判決、台灣高等法院102年度勞上字第103號判決；又，桃園市清潔隊工作規則，請參閱103年勞裁字第11號裁決決定書），以明確化其屬員的權利義務，這也是私部門的勞資關係所未見者。而在勞動法令的規範上，依據勞基法第84條所創設的「公務員兼具勞工身分」（作者按：該等人員並非參加國家公開考試而錄取者，實際上應稱之為「勞工兼具公務員身分」較為妥當），享有獲得較佳的公務員法令或勞工法令保障的特權；另外，團體協約法第10條第2項第1款及第2款規定「一、一方當事人為公營事業機構者，應經其主管機關核可。二、一方當事人為國防部所屬機關（構）、學校者，應經國防部核可。」其實，這就是基於公部門門勞資關係特殊性的考量而來。而同條項第3款規定「一方當事人為前二款以外之政府機關（構）、公立學校而有上級主管機關者……，」以及主管機關辦理勞資任一方申請交付仲裁注意事項第7點規定「勞資爭議當事人一方為團體協約法第10條第2項規定之機關（構）、學校者，非經該項所定機關之核可，不得申請交付仲裁。」則是基於教育部門勞資關係特殊性的考量而來。中央勞工主管機關即是引用團體協約法第10條第2項第3款及主管機關辦理勞資任一方申請交付仲裁注意事項第7點規定，而認為「二、查教師係受聘僱於學校，接受學校之指揮監督，因教師與學校間存在勞動關係，故學校應為教師之雇主，而教育行政主管機關僅為編列與教師權利義務相關預算、訂定與教師相關之法規（職權）命令或法律者，屬學校之目的事業主管機關。……足見，學校於團體協約之協商及勞資爭議之處理皆為一方當事人。三、又教師相關工會與公立學校進行團體協約之協商時，如協商事項涉及教育部或教育局（處）執掌職權或基於法律授權訂定命令者，學校當可指定上開機關所選定之人員擔任雇方協商代表參與協商。」（行政院勞工委員會100年10月28日勞資二字第1000126586號函）顯見其已認識到教育部門勞資關係的特殊性。因此，裁決會及法院不加區分地將之與私部門的勞資關係等同處理，實在並不妥當。畢竟，公部門及教育部門的勞資關係，係整體

行政的一環，其屬員的權利義務也是行政機關及教育行政機關綜合考量的結果，並不宜單挑其中一項或數項短差的權利，而做為要求行政機關及教育行政機關予以提升或補齊的理由。亦即公部門及教育部門屬員的勞資關係，不問是個別勞動法的勞動條件事項或集體勞動法的工會運動事項，均應該採取一致性的處理原則。如此，始是正確處理之道，也才能夠兼顧政府、屬員及社會大眾之利益。針對公部門及教育部門中之個別勞動權利義務事項，吾人觀主管機關及法院的處理態度，一般較私部門勞動關係為嚴格，也就是以公法關係的角度加以公務人員或教育行政人員較強的義務責任。只不過，此種嚴格以待的態度，似乎並不見於集體的勞動關係或不當勞動行為上。形成兩軌並行、互不相干的現象。本書以為並不妥當，也不足取。正確之道，應是將兩軌拉回並聚焦於公部門及教育部門的勞資關係理論上。這也是少數的、但卻極具有代表性，也有其說服力的100年勞裁字第29號裁決決定書所言的「環視我國公共部門勞動關係相關實務及法理尚在萌芽發展，相對人之上級機關何時得以雇主身分參與協商（含團體協約之協商及一般性團體協商）？宜由我國相關政府部門儘速對話解決。」只是，很可惜地，在之後的裁決書中，此一慷慨之言已經消失得無影無蹤（101年勞裁字第31號裁決決定書）。令人扼腕不已。至於在法院判決中，如上所言，也有認識到教育部門勞資關係之特殊性者，例如台灣高等法院102年度上字第409號判決即謂：「觀諸系爭言論中關於「支應教師會幹部因為處理會務假而不能上課，改聘代課老師的鐘點費」、「教師會幹部出席各項會議出席費」等語，所涉及教師會幹部請會務假之合法性及正當性、教師減授課及代課教師鐘點費等議題，本屬各地教師、家長及公眾所關心之事項，且與政府預算及教育資源能否合理分配有相當關係，顯與社會公共利益有相當關係，本屬可受公評之事項，任何人均可將其意見提出於公眾討論。」另外，也是如上所言的，最高行政法院102年度裁字第1511號裁定謂「公立學校教師受聘於學校，就教師之薪資、聘用任用、任期等事項，縱如被上訴人所稱學校無決定權，惟從勞動關係來觀察，教師受聘後，向學校提供教學等勞務，且仍須接受學校之指揮監督，故勞動關係存在於教師與學校間，就此而言，學校應為上開工會法所規定之雇主，

而有該法之適用。」其也認識到教育部門勞資關係之特殊性矣。因此，本書以為裁決會及法院應該回歸公部門及教育部門的各項有關勞資關係的規定，將個別勞動條件及集體勞資關係做一個一致性的處理，切莫採取寬嚴不一或「個別勞動條件做有利於雇主、而集體勞資關係做有利於勞工或工會」的不同處理方式。果能如此，公部門及教育部門雇主核准會務假之行為，即不會動輒被認定為違反工會法第35條（本書以為：其實，第36條及第46條始屬正確）。在此，裁決會似乎也應該參考施行不當勞動行為制度的美國、日本及南韓，其對於公部門及教育部門勞資關係的處理原則及方式為何，以為我國的借鏡。

至於工會與政黨的關係，也應該保持一定的界限。也就是說不應該受到政黨的控制、主導，以免失去其本身為經濟團體，而非政治團體的本質。這雖然在全國層級的總工會、產業別的總工會與職業別的總工會，由於涉及法規的制定及政治訴求的推動，而無法避免求助於政黨的支持，但也不可偏離其自主性的路線。雖然如此，工會與特定的政黨保持一定程度的互動及合作，實際上也很難禁絕。比較有問題的是，工會是否可以為特定政黨助選、募捐、要求會員支持特定候選人？對此，本文以為工會幹部的政治信仰或與會員不同，不應該強迫會員為特定政黨助選或繳交政治獻金或其他名目的捐款，並不得要求會員支持特定候選人。至於工會幹部個人的助選活動，恐怕法律難以禁止。畢竟，想要以警察法規或其他行政法規、刑事法規阻止工會幹部的政治活動，恐怕已不符合時代的趨勢。重要的是，每個幹部均必須為其選民（會員）負責，無論是幹部的各種作為或想要競選連任，都必須通過其選民的監督及同意。

三、以維護及促進勞動條件與經濟條件為主要目的（團結體的目的：目的保障）

工會的源起既係為改善勞工經濟上的弱勢，故其主要目的是要向雇主要求勞動條件與經濟條件之維持、改善（如以美國學者泰勒・考恩（Tyler Cowen）在《大停滯》（*The Great Stagnation*）中對於美國經濟「便利條件」（他稱之為「掛在低處的水果」）的消逝，即是勞工及工會要求與雇

主公平分享「掛在低處的水果」），此處的「經濟條件」，也包括改善勞
工生活的「生活條件」，例如福利、優質的工作環境等（行政院勞工委員
會77年4月7日(77)台勞資二字第06600號函：團體協約法所稱勞動條件，
係指為保障勞工之最低收入與工作安全及健康生活的必要條件而言。如童
工女工之保護安全衛生設備、福利設施）。除此之外，工會並得附帶地從
事福利事業及政治、社會運動；亦即工會具有經濟性功能、社會性功能及
政治性功能，但經濟性功能為其主要目標（論者間尚有主張互助性功能、
調處性功能、以及教育性功能者，實際上並無分類的必要，況且，以工會
向政府申請經費辦理勞工教育為例，是否會影響其獨立自主性？是否值得
我們思考？）。[69]

四、持續性

　　依據傳統的見解，工會必須係一具有持續性的團體，持續地與雇主
協商勞動條件的改善，而不是只為特定目的之一時性團體（Ad-hoc-Koali-
tion）。故為避免被判定為不法的野罷工（wilder Streik）所一時組成之團
體，不得被視為工會。[70]亦即不可以只為單一的目的而成立。在此，成立
工會之目的在罷工，而非在團體協商，而且該工會嗣後又進入靜止狀況，
或甚至淪落於解散的狀況。因此，自無承認其為工會的必要性或合理性。
但是，假設雇主不願意調整勞工的勞動條件，勞工因此集結一定的人數成
立工會，且其也完成了工會法第11條所要求的登記程序，則其續行協商或
之後進入爭議行為，並且其後持續關心及協商勞動條件，則其持續性的要
件應已具備，自無否認其具有工會成立要件之必要。在此，針對工會法第
11條之登記主義，本書以為只要採取備查或核備的程序即可，以促進勞工
團結權的保障，無須採取核定或核准的嚴格審查程序（請參照最高行政法

---

[69] 陳繼盛，我國工會法制之研究，行政院勞工委員會委託研究，1994年6月，頁6以下；黃
　　程貫，前揭書，頁190以下；王惠玲，前揭文，頁66；Sugeno, Unions as social institutions
　　in democratic market economies, International Labor Review, Vol. 133, 1996, No. 4, pp. 510-
　　522. 中國時報，2011年5月1日，A 15版時論廣場：尋找新的「掛在低處的水果」。

[70] BAG v.14.2.1978, DB 1978, 1403; Hanau/Adomeit, a.a.O., Rn. 167.

院108年度判字第35號判決、最高行政法院107年度判字第58號判決、台北
高等行政法院107年度訴字第1165號判決）。

　　進而言之。此一持續性團體的要求，實際上是重在其目標的永續性，
故與其是否具有法人資格無所關聯，因此，即使工會被依工會法第37條解
散或依第43條停止業務的一部或全部，亦不影響其性格。況且，此一持續
性的政治思想，是建立在工會擁有罷工獨占權之上。而此一罷工獨占權則
是建置在工會具有團體協商能力的前提。所以，面對著勞動世界及集體勞
動關係環境的變化（全球化、工會團體的力量消退、勞動世界的個人化與
專業化、國家藉由去規範化與彈性化的介入、以及工會政治意見的不受重
視等），傳統的工會罷工獨占權之思想是否仍有繼續維持的必要？實不無
疑問。吾人如從勞資爭議處理法第7條第2項中，似乎亦能窺知立法者有
意給予非工會的（一時性的）勞工團體集體勞動權利的空間。亦即：即使
已經存在工會，但一定人數的未加入工會的勞工，亦得針對調整事項的爭
議，申請進行調解、仲裁程序。本書以為：調解、仲裁程序通常係在團體
協商不成之後進行，因此，根據該條項的反面解釋，該等勞工團體當然得
要求與雇主進行團體協商。這也是勞資關係力量平衡的一環的具體展現。
由此推論之，適度地降低工會概念的門檻（所謂「去持續性化」），並且
排除工會的罷工特權，以確實保障勞工的勞動權益，應該具有必要性與正
當性。畢竟，無論是單一工會或多元工會，工會的罷工獨占權或罷工特
權，係建立在工會擁有融合勞工及進行規範的能力上，一個或多個即使具
有持續性，但卻孱弱無能的工會，如何能要求多數的或具有一定數量的非
會員聽其擺布？它或它們又能為勞工爭取何種權利？

　　本書以為從以下三個面向，亦可得出非持續性（一時性）的勞工團
體（組織體），得以進行協商與罷工的理論基礎：一者，台灣的團體協約
法第13條既然已原則上排除搭便車者不勞而獲團體協約的好處，那麼，非
會員自然要依恃自己的力量，爭取自己較好的工作條件（一個反諷：假設
其所爭取的工作條件較工會的更好，是否會造成工會會員競相爭取享受一
時性團體與雇主所達成的工作條件？一時性團體得否要求會員繳交一定的
費用？）。二者，在一些國家，罷工權被視為是個人的人權。果如此，其

係以持續性或一時性的勞工團體，爭取工作條件的改善，即無何差異。三者，相對於雇主對於個別勞工的變更解僱權，非工會團體本來即得對於雇主行使集體的變更解僱權（kollektives Änderungskündigung）（台灣實務上曾經發生的集體辭職，實際上即是變更解僱：在雇主不同意集體的勞工的改善工作前提下，集體的勞工辭去工作），則在集體勞工法上令其行使協商權及爭議權，應該更符合集體勞工法的法理。

五、為求目的之實現，必須具有進行爭議之實力

工會為達到其改善勞動條件與經濟條件之要求，雖不至於每次均必須進行爭議行為，但其必須具有進行爭議行為之認識、意願與能力（Durch-setzungsfähigkeit）；亦即其必須具有社會壓力（soziale Mächtigkeit）。社會壓力之有無或強弱，首先是繫之於工會會員人數及所繳交會費之多寡。這也是工會至少應有30人以上之連署發起並且登記（工會法第11條參照。另外，人民團體法第8條第2項規定也是30人）。否則，盡可採取如勞基法之設計，只要僱用1人即有該法之適用之立法方式、或者將組織門檻降低至受僱勞工3人以上即可。而在一個事業單位擁有數個工會時，會員擔任特殊職務（例如火車司機員、飛機的機師等）的工會，其社會壓力及協商能力，會高於會員擔任一般職務（火車隨車人員、飛機的空服員等）的工會。面對者複數的工會，資方當得引用團體協約法第6條第4項規定，要求複數工會推派協商代表，以便進行一致性的團體協商。至於經過協商或罷工有成後，或者可以締結一個一致性適用的團體協約，也可以針對各個工會簽訂團體協約。[71]須注意者，依據德國聯邦憲法法院的見解，只要具有施加壓力的能力，即社會壓力即已足，並不需要（隨時）準備進行爭議行為（Arbeitskampfbereitschaft or Streikbereitschaft）。[72]畢竟，即使工會具

[71] 黃越欽，勞動法新論，2000年7月，頁369；BVerfG v.20.10.1981, DB 1982, 231; Däubler/Hege, a.a.O., 71; Hanau/Adomeit, a.a.O., Rn. 168 ff.。如以此標準來檢視台灣的工會，那麼有為數不少的職業工會顯然不具有作為工會之條件。

[72] BVerfGE 18, 18 = AP Nr. 15 zu §2 TVG. 本案涉及基督教家事服務人員聯盟（katholische Hausgehilferinenverband），其章程規定：「本聯盟不能進行爭議行為」。如此，該聯盟

有爭議的實力,也不代表其爭議行為絕對會讓雇主屈服。所以,工會幹部
必須如孫子兵法形篇中所言「勝兵若以鎰稱銖,敗兵若以銖稱鎰」,仔細
地計算本身的人力及物力。而且,在「勝兵先勝,而後求戰;敗兵先戰,
而後求勝」的原則下,先確定勞動鬥爭有勝算時(至上要有幾成把握)始
發動爭議行為。亦即,即使有一定的社會壓力,但是,「不可勝者,守
也;可勝者,攻也。」仍然是勞動鬥爭的最高原則。只不過,此一社會壓
力係針對工會而言,倒不能作為雇主防禦的藉口;亦即,在廠場或企業協
商團體協約時,雇主不得主張其未具有社會的壓力,且無團體協商的能力
(雖然,在爭議工會是否具有工會法第6條第3項之「協商資格」時,工會
負有舉證之責任),因此,工會不能進行罷工。[73]

　　工會此種具有施加壓力的能力,目的是在避免「假象的團體協約」
(Scheintarifverträge)的出現。也就是說,工會確實與雇主協商並訂定符
合其需要的勞動條件及其他條款,而不是單純或大體上照抄勞基法的規定
而已。而且,一旦工會具有社會壓力,雇主當然無法拒絕協商或不認真協
商,或甚至讓工會輕啟罷工的大門。所謂的雇主不當勞動行為也就不會出
現或者其機率會大大的降低。因此,要求工會必須具有施加壓力的能力,
並不只涉及工會協商的成敗,更會牽涉到台灣在團體協商制度中,加入不
當勞動行為及裁決之制度之法理上問題。對此,假使工會不思自己增強實
力,而是回頭期盼雇主與其誠信協商;不成時,再回頭求助於立法者為其
所設置的不當勞動行為及裁決的制度,那麼,可以預見未來台灣集體協商
及爭議行為的實務操作,將會如目前一樣的原地踏步。孰令致之?

　　所以,在台灣,社會的壓力或爭議的實力,必須與不當勞動行為制
度、勞工保護法規定及勞工主管機關的介入程度一併觀之,始能得出其在
工會成立要件中所占有的地位。換言之,實務上不乏無社會壓力的工會,
惟卻仍然擁有協商能(實)力者。進而觀之,所謂(無爭議實力或手段即

　　可以稱得上是一個工會?從聯邦憲法法院的判決看來,只要其具有施加壓力的能力,即
　　已具備工會的成立要件。
[73] 可參閱SAE 1991, Heft 7。

淪為）「集體行乞」之圖騰難以成立或至少受到動搖者。

　　再一言者。吾人如觀2011年5月修正施行的團體協約法第6條立法理由，其係參考採行不當勞動行為制度的國家（美、日、韓）團體協商義務的法例而來，顯示出台灣立法者似乎有意將原先以德國「勞資自治型」（日本法稱為「放任型」）轉向「國家指／主導型」（日本法稱為「助成型」）的團體協商制度。此種由國家強力推行的誠信協商，在2014年6月4日修正公布的團體協約法第6條第4項規定中更為凸顯。依之，「勞資雙方進行團體協約之協商期間逾六個月，並經勞資爭議處理法之裁決認定有違反第一項、第二項第一款或第二款規定之無正當理由拒絕協商者，直轄市或縣（市）主管機關於考量勞資雙方當事人利益及簽訂團體協約之可能性後，得依職權交付仲裁。但勞資雙方另有約定者，不在此限。」此一修正條文，反應出勞工主管機關對於誠信協商效果不彰的焦慮，所以不惜創造出一個異於勞資爭議處理法第25條規定的「得依」職權交付仲裁規定。只不過，即使從比較法的角度來看，日本及美國的誠信協商究竟成效如何？有具體數據嗎？（假設成效不彰，恐怕終有一日「裁決仲裁化」的命運？）團體協約法的誠信協商，還要面臨勞資爭議處理法第2條「放任自由爭議行為」的指導思想上的調適問題，所以，台灣目前充其量只是「混合型」的團體協商制度而已，其法理上的適法性問題仍有待釐清（例如依據誠信協商的理論，如果雇主（尤其是長期的、嚴重的）虧損，工會恐怕不得要求協商加薪（反而是雇主得要求協商減薪）。但是，勞資自治型的理論下，工會仍然得為爭取自己的利益而進行爭議行為）。附帶一言者，先進國家的工會常有將團體協商做為最佳的引進新血的宣傳手段者，而且，協商越久、越艱辛，越會吸引勞工加入，現在，在台灣既然改採國家指導型的協商，那麼，對於工人的加入或退出工會究竟會有正面或負面的影響？同樣地，對於雇主加入或退出雇主團體究竟會有正面或負面的影響？這都需要加以密切觀察。

六、其他問題

　　除了上述之要件外，工會實際上也要具備一般社團法人的成立要件

（工會法第2條：工會為法人）。例如必須具有社團的性格（持續性、法人格）；必須是一自由的組織（freie Vereinigung），強制性的團體不在其內；[74]具有民主的意思決定機制（章程自治原則）等。[75]從民法第25條以下的法人分類觀之，工會性質上為公益社團法人，即其係以服務會眾、為爭取會眾的權益而成立（行政院勞工委員會101年7月17日勞資1字第1010071383號函參照）。不分企業工會、產業工會、職業工會或工會聯合會，皆是如此。但是，不必一定要是跨廠場或跨企業的組織（überbetriebliche Vereinigung），而是可以為廠場工會或企業工會的組織。雖然如此，廠場工會或企業工會容易被雇主的僱用或解僱人力而受到影響，除非其係一個大型企業的工會，例如德國的福斯汽車工會、郵政工會或其他的國公營事業工會等。另外，工會（及雇主或雇主團體）均需承認團體協約法對其具有拘束力，如此，雙方的團體協商始具有集體勞工法的意義。此從團體協約法第6條第3項「有協商資格之勞方／工會」及論理解釋而來之「有協商資格之雇方／雇主或雇主團體」，亦可得出此一結論。惟這非表示工會與雇主或雇主團體所協商或談判達致之協議，法律性質上一定是團體協約。完全視其是（依照團體協約法所規定之）團體協商程序或一般的協商或對話，而得出是團體協約或一般契約或協議。實務上常見之工會理監事逕自（針對特定事項）與雇主所達成之協議，並不具有團體協約的法律性格。至於勞基法中工會同意雇主一定之行為，也不必要是團體協約，工會幹部同意即可。反而有問題的是，勞雇雙方在團體協約中約定，工會會員同意在團體協約有效期間中「完全配合雇主加班」或「完全拒絕加班」。蓋雖然團體協約法第12條第1項第1款中有「工時」之規定，解釋上

---

[74] 所謂強制性的團體，例如工業的聯盟（工業總會）及商業的聯盟（商業總會）；又例如律師公會及會計師公會等。理論上，這些強制入會的專業團體並無團體協商之資格，並不得作為工會的協商及爭議對手。

[75] 另外一個問題是，工會的成立是否以認同本國的憲政體制為前提？吾人如依舊人民團體法第2條之規定：「人民團體之組織與活動，不得主張共產主義，或分裂國土。」似應持肯定之見解。惟2011年6月15日修正公布的人民團體法，已將第2條的規定刪除，因此，工會如果主張共產主義或分裂國土，似乎已無法律的限制。

也包括延長工時（加班），但是，是否延長工時，往往是依時間迫近的具體情事而定，即依個案或短時間的執行而定，故應將其限縮解釋為與勞基法第32條第1項之工會同意或勞資會議同意。

第六節　團結體之功能

如前所述，工會為公益社團法人（行政院勞工委員會101年7月17日勞資1字第1010071383號函：依工會法規定組織之工會經主管機關登記後即具法人資格，無須再另行向法院申請登記為法人）。惟我國勞工團結權之產生，並非我國產業革命之結果，而是由於外來產業革命因素的激盪而形成的，且自民國以來，即帶有高度政治化色彩。勞工團結權的形成與演進過程與政治環境緊密結合，團結權之法制化實係政治領導法律的交互作用而產生的。這無論在清末（革命份子化身為工會領袖）、國府時代的政治軍事運動（建國、北伐、對日抗戰、國共戰爭）與勞工運動的掛勾、或者日治時期台灣社會主義運動者與勞工運動的連結（最重要的團體是「台灣工友總聯盟」、「台灣勞工臨時評議會」），都可以看得出來這個軌跡。就算是被許多人所稱頌的、由廣州政府在1924年所頒布的工會條例（性質上較近於行政命令、甚至緊急命令），其進步的及開放的用語、實際上也只是由美麗的糖衣所外包著。吾人從當時孫中山先生政府所面臨的政治困境，當也可以推知這是一個政治性的法案，具有極高的政治意圖。目的在呼籲勞工共同揭竿起義。而勞工運動甚至只是扮演掩護或者配角的角色而已，難以起主導的作用。這顯示那個時代，工會運動的帶著民族無力、悲哀、可憐的一面。而這種黨政領導工會（運動）的「生產型工會」模式，要到1987年的「中國國民黨現階段勞工政策綱要」，才獲得初步的解放。在該政策綱要中，中國國民黨主張修正工會法，保障勞工組織工會的自由（即一掃1943年工會法改採強制入會的規定，回歸到自由入會），維護工會運作民主。可惜的是，一直到2010年6月23日修正通過、並且在

2011年5月1日施行前,工會法雖然其間已經過八次修正,[76]但這種政治主導工會組織之痕跡依然存在,其結果當然是工會積弱不振、工會功能不彰。這些歷史所留下來的弊病的清除,雖然在2010年6月23日修正通過的工會法獲得相當程度的矯正,但並非完全無瑕。以下即說明團結體的各種功能。

一、經濟性功能

工會的功能雖然多元(這從工會法第5條所列出的11種任務即可得知),但經濟功能卻是其最主要的功能。所謂經濟的功能,係指其係一代表會員與雇主議價的組織,經由談判勞動條件及訂定契約(主要是團體協約)的方式,達到提高會員的收入、改善其生活的目的。這是一個自我管理勞動生活(Selbstverwaltung des Arbeitslebens)的過程。此一經濟的功能,也包括立法者以法律授予工會為一定行為之權限,蓋其直接或間接都與勞動條件有關,例如本章前已提及之勞基法中的同意權。經由對於變形工時、延長工時、女性夜間工作同意權的行使,雖然雙方並未簽訂團體協約,卻增加了工會與雇主談判的籌碼,有利集體勞動條件的提升。

不過,上述條文的問題是在於:其行使同意權的效力及於工會會員及非會員。也就是工會當然代表全體勞工與雇主協商,並決定同意延長工時與否。雖然其具有企業規範一致性的考量(勞工的工作時間要統一步調),但是,此種立法方式的不當,係其顯然已逸出「工會只能代表工會會員」的集體勞工法基本理論,而強制所有勞工被工會所代表或甚至強制所有勞工成為工會會員(所謂的「強制入會」),不僅有侵害非會員消極的團結權之疑,也讓工會背負過多的權限與責任,理論上自應加以修正。[77]否則,立法者自應提出堅強的理由,並且解釋此種同意權的設計對

---

[76] 最後一次修正是在2000年7月19日修正第3條、第59條及第60條。

[77] 至於勞資會議的同意權限部分,則較無疑義,蓋勞資會議本來就是由所有勞工加入組成,其當然具有代表所有勞工的權限。類似勞基法第30條、第30條之1、第32條第1項,以及第49條第1項但書的立法方式,其主要的法律問題,是發生在與勞資會議實施辦法第13條的不相吻合上;亦即後者所規定的議事範圍並未賦予勞資會議一「同意權」。

於非會員是否已構成過度地侵害（比例原則）。[78]況且，在新修正的勞動三法中，立法者有意加強工會會員與非會員的差別待遇（團體協約法第13條參照），非會員似乎只能自求多福地爭取其在集體勞動法中的地位與權利（勞資爭議處理法第7條第2項參照），甚至朝向組織另一工會之路邁進（多元工會）（弱勢的非會員當然也能選擇依附在工會之下）。果如此，非會員更可名正言順地反抗工會的代理行使同意權，而這也顯示出勞基法中工會為非會員代行同意權之規定，與集體勞動法的規定互相牴觸。

　　雖然工會的主要功能在經濟性方面，但這並非謂其可以與雇主協商所有與經濟有關的事項，而是必須與雇主的企業經營權作一調和或受其限制。因此，工會並無權干預典型的董事會或企業經營階層的職權，故其當然無權與雇主協商所生產產品之銷售價格，及到哪裡去投資、投資什麼等。而且，工會也不得要求參與企業的經營管理。令人不解的是，行政院勞工委員會2006年10月工會法修正草案第5條第5款，卻規定「企業經營管理之參與」為工會的任務之一，而其立法理由為「基於時代變遷及工會組織發展需要」。不僅條文規定錯誤，而且立法理也令人不知其所以然。還好，2011年5月1日的工會法修正條文第5條已無該款之規定。

二、社會性功能

　　工會既是人民團體，則其除了服務其會員之外，也難免肩負一定的社會責任。尤其本身是公益性的社團，更應該教育會員認知社會責任，做好敦親睦鄰的行為。因此，一些工會常有從事社會服務之工作（清掃水溝、為低收入戶修繕房屋等），即是其功能的表現。吾人如從工會與雇主間所發生的勞資爭議（尤其是供應民生必需物品或服務者），常會損害不相干的第三人及社會大眾的利益，則其平常建立與人群的互動，應可適度地降

---

[78] 同樣的問題亦出現在大解法第4條以下之工會代表「全體」勞工與雇主協商包括大量解僱勞工人數在內的相關事項。其實，中央勞政機關早在1980年代末即已表示，「關於工會會議通過全體會員不延長工作時間，不於休假日工作及依法罷工時，對非會員是否具有約束力乙案，查工會會議之決議對非會員無拘束力。」行政院勞工委員會78年3月8日(78)台勞資一字第04654號函參照。

低批判的聲音，或者合理化所造成的不便及輕微的損害。

三、政治性功能

在今日，工會政治性的功能日益的擴張，其所具有之政治地位日益重要。除了如上所述之其與政黨之間的關係（助選、捐款、表態支持特定候選人）外，舉凡公共政策上的重要議題，尤其是與社會政策有關者，工會常會表達其意見，諸如勞動派遣之是否立法、勞健保費用之調漲、青少年打工的時薪等。其關心範圍甚至包括經濟政策、外交政策、教育政策、家庭政策、國防政策（反軍購），及人口政策（反對墮胎應以刑法處罰）等。對於執政者的施政方針，當然會有一定程度的影響。

不過，工會究不宜過度介入社會議題或政治議題，以免有害其經濟性團體的本質。可以說，工會越是花時間在複雜的社會議題或政治議題上，其越沒有時間及能力追求工會的目的。因此，即使是（縣市、直轄市及全國的）總工會無法自免於此類議題，惟其仍然是職業團體，無法被歸類為政治團體也。[79]工會尤其不宜發動政治罷工（含經濟性的政治罷工、總罷工），以迫使主管機關改變政策，或者迫使執政者下台。後者，是政治人物的工作或使命，工會只需要保持適度關心即可，不必要實際參與行動。台灣2011年5月1日施行的新工會法，其最重要的意義之一，即是將工會去除政治性的牽絆，而回歸到經濟性團體的本質。至於工會運動與民族意識及勞工的國家認同，雖然在台灣未民主化之前被強調，但是，在新工會法時代也不須要再被鼓吹，否則，與只有假象團結權保障的社會主義或共產主義國家，又有甚麼不同？

---

[79] Zöllner/Loritz/Hergenröder, Arbeitsrecht, 6. Aufl., 2008, 91ff. 雖然如此，如果勞雇團體除了約定勞動條件及經濟條件之外，也約定促進政治的條件（例如補助工會幹部或會員參加各種政治課程的訓練）與社會的條件（例如工會從事社會活動），則在能履行經濟性團體任務的前提下（尤其是協商並締結團體協約），應該也是各界所樂觀其成的。請參閱 BVerfGE 103, 293 = NZA 2001, 777 zu B 1。

四、協助立法或行政機關的功能

依據工會法第5條第4款規定，工會任務包括推動制（訂）定及修正勞工政策與法令。所謂「推動」，包括主動地提出或被動地應邀參與、或者甚至風聞而至。例如勞動派遣是否立法及如何立法，即是其可著力處之一。另外，工會代表參與基本工資審議委員會的擬定基本工資，應該也屬此處之任務。如從比較法來看，有些國家的法令規定或政治實務操作，允許工會可以參與勞工法令的制定。例如比利時的工會在中央主管機關發布或修正勞動派遣的法律時，有權參與意見。[80]另外，中國工會在勞動法規制定上，也扮演一定的角色；亦即中國工會所制定的某些條例及辦法雖然不是國家機關直接制定發布的法規，但經國家議可後，也可以發生法規的作用。例如，1985年1月18日，全國總工會書記處第63次會議通過的「工會勞動保護監督檢查員暫行條例」、「基層（車間）工會勞動保護監督檢查委員會工作條例」、「工會小組勞動保護檢查員工作條例」等。[81]另外，德國1952年1月11日公布施行的「最低勞動條件法」（das Gesetz über die Festlegung von Mindestarbeitsbedingungen v. 11.1.1952, MiArbG）第1條第2項規定，[82]則是授權工會有權優先與雇主以團體協約規定最低工資。在該行業或僱用種類（Beschäftigungsart）並不存在工會或雇主組織，或者工會或雇主組織只涵蓋部分勞工或雇主時，聯邦勞工部長始得為之設定最低的勞動條件。

五、訴訟的功能

依據民事訴訟法第40條第1項規定，有權利能力者，有當事人能力。所謂當事人能力，係指得於訴訟上為原告或被告之地位或資格而言。再依據新勞資爭議處理法第6條規定，權利事項之勞資爭議，得依本法所定之

---

[80] 楊通軒，歐盟人力派遣發展現況，收錄於：人力派遣大革命，2004年8月，頁82以下。這也是比利時工會廣泛支持勞動派遣的原因之一。

[81] 蘇衍維，兩岸勞動契約法制之比較研究，中國文化大學勞工研究所碩士論文，2001年6月，頁171。

[82] BGBl. I, S. 17.

調解、仲裁或裁決程序處理之。第6條第2項規定，法院為審理權利事項之勞資爭議，必要時應設勞工法庭。而有關權利事項之爭議，當事人也包括工會與雇主，例如團體協約所約定事項內容之疑義，工會或雇主之任何一方，均可提起確認之訴。因此，工會（含產業工會及職業工會）也具有當事人能力。[83]

又，依據民事訴訟法第45條規定，能獨立以法律行為負義務者，有訴訟能力。所謂訴訟能力，係指當事人得有效為訴訟行為或受訴訟行為之能力。工會為法人，應有訴訟能力，其訴訟行為由機關代表為之，並準用法定代理人之規定（民事訴訟法第47條規定）。

不過，有關工會在民事訴訟上之地位，其最重要的，應是：工會能夠提供給會員訴訟時何種幫助？在此，所涉及者有二，一為金錢上的補助，另一為工會以自己名義為會員進行訴訟（即工會之當事人適格）。先就前者說明之：有一些國家的工會由於財力負擔得起，能夠資助會員訴訟費用。至少能幫助工會幹部與雇主訴訟。但是，在台灣，不要說一般的會員，連工會幹部遭受雇主不當勞動行為時，在以往都可能循舊勞工訴訟輔助辦法第4條第4款之規定向勞工主管機關申請律師補助費，[84]在2011年5月1日之後，則是依據勞資爭議法律及生活費用扶助辦法第3條第2項第1款規定，申請代理酬金的扶助。這形成了一種特殊的現象。照理說，工會是個法人，是個與雇主勢均力敵的對手，不似個別勞工與雇主力量的懸殊，本應自立自強，而不應向國家申請訴訟輔助，否則，這不僅與團體協約自治的本意有所不合，也造成違反國家中立原則之疑慮。[85]

---

[83] 鄭傑夫，勞動訴訟，收錄於：勞動基準法釋義──施行二十年之回顧與展望，2009年9月，頁580。

[84] 舊勞工訴訟輔助辦法第4條第4款之規定內容為「工會理、監事及會員代表大會代表、工會發起人或籌備人遭不當解僱，經依勞資爭議處理法調解不成立者」。至於勞資爭議法律及生活費用扶助辦法第3條第2項第1款則是規定，不當勞動行為裁決委員會裁決認定雇主有不當勞動行為，雇主仍以勞工為被告提起訴訟者，得不經調解，申請第2條第1款之代理酬金的扶助。

[85] 令人好奇的是，舊勞工訴訟輔助辦法並沒有法律的授權，而是直接由行政院勞工委員會

　　至於在工會以自己名義為會員進行訴訟方面，立法者早在舊團體協約法第22條（新團體協約法第25條）中有所規定，不受民事訴訟法訴訟代理人及訴訟參加（輔助訴訟）相關規定之限制（民事訴訟法第68條以下、第58條以下）。依據舊法規定，「團體協約當事團體無須特別之委任，得為其團員提起團體協約上一切之訴訟。但以先通知本人而本人不表示反對時為限（第1項）。關於團體協約上之訴訟，團體協約當事團體之團員為被告人時，其團體亦得隨時參加訴訟（第2項）。」而此一規定，亦為2011年5月1日修正施行的新團體協約法第25條所繼續沿用，只是將一些用語更為明確化而已。只不過，此一規定，只適用於團員之「團體協約上一切訴訟」，而非及於一般的訴訟。

　　值得注意的是，最近一次修正的民事訴訟法第44條之1第1項的選定當事人制度，[86]使得工會有代表工會會員進行訴訟之權限。也就是使得工會具有部分當事人適格，可以在具體特定的訴訟，以自己名義為原告（但不得為被告），並且受為訴訟標的法律關係之本案判決也。在此，只要是在章程目的範圍內，且經選定為會員提起訴訟時，工會即得為適格的原告。至於其所提起的訴訟，應限於與勞動關係有關之訴訟，[87]勞工與雇主個人之其他契約關係所生者（例如租賃契約所生的請求修護房屋），並不在其內。這不應該因為工會法第5條規定的工會任務廣泛，而作「工會可為會員為一切訴訟」的解釋。

　　從比較法的角度來看，在1992年之後，德國北萊茵－威斯特法倫邦／布蘭登堡之「勞動契約法」專家草案，企圖維持及強化契約當事人之契約對等，給予工會監督定型化勞動契約的權限，並且明定其有團體訴訟的權

　　以命令制定施行。這在現行的勞工法規中，實在甚為少見。另外一個稀例是「勞工業務財團法人監督準則」。還好，勞工訴訟輔助辦法已在2009年4月17日廢止適用。

[86] 民事訴訟法第44條之1第1項規定，「多數有共同利益之人為同一公益社團法人之社員者，於章程所定目的範圍內，得選定該法人為選定人起訴。」

[87] 鄭傑夫，前揭文，頁582：例如工會為遭受性別歧視之勞工對雇主起訴請求以金錢賠償損害。

利（Verbandsklagerecht），以防止定型化契約條款的濫用。[88]此一工會以自己名義主動地提起訴訟，與台灣民事訴訟法第44條之1第1項之選定當事人制度尚有不同。就目前對於定型化契約之救濟，當事人固可經由訴訟程序的司法審查，以確定約款有無違反公平性、合理性或公序良俗之情形。[89]但是，有鑑於定型化勞動契約在台灣的運用日益普遍，甚至不乏濫用之情形，上述德國的規定應可作為台灣未來修法之參考。

---

[88] 楊通軒、成之約、王能君、陳正良，各國勞動契約法規制度之研究，行政院勞工委員會委託研究，2003年11月，頁109。

[89] 楊通軒，勞動關係中之合理的損害賠償，收錄於：勞資關係論文集，1999年1月，頁252以下。

第四章　團結權之內涵

第一節　積極的團結權

一、概念

　　所謂積極的團結權，係指勞工或雇主有權組織、選擇並且加入一個團結體（工會、工會聯盟、雇主聯盟）、留在團結體、在團結體內活動，以及加入另一個團結體的權利（工會法第4條第1項、第35條第1項第1款參照）。由所有已加入工會的受僱人數與全國受僱人數加總比較，即會得出工會組織率。通常，工會組織率高，代表工會的力量強大；反之，則力量微弱。一般而言，採取民主社會或社會民主體制的國家，其工會組織率並不會太高。這除了人民自由思想作祟外，又與工會能否落實任務及發揮功能息息相關。另外，據信在經濟成長率高或失業率低的時期，勞工加入工會的意願會比較高（以台灣而言，全國勞工工會組織率[1]，在1999年第4季底之前，都在40%以上。之後大體上呈現逐年下降的趨勢，到2017年第1季底為33.5%。至於「職業勞工工會組織率」則呈現較高的現象，在2011年第1季底之前，大體上在50%以上，之後也呈現下滑的趨勢，到2017年第1季底為43.1%。如係「企業及產業勞工工會組織率」，其下滑趨勢更是驚人。在2003年第3季底之前，大體上維持在20%以上，而後，一直到2011年第1季底之前，大體上為10%以上。之後，截至2017年第1季底止，始終呈現維持在7%的現象。如再以德國而言，工會組織率在1994年為27%，之後逐年下降，最低點來到2006年的18%，而後呈現逐年緩步上升的局面，2012年已經來到20.6%。至於2013年的統計數字，一般認為係持續向上的趨勢。約在同一時期，德國自2010年起至2013年止，工會罷工的日數即呈現向上／增加的趨勢。以整年統計數字觀之，2010年有28,000

---

[1] 綜合「企業及產業勞工工會組織率」及「職業勞工工會組織率」兩項的平均。

罷工日數，2011年為72,000日，2012年為94,000日，到2013年已經增加到160,000日）。此一積極的團結權，是過去數百年勞工運動所亟力爭取者，因此也是憲法有關團結自由權之規定首先欲保障者。惟此一保障首先會受到單一工會的箝制。而無論是積極團結權或消極團結權、甚至工會的團結權，其在私法上均為一般人格權的特殊具體化表現（台灣民法第195條第1項之「其他人格法益」）（Günther Wiese, Individuum und Kollektiv im Recht der Koalitionen, ZfA 2008, 317, 325）。而既然是人格權，則其受到侵害時，勞工、工會或雇主均得請求法院除去其侵害；有受侵害之虞時，得請求防止之（民法第18條第1項）。另外，亦得請求侵權行為的損害賠償。

　　此一積極團結權之保障，目的是在於免除受到國家、公權力機關、政黨、宗教，以及任何私人的侵害。而且，理論上，勞工單純地組織工會，並不會侵害他人的權利或地位，故不需要加以限制。只不過，台灣過去實務的判決，卻有採取反對的見解者；亦即依據最高行政法院79年度判字第2014號判決，「工會法第4條限制特定職業之行政、教育事業，及軍火工業之員工不得組織工會，乃係維持政府正常之行政機能，及教育事業、軍火工業等不受內部紛爭影響，動搖國本所設立之規定，為維持社會秩序必要者」。此一判決之不當，是其誤以為只要組工會，就有可能影響到社會的秩序。而且，也忘記了各利益團體為自己爭取權利，也是公民社會下的一個常態，全體國民應該學習忍受或將之習以為常。

　　其後，經由1995年司法院大法官會議釋字第373號解釋文的出現，上述最高行政法院判決的見解已無存在的餘地，蓋大法官認為「從事各種職業的勞動者，為改善勞動條件，增進其社會及經濟地位，得組織工會，乃現代法治國家普遍承認之勞工基本權利。」而在2011年5月1日修正施行的工會法第4條第1項規定，「勞工均有組織及加入工會之權利。」其不僅是積極團結權的規定，也是自由入會的具體表現。論者間有執新工會法第7條之規定，「依前條第1項第1款組織之企業工會，其勞工應加入工會。」而主張台灣仍是採取（柔性的）強制入會的制度云云，實未能從體系上全盤了解新工會法的規定與精神，本書以為並不可採。不過，其實論者間早

有主張自由入會是分化、瓦解、消弭工會代表性與正當性的策略者（謝國雄，頁281）。這也反映著在自由入會之下，會直接地影響工會的組織率。一般而言，採取自由入會的國家，其工會的組織率通常都不高。

二、內容及案例類型

（一）組織一新的團結體

原則上，勞工有組織工會之自由。但是，如果倡議組織一新工會者，目前仍然具有工會成員之身分，則基於保障原工會本身的團結權，該組織新工會之欲望並不當然受到優先保障，兩者間必須取得一個平衡。這也表示一個工會當得對於其會員組織或加入其他工會之行為，採取諸如除名或停權等方式的懲戒。但是，假設其容許會員再擁有其他工會的會籍，而且其他工會也未採取除名之懲戒者，即會形成多元工會下、一個勞工同時擁有多個工會會籍之情況。多元工會均得代表其進行團體協商或其他爭取權益之行為。進而言之，其實，雖然一個勞工已經擁有某一工會的會籍（甚至主觀上也無轉換到別的工會的打算），其他競爭的工會仍然得對之進行招募之行為。在進行會員爭奪戰時，通常較大型的工會較具優勢，但也有可能擁有關鍵性位置員工（例如火車司機、飛機的機師）的小型工會，會比只擁有一般性位置員工（例如隨車服務員、在餐車服務之人員、處理行李載運之人員等）的大型工會，較具招募會員之優勢。有問題的是，假設同一勞工所屬的多個工會均已完成團體協商締結團體協約，則其究應獲得多個團體協約的保障？或者只得適用其中之一？對此，本書以為由於雇主均為同一人，自然無令其（對於同一勞工）負擔多次團體協約條款適用之理，因此，似應適用團體協約法第4條特殊性原則，以其職務種類較為特殊之團體協約為準。或者依據第4條下半段之人數適用範圍較大之團體協約（類似的情況，行政院勞工委員會78年2月17日(78)台勞資二字第03796號函：產業工會聯合會之會員工會與所在事業單位簽訂之團體協約，自應受該聯合會與事業單位所簽訂團體協約之約束）。

又，假設工會與雇主間訂定一組織條款或團體協約排除條款（Organisations-und Tarifausschlußklauseln），以阻止雇主僱用不具工會會員身分

的勞工〔團體協約法第14條規定之「封閉工廠」（closed shop）條款〕或
其他工會會員的勞工，或者阻止雇主給予團體協約所約定的勞動條件（團
體協約法第13條參照），則該條款因侵害勞工的團結權而無效。這是因為
其對於勞工組織或加入其他工會的欲望，造成不利的影響。[2]

(二) 接納入團結體

　　工會係一封閉性的公益社團法人（行政院勞工委員會101年7月17日勞
資1字第1010071383號函參照），其是否接納一勞工加入，原則上適用章程
自治原則（Prinzip der Satzungsautonomie），工會可以依據自己的考量，設
定加入或留在其工會或出會之條件（工會法第12條第7款、第26條第5款參
照）。例如其規定試用期滿後之勞工始得申請加入工會，應屬合法之舉。
因為。試用期間的勞動關係並未有解僱保護的適用。惟，職業工會章程規
定會員兩次不參加勞工安全衛生教育訓練，即取消其會員資格。此一規定
似有違反比例原則之疑慮（部分不同意見說，行政院勞工委員會82年4月12
日(82)台勞資一字第16614號函參照）。至於勞工申請加入的手續，只要填
寫入會申請單即可，無需特別的程序（申請進入工會與申請進入政黨並不
相同，無需一宣誓效忠的程序。這也與要申請加入歷史悠久、而又帶有點
秘密組織色彩的「石匠工會Freimaurerei」／即共濟會，不同）。一旦接獲
申請書，工會即應進行審查入會程序，不得置之不顧，否則將會發生「勞
勞爭議」，申請入會勞工得要求勞工主管機關介入處理。原則上，勞工並
無一入會請求權（ein allgemeiner Aufnahmeanspruch），例外地，在工會施行
廣泛的入會閉鎖（generelle Aufnahmesperre）或工會具有獨占或壟斷地位時
〔此尤其在德國工會聯盟係採取「工業聯盟原則」時，亦為如此〕，勞工
即有一入會請求權。台灣在舊工會法時代因為施行單一工會，所以勞工本
應有入會請求權。但因又採取強制入會，反而侵害了勞工的消極團結權。[3]
但在2011年5月1日工會法修正施行之後，依據第6條第1項第1款及第9條第

---

[2] 反對說，勞資雙贏聖經，1999年7月，頁44：認為在勞動法理上，通說認為封閉式工廠
　條款是強化勞工組織工會的手段，符合憲法保障勞動基本權的本意。

[3] 同說，劉志鵬，勞動法解讀，1998年，頁126最後一段。

1項與第2項之規定，各企業工會及直轄市或縣市內之同種類職業工會，仍然採取單一工會制度（令人疑惑的是，在行政院勞工委員會不當勞動行為勞裁字第1號裁決決定書中，裁決委員會認為「會有一個企業內有2個以上工會並存之情形」，此一見解似乎與工會法第9條第1項規定不合，至少是用語不夠精確），則勞工擁有入會請求權。這裡主要是考量該工會在經濟的與社會的領域，擁有絕對優勢的權力地位（會務假、會務場所的使用），惟也兼及於勞工加入該工會後，所能享有的經濟利益，例如可以獲得爭議的輔助、福利的提升等（工會法第5條參照），甚至還可請領罷工基金。所以，在接獲勞工申請入會案後，除非符合其所設定的限制入會條件外，工會即應依章程所規定的審核入會的時間，加以審核完畢，否則，勞工即可向當地勞工主管機關陳情或申訴，請求主管機關介入處理，工會亦可能受到工會法第43條規定之警告或限期改善處分（101年勞裁字第19號裁決決定書參照）。只有產業工會、區域性的或全國性的工會聯合組織，由於其採多元工會制度，勞工即無入會請求權。而無論是企業工會、產業工會、職業工會，一旦是多元工會的情況，雇主或雇主團體即可分別與各個工會協商不同的勞動條件，無所謂差別待遇之問題（兄弟爬山、各自努力）。假設雇主（團體）或工會（團體）基於團體協商政策上或組織政策上的考量，希望獲取一致性的團體協約內容時，即可與複數的工會或雇主同時進行團體協商程序（團體協約法第6條第4項參照）。惟基於團體協約自治之精神，理論上勞雇雙方得自由決定是分開協商或進行一次性的協商（意見略有不同者，行政院勞工委員會101年8月10日勞資2字第1010126626號函參照）。就現行團體協約法第6條第4項規定觀之，所謂「他方得要求推選協商代表；無法產生協商代表時，依會員人數比例分配產生。」即是符合團體協約自治的要求，蓋只有在勞雇之任何一方要求與複數的他方進行一次性的協商時，才會出現協商代表如何產生之問題。況且，一旦雙方協商有成，由於至少有一方是複數，所以，雙方可以簽訂一個適用於所有團體協商當事人之團體協約；惟也可簽訂數個團體協約，至於其內容得完全相同、或部分相同、或甚至完全不同，完全依其需要而定。由此觀之，其與（禁止）差別待遇尚有不同。

　　其次,雖然個別勞工團結權應優先於工會集體團結權,而獲得保障,但這並非表示工會不得設置一些入會限制,只是,其入會條件之限制不得違反平等待遇原則;亦即不得以種族、宗教、政治信仰為由,而拒絕入會。[4]但勞工如參與左派或右派激進團體的活動,因其追求違反憲法之目的,與其擔任工會成員的身分不合,工會即可於章程中或以作成決議的方式,拒絕勞工入會(參照已刪除的台灣人民團體法第2條)。另外,如果勞工已具有競爭團體成員的身分,因其有可能從事不忠於工會的行為,工會亦可在章程中明定拒絕其入會。再者,章程排除的對象,還包括加入敵視工會的政黨的勞工或曾經加入該政黨,但退黨後仍然奉行該政黨之宗旨者。又,對於被除名的會員,工會自然得拒絕其再申請入會。有問題的是,工會可否排除部分工時勞工之入會?這是因為工會憂慮非典型工作者會導致全時工作者的勞動條件降低,甚至導致其被解僱,所採取的反抗措施,屬於組織政策上的考量(但是,這並不表示工會得排除定期契約勞工的申請入會)。另外,工會一旦同意納入部分時間工作者,馬上會面臨下一個問題:在代表權上,部分時間工作者(例如每日工作4小時者)的選舉權是與全時工作票票等值?還是依比例計算?例如上例的每日工作4小時者,只有「半票」選舉權,如果是每日只工作2小時者,更是只有(四分之一票)的選舉權?或者說選舉權的多少也是依據章程自治原則處理?此一問題會涉及權力的分配及代表權的正當性問題,如以公平合理原則觀之,似乎應依比例計算代表權及選舉權,[5]不宜依據章程自治原則處理。雖然如此,此一代表權及選舉權問題的解決,或許仍無法改變工會對於部分時間工作者所可能導致勞動條件降低的疑慮,因此,似乎宜讓工會依據章程自治原則自行決定部分時間工作者的入會條件(含拒絕其入會)。

4　劉志鵬,勞動法解讀,頁126稱此為「法律限制」。

5　另外,可以思考也是按照比例計算者,有大量解僱勞工保護法中第2條之人數;亦即以8小時當作一個人計算,因此,如果每日只工作2小時者,只能換算成四分之一個勞工。如此計算,始能不偏於雇主或勞工。至於勞基法中的特別休假、工資也是按照比例計算。雖然如此,有關勞工保護法之規定,原則上並不區分工作時間的多少,而均有其適用。

(三)排除出團結體（除名）

　　勞工一旦加入工會，除了因其離職或已不從事本業工作而自動喪失會員資格（內政部70年1月23日台內勞字第6093號函、台灣新北地方法院104年度訴字第1289號判決參照）或職業工會會員因多次或長期未繳交勞保保險費以致經所屬工會除名退會（行政院勞工委員會86年4月7日(86)台勞保一字第013581號函參照）外，其行為即必須遵守工會所訂的紀律規範，這正有如勞工受制於雇主的工作規則一樣。也就是說，工會擁有對於其會員的獎勵及懲戒權。惟工會的行使獎勵權，固不應過賞或不賞，至於其懲戒權的施行，同樣也應遵守比例原則及罪刑法定等原則（因此，以工會會員兩次拒絕參加勞工安全衛生教育為由，而予以取消會員資格，似乎已違反比例原則。蓋不問會員有無不參加訓練的正當理由，兩次未參加似尚難謂已達嚴重而無法改正之程度。不同意見說，行政院勞工委員會82年4月12日(82)台勞資一字第16614號函參照）。在此，工會恪遵孫子兵法所言「數賞者，窘也；數罰者，困也。」（行軍篇）的道理。同樣地，在凝聚會員的共同意志與行動上，工會亦應深知「卒未親附而罰之，則不服；卒已親附而罰不行，則不可用也。」（行軍篇）的要求，切記帶人要帶心，讓會員心悅誠服。設如章程所定之入會或留會的條件不再具備，工會即可以該會員嚴重違反工會宗旨的行為而將該會員排除在外，例如加入「主張共產主義或分裂國土」（集遊法第4條）的政黨或與工會敵對的政黨為會員。此處的「主張共產主義」，包括設立及參加此類主張之政黨或團體，且其地域不僅指在台灣，也兼及加入中國共產黨而言。至於該政黨或團體是否活躍，則非重點。在此，雖然司法院大法官會議釋字第644號以保障結社自由及言論自由，而宣布舊人民團體法第2條「人民團體之組織與活動，不得主張共產主義，或分裂國土。」因違反憲法第23條比例原則而無效。但其只是從申請設立許可的角度出發而已，並非謂人民團體得毫不受限地組織或推動與共產主義有關的活動。這也是集會遊行法第4條繼續保留下來的緣由。又如會員對於工會有違反忠誠之行為或污衊工會

或工會幹部或工會會員之行為、而且有具體明顯之事證時，亦得將之排除在外。這也是工會懲戒權之表現。此種內部規範的權力，也是工會集體基本權的一部分，具有凝聚所有會員一致向外的功能。針對該工會會員之行為，工會甚至得向之請求損害賠償。惟如果是可歸責於工會本身之事由，例如其具有破產或其他的解散事由時（工會法第37條參照），其即不得排除會員。同樣地，工會的幹部（理監事）或會員對於其他會員有實施暴行或重大侮辱之行為時，自然亦不得將受害的會員排除於工會之外。至於是否可以因勞工從事與工會競爭之行為，即將之排除在外？例如勞工違反工會的意志，自行參與勞資會議勞工代表之選舉，惟在競選過程中並未發表與工會敵對之意見？對此，依據2014年4月14日修正公布施行的勞資會議實施辦法第5條第1項規定，仍然係於工會會員大會或會員代表大會中選舉之。惟如事業單位無工會者，則由全體勞工直接選舉之（第2項）。亦即：依據勞資會議實施辦法第5條第1項規定，「勞資會議之勞方代表，事業單位有結合同一事業單位勞工組織之企業工會者，於該工會會員或會員代表大會選舉之；事業場所有結合同一廠場勞工組織之企業工會者，由該工會會員或會員代表大會選舉之。」似乎已排除勞工自行參選的可能性。不過，本文以為勞資會議是代表所有勞工的利益，一旦勞工入廠工作即自然而然地成為被代表的一份子，無須提出申請。與工會的本質不同，也與想成為工會會員應經過的程序不同。工會理應無權獨占勞資會議的勞方代表。否則，想要競選代表的人都必須先加入工會，難免會侵害勞工消極的團結權。因此，本書以為勞資會議實施辦法第5條第1項的規定，因牴觸勞工消極的團結權而無效。勞工自然可以參選勞方的代表。不過，工會的集體團結權亦受保障，其亦可推派自己的人員參選，並不因勞資會議實施辦法第5條係違憲的規定而受影響。也因此，工會自可將不遵守其（推派特定人員參選的）決議而又自行參選的勞工除名。[6]在此，並不問該自行參

---

[6]　德國聯邦憲法法院1999年2月24日的判決也採取同樣的見解。

選的會員有無（對於工會）不實的指控或過於激烈的言論，而有所不同。此處顯示出：工會團結權之保障，要優先於勞工個別團結權之保障。附帶一言者，依據2014年4月14日勞資會議實施辦法第5條第3項規定，「第1項勞方代表選舉，事業單位或其事業場所應於勞方代表任期屆滿前90日通知工會辦理選舉，工會受其通知辦理選舉之日起30日內未完成選舉者，事業單位應自行辦理及完成勞方代表之選舉。」此一規定似有疑問，蓋既然工會獨占選舉勞資會議勞方代表之權，即應由其全權負成敗之責，怎麼會變成雇主／事業單位有通知工會辦理選舉、甚至要代理工會辦理選舉之義務？雇主如果不通知或不辦理選是否會受到行政制裁？勞動部似有不依法行政加以雇主責任之違法疑慮。再撇掉雇主有無淪入不當勞動行為（工會法第35條第1項第5款）之疑慮不說，工會對於雇主的所作所為領情嗎？如其不接受呢？再燃起另一個勞資爭議？

　　倒是，在實務上較常發生的，是會員未能依規定繳納經常會費之問題。對此，如會員經常地或長期地未履行繳費之義務，工會固可在比例原則下，遵照經會員大會或代表大會所議決之停權或除名規定（包括條件及處理程序。工會法施行細則第11條第1項參照），而對之進行停權或除名等處分（具有代表性的判決，請參照台灣高等法院103年度上字第1229號判決）。對於申請復權之會員，工會本於工會自主原則，亦可要求一次繳清積欠之會費及加徵百分之十滯納金。在此，會員由於遭受停權處分，其擔任上級工會會員代表資格或擔任總工會之各種職務亦一併喪失或解職（不同意解職處分者，行政院勞工委員會85年2月16日(85)台勞資一字第105612號函及83年1月12日(83)台勞資一字第80766號函參照）。

　　另外，將工會會員除名之行為，不可違反平等待遇原則（具有代表性的判決，請參照台灣高等法院106年度上字第591號判決），也不可明顯地違反公平正義。因此，如果工會所帶領之罷工是違法時，會員之拒絕參

與罷工〔破壞罷工者〕，並不構成除名之理由。[7]再一言者，除了比例原則、罪刑法定原則及禁止歧視原則外，工會對於會員的停權或除名處分，是否應該本於正當法律程序之原則，給予被處分人充分之程序保障，令其有最後陳述之機會？對此，司法院大法官會議釋字第396號解釋及第491號解釋固然持肯定之看法，惟其是針對公務（人）員身分權之得、喪、變更等事項，基於特殊權利之保障而來，其與本件工會會員身分之得、喪、變更並不相同，況且，對於其他人民團體會員身分之得、喪、變更恐亦無程序上之保障。故本書基於工會自主原則，認為只要工會會員代會或會員代表大會、或章程已議決或規定會員停權或除名之條件及處理程序，即屬合法。（工會法施行細則第11條第1項、最高法院105年度台上字第1334號判決參照。不同意見說，勞動部103年2月5日勞資1字第1030125098號函參照）。雖然如此，2017年1月1日修正施行的工會法第26條第3項已明定程序上的保障，故當以該規定為準。

　　最後，有問題的是，針對被雇主終止勞動契約之工會會員，如其已依法申請調解、仲裁、裁決，或已提起確認僱傭關係存在之訴，則其是否已自動喪失會員身分？或者仍然保有會員身分？對此，中央勞政機關函釋認為根據工會法第12條第7款「工會章程應載明會員入會、出會、停權及除名」規定，工會得於工會章程規定，或依工會法第26條第1項第11款規定，經會員大會或會員代表大會之議決，保留該勞工工會會員資格（行政院勞工委員會102年7月15日勞資1字第1020126343號令參照）。對於上述中央勞政機關見解，在結論上固然尚屬可採，然其理由卻未盡正確。蓋在勞工未（被）合法終止契約前，勞雇雙方即仍然存在勞動關係，故與勞動關係連動的工會會員身分，自然不會受到影響。此與勞工保險條例第72條之申報退保及其後的損害賠償責任，其處理方式並不一樣。因此，真正的問題是：工會得否於章程規定，或經會員大會或會員代表大會之議決，取消或除去該勞工工會會員資格？而非保留該勞工工會會員資格。此處也不

---

[7]　BGH v.19.1.1978, EzA Art. 9 GG Arbeitskampf Nr. 21 m. Anm. Seiter u. SAE 1980, 18 m. Anm. Konzen.

存在保留工會會員資格身分的勞工，是否為贊助會員或權利義務異於其他工會會員之問題。

(四)繼續留在團結體

雇主對於工會會員所採取之「選擇性的鎖廠」（selektive Aussper-rung），侵害了會員留在工會內的積極的團結權。因為，雇主之所以採取此一爭議措施，是希望確保非工會會員的工資收入，以便間接地迫使工會會員退出工會。此種差別對待的措施，並未具有事實上的理由，因此，侵害了工會會員及工會本身的團結權。問題是：雇主已加入雇主聯盟，而廠場工會或企業工會對於該雇主罷工，以爭取訂定一廠場團體協約或「公司團體協約」，是否侵害了雇主積極的團結權？對於，本文以為原則上不會，除非工會罷工之目的是在迫使雇主退出雇主聯盟。

另外，雇主與非工會會員約定以勞動契約引用團體協約之內容，使得非會員〔搭便車的人（Tritt-Brett-Fahrer）或吸血鬼（Schmarotzer）〕也可以享受團體協約的內容條件，此應無侵害到會員積極的團結權。同理，雇主與非會員只是參考團體協約之工資或其他勞動條件而提升勞動條件，或者只是將團體協約之條件作為最低的調整幅度，均未侵害積極的團結權。然而，須注意者，隨著2011年5月1日新團體協約法第13條規定的施行，搭便車的可能性已被嚴重擠壓或排除。其係採取「原則上使用者付費、例外有正當理由時始可搭便車」的立法方式。接下來，往後如果雇主欲給非會員協商的條件，那要趕在團體協約簽訂之前，或者轉換成其他形式的好處，或者給非會員較會員為低的協商條件始可。

(五)會員依據章程的權利與義務，工會的廣告

工會會員依據章程所定的權利與義務，亦為憲法團結權所保障。包括為工會散發文宣品及進行宣傳，尤其是勞資會議代表選舉之宣傳。參加集會、發表演說亦作同樣處理，至於從事政治活動，應不在保障之內。[8]

至於廠場中具有工會會員資格之勞工，在上班時散發工會的宣傳資料

---

[8] 請參閱劉志鵬，勞動法解讀，頁138以下。

之行為，是否為憲法團結權所保障？原則上應該採取否定的見解，因為該
散發資料之行為本來即可在下班後為之，也不會有違反勞動契約義務之疑
慮（即便是在上班中只散發工會報紙給會員，也不可以）。但是，須注意
者，德國聯邦憲法法院1995年11月14日之判決則是採取肯定之見解。[9]至
於將工會的標章黏貼在雇主所有的安全帽上，也不可以。另外，在台灣，
隨著新工會法第35條不當勞動行為規定的施行，其中第5款規定「不當影
響、妨礙或限制工會之成立、組織或活動」，用語模糊不清、解釋空間極
大，而新工會法施行細則中並未加以定義（實際上恐怕也難以定義清楚。
例如，雇主所進行的防禦性鎖廠是否為不當勞動行為？財務支援？提供
會務場所？又，在2018年第4季底，台灣有近10萬（98,512，其中，公營
1,134，民營97,378）家勞資會議，假設雇主引用勞資會議實施辦法第13
條二（二）規定，在勞資會議中討論勞動條件事項，則是否已構成該條款
之不當勞動行為？而且，如將施行細則第30條第1項「其他不利之待遇」
的定義，運用於工會法第35條第1項第5款規定，似乎亦無不通之處），以
致於雇主如禁止工會在上班時間進行宣傳及招攬會員活動，有可能被依工
會法第35條第1項第5款規定處理。這是本書所不贊成者。以裁決委員會
2011年9月30日勞裁(100)字第3號裁決決定書為例，針對相對人阻撓申請
人召開工會會員大會的爭議，不當勞動行為裁決委員會認定相對人已該當
工會法第35條第1項第5款之不當影響、妨礙或限制工會之活動。並且認
為申請人在（相對人全台96家分行）上班時間宣導工會會務發放文宣，而
相對人的雇員收走文宣之行為，「難認非相對人所發動或指使」。言下之
意，該收走文宣之行為，已該當工會法第35條第1項第5款之規定。對此，
本書認為該認定實有待商榷，蓋雇主本無需提供上班時間給工會從事工會
活動，即可以禁止工會幹部進廠推動會務。

　　試再舉一是否為工會法第35條第1項第5款規定之疑例。在台灣高等
法院95年度上字第643號民事判決（華僑商業銀行股份有限公司產業工會

---

[9] BVerfG v. 4.7.1995, JZ 1995, 1169 ff. = BVerfGE 92, 365 ff.

案）中，上訴人（華僑商業銀行股份有限公司產業工會）之原理事長李英忠於95年3月3日以工會理事長名義，對各會員代表寄發臨時會員代表大會召集通知。惟訴外人華僑銀行卻於95年3月13日發布李××之人事命令，調升李××為人力資源處副處長（工會法第35條第1項第1款明定為「調降」）。此一調升職務的行為，與工會章程第7條之規定，「凡服務於華僑銀行，年滿16歲以上之行員，除各部處主管及分行經理以上之人員、人力資源處副主管及考核科長外，均有加入本會成為會員之資格。」究竟有何關聯？是否應認為李××調升為人力資源處副處長後，代表資方行使人事管理權，其即應喪失工會會員與理事長資格？雇主的行為是否該當干涉上訴人事務的不當勞動行為？對此，台灣高等法院並未加以論究，判決理由反而集中於李××是否已喪失會員資格。其認為：系爭章程第7條之規定，係在闡述成為會員應具之資格，惟並未規定成為會員後，一旦職務有所變動，即喪失會員之資格。且華僑銀行於95年3月13日發布其人事命令，但李××卻是於同年4月14日始就任新職，是其會員資格於其就任新職前並未變動。本書以為該法院判決見解值得商榷，蓋該人事命令的生效期應該為95年3月13日（台灣高等法院96年度上字第358號民事判決參照），而且，工會的純粹性觀之，工會理事長一旦接受升遷（無論雇主是否故意調升），擔任僱方行使管理權之人員，即已喪失會員之資格，這也是新工會法第14條本文的立法原意。反面言之，勞工擔任工會幹部期間是否仍得照常升遷？或者「留職停升」？雇主不予升遷是否為不當勞動行為？（對於雇主未給予工會幹部加薪之舉動，最高行政法院106年度判字第165號判決在綜合考量各種因素後，認為雇主並非針對性打壓工會幹部之不當勞動行為）

第二節　消極的團結權

問題 1

　　工會章程可否為如下之規定？有效否？(1)會員退會之申請，應經理事會或會員大會或會員代表大會同意（工會法第12條第7款參照）；(2)在罷工期間，會員不得退會；(3)退會應以書面提出；(4)退會應經6個月的預告期間；(5)退會前應繳清所積欠之相關費用（尤其是經常會費）；(6)退會者應捐獻一筆費用以作為補／賠償工會之用。[10]

問題 2

　　團體協約可否為如下之約定？有效否？(1)雇主只能僱用工會會員，而且新受僱的勞工必須受僱前加入工會〔所謂「封閉工廠」〕？(2)雇主可以僱用任何人，但新進勞工如非工會會員者，應在30日內或在試用期間屆滿後加入工會〔所謂「工會工廠」（union shop）〕？(3)雇主可以僱用任何人，但雇主如欲將團體協約勞動條件適用至非會員身上時，非會員必須繳交一定之費用給工會始可〔所謂「代理工廠」（agency shop）〕？(4)雇主應將團體協約有效期間喪失會員身分之人解僱（所謂「維持會員身分條款」）？(5)雇主應代替工會直接從會員薪資中扣取工會會費〔所謂「代扣會費」（check-off）條款〕？

---

[10] 劉志鵬，勞動法解讀，頁130。

問題 3

　　未加入雇主聯盟之雇主，可否被工會聯盟作為罷工對象？或者，其可否參與雇主聯盟對於工會聯盟或個別工會的鎖廠行動〔所謂非會員的符合團結體的行動權（koalitionsmäßige Betätigung Außenseiters）〕？亦即未加入聯盟的雇主與聯盟間是否成立一基本法第9條第3項之「團結體」（Vereinigung）？雙方間是否存在一爭議聯盟（Kampfbündnis）的關係？[11]

一、概念

　　所謂消極的團結權，係指個別的勞工或雇主不組織團結體、不加入團結體，或退出團結體之權利；同樣地，也包括個別工會或個別雇主團體，不與其他工會或雇主團體結合為一（更大的）團結體之權利；其係積極團結權的一體兩面（人民有信仰之自由，當然也有不信仰之自由；有遷徙之自由，當然也有不遷徙之自由），德國工會一向作此主張。此種權利是為了對抗來自於同一方的不當或不法侵害，也引申出：團結權不是只有在保護社會自治當事人（soziale Gegenspieler）間的關係而已。[12]所以，不問會員人數是否足夠（工會法第37條第1項第2款參照），會員大會或會員代表大會當然得議決解散，蓋這也是消極團結權的表現。就此看來，消極團結權並無法符合「工會為改善及促進勞工之勞動條件與經濟條件」之定義。有問題的是，工會法第6條第1項第1款「同一事業單位、依公司法所定具有控制與從屬關係之企業、依金融控股公司法所定金融控股公司與子公司內之勞工，所組織之工會。」有無涉及強制入會之問題？也就是說，廠場工會被迫與其他（數個）廠場工會結合成一事業單位工會、依公司法

---

[11] 對此一問題，德國聯邦憲法法院1991年6月21日判決採肯定說。但對該判決，Horst Konzen教授則認為判決理由未具有說服力（tragend），但在未被廢棄或撤銷前，仍應承認其效力。

[12] Seiter, Streikrecht und Aussperrungsrecht, 1975, 105.

所定從屬關係之企業所成立工會被迫與具有控制關係之企業工會結合成一工會、依金融控股公司法所定子公司所成立之工會被迫與金融控股公司工會結合為一工會？對此，本書以為應區分如下說明：一者，由該款用語觀之，其係在原始的廠場工會之外，集合有意願加入工會者，再成立一事業單位工會、依公司所成立之關係企業工會、依金融控股公司法所成立之金融控股公司工會。故係「各」企業工會獨立存在運作，且互不相隸屬。其並非多元工會的規定；二者，雖然如此，該款亦不排除結合所有廠場工會成立一事業單位工會、依公司法所定從屬關係之企業與關係企業工會結合成一工會、依金融控股公司法所定子公司所成立之工會與金融控股公司工會結合為一工會之情形。只是，立法者所新設的企業工會類型，其規範政策上的目的，是從工會多元化的角度，希望提供給勞工較多的選擇，以達到工會組織力量強大之目的（所謂「產業工會化的企業工會」），而非在藉此強制其結合，故其仍係一自由結社之規定，完全依各個工會的意思而定。因此，工會法第6條第1項第1款並非強制結合工會之規定。

消極的團結權係個別勞工或雇主向其團體主張有一遠離權（或稱「保持距離權」），其在憲法上亦屬於防禦權的一環。故其仍具有第三人效力[13]。有關消極團結權的憲法上的依據，早就有學者認為消極的團結權僅為憲法第22條之一般自由的保障而已。甚至，也有少數學說認為消極的團結權並不為憲法所保障。無論如何，本文前面已主張積極團結權的憲法根據是在第22條，則消極的團結權亦應作相同對待。倒是，司法院大法官會議釋字第373號解釋，係依據憲法第14條及第153條肯定教育事業技工工友的組織工會權，其係從積極團結權的角度出發。至於其是否亦包括消極團結權？對此，由於其並非釋憲聲請人的釋憲對象，故大法官並未在該號解釋中表達其立場。值得注意的是，最高行政法院103年判字第101號判決援引公民與政治權利公約及經濟社會文化權利公約之結社自由（俗稱「兩公約」）之規定，而認為強制入會的規定無效。本書以為：即使是柔性的

---

[13] 反對說，Gamillscheg, Die Grundrechte im Arbeitsrecht, 1989, 102。

強制入會，同樣違反兩公約的規定[14]。（其實，中央勞政機關早在1990年代初，即已引用勞基法第11條及第12條，認為應優先保障勞工的工作權。亦即：本案縱令勞資雙方約定「公司員工依本會章程之規定應為工會之會員，然經工會依章程除名之會員，公司不得任用」，如雇主於勞工經工會依章程除名時，即據以終止勞動契約，於法仍有未合。行政院勞工委員會81年8月22日(81)台勞資一字第25600號函參照。本書以為此一號函釋的結論固然可採，惟正確的理由，係該強制入會的約定違反憲法第22條或第14條之結社自由。）

　　就消極團結權的起源來看，其是從自由主義的思想而來。與之相對者為強制主義的思想，例如公法上的團體：醫師公會、律師公會（以及教師會）等。緣德國北德聯盟工廠法第152條第2項及第153條之規定，係植基於自由主義的思想，蓋其賦予個別勞工在對抗團結體壓力時，仍有其決定的自由。依據第153條之規定，團結體對於個別勞工的壓力行為，均應以刑罰加以制裁。其立法目的，係在確保自由不受到權利濫用、脅迫及暴力的不當影響。雖然如此，過分地強調個人自由的保護，造成了如下的困境：團結體在法律上已無可能強迫爭議行為的參與人或聯盟的成員要遵守決議或要進行一團結一致的舉動。[15]因此，為避免產生如此之困境，工會章程當可規定在罷工期間，會員不得退會（問題一、(2)）。

　　也因此，自應賦予工會施加給非會員壓力，以促成其加入工會的權力，也藉此適度減少非會員坐享團體協商果實之情況。如此一來，消極的團結權的實際意義，主要是展現在非工會會員在面臨「不具社會相當性的（不符合由社會通念審視的比例原則的）」直接的或間接的強制入會的「壓力」（sozialinadäquat Druck）時；亦即，消極的團結權可以對於團體協約的約定，予以限制〔例如差別待遇條款（Differenzier-

---

[14] 行文至此，令人不解的是：兩公約的倡議者多在談論教師不得組織企業工會及不得罷工違反兩公約，為何少有人將目光投注於（柔性的）強制入會也同樣牴觸兩公約？這是見樹不見林？

[15] Seiter, a.a.O., 55 f.

ungsklauseln）〕。在此，必須平衡地考量個別勞工與工會本身或者個別雇主與雇主團體的利益。因此，聯邦勞工法院大法庭說：消極團結權並不意味著破壞罷工者可以獲得憲法上的絕對保障。[16]

承上，權衡消極的團結權與積極的團結權利益的平衡，其最大的困難，是發生在聯盟的成員對抗聯盟拒絕參加爭議行為時（惟，同樣地，也會發生在：成員得否以消極團結權為由，而拒絕參與團體協商？團體協約法第8條第2項參照）。一方面，由於參加爭議與否對於成員有相當嚴重的影響，自然應該讓該成員自行決定。另一方面，聯盟為了確保爭議的果實，應該擁有內部的手段以督促成員加入爭議。因此，至少對於共同形成爭議的意思決定，且獲得聯盟財政上的支援者，聯盟可以對之施以懲戒（Verbandsstrafe）。相對的，作為限制爭議自由的平衡物，聯盟成員可以退出該聯盟。只是，為免干擾工會及會員的進行爭議行為，聯盟成員並不得在罷工或鎖廠期間退會（問題一、(2)）。即其應在開始罷工或鎖廠之前申請或完成退會手續。

就實際例子來看，依據通說，罷工糾察線對於想要入廠工作的勞工，只能好言好語規勸（Üeberreden）而已，而不可以使用暴力阻止（行政院勞工委員會101年8月20日勞資3字第1010126744號函參照）。如果工會罷工的目的，是在於要求雇主解僱「破壞罷工者」，則是侵害了該勞工的消極的團結權。

又，消極的團結權除應與積極的團結權作利益的平衡考量外，也必須加入勞工保護法的思考。亦即當一個國家的勞工保護法趨於弱勢時（低度立法），即應適度強化非會員加入工會的要求，以（在理論上能）適度強化工會的力量。反之，如果一個國家的勞工保護法已經相對完備或繁密時（高度立法），即應肯定非會員消極團結權的主張。本書以為台灣現況應屬於後者。

---

[16] BAGE (GS) 20, 175 (224). 另外，歐洲人權法院對於消極團結權也有表示意見，EGMR v. 2.6.2016, AuR 2016, 512 ff. mit Anmk. Gabiele Buchholz/Johannes Heuschmid.

二、立法上的侵害

　　這裡所指的立法上的侵害，係指法律條文如強制規定勞工或雇主組織或加入一團結體之義務，即是侵害了消極團結權。在此，台灣舊工會法第12條及工會法施行細則第13條所規定之強制入會，即是一個明顯違憲的著例。雖然論者也有認為衡量台灣的勞動環境，勞工及工會的力量遠不及雇主，從儘量集中力量於工會之下，以便與雇主有效地進行協商或爭議來看，強制入會實有其必要性與合法性。不過，立法者當初強制入會的設計，並不是從集中壯大工會的力量著想，而是出於管制及掌控的構想，或者說出於國家統合主義的作祟。否則，為什麼自1929年工會法制定施行以來，工會的協商、爭議力量一如往昔的孱弱？而在1943年修改成強制入會後並未有所改觀？強制入會似乎只是給予某些工會合理化收取工會會費的藉口而已。也因此，行政院勞工委員會2006年10月工會法修正草案第13條規定，「勞工有加入工會之權利」。此一轉變為自由入會的立法，應係一正確且值得喝采的作法。之後，2009年6月的工會法修正草案第7條規定，「前條第一項以同一廠場或同一事業單位組織之企業工會，其加入工會之會員人數已達全體得加入工會之勞工總數二分之一以上時，為促進企業工會團結，其餘未加入工會之勞工，經個人同意應參加該工會為會員。」針對企業工會，仍然採取自由入會的規範方式。解釋上，企業工會、產業工會及職業工會三者均採取自由入會的方式。只不過，在2010年6月23日修正通過、並且自2011年5月1日起施行的工會法第4條第1項規定，「勞工均有組織及加入工會之權利。」固然採取自由入會的制度，而在工會法第7條卻是規定，「依前條第1項第1款組織之企業工會，其勞工應加入工會。」用語似乎為強制性的規定（台灣新北地方法院104年度訴字第1289號判決即將之誤解為「勞工加入企業工會乃勞工之權利及義務。」），也有論者稱之為軟性強制入會原則者，但實則不然，仍然只是期待勞工自願加入工會而已，充其量只是「假象強制」入會而已，拒絕者並不會受到任何的制裁或不利（從工會組織率來看，在2018年第4季底，企業及產業勞工工會組織率只有7.6%，呈現相當低的現象。果真是強制入會，實難想

像會有如此的表現）。以麻雀的理論來看，強制入會是意味著麻雀要求關在籠子裡，會有這樣的麻雀嗎？

　　不過，除了舊工會法第12條及工會法施行細則第13條的立法上明確的侵害外，更有問題的是，一些法律賦予工會強制代表非會員的權利，是否侵害了非會員的消極團結權？例如：(一)依據上述2014年4月14日修正公布施行的勞資會議實施辦法第5條第1項規定，「勞資會議之勞方代表，事業單位有結合同一事業單位勞工組織之企業工會者，於該工會會員或會員代表大會選舉之；事業場所有結合同一廠場勞工組織之企業工會者，由該工會會員或會員代表大會選舉之。」可能迫使非會員違反己意加入工會。另外，(二)依據大解法第4條以下之規定，工會有權代表全體勞工（含非會員）與雇主協商解僱計畫書內容（含解僱人數、解僱對象之選定標準）（但本條的「協商」，並非指團體協商，而是一般性的協商）。一旦非會員害怕自己被工會列為優先解僱的對象，[17]則可能也不得不加入工會以求自保。[18]

　　對於上述賦予工會強制代表非會員的法律，是否有侵害非會員消極的團結權，判其斷標準仍是該等法律所加予非會員的壓力，是否已經超出「社會相當性」的界限。在此，必須平衡地考量個別勞工及工會本身的利益。

---

[17] 相反地，從雇主的角度來看，其希望優先解僱的對象應是工會會員及工會幹部。惟其相當程度已經被工會法第35條第1項第1款所摒除。

[18] 至於依據勞工退休基金監理會組織法，勞工退休基金監理會可以管理運用退休基金的權利，而其中大部分的退休金是歸非會員所有，是否會有侵害非會員消極團結權之問題？本文則認為不至於如此，這是因為該委員會並非全部由「工會幹部或工會指定的代表」所組成，而是有相當人數的學者專家及官員，不至於受到工會違法操縱或不當左右。另外，依據勞基法第30條、第30條之1及第32條第1項規定，工會對於變形工時及延長工時之同意與否，對於非會員亦具有拘束力。此等規定，同樣有侵害非會員消極團結權之疑慮。只不過，從廠場／企業規範適用一體性的考量，廠場或企業中的工作時間似難區分會員或非會員而做不同的對待，故其應具有正當性。

三、經由個別的團結體或雇主之不利影響

　　首先，是章定的離會（退社）預告期間過長。雖然工會法中對於退社預告期間沒有規定，但是由於工會是社團法人，民法第54條之規定亦可適用及之。依之，「社員得隨時退社。但章程限定於事務年度終，或經過預告期間後，始准退社者，不在此限。（第1項）前項預告期間，不得超過6個月。（第2項）」因此，退社預告期間最長為6個月。而這6個月的最長期間，恰巧也是德國聯邦最高法院所允許的（在該國的）退社最長時間。[19]吾人也以為衡量工會及會員雙方的利益，即工會的存續保障及會員的消極團結權，6個月的期間應屬允當。在此，仍然是適用實際的調和原則。此一消極團結權的保障，本為人格權的表徵。何況，如比較勞基法第16條之解僱或離職預告期間最長也只到30日而已，而該規定又是涉及影響更為重大的勞動關係的結束。無論是從利益衡量或舉重以明輕的法理，6個月的長度應已達容許的極限了。[20]所以，章程規定工會會員退會應經六個月的預告期間，應屬有效（問題一、(4)）。此一6個月退會期間之規定，目的在使工會免於突然間會員的大量流失，以致於減損其協商及爭議的實力。而且，具有充足的會員是其成為工會的條件及其行動能夠成功的保證。無論如何，會員的流失具有組織政策上的及財政上的後果，應該給予工會預為因應的時間。倒是，雖然有退會時間的規定，但在個案的情況下，如果衡量勞雇雙方的利益，對於任何一方不具期待可能性時，仍然得如繼續性法律關係般，以基於重大事由而立即（要求）退會。例如工會幹部對於會員實施暴行或有重大侮辱之行為者（勞基法第14條第1項第2款參照）、會員持續性地不實攻擊工會或工會幹部或其他會員者。惟即使工會有破產或其他解散事由時（工會法第37條參照），仍然需要遵守退會期間之規定。

　　其次，在工會的廣告與訊息方面。原則上合憲的工會活動不會侵害非

---

[19] BGH v. 22.9.1980, AP Nr. 33 zu Art. 9 GG.

[20] 劉志鵬，勞動法解讀，頁130：不區分預告期間的長短，一律認為有效，似乎有欠斟酌。

會員的消極的團結權,因此,非會員的勞工不可動輒以工會的廣告與訊息侵害其消極的團結權而要求停止活動。例如工會在非上班時間的分送工會廣告的行為,非會員無權要求停止。但是,例外地,工會的廣告與訊息不實地攻擊非會員或者侵害到非會員的人性尊嚴(Menschenwürde),以致於他有受到同事排擠之虞者,即可要求工會停止該行為。

　　三者,在工會的罷工方面,其目的是在要求雇主解僱想要工作的人〔破壞罷工者〕或者迫使目前正在另一團結體的人轉換工會,此稱為「排擠罷工」(Verdrängungsstreik)。此在德國早期法院的判決(遠在帝國法院時代即是如此),[21]是以毀滅勞工的工作權,屬於德國民法第826條(台灣民法第184條第1項下半段)之違反善良風俗的構成要件,[22]惟目前通說則是以其侵害消極的團結權處理。[23]

　　最後,在雇主的鎖廠對象也包括非工會會員時,是否會有侵害其消極團結權之問題?雖然德國聯邦勞工法院認為鎖廠「尤其」(insbesondere)不應該侵害非會員的消極的團結權,因為非會員可能不想與爭議行為有所牽扯。[24]不過,須注意者,一來非會員在工會爭議有成後,通常會迅速地從雇主獲得同等的勞動條件提升;二來個別會員的積極的團結權及工會本身的集體的團結權亦受到憲法的保障。因此,雇主對於非工會會員(及贊助會員)的鎖廠,通常不會侵害非會員的消極的團結權。值得一提的是,隨著2011年5月1日新團體協約法第13條規定的施行,雇主給予搭便車者調升勞動條件的空間已大大地減低,所以,連帶地,雇主對於非工會會員鎖廠,其侵害消極團結權的可能性已大大地升高。這是因為立法者已將勞動三權單純濃縮為已加入工會者與雇主間的關係(所謂的「藍綠對決」)。這是否會趨使雇主只能選擇工會會員進行鎖廠(所謂選擇性的鎖廠)、並且(使得我們要)改變以往選擇性鎖廠係屬非法行為的見解?另

---

[21] RGZ 57, 418 (425 ff.).

[22] Seiter, a.a.O., 534.

[23] Seiter, a.a.O., 528.

[24] BAG AP Nr. 66 zu Art. 9 GG Arbeitskampf.

外，雇主得否合法地給予非會員不罷工津貼，以促使其繼續進廠工作？這一連串的效應，是否為立法者當初增訂第13條規定時有所預見？

四、第三人經由團體協約之歧視

(一)各種差別待遇條款之效力

1.封閉工廠條款（組織條款）：約定只能僱用工會會員

所謂封閉工廠條款，係指團體協約約定雇主不得僱用非工會會員或非特定工會會員之條款（但不是約定雇主不得使用派遣勞工）。此種條款係工會安全條款的極端表現，對於工會組織的維持與發展最為有利，但卻對於勞工消極的團結自由侵害最嚴重，造成非會員僱用上的受到歧視。另一方面，雇主的企業經營權及用人權限也受到擠壓或侵害。因此，在德國法上係違反基本法第9條第3項而違憲，在美國法上則在1947年勞資關係法（National Labor Relations Act, NLRA）宣告其為違法。令人不解的是，相異於德國法及美國法的制度，在台灣，不僅舊團體協約法第8條有封閉工廠條款之規定，在新團體協約法第14條規定中，亦完全地承繼舊法的規定。（民進黨政府時代的、多數的中國國民黨的）立法者在修法過程中，有意地忽視封閉工廠條款違憲的問題、並且有意藉由該條文（實質上）達到強制入會的效果，徒留政策／治凌駕憲法法理的遺憾。雖然，新舊法條文中，均有六種例外情形的設計，但仍然無法掩飾侵害消極團結權的本質。果若此一封閉工廠條款確實合憲有效，則下列條款亦當無違憲或不當勞動行為之疑慮，亦即：雇主間彼此約定或雇主團體的章程規定，不僱用工會會員或隸屬於特定工會會員者（這與工會法第35條第1項第2款的規定尚有不同）；同樣地，工會章程規定或工會會員大會或會員代表大會決議，其會員不得與特定雇主或隸屬於特定雇主團體的雇主，訂立勞動契約者。蓋這些條款均未規定於工會法第35條，且從集體勞工法中之對等原則觀之，似應承認其效力。

2.工會工廠條款

依據此種條款，雇主固然可以僱用任何人，不問其是否具有工會會員資格。但被僱用人卻必須在一定期間內（例如30日內）或在試用期滿後加

入工會，且至離職為止，不可主動地退出工會。

　　我國學者間有認為「工會工廠條款」（Union shop clause）有效者。[25]亦即工會為防止會員退會，可以與雇主約定一旦勞工喪失會員資格，雇主即應予以解僱。於此，並未侵害會員的退會自由。不過，本文以為此種條款對於工會組織的保障，其效力雖不若前者嚴厲，但對於工會的預防競爭及保有協商能力，仍然極為有效。也有一些國家的法令將其明定為合法的手段者。[26]雖然如此，其對於非會員消極團結權的侵害已超出適當的及合理的限度，所以仍應屬無效。中央勞政機關（行政院勞工委員會77年8月29日(77)台勞資二字第18300號函）似亦採取同樣見解，依之，「查雇主對勞工終止勞動契約，勞動基準法第十一、十二、五十四條已有明文規定。團體協約如約定，凡經工會依法開除會籍或新進員工進入公司內未加入工會者，公司應予以終止勞動契約，應已牴觸前開法令規定。」

　3.排除條款（Ausschlußklauseln）：雇主不得將團體協約約定適用
　　於非會員

　　工會與雇主排除條款的約定是否有效，涉及非會員是否可以以搭便車的狀態，享受工會所爭取勞動條件改善的好處，以及其是否要先加入工會，才可能享受團體協商的成果的折衷問題。學者間看法並不一致。

　　本來，在勞動實務上，勞工與雇主間之勞動契約，常有引用團體協約條件之約定，尤其是發生在勞雇雙方訂定勞動契約之際。藉由此一引用約定，雇主乃將非會員與工會會員予以平等對待，使得兩者在個別勞動契約上無所差別，其目的是在避免勞工加入企業工會，但更重要的，是在避免勞工因其身分之不同，受到不同的工作條件或廠場規範的適用，以至於造成經營條件的不一或困難的情形。對於未加入特定產業或部門（含公共行政業）雇主團體的雇主而言，本無受到團體協約拘束的問題，如其能與勞工約定引用該產業的團體協約，更能提升部分或全體勞工的工作條件。由於雇主是立於工會的對手，本不須為工會的組織政策著想，而是可以採取

---

[25] 劉志鵬，勞動法解讀，頁130。

[26] 衛民、許繼峰，勞資關係與爭議問題，空大，2001年，頁197。

「引用團體協約約款」的方式，以降低勞工加入工會的意願。不過，引用約款係雇主任意地、自由地與非會員約定而成，並非在個別勞工法上賦予非會員一個平等待遇的請求權。

承上，對於已具有勞動關係的非會員，雇主同樣會將團體協約的勞動條件主動地適用及之，以降低非會員加入工會的意願。此應係工會與雇主雙方團體協約政策上的一環，也是團體協約自治的內涵，應無何可疑之處。

不過，令人懷疑的是，此種雇主與勞工以勞動契約引用團體協約所定條件之途徑，是否已為2008年1月9日修正通過、並且自2011年5月1日施行的團體協約法第13條本文所排除？蓋依其規定，「團體協約得約定，受該團體協約拘束之雇主，非有正當理由，不得對所屬非該團體協約關係人之勞工，就該團體協約所約定之勞動條件事項，進行調整。」再視其立法理由則謂係為避免導致勞工間不正當競爭，間接損及工會協商權及阻卻勞工加入工會。似乎解釋上包括團體協約訂立後，始被雇主僱用進入事業單位的勞工。這從台灣團體協約法第17條第1項第3款「團體協約簽訂後，加入團體協約當事團體之勞工」之反面解釋，「不加入」團體協約之「勞工」，本係包括團體協約訂立時不在職，而是嗣後始進入事業單位之勞工在內。所以說，修正條文所說的「進行調整」，自應包括「約定引用」在內。而依據團體協約法第17條第2項規定，解釋上工會與雇主得在團體協約約定，簽訂團體協約後始加入工會者（含新進員工），不受到團體協約的適用（即只受到較差工作條件的待遇）。

雖然，修正條文第13條本文及其但書（「但團體協約另有約定，非該團體協約關係人之勞工，支付一定之費用予工會者，不在此限」）之規定，固然係在防堵搭便車者（Tritt-Brett-Fahrer, free rider）或吸血鬼的出現，但是，以此種條款促成或強化工會團體協商政策的實現，仍然不免有違國家中立原則及侵害非會員消極的團結權之嫌疑。

4.差距條款（Differenzierungsklauseln）

所謂差距條款，係指工會與雇主在團體協約中約定，較佳的優待只適用於會員，例如額外的（附加的）休假津貼（Urlaubsgeld）（這是指給

進行特別休假者的額外津貼，屬於鼓勵員工休假的性質）（相關判決，請參照台灣台北地方法院106年度勞訴字第224號判決）。在此，會員與非會員間一直都有一個差距存在，例如工會與雇主已約定會員每年有一額外的特別休假津貼2,000元新台幣，則當雇主任意給予非會員1,000元休假津貼時，會員即會得到3,000元的津貼（2,000＋1,000=3,000）。假使雇主給予非會員2,000元津貼時，會員即會得到4,000元津貼（2,000＋2,000=4,000）。以此保持會員的優待差距。

　　對於差距條款是否侵害非會員的消極團結權，其判斷標準同樣在於：該間接的壓力是否已「不具有社會相當性」？一旦超過此一界線，即已不當地干涉非會員的決定自由，因為，工會與雇主已無規範的權限也。對此，本章以為在封閉工廠條款、工會工廠條款，以及排除條款，其所產生之間接的壓力已超出社會的相當性。但在差距條款，非會員仍然會得到雇主一定的給付，其所受到被迫加入工會的壓力應該還在可以忍受的範圍。因此，應是一合法的約定。

　　上述此一差距條款合法性的問題，實際上觸及一更深層的理論爭議，也就是：消極的團結權是否當然包含「消極的團體協約自由」（不受團體協約拘束或影響的自由／權利、以及不參與團體協商的自由／權利）在內？甚至「消極的爭議自由」（惟在此是指工會禁止非會員參與爭議行為之權）？對此，團體協商當事人的規範權力，只要在社會相當性的藩籬內，即使侵入到非會員的消極團結權領域，非會員亦不得以「消極的團體協約自由」對抗之。也是因為非會員直接或間接地會受到團體協商（約）的影響，所以其仍得以自有權利者身分參與爭議行為，而不會受到工會的禁止或被雇主以違反勞動契約義務而予以懲戒。

(二)社會連帶的費用（使用者付費）

　　此處，是將工會看成為所有勞工與雇主協商的代理人，如果非會員想要享受調整的工資及其他勞動條件，即應繳交一定的費用〔稱為「代理費」（agency fee）其目的是在防堵搭便車情況的出現〕。吾人如觀2011年5月1日修正施行的團體協約法第13條但書之規定，「但團體協約另有

約定，非該團體協約關係人之勞工，支付一定之費用予工會者，不在此限。」此即為社會連帶費用之規定。

　　針對此一社會連帶費用（Solidaritätsbeitrag）約款的效力，德國聯邦勞工法院及聯邦憲法法院從未有判決表達其見解。但在1960年代期間，學者間即有認為該種費用約款侵害非會員的消極團結權者。[27]吾人如從該約定的性質觀之，其應係民法第268條之「第三人負擔契約」（Vertrag zu Lasten Dritter），其對於非會員應不具有效力。如從集體勞工法來看，此種條款，不僅施以非會員一「不具社會相當性的壓力」，蓋其以此手段迫使非會員在經濟上支持工會的行動，而且，非工會員並不見得會得到所有會員的待遇，有可能淪為「次等的會員」（Mitglied zweiter Klasse）。因此，其效力自然可疑。

　　退一步言，如欲令此種條款有效，則或可效法瑞士機械、金屬及鐘錶業的和平協議（Schweizer Friedensabkommen）的作法；亦即，在協議中承認工會與雇主可以為社會連帶費用的約定，但非會員所繳交的費用必須明顯地低於會員所繳交者。該協議等同於德國的團體協約，而且具有絕對和平義務之效力。[28]只不過，不必矜持於「費用必須明顯地低於會員所繳交者」，而是可以以當年度會員所繳交的工會會費為度，令非會員繳交。如此，非會員即可享受當年度團體協約所約定的工資及其他勞動條件的效力。經由此一過程，或可讓「試用期工會會員或類／準工會會員」逐步地吸納入工會中。

（三）雇主代替工會收取會費

　　在工會實務的運作上，不乏在團體協約中明定雇主有代扣工會會費之義務者。藉由此一約款，工會乃得以省卻收取會費的人力及支出，或者更重要的是：無法收取到會員會費的風險（解釋上當不包括贊助會員或已離

---

[27] Richardi, Kollektivgewalt und Individualwille bei der Gestaltung des Arbeitsverhältnisses, 1968, 185 ff.; Zöllner, Tarifvertragliche Differenzierungsklauseln, 1967, 53.

[28] 有關瑞士之和平協議之詳細論述，請參閱楊通軒，勞資爭議仲裁制度之研究——兼論德國勞資爭議仲裁法制，華岡法粹第27期，1999年12月，頁258以下。

職、退休、留職停薪等但未辦理退會手續的勞工。如果員工已有新職，其雇主當然是指新任職的事業單位。至於會員已經依據工會章程或會員大會或會員代表大會規定的期間或程序提出退會申請、並且加入其他工會者，雇主當是為後一工會代收會費）。因此，在歐美各國採取自由入會的制度下，多有此種條款之約定，實務界及學者間也多認為該條款原則上並不會侵害非會員的消極的團結權，除非已達到不具社會相當性的壓力的程度者。不過，不可否認的，由於該種約款已賦予雇主收取會費的權力，其將難免會侵害工會的純粹性與自主性，工會實不可不慎。

　　在台灣，過去由於是採取強制入會制度，此種收取費用條款的約定，不僅是單純收取費用的技術性問題而已，更是攸關工會能否存續的問題。蓋工會有賴於雇主代為收取「所有會員」的會費，而此所有的會員，即是「全體勞工」，其中，當不乏有不願加入工會者。如有可能，該等不願加入工會者，當然也不願意繳交費用。因此，在強制入會制度之下，收取費用條款即有侵害非會員消極團結權之疑慮。非會員應有權拒絕雇主從其工資中，扣下一定之數額作為工會會費之用。

　　在2011年5月1日修正施行的工會法，係採取自由入會制度。理論上，由工會與雇主在團體協約中約定代扣會費條款，在法律上並不會有疑義。在有團體協約約定的情況下，既然經過雇主的同意，則即使是多元工會的制度，亦具有其正當性[29]。否則，以法令規定雇主代扣會費，解釋上係以單一工會為前提，這也是目前台灣工會法企業工會的實況。蓋以法令強制雇主為多元工會代收會費，將會導致雇主無窮盡的困擾，甚至影響其企業經營。而在工會法第6條第1項第1款的設計下，一個勞工可能同時屬於廠場的、企業的及關係企業的「各」企業工會的會員，其可能同時被代扣會費數次，此同樣有不妥之處[30]。只是，工會法第28條第3項之規定，竟將

---

[29] 只是，依據團體協約法第20條第1項規定，代扣會費的約定並非團體協約法第12條第1項第1款或第2款之事項，解釋上或許是第4款有關「工會組織、運作」之事項，果如此，其並無法規範的效力，頂多只是債法上的效力而已。

[30] 更為複雜的是：在新工會法施行後，假設乙公司中已經成立甲企業工會，但之後又成立

重點置於「企業工會經會員同意」，即令雇主有代扣會費的義務，忽略了「企業工會經會員同意」只是其雙方間的約定，其效力本不及於第三人（雇主）。故此一規定具有跳躍式的思考，具有法律漏洞，應與新工會法施行細則第25條及第26條的規定綜合觀之及運用，始能真正解決代扣會費的法理問題。在此，依法而言，工會法第28條第3項代扣會費之規定，由於係以工會會員同意為前提，故尚不構成立法上對於勞工團結權之侵害。而且，理論上工會應將會員同意代扣之意（附上證明）轉知雇主，雇主始需進行代扣行為。如此一來，雇主之代扣亦無侵害勞工的團結權可言。影響所及，樂意加入工會者必然較眾。但是，一旦會員已明確向工會表達反對之意，甚且也向雇主表示不同意代扣，而工會仍然執意要求強制代扣者，即有侵害會員團結權之疑慮。對此，雇主應可以會員向其表示反對代扣之意（最好附上證明），行使其拒絕代扣之權。且無需對工會負擔違反任何義務之責任。同樣地，雇主不理會工會會員的反對意見，仍然強行代扣會費，亦屬侵害團結權之舉，對於會員而言，雇主並未全額給付工資給具會員資格的勞工，因此其得請求雇主補付工資的差額。上述所有不顧慮會員意思的強制代扣會費之舉動，均會影響及非會員加入工會與否的考慮。附帶一言者，對於此類已經明白表示反對代扣會費的勞工，不當勞動行為裁決委員會的裁決意見，仍然認為對於工會無拘束力，雇主仍應進行代扣。由於其具有行政機關的性格，而且強烈地欲貫徹其意志，解釋上應如同立法侵害般，對於工會會員並不具有拘束力，同樣地，對於雇主亦無法律效力。吾人如將論者所主張的（現行工會法係採取）強制入會與強制代扣工會會費掛鉤，即可知其對於勞工團結權侵害之嚴厲，也益證不當勞動行為裁決委員會裁決意見之乖離集體勞動法理論而不足採。

　　另外，進一步言之：徵諸台灣工會實務上過去數十年來強制入會所伴隨的代收會費的作法，則在解釋工會法第28條第3項代扣會費之約定（含

一丙工會（未依工會法第11條第2項請領登記），則即使丙為體制外工會，乙是否即得拒絕代扣會費？假設乙丙間已經有團體協約或一般協議的約定呢？100年勞裁1號裁決定之理由：代扣會費有助於「穩定企業工會與雇主間之勞動關係」，適用於此嗎？

團體協約與一般協議的約定[31]）或慣例，究竟是存在於雇主與工會間？或者雇主與工會之會員間？此在不當勞動行為裁決委員會與勞動部間，見解似乎有所不同。依據100年勞裁字第1號裁決決定書，「由相對人代扣會費之行為已有數十年之久，徵諸上開事實，足以認相對人與申請人之會員間就長年由相對人代扣會費有默示同意存在，此已成為雙方間之慣例。」但是，勞動部勞資一字第1020125372號函則認為，「所稱企業工會經會員同意，包括會員個別對工會表示同意、會員大會或會員代表大會之決議、工會章程之規定、團體協約之約定【作者按：不包括勞資會議之決議】或中華民國100年5月1日工會法修正施行前工會與雇主間已存在代扣會費之約定或慣例。」依本書所見，應以後者的見解為是。蓋舊法時代（強制入會下）都由工會透過雇主代收會費以充實運作的基金，殊難想像所有會員都會主動向雇主表示扣下會費轉交工會之情況。況且，趙孟能貴之，趙孟亦能賤之，一旦是會員與雇主間的同意，會員當然能以一己的意思表示或與雇主合意推翻之前的同意（解除之）。

　　至於2011年5月1日修正施行的工會法第28條第3項，則係明定「企業工會經會員同意」，並未釐清究係企業工會與雇主間或會員與雇主間有無代扣會費約定之問題。如此的規定方式，似乎有意讓舊法時代已經存在的工會與雇主間存在的代扣會費之約定或慣例，繼續援用下去。然而，在舊法時代已經加入工會且被代扣會費的工會會員，當然（至少）得（在新法施行後）向工會表示反對代扣會費的意思表示，並且主動地向事業單位提具不同意代扣會費的佐證資料，如此，事業單位即不得再繼續進行代扣行為（勞動部101年8月28日勞資一字第1010075498號函、最高行政法院103年度判字第101號判決參照）。如此的解釋，庶幾符合現行工會法自由入會的精神。（就此看來，行政院勞工委員會102年7月31日勞資1字第1020125372號令廢止原101年8月28日勞資1字第1010075498號函，改採「縱個別會員另行出具書面予雇主而欲改為自行繳納會費，雇主應不受該

---

[31] 如果是工會與雇主間有代扣會費的一般協議約定，其性質應為民法上的無償的或有償的委任契約（民法第528條以下）。

個別會員停止代扣會費意思表示或聲明之拘束。」的看法，此一見解即屬不當而不足採。如依第1020125372號令，會員如欲雇主不代扣工會會費，將只剩退會或出會一途，此與勞工結社自由之憲法保障，形成「繳費為主，入會為輔」的法理錯亂現象。）至於在新法施行後始加入工會的會員，當然得向工會表示不同意代扣會費，雇主即不得自其薪資中扣下入會費及經常會費。惟代扣會費如係經過會員大會或會員代表大會之決議或者在工會章程之規定或者明定於工會與雇主所簽訂的團體協約中，則會員即有服從團體之義務，不得以個人的不同意對抗之（經過此類程序者，會員即無需再出具委託書給雇主，請其代扣會費。民法的一般規定，已經被集體勞工法中的特別規定所排除適用）。其只能經由提案修正決議、章程或團體協約的約定途徑，更改代扣會費的作法。附帶一言者，代扣會費如係在團體協約中約定，則解釋上或為團體協約法第12條第1項第4款有關「工會組織、運作」或第7款之「其他當事人間合意之事項」。依據團體協約法第20條規定，該約定並不具有法規範效力，而只是一般債法上的效力而已，如果雇主違反該約定時，除團體協約另有約定者外，適用民法之規定。

　　有問題的是，工會法第28條第3項規定「企業工會經會員同意」後，雇主即有代扣會費的義務。撇開其跳躍式立法形成不論，雇主所負義務之本質為何？違反時有何不利益？會構成不當勞動行為嗎？對此，不當勞動行為裁決委員會認為是「雇主源自工會法所生之法定義務」。勞動部函示則是認為「雇主協助企業工會之義務」（勞動部勞資一字第10010075498號函）。惟收取會費是私法上的行為，私法當事人本應自行為之，除非具有重大的公共利益或涉及國家政策的推動外，立法者實難透過立法強加當事人一方為一定行為之義務。以勞工保險或就業保險為例，立法者即強加投保單位代收保費及滯納金之義務（勞保條例第16條、第17條、就業保險法第40條參照），但是，畢竟勞工保險或就業保險係公法上的法律關係，令雇主輔助保險人完成社會保險的使命，且投保單位違反時並無何法律制裁的規定。故其具有正當性。所以，工會法第28條第3項（工會與雇主間無團體協約或一般協議）所加以雇主代扣會費的義務，充其量只是希望雇

主代為收取會費、以促成工會會務順利運作的立法者主觀期望而已，性質上屬於雇主的自我義務（協助行為），實難謂為「法定義務」！否則，一旦係「法定義務」，即應解釋為民法第71條之強制規定，雇主違反將難免不利的法律後果。再者，雇主也不負為工會扣下員工工資以充作工會會費的主要義務或附隨義務。因此，一旦雇主未經過工會會員的同意或授權，即扣下員工應向工會繳交的入會費或經常會費或其他的費用，即違反勞基法第22條第2項本文規定，將遭致同法第27條及第79條第1項第1款之不利益。所謂雇主代扣會費屬於勞基法第22條第2項但書「法令另有規定者」云云，實係一誤解。

　　至於100年勞裁字第16號裁決認為雇主依工會法負有代扣會費的法定義務，且「既為法定義務，若有工會會員嗣後另行出具不同意代扣會費聲明書予雇主時，雇主不應受該個別會員聲明書之拘束仍應履行工會法第28條第3項之法定義務」，更是擴大曲解工會法第28條第3項規定，置會員明白表示反對代扣會費之意思於不顧，實屬不當而不足取。蓋即使基於集體法優於契約法之理論，亦係在處理勞動契約與團體協約間之關係，並不及於工會與其會員間之約定（同意與否）。本案中，即使工會與雇主間有代扣會費的約定或慣例，也不是在團體協約中約定（頂多只是一般協議而已）[32]，自然不能對抗會員反對代扣會費的意見（反對代扣並非表示要退出工會[33]）。何況，如上所述，即使其係在團體協約中約定，依據團體協約法第20條第1項規定，代扣會費的約定並非團體協約法第12條第1項第1款或第2款之事項，而是第4款有關「工會組織、運作」或第7款「其他當事人間合意」之事項，因此並無法規範的效力，而只是債法上的

---

[32] 其實，假設該團體協約約定具有法規範的效力，即會發生更複雜的問題：工會與雇主間之前雖有團體協約，但早已期間屆滿，則依據餘後效力理論（團體協約法第21條），身具工會會員身分之勞工，已經得與雇主修正勞動契約，明示拒絕代扣會費。此一勞動契約的約定，並不受團體協約法規範效力（團體協約法第19條本文參照）的拘束。

[33] 就此觀之，最高行政法院103年判字第101號判決認為「……如果該所謂不同意之意願書，已發生退出參加人工會之效力」，雇主即無代扣會費之義務，且不構成工會法第35條第1項第5款之不當勞動行為。本書以為其用語或見解仍有不夠精確之處。

效力而已[34]。再者，即使過去是約定或慣例，而新法是法定的義務，並非意味工會即無需再取得工會會員的同意書，蓋新法已要求工會取得會員的同意（不分原有的及新加入的），尚且，工會會員的同意（書），是雇主啟動代扣會費義務的前提（無同意書而雇主代扣會費轉交工會，一旦發生誤扣，則是由雇主負返還責任？或是由會員向工會請求返還？）。如依裁決委員會之意，一旦有代扣會費的約定或慣例，工會會員即不得再反對代扣、而雇主亦得不理會會員的反對意見，將其效力等同於法律的強制規定，加以雇主法律上所無之負擔，裁決決定的效力實屬可疑。惟裁決委員會亦知圖窮匕見之理，蓋其所謂「雇主不應受該個別會員聲明書之拘束仍應履行工會法第28條第3項之法定義務」云云，表示其亦知雇主多有依照個別會員聲明書，不再代扣會費者，所謂的「法定義務」於雇主何有哉！

(四)對於工會幹部的特殊地位

所謂工會幹部的特殊地位，係指雇主在團體協約中，給予工會幹部較佳的對待。例如（因從事工會活動之）較強的解僱保護，以及留薪並免除勞務（Arbeitsfreistellung）的機會等。雇主的此種作為，正好與其對於工會幹部採取不當勞動行為的作為相反，由於該種約款對於非會員不會造成壓力，所以應無侵害非會員的消極團結權。不過，該種約定仍不免有如下之合法性的疑慮：1.侵害了工會的純粹性與自主性（接受雇主的特別好處）；2.違反了平等待遇原則。也就是說，不僅是非會員，連會員都因為該約定而受到差別待遇。

---

[34] 既然只是債法上的效力，則會員（團體協約關係人）違反該約定時，除團體協約另有約定外，適用民法之規定。團體協約法第20條第2項規定參照。

第三節　集體的團結權

 問題1

　　雇主與非工會會員（Außenseiter）以勞動契約引用（Bezugnahme）團體協約之內容有無侵害工會存續的保障？又，該約定是否使得第三人變成團體協約關係人（團體協約法第17條）？

 問題2

　　雇主可否採取妨害工會募集罷工基金之行為？

一、概念

　　依據德國聯邦憲法法院的見解，基本法第9條第3項是一雙重的基本權（Doppelgrundrecht），其同時保障個別的及集體的基本權。[35]台灣學者在探討團結權之內涵時，大多也採取相同的看法。只是，無論如何，台灣憲法第14條係規定「人民」有結社之自由，解釋上「人民」應係指自然人而言，而不包括法人。這表示集體勞工法的目的與勞工保護法一樣，

---

[35] BVerfGE 4, 96 ff.此種雙重基本權的保障，實際上是一個憲法釋義學的範圍，是經由演繹團結自由之意義與目的而得。就集體的基本權而言，實際上兼指工會及其理監事集體權利的保障而言。蓋工會理監事係工會及工會團體的代表人（機關），工會及工會團體的重要事務均必須經其決議並執行之，故對其所做所為，工會及工會團體必須與之連帶負責（民法第28條參照）。相對地，工會理監事同樣得集體勞動法上的諸種權利保障。對其執行職務的不法或不當干預，即會構成對於工會活動的不當影響、妨礙或限制（工會法第35條第1項第5款參照）。以101年勞裁字第31號裁決決定書所處理之案例為例，申請人（工會理事長）即是以其擔任某市教育審議委員會職務被解任為由，而被裁決委員會認為成立工會法第35條第1項第5款之行為。

是在保護個別勞工的利益，而非勞雇團體的利益。惟在肯定集體的基本權之下，因此，工會本身也有「自由存續的基本權」與「自由行動的基本權」。聯邦憲法法院稱之為「合乎團結體的特殊行動」。其在內容上，大致上可以區分為三個部分的保障：(一)存續保障（確保團結體的自由存續與自由組織）；(二)行動保障（確保團結體的行動與追求團結體的目的實現）；(三)團結體之手段的保障（進行協商與達成協議、爭議行為、選擇使用的手段）（但這並不是說工會為實現工會法第5條任務所採取之手段，均有此處手段之保障，即使已明定為章程所定的任務而成為其活動的一部分，亦無法改變此一本質。蓋工會僅係會員的代理人，其係在追求會員利益的實現，而工會法第5條所規定之任務，不乏在追求工會本身之利益者。例如第10款之任務（其實，本書以為該款更應該是國家的任務）。另外，尤其是第11款擴大解釋而來之事項。又，該條所定之任務，大多僅是提示性的性質而已，與團結體集體勞工法上的任務無關。例如第9款之「依法令從事事業之舉辦」，為何是工會的任務呢？所以，舉例而言：在101年勞裁字第31號裁決決定書中，申請人（工會理事長）與相對人所爭議的參與教審會會議，是否為受到手段或存續、活動保障的工會任務？不當勞動行為裁決委員會固然引用工會法第5條第4款及第11款肯認之，但本書則是持否定見解。蓋一者：工會法第5條第4款及第11款之任務，本質上為政策面及法令面的事務，屬於工會的政治功能，而非經濟功能。其推動，殆皆須經由工會團體（主要是總工會或聯合工會）的共同努力與雇主團體、政府的意見交流與達成共識，始克有成。教育審議委員會（簡稱教審會）並非工會，參與教審會的個別工會代表，也非在執行工會法第5條第4款或第11款之任務。至少，其關聯性既遠且薄。二者，教育基本法第10條所規定的教審會，係主管教育行政事務的審議、諮詢及評鑑，其即使會間接影響到教育勞動者的權益，終究與勞工政策或法令有別。況且，在教審會中也未討論此一「教育勞動者權益」事項，如何會影響申請人工會會務之運作？如何將其連結至不當勞動行為呢？裁決會有考慮到公部門（教育部門）勞資關係的特殊性嗎？果能如此，則參與其他涉及勞動者政策之專家委員會，諸如環境保護、藝術文化等，均會與工會法第5條第4款

及第11款有關,進而成為不當勞動行為的適用對象?)

　　只不過,上述三個部分的保障仍然相當抽象,無法直接得出具體的內容與範圍,而是需要進一步加以確定。另外,三個部分的保障常會發生互相重疊的情形,例如工會散發文宣品及招攬會員之行為既是存續保障,又是行動保障;又,爭議行為既是屬於行動保障,又是包含特殊的爭議手段(罷工、鎖廠)的保障。

二、存續保障

　　此處所指之存續的保障,包括國家不可超出必要限度之外,侵害到團結體的存續。雖然,基於法律保留原則,立法者仍然可以對於團結體的權限加以詳細規定。另外,雇主及其他的第三人亦不可以危害到工會的存續。以下即敘述與存續保障的相關事項。

　　首先,在工會設立(組織)的階段,理論上工會可以自由地選擇法律形式,而並不以法人為唯一形式(惟,工會法第2條規定,工會為法人)。工會也可以自由地使用組織架構,除了工會法所定的理監事會外,也可以再增加其他的單位,完全依據工會的需要而定。具體而言,在此一階段,工會擁有章程自治原則,可以自由地形成內部意志,甚至可以選擇一適當的名字(姓名權);亦即雖然工會通常會以事業單位的名稱作為抬頭,稱為「××工會」,例如「台灣鐵路」局與「台灣鐵路」工會。但理論上也可以選擇其他名稱。只要不會引起名稱的混淆或冒用,以及不會與其他業別的工會難以分辨即可。例如明明是紡織業的工會,當然不得取名「××機械工會」。對此,新工會法施行細則第6條第2項規定,顯然與本書的主張不同,蓋其規定,「企業工會名稱,應標明廠場、事業單位、關係企業或金融控股公司名稱。」此種規定有無牴觸工會法第8條第1款「名稱由章程自主決定」的精神?實非無疑。與事業單位連動、也可能影響工會存續的,是企業工會會址是否應設於企業或廠場所在的行政區域?對此,工會法第6條第2項及工會法施行細則第3條僅規定職業工會及區域性工會聯合組織,而未及於企業工會。惟人民團體法第5條、第6條則有「人民團體以行政區域為其組織區域」「人民團體會址設於主管機關所在區

域」之規定，希望由行政區域的主管機關行使管轄權限與提供行政協助、服務。為此，中央勞政機關肯認企業工會會址應設於企業或廠場所在的行政區域、並且以其組織範圍內之職轄市、縣（市）政府為主管機關（行政院勞工委員會101年9月26日勞資1字第1010023162號函參照）。本書以為此一函示見解可採，應無侵害工會的存續保障。

其次，工會應有權確保會員的存續。在此，工會為維護工會的不至於瓦解或防止會員的快速流失，可以設定最長為6個月的退社預告期間。又為維護工會的紀律，可以發布「工會懲戒權」（Verbandsstrafgewalt）的條款，設定包括警告、停權及除名條款（Ausschlußklauseln）等懲戒處分。以便將違反工會紀律、破壞工會團結或妨害工會名譽的會員予以適當處分，達到獎善罰惡的效果。工會的懲戒權與雇主在廠場內的懲戒權並不相同，前者適用的對象為會員，而後者是針對所有的勞工。至於權力來源方面，前者是全體會員所賦予組織體的權力，後者則是經營權（固有權）的一環，[36]因此，工會最大的懲戒權力是將會員排出組織體外（除名）（並且得限制在一定期間內不得再申請入會），而不是將會員排出企業體外（解僱）。尤其重要的是，工會並不得代行雇主的懲戒權。例如舊工會法施行細則第13條規定之工會決議給予「非會員」一定期間的「停業」即是一個錯誤，且無效的立法。蓋一者，工會的組織權力只及於會員，非會員與之何有哉；二者，「停業」等同「停職」，使得勞工在一定期間無法工作，係一雇主懲戒權的表現，工會當然無權行使。

---

[36] 學者間不乏主張雇主懲戒權的法律依據是勞動契約者，其理固有可見。但是，本文之所以認為採取固有權說為宜，是因為懲戒標準的擬定、行使都是由雇主發動，不需要經過勞工個人或工會的同意，只須遵守一定的原理原則即可。可以說，欠缺固有懲戒權的契約關係，更近於合夥契約、承攬契約等契約關係。雖然如此，現代企業體大多由無數的無名的股東所共同集資而成，無法或難以斷定所有權人為誰。由於勞工與雇主的法律關係以訂定勞動契約為前提，自該時起也發生一切的權利義務，包括雇主可以對之施以獎懲措施，如欲將之解釋為「雇主的懲戒權是勞工以勞動契約同意雇主行使者（勞動契約說）」，也有幾分的可信度。請參閱楊通軒，個別勞工法──理論與實務，2013年10月，三版一刷，頁325以下。

　　再者，相對於所有的私法主體（含雇主），工會會員的存續也不受到任何約定或（單方）措施的侵害。不過，雇主一般性的鎖廠及其他爭議措施，係憲法上所保障的權利，其行使自然不得視為侵害工會的存續。雇主如是對於具有工會會員身分的勞工行使懲戒權，尤其是將之懲戒解僱時，工會也不能以存續保障受到侵害為由對抗之。蓋雇主的懲戒權並不因勞工具有會員身分，而受到排除或凍結，這即使是工會理事會也是同樣處理。也就是說，工會理監事既然是由勞工所出任，其身分自然為勞工，勞動法中的各種解僱及資遣的規定（尤其是勞基法第11條、第12條），當然適用及之。現行法並未給予工會理監事的特殊解僱保護。雖然如此，隨著新工會法第35條第1項不當勞動行為規定之施行，在雇主以勞基法第11條（甚至第12條）為由解僱工會理監事（甚至一般工會會員）時，即有可能被裁決委員會認定為不當勞動行為而無效（第35條第2項規定）。雖然，所謂的不當勞動行為，係指在集體勞資關係中，勞資之一方不正當地侵害對方「集體勞動基本權」之行為。理論上並不在處理個別勞動關係上的問題。但是，其間的界限具體而微，難以一刀為二。例如在台灣高等法院95年度勞上更（一）字第3號民事判決（厚生股份有限公司案）中，雇主（上訴人）對於擔任上訴人產業工會的理事或監事的乙丙丁3人（被上訴人），依勞基法第11條第2款虧損及業務緊縮之理由，終止勞動契約。被上訴人認為上訴人終止契約之行為，違反了修正前就業服務法第41條（應優先遣送／解僱外勞）之規定、以及工會法第35條（對於工會幹部為不法解僱行為）之規定。台灣高等法院則是認為：工會法第35條雖規定「雇主或其代理人，不得因工人擔任工會職務，拒絕僱用或解僱或為其他不利益之待遇」。然查勞基法第11條第2款規定之反面解釋，雇主有虧損及業務緊縮情事時，得預告終止勞動契約。則雇主如確有虧損或業務緊縮之法定原因，預告勞工終止勞動契約，即不違反誠信原則，亦未與工會法第35條第1項規定不符，而無無效之問題（最高法院81年度台上字第1207號判決意旨參照）。吾人由此判決可知，只要雇主的解僱不涉及歧視，即便被資遣的勞工具有工會幹部的身分，終止契約的行為仍屬有效。

　　又，在最高法院98年度台上字第1821號民事判決（聯倉交通股份有

限公司案）（前審判決為台灣高等法院台南分院97年度勞上字第10號民事判決、台灣台南地方法院97年度勞訴字第7號民事判決）中，上訴人以勞基法第11條第4款（業務性質變更）及第2款（業務緊縮）為由，對被上訴人（上訴人產業工會理事）終止勞動契約。被上訴人起訴主張其原擔任被告公司台南站人事助理，惟其發起籌設桃園縣聯倉交通股份有限公司產業工會，即受到上訴人打壓，上訴人片面予以降薪，其後並將工作項目逐漸移轉給其他同事辦理。被上訴人的配偶也是工會籌設發起人之一，其原為大車司機，上訴人將其調動為小車司機，由於拒絕調動而被解僱。訴訟當中，被上訴人引用工會法第35條第1項規定及就業服務法第5條規定，主張雇主終止契約之行為無效。最高法院判決認為：「由上訴人97年1月至3月人事流動情形觀之，其所稱無適當職缺安置被上訴人，顯為短暫之臨時現象，尚不得據為終止其與被上訴人間僱傭契約之正當事由。」本書以為，本案應係新工會法第35條第1項第1款之不當勞動行為、而被雇主以勞基法第11條規定之事由加以包裝者，只是，耐人尋味的是，從地方法院、到高等法院、最終到最高法院，卻都未就不當勞動行為加入論辯。是否有判決不備理由之處？或許法院認為就勞基法第11條第2款或第4款規定加以辯駁已足，但不可忘了，本案最主要的爭點，是在有無新工會法第35條第1項第1款之不當勞動行為上。

　　倒是，令人玩味不已的是，在一個同樣是涉及聯倉交通股份有限公司有無違反就業服務法第5條規定就業歧視的案件中，最高行政法院99年度裁字第529號裁定認為：「按禁止受雇者特定工會會員身分而給予不利待遇，工會法第35條至第37條有加以規定。而就業服務法第5條及第65條對違反規定者科以行政罰鍰，是我國目前禁止就業歧視最主要之法律依據。是雇主對工會會員為就業歧視，如符合就業服務法第5條之規定，自得依就業服務法第65條規定，予以裁處，亦符合工會法第37條規定『並得依法處以罰鍰』之意旨。否則雇主對工會會員為就業歧視，僅因該員工至今仍保有工會會員身分，及第65條之規定，對為就業歧視之雇主裁處罰鍰，自不足以達到保障工會會員，及就業歧視條款規定之立法目的。依行政院勞工委員會93年12月22日、95年8月10日函釋意旨，上訴人之員工蔡耀銘等

3人在上訴人為就業歧視時，已具有工會會員身分，自有就業服務法第5條之適用。又依被上訴人制作之上訴人工會會員與非工會會員業績獎金分析表可知，自96年10月起蔡耀銘等3人薪資大幅下降，每月與非會員員工差距1至2萬元；且參酌上訴人與員工間過往之勞資爭議事件，可見上訴人對於工會幹部懷有敵意，並採取強勢手段對工會幹部施壓等情並非無據。」

　　對於上述最高行政法院之裁定，本書以為其引用就業服務法第5條第1項規定，作為禁止對現任工會會員歧視之法律依據，並不可採。蓋從就業服務法第5條第1項規定之用語「以往工會會員身分為由」，即可知其在禁止新雇主以求職人「以往具有工會會員身分」，而不予僱用或在薪資、升遷上予以歧視（或者雇主以勞工以往具有工會會員身分為由，而不予升遷等）。其正與2011年5月1日修正施行之工會法第35條第1款或第2款規定[37]，形成互補的作用。也就是，以勞工或求職人「以往工會會員身分為由」而予以歧視，應依就業服務法第65條第1項規定，處新台幣30萬元以上150萬元以下罰鍰。如係違反工會法第35條第1項第1款規定者，應依同法第45條第2項規定，處新台幣6萬元以上30萬元以下罰鍰；至於違反第35條第1項第2款規定者，則應依同法第45條第2項規定，處新台幣6萬元以上30萬元以下罰鍰，並得限期改正；屆期未改正者，得按次連續處罰。所以，是因為「以往工會會員身分」或「現任工會會員身分」而受到歧視，援用的法條根據並不相同，罰鍰額度也相差很大。其背後的理由，無非是前者求職人或勞工的力量單薄，並無工會可做依靠，須要公權力強力地介入保護。而後者，勞工或求職者應該援用團結權保障的理論依據，主張不當勞動行為之救濟。如此的切割運用，才不會使得不當勞動行為的案例，被以就業歧視行為加以制裁。兩者仍有質的不同，且應尊重工會法的特殊性。

---

[37] 工會法第35條第1款規定，雇主或代表雇主行使管理權之人，不得對於勞工組織工會、加入工會、參加工會活動或擔任工會職務，而拒絕僱用、解僱、降調、減薪或為其他不利之待遇。第2款規定，雇主或代表雇主行使管理權之人，不得對於勞工或求職者以不加入工會或擔任工會職務為僱用條件。

　　另一個具指標意義的判決是最高法院98年度台上字第1042號民事判決（新海瓦斯股份有限公司案）。在該案中，被上訴人（雇主）以上訴人（產業工會常務理事）（依工會決議）召開記者會，散發不利公司言論，已足影響、破壞勞資雙方感情，有背忠誠義務，情節重大，予以懲戒解僱。上訴人雖主張記者會所發表言論，係屬可受公評之事，並無違反勞動契約或工作規則情節重大之情事。法院判決認為上訴人因爭取績效獎金未果，即召開記者會，以言詞及張貼標語主動爆料等方式，蓄意評擊被上訴人依法得收取之管線補助為不義之財，致使聯合報於翌日大幅報導，對被上訴人公司產生負面之評價，且造成被上訴人與消費客戶間關係之緊張，亦影響被上訴人公司之正常經營與運作。足認上訴人行為已違反勞工忠誠義務，破壞與被上訴人之信賴關係，導致其與被上訴人間之勞雇關係受到干擾，無法期待被上訴人採用解僱以外的懲戒手段，而繼續與上訴人維持勞雇關係。被上訴人依勞基法第12條第1項第4款規定終止與上訴人間之勞動契約，於法有據。依本書所見，本案其實涉及告密者是否受到勞工法令保障的問題。由於上訴人所散發者並未具有公共利益，而是可以循（較為溫和的）企業內管道或依據勞基法第74條的申訴程序為之，因此，並無法獲得告密者條款的保障。法院的見解可採。

　　在這裡會連帶牽扯到另一個問題，亦即（至少）在混雜著勞基法第11條之經濟性解僱與工會法第35條之不當勞動行為之案件，工會幹部之要獲得裁決的救濟，理論上應以工會具有實質的成立要件為限（純粹性、自主性／獨立性、以維護及促進勞動條件與經濟條件為主要目的、持續性、為求目的之實現，必須具有進行爭議的實力），而非是御用工會或黃犬工會，這才是工會法第35條第1項規定相關條款的真正用意。所以，我國勞資爭議處理法裁決制度的設計，雖然未引用日本工會資格審查的設計，但本書以為仍可從法理上的觀點出發，由不當勞動行為裁決委員會先對申請人（工會）進行形式審查，於其具有真實工會的成立要件後，再進行實質的審查。

　　但是，雇主如只針對工會會員行使選擇性的鎖廠，而讓其他想工作的勞工入廠工作，則是已侵害工會的存續，而不具合法性。這是因為雇主想

要藉由此種區別性的鎖廠，暗示具有會員身分勞工會遭受不利，並且建議其退出工會也。因此，雇主的此種壓力不具有社會相當性。[38]同樣不具合法性的是，雇主先進行一般性的鎖廠，而後部分給予或全部給予非工會會員薪資補助（Außenseiterunterstüzung），蓋其同樣會導致會員的流失。另外，此種薪資補助也有違反平等待遇原則的疑慮。只不過，如本書前面所述，由於新團體協約法第13條已經區分工會會員與非會員的差別對待，這表示非會員必須自行尋求改善勞動條件之道，而雇主也得採取工會會員與非會員的不同對待手段。因此，選擇性鎖廠及薪資補助即有合法的空間。這是整體考量下的推論結果。

　　最後，有問題的是，工會在面對其他競爭團體挖角其會員時，可否以存續的保障對抗之？對此，原則上存續保障包括「團結體之自由競爭」與「多數的團結體」的保障，所以，競爭的團體間當然可以用正當的手段或批評互相爭取他方的會員，只要競爭會員所為之批評符合實情而非憑空捏造即可。而且招攬會員的行為不可以煽惑的方式為之，也不可以毀滅競爭的團結體為目的。在這一點上，德國聯邦最高法院及聯邦勞工法院均認為競爭工會間，如為招攬新會員入會，仍不得使用令人陷入錯誤的手段（mit täuschenden Mitteln），尤其是內容不實的主張。否則，將必須依照德國民法第826條或第823條第2項（台灣民法第184條）負損害賠償責任。[39]

三、行動保障

　　上述存續的保障，仍有待於行動保障的落實，乃得以實現。因此，兩者的關係是緊密連結的。所謂行動的保障，包括追求團結體的目的實現的保障（此部分尤其是指團體協約自治），以及促進團結體的行動，例如

[38] 值得注意的是，在1970年代及1980代時期，面對工會所採取的新的爭議手段（例如警告性罷工），德國勞工法學者有提及可以選擇性的鎖廠對抗之者。請參閱V. Hoyningen-Huene, Vereinigungsfreiheit, in: AR-Blattei D Vereinigungsfreiheit I, 1984, Bl. 11 R。

[39] Vgl. BGHZ 42, 210 (219); BAGE 21, 201 (208 f.) = AP Nr. 14 zu Art. 9 GG: dazu Seiter, a.a.O., 525 Fn. 60.

招攬會員之措施（相關判決，請參閱最高行政法院105年度判字第135號判決）。至於其具體的內容則說明於下：

首先，在追求團結體的目的實現的保障方面，係指為促成勞動條件改善的任務，勞資團體可以採取「合乎團結體特殊行動」。其最主要的保障，是確保團體協約自治的有效運作；亦即作為社會伙伴的團結體，必須擁有以團體協約自行規範工作條件的可能性。為此，也必須給予團結體程序自由之保障（freie Koalitionsverfahren），包括進行團體協商（簽訂團體協約）與爭議行為。[40]

其次，在促進團結體的行動方面，長久以來，工會招攬會員的集體權利即被承認是促進團結體的行動之一，只要工會遵守非上班時間的要件即可，以免侵害雇主的財產權與經營權。另外，工會的招攬行為必須由會員或屬於同一廠場的非會員的勞工為之，非屬於本廠場員工之同一工會的成員（這是工會聯盟）或者未具有工會成員資格的外面第三人（這是廠場工會）、以及工會所外聘秘書，均不得違反雇主的意志，進入廠場進行招攬會員之行為（更不用說從事一般的活動，並不會受到保障）；亦即進行招募行為之人，必須與雇主具有勞動關係，始有權進入廠場。

再者，工會的行動保障，包括其可以從事各種競選廣告，例如工會派出代表與其他團體或個人競選勞資會議中的勞方代表，[41]甚至競選勞工董監事。試想至遲在多元工會時代來臨、勞工董監事擴大適用於大型民營企

---

[40] 有問題的是，勞資爭議處理法第6條以下之調解、仲裁、甚至裁決之規定，是否侵害了團體協商當事人程序自由之保障？因其明訂勞資爭議之進行必須遵照調解、仲裁、及裁決的程序也。

[41] 本文在前面即已主張勞資會議實施辦法第5條第1項規定，「勞資會議之勞方代表，事業單位有結合同一事業單位勞工組織之企業工會者，於該工會會員或會員代表大會選舉之；事業場所有結合同一廠場勞工組織之企業工會者，由該工會會員或會員代表大會選舉之。」係一錯誤，且無效之立法，正當性也不足。蓋工會只是少數勞工加入的利益團體，為其本身的利益而活動。而勞資會議勞方代表是全體勞工的代表，為全體勞工的利益活動。將此一權限交予工會來進行，並不恰當，而且也混淆了工會與勞資會議兩個團體的本質與特色。

業時，工會勢必要與其他團體競逐代表權，如此一來，保障工會從事各種競選廣告乃有其必要。此一工會之競選廣告之保障，並未規定於勞資會議實施辦法中（尤其是第9條），而是在憲法團結權的保障之內。而且，與招攬會員不同的是，工會可以在上班時間中從事廣告，只要遵守比例原則即可；亦即不得妨礙職場的和平與工作的進行。不過，如非勞工團體代表的選舉，而是一般的政治選舉，工會並無在廠場內從事競選廣告之權利。

最後，工會的行動保障，應該包括募集罷工基金之行為。在此，雇主不可以採取任何行動阻止工會募集罷工基金，因為工會所為者，是屬於憲法所保障的團結權範圍。無論是對手或國家，均無權對此團結權以任何方式加以侵害，否則工會將會向法院提起訴訟而獲得勝訴。

詳言之，以德國為例，工會可以向它的會員收取會費，目前會費的額度大約是稍低於薪水的1%，以大工會為例，在1997年左右，德國金屬工會有250萬的會員，可以想像這筆會費數目非常大。工會以此項收入支付給其會員──但亦只有其會員，而非所有的勞工──罷工津貼（Streikunterstützung）。又當這些勞工被雇主鎖廠時，他們也可得到相同額度的被懲罰性津貼（Gemaßregelunterstüzung）。這些津貼的額度不一，平均而言大約可達其薪水的60%，藉此身為工會會員的勞工實際上才能有一進行長時間罷工的機會，而無須擔心會引起家庭糾紛或甚至被迫退出工會。至於在雇主方面，雇主間如因勞資爭議的進行而無法生產，導致其無收入時，同樣也可以互相得到一定額度的資助基金（Unterstützungfonds）。

四、團結體之手段的保障

在此所欲釐清之問題是：追求目的實現的保障，包括有哪些可以做為工具保障（instrumentelle Garantie）的貫徹協商主張的手段？對此，工會原則上可以自由地選擇有助於達成其目的的手段，包括與雇主訂定任何形式的契約、協議、集體合同或團體協約，完全依其需要而定。其可以對話或協商的方式，對於勞動條件進行對談或交涉。法令並未規定工會與雇主只能以團體協商的方式交涉，也沒有規定團體協商只能依據一定的方式進行（新團體協約法第6條第2項總共三款的無正當理由情形，也不是團體協

約進行方式的要求），更沒有規定協商不成工會一定要以罷工的方式逼迫雇主屈服。所以，當工會與雇主簽訂契約、協議、集體合同時，其本質即非團體協約。

吾人以為：在工會手段的保障上，還包括工會成員在勞資會議中之參與，以及對於社會保險的自我管理機構的參與。後者，例如工會的代表與雇主、政府的代表共同管理及運用勞工退休基金（含勞基法及勞退條例所收取之退休金）。但並非工會法第5條所規定之任務，所衍生而來的手段均是。

面對團結體間基於「當事人遊戲自由原則」（Prinzip des freien Spiels der Kräfte）所進行的對話、交涉或爭議的過程，原則上國家負有中立之義務，除非在嚴重濫用爭議手段，且明顯地危害到整體經濟的利益時，國家才能採取強制仲裁的行政措施。而這也是台灣勞資爭議處理法第25條第4項規範意旨之所在。這種爭議行為不可以危害到與社會大眾生活息息相關之物質之供應，以免危及憲政秩序及國家之生存，更是在2011年5月1日修正施行的勞資爭議處理法第54條第3、4、5、6項中被加以明定。

如上所述，手段選擇之自由也包括當事人選擇勞動鬥爭的方式解決意見的歧異。一旦雙方進行勞動鬥爭，則雙方當事人即可自由決定：開始爭議行為之時間、如何進行爭議行為、選擇何種爭議手段（主要的或附屬的爭議行為），以及結束爭議行為之時間。即使雙方已發動勞動鬥爭，也不一定要到他方鬥爭失敗才結束，只要其間有一方願意再度協商或接受對方的要求，勞動鬥爭即可宣告終止。

雖然團結體有手段選擇之自由，也有選擇勞動鬥爭之自由。但是，就修正前台灣的勞資爭議處理法觀之，其對於勞資爭議或爭議行為之規範，其實只在該法第2條（由團結體所進行之爭議行為）、第4條第3項（團體協商之目的、團體協約相關性）、第7條及第8條（和平義務之延伸）。另外，和平義務則是規定於舊團體協約法第20條。至於爭議手段所須遵守之比例原則，則在勞資爭議處理法或團體協約法中均未有規定，有待於法官的具體化（立法者的代理人）。至於新勞動三法施行後，除了新團體協約法第23條和平義務規定外，新勞資爭議處理法中，也有較舊法時代

多的勞資爭議或爭議行為的規範，分別是第3條（由團結體所進行之爭議行為）、第5條第3款（團體協商之目的、團體協約相關性）、第5條第4款（爭議行為）、第5條第5款（罷工）、第8條（和平義務之延伸）、第53～56條（爭議行為）等。

　　至於在勞動鬥爭中國家應該保持中立之義務，同樣未明定於勞動三法中。雖然如此，本文以為國家機關應基於中立義務的要求，確保團體協約當事人之爭議對等（Kampfparität），其應儘量地創造並維持同樣的爭議機會與武器對等（Waffengleichheit）。[42]此應可從新勞資爭議處理法第2條規定「勞資雙方當事人應本自治原則，解決勞資爭議」，得出之。針對勞動鬥爭最常發生的解僱情況，假設雇主對於進行或參與勞動鬥爭的勞工，以大量解僱之措施加以解僱者，吾人以為大解法並不適用之，尤其是工會協商的部分。[43]這應可從大解法第2條規定中推知之。而且，立法者基於中立的要求，應不得以立法的方式介入此一解僱的爭議。因此，針對此一大量解僱的爭議，如果勞工或工會認為雇主的行為為不當勞動行為，則在舊法時代，只能回到舊工會法第37條之規定處理，也就是經由訴訟的途徑確定雇主是否為合法解僱。[44]至於在新工會法中，由於第35條第1項第4款已規定，雇主或代表雇主行使管理權之人，不得對於勞工參與或支持爭議行為而解僱，否則其行為無效（第35條第2項規定）。勞工並得依照勞資爭議處理法第39條以下之規定，向中央主管機關申請裁決。惟對於裁決決定，由於其只是一訴訟外紛爭解決機制所作成的處分，屬於行政救濟的性質（2011年9月30日勞裁(100)字第3號裁決決定書第18頁參照），當事人仍得向法院提起民事訴訟救濟（勞資爭議處理法第48條第1項規定），並立即將提起民事訴訟一事通知裁決委員會（不當勞動行為裁

---

[42] 但是，僅容許雇主進行防禦性的鎖廠，應係符合憲法第7條所要求之實質的平等。
[43] 德國解僱保護法（Kündigungsschutzgesetz, KSchG）第25條即是如此規定。
[44] 同樣基於國家中立原則，就業服務法第11條第1項第1款及第3項對於因進行爭議行為而無工資收入之勞工，保險人並不給予失業給付。批評者稱此一規定為「冷的鎖廠（kalte Aussperrung）」。

決辦法第22條規定）（這麼一來，有可能拉長確定不當勞動行為的時間，使得裁決程序只是一個非法定的訴訟前置程序而已）。在這裡，另一個問題的是，針對工會法第35條第1項規定之不當勞動行為，是否勞工與工會均有權提起裁決申請？對此，學者間雖有從雙重基本權的理論，採取肯定見解者。惟本書認為仍應分別情形以斷，亦即工會法第35條第2項規定之無效，係跟隨第1項所指之情形而來。所以，只有在第1項第1款、第2款、第3款及第4款規定，始會涉及勞工或工會會員被解僱、降調或減薪。緊接著，第2項規定始會發動適用。至於第1項第5款之情形，只有工會本身是不當勞動行為的受害人，不會有第2項規定之適用。整體來看，在第1項第1款、第2款、第3款及第4款之情形，不僅勞工受害、工會的團結權也受到不利影響，所以，基於雙重基本權的理論，勞工與工會均有權申請裁決，工會無須經由擴張解釋或裁決案例或行政解釋等方式，始會取得申請權，更不須要在工會法第35條第3項增訂工會裁決申請權。至於第1項第5款之情形，由於只有工會本身是不當勞動行為的受害人，勞工或工會會員不得提出裁決申請。由此觀之，必須分別第35條第1項各款規定之情形，分別斷定其裁決申請人。所以，不當勞動行為裁決辦法第9條第1項第3款及不當勞動行為裁決委員會分案及審理案件要點第7點，均有「工會為申請人時」之規定，其首先是指工會法第35條第1項各款規定之情形，其次，其應該也包含只有工會本身遭受雇主不當勞動行為之情形（在這裡，要注意工會法第35條第1項第5款的規定，必須作適當的、甚至限縮的解釋，不可失之寬鬆或浮濫，以免雇主的行為動輒得咎，否則，如依勞裁(100)字第1號及第3號決定書，「應依客觀事實之一切情狀，作為雇主之行為是否不當之情形；至於行為人之主觀要件，不以故意過失為限，只要具有不當勞動行為之認識為已足。」果如此，將會很容易成立不當勞動行為。例如在勞裁(100)字第3號中，事實認定為相對人的人力資源處協理及另一位員工「該二人於97年6月1日申請人工會成立起至申請人工會於100年5月28日召開之會員大會前之3年期間，從未參加或接觸過工會活動，亦從未反映意見給工會，對於工會事務並未積極參與，亦未曾詢問申請人加入工會之相關資訊，卻突然間於工會成立3年後積極的想加入工會，實非屬尋常。」

因而，可以認定該二人參加工會會員大會之行為，係相對人所指使。再試舉一例：在2011年10間所爆發的太子汽車公司積欠工資案，太子汽車企業工會以要求償還薪資為由進行罷工，資方並無積極支付薪資的作為，任由工會罷工，未採取任何對抗行為。假設資方也「認識」到這種消極作為可能會有「影響、妨礙或限制工會之組織或活動」的作用，則是否應將之認定成立不當勞動行為？另外，裁決委員會並非如大法官會議般，可以任意創造法律要求（後者有憲法的位階與權限），它只是個由專案組成的行政機關（頂多準司法機關）的性質，一切要依法行事，否則其見解會淪於無效。因此，在勞裁(100)字第1號裁決決定書中，裁決委員會要求大同公司「本會認命相對人於收受本裁決決定書之日起6個月內，應按月於發薪日起7日內向中央主管機關陳報當月代扣會費之情形應屬適當」，此一命令，驟然觀之，似已超出勞資爭議處理法及各種裁決辦法與要點的規定之外，增加給大同公司法律所沒有的負擔，見解應屬有誤。惟吾人如回頭觀該決定書程序部分之敘述，申請人之提起本件裁決申請，「符合勞資爭議處理法第51條準用同法第39條第2項應自……。」則知其係（同時）引用勞資爭議處理法第51條規定，作為處分依據。果如此，依據該條第2項規定，裁決委員會遂得令相對人為一定之行為或不行為矣。吾人如再將新工會法施行細則第30條第1項之定義性規定，引用於工會法第35條第1項第5款規定，亦無不通之處，而新工會法施行細則第30條第1項之針對工會法第35條第1項第1款及第3款之「其他不利之待遇」的解釋，不但未能具體清楚化本法的規定，反而更加模糊、甚至擴充本法的規定。此種規定之不妥，也有可能見之於勞工主管機關及裁決委員會對於工會法第35條第1項第5款規定的適用上，不可不慎（相關判決，請參閱最高行政法院105年度判字第135號判決）！

另外，欲再一言者，針對工會法第35條之不當勞動行為，除了新勞資爭議處理法第39條以下有裁決程序之規定外，在同法第51條又有準用裁決申請的規定。乍看之下，可能會疑惑於如何區隔兩者的不同。實者，前者是針對工會法第35條第2項有無效力之處理程序，而後者則是針對工會法第35條第1項及團體協約法第6條第1項裁決申請之處理規定，處理結果

性質上為行政處分。按照立法理由說明，「針對此種非涉及私權之爭議所為之處分，性質上雖屬行政處分，惟鑑於不當勞動行為爭議之處理有其專業及迅速性考量，原則上仍依處理涉及私權紛爭之不當勞動行為裁決機制處理，爰於第一項規定，非涉及私權爭執不當勞動行為應準用之條文。」可知第51條係針對非涉及私權之爭議之處理程序。在此一行政處分中，裁決委員會並得令當事人為一定之行為或不行為（新勞資爭議處理法第51條第2項規定）。只是，如本書前面所言者，工會法第35條第2項規定之無效，係跟隨第1項所指之情形而來。在工會法第35條第1項規定的各種行為中，都是私權上的爭議，最終也都會發生私權上的法律效果，應該不只「解僱、降調或減薪無效」之私權上之爭議而已，殊難想像、也難以區分出還有那些行為不會發生私權上的法律效果。撇開此不論，在2011年9月2日裁決委員會勞裁(100)字第2號裁決決定書中，不當勞動行為裁決委員會即命相對人（雇主）將自2007起連續四年對申請人所評的考績乙等，自裁決決定書送達之日起30日內作成（更正）為甲等之意思表示（作者按：這是不涉及私權的爭議？）。此一決定固有所本，惟本書以為：(1)本案裁決委員會係引用工會法施行細則第30條第1項規定，作為處分的依據。但是，工會法施行細則第30條第1項規定所涉及的工會法第35條第1項第1款第3款的「解僱、降調或減薪」規定，均屬私權上之爭議，則裁決委員會引用勞資爭議處理法第51條第2項規定，要求相對人為一定之行為，法條適用有無問題？理論上第51條第2項規定，係跟隨第1項而來，不能割裂適用。本案既屬私權爭執，則第51條定，應無被適用的餘地。(2)在處理上仍然可以更細緻點，也就是採取逐年審查的態度，而非一次四年的（較為便宜的、想像式的）包裹處理方式。在作法上，可以要求雇主提出每年整個事業單位考績的資料及過程，以確定出申請人是否確實受到歧視對待。這裡，也要考慮到很多公務機構都有考績輪流乙等的作法。(3)考績係企業組織之範圍，民事法院向不介入審查（台灣高等法院96年度上更（一）字第14號判決參照），這也是本書作者所贊成的，那麼，裁決委員會的審查，恐怕不會受到法院的支持（至少短期內）。這應該不會因為裁決委員會係依照工會法第35條第1項或第2項裁決，而有不同的效果。理論上民事

法院應該（逐漸）重視裁決委員會的決定，但是，裁決委員會是否也應該尊重民事法院歷年來的見解、或者抱持著民事法院恐不易快速改變歷來見解的心理準備？雙方間恐怕都要思考這個問題，並且妥思因應之道。

最後，在2011年9月30日裁決委員會勞裁(100)字第3號裁決決定書中，不當勞動行為裁決委員會即命相對人（雇主）應自收受裁決決定出之日起，將裁決決定書全文公告於所屬內部網站公告欄10日以上，並留存公告實證。此一命令行為，亦係依據勞資爭議處理法第51條第2項的規定而來。

第四節　團結自由基本權之保障

一、對抗國家

憲法所保障的團結自由基本權，首先是一個人民對抗國家干預的自由權，也就是一個防禦權（Abwehrrecht）。[45]人民得以之對抗立法機關（法令規章）、司法機關（裁判）及行政機關（行政行為）的各種不利益影響。進而，時至今日，集體的基本權也是社會國家或福利國家重視社會保障的具體表現。

由於國家係藉由立法的方式（主要包括工會法等勞動三法、人民團體法、及民法中的法人相關規定等）、法院的裁判，以及行政機關（還包括諸如不當勞動行為裁決委員會等官方的專家委員會等）的各種作為，來限制人民的團結自由基本權，因此，其本質上即與國家中立原則密不可分。舉例而言，之前舊工會法中所採強制入會的規定，固然係侵害了不想加入工會勞工的消極團結權。至於單一工會的作法（新工會法第9條），是否也侵害積極的團結權？或消極的團結權？又舊團體協約法主管官署對於團體協約的認可（內政部44年10月22日(44)台內勞字第78068號函參照），

---

[45] 有關防禦權及參與權的說明，可參閱楊通軒，歐洲聯盟基本權之研究（下），政大法學評論第86期，2005年8月，頁93以下。

以及罷工應先經調解、後經會員全體過半數之同意（勞資爭議處理法第53條第1項、第54條第1項），是否也侵害爭議之行使？這一切，恐怕都要由法院來加以認定，甚至要由司法院大法官會議或憲法法院作最後的裁判，以釐清集體基本權憲法上的疑慮。此在舊工會法第4條限制「各級政府行政及教育事業、軍火工業之員工，不得組織工會」，所導出之教育事業技工工友可否組織工會的爭議中，即是由大法官會議以釋字第373號解釋作出終局的決定，並認為限制教育事業技工工友組織工會，係侵害該等人員憲法第14條之結社自由。倒是，論者間有認為台灣過去沒有不當勞動行為的規定（含保護有時間上的限制、保護的手段有限等），影響我國工會的發展。本書以為即使是如此，也沒有侵害人民的團結自由基本權。況且，在採取強制入會的時代裡，法理上還有納入不當勞動行為的空間？兩者之間似乎只能擇一，這或許也是此次立法者修法時所做的政治／策交換。

　　至於在民事法院（勞工法庭）、行政法院及刑事法院在審理個別爭議行為之合法性時，亦可對於國家措施是否牴觸憲法第14條加以判斷。一旦法官認為有違憲之虞時，即可暫時中止審判，而向大法官提起釋憲之申請，例如針對工會所進行之罷工糾察線是否必須遵照集會遊行法事先申請許可，或者其是屬於集遊法第8條第1項但書第1款之「依法令規定舉行者」而不必申請？行政法院在審理時，應可依據司法院大法官審理案件法第5條第2項之規定，「以裁定停止訴訟程序，聲請大法官解釋」。

　　如從比較法來看，針對德國1976年的共同決定權法有無侵害雇主團結權的問題，也是在經過各級法院的判決後，最後由聯邦憲法法院在1979年3月1日作出「未違憲」的判決；亦即，共同決定並沒有排除團體協約自治，而是補充了它。[46]雖然妨害對手獨立性可以構成違反基本法第9條第3項之理由，然而勞工代表在監事會中行使共同決定之權限，並沒有強到會嚴重影響對手之獨立性之程度。[47]

　　另外，針對就業促進法第116條（目前為：德國社會法典第三部第

---

[46] BVerfGE 50, 290 (369 f.).

[47] BVerfGE 50, 290 (373 f.).

146條）第3項第1句排除「在團體協約地域的適用範圍外，基於參與原則（Partizipation）極有可能享有爭議行為結果之勞工，不得向國家機關請求失業給付或失業保險金」之規定，是否牴觸了基本法第9條第3項之團結自由基本權？德國聯邦憲法法院也在1995年7月4日作出判決謂：[48]「就業促進法第116條第3項第1句是與基本法一致的。……只要團結自由基本權係以對立的利益主體間的關係做為對象，即須經過法律制度的規範。立法者在此有一寬廣的行動空間。在判斷團體協約當事人間之對等是否受到侵害及一項規定對於權力關係會產生何種影響時，立法者有一評價的特權。[49]」「就業促進法第116條第3項第1句第2款之『中立法律』（Neutralitätsgesetz）並未牴觸基本法第9條第3項。該規定雖然對於工會的團結自由有不利影響，但並未逾越憲法對於立法者形成（法律）權限的界限。[50]」

二、對抗第三人

　　此處所指的第三人，係指有可能侵害團結自由基本權的所有私法主體，包括團結體的會員、非會員、其他的團結體，以及雇主。這些私法主體都必須尊重團結權主體的自由，不得採取任何形式的個別的或集體的約定及事實行為妨害之。不過，須注意者，憲法所保障的團結自由基本權，無論其憲法依據在第14條或第15條或第22條，應該都只有「間接第三人效力」（mittelbare Drittwirkung）而已，當事人必須同時引用民法第71條之禁止規定（Verbotsgesetz），始能對抗侵害者。[51]之所以作如此的解釋，主要是因為我國憲法有關團結權之規定，並無如德國基本法第9條第3項第2句的具體詳細的規定，甚至連我國憲法第7條有關平等權規定的具體程度都不如，想要透過釋義學的方式達到直接第三人效力的結論，實際上並不

---

[48] BVerfG v.4.7.1995, JZ 1995, 1169 ff.= BVerfGE 92, 365 ff.

[49] BVerfG v. 4.7.1995, JZ 1995, 1169. = BVerfGE 92, 365 (366).

[50] BVerfG v. 4.7.1995, JZ 1995, 1169 f. = BVerfGE 92, 365 (393 ff.).

[51] 反對說，黃程貫，前揭書，頁157。

容易，也並不可行。

三、侵害團結自由基本權之法律效果

　　依據憲法第22條及民法第71條對於團結自由基本權的保障，任何（試圖）限制團結自由基本權之法令規定、私法上的約定或措施，均屬違法而無效。不過，對於侵害團結自由基本權之法令規定（例如強制入會、參加爭議行為之解僱、封閉性條款等），實際上可以先進行合憲性的解釋，以避免該等條文的無效。至於當事人果真以雙邊的或多邊的約定（含勞動契約、團體協約），侵害勞工的團結權，則該約定係無效的。例如雇主與勞工在勞動契約中約定勞工不得擔任工會任何職務（新工會法第35條第1項第2款），或者工會與雇主在團體協約中約定不得僱用非工會會員（新團體協約法第14條）（行政院勞工委員會77年8月29日(77)台勞資二字第18300號函、81年8月22日(81)台勞資一字第25600號函參照）。上述約定對於已被僱用的勞工或非會員，均不生效。

　　又，雇主對於勞工因為單純具有工會幹部或會員的身分，所採取之單邊的措施或制裁，包括解僱、警告、其他不利的待遇、事實行為或不作為等，性質上屬於不當勞動行為，同樣亦為無效。此亦已規定於工會法第35條之中。

　　最後，工會法第35條規定，係民法第184條第2項之「保護他人之法律」，因此，當雇主違反時，勞工即有損害賠償請求權。甚而，如該侵害行為持續進行、已構成急迫的威脅，或有重覆發生之虞時，勞工亦可向民事法院聲請定暫時狀態之假處分，以便其繼續行使及擁有團結權。之後，並提起不作為（Unterlassung）之本訴，以永久禁止雇主之侵害。[52] 只不過，隨著新勞資爭議處理法第39條以下裁決規定之適用，針對工會法第

---

[52] 須注意者，依據舊工會法第57條之規定，雇主有舊工會法第35條、第36條、第37條之行為時，應處以刑罰及行政罰。惟對於雇主妨害勞工組織或加入工會的行為，則並無處罰規定。就此而言，與德國的法制現況並無不同；亦即違反基本法第9條第3項之行為，並不會受到刑事制裁。只是，新工會法第35條第1項第1款已有禁止雇主妨害勞工組織或加入工會的規定，違反時會受到行政罰鍰之制裁（新工會法第45條第1項及第2項規定）。

35條第2項所生民事爭議事件之訴訟,一旦當事人申請裁決,於裁決程序終結前,法院應依職權停止民事訴訟程序(新勞資爭議處理法第42條第1項)。此處的「法院應依職權停止民事訴訟程序」,應係參考民事訴訟法第182條第2項規定「訴訟全部或一部之裁判,於應依行政爭訟程序確定法律關係是否成立為據者」之特殊設計,只是此處規定為當然停止,而民事訴訟法第182條則是裁定停止。這是為避免見解相互歧異,暫時停止訴訟程序的進行,等到裁決決定後,法院得依聲請或職權撤銷停止裁定(民事訴訟法第168條),續行原來的訴訟,並且做出與裁決決定相同見解的裁判。

另一項值得注意的是,針對工會法第35條第2項規定所生民事爭議事件所為之裁決決定,裁決委員會應將裁決決定書送請裁決委員會所在地之法院審核(新勞資爭議處理法第48條第2項)。而依據新勞資爭議處理法第50條第1項規定,「當事人本於第48條第1項裁決決定之請求,欲保全強制執行或避免損害之擴大者,得於裁決決定書經法院核定前,向法院申請假扣押或假處分。」果依此規定,則本書原所主張之「不經裁決決定、勞工即可向民事法院聲請定暫時狀態之假處分」之見解,自應受到修正。

第五章　團體協商權之內涵

案例 1

　　某團體協約中規定，會員之勞動關係一旦終止，尚未休完之特別休假（不問可歸責於雇主或勞工）不再以金錢予以補償。工會成員乙預告雇主甲，其勞動關係將於2008年6月30日終止，乙並在2008年7月1日到雇主丙處就任新職，乙仍然向甲要求給付未休完假的工資補償。有理否？

案例 2

　　丙是外籍勞工，受僱於一家玻璃工廠（甲），月薪新台幣21,009元。(1)丙開始工作後一個月即加入工會（乙），並且要求乙依據團體協約的規定，給付其（做同樣工作的）本國籍勞工的月薪新台幣25,000元。有理否？(2)假設丙的月薪為30,000元，是否會受到團體協約所規定月薪25,000元之影響？理由為何？

案例 3

　　乙工會甚不喜歡雇主甲所委任的經理人丙。乙是否有權以團體協商的方式要求甲撤換丙？乙是否可與甲在團體協約中約定「公司委任經理人以工會會員為限」？

案例4

　　甲雇主在2004年面臨經營重大的困境，已達到破產的程度。甲欲與其內的廠場工會乙在團體協約中訂定如下之約款，可否？(1)約定工會會員減薪二成；(2)約定工會會員的勞動條件可以低於團體協約的規定；(3)約定特殊的解約（außerordentliche Kündigung）條款，而其不在勞基法第11條及第12條規定之內者；(4)約定雇主可以低於團體協約的勞動條件，僱用長期失業者。

第一節　概論

　　集體勞工法上團體協約自治制度（Tarifautonomie）[1]之產生，係為了修正個別勞動契約上因契約自由原則及以供給（Angebot）與需求（Nachfrage）〔競爭〕所形成之市場制度或市場經濟法則所產生之流弊。團體協約以其具強制力之規範性的效力取代了或修正了個別勞動契約。如果是在一般的契約關係，為了矯正具體的地位不平等，則必須依照民法第74條或第247條之1等規定為之。

　　為了使得團體協約自治能夠發揮效果，自團結體之組成、協商的進行，甚至集體勞資爭議之進行，國家機關均不得過度地介入。基此，國家有必要在一定之限度內，遵守國家中立原則（勞資爭議處理法第2條參照）。不過，依據法律保留原則或國會保留原則，立法者亦負有義務建立完備的集體勞工法規規範，使得勞工及雇主的團體，得以對等地進行協商及爭議。此從現行的勞動三法來看，似乎已具備形式的要件。但是，吾人如觀1929年、1930年國民政府相繼制定工會法、勞資爭議處理法及團體協約法，即會發現其管制之目的多，而輔助之精神少。此種形式的完備，反

---

[1]　Horst Konzen（楊通軒譯），團體協約自治在德國集體勞工法體系中之地位，律師雜誌第220期，1998年1月，頁77以下。

而造成我國長年以來集體勞資關係的發展不彰。其理由無他，該等集體勞工法之立法背景，係在國家統合主義之下的產物也，其背後隱含黨國利益優先的思想。

隨著1990年代以來台灣政府對於勞動三法所發動的修法運動，不僅是要掃除國家統合主義的弊病、彰顯市民社會的價值，更是希望能夠兼顧勞工基本權益之保障、雇主經營權的維護，以及一般社會大眾所有權利的尊重；亦即在三方利益之間找尋一個平衡點，而非只針對單方作有利的修法。惟這個修法運動，一直要到2011年5月1日新勞動三法施行後，始暫告一段落。

第二節　團體協約自治

一、意義

所謂團體協約自治，是指工會和雇主或雇主團體擁有一個進行團體協商及締結團體協約之自由，[2]而經由這個團體協約對於勞資雙方的勞動條件有所規範（團體協約法第12條第1項、行政院勞工委員會77年4月7日(77)台勞資二字第06600號函參照）。勞動條件之內容完全由勞資雙方以團體協約加以規定，國家不得加以干預（BAG v. 16.3.2016, NZA 2017, 131 ff.：為避免基本法所保障之團體協約自治受到侵害，針對團體協約的規定，法院除非已有團體協約授權或由上下文關係可得出其擁有權限，否則其並不得因科技的進步，而對之作限縮解釋或擴張解釋）。團體協約自治與團體協商制度係憲法團結權保障的內容，係由立法者在團體協約法中予以具體規定。立法者擁有寬廣的形成空間，並且得在符合比例原則下，對於團體協約自治予以限制（即使2011年5月1日起強化推動之不當勞動行

---

[2] 依據團體協約法第2條之規定，雇主想要全然地從團體協約脫身，乃得以被防止。該條文將其作為有團體協約的能力，以便可能締定一聯盟的或公司的或廠場的團體協約，以及必要時可以以罷工強制之。

為、所對於團體協約自治造成的限制或侵害，也必須符合比例原則。這是不當勞動行為裁決委員會在個案的處理上，所必須注意的。除非，我們認為在台灣其實並沒有團體協約自治可言）。在此，團體協商當事人於締訂協約時，由於其貼近於事實上的情況，並且明瞭所牽涉到的利益及規定的後果（含非勞動條件及程序上的約定），所以擁有一評價／判斷的特權（Einschätzungsprärogative）。對於協約內容的形成，它們擁有廣泛的裁量空間。只有在團體協約無法窺知一具有說服力的、明確的理由時，始能謂其已逾越判斷的特權。此一制度可以說是對於勞動生活秩序具有立法權限的立法者的一個輔助，[3]國家因此不必事事涉入。在此，假使國家立法限制當事人的協商權，即係侵害了當事人的團結權，2011年5月1日修正施行的團體協約法第6條之協商請求權及與之相伴之不當勞動行為之行政罰鍰制裁（新團體協約法第32條規定。尤其是，裁決委員會依據本條第2項規定，似可限期進行團體協商），即有侵害團結權之疑慮。倒是，新團體協約法第6條第1項係規定，「勞資雙方應本誠實信用原則，進行團體協商；對於他方所提團體協約之協商，無正當理由，不得拒絕。」言下之意，發動協商請求的一方，可以是工會、但也可以是雇主，不僅工會可以請求雇主提高勞動條件，雇主也可以每年向工會要求協商調整（降）勞動條件，任何一方均不得迴避。如此一來，誠信協商會不會淪為一來一往的報復手段？實在不無可能。

　　在團體協約自治之下，應該由團體協商當事人自行決定是否繼續以協商或者以爭議行為達成合意，法院不可以介入審查，以免形成一個團體協約控制（Tarifzensur）。例如針對工會的罷工，法院不可以援引最後手段原則，判決：「你們不應該這麼早就進行罷工，而是應該等待第二次或第三次協商失敗後，才可以發動罷工。」為了避免行政機關或法院動輒介入爭議行為，有必要將最後手段原則公（形）式化（formalisiert），也就是只要當事人之一方宣告協商失敗時，即已表示其已用盡協商的管道。重點

---

[3]　BVerfGE 44, 322 (344). 但吾人不能說勞雇團體即是公法機構／關。

是雙方是否已進行協商,以及當事人之一方是否想宣布協商失敗。[4]

在德國,「團體協約自治」即屬於德國勞工法規範中一個不可動搖的部分,其時間已將近百年。它是屬於民主的、對於貨物及勞務交易以市場經濟加以規範的德國勞工法規範。進一步言之,團體協約自治是由工會在19世紀後半期以及20世紀的初期,對於國家的反抗,進行抗爭之後才得到的,且在第一次世界大戰結束後,確定地融入到德國的法律制度裡面。它對於德國在資本的和市場經濟的經濟制度下所產生的「社會的問題」的解決,有著很大的貢獻。

不可否認地,如果勞雇團體團體協商的薪資額度太高,而雇主藉由貨物的售價將之轉嫁給消費者的話,當會對消費者產生不利。同樣無疑地,團體協約的薪資額度太高的話,可能驅使一企業主破產或至少強制其進行解僱,因此而肇致勞工失業。這一點在政治上是可以批評,但在法律上並無法禁止之。團體協商兩造之自我管理亦屬於團體協約自治。一個團體協約始終帶有兩個署名。雇主可以不締定團體協約,他可以冒著被罷工的風險。另一方面,工會係依賴活躍的勞工的繳費而存活,在失業的時期,它面臨著會員退出工會而導致財政上的損失與力量削弱的危險。以此作為篩選(或煞車)的工具就已足夠了,因吾人如以德國為例,即可確定:工會並不想毀滅自己、社會及國家。

在台灣,學者間使用所謂「團體協約自治」者,似乎並不多見,但鑑於學者及實務對於勞動三權大多持憲法上的保障說,團體協約自治在我國憲法上自亦有其法律依據。只不過,其是否屬於台灣勞工法規範中一個不可動搖的部分?實在令人存疑。不過,由於論者間多有使用「勞資自治原則」一詞者,而其內涵除包含個別勞工與雇主自治地協商各自的勞動條件外,解釋上也可以納入團體協約自治(參照2011年5月1日修正施行的團體協約法第1條規定)及勞資會議自治。因此,將團體協約自治作為台灣勞工法規範中一個不可動搖的部分,在理論上及實務運作上應無可疑。

再一言者,為了落實憲法所保障之團體協約自治,立法者有權利且有

---

[4]　BAG EzA Nr. 75 zu Art. 9 GG Arbeitskampf.

義務對於團體協約之拘束性、爭議行為之合法性以及爭議行為之方式等，以法律加以規範下來。因此，勞動三法本係立法者為形成團體協約自治及規定團體協約自治運作之條件所為，而非對團體協約自治之侵害。只是，立法者的形成權限必須受到客觀的內涵（objektiv Gehalt）的限制，不得因其立法而致使團體協約當事人受到國家的干預而無法自我負責地規範自己的事務。[5]

當然，國家只須為團體協約自治備置好法律的架構即可；亦即設立運作的條件，至於團體協約自治是否果真能發揮其功能，則非其所能保證的。憲法上也並未強制社會自治的當事人須行使其團體協約的權利，它只是要求提供一能發揮效用的團體協約制度而已。[6]而且，在團體協約自治方面，團體協約應回歸到最低勞動條件的規定而已，如果個別勞工能夠在契約自由下自行締結勞動契約，那麼工會即毋庸介入。畢竟，勞工才是勞動關係的主體，應該讓他「我思，故我在」。

再者，須注意者，團體協約自治在經濟持續成長時，是擔任所得重行分配的角色，其規範的效力及有利原則的意義即毫無疑義。然而面對經濟情勢的改變，尤其是工業化國家受到較低薪資及甚少社會保護的國家的競爭，而陷於一長期的結構性失業之害時，團體協約自治的效力即不應該過於僵硬，而應該思索適合解決個別企業問題的方法。在此，廠場的或公司的團體協約顯然要較聯盟的或部門的團體協約更能滿足個別企業的需要，而廠場的或公司的團體協約也比較符合台灣集體勞動關係的現狀。

最後，更進一步從比較法的觀點來看，團體協約（甚至企業協定）中可以增加彈性化的規定，以滿足行業或廠場的需要。例如德國1994年北萊茵－威斯特法倫邦（Nordrhein-Westfalen）「勞動契約法」專家草案，

---

[5] BVerfG v. 4.7.1995, JZ 1995, 1169. = BVerfGE 92, 365(394).有問題者：德國聯邦憲法法院從未提出客觀的內涵的觀念，其真正的意義及判斷的標準為何？並不清楚。請參閱Lieb, Anm. zu BVerfG v. 4.7.1995, JZ 1995, 1174; Otto, Zur Neutralität der Bundesanstalt für Arbeit bei Arbeitskämpfen-BVerfG vom 4.7.1995-1 BvF 2/86 und 1, 2, 3, 4/87 und 1 BvR 1421/86 -, Jura 1997, 27。

[6] Rüfner, Verantwortung des Staates für die Parität der Sozialpartner? RdA 1997, 131 f.

即有如下之重要規定：[7](一)法定的定期勞動契約，可以被團體協約之約定加以更改，尤其是定期契約之最長時限；(二)團體協約當事人有相當大的權限，可以自行約定工作時間；(三)工資領域之事項，係團體協約當事人可以參與的核心事務；(四)有關勞工疾病期間之工資繼續給付，團體協約當事人不僅可以為不同於法律所定之計畫方式與額度，也可以針對提出無工作之證明，採取較法律所定者為嚴格之規定；(五)為了兼顧勞工的休假需求及企業的利益，對於本年度未休完的特別休假之過度到下一年度，採取較為彈性之規定（依據台灣勞動基準法第38條第4項規定，「勞工之特別休假，因年度終結或契約終止而未休之日數，雇主應發給工資。」解釋上，勞雇雙方並無約定遞延使用特別休假的權限。而且，由於為強行規定，因此，團體協約不得約定「未休完之特別休假不予金錢補償」。案例1乙有權向甲要求補償）；(六)簡化勞動契約變更之可能性（即勞動契約變更），以因應勞動關係存續中外在環境的變動；(七)團體協約當事人有權參與基於企業經營因素而生之解僱之社會計畫的擬定，以及擬定退休年齡的上限。

就實際的個案來看，針對以團體協約規定最高工作年齡上限（例如機師及公部門職員60歲的年齡上限）（法定退休年齡為65歲／67歲），是否違反就業年齡歧視的問題，德國聯邦勞工法院長久以來即是從定期契約及彈性約定提早退休年齡得以促進最佳人事結構的角度，承認其合法性（BAGE 127, 74 = NZA 2008, 1302 Rn. 24; BAG v. 8.12.2010, NZA 2011, 586 ff.）。也就是說，在德國，勞雇團體得自由地制定勞動條件及經濟條件的必要的規範。其中，亦包括定期勞動契約的約定。長久以來，定期勞動契約即是團體協約的規範標的（BVerfGE 94, 268 = NZA 1996, 1157 = NJW 1997, 513）。在此，團體協約有關最高工作年齡上限的定期契約的約定，具有部分時間及定期勞動契約法第14條第1項第1款的客觀理由。只不過，與此不同的是，台灣的定期契約法制僵化，似難在團體協約中有此

---

[7] 請參閱楊通軒、成之約、王能君、陳正良，各國勞動契約法規制度之研究，行政院勞工委員會委託研究，2003年11月，頁107以下。

類與工作類型有關的定期契約的約定。各級勞工主管機關恐難認定其具有客觀的理由。這或許也與工會力量屢弱,不足以與雇主或雇主團體議定一既合理、又合乎廠場狀況的定期契約有關。

二、團體協約自治與社會的市場經濟的關係

　　團體協約自治在台灣的實踐,並無意更改或廢除資本主義的市場經濟,頂多只是將之往福利國家的方向挪動,進一步落實市場經濟的社會化。因此,團體協約自治也只是在強化或補充勞工保護法的不足而已。另外,由於仍然堅守市場經濟的運作原則,所謂社會主義或共產主義下的思想或作法,自然無法引用到台灣來。也就是生產資料共有,及其所衍生的生產投資、人事任命的集體決定,理應非台灣現行的經濟制度及集體勞工法政策所容許。

　　吾人如對照團體協約自治制度在德國的實踐,實際上也正如台灣一樣;亦即在德國,團體協約自治、無數的勞工保護法律〔解僱保護法、母性保護法等〕及──作為德國勞工法的第三個支柱的──共同決定權法(Mitbestimmungsrecht)與企業組織法(Betriebsverfassungsrecht)補充及矯正勞動關係領域之契約自由與市場經濟。以經濟數據來作為對於貨物的及其他勞務的市場的市場經濟的規範,此一規則對於勞動關係──但亦僅限於勞動關係而已──並不適用。另一方面,勞動關係的規整並不是經由國家來制定,而是由團體協商雙方當事人經由主動的團體協約為之。在上述兩點上,德國的制度是有別於社會主義(Sozialismus)的。社會主義廢除了市場經濟。除了勞動關係之外,團體協約自治及勞工法的規定並不觸及市場經濟的制度,它只是對於勞動關係作了社會的修正(soziale Korrektur),因此產生了一個社會的市場經濟(soziale Marktwirtschaft)。

　　在社會的市場經濟之下,團體協商及爭議行為的標的物,並不包括企業關於其投資、銷售組織及工作位置的數目等事項的決定(這可從新團體協約法第12條第1項規定之項目中,獲得印證。該條項中,也不包括人事事項,所以,不可以「公司委任經理人以工會會員為限」,作為協商標的。案例三的答案應為否定)。同樣地,在廠場層次的勞工參與,員工代

表會（Betriebsrat）為進行參與所得到的資料並不是廣泛的，這些資料被規定應與勞動關係有關，但不得涉及企業固有的決定權。否則，市場經濟、資本主義在德國將不可能存在。也因為如此，所以原則上勞工參與並不會危害企業主，勞工參與只是提供勞工一定程度的保護而已。

三、團體協約自治與Kartell（cartel）的關係

團體協約自治領域另一個有趣的議題是，其與聯合行為或公平交易法之關係為何？

對此一問題，首先，不可否認的是：團體協約自治當事人協商之行為可能有害於社會大眾。這互相對立之雙方當事人所形成之（企業）聯合行為，可能造成第三者及自己會員負擔，而且可能影響很大。譬如其所約定之薪資太高，已經超出國民經濟所能負擔之程度，以致於不應該轉嫁給社會大眾。

這是因為，團體協商當事人經由團體協約對於契約締結所產生的雙邊的壟斷（bilateral Monopol），使得關於勞動關係的需求與供給產生一集中的現象。此一在勞動關係的強制的、規範的效力，對於勞動關係的規範產生了統一的（Vereinheitlichung）效果。此從經濟的角度來看，團體協約當然是一個（企業）聯合行為，因其規定了最低的薪資及其他勞動條件，具有統一定價之功能。一般人也認為：依據團體協約所訂之勞動條件，實可與企業聯盟與消費者組織締訂的買賣條件相比擬。[8]但是，基於人民團體之自律的功能及其他社會的目的，其所為之定價之行為，應不再受到公平法競爭政策原理之規範；亦即團體協約有一例外被允許的聯合的作用（Kartellwirkung）。此亦見之於公平法第46條第1項「事業依照其他法律規定之行為，不適用本法之規定。」解釋上即包括工會法第5條第1款之「團體協約之締結、修改或廢止」。[9]

再就雇主而言，在訂定團體協約後，雇主的負擔是立即的，但同時也

8　Sinzheimer, Der korporative Arbeitsnormenvertrag I, 1977, 2 Aufl., 106.

9　呂榮海、謝穎青、張嘉真，公平交易法解讀，1992年，頁45以下。

顯示：雇主對於團體協約的規範性的效力有一巨大的利益。只要團體協約的適用範圍〔團體協約區域（Tarifgebiet）〕與一雇主也參與的貨物的或勞務的市場相一致，則團體協約對於競爭而言甚至是中性的。這當然是針對聯盟的或部門的團體協約而言。

　　另外，更重要的是，德國至今為止，社會大眾均認為經由工會與雇主的協商，對大眾福祉是有利的。因雙方當事人無論如何必須對於衝突的利益，達成協議。甚至德國聯邦勞工法院也認為：經由社會自治當事人互相控制所得的結果，對於外部的第三者亦是有利的。團體協商當事人應該賦予一可取代國家地位的規範勞動生活的權限，因為與利益直接有關的當事人較清楚其利益之所在，且較能做一好的交涉。經由基本法第9條第3項的保障，團體協商當事人可賦予一公共利益有關的任務，以及在核心部分，尤其是薪資及其他實質的勞動條件，在國家立法權限所釋放出來的空間，以自己的責任與大體上不受國家干涉下，有意義地訂定具有強制力的團體約定。[10]

　　最後，台灣實務上對於勞雇關係可否適用公平交易法，意見似不一致。[11]至於團體協約與公平交易法之關係，則更無人論及。但吾人如考諸於工會發軔時期，工會被認為與自由放任思想（Laissez-Faire）相違背，惟現時立法加以保護，免除團結權之刑事及民事責任，鼓勵勞資雙方進行團體協商觀之，團體協約當亦是如德國、美國般，例外的受到法律允許之（企業）聯合行為。[12]

---

[10] BVerfGE 34, 307 (317 f.); 44, 322 (340 f.); 55, 7 (22).

[11] 工商時報，1996年1月23日，4版：勞雇關係也可適用公平法？公平會委員根據國外經驗，認不能全部豁免。經濟日報，1994年5月3日，10版：公交會看公車罷駛：意見紛歧，一派主張違反公交法，一派認係勞資糾紛。

[12] 然而，團體協約由於具有直接、強制的效力（法規範效力），加上工會強力地行使，致使團體協約自治陷入困境中。學者並有以為今日德國長期的失業問題，團體協約未能因應經濟的需要而作調整，也是其原因之一。Reuter, Möglichkeiten und Grenzen einer Auflockerung des Tarifkartells, ZfA 1995, 1(3).

四、團體協約自治的界限（限制）

(一)團體協約與企業經營自由

　　每一個有關勞動關係的規（約）定，將難免與企業的行為發生連動。例如一個團體協約約定油漆工每天油漆的範圍，以用刷子所能達到的範圍為限，而不以噴射的油漆槍所能達到的範圍為準。此種規定，將難免牽動勞工的工資額度及工作時間的長短，雇主必須想辦法自行消化或轉嫁出去給消費者負擔。為避免過度侵害雇主的企業經營權，新團體協約法第15條即規定「團體協約不得有限制雇主採用新式機器、改良生產、買入製成品或加工品之約定。」[13]換言之，假設團體協約的內容已逸出勞動關係（勞工法），而進入企業經營的領域，則其已非團體協約所可規範的對象，也不再受到團結自由基本權的保障（雖然如此，值得回顧的是，英國在1787年開始採用的紡織機，其速度比熟練紡織工人快上100倍，造成紡織工人的大量失業，也終至於引發紡織工人在1812年4月24日的破壞機器舉動，並且迅速蜂起雲擁地擴大到英國各地（所謂的「盧德運動或盧德份子Ned Ludd」）。參與破壞活動的人，甚至被冠以革命份子治罪。以今非古：紡織機器的快速無情，其實反映著資本家的輕情無淚。吾人如再對照馬克思主義所認定的生產工具的發展，是決定歷史變化的唯一因素，則在人類有意的主導生產工具發展下（連I-Phone及I-Pad也是生產工具，雇主可以透過這些工具24小時line員工隨時提供勞務），團體協約法第15條的設計，背後所隱藏的，反而較多是透露出社會學家或歷史學家對於歷史發展的反思，或者說是對於歷史主義或唯物史觀的批判）。此並不因台灣憲法第14條係使用「結社自由」一詞，而做不同或較寬的解釋。例如針對外包，最高法院98年度台再字第4號民事判決謂：再審被告（美商西北航空股份有限公司）確因虧損原因，而將某部分營業外包與第三人之事實，其

---

[13] 令人難以理解的是，行政院勞工委員會2006年10月工會法修正草案第5條第5款明定「企業經營管理之參與」，係工會之任務。紊亂了團體協商領域之界限，將可能對於集體勞資關係領域造成深遠不利的影響。還好，2011年5月1日修正施行的工會法第5條已無該款之規定。

本質為經營權之行使,非屬(舊)勞資爭議處理法第4條第2項規定之權利事項爭議(然而,由於外包影響勞工的工作權,為免發生爭議,勞雇雙方得於團體協約中,約定諸如轉業訓練等有利於勞工的處理方式。行政院勞工委員會87年8月18日(87)台勞資二字第036644號函參照)。又例如在一件針對雇主是否有權實施績效考核要點的爭議中,雇主主張事屬經營管理權事項,並非如勞動條件須先與工會協調會商之事項,新版(民國95年版)的團體協約並未規定工會有此一權限。台灣高等法院98年度上字第824號判決認為雇主主張有理,即舊版(民國80年版)的團體協約第51條固有績效考核要點的規定,但民國95年的團體協約已排除工作規則之修訂須與工會先行協調會商之規定。本書以為:雖然法院未就績效考核要點是否為經營管理權事項加以論辯,但其同意雇主以新版團體協約規定為準的主張,應該可以推知其間接同意「績效考核要點為為經營管理權事項」的論點。

　　如以工作時間而言,勞動基準法第30條第1項只規定,「勞工每日正常工作時間不得超過8小時,每週不得超過40小時。」只限定每日及每二週最長的工作時間,而未明定每日8小時的起迄時間,因此,企業界當然可以輪班(三班制、四班二輪等)的方式,[14]令勞工在8小時內工作。勞動基準法甚至給予工會(或勞資會議)針對雇主所欲施行之變形工時(第30條、第30條之1)、延長工時(第32條第1項)同意之權利。顯見立法者賦予工會相當大的形成空間。[15]只不過,此處所謂工會的「同意」,並非僅指團體協約所做的約定而言,而是兼指一般的契約或協議(定)的約定。又,此處所指之工會,依據中央勞政機關見解,「如事業單位有眾多

---

[14] 勞動基準法第34條參照。惟,由於第34條並無輪班津貼的強制規定,基於輪班工作對於勞工身心的不利影響,工會實應與雇主協商一定金額的輪班津貼,以彌補勞工身心的疲憊或傷害。

[15] 然而,對於工作時間彈性化(彈性工時、部分時間工作)的推動,工會或勞資會議仍然有相當程度的進展空間,以能迎合勞工與企業的需要。目前台灣勞工法令對此並未加以明確規範,但亦並未加以禁止,工會或勞資會議實應善用其協商或對話的工具與手段。

廠場，擬實施彈性工作時間、延長工作時間或女工夜間工作，依勞動基準法第30條、第30條之1、第32條及第49條規定，須經工會同意，惟考量各廠場工作型態難以一致，允優先經廠場企業工會同意，如廠場勞工未組織企業工會者，則由同一事業單位企業工會之同意以代之。」（行政院勞工委員會100年11月25日勞資2字第1000091838號函參照）。

現行勞動基準法對於勞工禁止工作的時間，一在第48條的童工「不得於午後8時至翌晨6時之間」，[16]另一在第49條的「雇主不得使女工於午後10時至翌晨6時之時間內工作」。[17]但在女工的情形，經工會（或勞資會議）同意後，並具備一定之條件者，即可不受上述禁止工作時間的限制。在此，即使雇主已具備一定的條件，但工會在衡量整體的狀況（女工身體及家庭因素等）後，[18]拒絕同意夜間工作。至於其一旦同意，而女工夜間工作的結果造成女工身體或精神上的不利者，女工應不得對於工會（或勞資會議）提出何種請求或救濟。這是立法者賦予工會或勞資會議可以代表「全體勞工」同意夜間工作，所應該得出（予以免除責任）的當然解釋。[19]

有問題的是，勞動基準法第49條係規定「雇主不得使女工於午後10時至翌晨6時之時間內工作」。反面解釋之，表示立法者加以女工強制性的工作時間，至午後10時止。雇主亦可在每日8小時的範圍內，要求女性勞工工作至夜間22時（例如自14：00到22：00）。因此，乃會發生以下有趣之問題：假使工會與雇主的團體協約中明定「雇主不得使女工於午後8時至翌晨6時之時間內工作」，將法定禁止夜間工作提前二小時。如此，

---

[16] 此條文禁止的對象是該童工。

[17] 此條文禁止的對象是雇主。

[18] 此處的因素，也可能包括勞動基準法第49條第3項的「女工的健康或其他正當的理由」。

[19] 本來，工會所代表者，應僅限於其會員而已。立法者如果欲賦予工會代表全體勞工的權限，必須具有堅強的客觀理由始可，否則，個別勞工的私法自治權限，將會被工會集體的權限所擠壓或排除，嚴重時，將會形成工會對於非會員不當勞動行為的情況。那麼，所謂的「我思故我在」、「我為自己而活」，將不再存在。取而代之的，是集體法的或全體法的惡夢。不可不慎，也不可不防。

是否會發生團體協約牴觸法律強制規定而無效？或者，反過來，勞動基準法的上述規定侵害了團體協約自治（核心部分領域）而無效？對於此一問題，涉及了雇主的企業經營權、女性勞工的保護，以及女性勞工的工作權的錯綜複雜關係，處理上並不容易。首先，雖然女工夜間工作的禁止也涉及了雇主的企業經營領域，但其規範目的是在給予女工一定的保護，主要屬於勞工法的範疇。因此，團體協約似可對於夜間工作加以規範。但是，綜觀世界各國女性勞工夜間工作的規定來看，已從之前原則禁止、例外許可的（保護）態度，轉而為原則許可、例外限制的保護工作權的態度。[20]因此，整體加以評量，仍然應以女性勞工的工作權保障為重，團體協約不可明定較法定夜間工作時間更為嚴格的規定。[21]

　　進一步言之，最明顯地、界於勞動關係與企業經營的邊界案件，應屬事業單位的改組或轉讓。對此，勞動基準法第12條第1款及第20條給予新舊雇主商定留用權，或者給付勞工資遣費以結束勞動關係。即使是企業併購法第15條、第16條及第17條之規定，並未超出勞動基準法的規範意旨之外。只不過，前者屬於勞工法領域的規定，後者則是屬於經濟法領域的規定，卻同樣是採取尊重企業經營自由為重的態度，而僅有微量的勞工保護色彩。因此，無論是勞動基準法或企業併購法的上述規定，並不會受到團體協約規定的變更或排除；亦即勞動基準法或企業併購法的效力，強於團

---

[20] 以德國為例：德國修正前的工作時間法第19條第1項規定，禁止女性勞工在夜間二十時至翌日六時工作。德國聯邦憲法法院在1992年宣布該規定牴觸基本法第3條第1項及第3項。其牴觸了第3條第1項之一般的平等待遇原則（allgemeiner Gleichheitssatz），是因為在沒有充分的理由下，立法者將女性勞工（weibliche Arbeiter）作不同於「女性職員（weibliche Angestellte）」的對待規定。至於其牴觸禁止歧視（Diskriminierungsverbot），是因為其與男性勞工相較，已被剝奪了夜間工作的機會。

[21] 反之，如以第32條第1項的延長工時為例，工會既可針對個案表達同意與否的態度，則其在團體協約中約定每週的特定日期（例如週四晚上）不加班，應無不可。但因其已比個案的同意，更進一步影響勞工決定加班與否的權利（工作權的內涵之一），故此種規定應只針對「工會會員」始有拘束力。至於如全面地約定不延長工作時間，則其因相當程度影響企業的經營自由及人員調度，也影響會員及非會員個人決定是否加班的自由，故應自始地不生效力。

體協約的效力。

　　雖然如此，行政機關及法院的見解，卻有採取有利於勞工的解釋與判決的案例，加重了勞動基準法及企業併購法上述條文勞工保護的比重。惟其見解是否已超出法律規定意旨之外，而不再對於當事人具有拘束力，實在不無疑義。先就行政院勞工委員會解釋觀之，89年4月1日台（89）勞資二字第0012049號函謂：「……。二、事業單位改組或轉讓期間，……新雇主應有義務將未來相關勞動條件之內容告知勞工或與勞工協商同意後簽訂新約，以穩固勞雇關係。至於改組轉讓中，被商定留用之勞工，如因其勞動條件有不利之變動而拒絕另訂新約，或因個人因素拒絕留用，原雇主應依勞動基準法第11條第1項第1款之規定予以資遣。」對此，一者，無論是商定留用或勞動條件之維持或變更，現行法（勞動基準法）並未要求新雇主應先告知勞工未來的勞動條件或與之協商；二者，現行法並未禁止改組或轉讓中新雇主可以（不利益）變更勞動條件；亦即勞動基準法並未採取「當然繼受主義」，其出發點在於有利於進行企業的改組或轉讓。此種規定當然不利於勞工，也有適度修正的必要。但在未修正前，試圖以解釋的方式要求原雇主依據勞動基準法第11條第1款資遣勞工，似乎已逾越法律的規定，而有子法牴觸母法的嫌疑。[22]理論上，勞動基準法第11條第1款的規定，應係針對不被商定留用的勞工而言。[23]

　　再就著名的元大京華案件之判決（最高法院93年台上字第331號判決）而言，法院認為「勞動基準法第20條規定事業單位改組或轉讓時，除新舊雇主商定留用之勞工外，其餘勞工應依第16條規定期間預告終止契約，並應依第17條規定發給勞工資遣費。其留用勞工之工作年資，應由新雇主繼續予以承認。該條雖於企業併購法91年2月6日公布施行前規定，惟尋繹勞動基準法第1條第1項所定之立法目的，再參諸該法乃企業併購法之

---

[22] 尤其是勞工「因個人因素拒絕留用」，更為明顯。

[23] 就勞工而言，到底是接受較低的勞動條件而繼續工作（累積年資）對其有利？還是直接被資遣領取資遣費有利？似乎不可一概而論。另請參閱台灣高等法院94年度勞上易字第46號判決。

補充法（企業併購法第2條第1項）及民法第484條之規定意旨，並將企業併購法第16條、第17條詳為規定當成法理（民法第1條）以觀，該條所稱之『事業單位改組或轉讓』，於事業單位為公司組織者，自應包括依公司法規定變更組織、合併或移轉其營業、財產，以消滅原有法人人格另創立新法人人格之情形。該條所稱『其餘勞工』，亦當指除『新舊雇主商定留用並經勞工同意者』外之其餘勞工而言，並應涵攝『未經新舊雇主商定留用』及『新舊雇主商定留用而不同意留用之勞工』之勞工在內，始不失其立法之本旨。本件京華公司雖於企業併購法公布施行前與元大公司合併為上訴人，惟因被上訴人不同意留用於上訴人並已依法終止勞動契約，依上說明，自仍在上開勞動基準法第20條規範之列。」其將「其餘勞工」擴張及於「新舊雇主商定留用而不同意留用之勞工」亦屬不當，該見解恐已超出法律規範意旨之外也。

總之，一旦涉及企業經營自由領域，吾人即須思考：團體協約是否已牴觸公平交易法的規定？或者仍然受到勞工法的保護？本來，勞工法即是針對市場經濟的供給與需求的流弊加以矯正，與公平交易法第1條之「為確保公平競爭」不相吻合。而爭議行為制度的出現，也是因為勞資雙方欠缺一平衡的力量或無法居於競爭的關係，而為一國所承認或設立。只要勞工法令的規定（如延長工時、女工夜間工作）不要過度侵入企業競爭的領域，即是仍屬於勞工保護法的範疇，不應受到公平交易法的規範或推翻。

(二)團體協約與具有優先效力的法律

團體協約受到憲法基本權的拘束，必須與其他的基本權（例如雇主的財產權）作一權衡。一般而言，憲法的基本權係抵禦權，以作為人民對抗國家之用。通常，憲法上的基本權，對於人民只具有間接第三人效力，而此種具有間接第三人效力的基本權，[24]其對於存在權力落差（Machtge-

---

[24] 間接第三人效力理論（mittelbare Grundrechtwirkung）是由德國憲法學者Dürig在1956年所創設出來，但斯時並未提出其理由。針對此一問題，德國學者Canaris在1984年的AcP（Archiv für civilistische Praxis）期刊有詳細的論述。

fälle）私人的保護，要比未具權力落差者為強。[25]而在受到團體協約拘束的人與非會員間，顯然地即存在一個權力落差的情況。因此，基本權對於非會員的保護，理當較對於團體協約當事人及其會員間的保護來得強。此在德國基本法第9條第3項第2句規定，因給予團結自由基本權一個直接的第三人效力保障，[26]其說理上自然上下連貫一致。只不過，本文以為問題的核心是在憲法對於團體協約自治的保障，加以團結體相當大的權限與義務，以保障其會員。因此，基本權在個別勞工法領域的效力，乃會強於團體協約法或集體勞工法領域的作用。此與基本權的直接的或間接的第三人效力應無直接的關聯。所以，即使在台灣憲法對於團結自由基本權應仍是採取間接第三人效力理論，仍然可以得出非會員受到較多基本權保障的理論。

　　有關團體協約與憲法間的關係（是否牴觸憲法），主要是涉及其針對非會員所做的差異規定。例如團體協約規定，在廠場中工作逾十年，且具會員資格者，雇主應每年再給予一額外的休假津貼3,000元新台幣。或者規定：雇主應給予全體會員額外的休假津貼1,000元新台幣。但如雇主主動地給予非會員一時數額的休假津貼（3,000元新台幣）時，工會會員亦自動地取得同樣數額的休假津貼（亦即1,000元＋3,000元）。因此，在會員與非會員間始終存在一個差距。

　　上述團體協約對於非會員的差距規定，目的在促使非會員也加入工會。第二個例子1,000元的數目，通常也與會員每年所繳交的年費相符。由於非會員無須繳交任何費用，卻可能獲得雇主主動將團體協約所定勞動條件，適用於其身上的好處，故多為世人稱為搭便車者，或甚至稱為吸血鬼。因此，工會乃思針對此種情況徵收一定的費用，間接地逼使非會員加

---

[25] 由於在民法中存在著典型的勢均力敵的態勢，因而適用私法自治原則。而在勞工法中，卻是存在力量懸殊的關係。所以，基本權在勞工法中的效力，會強於一般民法中的效力。

[26] 德國聯邦憲法法院的判決，則認為企業組織法中之企業協定（Betriebsvereinbarung）只係具有一間接第三人效力的基本權而已。

入工會，雖然此一費用終局地由雇主所支付，但仍會對於非會員產生一定的影響力，此種差別待遇條款，一般稱為「差距條款」。

其實，差別待遇條款有各種不同的態樣。首先，是團體協約排除條款（Tarifausschlußklausel）。此種條款在德國威瑪共和國時代即已出現，根據此一條款，雇主只能低於團體協約所定的勞動條件僱用非會員。其後，團體協約排除條款被社會連帶的費用（使用者付費）條款所取代。根據此一條款，非會員必須繳交如工會會員費用的數額給工會，以作為社會連帶費用之用。由於社會連帶費用條款仍然有違憲之嫌疑，乃有相反的設計出現（給予會員較佳的給付）；亦即所謂的差距條款。

至於差距條款則具有兩個要素：一者，此一條款係附著於會員身分上，會員身分係一構成要素（正確而言，是受到團體協約拘束的會員）。「假設」（sollte）雇主將團體協約的工資或各種津貼給付予非會員，會員即相對地主動取得同一數額的請求權，以作為補償之用；二者，藉由此一差距條款，使得會員與非會員間永遠存在一個差距。

此種差距條款的法律上評價，首先是有可能侵害非會員的消極團結權。除此之外，針對已經加入其他工會的會員而言，其繼續留在該工會的權利也可能受到影響；亦即其積極的團結權受到侵害。與典型的第三人負擔契約（民法第268條）相較，差距條款與之並不相同，它只是給第三人間接的不利益而已。因此，其不法或無效，並不是基於第三人負擔契約而來，而是在憲法團結自由基本權的保障下，參酌第三人負擔契約的理念而得。

另一個問題是，非會員可否基於第三人利益契約，[27]而要求雇主給予如會員較多的工資或（休假）津貼？非會員的此種主張，係基於個別勞工法上的平等待遇原則而來。但是，對於團體協約的勞動條件，非會員本來就無主張平等待遇之權。或許，可以想像的是：非會員以其消極的團結權受到侵害，而主張獲得與會員同樣的工資或津貼。雖然如此，並非即可採

---

[27] 對於工會會員而言，團體協約所約定，且直接對其適用的勞動條件，實有如民法第269條的第三人利益契約。

取肯定的見解。蓋雇主並無給付該費用之義務也。否則，其結果與賦予非會員一個平等待遇的請求權將會殊途同歸。[28]

其實，在判斷團體協約差距條款的合法性時，必須視其是否仍然合於社會相當性（Sozialadäquanz）而定。另外，其亦涉及工會的團體協約政策或組織政策，與非會員的消極團結權的平衡問題，必須折衷兩者的利益。對此，德國通說係認為非會員的消極團結權或已具有其他會員身分的勞工積極的團結權，優先於工會的團體協約政策或組織政策而受到保障，因此，差距條款係一違法的措施，在法律上並不具有效力。不過，在台灣，無論從社會相當性、工會的團體協約政策或組織政策觀之，差距條款的影響力應較社會連帶費用條款降低許多，故應承認其效力；亦即本文在前面所主張之「2011年5月1日修正施行的團體協約法第13條有關社會連帶費用條款之應屬無效」之見解，並不適用於差距條款。[29]

附帶一言的是，在雇主進行選擇性的鎖廠時，也有可能發生有如差距條款之情況。申言之，起先雇主係對於所有勞工（不問是工會會員或非會員）全面地進行鎖廠，但之後卻以工資之名全額給付，或同於工會給予其會員罷工津貼之數額給予非會員薪資補助。其目的，係在避免非會員因得不到任何資助而回頭加入工會。一旦雇主給予非會員薪資補助，即會拉平會員與非會員間實際上所得到的任何補助，甚至會超出於罷工津貼的數額之外，終將會對於工會造成不利之影響，也會造成會員退出工會的實質壓力而侵害其積極的團結權。[30]

以上所述者，為憲法係一具有優先效力之法律，可以對於團體協約加以限制，此固為一般人所能理解。其次，一般的法律也是一具有優先效力之法律，原則上也可以限制團體協約，此完全係視憲法對於團體協約的保

---

[28] 請參閱BAG AP Nr. 13 zu Art. 9 GG.

[29] 差距條款也可能適用於企業離職金的給付上；亦即針對企業中服務達一定年限（例如10年）的一部分（一定比率）的勞工，所給予之離職金，團體協約約定當然適用於會員身上。如此一來，即會形成本來可能拿不到退職金的工會成員，因此而取得給付。在此，亦會有侵害非會員消極的團結權之嫌疑。

[30] BAG AP Nr. 66 zu Art. 9 GG Arbeitskampf.

障範圍而定。在此，固然並非任何團體協約的內容都受到團結自由基本權的保障，而是團體協約制度的核心部分始受到保障，因此，即使法律的效力優先於團體協約，也不能干擾到團體協約制度的核心部分。也就是說，只要保留充分的空間給團體協約，法律即可對於團體協約加以限制。例如立法者在勞動基準法第48條規定「童工不得於午後8時至翌晨6時之時間內工作」，即係一合法的法律規定，可以界定團體協約當事人針對夜間工作的團體協約自治的權限，其並未妨害團體協約制度的核心部分。[31]有問題的是，案例一的部分，涉及勞基法施行細則第24條第3款（特別休假未休時）之工資補償規定與團體協約核心部分之折衷。雖然勞基法施行細則第24條第3款規定，「特別休假因年度終結或終止契約未休者，其應休未休之日數，雇主應發給工資。」用語堪稱中性。但依據勞委會數號解釋令中，大體以「可歸責於雇主時、應發給未休日數之工資；可歸責於勞工時（所謂「勞工應休能休而不休者」）、雇主可不發給未休日數之工資」，做為應給付與否的標準（行政院勞工委員會79年9月15日台(79)勞動二字第21827號函、行政院勞工委員會79年12月27日台(79)勞動二字第21776號函、行政院勞工委員會89年9月14日台(89)勞動二字第0028787號函參照）。此種解釋，固然在兼顧勞資雙方的利益平衡。但是，以性質屬於行政命令的施行細則及行政解釋，究竟能否像法律一樣對於團體協約加以限制？並非無疑。從工會本身是法人，而且是雇主勢均力敵的對手觀之，為落實團體協約自治的理論，本書以為團體協約可有效約定排除不休假工資的給付，不問未休假的理由為何。在這裡，還應該納入考慮特別休假的目的與法理，其係國家強制地要給予勞工一定長度期間的休息及休閒（休憩），以回復其身心的健康、提高生活的品質（行政院勞工委員會86年6

---

[31] 在德國，例外地，團體協約的效力會優先於法律規定，此稱為「團體協約任意性的法律（tarifdispositives Gesetzesrecht）」。例如聯邦休假法（BUrlG）第13條第1項及民法（BGB）第622條第4項均規定團體協約另有規定者，依其規定。此種法律規定的背景是：在勞動契約中，勞工的力量遠不及雇主，無法獲得一典型的機會平等，因此有必要使得勞工法具有單方強制的效力。但是，在團體協約時，由於團體協約當事人係一力量相當的對手，自然不需令法律具有強制性的效力。

月13日台(86)勞動二字第024566號函參照），而非在給予勞工另外取得一額外（不休假）工資的機會（用以換取工資）、更非藉此增加平均工資而多領退休金（行政院勞工委員會87年9月23日台(87)勞動二字第041683號函參照）。所以，勞雇雙方不得以發放不休假工資的方式，取代休假，亦不得合意過繼到下一年度再休。只不過，隨著2017年1月1日勞基法第38條第4項的修正施行，「勞工之特別休假，因年度終結或契約終止而未休之日數，雇主應發給工資。」立法者已將原施行細則第24條第3項提升至法律位階，而且，強制落實「未休假、給工資」的立法目的，團體協約並不得牴觸之（團體協約法第3條參照）。

　　倒是，在案例四的部分，即使甲雇主經營已面臨破產，不過，一方面勞基法第11條、第12條的資遣、解僱事由係法定的列舉規定，而團體協約法又有法規範效力的要求（新團體協約法第19條規定）；另一方面，台灣並無如德國有「團體協約任意性的法律」（tarifdispositives Gesetz-esrecht）的規定，所以，團體協約固可約定工會會員減薪二成。但是，不得約定不在勞基法第11條及第12條規定內的特殊解約條款。所以，解釋上，團體協約法第12條第1項第1款之「資遣」，並非賦予團體協商當事人自由約定（鬆綁）資遣事由的權限，而是在「嚴格化」雇主依據勞基法第11條發動資遣的條件與時機。例如勞雇團體得約定在團體協約施行期間，即使事業單位有虧損之情形，雇主亦放棄行使資遣的權利。又，此處的限制，與個別勞工得與雇主合意終止契約者（通常這是針對無勞基法第11條各款之情形）者，尚有不同[32]。至於約定工會會員的勞動條件低於團體協約的規定、以及約定雇主可以低於團體協約的勞動條件，僱用長期失業者，同樣均屬無效。這種結果，相當程度地凸顯出團體協約的僵硬性及

---

[32] 類似之情形是團體協約法第12條第1項第1款之退休規定。即經由團體協約的約定，給予勞工退休更佳的保障。這裡會包括較高的企業退休金或企業年金、較勞基法或勞退條例所定的退休年齡及年資較佳的約定、以及較長的退休預告期間，以便退休勞工有所準備或規劃。在這裡，有問題的是，團體協約法第12條第1項的退休是否包括約定自動終止契約條款（即約定會員在達到法定的年齡及年資時，勞動契約即自動終止的條款）？本書以為似應持肯定說。

其與社會上第三人（例如長期失業者）利益的衝突。

(三)團體協約與勞工私人生活領域的關係

　　團體協約自治不可侵入勞工個人生活領域的事務。勞工雖然加入工會而將一些規範的權限讓與工會，但並非毫無限制，而是將個人生活領域的決定保留在自己的手裡；亦即超出勞動關係的事務，工會即無管轄權限。[33]例如團體協約可以規定工資的額度、給付的形式，[34]但不可規定工資的使用方式（Lohnverwendung）（雖然勞基法第22條第2項但書「勞雇雙方另有約定」，解釋上也包括團體協約的規定，但應從嚴解釋）、讓與及設定質權（Verpfändung）與否。[35]勞工的私人生活是一個禁地（Das Privatleben des Arbeitnehmers ist tabu），不應該受到團體協約的打擾。針對勞工普通疾病的情況，團體協約固然可以規定勞工應該受到雇主所指定的醫師檢驗，[36]但是，勞工普通疾病期間的工資請求權則不應該依據上述醫師的檢查結果而定。[37]蓋勞工之工資給付請求權不應該受到團體協約規範，而且，雇主所指定的醫師是否確實公正客觀，也可能受到勞工的質疑。必要時，可以由勞工與雇主共同合意指定之醫療院所加以檢定。

　　附帶一言者，在德國的勞動實務上，向來允許工會與雇主可以約定將工資中的一部分扣留下來，以作為投資之用〔即所謂投資工資（Investivlohn）〕。雖然此舉與勞工的使用其工資有某種程度牽連，並且也不一定為工會所喜，[38]但卻並未被法院宣告違法。

---

[33] 即使在勞工司法上，依據民事訴訟法第44條之1「選定當事人制度」之規定，工會所取得之起訴權利，仍然以勞動關係為限。例如會員丙與其房東乙所發生之房屋租金給付訴訟，工會甲並不得主張其已經被選定為當事人而介入訴訟。

[34] 例如團體協約約定以匯款的方式，將工資轉入勞工所設立的戶頭。而且，即使金融機構後來開始收取手續費，造成勞工財政上的負擔，勞工亦不得向雇主訴請補給金融機構的手續費。BAG v. 15.12.1976, DB 1977, 679.

[35] 反對說，Hanau/Adomeit, Arbeitsrecht, 13. Aufl., 2005, Rn. 236。

[36] 參照勞工請假規則第4條第2項、第10條規定。BAG v. 4.10.1978, DB 1979, 653。

[37] BAG v. 7.11.1984, DB 1985, 498.

[38] 從工會的角度來看，當資本與勞力越互相靠攏時，其地位也將越被削弱。投資工資即有拉攏勞資雙方的功能。

(四)團體協約與優於團體協約領域的權利

　　理論上，團體協約所約定者，係最低勞動條件，而非最高勞動條件。[39]團體協約的工資，一般而言較低，如果雇主欲給勞工較高的工資或較佳的勞動條件，可以在勞動契約中任意約定〔例如獎金、年度功績獎金、額外的休假津貼等〕，如此，即形成了實際工資（Effektivlohn）高於團體協約工資的現象。有問題的是，團體協約所約定之調薪（例如6%），係以調整實際工資為對象，這是因為工會希望團體協約之調薪，也能夠貫穿到個別勞動契約所約定較佳的實際工資。亦即避免雇主所給的各種任意給付，被吸收（aufgesorgen）到團體協約中，而是被增值（aufgestockt）到團體協約中，故其有如下之約定：「勞工可以獲得介於新的團體協約及舊的團體協約與實際工資間的差額」，此即稱為「實際工資條款」。針對此種條款，由於其已干涉勞動契約當事人形成契約的權限，而且嚴重地對於會員及非會員做不同的差別對待（即違反平等待遇原則），故其在法律上應屬無效。[40]

　　面對實際工資條款無效之情形，工會是否可以採取相反的作法，而在團體協約中約定將勞動契約中之任意給付（例如獎金、年度功績獎金、額外的休假津貼等）納入團體協約工資計算？此稱為「計算條款」（Anrechnungsklausel, Verrechnungsklausel）。對此，由於團體協約當事人不可將勞工個別勞動契約的請求權作不利益的變更；亦即其違反強制性的有利原則，而在法律上同屬無效。[41]

　　同樣與實際工資有關的，是團體協約中約定基於一定不可歸責於勞工之事由，例如年老、疾病，或合理化措施等，勞工被調職到另一較低職務時，仍然可以賺取原來的實際工資，此稱為「工資確保條款」（Ver-

---

[39] BAGE 23, 399.

[40] BAG AP Nr. 2, 7, 8 zu §4 TVG Effektivklausel. Zöllner/Loritz/Helgenröder, Arbeitsrecht, 6. Aufl., 2008.

[41] BAG AP Nr. 12 zu §4 TVG Ordnungsprinzip. Söllner, Grundriß des Arbeitsrechts, 11. Aufl. 11, 1994, 127.

dienstsicherungsklausel）。對此，由於團體協約當事人已不當地介入個別勞工形成契約的權限，故同樣應屬無效。[42]此無他，原來勞動契約所約定高於團體協約之條件，本來就不具有強制的性格，而是可以由契約當事人任意予以減少或變更。[43]現在以工資確保條款排除勞動契約當事人此一權限，自然有所不當。

最後，在團體協約的實務上，亦可能約定勞動契約中較為有利的勞動條件，不可因團體協約的簽訂而受到不利益變更。基此，雇主嗣後遂不得單方地或與勞工合意地變動勞動契約，此稱為「保持現狀條款」（Besitzstandsklausel）。對此，由於團體協約當事人已不當地干預契約當事人形成契約的權限，並且剝奪了雇主變更或終止契約的權限，故該條款亦應屬無效。[44]

第三節　國家中立原則

一、意義

所謂國家中立原則是指，國家有義務對於勞資爭議之當事人採取中立之行為，尤其是不得經由公權力措施單方地給予爭議當事人限制或特權，藉此將爭議的過程做導引到特定方向之影響。[45]此一原則首先出現於威瑪共和國時代有關勞資爭議法之說明裡。該國於1920年代實施有關職業介紹與職業保險的法律（Gesetz über Arbeitsvermittlung und Arbeitsversicherung vom 16.7.192(7)[46]時——此法為後來就業促進法（Arbeitsförderungsgesetz

---

[42] Brox/Rüthers/Henssler, Arbeitsrecht, 16. neu bearbeitete Aufl., 2004, Rn. 717.

[43] BAG AP Nr. 9 zu §4 TVG Effektivklausel mit. Anm. Wiedermann = EzA Nr. 1 zu §4 TVG Effektivklausel mit Anm. Konzen.

[44] Brox/Rüthers/Henssler, Arbeitsrecht, a.a.O., 717; Zöllner/Loritz/Hergenröder, a.a.O.

[45] Nipperdey-Säcker, Arbeitskampfrecht II/2, 927; Seiter, Streikrecht und Aussperrungsrecht, 1975, 27.

[46] RGBl. I, 187.

vom 25.6.1969，簡稱AFG）之前身，即已將國家中立之概念發展成：對於有利於爭議行為一方之干預措施以及削弱一被允許之爭議行為之效力之行為，國家有義務不採取。其後，聯邦勞工法院（BAG）於其1955年1月28日之判決中，除了對等原則之外，亦將國家中立原則明白地做為形成勞資爭議法決定性之原則。[47]

國家中立原則係由社會自治、團體協約自治與爭議行為所導引而來。[48]為了令社會自治當事人能夠履踐維護、促進勞動條件或經濟條件之任務，國家必須建構一團體協約制度。之後，國家即由確定勞動條件的過程中全面撤退，而留待由社會自治當事人之力量自行解決。畢竟，所謂合理的勞動條件（尤其是報酬額度），並無一客觀的量定標準，此一隨著各種狀況而異之合理的勞動條件，並無人能比直接受到影響的當事人決定得更好，如將此一任務予國家，即顯得其受到過度且不當的要求。[49]況且，即使由國家來訂定勞動條件或以強制仲裁（staatliche Zwangsschlichtung）來處理勞資爭議，也未必能達到勞動生活的和平。

因此，國家將確定勞動條件之責任留待予社會自治當事人，毋寧係基於以下之信念：團體協商之當事人能自行創造一合理的利益平衡。而此一對於團體協約能夠確保合理性的信念，又係根植於工會與雇主或雇主團體之力量係相等的前提，至於如何量定其是否相等，由實務上雙方的運作中即可得知。[50]

如上所述，國家基於中立原則，不得採取單方給予爭議當事人特權或限制之措施，然而觀諸台灣目前之實踐現況，在立法、司法及行政三方面，不乏有國家積極介入之措施，諸如工會法第28條規定政府補助工會基金，行政機關以協調、強制調解、強制仲裁處理勞資爭議等，均會令人懷

---

[47] BAG AP Nr. 1 zu. Art. 9 GG Arbeitskampf, Bl. 8 R.

[48] Scholz/Konzen, Die Ausserrung im System von Arbeitsverfassung und kollektivem Arbeitsrecht, 181 f.; Seiter, Staatliche Neutralität im Arbeitsrecht, 12.

[49] Gamillscheg, Die Grundrechte im Arbeitsrecht, 1989, 89 f.

[50] 此處涉及國家中立原則與對等原則之關係，將留待下面適當處再加以說明。

疑是否已違反國家中立原則。為此,以下有必要就中立原則之內涵加以說明。

二、消極中立

中立原則首先是意涵禁止國家介入團體協商及爭議行為。國家不偏不倚,以免因其介入而對其中之一方有利。在此,國家係扮演一夜警國家之角色,只能處於一事不關己的旁觀者地位。此處的不介入,實係植基於自由中立的國家(liberal-neutral Staat)模式;亦即將勞動與報酬由市場本身自己決定。當然,如果爭議行為或爭議手段涉及不法時,國家即不得假借中立原則,而不對其加以禁止。[51]

對於個別爭議行為之國家中立,最主要的是涉及行政與司法,但亦適用於立法;亦即制定一般的勞資爭議法規。設如制定一般的勞資爭議法規,但只對一方有利而不利於他方,例如既承認罷工權但卻禁止鎖(閉)廠,則該制定即與國家中立原則有違。[52]另外,為示對於中立原則之遵守,工會法中亦須規定有工會的不當勞動行為。令人遺憾的是,在2011年5月1日修正施行的勞動三法中(尤其是工會法),並無勞方不當勞動行為之規定,不問其現實理由為何(例如最常聽說「工會實力不夠強大」云云),均係一偏離中立的立法。試想,工會也可能對於非會員進行不當勞動行為(所謂勞勞糾紛),這與工會實力強不強大,並無必然關係,為什麼也沒規定呢?

由於爭議行為往往會給無辜的第三人及社會大眾帶來不便或損害,法制上即不得不設置爭議的限制與禁止規定。雖然該規定實際上可能對於一方產生有利或不利之影響,不過基於爭議行為並非一個免於國家法律規制的領域,該立法因而具有必要性與合理性。如從行政機關方面觀之(行政

---

[51] 例如對於爭議行為中所引起之不法行為,警察即不得以國家中立原則而拒絕干預。
Seiter, Streikrecht und Aussperrungsrecht, 175.

[52] 反對說,黃程貫,勞動法,頁180:同盟自由基本權本質上應屬於勞工之基本權。……雇主團體自不受同盟自由之保障;亦即就勞動生活之社會自治言之(即勞動與經濟條件之自我形成),並無賦予資方以如同勞工之同盟自由保障的規範需求與必要性。

中立），德國聯邦社會法院（Bundessozialgericht，簡稱BSG）對於就業促進法第116條[53]規定聯邦就業總署（Bundesanstalt）不得給予罷工者薪資補償給付（Lohnersatzleistungen）之規定，認為聯邦就業總署並無權做規範價值判斷，[54]另一禁止國家介入之顯例，為禁止國家強制的仲裁。[55]

　　須注意者，由於消極的中立強調國家不得介入勞資爭議，因此往往會造成爭議當事人中較弱之一方之不利。[56]基此，爭議當事人必須加強會員的向心力與凝聚力，否則其本身結構上的弱勢，國家並無法予以增強。

三、積極中立

　　要求國家於勞資爭議中完全撤退而扮演夜警國家角色之消極的中立，可以說已為大部分的學者所不採。[57]此種完全消極的態度，是與社會福利國家之本旨不合的。為了實現團體協約自治所追求之維護、促進勞動條件與經濟條件之目的，國家有必要積極地建構有關團體協約自治與爭議行為所必要之範圍／框架條件（Rahmenbedingungen），[58]且對濫用爭議自由者，劃定一界限。在團體協商程序的有效運作以及社會制度的確保與合理性的確保受到威脅或喪失時，國家有權利且有義務採取積極的作為。由於為達成合意之抗爭過程必須根植於兩造之勢均力敵，因此當雙方的力量因事實關係重大的改變而明顯地有利於一方時，國家即須對爭議的工具加以檢驗與修正，其目的即在於回復爭議雙方的力量對等。

　　國家中立在此一意義上，德國聯邦社會法院乃稱之為促進的中立

---

[53] 目前已修正為社會法典第三部第146條。

[54] BSGE 40, 190 (197 f.).

[55] BVerfGE 18, 18 (30); BAGE 12, 184 (190); BAG AP Nr. 43 zu Art. 9 GG Arbeitskampf, Bl. 7 R.

[56] MünchArbR/Otto, §275, Rdnr. 53.

[57] Seiter, Streikrecht und Aussperrungsrecht, 174 f.; Säcker, Gruppenparität und Staatsneutralität als verfassungsrechtliche Grundprinzipien des Arbeitskampfrechts, 106 ff.

[58] 黃程貫，由罷工權及工作拒絕權之法律性質談勞工集團休假，政大法學評論第37期，1988年6月，頁109；氏著，勞資爭議法律體系中之罷工的概念、功能及基本法律結構，政大法學評論第39期，1989年6月，頁183。

（fördernde Neutralität），[59]而學者則稱之為積極的中立（positive Neutralität）[60]或形成對等的中立（paritätsgestaltende Neutralität），[61]亦即：法制上在規範爭議手段時，對於社會自治當事人間所存在之權力關係，不得單純地加以承受，而是國家必須善盡其規範之可能性，以促進對等的爭議力量或對等的談判力量之建立。

有問題者，雖然學者間均認為：當團體協商的程序或爭議行為受到明顯地及對等原則被以一般的方式加以阻礙時或無法運作時，國家即須主動地介入。[62]然而在具體的案例中，國家「何時」必須在有所謂的結構上的力量不對等而積極地行動，仍然是有疑問的，[63]此由聯邦憲法法院1995年7月4日針對就業促進法第116條第3項第1句所做之判決，即可知其困難性。[64]

四、型態

消極的中立禁止國家採取任何干預措施，係表示國家在勞資爭議中，對於勞資雙方自我決定、自我形成其勞動條件與經濟條件的過程，抱持著尊重的態度。而積極的中立則是強調雙方實質的平等，國家有義務在勞資雙方力量失去平衡時，積極地介入，調整相關的法律規制，使得勞資自主協商能恢復到交涉的均衡狀態。相同於一般的契約關係，國家必須為當事人確保對等，例如法院對於私法契約中之概括條款，於解釋時必須衡量到

[59] BSGE 40, 190 (197 f.); BSG, SAE 1993, 1 (11). Vgl.Kressel, Neutralität des Staates im Arbeitskampf, NZA 1995, 1121 (1124).

[60] Scholz/Konzen, a.a.O., 183; Schlaich, Neutralität als verfassungsrechtkiches Prinzip, 119.

[61] Seiter, Staatliche Neutralität im Arbeitskampf, 15.

[62] Scholz, in: Maunz/Dürig/Herzog, Komm. zu GG Art. 9, Rdnr. 283 f.; Scholz/Konzen, a.a.O., 183.

[63] Lieb, Anm. zu BVerfG v. 4.7.1995, JZ 1995, 1175 unter I 4; Otto, Zur Neutralität der Bundesanstalt für Arbeit bei Arbeitskämpfen-BverfG vom 4.7.1995-1 BvF 2/86 und 1, 2, 3, 4/87 und 1 BvR 1421/86 -, Jura 1997, 18 (28).

[64] 詳細論述，請參閱楊通軒，國家中立原則在勞資爭議中之運用，國科會研究彙刊：人文及社會科學，第10卷第1期，2000年1月，頁87以下。

結構上力量較為弱勢者之利益，以維護契約的對等，在團體協約自治中，國家亦負有創造一能確保對等的架構之義務。[65]

　　然而，無論是消極的中立或積極的中立，對於團體協商或爭議行為，所涉及之國家措施均可能及於立法、司法、行政三方面，以下即分別加以敘述之。

（一）立法

　　在立法方面，憲法中因保障團體協約自治，因此國家中立原則當然亦受到規範。之後，國家在制定一般法律的層面，即不得違背憲法所要求之中立原則。設如法律中所規定的法律地位與權限，只對勞資爭議之一方造成偏袒，或影響談判程序之進行，則該法律自當被宣告無效。例如於勞資爭議法中只承認勞工得行使其罷工權，雇主則不得採取鎖廠之抗爭手段。立法者因此有權利（但也有義務），在法律中對於罷工與鎖廠間平衡地加以規定。[66]

　　德國聯邦憲法法院於1995年7月4日的判決中謂：只要團結自由基本權係以對立的利益主體間的關係做為對象，即須經過法律制度加以規範。團體協約當事人以同樣的方式受到基本法第9條第3項之保護，然而在各自實行其基本權時，卻處於敵對之地位。在此限度內，當團體協約當事人為解決其利益衝突，而援引明顯地影響相對人及社會大眾的爭議手段時，亦能受到保護而免於國家的干預。此一保護需要一互相配合的規範，以確保彼此相關聯的基本權地位——雖然互相對立——能夠同時併存。行使爭議手段的可能性，係以法律的範圍條件為前提，此一範圍條件能夠確保自由權（Freiheitsrecht）的意義與目的，以及確保該自由權能融入到憲法的制

---

[65] BVerfG v. 19.10.1993, DB 1993, 2580; Griese, Mittelbar arbeitskampfbetroffene Arbeit-nehmer-Folgerungen aus dem Urteil des Bundesverfassungsgerichts vom 4.7.1995, in: Das Arbeitsrecht der Gegenwart, Bd. 33, 1996, 40.

[66] BVerfGE 84, 212(228); 88, 103(115).德國布蘭登堡（Brandenburg）邦修正前的憲法，明白禁止雇主進行鎖廠，其目的是避免失業率的升高。

度裡。[67]

　　立法者在形成團結自由基本權時，擁有一寬廣的行動空間。基本法並未規定立法者對於相對立之基本權地位在細節部分應如何加以界定。基本法亦未要求爭議條件要達到盡善盡美。原則上團體協約當事人本身應配合轉變中的環境而調整其爭議手段，以便能與其對手相抗衡以及獲致一均衡的團體協約。另一方面，立法者對於爭議行為範圍條件之修正，亦不受阻礙，如係基於公共福祉（Gemeinwohl）之理由，或係為了對遭受侵害的對等重新予以回復。[68]在判斷團體協約當事人間之對等是否受到侵害及一項規定對於權力關係會產生何種影響時，立法者有一評價的特權（Einschätzungsprärogative）。當團體運作之能力受到危害時，即表示已達其規範權限的界限。當一項規定致使團體協商之一造無法有效地進行爭議行為時，即與基本法第9條第3項相牴觸。

　　對於德國聯邦憲法法院認為立法者對於團結自由基本權有一規範的權限，以形成範圍條件，並且擁有一評價的特權，在公共利益及當事人之對等受到侵害時，得以立法或修法的方式對範圍條件加以修正，吾人以為此項見解在台灣集體勞工法上，亦有同樣的適用。實際上這也正是現代法治國家所強調之法律保留原則之體現，立法機關有權利，而且也有義務對於團結自由基本權加以規範，而此並不問國家在勞資爭議中是扮演輔助的角色或主要的角色，而有不同。當然，由於台灣立法者對於團結自由基本權早已訂立有工會法、團體協約法及勞資爭議處理法，並非如德國大部分係以法官造法的方式形成其爭議行為規範（德國訂定有團體協約法），因此，台灣考量的重點是：該等法規是否有違反國家中立原則？

　　再者，在立法方面除了團結自由基本權須加以中立地規範外，由於爭議行為兼含調整事項之勞資爭議與權利事項之勞資爭議，為了令勞資雙方在解決權利事項爭議亦有一合乎其特性之途徑，立法者在個別勞工法及勞工司法上，亦必須建構必要的法制，例如在民法或其他法律中對於解僱保

[67] Vgl. BVerfGE 84, 212 (228 f.).

[68] BVerfG v. 4.7.1995, JZ 1995, 1169. = BVerfGE 92, 365(394). Kressel, a.a.O., 1124.

護加以規定、在民事訴訟法或相關法規中做適當之修正。[69]基於積極的中立，立法者理當做如此之立法，否則勞資之一方（尤其是勞工），在遭遇解僱爭議或進行訴訟時，勢將無法獲得合理地保護、救濟。

（二）司法

雖然立法者負有形成團結自由基本權、解僱保護法等為實現契約對等理想之法規之義務，然而由於其涉及勞資兩大團體之利益衝突，爭議性頗高，在立法上往往遷延時日，而爭議案件卻層出不窮，一旦發生訴訟，法官基於不能拒絕審判之理論，亦必須援引相關之規定與原理、原則適用法令做出判決，在此，法官即須秉持消極中立與積極中立之原則，妥為處理相關案件。

要求法官裁判的中立性，是指要求其以憲法為頂點之法體系之精神為裁判之基準，不偏不頗而言。法官在此須和各政治勢力保持距離，保持自己之自由與自主性，以免為政黨、其他利益團體之利害關係或各種思想、價值觀所左右。[70]因之，法官必須謹慎自持、認清職分。再者，法官審理案件時，亦必須體認有關勞資爭議之相關法規，無論為團結自由基本權、勞動契約實質平等，或有關勞動訴訟之法律，由於其爭議頗高，因此立法上或有不完備之處，有待於其善用其法官造法的手段，依循消極中立或積極中立之原則解釋法令疑義及加以裁判。例如審理勞動訴訟時能夠迅速處理、勸諭爭議雙方和解、儘量給予勞工訴訟救助等。

在2011年5月1日新勞動三法修正施行後，對於修正的、遠較舊法時代具體的不當勞動行為及裁決程序（含救濟程序），法官尤其應對之深入

---

[69] 本人之前曾在「國家中立原則在勞資爭議中之運用」一文中主張「制定一部適合解決勞動訴訟之勞動法院法」。不過，經過綜合衡量現存的勞資爭議處理法、民事訴訟法、職業災害勞工保護法，以及相關的輔助勞工訴訟的行政命令後，本文以為只要在相關處所增入符合勞工訴訟需要的規定即可，不需要專為勞工案件制定一部專法，以免疊床架屋。請參閱：楊通軒，國家中立原則在勞資爭議中之運用，頁83。

[70] 李鴻禧，戰後日本法官之政治中立問題，中國比較法學會學報第1期，1975年2月，頁26以下，頁32。

了解。這是指除了勞工法的專業知識外，也應該明瞭不當勞動行為制度的由來、內涵、以及其與台灣集體勞動法制的配合問題。對於隸屬於勞動部內部單位下之裁決委員會所作成之裁決決定的審核，由於該委員會位階過低（相較於美、日、韓等國的獨立組織）、自2011年5月1日運作起欠缺專業幕僚單位的輔助（修法中的勞動部勞動法務司下所設立的不當勞動行為裁決科）、性質上反而較具有濃厚專家委員會的色彩（裁決之進行及調查須要高度了解法院實務程序者，因此須要仰賴現任法官及檢察官的專業知識，這也有助於增添及強化其準司法機構的功能的主張。令人不解的是，第一屆裁決委員會卻未遴聘任何一位現任的法官或檢察官，這不僅不利於其業務的推動，也可能影響社會對於其公信力的評價），本質上難以與司法院大法官會議相比擬（運作不當的話，甚至會淪為非法定的訴訟前置程序），所以，法官應秉持專業的法律知識，客觀地審核裁決決定之當否、調查與詢問程序有無缺失，而做出核定或不核定。在裁決制度剛起步的階段，法官或可採嚴格審慎的態度，等到逐步進入成熟期後，則改採寬鬆尊重的立場。

（三）行政

　　國家中立原則於行政機關尤其重要。由於行政機關介入勞資爭議的行政措施的態樣繁多，再加上多有因法律的授權而得行使廣泛的行政裁量權，因此除了應遵守裁量的原則[71]外，更應依循「行政中立」的立場從事。所謂行政中立是指：公務員處理公務時，須秉持公正、客觀、超然之立場，一切以全民利益或福祉為依歸。公務員在執法上應採取同一標準，公平對待任何個人、團體或黨派，既不徇私，也無畸輕畸重之別，這是對社會大眾利益確保之宣示，為組織體系中立的範疇。[72]

---

[71] 黃異，行政法總論，1996年1月，頁70以下。

[72] 陳德禹，我國當前政治發展與行政中立問題，理論與政策第4期，1991年7月，頁44以下；許濱松，英美公務員政治中立之研究──兼論我國公務員政治中立應有之作法（上），人事月刊第20卷第4期，頁13以下；蔡良文，論行政中立法制建立應思考的問題，人事月刊第19卷第2期，頁39以下。

　　基於行政中立，在法律明定行政機關所得為之行政行為時，諸如調解（任意、強制）、仲裁（任意、強制），必須依法行政，不偏於任何一方，尤其是罷工及鎖廠既為憲法、法律所承認之自由權，則除因確具有公共福祉之原因外，行政機關自不得以調解或仲裁之名，行實際上禁絕罷工及鎖廠之實。至於行政機關如是希冀以調解或仲裁，來促使勞資雙方達成協議或締結團體協約，則是其正當權限之行使，其在調解或仲裁期間而暫時地致使雙方停止爭議行為，亦是其附帶的現象。[73]

　　基於行政中立，如爭議行為是合法時，則行政機關不得藉詞為維持生產秩序或公共安寧而發動警察權，而將工廠或生產場所包圍起來，如此將導致勞資之任何一方無法正常地行使其爭議權；反之，如果爭議手段已達違反刑法或秩序法之規定時，警察人員當然即須介入處理，不得再以國家中立原則怠忽職守。[74]再者，對於勞資雙方爭議之訴求，如其合法時，行政機關不得做有利於其中一方之公開聲明或者對之加以譴責，亦不應透過大眾傳播媒體加以責難，企圖以道德的壓力令其中一方放棄其訴求。三者，在爭議進行中或之後，行政機關不得給予其中任何一方實質上之補助，例如給予失業給付或勞工薪資補償金，以作為因罷工期間所損失之報酬，因如此將致使爭議對等（Kampfparität）失去平衡。後者，已在德國舊的就業促進法第116條有明文規定，而台灣目前雖無類似之規定，但從就業保險法第11條之規定觀之，解釋上亦應如此。

　　至於所謂公共福祉之原因，係指為限制顯然之濫用情形，即工會之罷工權或雇主之鎖廠權應為維護重大法益而讓步。從而公用事業之罷工，必

---

[73] 衛民，勞資關係中政府角色功能之研究，政大三民主義研究所博士論文，1989年6月，頁232以下及頁255以下：認為政府應扮演集體交涉與勞工參與的促進者以及勞資爭議的調停者，前者，政府積極促進勞資之間的自行交涉與對談，不必介入太多；後者，政府在勞資爭議發生時，挺身而出解決爭議，維持工業和平。對於氏如此之區分，吾人以為似無必要，政府即使在勞資爭議已發生時，原則上仍應謹守消極的國家中立，不應介入。

[74] Seiter, Streikrecht und Aussperrungsrecht, 175; Löwisch/Krauß, Schlichtungs-und Arbeitskampfrecht, Rdnr. 937 ff.

須仍維持大眾生活所必需之最低供應,始為適法。如若罷工因其地區及時間之擴延而影響廣大社會各階層之生活或顯著危害整體經濟之平衡者,將認為係屬違法。[75]由此觀之,罷工權或鎖廠權之行使,大體上會導致第三人之權益受到損害,這是因現代工商業間彼此互相交錯及相互依賴使然,但不得因此即謂公共福祉已受到危害,否則將導致全面否定罷工權或鎖廠權之結果,自然不妥。[76]

第四節　台灣勞工法令違反國家中立原則之檢討

工業發展初期,為了快速發展工商業,工會運動受到國家嚴厲地壓制,國家在勞資爭議中扮演主角的角色,團體協約自治無從產生,斯時多有以立法方式規範勞資間之權利義務關係者,而該等立法多對勞工不利,例如所謂的僱傭關係法(Master and Servant Law)強制勞工不得辭職,勞工因此必須接受雇主非人道之待遇,人性尊嚴可謂蕩然無存。[77]及至工業發展後期,所謂多元主義(Pluralism)的興起,多數工業化國家採取尊重勞資協商之制度,國家在處理勞資爭議中只扮演配角的角色。雖然如此,各國的歷史背景與傳統文化仍然占有重要的地位,例如澳洲設有仲裁法庭

---

[75] 廖義男,現行勞資爭議法規與抗爭手段規定之檢討,台大法學論叢,第19卷第1期,頁105。

[76] Gamillscheg, a.a.O., 91. 蔡維音,罷工行為規範之憲法基礎探討,台灣大學法律研究所碩士論文,1992年6月,頁142:憲法本身對於勞資集體自主協商制度的肯定,其意旨中就蘊含了一定的秩序形成委託,希望勞資雙方經由自我決定,去形成勞動生活中的共同利益;而這對於社會公眾來說,也已經是一個:在無其他選擇下的最好解決途徑。因而這個罷工權的行使本身,在原則上是不會與公共利益相牴觸的,因為勞資集體自主協商就是憲法所決定的「社會秩序」、「公共利益」。⋯⋯雖然罷工在原則上不是一種違反公共利益的行為,但行使罷工權以及其他勞資爭議行為的合法性界限,仍然必須就個別案型,透過比例原則,經過與其他多方利益衡量後,才能做出決定。

[77] 王金豐,勞資爭議處理制度中國家角色之研究——中德法制之比較,政大勞工研究所碩士論文,1995年7月,頁9。

制度（arbitration tribunal system），國家介入勞資爭議的程度頗深。[78]

　　台灣被譽為新興工業化國家，早非工業剛起步國家所可比擬。然而團體協約自治、國家中立原則及對等原則等集體勞工法最為重要之原理原則，向為台灣學界及實務界所忽視，對於勞資爭議之處理，國家慣以立法的方式，輔以司法判決及行政機關的協調、調解及仲裁等加以處理。此或係基於台灣固有國情、文化及勞動環境所使然，[79]然而除非台灣政府認為集體勞工法毋須在台灣生根，而學術上所言的團體協約自治一如敝屣，否則非由勞資雙方以力量對等方式所協商、爭議出來的結果，終究不能滿足勞資雙方真正的內心要求，而表面上的弭平爭議亦只是一短暫的現象而已。

　　台灣在以往國家統合主義之下，不僅勞工組織政策，即如團體協商的政策及勞資爭議處理之政策，均受其深遠地影響，而政府即分別經由立法、司法及行政途徑來行使其管制的手段。此將於下分別加以說明。惟首先欲再一言者，台灣勞資爭議是否亦有國家中立原則之適用？而其內涵是僅指消極的中立？或兼含積極的中立在內？雖然學者間有持懷疑之論者，認為基於經濟體制的關係，政治必然為經濟服務，而國家必須為資方的代言人，談中立原則顯然忽略現實。然而吾人從建構台灣健全的團體協約制度出發，毋寧應採肯定的見解，在此，國家應該由確定勞動條件、經濟條件中全面撤退，而留待社會自治當事人以自己的力量協商、爭議勞動條件與經濟條件。國家尤其不得採取單方給予爭議當事人特權或限制之措施。

　　至於中立原則的內涵，在台灣亦不僅指禁止國家介入團體協商及爭議行為之消極中立，而且也包括國家為確保實質的正義，在團體協商程序的有效運作，以及社會制度的確保與合理性的確保受到威脅時，國家應該採取積極作為的積極中立在內。因此在衡量台灣的立法、司法及行政三方面是否符合中立原則時，必須兼從消極中立與積極中立的面向加以斟酌，始不偏於一隅。

---

[78] 衛民，前揭書，頁231。
[79] 王金豐，前揭書，頁109以下。

一、立法

　　基於憲法第22條或第14條對於團結自由基本權的保障，團體協約自治自然受到憲法的保障，因此國家中立原則亦屬於憲法規範之範圍。基此，立法者自當體認團體協約自治、國家中立原則及對等原則間之關係，妥為規範相關之法律。然而在立法時，對於相關法律，是否須一視同仁地鉅細靡遺地規定？答案似乎是不必要的，而是可以分層次的。

(一)集體勞工法

　　在集體勞工法部分，由於勞資爭議不僅會造成勞資雙方之損失，而且會連帶牽累到第三人及社會大眾的利益，因此立法者自不能援引不干預的說詞而不加以立法，而是應設置限制罷工或禁止罷工之規定。須注意的是，立法者應係將一般的爭議規定及爭議原則予以規範，毋庸規定得太細，細節部分留待社會自治當事人自行約定即可。其中最重要的原則，即是國家中立原則、對等原則、比例原則（最後手段原則）等。[80]由此觀之，台灣修正施行前的集體勞工法仍然有受到以往國家統合主義的影響，整體上係以防止勞資雙方發動爭議為主，顯然管制得太多。[81]先就舊工會法觀察，單一工會、工會聯合組織的限制，[82]已經違反中立原則；舊工會法第26條對於發動罷工的限制，[83]強制規定必須先經調解、後經會員大會經全體會員過半數之同意，亦與中立原則未合。還好，新工會法已放鬆單一工會的管制、並且給予工會聯合組織絕對的自由。至於新勞資爭議處理法也已放寬罷工的程序限制，相當程度地呼應中立原則的要求。

　　如再檢視舊工會法第22條（新工會法第28條第1項第7款）政府給予

---

[80] 廖義男，前揭文，頁101以下；楊通軒，爭議行為與損害賠償之研究，東吳大學法律研究所碩士論文，1990年6月，頁98以下。

[81] 非屬於集體勞工法且與統合主義無關，但卻賦予行政機關發布命令或指定禁止勞方爭議行為的有：國家總動員法第14條及非常時期農礦工商管理條例第11條。不過，還好該二項法規目前均已廢除適用。

[82] 楊通軒，產業總工會合法性之研究，勞資關係月刊195期，1998年7月，頁15以下。

[83] 廖義男，前揭文，頁96以下。

工會補助金，能否以國家積極的中立予以合理化？由於台灣的工會是廠場工會，人數少、力量弱，與雇主對壘時，力量相差懸殊，顯然無協商對等或爭議對等可言，基於回復力量對等之實質正義觀點，國家本有義務採取積極的作為。然而此種工會結構上的力量不對等，可以說導因於勞工組織政策的因循國家統合主義；再者，行政機關給予工會補助金，亦是出於管制的觀點；三者，欲藉此補助金而令工會力量對等地與雇主或雇主團體地協商、爭議，在台灣實務上仍未發現有此種實例。綜括言之，舊工會法第22條（新工會法第28條第1項第7款）之工會補助金，並無法由積極的中立獲得理論的依據。因此正確的作法是政府應繼續檢討國家統合主義，放寬工會組織的限制，採行工會組織自由化，讓工會有機會增強實力，與雇主協商、爭議。雖然新勞動三法已相當程度去除國家統合主義的魔咒，勞工也相當程度獲得組織工會的自由，但是，這是否意味著工會即有協商及爭議的能（實）力？恐怕仍是個疑問、也不容吾人樂觀。當然，工會會員如因罷工或鎖廠而喪失薪資請求權，不得向國家申請失業給付或其他的津貼。而如果是間接受到爭議波及的勞工，則完全視其能否分享爭議果實而定。

　　學者間有認為舊工會法中另一項待檢討的規定是「不當勞動行為」；亦即雖然舊工會法第35條、第36條、第37條已針對雇主的不當勞動行為加以規定，然而其審理權限係歸法院所管，對於熟悉雇主反工會行為的勞工行政主管機關，反而無權處理。而即使法院判決雇主對於工會幹部、會員或一般勞工有舊工會法第35條、第36條、第37條等情形，但雇主仍不遵循法院判決行事（如解僱違法，但雇主不讓其復職），則勞工行政主管機關亦莫可奈何。為此，亟須修正強化不當勞動行為的處理。[84]雖然如此，本文基於國家中立原則及團體協約自治的思想，並不贊同設置一個專門處理不當勞動行為的機制（器）。這是從整個集體勞工法的原理原則出發，蓋當事人雙方應該自行解決其爭議，必要時，或可以法院判決的方式迫使

---

[84] 劉志鵬，期待一個有為有守的勞委會，自立早報，1989年5月1日；鄧學良，改進我國勞資爭議處理程序之具體建議，月旦法學，1996年7月，頁29以下。

對方屈服（例如上述的舊工會法第35條、第36條、第37條的情況），或
可以爭議手段（罷工等）迫使對方退讓（例如針對調整事項的爭議），否
則，捨正道不走，反而回頭求助於行政機關以不當勞動行為來制裁他方？
那麼，其將永難有一與他方對等的協商及爭議能力。當然在檢視新舊工會
法的不當勞動行為規定時，即會發現其欠缺工會的不當勞動行為的規定，
對此，立法者實應基於中立原則，早日增訂之。雖然如此，2011年5月1日
修正施行的工會法中，仍然並未有工會不當勞動行為之規定。只是，針對
新工會法第35條第2項之雇主不當勞動行為，新勞資爭議處理法第39以下
已有裁決程序之規定（惟如觀第39條第1項規定，其適用對象並不包括新
團體協約法第6條至第8條之行為），並且有不當勞動行為裁決委員會之組
成，以辦理裁決事件（新勞資爭議處理法第43條規定），這是在尋求委員
會專業的勞工法令及勞資關係的知識，較快速地做出決定。如此一來，吾
人在不當勞動行為及裁決程序運作之後，較重要的是觀察其與集體勞動法
制的配合問題，並且觀注裁決委員會組成的專業性、公正性與客觀性（不
當勞動行為裁決辦法第12條規定），並且評估裁決程序的實際效果，避免
淪入如調解及仲裁程序效果不彰的下場。為此，除了要在負責承辦的勞動
關係司配置足額的幕僚人員之外，更重要的是，應該思考將其移置在勞動
法務司下的可能性，與法規會、訴願會等置於同一框架下進行，如此，庶
幾與論者間以之為準司法機關的言論相趨近，並且可以單純或法律面多於
勞資關係面的角度合法地解決不當勞動行為之爭議。

　　如就團體協約法觀察，團體協約是由工會與雇主經過協商或爭議後
所簽訂，簽訂之前，對於薪資、工作時間及其他的勞動條件，雙方理當已
經過深思熟慮，確定自己所能接受的條件，而國家又非當事人，怎麼能知
道合理的薪資水準、工作時間等而代替當事人決定呢？因此舊團體協約法
第4條規定主管機關有權認可、刪除、修改團體協約，顯然已違反中立原
則。[85]另一例證是舊團體協約法第8條規定「團體協約得規定雇用工

---

[85] 劉志鵬，期待一個有為有守的勞委會，自立早報，78年5月1日。

人，限於一定工人團體之團員」。以立法的方式，承認工會有權與雇主約定封閉工廠條款，先撇開實務上的適用可能性不談，工會安全條款的合法性實有疑義。在2011年5月1日新團體協約法施行後，針對團體協約認可的問題，新團體協約法第10條規定已有鬆綁。只是，針對公營事業機構、國防部所屬機關（構）、學校、其他的政府機關（構）、公立學校以及工友（含技工、駕駛）等的團體協約，其簽訂前仍須先取得核可。此係針對該等機關（構）的特質、為避免影響重要民生必須物品的提供及重要政（業）務的推動，所設的限制，符合割裂式處理的法理。

　　如就勞資爭議處理法觀察，由社會自治當事人基於團體協約自治的精神自主地解決爭議，顯然不被立法者所重視，反而是以防止發生爭議及以強制手段強制當事人進入法定爭議處理程序為重心，賦予國家強制介入勞資爭議處理之權限。[86]首先，新勞資爭議處理法第8條規定，勞資爭議在調解、仲裁或裁決期間，勞資雙方不得因該勞資爭議事件而採取爭議行為。此種規定，完全無視該調解、仲裁是一方申請、雙方同意進行或國家片面強制進行，一律剝奪社會自治當事人之爭議權，顯然並不恰當。[87]新勞資爭議處理法第9條第3項之強制調解，解釋上包括權利事項的勞資爭議在內，似乎並不妥當。而且，令人不解的是，依據新勞資爭議處理法第6條第1項規定，權利事項之勞資爭議，得依本法所定之調解、仲裁或裁決程序處理之。除了仲裁是配合仲裁法修正外，權利事項之勞資爭議為何能經由裁決處理之？這是否代表除了工會法第35條第2項規定的裁決程序外，其他的權利事項也可以裁決之？如果是的話，那新勞資爭議處理法第39條以下應該有所規定才對，否則，即只能限制在工會法第35條第2項規定的裁決。更為醒目的是，新勞資爭議處理法第25條第4項「有影響公眾生活及利益情節重大」之強制仲裁規定，賦予主管機關依職權交付仲裁，使得雙方當事人立即喪失爭議權，團體協約自治所要求之由勞資雙方協

---

[86] 2011年5月1日修正施行的勞資爭議處理法第2條規定，勞資雙方當事人應本誠信及自治原則，解決勞資爭議。
[87] 王金豐，前揭書，頁114。

商、爭議勞動條件之原意，消失殆盡，國家違反中立義務，莫此為甚。[88]
為避免此種弊端，意定的仲裁程序應有優先於法定仲裁程序之效力，此從
新團體協約法第12條第1項第2款「團體協約之內容得約定勞資爭議調解、
仲裁機構之設立或利用」，獲得理論依據。[89]

（二）勞工司法

在勞工司法方面，為了令勞工權利事項之爭議迅速獲得法院判決，立
法者必須針對勞動爭議案件的特性，儘速修正民事訴訟法及其他相關的法
規，使得勞動訴訟能夠迅速的、訴訟費用較低的（或免繳費用的）、原則
上可獲得訴訟救助的，以及採取調解前置主義的獲得解決。[90]為了讓該種
判決迅速獲得強制執行實現，也應在強制執行法做相應的規定。基於此，
在一般民事法庭外獨立地設置勞工法庭，當係必要。除此之外，法官本身
亦須體認勞動契約及其他勞動爭議的特殊性，充實勞工法的專業知識。

值得注意者，在個別的勞工法令中，卻也有勞工司法之具體規定。例
如職業災害勞工保護法第32條規定，「因職業災害所提民事訴訟，法院應
依職業災害勞工聲請，以裁定准予訴訟救助。但顯無勝訴之望者，不在此
限。」（第1項）；「職業災害勞工聲請保全或假執行時，法院得減免其
供擔保之金融。」（第2項）另外，行政院勞工委員會亦曾經發布了數個
有關勞工訴訟輔助的行政命令，以輔助勞工進行訴訟，分別為：勞工訴訟
輔助辦法、大量解僱勞工訴訟及必要生活費用補助辦法、兩性工作平等訴
訟法律扶助辦法。[91]其中，勞工訴訟輔助辦法已在2009年4月17日廢止適

---

[88] 廖義男，前揭文，頁91以下；林仲秋，論罷工權之行使與限制——中德法制之比較研
究，政治大學法律研究所碩士論文，1990年6月，頁173以下；蔡烱燉，試論我國勞資爭
議之仲裁制度，月旦法學1996年7月，頁27。德國聯邦勞動法院大法庭於1971年4月21日
判決中（BAG AP Nr. 43 zu Art. 9 GG Arbeitskampf），曾主張勞資雙方採取爭議行為之
前，必須先進行仲裁程序（Schlichtungsverfahren）。然而，此種程序必須勞資雙方先行
約定始可。

[89] 史尚寬，勞動法原論，1978年重刊，頁288；廖義男，前揭文，頁93以下。

[90] 請參閱黃越欽，勞動法新論，頁496以下。

[91] 除此之外，為了補助原住民族勞工進行訴訟，行政院原住民族委員會尚且制定了「原住

用。

上述數個勞工法令雖係勞工司法的規定，但卻有如下之缺失：首先，其欠缺一個整體的規劃，只是隨機而為的立法構想而已；其次，其僅針對勞工的訴訟輔助而為，並未考慮到個別的雇主的訴訟弱勢問題（剛役畢、貸款營業之獨資雇主甲僱用乙，因發生職業災害補償問題，乙乃向法院提起訴訟。問：乙較為弱勢？還是甲與乙一樣弱勢？甲可由何處取得訴訟輔助？向法律扶助基金會提出扶助申請？）；三者，在數個行政命令中，雖多有法律的授權規定，但是，曾經在實務上運用最多的「勞工訴訟輔助辦法」卻是未有法律授權。[92]此種立法方式，應已違反行政程序法第174條之1之規定，理當將其以法律規定，或以法律明定其授權依據，始能繼續有效。[93]隨著新勞資爭議處理法在2011年5月1日的修正施行，其第六章（第57～61條規定）已有異於民事訴訟法的訴訟費用之暫減及強制執行的特別規定。而且，依據勞資爭議處理法第6條第4項規定的授權，勞委會已於2011年4月20日制定勞資爭議法律及生活費用扶助辦法，並且自2011年5月1日施行。其中，勞資爭議的扶助範圍，已超出民事訴訟之外，及於依仲裁法仲裁之代理酬金、刑事審判程序開始前之告訴代理酬金。另外，對於訴訟的扶助，除了新增的調解先行之外，也超出原來勞工訴訟輔助辦法的範圍（尤其是勞資爭議法律及生活費用扶助辦法第3條第1項第3款規定，納入未依勞工保險條例或就業保險條例規定的加保，所致損害賠償的民事訴訟，已跨入社會保險的領域），而且，對於裁決委員會所做的裁決決定（不受調解先行之限制），雇主仍以勞工為被告提起訴訟者（新勞資爭議處理法48條第1項規定），仍然有訴訟扶助的適用（同辦法同條第2項第1款規定）。將不當勞動行為裁決決定與民事訴訟予以連結。

　民族勞工訴訟補助辦法」。

[92] 勞工訴訟輔助辦法第1條規定，「為有效解決勞資爭議，輔助勞工訴訟，特訂定本辦法。」

[93] 類似此種未有法律授權，而由行政院勞工委員會自行訂定的職權命令，實際上已不多見。另一個較為著名的行政命令是「勞工業務財團法人監督準則」，其第1條規定，「行政院勞工委員會為監督勞工業務財團法人，特訂定本準則。」

二、司法

　　台灣相關勞工法令雖已漸次制定，然而無論個別勞工法（如民法僱傭契約章）、勞工司法及集體勞工法（如工會法、團體協約法、勞資爭議處理法），仍然有不全、不備或不妥之現象。基於法律保留原則，立法機關本有制定或修正相關法規之職責，以使得爭議案件能夠迅速、妥當地解決。所幸，在2011年5月1日新勞動三法修正施行後，其中不妥處已獲得相當程度的改正。惟勞工法令往往爭議頗大，勞資雙方看法分歧，立法難免遷延時日。設如當事人提起訴訟，基於法官不能拒絕審判的法理，只能援引原理原則加以裁判，在此，法官即須遵循消極中立及積極中立原則，兼顧雙方權益之尊重及實質正義之回復。

　　司法院於104年6月23日院台廳民一字第1040005046號函指示：各法院辦理勞資爭議事件，如經指定專庭或專人辦理，應確實以「勞工法庭」名義行之，不宜僅以「民事庭」或「簡易庭」名義行之，以符法制。並發布修正「法院辦理勞資爭議事件應行注意事項」。在此一注意事項中，指出勞工法庭或指定辦理勞資爭議事件之專人，應遴選對勞工法令有相當研究之法官充任，並報請司法院核定，其有更易時亦同。勞工法庭或專人受理之勞資爭議事項，依（舊）勞資爭議處理法第5條第2項規定，限於權利事項的勞資爭議。調整事項之勞資爭議，法院無審判權限（新勞資爭議處理法第6條第1項、第2項及第7條第1項亦是採取同樣意旨的規定）。[94]權利事項之勞資爭議，雖未經調解而逕行起訴者，法院仍應予受理，並應確實核定其訴訟標的之金額或價額，徵收裁判費。惟此徵收裁決費之規定，已受到新勞資爭議處理法第57條規定的修正，依之，「勞工或工會提起確認僱傭關係或給付工資之訴，暫免徵收依民事訴訟法所定裁判費之二分之一。」

　　在上述「法院辦理勞資爭議事件應行注意事項」中，大體上係分別權利事項爭議與調整事項爭議而作規定，且大致上值得吾人贊同，例如勞工

---

[94] 德國早在威瑪共和國時期，帝國法院即已採取此種見解，見RGZ 106, 272 (277)；sieh. auch Seiter, Streikrecht und Aussperrungsrecht, 176 f.; 178 f.。

法庭的法官必須對勞工法令有相當研究、權利事項之勞資爭議雖未經調解而逕行起訴，法院仍應予受理。然而，其中仍然有些規定不明或有待商榷者，例如權利事項爭議應確實核定訴訟標的之金額或價額，徵收裁判費，並未考慮勞工無法負擔訴訟費用之事實，亦未在訴訟救助上給予較寬的認定，其結果，勞工可能根本未向法院起訴。再者，勞工訴訟案件是否應限定期間迅速結案，亦未規定。三者，對於調整事項勞資爭議，法院固然無審判權，但對於調整事項之勞資爭議是否違法，工會或雇主有無遵守主體、程序、目的及手段之合法性，其中的爭議原則（對等原則、比例原則等）有無被違反，以及違法爭議行為的法律效果為何等等，均是法院必須加以具體化的。

　　另外，在涉及個別勞工法（尤其是勞動契約）之問題時，私法上的原則（如契約自由原則）並非當然地可適用之，而是必須針對勞動契約之特性，加以一定的限制，以求得契約實質的平等。而在進行訴訟程序時，法院除應儘速審理、結案外，也應在進行審理之前，先進行調解（調解前置主義），[95]而對於勞工因解僱是否有效或資方對於工會所發動的罷工、或甚至工會對於雇主的鎖廠之聲請假處分或定暫時狀態處分，[96]由於台灣民事訴訟法未對此類事項有特別規定，因此，法院應妥慎地處理之。原則上，為確保行動保障，法院對於資方及工會的聲請，均應一視同仁地、採取嚴格審查的態度，不宜輕易同意假處分或定暫時狀態處分，也不應對於工會的聲請從寬、而對於雇主的聲請從嚴審查。

三、行政

　　相較於立法與司法，行政機關運用行政手段處理勞資爭議，對於勞資雙方影響更為重大，集體勞工法上所強調之團體協約自治能否落實，完全繫之於行政機關的態度而定。換言之，在舊勞動三法時代，從舊工會法

---

95 參照民事訴訟法第380條、第403條、第404條、第410條、第416條、第421條、第 427條規定。

96 參照王金豐，前揭書，頁116以下。

上解散破壞安寧秩序的工會（工會法第40條）與對工會及其職員或會員因
怠工之罰鍰（第29條、第56條），到舊團體協約法上對團體協約內容之認
可、修改或刪除（團體協約法第4條），再到舊勞資爭議處理法上之調解
與仲裁勞資爭議，終至對違法爭議行為之處以罰款（勞資爭議處理法第40
條、第41條），均提供行政機關大力介入的可能性，由於裁量空間大而有
流於恣意擅斷之虞，因此如何確實遵守行政中立，關係到勞資雙方爭議權
之落實及爭議是否能真正消弭的結果。[97]值得注意的是，舊勞動三法時代
的行政管制規定及措施，已在新勞動三法作了相當程度的修正。

　　先就舊工會法第40條之解散工會觀之，所謂破壞安寧秩序者，並非
輕微地引起社會大眾的不便即是，而是必須達到嚴重影響大眾的生活始屬
之。況且由行政機關來行使解散權也不適宜，立法上應由法院為之，始為
正確，在修法完成之前，行政機關行使此權限時，必須特別謹慎戒懼。再
就舊團體協約法第4條賦予主管機關認可、刪除或修改團體協約之權，對
於工會與雇主自行協商勞動條件之自治行為，否認了其即時的有效性，已
違反立法中立。同樣在尚未修法前，行政機關應謹慎戒懼地行使該權限。

　　對於調解的標的而言，新勞資爭議處理法第6條第1項包括權利事項
在內；甚且第9條第3項之強制調解，解釋上亦可包括權利事項之爭議在
內。就此而言，由於權利事項之爭議係對於既有權利義務關係之爭議，其
間必存在一既定之規範得以決定當事人間之權利義務關係，並無必要一定
要先經調解，如勞資之一方逕行起訴，法院仍應受理。[98]況且調解只具任
意性，縱為強制調解，當事人亦可決定不出席（所以，新勞資爭議處理法
第63條第3項規定，「勞資雙方當事人無正當理由未依通知出席調解會議
者，處新台幣2千元以上1萬元以下罰鍰。」顯然牴觸調解是任意主義之原

---

[97] 目前已廢止適用之國家總動員法第14條及非常時期農礦工商管理條例第11條，均有賦予
　　行政機關發布命令或指定禁止勞方爭議行為之規定。廖義男，前揭文，頁80；衛民，前
　　揭書，頁287以下。

[98] 司法院104年6月23日院台廳民一字第1040005046號函「法院辦理勞資爭議事件應行注意
　　事項、六」；廖義男，前揭文，頁90；又黃程貫，勞資爭議法律體系中之罷工的概念、
　　功能及基本法律架構，頁193以下，對於罷工與訴訟間之關係，論述甚詳。

理，又回到國家統合主義的作祟，實不可採（有關調解效力之說明，請參閱最高行政法院106年度判字第180號判決）。尤其是，依據同法第9條第2項規定，「前項爭議當事人之一方為團體協約法第10條第2項規定之機關（構）、學校者，其出席調解時之代理人應檢附同條項所定有核可權機關之同意書。」假設有核可權的機關以調解為任意性為由不同意或拖延同意者，也會導致下級機關受到處罰。雖然中央勞工主管機關函請各行政機關儘速核發核可文件，但是否能發揮效果，恐怕難以樂觀。行政院勞工委員會2011年9月20日勞資3字第1000126485號函參照。）即使出席，對於調解方案也可以不接受。[99]由此觀之，調解本以任意調解為宜，強制調解在立法上已有違中立原則，行政機關若為免受當事人指摘喪失中立立場，不宜採用。[100]不接受任意調解方案者，其接受強制調解方案的可能性可謂甚低。

　　新勞資爭議處理法第8條規定勞資爭議在調解期間，勞資雙方均不得採取爭議行為（所謂和平義務之延長）。而基於該法第9條之規定，任意調解只要一方當事人、強制調解只要行政機關片面決定即可，均非雙方當事人共同的合意所為，因此實際上即有可能因一方的申請調解或行政機依職權交付調解而剝奪他方當事人之爭議權，其侵害團體協約自治甚明。正確的作法是，只有勞資雙方共同申請的調解，調解期間始不得採取爭議行為。

　　就仲裁程序而言，依舊勞資爭議處理法第6條第1項的規定，其標的限於調整事項之勞資爭議，雖然學者間有主張「對於勞資爭議處理法所規定之行政處理程序，即調解與仲裁程序而言，並無必要非區分權利事項與調整事項之爭議二者，換言之，不問權利事項與調整事項之爭議，均得以調解與仲裁程序解決之，並無須依現行勞資爭議處理法之嚴格區分權利事項

---

[99] 王金豐，前揭書，頁130。
[100] 請參閱衛民，前揭書，頁281。

只得循調解程序解決之」，[101]但該主張一者有違現行法規定[102]；二者，權利事項之勞資爭議已不適宜強制調解，則更具強制效力之仲裁，當更不適用之，而應由法院依照相關法令裁判為是。雖然如此，依據新修正施行的勞資爭議處理法第6條第1項規定，權利事項的勞資爭議也可以依仲裁、甚至裁決程序處理之。這是採取與仲裁法的仲裁相同的立法，且也有將可能依仲裁法仲裁的權利事項爭議，回歸到勞資爭議處理法所定仲裁解決之寓意。

依據舊勞資爭議處理法第24條第1項及第2項規定，仲裁亦分為任意仲裁與強制仲裁，惟異於任意調解的是，任意仲裁亦須由爭議當事人雙方共同申請。不問任意仲裁或強制仲裁，對於爭議事件而言，均是終局的解決，雙方當事人均不得聲明不服（舊勞資爭議處理法第35條第1項）。其對於社會自治當事人團體協商及爭議的權利，限制尤大，此在任意仲裁時，由於係雙方當事人共同合意申請，當事人已經過本身利益的衡量，例如認為自己協商或爭議力量不如對方而要求、接受仲裁，則行政機關的仲裁恰可彌補力量的不對等，對於仲裁結果自會接受。

依據新勞資爭議處理法第25條規定，除了任意仲裁（第1項）及強制仲裁（第3、4項）之外，另外新增一方申請仲裁（第2項）的規定。就任意仲裁而言，如係調整事項的勞資爭議，當事人一方為新團體協約法第10條第2項規定之機關（構）、學校時，須經機關核可，始得申請仲裁。而勞資爭議當事人之一方為第54條第2項之勞工者，其調整事項之勞資爭議，任一方得向直轄市或縣（市）申請交付仲裁；其屬同條第3項事業調整事項之勞資爭議，而雙方未能約定必要服務條款者，任一方得向中央主管機關申請交付仲裁。

但如是強制仲裁，只要行政機關認為有影響公眾生活及利益情節重大有交付仲裁之必要時（新勞資爭議處理法第25條第4項規定），即得依職

---

[101] 黃程貫，關於權利事項與調整事項爭議之區分，勞資關係論叢第2期，1994年12月，頁21。

[102] 蔡炯燉，試論我國勞資爭議之仲裁制度，頁22、頁27。

權交付仲裁，之後，勞資雙方即無法再發動爭議權，對於團體協約自治之影響，可謂至深且鉅。雖然依據實務上的統計，仲裁書的作成極少，可謂成效不彰。[103]再加以主管機關強制仲裁的決定是一行政處分，當事人如認為不當或不法，可採取行政救濟，提起訴願及行政訴訟。但可能使得工會或雇主除了與他方當事人爭議外，還得分心與行政機關或行政法院對壘，影響當事人之權益不言自明。基此，只要法制上存在強制仲裁，團體協約自治受到不法侵害的威脅，即存在著。

　　既然強制仲裁侵害社會自治當事人之爭議權，行政機關自應秉持謹慎戒懼的心情，判斷是否存在「有影響公眾生活及利益情節重大有交付仲裁之必要」的前提要件。對此，學者以為：[104]「主管機關於調整事項之勞資爭議，縱使勞資雙方已各採抗爭手段而在爭執中，基本上，仍應採『行政中立』之原則，不應貿然主動介入，蓋何為公平及合理之勞動條件，勞資爭議之當事人，本於其為直接之利益關係，知之最曉。因此，應讓其彼此繼續談判以達共識。而主管機關保持行政中立之立場，亦是尊重團體協約發揮自治功能之表現」、「勞資爭議當事人使用抗爭手段使勞資爭議持續相當之時日，嚴重妨礙產業秩序並影響第三者及公共利益，而可認為該抗爭手段顯係濫用或本係違法使用時，因而為維護公共利益之迫切需要，以交付仲裁而阻止勞資爭議手段濫用或違法使用之繼續，係屬必要之情形而言。」如僅是雙方談判破裂而可能即將採取抗爭手段，尚不能認係「有影響公眾生活及利益情節重大有交付仲裁之必要」，「蓋此時如依職權交付仲裁，則依（舊）勞資爭議處理法第7條、第8條之規定，勞資雙方即不得為罷工、歇業等抗爭行為，其結果無異於自始即剝奪勞資雙方採取合法抗爭手段之可能，且使（舊）工會法第26條容許工會依一定程序宣告合法罷工之規定形同具文。」

　　對於「體制內之體制外」之爭議處理方式——協調而言，由於非勞資爭議處理法所規定的處理方式，自不受該法的限制而深具彈性，因而

---

[103] 王金豐，前揭書，頁128。
[104] 廖義男，前揭文，頁92以下。

在處理勞資爭議上，已被廣泛運用且卓有成效；[105]再加上無論是「任意協調」或「強制協調」，如同調解般，雙方當事人都可基於自己的判斷而決定要不要接受。[106]似乎對當事人權益只有利而無弊。然而，基於團體協約自治，社會自治當事人本有權自行以協商、爭議解決勞資爭議，國家原則上是局外的旁觀者，只在例外爭議嚴重影響第三人及社會大眾權益時，國家始能介入。因此，勞資爭議處理法才明定調解及仲裁，以限制行政機關不當的干預。現在行政機關以協調處理爭議事件，已有違立法者當初制度設計的本意，置依法行政原則或法律保留原則於不顧。令人遺憾及不解的是，立法者在新勞資爭議處理法中，仍然未將協調納入，徒留其任意運用的空間，也引起協調與指派調解人（新勞資爭議處理法第11條第1項第1款規定）身分及權責區分的疑義。正確而言，除非法有明文規定，否則在2011年5月1日新勞資爭議處理法指派調解人制度實施後，即應中止協調之運用，而這似乎也是中央勞工主管機關的原意，蓋依據新勞資爭議處理法第11條第1項規定，主管機關就調解案件得予補助。行政院勞工委員會乃於2011年4月29日以勞資3字第1000125733號令發布「補助直轄市及縣（市）勞工行政主管機關辦理委託民間團體調解勞資爭議案件實施要點」，同時廢止「行政院勞工委員會補助各級勞工行政主管機關運用民間勞資關係中介團體協處勞資爭議實施要點」，停止原針對勞資爭議協調案件之補助（補助至2011年4月30日止）。雖然如此，似乎有一些直轄市及縣（市）勞工行政主管，在2011年4月30日後，仍然繼續利用協調勞資爭議者，其法律效力究竟為何？可否以行政院勞工委員會廢止補助，即當然以之為無效？此似應回歸到依法行政原則或法律保留原則的精神予以處理。

---

[105] 王金豐，前揭書，頁117；蔡美鳳，勞資爭議處理制度與勞工階級形成，中國文化大學勞工研究所碩士論文，1995年12月，頁59。

[106] 王金豐，前揭書，頁128：按協調在性質上類似於「行政指導」，該類行政行為因具有應急性（不需要有法律依據）、簡便性（不必履行法定程序）及溫情性（能考慮當事人立場，並須經其同意）等等優點，故而在日本行政指導乃被頻繁使用。對當事人而言，其最大特點即為其任意性；換言之，接受指導與否，當事人有絕對的自主權。

　　行政機關可能主張為回復實質的正義，以補目前勞工或工會力量薄弱難以與雇主平等協商、爭議之事實，因此不得已才採用協調的手段。然而也有可能勞資雙方均不願行政機關協調，而願意依勞資爭議處理法進行調解、仲裁，如此一來，理論上可單純拒絕協調，只不過實際運用上，懼於公權力，勞資雙方仍會被迫接受。這一事實可以將之凸顯得更清晰；亦即設如雙方已用盡調解、仲裁而無結果，正準備進行爭議行為時，現在行政機關又來進行協調（協調是隨時可為），則可能延誤爭議的最佳時機，而嚴重侵犯爭議權。另外必須考慮的是，在行政機關進行協調時，工會或雇主可否發動爭議行為？亦即協調有無新勞資爭議處理法第8條同樣的效力？在這一點上，是否可以說：由於是勞資雙方同意行政機關的協調，雖然法無明文，但基於爭議手段的行使必須在用盡其他手段後〔所謂最後手段原則（Ultima-ratio-Prinzip）〕，因此勞資雙方不可發動爭議行為？法律狀況不明，值得吾人深思。最後一個疑義是：協調的法律效果為何？由於法無明文規定，協調應只具有和解契約之效力，若一方不履行和解之內容，他方仍須起訴請求法院救濟。綜括言之，既然協調與調解性質上有其類似之處，除非勞資爭議處理法明定行政機關行使之程序、協調具有阻止勞資雙方進行爭議行為，以及協調之法律效果應如調解一般，否則吾人以為行政機關不得基於積極中立的主張，而進行協調。[107]

四、修正建議

　　中立原則在台灣亦兼指消極的中立與積極的中立，衡量台灣的立法、司法及行政三方面是否符合此原則時，新勞動三法均必須兼顧及此二個面向：(一)立法上，在集體勞工法方面，應揚棄國家統合主義，對工會組織鬆綁、修訂不當勞動行為的規範、刪除主管機關認可、刪除及修改團體協

---

[107] 行政院勞工委員會1992年勞資爭議處理法修正草案第8條曾經規定有協調，並於第19條第3項規定：依第8條規定協調成立者，與依本法成立之調解有同一之效力。可惜的是，2006年10月的修正草案中並未有協調的規定，又將協調置於法律不明的地位。同樣地，2011年5月1日修正施行的勞資爭議處理法也未就協調加以規定。

約之權（新團體協約法第10條已修改成原則備查、例外核可制）、調解與仲裁回歸雙方當事人共同合意申請。勞動司法方面，不須制定勞動法院法的專法，只須修正民事訴訟法及相關法規，以使勞動訴訟能迅速、費用低廉地裁判或作成調解、和解；(二)司法上，對於個別勞工法、勞工司法及集體勞工法之不全、不備或不妥，法官須遵循消極中立與積極中立原則，兼顧雙方權益之尊重及實質正義之回復，發揮司法造法的職責。在個別勞工法方面，合理限制契約自由原則的適用、維護契約正義。集體勞工法方面，弱化國家統合主義的內涵、以實質要件處理工會組織的鬆綁、具體化勞資爭議的重要原則，如國家中立原則、對等原則及比例原則等，以及具體化違法爭議行為的法律效果。勞工司法方面，儘速審理結案、調解前置主義以及給予訴訟救助；(三)行政上，在調解及仲裁方面，儘量不行使強制調解及強制仲裁。所謂情節重大有交付仲裁之必要，係限於濫用或違法使用爭議手段，嚴重妨礙產業秩序及第三人、社會大眾之利益之情況。協調並非現行勞資爭議處理法所規定的爭議處理方式，已違反法律保留原則。再加上協調能否阻止爭議行為之發動、協調當中能否進行爭議行為，以及協調的法律效果為何，均不明瞭，行政機關不得基於積極中立的主張，而進行協調。

第五節　台灣修正後新勞動三法違反國家中立原則之檢視

一、工會法

在2011年5月1日的工會法修正條文中，對於上述違反國家中立原則之規定，雖然有些已經加以修正，但仍然有未加以修正者，茲分別說明如下。

(一)公務員、教師及軍人之結社問題

如從勞務提供者的角度觀之，其勞動條件之確定，因其身分之不同，而各有不同。例如公務員及公立學校之教師，均係由國家以預算之方式加

以確定。雖然如此，凡為勞務提供者，其所追求者，除了勞動條件之提升外，亦含有諸如勞動環境改善之其他諸多需求，需要假藉勞工團體行之始克有功。因此，原則上應肯定各種勞務提供者之團結自由基本權，僅在具有充分客觀的理由下，始能例外地否定特定勞務提供者之的團結自由基本權。工會法修正條文中即排除現役軍人及國防部所屬軍火工業之員工之組織工會權利（2011年5月1日的工會法修正條文第4條第2項）。此一條文規定，已經放寬國家對於各種職業勞工組織工會的限制，較為符合國際勞工組織及世界各國之作法。其中，教師部分，依據新工會法第6條第1項的規定，僅得組織及加入產業工會與職業工會（例如英文教師工會），企業工會不在其內，團結權仍然受到一些限制或剝奪，這是為避免學校層級的工會，可能直接影響到學生的受教權。在開放教師工會之後，原來的教師會繼續存在，形成雙軌制的教師團體，兩者均係採取自由入會（如果要將教師與律師、會計師同視為專業人士、並且與教師工會有所區別，則採取如職業團體的強制入會，即有其必要）。教師法也繼續適用，所以，教師待遇、薪級、起敘薪級、提敘等相關事項之辦法，由教育部擬訂，報行政院核定。教師的薪資即由薪資待遇條例規定，不得經由協商約定之。同樣地，工作時間、請假、資遣、退休、撫卹及保險等，也是由相關法規明定，不在團體協約的範圍。只有不在法規或辦法範圍內者，雙方始有協商的空間。就工會的本質而言，假設教師工會對於重要的勞動條件都無置喙的餘地，其存在的功能與教師會已相去不遠，意義也不大。所以，兩者保留其中之一，並且兼具兩者的功能，應該已足夠。

　　惟如前所述，工會法修正草案第4條並未將警察亦列入禁止組織工會的對象，此一規定並不妥當。蓋公務員中之「警察」負有維護公共安全之任務，必須防止危險及從事刑事調查，其對於維護國家安全與秩序的重要性，應與現役軍人無所差異，這也是國際勞工組織第87號公約允許國家以法律限制軍人與警察團結權之理由。因此，本文以為兩者不宜做不同的立

法對待，允宜一律禁止其組織工會。[108]

(二)工會組織自由

為彰顯政府尊重國家中立原則，並且履行法律保留原則（國家保留原則），工會法修正條文中乃以勞工為主體，依其需要、意願而可以選擇組織或加入「產業工會」、「職業工會」、「企業工會」（工會法修正條文第6條）。此種放寬勞工組織工會之自由，給予勞工選擇各種工會形式之自由，除了可以糾正以往廠場工會（修正後為企業工會）功能不彰之弊病，也更能符合勞工的需要。

(三)多元工會之開放

如前所述，基於歷史的因素或國家管制上的需要，台灣數十年來係採取單一工會之形式。如從國際勞工組織公約中亦認為每個國家固然可以採取單一工會之形式，惟亦應朝向多元工會的方向發展。因此，單一工會並非自始即無其正當性。只不過，台灣數十年採行單一工會制度，導致了工會功能不彰、體制外工會林立之諸多弊端，亟待予以矯正。此次工會法修正條文中，原則上即是採取多元工會之形式，僅在企業工會及同一直轄市或縣（市）內之同種類同名稱職業工會，仍維持單一工會之形式（2011年5月1日的工會法修正條文第9條第1項、第2項）。之所以維持單一企業工會，係為免多元化的結果，造成企業勞資關係複雜化，並避免影響企業內勞工之團結。而且，在單一企業工會之下，也可以避免在多元工會主義下，具有關鍵性位置（例如火車司機、飛機機師）的少數勞工所成立的工會，利用其優勢的或不可／難以取代的地位，而迫使雇主給予其較其他多數勞工所組成的大型企業工會為優的勞動條件。不惟如此，具關鍵性位置的小型工會，可能更會發動其爭取代表其他較為大型工會協商代表權的鬥爭，引起多數工會間的權力傾軋（雖然，依照團體協約法第6條第4項規定，資方得要求二個以上工會推選協商代表，並未排除由具關鍵性位置的

---

[108] 請參閱王惠玲，國際勞工組織對團結權之保障，收錄於：勞動基本權學術研討會論文集，2004年10月，行政院勞工委員會編印，頁210。

小型工會出任協商代表或取得協商代表中多數的席次）。退而思之，即使單純的多數團體協約間不同的勞動條件，即足以造成雇主經營管理上的困擾。為避免如此，雇主也會思考採取包括外包或勞動派遣等使用第三公司勞務的方式，來對抗及瓦解多元工會的產生及存在。另外，維持同一直轄市或縣（市）內之同種類同名稱職業工會，以設立一個為限，則是基於台灣工會發展現實需求。話雖如此，2011年5月1日的工會法修正條文第9條第1項、第2項仍然已對多元工會造成相當程度的限縮，違反了國家中立原則。

　　惟，既然在企業工會及同一直轄市或縣（市）內之同種類同名稱職業工會，仍然維持單一工會之形式，則吾人即應思考在單一工會內（尤其是大型的或工會法第6條第1項第1款後段綜合各廠場的、各企業的或金融控股公司與子公司的複雜的企業工會、甚至是公部門的企業工會），針對各個部門的或廠場的或企業的或金融控股公司與子公司的（以及公部門的）特殊性，由勞雇團體訂定數個團體協約或在一個團體協約內訂定數個不同規定的可能性，以符合各種情況的需要（例如針對公共行政部門的管理／行政單位）（在此，如果是工會法第6條第1項第1款後段綜合各廠場的、各企業的或金融控股公司的企業工會，則還會涉及團體協約法第4條之問題。中央勞政機關認為「產業工會聯合會之會員工會與所在事業單位簽訂之團體協約，自應受該聯合會與事業單位所簽訂團體協約之拘束」。行政院勞工委員會78年2月17日(78)勞資二字第03796號函參照）。此處，僅在例外情況下，始有禁止歧視原則之適用。倒是，與事業單位內工會針對特定部門所訂的團體協約不同的是，在台灣，理論上並無成立「部門工會」的可能性，這從工會法第6條第1項第1款的規定即可知之。由此觀之，大量解僱勞工保護法第4條第2項第1款事業單位內涉及大量解僱「部門勞工所屬之工會」，即屬有誤。至少，其法律用語並不精確，容易造成誤導。蓋即使是多元工會，也是以廠場作為成立工會的基礎。雖然如此，實務上似乎確實存在部門工會，例如屬於公共行政部門的台北市停車管理處產業工會（簡稱停管工會），即是由「停車管理處」的停車管理員所組成的部門工會（相關判決，請參閱最高法院99年度台上字第2054號判決），因

為，停車管理處並無如廠場般的備有獨自之經營簿冊或可單獨辦理事業登記的資格。而且，既以「停車管理處產業工會」為名，則台北市其他單位／部門的受僱員工似乎即無申請加入的權利。同樣以部門工會型態存在的，尚有：台北市政府工務局水利工程處工會、新北市政府環境保護局工會、高雄市政府環境保護局技工工友工會、高雄市政府養護工程處工會等。或許由於該等部門所聘僱的具勞工身分（含技工工友）眾多，該等地方政府遂政策性同意其成立工會。這些以部門成立的工會，清一色皆具有公部門的本質，屬於公部門勞資關係的一環。即會受到較為嚴格的公部門法令的拘束。

(四) 強制入會之去除

雖然強制入會在台灣已施行數十年，且甚多工會及勞工團體仍一再重申強制入會之必要性。惟鑑於強制入會在實務上的功效有限，且既然勞工有組織或加入工會之自由，則強制其必須入會，是否會導致原先所欲保障之組織或加入工會之自由落空？尤其重要的是：強制入會是否已牴觸憲法所保障之勞工團結自由基本權？由於強制入會在學理上之理由並不堅強，而且世界上亦少有國家採取此種立法方式，因此，原先工會法修正草案中遂採取自由入會之立法方式；亦即言簡意賅地規定「勞工有加入工會之權利」（2006年10月的工會法修正草案第13條）。只不過，其立法理由「現行條文規定勞工加入工會之年齡限制，基於勞動基準法對於受僱勞工之年齡已有規範與限制，爰予以刪除。」此一說明，似有問題，蓋勞基法與工會法並無連帶關係，勞基法第44條以下固然有受僱勞工年齡之規範與限制，但其目的在確保童工及準童工之身心健康權益不致於受損。至於工會法中所規定之勞工，則是完全以其具有從屬性為準，並不計較其年齡。[109]亦即假使有13歲之兒童受僱他人從事工作，應亦有加入工會之權利，不能說未達勞基法受僱年齡者，即不得加入工會。上述自由入會的法律規定，於2009年6月的工會法修正草案中，已不復見。亦即針對企業工

---

[109] 楊通軒，勞動者的概念與勞工法，中原財經法學第6期，2001年7月，頁235。

會，第7條規定，「依前條第一項以同一廠場或同一事業單位組織之企業工會，其加入工會之會員人數已達全體得加入工會之勞工總數二分之一以上時，為促進企業工會團結，其餘未加入工會之勞工，經個人同意應參加該工會為會員。」其立法理由表示：「爰參採美國工廠工會之精神」而訂。試圖為強制入會及自由入會尋找一個折衷的解決之道，而其終局仍然謹守自由入會的精神。雖然如此，上述2009年6月的工會法第7條修正草案，在2010年6月23日修正通過、並自2011年5月1日施行的工會法中，已被刪除。

(五) 罷工條件之限制

舊工會法第26條有關罷工條件之限制，已在修正條文中全文刪除。但是，這並不表示限制已經放寬或刪除，而是移列至勞資爭議處理法中加以規範，故擬在以下加以說明。

(六) 不當勞動行為之規定

雖然現行法中亦有雇主不當勞動行為之規定，惟相較於實務上屢屢發生之工會發起人或工會幹部，或一般勞工因參與工會活動而受到雇主之不利待遇，現行法即顯得相當的不足。立法者遂在此次修法中，大大充實有關雇主不當勞動行為之規定（2011年5月1日的工會法修正條文第35條）。並且於條文第45條明定雇主或代表雇主行使管理權之人，違反不當勞動行為規定時之行政罰鍰責任。只不過，令人遺憾的是，修正條文中並未基於集體勞工法中之對等原則，而將工會之不當勞動行為，也一併加以規定。蓋既言不當勞動行為，即包括雇主的及工會的（對於雇主或非會員的）侵害集體基本權的各種態樣。

再者，從根本上來講，不當勞動行為之規定，實際上仍然某種程度地違反集體勞工法之法理。蓋既然工會及雇主團體係為憲法所保障之組織體，且其協商及爭議亦受到憲法的保障。則勞工及雇主即應自行思考如何組織其團體、如何與對方協商，以及如何進行爭議；亦即其所恃者為自有之力，而非再轉而要求國家以不當勞動行為，對於他方予以制裁。如此一來，將不利於工會或雇主團體協商及爭議實力的形成。此種不當之規定，

同樣出現在2011年5月1日修正施行的團體協約法第6條以下之「協商請求權」的規定中，值得吾人深思。倒是，與本書意見相左的是，論者間多有對於新工會法及新團體協約法中之不當勞動行為規定加以讚揚者，甚至將之視為最重要的修正規定所在。雖然如此，理論或引進外國法制之爭固非無意義，但能促成團體協約的締結尤關重要。無論是協商請求權（誠信協商）或不當勞動行為法制，都是建立在能夠促進團體協約締結的假設前提上，否則疊床架屋或自我紛擾有何實益呢？就此，無論從美日韓誠信協商的成效（具體而言：該等國家法院有無判決違反誠信協商的例子？數據？）或台灣自2011年5月1日起至今、並且往後發展的實務考證上，都可以印證或否證該等制度的實際效益如何。單純地想像誠信協商會促成團體協約的締結，在學術上及實務上均無何意義。換言之，誠信協商非當然意味團體協約的締結，雇主不必因屈服於誠信協商而接受工會的要求（否則工會即無發動罷工的必要了）；另一方面，誠信協商應也非只講求協商過程的氣氛或態度，而不計較協商的成果（此從2014年6月4日修正公布施行之團體協約法第6條第5項規定觀之，應採否定見解）。所以，假設誠信只是停留在工會或／及其幹部的利益堆砌上，而未能落實於工會會員勞動條件的提升與改善、或者只是勞政機關自我權限的擴張（並且反面壓縮勞雇團體的協商空間），得否謂此為原先引進該等制度的目的？或者只會強化工會對於勞政機關的依賴？在此，不當勞動行為裁決委員會101年勞裁字第32號裁決「誠信協商原則係基於勞資自治原則，其目的，在於促成勞資雙方於平等地位上互動」的說法，似乎誤解勞資自治原則的內涵（正確而言，在尊重勞資自治原則下，裁決至少要採取如同仲裁的由工會與雇主合意共同提出申請裁決程序），也過度期待勞雇當事人一方會給予他方權力上的平衡。為使「誠信協商」能夠客觀忠實、不偏不倚的界定，學者論述的類型化、深入化及體系化，扮演著關鍵性的角色。

(七) 法院解散工會權利之賦予

　　如上所述，舊工會法第40條解散工會之規定，其所謂破壞安寧秩序者，並非輕微地引起社會大眾的不便即是，而是必須達到嚴重影響大眾的

生活始屬之。況且由行政機關來行使解散權也不適宜，立法上應由法院為之，始為正確。此一行政機關基於工會「破壞安寧秩序」之解散規定，已在修正條文中予以刪除，其刪除理由為「工會為勞工行使團結權之重要組織，其向主管機關請領登記證書後即具法人資格，故性質上不宜由行政主管機關逕予行使解散權，爰予刪除。」並且在2011年5月1日的修正條文第37條（舊工會法第41條）加入第2項規定「無法依前項第1款至第3款規定自行宣告解散或無從依章程運作時，法院得因主管機關、檢察官或利害關係人之聲請解散之。」

　　將解散工會之權限移至法院，顯然係一正確的作法。但是，根據立法理由說明，2011年5月1日的修正條文第37條第2項規定，係針對因會員大量流失或財務不健全而致會務停頓等情事，並未及於工會「破壞安寧秩序」之情況。因此，假設發生工會「破壞安寧秩序」之情況，法院或行政機關究應如何處理，乃留下了一個法律缺口。因此，本文還是認為應該由法院斟酌是否「達到嚴重影響大眾的生活」而加以解散，至於其具體作法是在2011年5月1日的修正條文第37條規定。

(八)工會理監事入廠辦理會務及會務假之再商確

　　台灣數十年來工會幹部享有會務假，以辦理會務。惟如考量工會之自主性及獨立性，以及雇主並無義務提供工作時間給工會幹部辦理會務[110]，則工會幹部如欲終局地免於雇主的干預其辦理會務之情形，則歸根結柢之計，當在於將其辦理會務時間挪至工作時間外進行。在工會法修正過程中，亦曾經刪除所有工會幹部的會務假，惟2006年10月修正草案第33條第4款卻是明定，雇主或代表雇主行使管理權之人，不得「無正當理由拒絕工會理事、監事或會務人員進入事業單位辦理工會會務」，違反者，將會受到行政罰鍰之制裁（修正草案第42條第1項規定）。令人難以理解的

---

[110] 同樣地，雇主對於工會幹部或會員在上班時間招攬非會員加入工會之舉動，亦有權加以阻止。

是，修正草案第34條第1項更是規定，「工會之理事、監事及理事長於工作時間內有辦理會務之必要者，得請公假辦理會務；其請假時數，由勞資雙方約定。」假設勞資雙方未約定請假時數，則企業工會理事長之請假時數，得以半日或全日辦理會務（修正草案第34條第2項）。

　　上述修正草案第33條第4款及第34條有關工會幹部進入事業單位辦理工會會務及在工作時間內可請假辦理會務之規定，顯然均有待商榷。首先，修正草案第33條第4款之規定，應係依照最高法院86年度台上字第688號民事判決要旨而來。但是，本文認為，雇主並無提供工會會所之義務，工會並無權要求雇主設立會所於廠場或公司內。至於工會之任務看似有多項，但實者應僅限於團體協約之締結與爭議之調解而已（團結會員互助合作、增加生產，以及研究改進生產技術、提高品質，本來就不是工會的任務），工會幹部為執行此類工作，是否非得進入廠場或公司不可？在廠場或公司外難道就無法協商、調解爭議？答案應是否定的。因此，如果工會會所不在廠場或公司內，則工會理事長即無一進入廠場或公司執行工會會務之請求權，只有雇主在具體情況下應允其進入廠場或公司時，始得進入。

　　再者，無論工會幹部進入事業單位辦理工會會務或在工作時間內請假辦理會務之規定，其合法性的基礎，均係在於工會是否具有「存續保障」（Bestandsgarantie）之憲法基礎。對此，本文亦採取否定之見解，蓋其在事業單位外及工作時間外辦理工會會務，並不會影響工會之生存也。所以說，進入事業單位及辦理會務之會務假，已經牴觸了集體勞工法的法理或違反工會本身的成立要件。假使修正草案仍然保留該等規定，則可以預見的是，雇主仍然會以准假與否等方式干預工會會務的運作，工會之維護或提升會員勞動條件之功能，將更難達成。[111]

　　值得注意的是，上述2006年10月工會法修正草案第33條第4款及第

---

[111] 令人憂慮的是，工會幹部是否會因辦理會務請假過多，而再度遭遇（如前所述之）最高法院86年度台上字第688號民事判決之不能勝任工作之命運，而被資遣？值得吾人繼續加以關注。

34條第1項之規定，已在2011年5月1日的工會法修正條文第36中，有所修正，且其第1項規定與本文所持的見解相同。即第1項規定，「工會之理事、監事於工作時間內有辦理會務之必要者，工會得與雇主約定，由雇主給予一定時數之公假。」其立法理由為：工會辦理會務屬內部事務，本宜於工作時間外進行，惟如有於工作時間內進行之必要時，得與雇主約定，由其給予一定時間之公假辦理會務，爰為第一項規定。至於其第2項則是針對企業工會，採取較為寬鬆的會務假規定。

二、團體協約法

在2008年1月9日修正通過、並且自2011年5月1日施行的團體協約法中，對於上述違反國家中立原則之規定，雖然有些已經加以修正，但仍然有未加以修正者，茲分別說明如下。

(一)協商請求權之承認

2011年5月1日修正施行的團體協約法第6、7、8及32條規定，規定了工會與雇主對於他方的協商請求權（不得拒絕協商、不得不限期提出對應方案，以及不得拒絕提供合理協商所必要之資料等），以及一方違反時之行政罰鍰。立法理由說明中應指出係參酌美、日、韓三國之立法例，雇主及工會均有協商之義務。並且考量工會實力現況，須政府一定程度之介入，透過一定金額之處罰，較能真正落實誠信協商之保障，故明定經勞資爭議處理法裁決認定違法者，課予罰鍰。在2014年6月4日修正公布（並自2014年7月1日起）施行的團體協約法第6條第5項規定，進一步強化執政者貫徹誠信協商的企圖。依之，「勞資雙方進行團體協約之協商逾6個月，並經勞資爭議處理法之裁決認定有違反第6條第1項、第2項第1款或第2款規定之無正當理由拒絕協商者，直轄市或縣（市）主管機關於考量勞資雙方當事人利益及簽訂團體協約之可能性後，得依職權交付仲裁。但勞資雙方另有約定者，不在此限。」依本書所見，立法者的設置誠信協商，代表著將集體勞工法中的團體協約自治，相當程度地移往團體協商，而將爭議行為的重要性相對地弱化或者不希望勞雇雙方動輒引用爭議手段。只可惜，立法者並未在立法理由中明示這一點。

　　吾人如觀自2011年5月1日起至2014年12月底的裁決總案件中，涉及團體協約法第6條第1項及第2項規定者，僅有7件裁決書，而其中共有5件裁決案後來經過法院審理裁判（1件經最高行政法院裁定，另4件台北高等行政法院裁定與判決）。從量的方面觀之，所占總案件數的比例並不高，從質的方面來看，則幾乎全部集中在基本或前置的問題，亦即何謂誠信協商（103年勞裁字第8號決定書參照）？何謂團體協商資格？

　　先就何謂誠信協商而言。依據最高行政法院103年度裁字第1550號裁定，勞資雙方必須窮盡團體協商機制，始得謂已遵守誠信協商義務。其所謂「窮盡」，應是指用盡各種理解的可能性，試圖與對方達成合意而言，並非被強制一定要締結團體協商。再依據台北高等行政法院103年度停字第5號裁定，「基於誠信協商義務，勞資雙方需傾聽對方之要求或主張，對於他方合理適當之協商或主張，有提出具體性、積極性之回答、主張或對應方案，必要時，有提出根據或資料之義務。因此，為達成協商所必要之資料，即有提供予對方之義務，藉此尋求協商之合意。換言之，若雇主未提供該等資料，將導致協商難以進行或不能進行，該等資料即解為團體協商之必要資料。」

　　由上述法院見解觀之，誠信協商義務固已非單純道德上的義務，而是從作為法律最高指導原則的誠信原則而來、而且可以細部化到資料提供的法定義務及協商時的態度與口氣。只是，誠信協商係以工會或雇主之任何一方，依據團體協約法第6條以下規定，向他方提出正式的協商為必要，如果只是一般性協商、協議或對話或餐敘聊天（亦即無團體協商之程序或外觀），即不屬之（最高行政法院105年度判字第134號判決參照）。連帶地，即無不當勞動行為之適用。在個別的判斷上，雇主的何種行為已經違反誠信協商，並非易事。即使是裁決會或法院的見解，也並非當然正確。例如103年勞裁字第8號之見解，即有再討論的空間。蓋為達成協商合意，勞資雙方固應為合理的努力（本案雇主並未以誠信的態度對應，而是以極不友善的口氣回應。而且完全拒絕申請人工會的各種要求）。而且，並非是雇主必須達成讓步合意之義務。雖然如此，裁決會只是引用單一日本學者（荒木尚志）的見解，認為：雇主除了聽取工會所提出的主張與要求

外，並應予以回應（包括提供資料），而且，雇主更應出示不能接受工會要求之論據，由雙方再充分地討論。其所謂的「出示不能接受工會要求之論據再討論」，究竟與「雇主必須達成讓步合意之義務」有何差異？只是文字上的修飾而已？另人不解的是，裁決會所引用的單一日本學者的見解是否為日本學術界的共通見解？或者只是（極）少數見解？為何不引用日本實務界的多數見解？從同樣是不當勞動行為的實務運用來看，引用日本不當勞動行為的實務界共通見解，會比引用單一學者的見解具有說服力。（這裡也反映出裁決會引用外國學說或實務見解的任意性與隨機性！這從其時而引用日本學說，時而引用美國學說，即可印證。本書作者較為擔心的是，如果台灣的裁決會引用的是美日韓的少數見解作為我國案件的印證，這會為台灣集體勞工法及公部門（含教育部門）的勞資關切的發展帶來什麼影響？）

　　承上之說明，也難怪想藉由誠信協商而達到簽訂團體協約之目的，似乎效果不彰。反而絕大多數是掉入不當勞動行為的制裁。這似乎也可以上溯至美、日、韓的誠信協商成效如何之問題。畢竟我們還是不得不面對一個血淋淋的事實：假設雇主誠信協商但工會仍然達不到它的要求（協商即使要誠信，但也要有實力、技巧與經驗），那下一步要怎麼做？假手勞動檢查為之？藉由爆料的管道給予雇主壓力[112]？也就是說，即使不當勞動行為裁決委員會101年勞裁字第32號裁決具體化違反誠信協商之態樣有「佯裝協商、拖延協商或刻意杯葛協商程序等致協商無法進行」，但撇開個案認定上的困難（即使法院也不易加以判斷），更大的問題是：經過誠信協商但仍然無法達成共識，則下一步要如何做？

　　再就團體協商資格而言。例如台北高等行政法院102年度訴字第1060號判決（本案原告係不服102年勞裁字第28號裁決所提起）即是在處理協商資格的問題。法院肯定裁決會之見解，認為參加人／相對人（桃園縣平

---

[112] 依本書所見，工會幹部或會員的告密仍然要受到公共利益的限制，單純的勞動條件爭議，不得採取爆料的手段。何況，公部門（含教育部門）的工作者受限於公部門勞資關係的特殊性，而且其救濟管道較為完備暢通，因此告密的方式理應予以禁止。

鎮市祥安國民小學）既然質疑原告／申請人（桃園縣教育產業工會）工會是否具有協商資格，申請人即有具體說明之義務，以免嗣後進行之團體協商，因一方當事人不具有協商資格，而徒作白工。而在等待教育部與勞動部協商釐清雇主概念及協商資格期間，相對人之拒絕團體協商，並無違反誠信協商可言。

再根據100年勞裁字第29號決定書，除了具有協商資格的工會的協商請求權外，未具有協商資格的工會仍得依據一般性團體協商方式請求相對人協商。蓋依據該決定：「主要差異在於，團體協約法第6條第1項：『勞資雙方應本誠實信用原則，進行團體協約之協商；對於他方所提協約之協商，無正當理由者，不得拒絕』，可見團體協約法課予工會及雇主有協商之義務，任何一方無正當理由拒絕協商或者不誠實協商時，均可能構成團體協約法第6條所訂之不當勞動行為；他方面，就本案而言，若工會採取一般性團體協商方式，雇主依法本無協商義務，但若有事證足以證明雇主拒絕工會一般性團體協商之請求，具有不當勞動行為之認識、動機時，依其情形仍有可能構成工會法第35條第1項第5款所定不當影響、妨害或限制工會之成立、組織或活動之不當勞動行為；再者，雇主對於提出或參與團體協商（包括團體協約之協商及一般性團體協商）之勞工如有給予不利益待遇時，亦有該當工會法第35條第1項第3款不當勞動行為之可能。」撇開行政機關及司法機關如何界／認定「不誠實協商」的困難不論，上述裁決會所創造的兩種協商方式，本書認為已違反法律保留原則，蓋既已創造協商請求權（誠信協商），當然即已排除其他方式的協商。換句話說，沒有協商資格（身分）者，當然無協商的權限，這無論從工會法第6條單一企業工會或從團體協約法第6條第3項的立法目的觀之，應該都毫無疑義。況且，工會法第35條第1項第5款所規定者，並不包括雇主與工會一般性的協商或決定過程，例如勞基法第30條到第32條的工會同意，雇主違反時，應該受到勞基法第79條的制裁，而非回到工會法第35條第1項第5款處理。在這裡，裁決委員會或有患了擴大解讀工會法第35條第1項第5款的錯誤，忽略該款只是補充解釋同條項前四款的功能而已，其相當程度地賦予該款寓含誠信協商使用的用意，似乎並不恰當。另外一言者，如果從工會實務來

看，具有協商資格的工會有可能容許無協商資格工會的一般性團體協商方式嗎？

　　上述100年勞裁字第29號裁決書，其實涉及較為複雜的教育部門的勞資關係（類似公部門勞資關係）問題，並非單純以一般私法的勞動關係的角度思考，而是涉及國家教育政策與勞動政策的權衡輕重問題（此正有如研究助理的身分及權益保障的定位問題）。教育行政的實施，實際上是國家高權的一環，攸關人口素質的良窳及國家未來的發展與競爭力。不可否認的，過去至今都是以教育政策及法令為準，而且已達一定程度的完備。這應該是國家綜合所有政策考量的結果。這些教育政策及法令對於參與教育的當事人具有一體適用性，按地方與中央而做區分，從避免同一地區不同的學校有著不同的勞動條件、而連帶地學生也有不同的教育費用、上課時間或規範，馴致造成教育的不平等化及階層化，應該都有其正面的功能（參照工會法第6條第1項規定的立法目的）（所以，特定學校針對特定議題未徵求會員意見，而是就校內全體教師進行意見普查，雖然有不盡妥當之處，但就教育部門勞資關係而言，徵諸台灣過去教育部門的作法，仍然有其合法的空間。對此，102年勞裁字第16號決定書及最高行政法院103年度裁字第1550號裁定均以之為違反誠信協商，似乎過度誇大該意見普查會造成團體協商空洞化的後果。其間果真具有因果關係？有加以實證？）。因此，即使肯認學校係工人（含教師）的雇主，也必須以特定地區或全國雇主團體的角度，來思考雇主的協商資格，不得以個別教師企業工會對抗個別雇主（學校）、或者教師產業工會或職業工會對抗個別雇主（學校）來確定其協商資格（試想，聯合國兩公約抽象的規定，能夠優先於符合我國民情風俗的教育政策與規定嗎？兩公約倡議者所斤斤計較的教師組企業工會及罷工，是否建立在教師沒有完備的法令保障其工作條件的前提之上？）。以教師產業工會或職業工會要求個別雇主（學校）進行誠信協商，也有違武器對等原則。就此觀之，100年勞裁字第29號裁決及行政院勞工委員會101年5月22日勞資二字第1010062480號函，其見解均有再斟酌之處。只不過，未雨綢繆之計，教育主管機關也應盡早將學校團體組織成一雇主團體，以因應教師產業工會或職業工會團體協商的要求。另外，

因應團體協商時代的來臨，現行教師法令所定的各種勞動條件，似乎也有一定程度鬆綁的必要。也就是，還政於民！

與誠信協商無直接關聯，但卻與之間接連動者，係101年勞裁字第36號裁決所創造的禁止權利濫用原則。也就是，針對協商代表未具會員身分時，他方如拒絕與之協商，是否違反團體協約法第6條第1項規定？對此，裁決委員會從團體協約法第8條第2項的立法理由『第2項規定團體協約之協商代表，應以工會或雇主團體之會員為限，以利協商。惟考量協商內容或有涉及其他領域專業知識之可能，如經他方書面同意，則得以非會員之專業人士作為協商代表。』導出認為「一方當事人推派不具會員身分之專業人士參與協商時，他方當事人雖可行使其同意權，但如無正當理由加以拒絕者，亦有違反權利濫用禁止原則，有判斷是否構成不當勞動行為之餘地。」本書以為此號裁決意見，違反了團體協約法第8條第2項的立法理由，將未事先取得委請專業人士協商的同意的風險，轉由他方當事人負擔，法理上並不足採。所以，他方當事人得單純予以拒絕，無需附上正當理由，果如此，即是回到團體協約法第8條第2項的本文處理。若為使協商順利進行及避免事後為專業人士有無協商代表權限而發生爭議，則勞雇任何一方當事人均應事先取得他方書面的同意。

同樣與誠信協商有一定關聯者，係必要資料之提供義務（團體協約法第6條第2項第3款、第7條）。這是希望賦予協商的任何一方的資訊權。依據文義解釋及反面解釋，既然是「必要的」資料才須提供，就表示這是最低的標準。超出「必要的」範圍之外的資料，要求方就必須自行透過合法的管道（包括股東會所散發資料、上市櫃資料、平時事業單位所發布的各種訊息等）自行蒐集。這就是101年勞裁字第59號裁決及102年勞裁字第37號裁決的原意。依據前者，「雇主之財務資料，雖原則上得不主動公開或提供，然雇主一旦在協商過程中援引財務負擔能力，作為無法接受勞方訴求之理由，則負有就自身財務狀況加以證實之義務，以利雙方誠實地進行團體協商。」又，依據後者，「關於是否為團體協商之必要資料的判斷標準，舉例而言，果若雇主未提供該等資料，將導致協商難以進行或不能進行時，該等資料即應解為是團體協商之必要資料。」後一裁決書的見解，

並且為台北高等行政法院103年度停字第5號裁定所採。法院認為調薪辦法、考績考核辦法、營收報表等資料僅是「辦法」而已，其內容應屬抽象之標準規定，適用上須有個案之具體內容，且經公司主管之裁量、評價，所以該等辦法並非個別員工之人事、薪資資料，如何會引發員工間的嫌隙？如何使得同業推算出人事成本及貨物成本？其發生之概然率若干？法院並且認為聲請人應釋明可能會產生之後果的具體損害為何。針對法院此一部分見解，本書也認為可採。只不過，應加以觀察的是，在個案中，是否已提供必要資料，即當然會令協商得以進行或能夠進行（需要達到「順利」進行的程度？）？這有邏輯必然性嗎？另外一個問題是，即使資料擁有方應提供必要的資料，是否代表他不得（適度）保留／隱藏機密的資訊，尤其是關涉協商成敗的資料？在勞動鬥爭的思想下，資料擁有方是否應全部歸零，而後在談判桌上一點一滴的贏回優勢？這符合團體協商的策略？

　　由此觀之，此種必要資料提供之義務，會引發多方面的問題。首先，提供資料的範圍是以企業經營的實務作法為準？或以協商談判的必要性為準？顯然不當勞動行為裁決委員會係採取後者的看法。惟無論如何，我國事業單位往常企業經營實務的制式作法，尤其是其對於經營及人事資料的分級（秘密等級）及管控方式（例如保密條款），必須受到調整（惟事業單位仍須遵守個人資料保護法及各種隱私權保障的規範）。另一方面，在實務的運作上，要求提供資料的一方可能會極盡可能地要求提供所有的資料，拓寬必要資料的外延，這也必須予以限縮（最高行政法院105年度裁字第1019號裁定認為雇主應提供「具舊制年資3319名工會會員是否仍在職、彼等何時與抗告人簽訂業務代表合約及6個月之平均薪資」）。倒是，每個國家企業經營及集體協商的實務不同（例如營業秘密的界定），美日韓對於必要資料範圍的界定，究不宜直接引為判斷台灣協商資料的範圍，就此觀之，101年勞裁字第59號裁決及102年勞裁字第37號裁決的直接引用比較法上的見解並不妥當。就此，似應先經學者專家的論證，而後始具有裁決的法理基礎。其次，依據101年勞裁字第59號裁決，雇主如以無財務負擔能力，而欲拒絕勞方的加薪或改善勞動條件的要求（團體協約法

第12條第1項第1款係採取廣義的勞動對價的定義，即其並不限於工資，而是包括恩惠性的給予等獎金或／及福利在內，例如年終獎金），則應證實其財務狀況，以利雙方進行誠信協商。果如此，解釋上一旦雇主提供財務資料證明其財務不佳或虧損、慘澹經營，則基於誠信原則的要求，工會的訴求及行動似應評價為不法。

對於承認工會或雇主之協商請求權，實際上必須與承認工會或雇主之爭議目的及爭議手段一併思考。工會係一公益性的社團法人，其成立應具備一定之條件（純粹性、自主性、以維持或改善勞動條件與經濟條件為主要目的、持續性、為求目的之實現，必須具有爭議之實力），因此係在代替國家進行一定的公共任務。也是因為從這個角度出發，工會及工會聯盟始能原則上免除公平交易法上「壟斷或聯合」（工資之訂定）的制裁。

因此，承認工會有協商請求權，將會衍生如下之問題：1.其所以成為工會之前提（尤其是為求目的之實現，必須具有爭議之實力）將隨之喪失，工會的鬥爭實力也將更難以形成；2.接著，目前實務上較偏向政治運作之工運團體，是否有可能被納入工會對待？3.由於爭議行為本身在促使雇主進行團體協商，法律上既然承認工會有協商請求權，是否也應相對地限制工會之爭議行為？4.國家為了落實協商請求權，甚且以行政制裁對待之，是否已介入太深而違反國家中立原則？5.是以公正要求限制爭議行為較為可行？或者以誠信協商較能收效？

再一言者，配合著誠信協商而來之二個以上的工會或二個以上的雇主、雇主團體要求團體協商時之程序設計。對此，依據團體協約法第6條第4項規定，「他方得要求推選協商代表；無法產生協商代表時，依會員人數比例分配產生。」在此，首先應知者，此項規定並非指最大工會始有協商及罷工的獨占權、且其結果當然適用到其他較小的工會，另外，再撇開此一「組織一個共同的協商團體」有無侵害個別工會或雇主的勞資自治不論，1.假設無法產生協商代表、而且又無法依會員人數比例分配產生協商代表時，即會構成違反誠信協商之義務；2.假設協商有成而簽訂團體協約時，當然可以簽訂二個以上的團體協約，但其內容可以完全一致或部分相同、部分不同。惟，理論上也可以簽訂一個適用於所有工會與雇主的團

體協約，其內容同樣可以完全一致或部分相同、部分不同。在只簽訂一個團體協約的情況，應該無損於原來多元工會的本質及獨立自主性；3.其實，在多元工會或多元雇主推選協商代表的情況，最大的問題，是出現在推選並組成協商團體以及內部意見整合（尤其是團體協約草案內容）的過程。這裡會牽涉到多元工會或雇主間實力的展現及各自利益的追求（多元工會通常會發生競爭吸收會員之情況，而且工會會巧妙地在團體協商中，表示其協商的結果，也可適用到其他工會的會員，也就是它也擁有代表協商權。團體協約法第17條第2項參照）。而在果然組成多元團體的協商代表後，如果雙方協商不成，而欲針對罷工與否的討論與投票，法理上應先回到各自的工會進行、（通過後）而後再到由多元團體所組成的協商團體進行。果然通過，始得進行罷工。在此，理論上人數較少或員工非居關鍵性位置的工會，其對罷工與否的意見，通常即會被略過。

(二) 由認可制改為兼採備查制及核可制

如上所述，舊團體協約法第4條規定主管機關有權認可、刪除、修改團體協約，顯然已違反中立原則（在舊法時代的認可制，未經認可的團體協約，不僅未能生效，而且，也未具有一般契約的效力。畢竟，團體協約係一（根據團體協約法而生之）特殊類型的契約，具有獨特的性質、生效要件與效力。內政部44年10月22日(44)台內勞字第78068號函、行政院勞工委員會87年1月3日(86)台勞資二字第052499號函參照）。2011年5月1日修正施行的團體協約法第10條規定，「團體協約簽訂後，勞方當事人應將團體協約送其主管機關備查；其變更或終止時，亦同（第1項）。下列團體協約，應於簽訂前取得核可，未經核可者，無效：一、一方當事人為公營事業機構者，應經其主管機關核可。二、一方當事人為國防部所屬機關（構）、學校者，應經國防部核可。三、一方當事人為前二款以外之政府機關（構）、公立學校而有上級主管機關者，應經其上級主管機關核可。但關係人為工友（含技工、駕駛）者，應經行政院人事行政局核可（第2項）。大大降低行政機關的干預，以體現尊重當事人之意思，符合割裂式處理的思想第10條第2項係公部門勞資關係的表現。只是，依據論者的

說法，新法第10條第2項「公營事業機構簽訂團體協約，應經主管機關核可」的規定，並未改變公營事業機構無法簽訂團體協約的障礙。蓋政府主管機關多有以行政命令限制董事會的職權，致使其無法不受限制地締結團體協約。本書以為，果如此，這凸顯出團體協約法與公司法、國營事業管理法及其他政府機關所發布的行政命令間的競合關係，有必要釐清其間的先後關係（此正有如公營事業機構的勞工董事，其權限也要受到行政命令或內規限制一樣）。惟無論如何，理論上，政府機關並不得以行政命令限制或剝奪公營事業機構簽訂團體協約之權。

緊接著第10條團體協約之備查或核可，團體協約雙方當事人應將團體協約公開揭示之，並備置一份供團體協約關係人隨時查閱（團體協約法第11條）。此一規定，與勞動基準法第71條工作規則之公開揭示相同[113]，目的在令關係人知悉團體協約之存在及內容，也具有廣告的效果，以吸引非會員的加入。有問題的是，工作規則係在事業場所公告，但團體協約應在何處公告？解釋上，如果是企業工會與雇主所簽訂的廠場的或公司的團體協約，雇主同樣應在事業場所公告[114]，而工會則是在其會址所在地或其所選定之處所公告，但必須使得工會會員得以隨時查閱始可。如果是產業工會與雇主團體所簽訂的部門團體協約，則應在所有加入產業工會之勞工所屬的廠場或企業公告，而所有加入雇主團體的雇主，亦應在其所有廠場或企業公告，就這點而言，產業工會與雇主團體兩者公告的地點並無差異。至於職業工會與以職業技能為準的雇主[115]及雇主團體，則應在職業

---

[113] 只是，依據勞動基準法施行細則第38條規定，雇主除在事業場所公告工作規則外，並應即印發各勞工。

[114] 其本身即是團體協約關係人，其公開揭示除在令（包含關係企業及金融控股公司在內的）經營管理階層及行使管理權之人知悉其內容外，主要是在使得未加入工會的勞工，也有知悉的機會，並且做出是否加入工會的決定。就此而言，雇主似不得禁止非會員查閱團體協約。

[115] 理論上，在同一直轄市或縣（市）相關職業技能之勞工（工會法第9條第2項規定參照），可能都集中在一個廠場或企業或關係企業內，則其既可成立企業工會，也可成立職業工會。後者的對手，就是其雇主。

工會所在地及雇主的事業場所、以及雇主團體會址所在地公告之。另一個更為重要的問題是，違反團體協約法第11條公開揭示的法律效果及法律責任為何？對此，本書以為如未進行此處的公開揭示，並無須如未進行工作規則的公開揭示一樣，即將之認定為無效[116]。再者，未公開揭示團體協約者，團體協約法並無制裁的規定，因此，自無法處以（類似勞動基準法第71條及第79條的）行政罰鍰責任。只不過，團體協約雙方當事人如因未公開揭示，而造成團體協約關係人損害者，仍應負民事上的損害賠償責任。

(三)差別待遇條款及使用者付費條款之再商榷

2011年5月1日修正施行的團體協約法第13條規定，「團體協約得約定，受該團體協約拘束之雇主，非有正當理由，不得對所屬非該團體協約關係人之勞工，就該團體協約所約定之勞動條件事項，進行調整。但團體協約另有約定，非團體協約關係人之勞工，支付一定之費用予工會者，不在此限。」其立法理由說明為：「配合工會組織多元化及自由化，避免企業內團體協約簽訂後，……，進行調整，而導致勞工間不當競爭，間接損及工會協商權及阻卻勞工加入工會，爰增訂……，並兼顧雇主經營管理權與財產權不受侵害。」至於但書規定，則是為避免非團體協約關係之勞工合理權益受到損害。

顯然，立法者認為此一修正條文，可以兼顧工會、雇主及非團體協約關係之勞工的利益平衡。然而，此一規定，將不免影響非團體協約關係之勞工加入工會之意願；亦即不當地影響其消極的團結權。其不願意加入工會，而卻能享受雇主主動調整其勞動條件，應無所謂「不當競爭」可言。由工會與雇主約定非團體協約關係之勞工應支付一定之費用，似乎也有違反民法第268條第三人負擔契約之疑慮。尤其最有疑義的是，其所謂「一定之費用」究應如何計算？其標準何在？如所要求的額度過高，其效力為

---

[116] 依據團體協約法第3條規定，團體協約違反法律強制或禁止之規定者，無效。但其規定並不以之為無效者，不在此限。

何？雇主及非團體協約關係之勞工是否即可不受其拘束？凡此，均未見之於立法理由的說明，將來難免引發三方當事人的爭議。

(四)封閉工廠條款之未能刪除

舊團體協約法第8條封閉工廠條款之規定，實有違反憲法的疑義。蓋一般均承認非工會會員之消極的團結權，亦是憲法第22條或第14條團結自由基本權所保障（積極的團結權與消極的團結權係一體之兩面，只保障積極團結權而不保障消極的團結權，其結果亦將導致積極團結權之落空）。換言之，在立法上承認工會安全條款，必將不當促使不願加入工會者，為了獲得工作之機會，違背原始初衷而被迫加入工會。[117]

因此，2006年10月團體協約法修正草案第17條規定，「團體協約得約定雇主僱用勞工限於一定工會之會員。」顯已侵犯不願加入工會之勞工之消極團結權。至於立法理由說明：「雇主經營管理權固應予以充分尊重，惟基於勞資一體、共存共榮，亦應給予勞工參與一定之空間。本條規定將雇主經營管理（人事事項）列為團體協約之內容，但仍予以必要程度之限制。」完全未提及不願加入工會之勞工之消極團結權之保護，出發點似乎是所有的勞工都願意加入工會，此種看法未免失之一隅。況且，雇主的用人權限（人事事項）是否可以作為協商、協約之對象，仍非無疑。令人遺憾的是，2008年1月9日修正通過並且自2011年5月1日施行的團體協約法仍然保留封閉工廠條款之規定，只做文字的修正而已。亦即其第14條規定，「團體協約得約定雇主僱用勞工，以一定工會之會員為限。」至於其立法理由則完全刪去2006年10月團體協約法修正草案第17條規定的表述。

---

[117] 從實用性來看，舊團體協約法第8條適用的機會實在很小，因為在未入廠之前即已屬於工會會員者，只有以下幾種狀況：(1)職業工會會員；(2)先前曾在同一廠場工作但已離職而仍保有會籍者；(3)除了上述兩種情況外，一般的人士先加入工會做為「一般會員」而非「工會會員」者。第三種情況仍然有可能發生，但應該不多見，而且，既然是一般會員，就不能參與有關工會的會務，尤其是協商及爭議的事項。

三、勞資爭議處理法

在2009年6月5日修正通過並且自2011年5月1日施行的勞資爭議處理法中，對於上述違反國家中立原則之規定，雖然有些已經加以修正，但仍然有未加以修正者，茲分別說明如下。

(一) 權利事項調解及仲裁之問題

在2011年5月1日修正施行的勞資爭議處理法第6條第1項中，已修正權利事項「得」依本法所定調解程序處理之，表示當事人並無必要一定要經調解，而是可以直接提起訴訟解決之。只不過，在2011年5月1日修正施行的勞資爭議處理法第9條第3項中，仍然保留權利事項強制調解之規定，並不恰當。

在2011年5月1日修正施行的勞資爭議處理法第6條第1項中，增訂入權利事項「得」依本法所定仲裁或裁決程序處理之，開啟了訴訟途徑外另一道解決爭議的途徑。[118]而2011年5月1日修正施行的勞資爭議處理法第64條第2項亦規定，權利事項勞資爭議經雙方當事人合意，依仲裁法所為之仲裁，其效力依該法之規定。兩條規定，建立了台灣雙軌制仲裁的現象，期能有助於勞資爭議的解決。[119]由於兩個條文均是任意性的規定，以當事人的己意為準，應無違反國家中立原則之處。

(二) 勞工司法授權規定之建立

2011年5月1日修正施行的勞資爭議處理法第6條第3項規定，「權利事項之勞資爭議，勞方當事人提起訴訟或依仲裁法提起仲裁者，中央主管機關得給予適當扶助；其扶助業務，得委託民間團體辦理。」同條第4項規定，「前項扶助之申請資格、扶助範圍、審核方式及委託辦理等事項之辦

---

[118] 此種立法方向的轉變不可謂不大，蓋勞資爭議處理法係刻意將權利事項之爭議排除在仲裁之外，完全由法院加以裁判。

[119] 楊通軒，勞資爭議仲裁制度之研究——兼論德國勞資爭議仲裁法制，華岡法粹第27期，1999年12月，頁231：解決勞資爭議處理法與仲裁法不相一致之現象，當不能簡單化地以後法（仲裁法）優於前法（勞資爭議處理法）之理論，或特別法（勞資爭議處理法）優於普通法（仲裁法）之理論為準。

法，由中央主管機關定之。」此一規定，係一勞工司法的規定，體認到勞工訴訟或仲裁的特殊性，為強化其地位而定，其當可擴大現行各種訴訟輔助的適用範圍，並且可以部分解決法律授權訂定之問題。惟其仍然未考慮到做一個整體的規劃及立法（例如訴訟期間、調解前置），而且其只是針對勞工的訴訟或仲裁輔助而為（其實，依據勞資爭議法律及生活費用扶助辦法第2條第2款規定，勞資爭議扶助範圍也包括刑事審判程序開始前之告訴代理酬金。此一擴充性的規定，應已逾越新勞資爭議處理法第6條第4項的授權範圍），忽略了個別雇主的訴訟弱勢問題。

(三) 調解期間不得爭議行為之再商榷

2011年5月1日修正施行的勞資爭議處理法第8條規定，將目前條文第7條及第8條合而為一，並且加入裁決期間不得進行爭議行為之規定。其中，有關調解及仲裁之部分，仍然並未區分其是由當事人雙方所同意進行或國家片面強制進行，一律剝奪當事人之爭議權，並不恰當。

(四) 強制仲裁之問題

2011年5月1日修正施行的勞資爭議處理法第25條第4項規定，「調整事項之勞資爭議經調解不成立者，直轄市或縣（市）主管機關認有影響公眾生活及利益情節重大，或應目的事業主管機關之請求，得依職權交付仲裁，並通知雙方當事人。」此一規定，並未改變目前強制仲裁之法律現況及可能帶來之弊端，主管機關在面對具體情況時，仍應謹慎為之。其實，針對此類涉及重大公共利益之爭議行為，為免侵害勞雇雙方的爭議權，而且也為求有效解決勞資爭議，由勞雇雙方尋求傳統的調解及仲裁以外的爭議解決方法，似乎更為有效。例如由雙方共同合意特定的人士擔任爭議協商主席（最好是富有政治實務經驗者，且人數以1至3人為佳），召集雙方尋求化解僵局及解決爭點的共識。

(五) 協調未設立之問題

綜觀勞資爭議處理法修正條文的全部條文，並無「體制內之體制外」爭議處理方式——「協調」設計，是否代表修法後主管機關將不再使用協

調的手段？或者一切照舊？本文以為除非法有明文，而且將涉及協調之相關問題一併予以釐清，否則，主管機關即不宜再進行協調，以免牴觸團體協約自治及國家中立原則。

(六)雇主爭議行為（鎖廠）之未設立問題

同樣地，在勞資爭議處理法修正的條文中，立法者幾乎只規定了勞工的罷工及其他爭議行為，而有意隱藏或忽略雇主的鎖廠及其他爭議行為。是否代表雇主只能逆來順受勞工的爭議行為而不得採取對抗行為？即使不是如此，但是，此種立法的方式及立法心態顯然甚為可議。蓋其明顯牴觸國家中立原則也。

(七)工會罷工之限制

舊工會法第26條有關罷工之規定，在新工會法中已被刪除，而被移置於2011年5月1日修正施行的勞資爭議處理法第53條第1項「勞資爭議，非經調解不成立，不得為爭議行為；權利事項之勞資爭議，不得罷工。」，以及第54條第1項「工會非經會員以直接、無記名投票且經全體過半數同意，不得宣告罷工及設置糾察線。」此種規定，並未改變罷工之前應經調解及會員一定比例投票通過之現狀，仍然有可能因一造的提出調解申請或強制調解，即使得爭議行為或罷工陷於停頓，並不恰當。如能規定由雙方提出調解申請，無法達成協議始進行爭議行為或罷工，既遵守了最後手段原則，也不致於違反國家中立原則，自然係一較為妥當可取的立法方式。

第六節　團體協約法之相關問題

一、團體協約之適用條件之一：團體協約拘束性

(一)團體協約拘束力之內涵

受到團體協約拘束者，為團體協約當事人之會員或自身為協商當事人之個別的雇主（新團體協約法第2條、第17條）。如有事後加入成為團體協約之當事人之會員，且亦在適用範圍之內者，那麼，原則上自加入時起

受到團體協約之拘束；亦即原則上團體協約並無溯及既往的效力（第17條第2項）。至於當事團體外的第三人（包括非會員或自身不參與協商的雇主），並不會受到拘束。不屬於任何工會的勞工，在法律上並無法參與團體協約。這是基於消極的團結權之當然結論。然而在結果上，此一規定對於居於第三人之勞工，實際上可能很難發揮作用；亦即雖然他們可以低於團體協約之條件被僱用，然而在實際上卻很難發生。雇主毋寧通常是透過勞動契約，給予其相同給付的保障。這並非出於雇主的恩惠，而是雇主為了自己的利益。設使他不這麼做，則一來企業體內的不平等待遇[120]，對企業的和睦有所不利；再者，尤其重要的是，雇主將會逼使第三人也加入工會。這對雇主而言，當然不是合適的。

　　值得注意的是，此種團體協約的拘束性，只要在團體協約有效期間內即一直存在著。在該期間內，即使會員退出工會、工會聯盟或雇主聯盟，亦會繼續受到團體協約的適用。此種規範的目的，主要是在避免雇主藉由此種退出雇主聯盟的作法，達到規避團體協約適用之打算。[121]會員亦不能以消極團結權保障之理由，作為對抗其效力之主張。此在德國團體協約法第3條第3項即是如此規定。

　　但是，就台灣修正前的團體協約法第15條規定觀之，顯然是採取與德國不同的立法方式，因其規定「前條第1項各款所列團體協約關係人之所屬關係於該團體協約終止時終了，團體協約訂立後，由協約當事團體退出之雇主或工人之所屬關係亦同。」一旦退出工會、工會聯盟或雇主聯盟，團體協約即失去其拘束力，不知其立法理由為何？蓋雇主之所以應該繼續受到團體協約之拘束，其理由已如上述。因此，如欲謂該條之規定確有其正當性或合法性，則勢必從勞工的角度思考。對此，吾人以為：勞工的退出工會，固然係其消極團結權之表現，但是，團體協約約定的條件一般較勞動契約所約定者為高。如謂讓團體協約也失去拘束力，對於勞工較為有

---

[120] 這當然不能說非會員有一主張（與會員）同等待遇的請求權。

[121] 但是，此種團體協約之追及效力，也只針對「原」團體協約而已。一旦團體協約獲得延長、修正、變更，對於已退出當事團體之雇主或勞工均不再具有拘束力。

利，似乎亦不足採。綜上，追溯此一條文的立法理由，似乎無法由避免雇主逃離團體協約或避免對於勞工不利的方向思考，而是應從歷史解釋的角度出發。

　　緣修正前的團體協約法制定於1930年10月28日，係參考德國1918年的「團體協約命令」（Tarifvertragverordnung）而來。依據德國勞工法學者的見解，「團體協約命令」固然係後來1969年8月25日團體協約法（Tarifvertraggesetz）的前驅，但是，兩者仍然有重大的差異，主要是在法規範的效力上；亦即，「團體協約命令」並未賦予團體協約直接的及強制的效力，而是一般的效力而已。[122]也因此，勞工或雇主退出工會、工會聯盟或雇主聯盟，其並不受到團體協約效力的追及（性），應係一自然而然的解釋。而我國團體協約法的立法者，雖然已加入法規範的效力，卻仍然受到「團體協約命令」舊有規定的影響，或許是未能明辨法規範效力的內涵、一時失察所致。

　　值得慶幸的是，已經在2011年5月1日修正施行的團體協約法第18條第2項規定中，加以矯正過來。依之，「團體協約簽訂後，自團體協約當事團體退出之雇主或勞工，於該團體協約有效期間內，仍應繼續享有及履行其因團體協約所生之權利義務關係。」除此之外，第18條第1項也將團體協約之終止，與第21條之「延後效力」期間作一區分，有助於兩者的釐清。只不過，延後效力的內涵究竟為何？是否仍然有直接的及強制的效力？本文以為不宜遽然肯定，而有待於後面適當處再加以說明。

(二)團體協約之轉換

　　在團體協約的實際操作上，已經訂立廠場或公司團體協約的當事人，可以轉換到聯盟所訂的團體協約作為雙方權利義務的依據。同樣地，已經訂立聯盟團體協約之人，也可以轉換到廠場或公司團體協約，只不過，原來團體協約之效力仍然有其適用（2011年5月1日修正施行的團體協約法第

---

[122] 另外，在斯時，無論是團體協約的終止，或雇主與勞工的退出協約當事團體，仍然受到契約自由原則或私法自治原則相當程度的影響。

18條第2項之類推適用）。

有關團體協約之轉換，問題最大者，厥在於雇主轉換雇主聯盟及工會轉換工會聯盟之情況而言；亦即係要處理團體協約競合（Tarifkonkurrenz）之問題。例如雇主從化學雇主聯盟（Arbeitgeberverband Chemie）轉換到合成材料雇主聯盟（Arbeitgeberverband Kunststoff）（此種情形，從化學雇主聯盟的角度看，雇主是退出聯盟）。此處，乃發生兩個聯盟的團體協約同時對於該雇主生效之情形（2011年5月1日修正施行的團體協約法第18條第1項、第2項），究應如何處理？

首先，應知聯盟的轉換與聯盟的退出不同。其次，聯盟的轉換會導致兩個團體協約同時適用之情形，其處理應依據特殊性原則（Spezialitätsprinzip）為之；亦即適用較為特殊的團體協約。由於兩個團體協約均具有如同法律的效力，則其效力的優先順序自應依法律衝突或競合（Gesetzeskonkurrenz）時之一般的法律原則，即所謂「特別法優於普通法原則」處理之。以上述案例而論，應該適用合成材料雇主聯盟處的團體協約。此種較為特殊的團體協約，通常也是職業範圍較為狹小或職務種類較為特殊的團體協約（台灣2011年5月1日修正施行的團體協約法第4條），較適合於相關的廠場或企業。例如拆卸公司（Abbruchunternehmen）固然也屬於建築業，但是，假使同時存在一拆除業團體協約（Abbruchstarifvertrag）及一個具一般拘束力之聯邦外套團體協約（Bundesrahmentarifvertrag），則應該適用較為特別的拆除業團體協約。[123]

有問題的是，如果原本應適用的特殊的團體協約的勞動條件較低時，是否應該以保障勞工的權利為慮，而仍應以保障較優的一般的團體協約的規定為準？對此，本文採取肯定說（德國聯邦勞工法院則是仍主張適用特

---

[123] 針對團體協約的競合，2011年5月1日修正施行的團體協約法第4條中另外規定，「團體協約非以職業或職務為規範者，優先適用地域或人數適用範圍較大之團體協約。」這是從交涉能力的考量出發，認為地域大或人數多之協商當事人，較能協商較佳的勞動條件。此種考量已逸出特殊性原則之外，蓋即使是地域的或人的適用範圍，也有可能是地域較窄或人數較少之範圍，具有特殊性也。

殊性原則），蓋不如此解釋，則雇主將有可能藉此途徑，而達到逃離原團體協約之目的。當然，此處所謂兩個團體協約規定的優劣，係以其內容規範的全部為準。勞工不可以分別從兩個團體協約中，挑取對其有利的個別規定，以免陷入德國法中「葡萄乾理論」（Rosinentheorie）的漩渦中。

　　另一個問題是：一旦雇主並非轉換雇主聯盟，而是退出雇主聯盟，那麼，工會可否向其要求訂立廠場的或公司的團體協約？在此，雇主得否以和平義務（Friedenspflicht）期間對抗工會？對此，應採否定見解，即原來的和平義務是針對雇主聯盟的團體協約而言，一旦退出即已不再存在或失所附麗。況且，雇主聯盟對於退出的雇主也不再具有影響力（2011年5月1日修正施行的團體協約法第23條第2項）。而一旦訂立廠場的或公司的團體協約，該團體協約即（同樣）具有特殊性而優先適用。

(三)廠場的轉讓、分割與團體協約拘束力之關係

　　一旦原雇主將廠場或部分的廠場轉讓[124]給新的雇主，而原雇主與工會已簽訂有團體協約時，則該團體協約之拘束力及法規範效力，是否當然及於新的雇主？

　　首先，應釐清者，係在廠場或部分廠場工作的勞工，其勞動關係是否當然終止？對此，在實務的操作上，不乏原雇主將廠場或部分廠場的機器設備移轉給新雇主，而將留下來的勞工轉調（調職）到其他部門者。然而，撇開解僱最後手段性不論，如依據勞動基準法第11條第1款及第20條之規定，原雇主有權預告終止勞動契約，只須給付勞工資遣費即可。即使在企業併購法第15條、第16條及第17條之規定，亦係採取原則終止契約之作法。此種非「當然承受勞動關係」之規定，顯係基於企業經營的角度出發，為求有利於企業轉讓、併購之進行，固不待言。

　　如從比較法的觀點來看，德國民法第613a條的廠場或部分廠場[125]轉

---

[124] 在德國民法第613a條之轉讓（Übergang），包括買賣（Veräusserrung）及租賃（Verpachtung）所引起的讓與廠場或部分廠場的後果而言。相關判決，請參閱BAG v. 15.16.2016, NZA 2007, 326 ff.

[125] 此處的部分廠場，解釋上包括（小到）「部門」在內。

讓，則是採取以爭取工資為生之勞工隨著能負責任的實體（Substrat），一同移轉至新雇主身上，使得該經濟實體繼續負擔勞動關係所生的責任。此處的轉讓，解釋上應包括併購、股份轉換，以及企業或廠場分割之情形，[126] 只是排除未有勞工工作於其上的單純機器設備的移轉或雖有勞工工作於其上，但雇主一方面轉讓舊機器設備，另一方面卻又購進新機器設備以供勞工工作。藉由民法第613a條的規定，雇主想要以企業轉讓的方式脫免雇主的責任，乃得以部分地被攔截。民法第613a條規定因此可以被歸類為勞工保護法的性質，也不可以任由當事人約定變更。

　　在廠場的轉讓、分割與團體協約拘束力及法規範效力之關係上，如果原雇主係與其工會簽訂一公司的團體協約（Firmentarifvertrag），則在企業轉讓時，應由新雇主自取得企業所有權及經營權之日起，取得團體協約關係人之資格，並且承受原來團體協約之權利與義務（台灣團體協約法第17條第2項）。

　　有問題的是，如係發生在聯盟的團體協約的情形，是否採取同上之處理方式？在此，新雇主並不屬於任何雇主聯盟的成員或是並非（舊雇主所屬）雇主聯盟的成員。例如百貨公司（原雇主）將其所屬餐廳轉讓與第三人（新雇主）經營，餐廳因此與百貨公司脫離關係。由於百貨業與餐飲業各有所屬的團體協約領域，新雇主或者係餐飲業雇主聯盟的成員，或者並未加入任何雇主聯盟。如此一來，在企業轉讓時，原雇主與其工會所簽訂之團體協約，是否當然由新雇主承受？對此，由於涉及新雇主消極團結權之保障，似不能當然採取肯定之見解。台灣團體協約法第17條第2項之規定，並不適用於此。否則，即會有迫使新雇主加入原雇主所屬雇主聯盟的嫌疑。德國民法第613a條第1項第2句即是採取此種否定的見解。

　　詳言之，德國民法第613a條第1項第2句規定，「假設權利與義務係由團體協約或企業協定（Betriebsvereinbarung）規定時，則其將成為新雇主與勞工間的勞動關係內容，新雇主不得在企業轉讓後一年內做對於勞工不

---

[126] 其範圍甚至可以較企業併購法第2條所指的各種型態來得廣，例如資產收購、資產出售、股權收購。這是從勞工保護的立場出發，毋須與企業併購法採取同一作法或尺度。

利益的變更。」由於其用語是「將成為勞動關係的內容」，異於團體協約法第4條第1項之用語「直接地及強制地適用於受到團體協約拘束的雙方當事人間」。論者因而謂第613a條第1項第2句規定「具有強制適用的效力，但無直接適用的效力」；亦即該規定具有債法的效力，對於在企業轉讓時已存在的勞動關係，且其為工會的會員者，具有強制適用的效力，但對於之後所訂立的勞動關係即無此種效力。換言之，企業轉讓後始僱用的勞工，不問其是否加入工會，均不得主張隨著企業轉讓而來的團體協約所規定的勞動條件（例如工資）。只有隨著企業轉讓而來的（具有工會會員資格的）勞工，始有主張團體協約所定勞動條件的權利，而且其強制保障期間也只有一年，屆滿一年後，新雇主即可提出不利益變動的要求。此種「有強制、但無直接效力」的設計，係一兼顧新雇主消極團結權保障的折衷的作法；亦即立法者仍然肯定企業轉讓時已經在位的勞工的權利，其保障優先於新雇主的消極團結權。但對於企業轉讓後始僱用的勞工，則是採取新雇主消極團結權優先保障的作法。至於在企業轉讓時並未加入工會的勞工，既然在未轉讓前即無團體協約之適用，則雖然隨著企業轉讓，但仍然應等同企業轉讓後僱用的勞工處理，並無主張團體協約所定條件之權利。

附帶一言者，雖然德國民法第613a條第1項第1句規定，廠場或部分的廠場轉讓時，勞動關係的權利義務由新雇主承受。該條文係一勞工保護法的規定。針對該規定，長久以來，學者間及實務界均認為本應隨著廠場或部分廠場轉讓的勞工，可以基於自己的考量行使一異議權（Widerspruchsrecht），以避免與新的雇主發生勞動關係。此意味著勞工不願受到第613a條第1項第1句的保護，或者說其放（拋）棄了勞工保護法的保障。

二、團體協約之適用條件之二：適用範圍

理論上，團體協約的適用範圍應該由團體協約當事人自行約定，而非由法律加以規定。此一適用範圍可在團體協約管轄事項（Tarifzuständigkeit）內任意約定，而團體協約到底有哪些管轄事項，則是屬於章程自治事項。此在台灣團體協約法中，大體上亦是遵循此一原則為之，只是在法

條中有些粗略的規定而已，其具體的內容為何，仍然有待探討。

不過，此處擬先就適用範圍與同情性罷工的關係加以說明。爰在爭議行為法中，只有主要的爭議行為（Hauptarbeitskampf）是合法的，同情性的爭議行為（Sympathiearbeitskampf），尤其是同情性罷工（Sympathiestreik）則是非法的行為。至於是主要的或同情的，完全是依進行爭議的團體協約的適用範圍而定，屬於其中的，為主要的爭議行為；超出其外的，則是同情性的爭議行為。例如甲公司的工會因與甲公司團體協商不成，因而發動罷工，此屬於主要的罷工。但乙公司的工會基於同業的考量，也對於自己的雇主（乙）發動罷工，希冀間接對於甲公司施壓，促成甲公司與甲公司工會團體協約之訂定，此即為同情性罷工。再以地區的範圍為例，假設嘉義縣總工會與嘉義縣的雇主同業公會團體協商不成而發生爭議行為，此為主要的爭議行為。但如雲林縣的總工會也對其雇主同業公會進行爭議，以促成嘉義縣團體協約的訂定，此即為同情性的爭議行為。

(一)以時間為準的適用範圍（2011年5月1日修正施行的團體協約法第26條）

這是指團體協約的適用期間而言。通常，在適用範圍上，這是最先約定的事項。期間一般是一年（行政院勞工委員會86年8月25日(86)台勞資二字第033006號函參照），但也可以是附有隨時可以終止的不定期團體協約。如果約定期間長於一年時，則經濟狀況改變或企業經營狀況改變時，雙方即必須重新協商。團體協約當事人也可以針對協約中的某些規定，約定其在適用期間中的某個時點即先行失效。另外，為了確保法律的安定性及避免超出於勞工與雇主當初的預期之外，團體協約應不可約定溯及既往適用。對此，不當勞動行為裁決委員會101年勞裁字第36號裁決也持同樣見解。依之，「團體協約之協商內容，依同法第12條第1項之規定，包括工資、工時、津貼、獎金、調動、資遣、退休、職業災害補償、撫卹等勞動條件及同條項第2至第7款之事項。至於就已發生之事項之救濟等，依上開條文之規定，應非屬團體協約協商之合理適當之內容。……。」

(二)以適用的職業為準的範圍（事的範圍）（新團體協約法第4條）

首先，針對廠場的適用對象，有可能是（大至）整個行業的廠場，也有可能（小至）只是某一廠場中之某一部門（Branche）而已。例如金屬工業的勞工、鋼鐵業的勞工、建築業的勞工，以及化學業的勞工等。

值得注意者，台灣舊團體協約法第5條之「職業」，與德國團體協商實務上之職業聯盟自由仍然有所不同，反而較近於工業聯盟原則。亦即依據德國的作法，職業聯盟原則係指團結體（工會及雇主聯盟）之組成，以職業（例如銷售員、鎖匠、印刷工）為對象；至於工業聯盟原則，則係指依其部門（行業）、工業（例如金屬、化學、銀行等等）來組織。在台灣，有關各個部門（行業）或工業的分類標準，則是依據「中華民國行業標準分類系統表」之行業別而定。亦即，按照其「大類」「中類」「小類」「細類」而作為行業別標準，並且（區分各種情形）協商並簽訂職業範圍大小不一的團體協約。例如以從事網路行銷的巨擘亞馬遜（Amazon）為例，其應歸類為「儲配運輸物流業（Logistik）」（小類），而與單純從事運送的「陸上運輸業」（小類）有別，雖然兩者在中類上均為「運輸業」，但亞馬遜有權主張其係受到「儲配運輸物流業」團體協約適用，而非適用「陸上運輸業」或「運輸業」的團體協約。在此，應受特殊性原則拘束。

至於在2011年5月1日修正施行的團體協約法第4條中，除了原來的職業外，另外加入了「職務種類」（職種），解釋上應與德國之職業聯盟自由所指之職業（銷售員、鎖匠、印刷工）相同。

(三)以適用對象（人）為準的範圍（2011年5月1日修正施行的團體協約法第17條）：工會（工人團體）與雇主或雇主團體

依據新團體協約法第2條規定，本法所稱團體協約，指雇主或有法人資格之雇主團體，與依工會法成立之工會，以約定勞動關係及相關事項為目的所簽訂之書面契約。因此，首先就雇主的角度觀之，不論是獨資、合夥或公司，均應該有訂定團體協約的能力（行政院勞工委員會78年10月21日(78)台勞資二字第25207號函、101年3月29日勞資2字第1010125500號函

參照）。蓋獨資與合夥均未具有法人資格，但均可以從事商業行為（商業登記法第2條），並以出資人或執行業務之合夥人為商業負責人（商業登記法第9條第1項），故應該可以從事法律行為。其在法律上可以獨立自主地行使權利、負擔義務，應係一無可懷疑之事。何況，勞工法中所規定的概念，並非一定要受到民法、公司法或企業併購法的拘束，而可以做較廣的解釋，蓋其目的不同也。[127]

　　至於在勞工的方面，此處團體協約所適用之工會中的勞工，可以是依據白領職員或藍領勞工劃分，也可以是按照年齡層劃分，甚至可以針對技術生（Lehrlinge, Auszubildende）訂定一專有的團體協約。此一人的適用範圍，在雙方具有團體協約拘束性，且在整個行業中只存在一個團體協約時，即會與上述以廠場的、或空間的或地域的為準的範圍者一致。不過，通常不會發生此種現象，因為團體協約中仍有區分白領職員與藍領勞工而做不同的適用。

　　針對以廠場的、或空間的或地域的為準的範圍，其所約定之附加年金（企業退休金），在人員的適用範圍上，可以將之限制在已經在廠場中工作逾10年者。

　　附帶一言者，在人員的適用對象上，德國團體協約法第5條之具一般拘束力的宣告（Allgemeinverbindlichkeitserklärung），使得未具有團體協約拘束性的勞工及雇主亦受到團體協約之適用，值得台灣加以參考。依之，一旦聯邦勞工部基於1.雇主所僱用的勞工已超過團體協約適用範圍中的過半數，及2.一般拘束力宣告具有公共的利益，而在勞工團體與雇主團體所組成之委員會（Ausschuß）聲請下，即可做出宣告。此種宣告，相對於基本法第9條具有特殊性，也是基本法第9條所容許之自治的規範（並無侵害非工會會員的消極團結權）。[128]在宣告後，非工會會員即擁有工會會員同樣的法律地位，享受同樣的權利，也負擔同樣的義務。不過，反

---

[127] 反對說，勞資雙贏聖經，1999年7月，頁183以下。

[128] 就此來看，台灣修正前的工會法第12條及工會法施行細則第13條之強制入會規定，是否可以德國一般拘束力宣告之「合憲」理由為理由，似乎並非絕無空間。

對者（多為經濟學者）認為：團體協約一般拘束力宣告剝奪了雇主以低於團體協約的工資及其他勞動條件僱用求職者的可能性，造成了失業率的升高，應該予以廢止。一般拘束力宣告使得勞動關係統一化或僵固，剝奪了勞動關係彈性化或契約自由運用的可能性。

　　雖然如此，一般拘束力宣告實際上很少發生，而且在團體協約薪資（Tariflöhne）實務上從未發生。因此在團體協約薪資上，雇主就存在有一對於非工會會員之第三人，亦給予同於工會會員團體協約薪資相同額度的薪資的利益。否則，他就可能要面臨非工會會員之第三人立即加入工會之風險。

(四)以廠場的，或空間的或地域的為準的範圍（新團體協約法第4條）

　　此處的適用範圍，可以以廠場的、或空間的或地域的為準，完全依據工會及雇主的章程而定。只有章程已有規定，勞資雙方始能約定適用範圍。所以其可以大到整個國家的領域，也可以個別的（地方）行政區域，甚至以個別的企業或廠場為對象。以德國為例，印刷業的勞工以全德國為範圍，出版業的職員則以地區為範圍，至於金屬工業的團體協約，又是分別以各地區為對象。一般來講，除非當事人另有約定，否則，地域範圍較小者，優先於地域範圍較大者適用。以地方為對象的團體協約，可以排除以全國為對象的團體協約；亦即交互重疊之團體協約，其適用也是依據特殊性原則處理（Spezialität; lex specialis derogate legi generali）。[129]就此來

---

[129] 與此不同的是：複數的團體協約（Tarifpluralität）；亦即在複數的團結體（Koalition-spluralismus）或多元工會之下，雇主可以與多數的工會分別訂立團體協約，且各自生效、互不相干。至於協商的方式，可以由各工會各為自己的會員與雇主協商，也可以由多元工會推選協商代表後，與雇主進行一次性的協商（團體協約法第6條第4項規定參照）。無論如何，任何一個工會並無權主張為其他工會的會員進行協商或簽訂團體協約。雇主亦無權承諾協商或簽訂團體協約，以免侵害其他工會的團體協約自治權。最後，假設是由多元工會推派協商代表後所進行的一次性協商，雙方固得簽訂分別適用於多個工會的團體協約，但也得簽訂一個適用於所有工會的團體協約（其內容可以完全相同，也可以大同小異或小同大異）。行政院勞工委員會101年8月10日勞資2字第1010126626號函參照。

講，台灣舊團體協約法第5條下半段之「團體協約不屬於職業性質者，先適用地域或人數適用範圍較大之團體協約」規定，顯然係一錯誤的立法。可惜的是，此一規定，在2011年5月1日修正施行的團體協約法第4條中，並未被修正過來。

另外一提者，以德國的金屬工業的罷工為例，德國的汽車製造商Mercedes往往會受到波及。這倒不是其工會直接對其罷工，而是間接受到波及，例如位在Nekasulm的零件製造商及Bosch的電工罷工，導致Mercedes無法運作。這是因為現代企業經營的制度，儘量壓低庫存量，而透過電腦網路的聯繫，將所需的材料由運輸公司及時運到：所謂的「及時的生產」（Just in time production）。此種及時的生產，使得小企業的罷工，發揮極大的效力：所謂的「最小限度的戰略」（Minimalstrategie, Mini-Max-Taktik）（此稱為「重點罷工」）。此種勞資爭議，往往牽涉到團體協約之行業的、人的，以及地域的適用範圍，相當複雜。以下擬以具體例子說明之。

在1984年，德國金屬工會啟動爭議行為，目的在提倡每週35小時的工作時間。在此一爭議期間，工會採用了一種新的戰略：儘量要求在重要廠場工作的少數勞動者罷工。當時，罷工雖是在北符騰堡（Nord-Württemberg）及北巴登（Nord-Baden）進行，卻是在整個德國地區造成生產障礙，也因此在許多廠場必須實施縮短工時的工作（Kurzarbeit）。可以說，此種經過限制的爭議措施，卻導致無以數計與罷工中的企業有生產關聯之企業，亦不得不停工。經由此種對罷工及支援罷工最少的花費，卻能對企業施以最大的經濟的壓力，在其他團體協約領域的間接受到波及的企業，也遭受到嚴重的生產損失。

問題是，雖然同屬於爭議中團體協約業別（fachlich）的及身分（persönlich）的適用範圍，但卻在地域的（räumlich）適用範圍之外之間接受到爭議波及的勞動者，如其因此一爭議而喪失工作者，能否向聯邦職業介紹所（Bundesagentur für Arbeit）／聯邦就業總署（Bundesanstalt für

Arbeit）請求給付（Leistungen）？[130]本案中，那些受到波及的勞動者乃申請短時工作津貼（Kurzarbeitergeld）。對此一請求，社會法院認為其主張有理，[131]然而，聯邦眾議院在1986年5月24日修正的就業促進法（Arbeitsförderungsgesetz）第116條第3項中，[132]則是明定間接受到爭議行為波及的勞工，不得向聯邦就業總署申請給付，聯邦就業總署必須在勞資爭議中保持中立。[133]

　　針對修正之就業促進法第116條第3項，金屬工會乃在1986年提起憲法訴訟，而德國聯邦憲法法院在歷經9年（1986-1995）訴訟期間後，終於在

---

[130] 無論依據就業促進法第116條舊的或新的法律情勢（Rechtslage），直接罷工或直接受到閉廠的勞動者，不得請求給付。同樣的，在爭議的團體協約適用範圍內但未參與爭議之勞動者——亦即只有間接受到波及——亦無請求給付之權利。Schulin/Wietek, Das Urteil des Bundesverfassungsgerichts von 1995 zu §116 AFG in: Das Arbeitsrecht der Gegenwart 1996, Bd. 33, 21 (22).

[131] LSG Frankfurt v. 22.6.1984, NZA 1984, 100 ff.; LSG Bremen v. 22.6.1984, NZA 1984, 132 ff.; Griese, a.a.O., 33 ff.; Schulin/Wietek, a.a.O., 21 ff.

[132] 此一條文，目前已成為1997年3月24日社會法典第三部「就業促進法」第146條規定。其內容為：勞動者如因一國內之勞資爭議而喪失工作，雖其未參與該爭議，其失業保險給付（Arbeitslosengeld）請求權，只於其最後被僱用之企業合於下列情形之一時，始停止至爭議終結時為止：1.該企業屬於爭議中團體協約地域的及業別的適用範圍時；2.該企業雖不屬於爭議中團體協約地域的適用範圍，但屬於爭議中團體協約業別的適用範圍，且在該企業目前所隸屬的團體協約地域的適用範圍，(a)已提起一請求，而該請求與爭議行為的主要訴求（Hauptforderung）在內容上與範圍上相同即可，無須完全一致，而且(b)該爭議行為的結果「極有可能（aller Voraussicht nach）」在重要的部分，被不屬於爭議中團體協約地域的適用範圍所承受。

　　一項請求如其已由具決定權之機關做出決議或基於團體協約當事人的行為，可視為與所爭取締結之團體協約一致時，則該請求已被提起。依據第1句之保險給付請求權，只於所爭議或所要求之勞動條件於締結團體協約後，亦適用於勞動者或將可適用於勞動者時，始暫時停止。

[133] 德國工會人士稱此一條文為「冷的鎖廠」（kalte Aussperrung），因為間接受到爭議行為波及的勞工將無法取得工資或工資替代物，此種壓力正如一般的鎖廠〔稱為熱的鎖廠（heiße Aussperrung）〕一樣。見Hensche, in: Muhr (HrsG), Streikrecht, Demokratie und Sozialstaat, 1987, 128。

1995年7月4日做出合憲的判決。[134]其重要理由為：「立法者規定了就業促進法第116條第3項第1句，係因其認為如須給付短時工作津貼，則係做有利於工會在勞資爭議時的介入，而且工會的戰鬥力會不當地受到提升；設如爭議區域（Bezirk）外的勞動者極有可能共同分享爭議的果實，則聯邦就業總署對之給予短時工作津貼，即會違反本身的中立。此一新的規定係植基於下列的原則；亦即勞資爭議中薪資損失的風險應由未參與爭議的勞動者共同負擔，這是因為其與罷工的勞動者對於爭議的結果，有幾乎相同的利益，他極有可能共同分享好處。此一參與原則（Partizipation）係一顯而易見的標準。[135]」

三、團體協約之約定事項（團體協約之規範種類及其效力）

（一）勞動條件（勞動關係）之事項（新團體協約法第2條）

此處之勞動關係之事項，原本應係指有關勞動契約之內容、訂立，以及終止之事項而言。但立法者在舊法第1條第2項加入了四種事項，「視為」勞動關係處理（惟在2011年5月1日修正施行的團體協約法第2條中，已將視為勞動關係的四種事項予以刪除），擴大了團體協約的適用範圍，係一值得肯定的作法。此觀德國團體協約法第4條第1項下半段規定，也將法規範效力準用於團體協約有關廠場的（betrieblich）及企業組織法的（betriebverfassungsrechtlich）事項，似乎有異曲同工之效。只不過，將台灣與德國的立法兩相比較，顯然德國廠場的及企業組織法的事項的範圍廣了許多，也與勞工的勞動條件較為實體有關，例如廠場的工作規則（Ordnungsnorm）[136]及擴大勞工參與的權限。再以勞工參與而言，由於

---

[134] 有關此一判決之詳細說明，請參閱楊通軒，國家中立原則在勞資爭議中之運用，國家科學委員會研究彙刊：人文及社會科學，2000年1月，10卷1期，頁88以下。

[135] BVerfG v. 4.7.1995, JZ 1995, 1170 f. = BVerfGE 92, 365 (397 ff.).

[136] 具體而言，如工廠的門禁規定（Torkontrolle）。有問題的是，此類規定殆皆具有一體適用於全體勞工（不區分工會會員或非會員）的本質，如此一來，假設企業工會與雇主約定有關廠場的或企業的（經營或紀律）事項，而又不容許雇主與非會員約定引用該等約定時，雇主如何繼續其經營？

舊團體協約法第1條第2項第2款只規定「一企業內之勞動組織」（惟在2011年5月1日修正施行的團體協約法第2條中，已將原規定之「一企業內之勞動組織」予以刪除。並將之移置於第12條第1項規定之有關團體協約得約定之事項），並未觸及勞動組織之權限，因此，勞資會議實施辦法第13條所規定之議事範圍，並未受到變更或擴大。

承上所言，團體協約法第2條規定之勞動關係，即係同法第12條第1項第1款規定之勞動條件（行政院勞工委員會77年4月7日(77)台勞資二字第06600號函參照）。而其原則上即為勞資爭議處理法第5條第3款規定之團體協約相關性（調整事項的勞資爭議）。也就是說，勞資爭議（爭議行為）之目的，必須具有團體協約相關性。倒是，吾人觀團體協約法之規定，似乎未將之限制於勞動條件的維持或變更（調整事項），而是可以及於個別的或多數的或集體的勞動條件，例如針對雇主積欠的工資或加班費，工會與雇主雙方合意部分給付、部分拋棄請求權。前提是雙方根據約定的協商程序或團體協約法所規定的協商程序，進行協商並且簽訂團體協約。否則，如果未進行協商程序（必要時要進行會員大會或代表大會的追認），而只是工會幹部與雇主所達成的合意（例如，在一件針對加班費爭議的協調會議中，工會與雇主達成和解，工會同意拋棄部分的加班費請求，（順帶地）雙方並且在「團體協約」中僅記載所合意的加班費數額），性質上也只是一般的契約而已，並非團體協約（最高法院102年度台上字第214號判決參照）。在此，既然是已發生的積欠的加班費，雙方無論是在協調會達成和解或簽訂一般的契約，均無違反強制規定可言。再者，針對積欠的加班費，即使雙方未達成和解或簽訂契約，由於其是權利事項的爭議，工會並不得對之進行罷工。

另外，德國團體協約法第4條第2項有關「共同機構」（gemeinsame Einrichtung）的規定，又擴大了適用範圍，此一規定卻未見於台灣的團體協約法。依之，「團體協約當事人在團體協約中約定共同機構者〔例如工資補償機構（Lohnausgleichskassen）、休假機構等（Urlaubskassen）〕，對於機構的章程及對於與此機構具有團體協約拘束性的雇主及勞工，具有直接的及強制的效力。」此一共同機構的法律形式，可以是法人、保險互

助公司（ein Versicherungsverein auf Gegenseitigkeit）、登記的社團，或有限公司。一旦訂定了團體協約，即創立了雇主與共同機構的關係及共同機構與勞工的關係。前者，稱為繳費關係（Betragsverhältnis），個別雇主必須按照勞工的人數依據保險數學所計算出來的費用，向共同機構繳款；後者，稱為給付關係，勞工可以向共同機構要求給付金錢〔例如休假津貼（Urlaubsgeld）〕。透過此種共同機構，雇主也可以給付勞工企業退休金或附加年金（Zusatzversorgung）。[137]

　　較為可議的是，2006年10月的團體協約修正草案第1條第2項有關勞動關係之規定。依之，「前項所稱勞動關係，係指當事人之一方，對於他方在從屬關係上提供職業上之勞動力，他方給付報酬之契約『等』[138]關係。」此一規定，似係參酌1936年12月25日國民政府制定公布（但未施行）的勞動契約法第1條的規定而來。雖然該用語並未指出，哪些當事人間之關係係勞動關係，但如從對於私法上勞工之定義「勞工，係指一方當事人（基於私法上之契約關係）對於他方、在從屬關係上提供其職業上之勞動力之人而言。」推知，該勞動關係當係指基於私法上勞動契約而提供勞務而言。只不過，在2011年5月1日修正施行的團體協約法第2條中，已無界定勞動關係之規定。

　　如從2011年5月1日修正施行的團體協約法第1條及第2條規定觀之，適用團體協約之前提有二：一是當事人必須為工會及雇主，二是所約定者必須是勞動關係。因此，即使是未來公務員得組織工會，由於在我國法律體制上係採二分法，一為以私法為本之勞動法令，另一為（規定更為完備之）公務員法令，公務員工（協）會亦由於受限於2011年5月1日修正施行

---

[137] 依據勞工退休金條例第6條第2項之規定，「除本條例另有規定外，雇主不得以其他自訂之勞工退休金辦法，取代前項規定之退休金制度。」由於其係針對「雇主自訂之辦法」以取代勞工退休金個人帳戶，並未及於工會與雇主約定之退休金給付辦法，因此，理論上德國團體協約法第4條第2項之共同機構的設置規定，應該可以為我國團體協約當事人所採用。

[138] 該「等」字係一贅文，應刪除之。

的團體協約法第2條之規定而無法締結團體協約。[139]

(二)非勞動條件之事項

對於勞動條件可以作為團體協商、團體協約及爭議行為之對象，我國學術界及實務界殆都認為自然之理。然而，其他之非勞動事項是否可以作為對象？範圍多廣？例如雇主之經營管理事項、人事事項。此殆因我國向來並不區分為應協商、得協商及不得協商之事項，所使然。[140]即使是2011年5月1日修正施行的團體協約法第12條，亦只是規定「團體協約得約定下列事項」。只是從2011年5月1日修正施行的團體協約法第2（「相關事項」）、12、20條等規定觀之，我國的團體協約對象已不侷限於核心的勞動條件，只不過團體協約對於非勞動條件之約定，並未具有法規性效力及不可貶低性，也就是只具有債法上的效力。

至於這些非勞動條件的事項，包括：1.協商程序之約定；2.是否向中立團體申請仲裁之約定；3.維持性工作之約定；4.代扣工資為會費之約定；5.是否提供工會辦公處所及其中資源之約定等。

上述非勞動條件的事項，也包括程序上的約定，這代表勞雇團體在集體勞動關係上，在程序法上也受到特殊的對待。例如針對團體協約法第24條規定之損害賠償及第25條之訴訟，勞雇團體得依該法第12條第1項第7款之「其他當事人間合意之事項」規定，約定適用民法第197條第1項之二年或更短之時效期間，或甚至約定以除斥期間的方式為之。類此的約定，應可適度補正台灣勞動法規時效或除斥期間不足或不明之現象。例如台灣的勞資爭議處理法的各種行政管道，包括調解、仲裁及裁決等。因此，以工資爭議為例，勞工在雇主積欠工資時，要在多久之內提出調解之申請？類推適用勞資爭議處理法第39條第2項有關裁決之90日期間？或者回到民法第125條、第126條之15年或5年的消滅時效期間？

---

[139] 這是立法上之問題，設如我國未來只採取單一體系：所有提供勞務的人均係勞工，那麼，團體協約法的適用當無問題。

[140] 德國團體協商之對象，向來奉行核心部分理論（Kernbereichtheorie），排除人事事項及勞工安全事項協商之可能性。

　　進一步言之，與上述非勞動條件事項不同的是，有關企業經營權之事項，工會無權要求與雇主進行團體協商，也就是為不得協商（或稱「任意協商」）之事項。這也是從團體協約自治只是輔助或修正資本主義或市場經濟制度的不足導引而來。因此，包括人事事項（本章案例三）、企業的投資、銷售組織及工作位置的數目、遷廠併購、裁併生產線、改進生產技術、外包等，雇主均無須與工會協商或徵詢其意見。[141]傳統上，這些事項是股東（會）的權限範圍，雇主必須以股東的利益與立場做為決策的考量。因此，不當勞動行為裁決委員會採取部分日本學者「雇主有處分可能，即是義務協商事項」的見解，並且做成101年勞裁字第28號裁決及102年勞裁字第61號裁決，其見解似顯急躁而偏頗。蓋雇主仍需取得股東（會）的同意始可，並非雇主願意進行團體協商即足，即使從台灣團體協約法第12條規定觀之，亦無法得出此一結論。

　　最後，團體協商畢竟仍應受到國家法令的拘束，因此有關勞工保護法及其他私法上的強制或禁止規定，團體協約均不得牴觸之；亦即此類事項是禁止協商事項，即使雙方於團體協約有所約定，仍然無效。此亦明定於2011年5月1日修正施行的團體協約法第3條規定。依之，「團體協約違反法律強制或禁止之規定者，無效。但法律規定並不以之為無效者，不在此限。」例如不得約定男女勞工同工不同酬或單身條款或禁孕條款（在特定時間離職的解除條件）（憲法第7條、性別工作平等法第11條第2項與第3項），也不得約定懷孕或哺乳期間的女工在夜間工作。倒是，此處之禁止違反強制或禁止規定，係擔心團體協約低過或迂迴而過勞工保護法之規範目的，因此，如果團體協商係在追求高於勞工保護法之水準者，似乎即有合法之空間。例如工會要求協商在一定期間內（至長是整個團體協約適用期間）雇主拋棄行使勞動基準法第11條第1款（轉讓）、第2～4款及第5款（客觀上不能勝任工作者）之解僱權者。雖然解僱權已經涉及企業經營權，但既然團體協約法第12條第1項第1款已經有「資遣」之規定，即應

---

141 反對說，劉志鵬，勞動法解讀，頁112。

做如此之解釋。惟，基於權利義務平等對待之原理，對於勞基法第14條第1項之諸款事由，由於有些性質較近於勞基法第11條之規定，例如第4款，則雇主應亦得將之做為協商與協約之標的。

四、各種效力問題

有關團體協約的效力，係規定在團體協約法第四章（第17條以下）。第17條係在規定團體協約關係人及其受到團體協約適用之日。依之，除了團體協約另有約定外，團體協約關係人包括簽訂團體協約之雇主、當事團體（雇主團體、工會或工會團體）之雇主及勞工、以及簽訂團體協約後，加入團體協約當事團體之雇主及勞工[142]。對於簽訂團體協約後，始加入團體協約當事團體之雇主及勞工，原則上團體協約往後適用，惟團體協約亦得約定溯及既往適用。至於第18條則係在規定團體協約關係終止及團體協約之追及力。亦即團體協約在存續期間到期後終止，除了餘後效力外，團體協約關係人之權利義務亦一併消滅（第1項）。惟對於在團體協約有效期間內，退出團體協約當事團體之雇主或勞工，仍然受到原來所簽訂團體協約之適用（所謂的「追及力」）（第2項）[143]。第18條第2項的規定，目的在防堵雇主或勞工藉由退出團體協約當事團體，以達到

---

[142] 由第17條規定觀之，並不包括工會或工會團體在內。在這裡，立法者有意區分團體協約關係人與團體協約當事人。後者，依照團體協約法第2條規定，簽訂團體協約之雇主或有法人資格之雇主團體，與依工會法成立之工會。依據新團體協約法第17條的立法說明，「就簽訂團體協約之雇主而言，不但具有團體協約當事人之身分，同時應賦予其具有團體協約關係人之身分，課以遵守團體協約所定勞動條件事項之義務，爰於第一款將為團體協約當事人之雇主。」言下之意，工會似乎即無遵守團體協約所定勞動條件事項之義務。惟本書以為並非如此，蓋依據團體協約法第23條第1項規定，團體協約當事人並不得妨害團體協約之履行。所以，將工會或工會團體排除在團體協約關係人之外並無法理上的基礎。另外，將工會作為團體協約關係人之一，則其依團體協約法第24條請求損害賠償及依第25條提起一切訴訟，在法理上始具有連貫性。

[143] 此種團體協約的追及力，也見之於團體協約法第30條規定之團體協約當事團體合併、分立或解散之情形。只是，團體協約可以另有約定，以排除或限制團體協約的追及力。而如果是不定期之團體協約，於該團體解散後，除團體協約另有約定外，經過3個月消滅。

金蟬脫殼之目的。此一規定，看似合理且適當，但卻也有忽略或侵害了雇主或勞工的消極團結權的疑慮（尤其是從勞工的角度觀之，例如團體協約約定工會會員減薪5%，會員憤而退出工會）。只是，正如本書前面所言者，消極團結權並不包括「消極的團體協約自由」（不受團體協約影響的自由／權利），在此應給予團體協商當事人較多的規範權限，而令消極的團結權適度退讓。惟如從消極團結權與團體協約規範權力的平衡考量，本書以為或可參考團體協約法第30條之規定，令團體協約當事人針對第18條第2項之情形，得自行約定只在一定期間（例如3個月）受到團體協約的繼續適用。

（一）法規範效力、不可貶低性效力

依據新團體協約法第19條上半段之規定，「團體協約所約定勞動條件，當然為該團體協約所屬雇主及勞工間勞動契約之內容。勞動契約異於該團體協約所約定之勞動條件者，其相異之部分無效；無效之部分以團體協約之約定代之。」此即為團體協約對於勞動關係具有規範性的效力，它（就如法律一樣）具有強制的效力。此一如同法律效力的反面是團體協約的當事人均負有和平義務。基此，團體協約乃具有取代勞動契約之效力。而為了發揮此一替代的功能，當然不能任由當事人自由決定是否締定團體協約，而是應該賦予當事人之一方可以實力迫使他方屈服與之締定團體協約。在此，乃有團體協約自治保障，尤其是爭議行為保障之出現。

詳言之，契約自由係立基於一個市場所產生的競爭上。一個人可以不締定任何契約，他可以挑選其他的競爭者來締定契約，[144]但基於能夠締結團體協約的當事人較少，上述所言者，並無法全然適用於團體協約。與此相對者，尤其是工會，係依附於團體協約的締定。雖然針對與勞動關係有關者（勞動關係之締結、內容及其結束），團體協商當事人原則上可以自由決定是否協商及是否簽訂團體協約。但是，假使雇主可以毫無憂慮地拒絕協商，則將只能回到勞工保護法求助。此顯然並不恰當。團體協約自

---

[144] 一般所稱強制締約的案例，並不包括勞動契約在內。

治因此必須創造出一代替物，以便基此能強迫團體協商之他造與之締定團體協約。在此範圍內，雇主的協商自由乃經由一可導致對手屈服的合法的爭議行為的壓力，而受到限制。為了此團體協約，爭議行為——主要是罷工，但鎖廠亦是——乃肩負起此一任務。勞資爭議法因此亦屬於團體協約自治之範疇。勞資爭議法補充了團體協約法。以下即針對團體協約之效力加以說明之。

1.直接及強制的效力

所謂直接的效力，並非謂團體協約的規定，可以當然直接成為勞動契約的內容。而是指工會成員可以以團體協約作為法律根據，向雇主主張權利，並且可經由法院實現之，無須再回到民法第269條之利益第三人契約。如從有利原則理論來看，在勞動契約之規定優於團體協約規定時，並不會受到團體協約所取代，亦可證明上述直接效力之論述。在此，所謂團體協約如一法律般地適用，此一如法律般地適用並非指介於團體協約兩造之間，更重要的是，是指介於勞動契約兩造之間。設如在團體協約規定每小時薪資95元新台幣，則勞工即可據此對於不願支付此項數額的雇主，向勞工法庭或民事法庭提起訴訟而獲得勝訴。問題不在於團體協約兩造是否願意履行契約，而是該雇主對於他基於團體協約的義務是否願意遵守。如他不願遵守，就會被提起告訴。對於所有在勞動關係所發生的事項，均受到法院的法律保護。

但是在聯盟的團體協約（Verbandstarifvertrag），[145]雇主仍然可以依據民法第268條之第三人負擔契約，主張其不受拘束。因此，必須在法律的架構上有另一種設計，以加諸雇主履約的義務。此即是團體協約法賦予團體協約具有法規範效力的由來（§4 TVG；台灣新團體協約法第19條）。

台灣新團體協約法第19條只規定團體協約具有直接的及強制的效力，並未規定「自何時起」有此一效力。在此，勞工以其成為會員起，始

---

[145] 相對者為廠場的或公司的團體協約。

受到法規範效力的拘束，不可以主張有溯及既往的效力，以保障雇主的信賴保護。[146] 又，假使勞工與雇主係約定將團體協約之內容作為勞動契約之內容引用，那麼，該勞動契約即無直接的及強制的效力可言。

另外一個問題是：在廠場或企業轉讓之情形，原雇主與工會所訂立團體協約所約定之事項，是否對於承受廠場或企業之新雇主當然發生其效力？亦即仍然發揮直接的及強制的效力？對此，似不宜率而採取肯定說，蓋必須考慮新雇主消極團結權的保護問題；亦即其可以拒絕加入雇主聯盟，而是一如往昔的獨善其身。現在如果認為原團體協約對其有法規範的效力，實際上即有如迫使其加入雇主聯盟一樣。因此，並不適當。一個較好的處理方式，是原團體協約仍然有直接的效力，但並無強制的效力，而這也是德國民法第613a條第1項第2句的規定。依之，「原勞動關係之權利義務如已由團體協約或企業協定所規定者，則其亦為新雇主與勞工勞動關係之內容，新雇主在企業轉讓一年內，不得將勞動關係做不利於勞工的變更。」對照此一條文與德國團體協約法第4條第1項，其法律用語明顯不同。[147]

最後，如果是由工會與雇主聯盟所簽訂的團體協約，則其工資及其他勞動條件之約定，應依據一般的／平均的標準（Durchschnitt）為之，而非看工會的強大或弱勢而分別約定。

2.有利原則之適用

吾人由新團體協約法第19條之法規範效力，可以得知團體協約只是具有單方的強制力；亦即其只能單方有利於勞工而已（此正有如勞動基準法之規定）（所以，本章案例四(2)的約定無效）。團體協約並不是準繩（Leitlinie）而已。勞工並不得拋棄此來自於團體協約自治之利益（新團

---

[146] BAG AP Nr. 43 zur Art. 9 GG Arbeitskampf, Bl. 12 R.; BAG AP Nr. 70 zur Art. 9 GG Arbeitskampf.

[147] 德國民法第613a條第1項第3句規定，「第2句之規定，於原勞動關係之權利義務已由另一新的團體協約或企業協定規定時，不適用之。」在此，新雇主已經與工會簽訂團體協約，自然無再主張消極團結權保障之問題。

體協約法第22條第1項本文），與其他私法關係中當事人可以拋棄私法自治者，不同。此一基本構想，還附帶有一競合的條款，稱為「有利原則」（Günstigkeitsprinzip）。可以說，有利原則係將法規範效力作了部分修正。

　　有利原則本係針對個別的勞動契約而言，然而，解釋上似不應以此為限，而是包括雇主給予全體或多數勞工的「一般勞動條件」約款，其形式包括兩種：一種是附在勞動契約的一個統一的工作條件約定（書）（die vertragliche Einheitsregelung），另一種是工作規則。後者，雖有論者採取懷疑之見解者，[148]但因本文認為工作規則應係勞動契約的一部分，故持肯定的看法。[149]

　　有利原則所反映的，是團體協約只規定最低的勞動條件，[150]而非最高的勞動條件。所以，勞動契約的約定低於團體協約者，將不會發生效力；反之，勞動契約的條件優於團體協約者，無論其係訂定於團體協約之前或之後，基於契約自由原則之尊重，團體協約均應退讓。[151]在一個聯盟的團體協約時，為了避免財力較弱的廠商被市場所淘汰，所以勞動條件的訂定只能以所有廠商能夠負擔的中間值（Durchschnittswert）為準。這樣的平均值，對於財力雄厚的廠商當然遊刃有餘，其也會主動積極地與勞工在勞動契約中約定較團體協約為佳的勞動條件，[152]一方面避免其廠場中的工會對於他發動罷工，另一方面也可以爭取或留住質優的勞工。

---

[148] 劉志鵬，勞動法解讀，頁107以下。

[149] 行政院勞工委員會88年10月12日(88)台勞資二字第0045197號函參照。至於勞工可否主張其基於企業習慣（betriebliche Übung）或平等待遇原則而來之勞動條件優於團體協約而不受影響，解釋上亦應持肯定的態度。

[150] 在德國，團體協約中可以約定勞工的最低工資。

[151] 由此觀之，新團體協約法第19條但書「但異於團體協約之約定，為該團體協約所容許，或為勞工之利益變更勞動條件，而該團體協約並無明文禁止者，仍為有效。」其所謂「而該團體協約並無明文禁止者，仍為有效」，隱含著團體協約可以排除有利原則之可能性，在法理上及立法論上均屬可疑，允宜加以修正。

[152] 當然，雇主可以按照勞工所從事的工作種類或內容，給予不同程度或數額的較佳的勞動條件，不需要採取一致的標準或作法。

　　有利原則所適用的對象，除了勞動契約與團體協約之外，也包括其他任何形式的集體的約定或決議，例如勞資會議依據勞資會議實施辦法第13條第1項二（二）討論勞動條件事項後所作成的決議。緣依據德國聯邦勞工法院的見解，在團體協約法中僅是未完滿（unvollkommen）規定的有利原則，是一個範圍廣泛的原則的表現，不問法律來源（法源）的種類、以及即使在團體協約外亦有其適用。所以，它也適用於契約上請求權與企業協定內容規範（Inhaltsnormen）【作者按：指勞動條件】間的關係（BAGE 53, 42 = NZA 1987, 168 = NJW 1987, 1967 L）。因此，有利的個別契約的約定，優先於一個帶有負擔（belastende）／不利規定的企業協定（BAGE 124, 323 = NZA 2008, 542 Rn. 23）。如將理論運用於台灣，即表示勞動契約會優先於勞資會議的決議。

　　有問題的是，如何將較為有利的團體協約規定，轉／內化於勞動契約中？對此，依據團體協約法第19條規定，其將取代原先勞動契約的約定，而成為勞動契約之內容。也就是說，原勞動契約繼續存續下去，惟新增團體協約的規定。其似乎採取逐點比較的做法。雖然如此，本書以為有利原則所要求的，是要將勞動契約的約定與團體協約的規定做一個「整體的比較」（Globalvergleich），而選擇適用勞動契約或團體協約；亦即不容許分別比較兩者所訂的工資、工時和其他勞動條件的優劣，再分別適用勞動契約或團體協約。一旦整體上比較勞動契約所約定者較優而適用之，並不表示團體協約已被排除，而是團體協約當事人（關係人）仍然受到團體協約的拘束，團體協約也一直存在繼續生效。此種將不同約定作整體的比較，是採取一種客觀的、且可由法院審查其合法性的標準。由於勞動契約的勞動條件，是由勞工自己思考後與雇主合意而成，除了有違反強制禁止規定外，其優劣自應由其承擔。至於團體協約部分，由於勞工加入工會為會員後，其個人對於團體協約草案的主張（例薪資、工作時間或甚至較法定退休規定為優之約定的調整等），必須與其他會員的利益相整合，而後再經過與雇主團體協商後簽訂團體協約。因此，最後團體協約的內容可能與個別會員原先的主張差異極大，雖然如此，個別會員仍應受到團體協約的拘束，不得以受到歧視等理由拒絕遵守或甚至向團體協約當事人（工

會、雇主）請求損害賠償。這也是自由入會原則下的當然解釋。

當然，在比較時，工資優劣的判斷是較為容易的。但是，相反的，工作時間的優劣卻不容易判斷。在工資多寡隨著工作時間的長短增減時，到底是工作時間長較為有利？還是工作時間短較為有利？實際上並沒有答案。在這些情形，有利與否並不可單純地置於較少的工作時間，而是須視給付（Leistung）與對待給付（Gegenleistung）的關係而定。

有利原則內容確定上的困難，可再舉一例為證：個別勞工同意雇主給予較團體協約約定工資為低的工資、以換取雇主承諾給予團體協約施行期間工作位置的保障（免於被裁員解僱）（尤其在經濟不景氣時），是否符合有利原則的內涵？對此，德國聯邦勞工法院採取否定的看法（BAG v. 20.4.1999 – 1 ABR 72/98, AP Nr. 89 zu Art. 9 GG Bl. 9 R. ff.），它認為這有如拿蘋果與西洋梨比較一般，無從比較起。然而，即使有利原則係憲法所保障的集體勞動法上的原則之一，但是，在現代勞工法下的團體協約制度也必須注入新的活水、加入新的生命。連帶地，有利原則更應該強化個別勞工契約自由的角色與功能。畢竟，私法自治或契約自由也是憲法所保障的原則之一（憲法第22條）。在人類歷史的發展上，契約自由打破社會階層（Stand）的藩籬（作為一個解放社會束縛的原則）時，19世紀的工商業發達卻又致使勞工陷入生活困頓中，因此，有賴於勞工團體以集體的約定，減緩勞工對於雇主單方所提出勞動條件的依賴性。但是，在現代，團體協約制度及團體協約自治雖然仍具有不可取代的地位，但也不應忽略社會上仍然存在為數不少的失業者，更不應該淪為造成失業的元兇。所以，從團體協約自治是在提供個別勞工充分保護的角度觀察，不應該全然排除個別勞工的自我保護工具或管道選擇，馴致於勞工由從屬於雇主的園地，轉而墮入集體力量的田地。這也是個別勞工再個人化（Re-Individualisierung）的反思。也就是承認個別勞工的私法自治，原則上優先於團體的自治，後者只具有單純補充的功能。果如此，當個別勞工決定以降低勞動條件的方式，以確保其工作位置時，原則上即應承認其效力。故其仍符合有利原則之內涵（但這表示可能會有一部分或一大部分的勞工，未與雇主在勞動契約中有此類約定）。當工會悍然拒絕或否認此一

個別約定之效力時，在極端的情況下，工會本身已違反禁止權利濫用原則（Günther Wiese, Individuum und Kollektiv im Recht der Koalitionen, ZfA 2008, 317, 347）。

最後，即使是勞動契約中超過團體協約的條件，也不因有利原則的加身而變成不可動搖，而是可以有勞雇雙方合意變更之。經變更後而低於團體協約約定條件時，即自該時起適用團體協約。

附帶一言者，在團體協約法上另存在一所謂之「順序原則」（Ord-nun-gsprinzip），其與有利原則並無何牴觸之處。依之，原先所訂的團體協約，可以被其他的團體協約所取代。而此後面所訂的團體協約，其所規定的勞動條件，可以較之前團體協約所定的勞動條件較為不利於勞工。這是團體協約自治的自然表現，也是法諺所語的「後法廢止前法」（lex posterior derogat legi priori）的具體實踐。工會本身應該清楚自己所為何事，以及為何做出此種決定。[153]

3.勞資會議之決議優於團體協約之約定，是否有有利原則之適用？

相對於德國團體協約法第4條第5項之規定，台灣新團體協約法第21條則是規定，「團體協約期間屆滿，『新團體協約尚未簽定時』，『於勞動契約另為約定前』，原團體協約關於勞動條件之約定，仍繼續為該團體協約關係人之勞動契約之內容。」其所謂之「新團體協約尚未簽定時」，「於勞動契約另為約定前」，即為德國團體協約法第4條第5項之「其他的約定」。只是我國的勞資會議決議之效力，究竟為何？學者間看法不一，但無論如何並不具有團體協約之效力。即使工會會員大會或會員代表大會先就勞動條件之變更或維持議決，再交予勞資會議的勞方代表於會議時與資方作成決議，也非團體協約。反之，如果勞資會議先就勞動條件之變更或維持作成決議，再交由工會會員大會或會員代表大會加以追認者，雖其與團體協約法第8、9條規定不盡一致，惟不妨從寬認為勞方代表與資方代表所進行之意見交換或討論，性質上等同於團體協商，故無妨承認其具

---

[153] BAG v. 16.2.1962, AP Nr. 11 zu §4 TVG Günstigkeitsprinzip.

有團體協約的效力（與本書見解稍有出入者，最高法院101年度台上字第1964號判決）。只是，原本，理論上此一團體協約的效力只及於工會會員，非會員並不得享有之。只不過，由於此一團體協約效力之由來，係源自於勞資會議的決議，故不應該排除非會員享有的機會，因此，雇主得自動地將之適用於非會員身上。也就是說，團體協約法第13條規定並不適用於此。因此，台灣新團體協約法第21條並未將「勞資會議之決議」列入，毋寧係一自然的結果。

再進一步言之，如從新團體協約法第12條第1項第2款規定「企業內勞動組織之設立與利用」亦屬勞動關係，而得於團體協約中加以約定，亦可知立法者有意將兩者賦予一定的連帶關係，並由團體協約居於上位概念，而勞資會議、職工福利委員會、勞工退休準備金監督委員會、勞工安全衛生委員會等則居於下位概念。[154]吾人如再觀察勞資會議實施辦法第5條第1項規定，「勞資會議之勞方代表，事業單位有結合同一事業單位勞工組織之企業工會者，於該工會會員或會員代表大會選舉之；事業場所有結合同一廠場勞工組織之企業工會者，由該工會會員或會員代表大會選舉之。」亦可證明工會與勞資會議間的關係密切。

然而，有問題的是，依照2014年4月14日公布施行的勞資會議實施辦法第13條討論事項中㈡之規定「關於勞動條件事項」，顯見勞資會議仍得就勞動條件加以討論，並且作出決議。如此一來，即有可能出現勞資會議有關勞動條件之決議，優於團體協約所約定者之現象，而且雇主願意履行勞資會議所作成之決議。果如此，究應如何處理？此一問題，斷非以「勞資會議所作成之決議只是君子協定而已」一語，即可加以解決。況且，依據2014年4月14日修正公布施行之勞資會議實施辦法第22條第2項規定用語，「勞資雙方應本於誠實信用原則履行前項決議，有情事變更或窒礙難行時，得提交下次會議復議。」顯然有意部分提升其規範的性格，蓋「勞

---

[154] 在2011年5月1日修正施行的團體協約法第2條中，已將原規定之「一企業內之勞動組織」予以刪除。並將之移置於第12條第1項規定之有關團體協約得約定之事項。這表示立法者仍欲賦予兩者間一定的連結。然而，此種立法方式是否妥當？不無疑問。

資雙方應本於誠實信用原則履行前項決議，有情事變更或窒礙難行時，得提交下次會議復議。」亦即只在「有情事變更或窒礙難行時」，工會及有關部門始得舉證後不予辦理，理論上，「情事變更或窒礙難行」均屬極端例外的狀況，吾人實難想像其會形成（例如團體協約法第31條規定）。

　　由於憂慮工會的爭議實力受到勞資會議架空，德國企業組織法（Betriebsverfassunsgesetz，簡稱BetrVG）第77條第3項明定團體協約有關工資及其他勞動條件之約定，不得成為企業協定之對象；亦即，排除有利原則之適用。除非團體協約明文允許其可作補充約定者。此一排除有利原則的阻卻效力（Sperrwirkung），即使於團體協約延後效力期間仍然存在（BAG, NZA 2012, 696 Os.; BAG v. 5.3.2013, NZA 2013, 917）。

　　無論是舊團體協約法第16條或2011年5月1日修正施行的團體協約法第19條中，其有利原則之規定，只是針對勞動契約與團體協約間之關係而言，並不及於勞資會議決議與團體協約。因此，乃引起勞資會議有關勞動條件之決議，優於團體協約所約定時，如何處理之問題。吾人以為：不宜驟然承認勞資會議決議與團體協約間有有利原則之適用。雖然舊團體協約法第16條或2011年5月1日修正施行的團體協約法第19條中，均無對此問題加以規定，但兩者卻均規定「但異於團體協約之約定，為該團體協約所容許，……仍為有效。」由該用語中，當可導出亦包括團體協約允許勞資會議就勞動條件約定之情形在內。在此，表示工會擁有規範制定的特權（Normsetzungsprärogative）或獨占權。當然，為了釐清勞資會議決議與團體協約效力先後之問題，似應在2011年5月1日修正施行的團體協約法第19條另加入一項，予以明文化。或者，將勞資會議實施辦法提升至法律位階，例如（勞動部研議中的）「勞資協議法」，並於其中明定勞資會議決議或勞資協議與團體協約之效力先後問題。惟必須注意的是，一旦制定一部法律位階的勞工參與法制，除了會牽動現行勞資會議實施辦法中參與層次（報告、討論、建議）外，也可能（大幅）提升勞資協議會（議）的參與決定勞動條件的權限，而終至於形成與工會權限的競逐。屆時，我們甚至要思考：是否應將勞動條件規範的權限部分或大部分地移至勞資協議會（議）上？這主要是考量到與工會協商或爭議力量互補的問題。惟由於團

結權具有憲法的保障，而勞資會議只具有法律層次的保障（勞基法第83條參照），至於之後可能的勞資協議會（議）也難以解釋為具有「結社自由」之憲法保障，蓋其係一強制性的組織，與結社自由以人民自由組織者不同。也因此，在勞動條件規範的權限分配上，並不得將之大部分移至勞資協議會議上。這樣的處理方式，也可以避免個別勞工自行決定勞動條件的權力空間，由於勞資協議會（議）的強制代理權，而被擠壓到幾乎無立足之地。畢竟，如果個別勞工的團結權在憲法上原則上應優先於工會的團結權，而獲得保障，那麼，在個別勞工與勞資會議／勞資協議會（議）針對勞動條件的規範發生衝突時，亦應優先保障個別勞工的決定權。

(二)延（餘）後效力

團體協約的延後效力（Nachwirkung），表示團體協約已屆期滿，只有直接的效力，而無強制的效力。依據德國團體協約法第4條第5項規定，「團體協約已屆期滿，其規定的效力，於被其他的約定（Abmachung）取代之前，繼續適用。」其所謂「其他的約定」，包括團體協約、企業協定，以及勞動契約等。延後效力之目的，在於確保法律安定性。須注意者，一個只具有延後效力之團體協約，並無和平義務之債法上的效力。因此，幾乎每日均有爭議，例如警告性罷工（Warnstreik），除非當事人雙方約定延後效力期間，仍然存在和平義務（所謂「絕對的和平義務」）。

一旦團體協約適用期間屆滿，則勞資任何一方均可以勞動契約、勞資會議決議，或團體協約等，約定變更勞動契約的工資及其他勞動條件。尤其是勞動契約的適用空間最大（行政院勞工委員會86年8月25日(88)台勞資二字第033006號函、行政院勞工委員會87年3月31日(87)台勞資二字第011537號函、行政院勞工委員會88年6月4日(88)台勞資二字第024065號函參照）。但是，以雇主而言，如其未採取上述措施，那麼，原來的團體協商的條件就會繼續適用下去。由於餘後效力究非常態，對於雇主變更勞動契約之要求，勞工並不得拒絕協商（但勞雇雙方對於勞動條件變更的內容或幅度，仍可能發生爭議）。在實務上，餘後效力之規範，常發生在工會與雇主的團體協商未能在舊約屆滿前達成合意時。因此，此種規範的設

立，某種程度也是在避免雇主一再拖延簽訂新的團體協約而來。

　　不過，綜觀團體協約法全文，並未規定勞雇團體啟動協商程序的時間點。所以，假設勞雇團體未在施行中的團體協約約定提前協商的時間點，則雇主當然可以等待團體協約到期後，才開始與工會進行協商。如果工會要求雇主在原團體協約有效期間與之協商新的團體協約，解釋上並非「合理適當之協商時間」（團體協約法第6條第2項第1款規定參照），雇主得拒絕之。而在原團體協約到期後，到協商完成新的團體協約，可能已經過一段相當長的時間，勞雇團體固然可以約定原團體協約到期日的次日，作為新團體協約的施行日，但亦可以約定「一次給付／一次金Einmalzahlung」的方式，給予全體會員（不分其職級與薪資的高低）數額相同的給付，以填補該空窗期未調薪的損失。此種一次給付的方式，在德國團體協約實務上非常普遍。由於所有的薪資族群獲得相同數額的給付，低薪資族群能獲得超乎比例的好處，因此也具有社會平衡的目的。BAG v. 18.4.2012, NZA 2012, 391.

　　除了上述團體協約到期外，當一家企業的業務擴展到原來團體協約的範圍之外時，例如一家原來受到橡膠業團體協約適用的企業，一旦其經過現代化之後已經不再使用橡膠，而是使用其他的合成材料，則原來的團體協約已不宜直接被使用。在此，類推適用餘後效力的規定，應該較為妥當。德國通說也採取此種看法。

　　再者，在團體協約基於一定之事由廢止或終止，甚至解除後，例如團體協約簽訂後經濟情形有重大變更而予以廢止（台灣新團體協約法第31條規定）時，則在新的團體協約簽訂前，亦應類推適用餘後效力之規定；亦即台灣舊團體協約法第29條之規定，「團體協約之廢止，縱有反對之約定，仍對於該團體團員全體發生效力。」（新法中已加以刪除）解釋上應該只有餘後效力而已，團體協約當事人也不再負有和平義務。

　　附帶一言者，有問題的是，舊團體協約法第29條所規定之「廢止」，是否跟隨著舊第28條之「廢止」規定而來？對此，由於廢止係一行政法上的行政處分，必須由行政機關作成，故本文採取肯定的見解。但是，隨著2011年5月1日修正施行的團體協約法第31條規定，已將「廢

止」修正為「終止」，且將終止權回歸到當事人之一方行使，[155]則解釋上2011年5月1日修正施行的團體協約法第31條所規定之基於「經濟情形重大變更」之終止，只是針對國家社會面對經濟重大變動之規定，並未排除團體協約當事人兩造自行合意終止協約之情形。蓋勞動契約當事人如能自行合意終止勞動契約，則已具有相當程度勢均力敵的團體協約當事人，當更能自行衡情度勢是否提前終止團體協約。因此，原來2006年10月團體協約法修正草案第34條之規定，「前條團體協約之終止」，將之侷限在「經濟情形重大變更」之終止，顯然並不恰當。還好，在2011年5月1日修正施行的團體協約法並未納入原先修正草案第34條之規定。

(三)和平義務及實施義務

除了法規範效力之外，團體協約本質上畢竟仍是一個契約，因此亦具有債法上的效力。學者間一般稱其為「債法部分」的效力，其內容除了和平義務（新團體協約法第23條）外，尚有實施義務（新團體協約法第24條）。以下即擬敘述其內容。惟在說明債法效力的團體協約之前，實應就其與債法的契約的不同，略加以區分之。

1.債法效力的團體協約

舉例而言，當工會向雇主購買一組桌椅時，雙方係訂立一債法效力的買賣契約，而不是一具債法效力的團體協約。此種買賣契約的效力及雙

---

[155] 在團體協約法修法過程中，修正草案第33條並非無條件地由當事人之一方行使終止權，而是「當事人之一方得向簽約工會之主管機關申請認定，於認定後3個月內，以書面通知他方當事人終止團體協約。」其所修正之「工會之主管機關申請認定」，雖已較原條文第28條之「主管官署廢止」放寬了管制的強度，但仍然無法去除行政機關過度介入及違反中立之疑義。何況，所謂「認定」，在行政法上的效力究竟為何？是行政處分還是行政指導？團體協約之當事人可否對之提起救濟？在在均不明朗。相較於原條文第28條之「主管官署廢止」，修正條文有可能造成行政法上更多的疑案，也引起更多集體勞工法上的爭論。還好，在2008年1月9日修正通過的團體協約法第31條中，已不見該段文字。本文以為，如果係要認定「經濟情形重大變更」之有無，則由民事法院來加以裁判，應係最為妥當的作法。民法第227條之2及民事訴訟法第397條之規定，不就是由法院來加以裁判嗎？

方當事人的權利義務，完全依據法律對於買賣契約的規定及當事人的私法
自治而定；亦即雙方當事人對於契約內容的談判無法達成共識時，並不可
以爭議的手段迫使他方屈服。相反地，如果是一個具有債法效力的團體協
約，首先應考量該約定是否屬於團結自由基本權所保障的範圍，一旦其為
團結權之保障對象，則當事人即可以採取爭議行為以迫使他方屈服。[156]
在此，具一般債之效力的契約與具債法效力的團體協約所共同者，為其均
具有債的效力；所不同者，為前者當事人不得行使爭議行為，而後者如為
團結權之保障對象時，（於團體協商不成後）即可行使爭議行為。

　　其次，具有債法效力的團體協約的約定，往往會涉及非會員的利益。
例如雙方當事人合意將團體協約中之「重新僱用條款」（Wiedereinstell-
ungsklausel）亦適用於因參加爭議行為、而被雇主所解僱之非會員。如此
一來，非會員即擁有一個債法的請求權。同樣地，團體協約當事人約定社
會連帶費用條款，規定雇主僅在非會員向工會繳交一定費用時，始得將調
整的勞動條件適用於非會員。此種約定亦具有債法上的效力，但因其性質
上屬於民法第268條之第三人負擔契約，再加上其有侵害非會員消極的團
結權之虞，故其應屬無效。

　　附帶一言者，在債法效力的團體協約部分，往往涉及非勞動條件的事
項。[157]因此，雖其在團體協約中與勞動條件一起被（以書面加以）規定，
但其僅具債法的（或民法的）效力而已，並無團體協約法規範的效力。所
以，一方當事人不履行非勞動條件的債法的約定時，他方當事人僅得依民
法之規定請求履行或請求損害賠償。[158]而且，如果是一方當事人的成員違

---

[156] 有問題的是，有些約定實際很難判定其係具債法效力的一般契約或具債法效力的團體協
　　約。例如：雇主與工會約定公司監事會或董事會中，勞工可以占有一定之席次。此
　　種約定的性質是一般的契約？或具債法效力的團體協約？

[157] 例如約定違反團體協約時之當事團體的責任或違約金。

[158] 舊團體協約法第2條規定，團體協約有規定勞動關係以外之事項者，對於其事項，不適
　　用本法之規定。新團體協約法第20條第1項則是規定，團體協約有約定第12條第1項第1
　　款及第2款（本文以為第2款約定亦只有債法效力而已）以外之事項者，對於其事項不

反該部分之約定時，他方當事人只能對其請求促其成員履行，但不能直接
向該成員要求履行。就此觀之，舊團體協約法第19條之規定並未將之明確
規定，反而是規定「團體協約關係人違反團體協約中不屬於勞動條件之規
定時，除該團體協約另有規定外，法院依利害關係之雇主或團體協約當事
人之一方聲請，得科雇主500元以下，工人50元以下之罰金。前項罰金，
應使用於為工人之福利事業。」給予國家介入債法效力團體協約之機會，
顯然違反了國家中立原則，理應加以修正。[159]

2.和平義務

在團體協約當事人訂定團體協約後，團體協約即會產生一具有債法效
力的和平義務，基於此，當事人即享有免於再次受到爭議措施干擾或影響
的保障（新團體協約法第23條第1項）。如無意外，當事人即可期待至團
體協約期間屆滿前，會享受到職場的和平。[160]在此段期間，當事人均負有
不作為之義務。[161]團體協約當事團體之成員，即可主張民法第269條利益
第三人契約之保障。在此，當然都以有團結體存在為前提，假使勞工未
組成工會或雇主未組成雇主聯盟，即使其有可能以「勞工團體」或「雇
主團體」的方式與他方當事人訂定某種形式的協議，也不會產生和平義
務。[162]

和平義務首先係拘束了團體協約當事人及其權利承繼人，但是，如

生前三條之效力。

[159] 2011年5月1日修正施行的團體協約法第20條第2項已將之修正為：「團體協約關係人違
反團體協約中不屬於第12條第1項第1款之約定時，除團體協約另有約定者外，適用民
法之規定。」

[160] 理論上，團體協約既然是一私法的契約，雙方當事人自然可以合意終止團體協約的效
力。至於在普通終止及特別終止方面，則由於新團體協約法第26條以下已有存續期間
的規定，而且第31條已將特別終止的事由加以限縮在「經濟情形的重大變更」，因
此，當事人的單方終止權限應已被排除。

[161] 不過，任何一方當事人均可以向他方提出合意終止團體協約效力之建議，這並沒有違
反和平義務。

[162] 理論上，工會與雇主所訂定之契約，也不一定都是團體協約，完全依其意思而定。在
其雙方合意簽訂一般的契約或集體合同時，應該即無和平義務之產生。

果當事人（團結體）的成員自行其是採取爭議手段，則和平義務的目的將
會落空。也因此，為了確保和平義務被遵守，團體協約當事團體對於其所
屬成員，乃有使其不為鬥爭或遵守其他約定之義務，此稱為「影響義務」
（Einwirkungspflicht）。一旦其成員不顧團結體的約束，團結體即可依
據其社團法（Verbandsrecht）上的權利加以制裁，必要時，甚至可將之除
名。

　　在外國實務上，雇主為了使和平義務落實，通常也給付非工會會員同
樣的工資，因為假使廠場中存在兩種不同的工資，即會不斷地發生紛爭。
就非工會會員而言，其可以參與罷工；同樣地，雇主也可以對之進行鎖
廠，只是雇主不能選擇性的鎖廠而已（只選擇工會會員或非工會會員）。
因此，雇主主動地調整非會員之工資及其他勞動條件，不僅有團體協商政
策上的考量，也有確保和平義務發揮功效的思考。就此觀之，新團體協約
法第13條所定雇主非有正當理由，不得對非會員調整勞動條件之規定，顯
然未慮及和平義務所可能受到的不利影響。如果再納入非會員須支付一定
費用給工會，始能享受團體協約之約定，可以預見職場氣氛的不佳、進而
影響和平義務的履行。

　　在團體協約當事人違反和平義務進行爭議行為時，在團體法上係違
反團體協約之義務，他方當事人可以請求履行，不履行時，即可請求損害
賠償。在此，一方當事人的對手是他方當事人，故其不可請求當事人的成
員履行協約義務。所以，並不是雇主直接要求工會的會員遵守不破壞團體
協約之義務或對之請求損害賠償。在聯盟的團體協約時，工會聯盟也不可
以代替它的成員，直接要求個別雇主對其成員履行協約義務或請求損害賠
償。[163]

　　但是，在個別法上，則違反和平義務之行為，不僅構成了勞動契約
之違反，而且也有可能構成侵權行為。先就契約責任來說，一個違反和平
義務之行為，通常即已構成違反民法第482條僱傭契約所規定之義務。從

---

[163] Hanau/Adomeit, Arbeitsrecht, 13. Aufl., 2005, Rn. 256.

雇主的角度，如其係以鎖廠的方式阻止勞工入廠工作，則其必須負民法第487條受領遲延之責任。從勞工的角度，如其係不接受工會的約束，自行違反和平義務重啟爭端，[164]則其應負無法提供勞務之債務不履行之責任（民法第226條第1項）。較有問題的是，工會會員聽從工會的指揮命令重新進行爭議行為時，是否即可謂其違反和平義務而應負責？對此，除非違反和平義務之行為重大明顯時，始可課會員之責任。否則，一般而言，工會會員殆可相信工會之所言及所為應屬合法，其應無可歸責性可言，故不應令其負責。如此一來，即應由工會單獨負擔違反和平義務之責任。

就侵權責任來說，涉及民法第184條第1項規定之「權利」，是否包括營業權在內？[165]對此，本人以為應持肯定說。蓋憲法第15條之財產權，解釋上也包括營業權在內。營業權也是所有權之特殊形式表現，具有法律保護的地位。因此，一旦工會及／或其會員違反和平義務時，即有構成侵權行為之可能性。與上述違約責任不同的是，工會會員在聽從工會指示進行爭議行為時，不應僅以工會帶領作為免責之依據，而是應該受到合法性或社會相當性的檢驗。

如前所述，在團體協約已屆期滿後的延後效力期間，原團體協約當事人已不再負有維持和平之義務。所謂「不得採用一切的鬥爭手段」（台灣舊團體協約法第20條第1項規定）（新團體協約法第23條第1項規定，則是使用中性的用語「為爭議行為」），並非當然具有拘束力。只不過，此一和平義務只是一個相對的和平義務（relative Friedenspflicht）而已；亦即只針對團體協約之內容發生效力，並不及於可能成為團體協約的其他內容。例如協約當事人只針對工資加以約定，則工會嗣後再要求雇主必須提

---

[164] 參照新團體協約法第23條第2項規定。

[165] 此處之營業權，等同於德國民法第823條第1項之設立及經營事業之權利。德國自Nipperdey以來，即認為「設立及經營事業之權利」屬於德國民法第823條第1項之「其他權利（sonstiges Recht）」的內涵之一。請參閱楊通軒，爭議行為合法性之判斷基準——最高法院84年度台上字第1074號民事判決評釋，法學叢刊第43卷第2期，1998年4月，頁67。

供一個人性化的工作環境，即不為和平義務所限制。不過，假使其已在協商過程中加以討論，並且明確地不納入團體協約中，則嗣後當然即受到相對和平義務的拘束。在此，係以功能性的關聯為準，而非以形式上的文字規定為準。

最後，在團體協約債法效力的約定上，雙方當事人可以將和平義務擴大之。例如約定工會在團體協約延後效力期間，不可以進行警告性罷工；或者，約定不得進行任何爭議行為（所謂絕對的和平義務）；甚且，雙方當事人可以約定勞資爭議之解決，只以調解或仲裁的方式為之，工會及雇主不以爭議行為的方式迫使他方屈服（所謂不罷工條款）。

相反地，和平義務既是団體協約發揮功能的必要條件，雙方當事人即不可以約定抛棄或限縮其效力。

3.實施義務

再就實施義務而言。由於團體協約的本質是私法契約，契約當事人本有依約履行之義務，如未能履約時，即應負債務不履行的損害賠償之責。針對此一損害賠償之請求，主要係涉及以下兩個問題：一是，誰是損害賠償請求權人？二是，損害賠償之內容為何？

在損害賠償請求權人方面，由於團體協約當事人為工會與雇主，或工會聯盟與雇主聯盟，因此，基於他方未能履約之損害賠償請求權人，首先應是指當事團體而言；亦即在公司團體協約時，是工會或雇主，而在聯盟團體協約時，則是工會聯盟或雇主聯盟。[166]只不過，針對勞動條件的部分，團體協約具有補充或取代個別勞動契約之效力，其約定的效力將會及於團結體之成員，因此，乃產生如下之問題：團結體之成員（工會會員、

---

[166] 在此，一般仍須經過法院訴訟的途徑，才可以獲得實現。值得注意的是，依據舊勞資爭議處理法第37條之規定，「勞資爭議經調解成立或仲裁者，當事人之一方不履行其義務時，他方當事人得向該管法院聲請裁定強制執行……。」此處經過調解或仲裁所達成之合意，包括團體協約之情形（第35條第2項規定觀之）。因此，於雇主自始或嗣後不願履行團體協約之條件時，工會即可聲請法院裁定強制執行。對此，2011年5月1日修正施行的勞資爭議處理法第59條第1項亦有相同之規定，只不過將其更明確為「依其內容當事人一方負私法上給付之義務，……。」

雇主聯盟之雇主）是否亦得依據團體協約向他方當事人（雇主、工會）請求損害賠償？在此，應該依據民法第269條利益第三人契約之法理，承認成員個人擁有之請求權，且其係以其個人之名義請求，而非以「團體名義」請求。所以，新團體協約法第24條之規定，「……無論其為團體或個人為本團體之會員或他團體之會員，均得以團體之名義，請求損害賠償。」規定上似乎有誤，至少應將其作限縮解釋；亦即只在團體協約之規定並未涉及成員之個人利益，而只是單純地規範團結體之利益時，[167]而團結體又不行使其請求權時，始有團員以團體名義請求損害賠償之餘地。此處所行使者係團結體的權利，而非會員本身原已具有之權利。

　　其次，就損害賠償之內容來看，由於團體協約規範了團體協約當事人及其成（會）員之權利義務，因此，一方當事人不履約時，不僅對於他方當事人要負責，對於他方當事人之成員（團體協約關係人）亦應負責，而且其所負的損害賠償責任係各自獨立、分別計算。在團結體的部分，應以他方當事人之不履行團體協約所實際造成之損害，作為求償數額。而在個別會員部分，由於團體協約在勞動條件上的補充效力及取代效力，對於不能履約之他方當事人，可以團體協約所約定之勞動條件，作為請求債務不履行的損害賠償對象。

　　另外一提的是，一般均認為新團體協約法第23條係和平義務之規定，而吾人如觀條文之內容，第1項及第2項之規定確實也是如此。但是，第3項及第4項之規定，卻是在規範團體協約不履行之損害賠償問題，似乎與實施義務更為密切。如將其移置到第24條作為第1項及第2項規定，似乎更為妥切。而且，如果只有團結體單純地不履約，並不會違反和平義務。因此，應將第23條第3項之不履行團體協約所約定之義務，限縮在其以「爭議行為」妨害團體協約之存在之行為。[168]理論上，此種妨害和平義務之爭議行為，並不會影響團體協約之存在或效力，發動爭議行為之人當然應該負損害賠償責任。

---

[167] 陳繼盛，我國團體協約法制之研究，行政院勞工委員會委託研究，1991年6月，頁12。
[168] 例如工會再次發動罷工，要求雇主調整勞動條件。

第六章　勞資爭議之內涵

 案例 1

(1)乙工會在與甲雇主團體協商未有成果後，呼籲全體勞工放下手邊的工作。大部分的勞工均未先預告終止契約即停止提供勞務，雇主可否以該等勞工「堅決地拒絕提供勞務」而予以立即解僱？(2)再者，針對未參加罷工的勞工，雇主可否拒絕僱用及拒絕給付工資？(3)又，假使乙工會在伴隨著團體協商進行中，同時進行一兩個小時的警告性罷工，甲可否向法院聲請裁定假處分或定暫時狀態處分以暫時禁止之？(4)承上(3)，如果乙工會會員丙因為參加警告性罷工而被甲解僱。針對該（丙所認為之）非法解僱，丙可否聲請定暫時狀態處分？(5)另外，假使爭議期間勞工占據廠場，並將工廠材料、產品或設備置於自己實力支配之下，雇主可否聲請假處分，命勞工交出該等物品？

 案例 2

在勞資爭議進行中，僅有八分之一的勞工參加乙工會領導的罷工。甲雇主可否為如下之行為？(1)將其他八分之七想進廠工作的勞工統統鎖廠在外（此處反面的問題是，雇主可否一方面（部分）鎖廠，另一方面又（部分或全部）繼續營運？）；(2)將非工會會員排除在鎖廠的對象之外或雖然對之鎖廠，但發給與原來工資差不多的補助或津貼？

 案例 3

甲團體協約領域發生勞資爭議，致使乙團體協約領域中的丙工廠無法銷售其產品。因此，丙只好停止生產，隨之拒絕給付工資給勞工。有理否？又，丙工廠的勞工可否向主管機關申請失業給付？

案例 4

　　甲公司共僱用了50名勞工，公司中早已成立乙工會。有一年，所有的勞工向甲提出如下的訴求：我們不要求以團體協約規定加薪5％，而是在個別的勞動契約中加薪5％。雇主拒絕所有勞工的要求，所有勞工乃向雇主預告自特定日期（2008年5月1日）起終止契約。問：(1)所有勞工終止契約之行為是否為罷工？(2)又，如果所有勞工係以同時休特別休假或例假的方式放下工作，結果是否不同？休假的日數長短及假別（例如特別休假、國定假日、病假、事假等）是否會影響其法律性質及合法性的判斷（此或可稱為「軟性的罷工」）？

案例 5

　　甲銀行具有公營行庫色彩，政府持股35％，為配合落實民營化政策，擬再逐步釋股給社會大眾，並且計畫幾年後與其他銀行合併。甲銀行中早已成立乙工會，並且依據國營事業管理法規定選出3席勞工董事。問：(1)乙工會是否有權與甲銀行協商釋股案或合併案？(2)在甲拒絕上述要求後，乙可否以反對釋股或合併為名進行罷工？(3)乙之罷工性質上是否為政治罷工？(4)乙工會在風聞甲擬推動合併案之際，即已先作成罷工決議，並以甲進行合併即發動罷工。合法嗎？(5)乙工會除作成罷工決議外，並且授權理事會俟時發動罷工（所謂的「無預警罷工」），合法嗎？(6)乙早已加入銀行員工會全國聯合會（丙），在乙罷工期間，丙的會員丁工會呼應乙的訴求，也對於其雇主戊銀行罷工（所謂「同情性罷工」），合法嗎？

第一節　概說（爭議行為合法之理由）

　　勞工權利之保障，原係指對其生存權及工作權之確保而言，亦即勞工

「具有尊嚴之人之生存」及「合乎人的條件之工作環境」而言，此謂之勞工實質之基本權。與此相對的，團結權、協商權及爭議權三者，係為實現生存權及工作權實質內容所必需之勞工力量的保障，故有集體的基本權之稱。對此集體之基本權，學者多有稱之為勞動三權者。[1]根據中華民國憲法第154條規定，「勞資雙方應本協調合作原則，發展生產事業。勞資糾紛之調解與仲裁，以法律定之。」早期憲法學者有依此規定，而認為勞資雙方不得進行爭議行為者。然而，第154條規定畢竟只是基本國策的規定而已，相較於憲法第22條或第14條規定，勞動三權仍然應以後者的規定為準，否則，將形成勞資爭議處理法中爭議行為的規定，牴觸憲法第154條規定的不合憲現象。況且，在勞動三權被認為有基本權效力的時代，憲法第154條規定也必須重新加以詮釋，採取與憲法第22條或第14條規定一致性的規範精神。

勞動三權之團結權、協商權及爭議權，具有密切相互關聯之關係，作為確保勞工生存之手段而受保障。因之，勞動三權係為確保所有勞工生存之基本手段，其本身並非目的。關於團結權、協商權及爭議權，團結權係最根源之基本權，而協商權對於其他兩者則具有目的與手段之關係。團結權既為根源之權利，則無勞工團結之前提，協商權與爭議權均無法實現。原在資本主義法秩序之下，勞工生存之確保應通過勞動契約之實現，團結與團體行動係於團體交涉中實現勞資之對等，或為導出有利團體交涉之手段，團結與團體行動本身並非目的，而「為爭議而爭議」法律上亦無任何意義。

憲法保障勞動三權之立場，並非採取資本主義之自由主義之見解，故對於依據團體交涉無法解決之事項，勞工對於雇主之爭議權不受保障，況且勞動三權亦不得作為階級鬥爭之手段而受保障。依此意義，勞動三權以團體交涉作為主軸而立於密接之相互關聯之關係，實際上具有與憲法中之財產權相互均衡之地位；亦即基於勞動三權能夠導出限制財產權之根據，

---

[1] 陳繼盛，建立勞工法規完整體系之研究，1982年，頁26。

至於勞動三權保障之界限，應以：基於勞資間團體交涉無法解決之事項，勞工對於雇主之爭議權亦不受保障為準。

　　勞動三權既具有相互密切之關聯，且係為確保勞工生存之基本權，故僅承認特定職業之勞工之團結權而否認其協商權，其真正意義之團結權亦不被承認。然而基於爭議權行使影響社會之利益甚大，故雖承認特定職業勞工之團結權，並非當然即承認其爭議權。[2]惟觀於勞動三權之保障具有前述相互之關聯，且爭議權之行使係保證團體交涉之有利措施，原則上亦係不可或缺之基本手段，故勞動三權原則上應作為一體保障勞工，憲法依此旨趣亦應作此保障之解釋。[3]惟針對特定的勞工，例外仍得對其爭議權、協商權予以限制或排除，此即為吾人前面所提的「割裂處理說」。

　　總之，由保障團結權之目的觀之，實際上亦須一併保障協商權及爭議權。蓋組織工會之主要目的係在於締結團體協約，所以必須賦予工會進行團體協商之權利，又為確保協商之能進行且終能達成一定的協議，必須賦予工會必要時有進行爭議之實力，以免雇主任意拒絕協商。所謂：無罷工權保障之協商，對勞動者而言，實無異乎「集體行乞」。[4]反面言之，從雇主的角度出之，一旦其爭議的地位受到勞工爭議行為的影響而傾斜，必須依賴鎖廠回復平衡時，其當能行使鎖廠的爭議手段，不宜剝奪其鎖廠權。雖然如此，台灣在過去相當長的期間，罷工、鎖廠及其他附屬的爭議行為均極為少見，每年每位雇主因為罷工所損失的工作天數，也幾近於

---

[2]　台灣司法院大法官會議釋字第373號對於教育事業技工、工友組織工會部分，基於憲法第14條結社權之保障而肯定之。「惟基於教育事業技工、工友之工作性質，就其勞動權利之行使有無加以限制之必要，應由立法機關檢討修正。」由此觀之，教育事業技工、工友雖有團結權，但協商權及爭議權卻不一定享有，問題是：如果連協商權都未享有，那麼藉由組織工會所欲形成之集體的壓力，必定大大減低。吾人觀2011年5月1日修正施行之團體協約法第10條第2項第3款規定，工友（含技工、駕駛）與政府機關（構）、學校之團體協約，應經行政院人事行政局核可。表示其可經由團體協商向對手施加壓力。

[3]　有關公共部門爭議行為之限制，請參閱彭常榮，勞動者爭議行為合法性研究──以醫師罷工為中心，中原財經法律研究所碩士論文，2004年6月，頁77以下。

[4]　BAGE 33, 140 (151); 48, 195 (201); Gamillscheg, Arbeitsrecht II, Nr. 320 (1) mwN.

零，甚至無法與勞工請病假或事假的日數相比。這使得罷工或爭議行為只具有廣告（招攬會員）及震懾（社會大眾）的效果，而當初舊工會法第26條及2011年5月1日勞資爭議處理法第53條以下之罷工規定之爭議，只淪為「立法上或法理上的爭議」，而不是實務上罷工多寡及其合法性或正當性認定之爭議。罷工或鎖廠只存在於紙上談兵而已（依據2014年Hans-Böckler Stiftung的統計，在2005年到2013年間，以下國家平均每年每千位勞工因罷工而損失的工作日數為：法國150天、加拿大117天、丹麥106天、芬蘭84天、比利時73天、挪威59天、德國16天。德國的罷工日數居末）。

　　有關爭議行為法的基本原則有哪些？其內容如何？在德國主要是建立在三個聯邦勞工法院的判決中，分別是1955年1月28日、[5]1971年4月21日，[6]以及1980年6月10日[7]的判決。其中，1955年的判決首度創造了國家中立等幾個重要原則，在結論上令人驚歎（Ergebniszauberei），1971年的判決則是典型的法官法，聯邦勞工法院的法官自居於立法者代理人（Ersatzgesetzgeber）的角色與功能。至於1980年的判決則又是回到基本法第9條規定而作成。除此之外，聯邦憲法法院在1991年6月21日的判決，對於爭議行為的基本原則亦多所闡釋，值得注意。本文在上面相關章節中，已有對於爭議行為的基本原則加以論述，以下再補充說明之。不過，在進行下面說明之前，本文以為有必要先就聯邦勞工法院1955年判決的內容加以介紹如下。

　　緣德國聯邦勞工法院（BAG）大法庭（Groß Senat）於1955年1月28日判決中指出：[8]「對於社會當事人之勞資爭議，國家的行為應保持中立。基於承認勞資爭議、國家中立原則以及基本法第3條之平等原則，國家，亦即其立法、行政及司法，被禁止不得對社會當事人雙方之爭議手段給予不同的對待。在此適用武器平等原則及爭議對等原則。在社會相當

5　BAG AP Nr. 1 zu Art. 9 GG Arbeitskampf.

6　BAG AP Nr. 43 zu Art. 9 GG Arbeitskampf.

7　BAG AP Nr. 64, 65 zu Art. 9 GG Arbeitskampf.

8　BAG AP Nr. 1 zu Art. 9 GG Arbeitskampf.

性之範圍內，亦適用爭議自由原則，較精準而言，是爭議手段選擇之自由。」經由本判決，勞資爭議遂不再如威瑪共和國以個別法加以評價，而是統一以集體法予以評價。其重要性在於：解僱法制的被排除適用。而且在爭議對等之下，鎖廠被廣泛地承認其效力。此一判決可謂是德國戰後對於團體協約自治重要原則，首次以法官造法的方式加以闡釋，其後經由學者及實務界繼續研究、探討，除了一些原則經過修正或揚棄外，諸如國家中立原則、爭議對等原則已成為今日該國的集體勞動法最重要的原理原則，甚至連台灣的集體勞工法亦承受該等原理原則。

第二節　勞資爭議與團體協約自治

勞資爭議係團體協約自治不可分割的組成部分。設使無此一勞資爭議所形成之壓力，則鑑於國家必須保持中立，雇主將可以隨意拒絕團體協約，而從每一團體協約之效果脫身。因此必須有一對於爭議行為合法性之補充的規定。然而，並非每一個國家均已制定有勞資爭議法。例如以德國而言，至今為止，並無一規定詳盡的法典；一部可作為團體協約法對比的勞資爭議法，仍未存在。聯盟的力量，主要是工會以其逾1,000萬的會員及為數甚眾的國會議員，阻止了勞資爭議法的通過。雖然如此，該國的學術界及實務界的人士，均無異議地認為團體協約自治係被基本法第9條第3項所保障。而為了使團體協約自治不至於變成不可想像，因此勞資爭議也必須受到憲法保障。基此，罷工如係為迫使締結一團體協約，即是被允許的。由於只有工會具有團體協約能力，故也只有工會所發動之罷工係合法的（新勞資爭議處理法第54條第1項規定參照）。另外，依據一般之原則，罷工必須是有必要性及符合比例原則（verhältnismäßig）。雖然如此，由其所導出之最後手段原則（ultima-ratio-Grundsatz），並非意謂團體協商之一造不得自行決定協商的失敗。團體協約及勞資爭議最終取代了勞動契約。因此必須對於一個一般的個別法的契約的開始條件──亦即一典型的協商的均勢（Verhandlungsgleichgewicht），至少在締結團

體協約時，給予保障〔協商對等及爭議平等（Verhandlungs-und Kampf-paritat）〕。由此一方面可得出禁止進行同情性罷工，他方面有限度的允許防禦性的閉廠（Abwehraussperrung）。關於其細節部分，可由聯邦勞工法院（BAG）——以及聯邦憲法法院（BVerfG）偶爾也會補充的——具體的判決得出。

第三節　爭議行為中的各種風險

　　勞動鬥爭僅是作為團結體有效進行團體協商的一部分而受到保障；也是僅在此功能的範圍內，才能使勞動鬥爭所侵害的第三人的利益，尤其是具有契約權利的或間接受到侵害的雇主與勞工，或者社會大眾的損害的問題，受到正當化。因此，原則上爭議行為必須具有團體協約相關性（新勞資爭議處理法第5條第3款規定）。所以說，以爭議行為貫徹權利事項的訴求、政治罷工、示威罷工及公務員罷工等，均屬非法之罷工。[9]此種將合法罷工限於與訂定團體協約有關者為限，也與爭議風險理論有所關聯。

一、爭議行為當事人所面臨之風險

(一)工作位置風險（Arbeitsplatzrisiko）

　　在進行爭議行為中，勞工是否帶有喪失工作位置的風險？對此，原則上應該是否定的。因為，在爭議行為中，只是勞動契約的主要義務被暫時中止而已。倒是在實務中，有可能發生雇主僱用罷工替代勞力〔罷工破壞者（Streikbrecher）〕，而將罷工的勞工予以解僱的情形。不過，原則上雇主不得以此為解僱理由，就算雇主僱用替代人力後勞工人數過多，也不可以合理化的理由解僱正職的勞工。如果雇主想要以合理化為理由，那也必須要在爭議行為之前的一段期間進行。[10]

---

[9]　Birk/Konzen/Löwisch/Raiser/Seiter, Gezetz zur Regelung kollektiver Arbeitskonflikte - Entwurf und Begründung-, 1988, 32 f.

[10]　請參閱新勞資爭議處理法第8條規定。

(二)薪資風險（Lohnrisiko）

在爭議行為當中，參加爭議行為（尤其是罷工）的勞工，基於「未工作、無工資理論」（no work, no Pay; Ohne Arbeit, kein Lohn）的原則，勞工將會喪失工資請求權。在這種情況下，只能由工會所籌集的罷工基金中，給予參加罷工的工會會員一定額度的罷工補助（Streikunterstüzung）。[11]至於其占原來工資的多少比例，完全視其所募集的罷工基金而定。在德國的實務上，多有達到60%或70%者，如此才能使參加罷工的工會會員長期地與雇主鬥爭，也不會發生家庭的紛爭。

除了工會本身由會費及另外募集的金錢所組成的罷工基金外，由各種不同業別的工會所共同出資組成的團結基金（Solidaritätsfonds），也可以提供給發生勞資爭議的工會使用（還有上級工會的補助及其他工會的捐贈）。同樣地，各種不同的雇主聯盟也有類似的團結基金。當然，不可諱言的是，各工會間的團結與各雇主間的團結仍然有所不同。因為，各雇主間畢竟仍是明顯的或潛在的競爭者，在一般的情況下，雇主間會彼此想要把對方擠出市場之外。

(三)經營風險

就雇主角度來看，會直接面臨生產的停頓，因此遭到盈餘的損失。雇主必須繼續支出經常性的費用（laufende Kosten），也有市場占有率受到瓜分的風險。也因此，對於團體協約領域內的所支出的經常性費用，由各雇主聯盟共同籌集的團結基金可以予以補助。

(四)薪資額度

在罷工與鎖廠等爭議手段的互相激盪下，1970年代德國勞工的薪資額度呈現不斷上升的局面。之後，雖然較為穩定，但大趨勢仍然是溫和向上。經濟學者倒是不擔心薪資額度很快地會達到100%的上漲，這是因為團體協約當事人仍然會依據經濟成長數據，作為其主張的基準，不致於淪為漫天喊價的情況。

---

[11] 至於參加罷工的非會員，則並無罷工補助請求權，蓋其並未繳交會費也。

二、爭議風險理論（Arbeitskampfrisiko）

　　雇主對於為接受勞工所提供之勞務、所應該事先準備之空間、物質及機器等，原則上應該自行負擔風險。一旦雇主無法準備好上述材料或設備，以致於無法受領勞務，其仍應負擔工資的風險。此一原則也與受領遲延的思想相符（台民第487條、德民第615條），此一理論，稱為企業風險理論（Betriebsrisikolehre）。[12]蓋雇主既因組織企業，藉之經營而獲有利潤，則當企業發生技術上之原因而導致勞工無法提供勞務時，例如電力中斷、天災、缺少原料、不可歸責於雇主之火災等，其不利益應歸由雇主承擔[13]。此一理論係由法院的判決逐漸形成。緣勞工之給付不能（無法提供勞務），雖不可歸責於勞工或雇主，但如依民法第266條之規定[14]，勞工亦將喪失其報酬請求權。此一結果，無疑係將風險轉由勞工負擔，其不合理之處顯而易見。民法上「未工作，無工資理論」的理論，於勞工法上必須加以修正。基於企業風險理論，即可以較為適當地將風險歸由雇主承擔[15]。

---

[12] 企業風險理論係涉及勞務在技術上的履行可能性，與其不同的是經濟風險理論（Wirtschaftsrisiko），後者專指所生產的物品有無在市場銷售的可能。

[13] Brox/Rüthers/Henssler, Arbeitsrecht, 16. neu bearbeitete Aufl., 2004, Rn. 397 ff.; Schaub, Arbeitsrechts-Handbuch, 13. Aufl., 2007, 1022 ff.

[14] 民法第266條第1項規定，因不可歸責於雙方當事人之事由，致一方之給付全部不能者，他方免為對待給付之義務，如僅一部不能者，應按其比例減少對待給付。

[15] 令人遺憾的是，台灣勞工主管機關行政院勞工委員會至今並未採取企業風險理論，而仍然是以民法第266條作為處理不可歸責於勞工或雇主之給付不能，此從以下諸號解釋即可得知。行政院勞工委員會80年6月27日台(80)勞動二字第15716號函：勞工赴事業單位工作，因台電公司停電致雇主宣布停工休息，該日停工因不可歸責於勞資雙方，故工資如何發給，可由勞資雙方協商。行政院勞工委員會83年5月11日台(83)勞動二字第35290號函：一、事業單位停工期間之工資如何發給，應視停工原因依具體個案認定之：(一)停工原因如係可歸責於雇主，停工期間之工資應由雇主照給。「另停工原因如屬雇主經營之風險者，為可歸責於雇主之事由。」……(三)停工原因不可歸責於勞雇任何一方者，勞工不必補服勞務，雇主亦不必發給工資。但勞雇雙方如另有約定者，從其約定。二、準此，歸責於雇主之停工，工資自不得低於基本工資。……不可歸責於勞雇任何一方之停工，勞工不必補服勞務，雇主亦可不發給工資，但勞雇雙方另有約定者，從其

　　依據企業風險理論，勞工固然仍有工資請求權。不過，在德國工資風險的發展上，1923年2月6日德國帝國法院（Reichsgericht）卻創設了一項例外；亦即只要雇主係因為受到同一企業（Unternehmen）或其他企業所發生勞資爭議的遠距影響（Fernwirkungen），以致於無法再僱用勞工時，即可拒絕給付工資。[16]此一理論，學者間有稱之為「領域理論」（Sphärentheorie）者，也有稱之為「團結原則」（Prinzip der Solidarität）者，[17]以示所有的勞工均應共同承受風險。不可諱言的，此一理論係植基於一個簡單又基本的法律原則：「誰享受了美酒，也必須連帶忍受其不好的後果」（Jemand, der den guten Tropfen genießt, auch den schlechten in Kauf nehmen muß）[18]，具有相當程度階級責任理論（Klassen-Haftungstheorie）的色彩。[19]面對著目前錯綜複雜的經濟關係與勞動關係，似乎不應該全盤被接受，而是可以作必要的調整或者作更細緻的理論推演。學者間

約定，不受基本工作之限制。行政院勞工委員會80年7月12日台(80)勞動二字第17564號函：事業單位勞工於天然災害發生時（後）之出勤管理及工資給付事宜，依左列原則處理：一、……。二、天然災害發生時（後），勞工如確因災害而未出勤，雇主不得視為曠工，或強迫以事假處理，惟亦可不發給工作；勞工如到工時，是否加給工資，可由雇主斟酌情形辦理。

值得一提的是，上述行政院勞工委員會83年5月11日台(83)勞動二字第35290號函：一、……(一)停工原因如係可歸責於雇主，停工期間之工資應由雇主照給。「另停工原因如屬雇主經營之風險者，為可歸責於雇主之事由。」……是否隱含著勞工主管機關已注意到民法第266條之不當之處，而漸有採取企業風險理論的用意在內？如是，則是吾人所樂觀其成者。惟此仍有待繼續加以觀察。倒是，隨著家庭照顧假給薪問題的燃燒，中央勞工主管機關全面檢討勞工請假規則各種假別及日數的時機已然來到。也就是說，一些自外於勞基法規定的、基於傳統而來的、且多有在恩惠性給予勞工的假別（例如婚假、甚至喪假），是否仍然有存在的堅強理由？是否允宜加以檢討修正？並非沒有空間。畢竟，在先進國家是否也有這些獨立成項的保障規定？實在令人懷疑。

[16] RG 106, 272 ff.

[17] Allgemein dazu Gamillscheg, FS für Fechner, 1973, 135.

[18] Löwisch, Das Gesetz zur Sicherung der Neutralität der Bundesanstalt für Arbeit in Arbeitskämpfen, NZA 1986, 345 (346).

[19] 此一思想由來已久：Corpus iuris liber sextus V 13, 55 "Qui sentit onus sentire debet commodum et e contra."。

因而以爭議風險理論取代領域理論。[20]

　　依據爭議風險理論，肇因於爭議行為而來之無法提供勞務〔給付障礙（Leistungsstörung）〕，原則上應該由勞工負擔僱用的風險（Beschäftigungsrisiko）及薪資的風險。這也符合民法第225條規定之原旨。[21]因此，在不可歸責於當事人任何一方之事由時，勞工的無法提供勞務，即會喪失對待給付的請求權。德國聯邦勞工法院在參考並接受部分學者的見解後，原則上也從對等原則導出同樣的結論。[22]只不過，既然是與對等原則有關，就不應在讓勞工負擔工資風險時失去了對等，也因此，有一些族群的勞工是否應該負擔勞資爭議時工資的損失，即必須依據個案審查。

　　針對爭議中的雇主是否應該對其上、下游廠商負擔損害賠償責任，爭議風險理論也扮演著決定性的作用。假設甲雇主為汽車零件製造廠，乙雇主為車輛製造廠，丙雇主為汽車經銷商，丁則為購買汽車的顧客。在乙雇主中的勞工罷工時，甲所生產的汽車零件如果無法再運入乙，即乙無能力依照原來的交貨日期受領材料。連帶地，乙如果無法依約將製造好的車輛交給丙販賣。這樣環環相扣的現象，均是今日廠場及企業間彼此分工及緊密連結關係的普遍現象。這當然也使得勞工及工會選擇特定的廠場或企業罷工，以發揮爭議最大效果的機會大增。

　　對於上述爭議行為所引起的法律效果，首先可以回到民法上的給付不能解決：如果乙具有歸責可能性時，甲及丙均可對之請求（如工資數額的）損害賠償，尤其是甲及丙的勞工對之請求（在沒有原料、半成品或成品時之）繼續給付工資。不過，經過漫長的演變後，民法的求償途徑已被阻絕了，因為依據通說，只要是參加合法的爭議行為，即無歸責可能性可言。集體勞工法的理論會掩蓋住（überlagert）債法的理論與規定，並

---

[20] Birk/Konzen/Löwisch/Raiser/Seiter, a.a.O., 86 ff. 整個爭議風險理論的發展過程，詳請參閱 Lieb, Arbeitsrecht, 4. Aufl., 195 f.

[21] 德國民法第323條規定參照。

[22] BAGE 34, 331 = AP Nr. 70 zu Art. 9 GG Arbeitskampf.Auch BAG AP Nr. 71 zu Art. 9 GG Arbeitskampf.

且排除契約上的制裁（損害賠償）；[23]亦即集體勞工法具有優先適用的效力。蓋不這麼推演，罷工中或鎖廠中的廠場或企業（例如本案的乙），其所承擔的爭議壓力將難以估量，其將也無能力度過爭議時期。所謂的爭議對等也將淪為空談。也因此該廠場或企業毋庸對於買受人或（原料、半成品或成品）運送人，或甚至最後買受人（顧客）負擔任何損害賠償義務。[24]對於買受人、運送人、顧客或甚至雇主本身所可能產生的損害，其或許只能經由參加商業保險（罷工險或鎖廠險）的方式彌補之。只不過，在協商能力及爭議能力（幾近）對等的當事人間，爭議風險理論的運作固無問題。但是，如果雙方力量懸殊，而雇主可以主導爭議期間的長短及結束時，則任由雇主單方無限期地拖延勞資爭議的解決，造成第三人超出合理忍受範圍的損害，則其是否仍然符合社會通念或社會相當性？似乎也值得思考。這也與以下的問題有關，亦即在罷工或鎖廠違法時，發動及參與罷工或鎖廠的人，除了對相對人之外、還須要對於買受人、運送人、顧客的所有損害，負擔賠償責任。這裡要附帶一言的是，假設罷工是非法的，則受害人（買受人、運送人、顧客）的求償對象究竟是工會及參與的勞工？或者是發生罷工的事業單位（雇主）？對此，雖然造成損害的始作俑者是工會及進行罷工者，但是，從外表上看，債務不履行者或侵權行為者，畢竟是事業單位（雇主）的受僱人（民法第224條、第188條），而雇主本應負同一之責任或連帶負責。在雇主賠償損害後，再向工會及參加罷工者請求償還費用。這樣的求償順序，也隱含著雇主最終可能無法獲得清償的風險，也代表著雇主一定程度要負擔發生爭議的成本及責任。（惟，即使罷工或爭議行為是非法的，也不意味所有因之而來的延伸損害均可求償。例如因為麵包廠工會罷工，使得顧客只得轉而購買其他米食製品食

---

[23] Lieb, Arbeitsrecht, 6. Aufl., 1997, Rn. 665 ff. Vgl. auch Löwisch, AcP 174 (1974), 202 ff.如前所述，目前合法罷工的法律性質被視為不可抗力。

[24] Lieb, a.a.O., Rn. 669：其實也應該認真思考罷工的或鎖廠的勞工也有免除（自己）契約責任的機會，例如勞工因爭議行為而損失全部的或部分的工資，以致於無法依約繳交（向第三人購買物品的）分期付款的債務。

用，以至於因而發生上吐下瀉的情況，其並不得求償損害賠償；或者由於
火車（司機員）工會的罷工，使得顧客轉而租賃車輛前往目的地，途中因
多花時間導致遲到或因發生車禍而致人身的傷亡及財產的損失，其並不得
向火車公司或火車工會求償。這樣的現象，表示爭議行為會帶來其他的不
利後果及社會成本。）

三、爭議風險理論下之各種勞工族群

在爭議風險下所要處理之勞工族群，包括是在同一的或不同的團體協
約領域中的其他企業中所發生的爭議、爭議的型態是全部罷工、部分罷工
（Teilstreik）或重點罷工（Schwerstreik），也不區分工作的損失是起因
於罷工或鎖廠。甚至，也不區分爭議是合法的或非法的，只要爭議行為與
工作損失具有原因的關聯性即可。這一切，都是在維持正在進行爭議的團
體協約領域的對等。

(一)在爭議企業中無法工作之勞工

一般均認為未參與爭議行為者，如因同一廠場的其他勞工爭議或同
一企業的其他廠場的勞工爭議，以致於其無法工作時，必須承擔工資的損
失。在這裡，雇主必須直接承受爭議行為所帶來的各種成本。如果說雇主
還要負擔無法再僱用勞工工作的工資成本，對於其爭議的對等將會造成莫
大的不利（本章案例一(2)）。

(二)因同一團體協約領域中其他企業爭議而無法工作之勞工

雇主無須支付工資的情況，也包括起因於與雇主屬於同一行業的及
地域的適用領域的其他企業，其正為簽訂一新的團體協約進行爭議，而間
接導致雇主的勞工無法工作者。此種由間接受到波及的勞工承擔工資的損
失，也符合對等原則。這是因為無論是爭議的或間接受到波及的勞工或雇
主，由於屬於相同的工會聯盟及雇主聯盟，具有密切的關聯。

(三)未加入雇主聯盟之雇主受到勞資爭議波及，以致於其所屬勞工無
法工作者

在此，此未加入雇主聯盟之第三雇主（Außenseiter-Arbeitgeber）亦不

需要給付工資給其勞工。蓋如果將已加入的雇主及未加入的雇主作不同的對待，並不符合事理之平（sachwidrig）。

(四)在爭取公司的團體協約時之工作損失

這是指甲企業的工會正以爭議行為迫使甲與之訂立公司的團體協約，但此一爭議行為卻間接地波及乙企業，致使乙企業的勞工無法工作。在此，乙企業仍然必須繼續負擔爭議行為遠距效果所致的一般費用，如果還需要承擔工資費用，恐將危及對等原則。[25]

(五)同屬於爭議中團體協約行業的適用範圍，但卻在地域的適用範圍外之間接受到爭議波及的勞工

這是以行業別（紡織業、石化業）為訂定團體協約對象所可能發生者。例如，假設嘉義縣與雲林縣境內的紡織業的勞工與雇主已分別成立工會及雇主聯盟，並且加入中華民國紡織業總工會及中華民國紡織業雇主聯盟。全國級的總工會與雇主聯盟已經簽訂有團體協約。某年，全國級的總工會與雇主聯盟協商新的團體協約未果，乃由嘉義縣的紡織工會率先對其雇主進行罷工，而此一爭議行為卻造成雲林縣的紡織業的雇主生產障礙，勞工也無法繼續工作。此一工資的損失，仍應由間接受到波及的勞工自行承擔，[26]此種處理方式，也是基於對等的考量。[27]

(六)在爭議中團體協約行業的及地域的適用範圍外，間接受到爭議波及的勞工

有問題的是，如果間接受到波及的雇主，其不屬於爭議中團體協約的

---

[25] 在台灣，新工會法第6條第1項第1款是採取企業工會，因此，如是為簽訂廠場的團體協約（甲），以致於其他的廠場（乙）間接受到波及，其他廠場的勞工亦將喪失工資請求權。

[26] 至於間接受到爭議波及的勞工可否向社會保險機構申請失業保險或失業給付？此一問題，在德國可參閱德國聯邦憲法法院的判決，BVerfG v. 4.7.1995, JZ 1995, 1170 f. = BVerfGE 92, 365(397 ff.)。另請參閱楊通軒，國家中立原則在勞資爭議中之運用，頁87以下。

[27] 對於直接或間接受到爭議行為影響以致喪失工資的勞工，正確的救助方式，應該是由工會從其罷工基金中，挪出一部分發給勞工以作為爭議行為補償（Arbeitskampfunterstützung）。

行業的及地域的適用範圍，其是否仍須向未能工作的勞工支付工資（本章案例三）？對此，乍視之下，似乎會讓人覺得要將此種爭議風險歸給間接受到波及的勞工，範圍會有點過廣而不當。不過，無論從民法第225條或爭議風險理論，似乎也沒有理由要雇主負擔工資。因此，或許在個案審查中，如果勞工喪失工資請求權會導致勞資雙方不對等時，可以例外給予工資。[28]另外一個可以思考的處理方式是：修正就業服務法第11條第3項的規定，將此種情況納入失業給付的對象。

(七)在關係企業中的工作損失

如果爭議的企業與間接受到波及的企業同屬於一個關係企業，則勞工未能工作的工資損失，仍依上述幾種情況處理，並無特殊之處。只不過，區分的標準是以其是否屬於同一的行業的及地域的團體協約為準。如果是完全相同的，則依2、3、4的類別處理；如果只有行業相同、地域不同或者兩者皆不同，則依5、6的類別處理。值得注意的是，不少的關係企業係跨國的或國際的企業，對此，必須依照各國有關爭議風險分攤的規定處理。[29]

第四節　爭議對等原則

一、國家中立原則與對等原則

基於團體協約自治，社會自治當事人必須自行協商勞動條件與經濟條件。然而當其中之一造實質上喪失對等地位時，則強弱立判，他方即不會有誠意地與其進行協商，如此，則團體協約制度的功能即無法發揮。只有

---

[28] 此種間接受到波及的勞工固然喪失了工資請求權，不過，在德國卻是以社會給付作為其工資的替代，此規定原來的就業促進法（Arbeitsförderungsgesetz, AFG）第116條，目前則改規定於社會法典（Sozialgesetzbuch）第三部第146條。

[29] Birk/Konzen/Löwisch/Raiser/Seiter, a.a.O., 91. 詳細論述，請參閱楊通軒，歐洲聯盟勞資爭議行為法制之研究-兼論德國法制之因應，政大法學評論，第100期，2007年12月，頁215以下。

在團體協約當事人間有一大約相當的力量對等（ein ungefähres Kräftegleichgewicht）時，團體協約自治功能才能顯現。基此，在團體協商程序的有效運作以及社會制度的確保與合理性的確保受到威脅或喪失時，國家即須採取積極的作為。此即為德國聯邦憲法法院所言之「為了對遭受侵害的對等重新予以回復，立法者對於爭議行為範圍條件得加以修正」。[30]國家中立原則與對等原則的關係可以說是：當勞資雙方的團結體關於利益的抗爭能夠力量平等地面對面時，其自由的協商程序或爭議行為即具有優先性；只要協商程序或爭議行為因缺少對等而受到不利影響時，國家即可以且必須基於社會福利國家所賦以之規範的任務，而加以介入。[31]

作為團體協約制度的要素，對等原則是勞資爭議法中最高的原則且受到憲法的保障。依據對等原則，爭議行為的機制必須設計成使得雙方當事人盡可能有一平等的協商機會，法律規範不可以將勞資爭議法制定成使得一方自始且典型的即具有協商的優勢。[32]

「對等」這個概念卻是須加以補充的。由團結自由基本權之保障，並無法即可得知判斷團體協約當事人力量相等的具體的標準。[33]德國聯邦勞動法院係以相對人在談判團體協約時協商力量的影響力及其如何受到爭

---

[30] BVerfG v. 4.7.1995, JZ 1995, 1169. = BVerfGE 92, 365 (394).

[31] Scholz/Konzen, Die Ausserrung im System von Arbeitsverfassung und kollektivem Arbeitsrecht，184；蔡維音，罷工行為規範之憲法基礎探討，台灣大學法律研究所碩士論文，1992年6月，頁138；黃程貫，前揭書，頁172以下：稱此為「對等力量模式」（Gleichgewichtsmodell）理論，但認為此一理論實際上造成國家大力介入之可能性以及此一理論並未能全面周延地說明同盟之社會自治任務，因此不採之。

[32] Seiter, Die Rechtsprechung des Bundesvefassungsgerichts zu Art. 9 Abs. 3 GG, AOER109 (1984), 87 (129 f.); Seiter, Streikrecht und Aussperrungsrecht, 156 ff.; Kressel, Neutralität des Staates im Arbeitskampf, NZA 1995, 1122.

[33] 黃程貫，勞動法，頁175：所謂「對等」概念過於不確定，故必然帶有極高之恣意性（例如，在德國勞動法中，究竟何謂「對等」，即有三種不同的說法：(1)形式對等說、(2)實質對等、(3)整體對等說等等），可見在判斷社會當事人間力量關係時，事實上並無一具有普遍共識之標準，因而必定流於主觀。

議手段的影響而定。[34]雖然如此，為了其具體化及較進一步的規定，「對等」仍是需要內容上的固定點（Fixpunkte）及標準的。單從對等的要求可區分成爭議對等與協商對等，即可說明此一論證。協商對等是涉及社會自治當事人在協商層面的關係。[35]惟其力量及協商的結果，卻同時受到爭議行為的力量的左右。因此爭議對等影響了協商的情勢及為協商的力量平衡創設了一重要的前提條件。[36]

在德國聯邦憲法法院1991年6月21日判決中止的、防禦性的鎖廠（suspendierende Abwehraussperrung）合憲之前，[37]學者間常爭論：對等是否經由罷工與鎖廠所創造？或者對等是否不僅經由罷工創造而已？其中，有認為對等是由罷工創造而來，卻又被鎖廠破壞而復歸於無。不過，這只是一種主張而已，卻沒有提出理由。而且，此種主張顯然並不為聯邦憲法法院所採納。

依據聯邦憲法法院1995年7月4日的判決，[38]「就業促進法第116條第3項第1句是與基本法相一致的。設如因此一規定的後果而出現結構上的力量不對等，而造成無法力量均衡地協商勞動條件與經濟條件以及此種狀況並無法由司法判決予以回復時，立法者即必須採取措施來維護團體協約自治。再者，只要團結自由基本權係以對立的利益主體間的關係做為對象，即須經過法律制度的規範。立法者在此有一寬廣的行動空間。在判斷團體協約當事人間之對等是否受到侵害及一項規定對於權力關係會產生何種影響時，立法者有一評價的特權。[39]」因此，立法者如係基於公共福祉之理由或係為對於遭受侵害的對等重新予以回復時，得不受妨礙地對於爭議行

---

[34] BAG AP Nr. 64 zu Art. 9 GG Arbeitskampf.

[35] Rüthers, in : Brox/Rüthers, Rdnr. 166; Seiter, Die neue Aussperrungsrechtsprechung des Bundesarbeitsgerichts, RdA 1981, 65 (72).

[36] BVerfGE 84, 212 (229); Konzen, Der Sympathiestreik bei inkongruenter Tarifzuständigkeit der Tarifparteien, DB 1990, Beil. 6, 1 (8).

[37] BAG AP Nr. 117 zu Art. 9 GG Arbeitskampf.

[38] BVerfG v. 4.7.1995, JZ 1995, 1169. = BVerfGE 92, 365 ff.

[39] BVerfG v. 4.7.1995, JZ 1995, 1169. = BVerfGE 92, 365 (366).

為範圍條件加以修正。只不過對於不是基於結構上，而是基於團結體內部弱勢所致之不對等，立法者並無義務予以回復。立法者無須為體質弱的團體創設在團體協商時，貫徹其主張之能力。

二、對等的標準

(一)形式對等說（formeller Paritätsbegriff）

依據形式對等的觀念，爭議當事人雙方形式上擁有相同的爭議手段，且其相同亦顯現在其法律效果上。[40]在這一點上，罷工與鎖廠係相同的及同質的爭議手段。爭議平等在這一意義上，是指武器平等及法律的平等（rechtliche Gleichheit）。[41]聯邦勞動法院大法庭1955年1月28日判決[42]即是以此理由（「國家基於國家中立原則及基本法第三條之平等原則，被禁止不得對社會當事人雙方之爭議手段給予不同的對待」）將帝國法院（RG）[43]及帝國勞動法院（RAG）[44]的見解延續下去，在勞資爭議法因此適用「武器平等原則、爭議對等原則」。武器平等的對等觀念，係作為對於相同條件修正的進一步演進，據之，勞動契約法及侵權行為法乃允許雙方當事人之爭議行為。[45]

吾人如將對等的觀念型塑成形式的對等，即表示係以形式的、對稱的（formalsymmetrisch）形成爭議手段，卻不考慮這些手段的行使，會對團體協約當事人在協商的層次產生何種影響。[46]這亦是對於形式的對等說最主要批評之所在。雖然協商的力量對等是對等的目標，但形式的對等說卻超脫爭議手段的實際影響力來觀察，並未將爭議情況中實際上的力量關係

---

[40] Vgl. dazu Hueck/Nipperdey, II/2, 928 f.; Rüthers, in: Brox/Rüthers, Rdnr. 167; Seiter, Streikrecht und Aussperrungsrecht, 161.

[41] Scholz, in: Maunz/Dürig, Art. 9, Rdnr. 291; Scholz/Konzen, a.a.O., 69.

[42] BAG AP Nr. 1 zu Art. 9 GG Arbeitskampf, Bl. 8 R.

[43] RGZ 54, 255 (258 f.).

[44] RAG ARS 2, 122 (125 f.).

[45] Konzen, Aussperrungsquoten und Druckgewerbe, AfP 1984, 1 (1); Scholz/Konzen, a.a.O., 175.

[46] Seiter, RdA 1981, 65 (72); Scholz, in: Maunz/Dürig, Art. 9, Rdnr. 291.

及——更具決定性的是——團體協約自治的運作可能性一般地作為觀察的基礎。[47]因此，今日形式的對等說已不再被引用，即如德國聯邦勞動法院亦早已不採之。德國聯邦勞動法院大法庭於1971年4月21日的判決中，[48]將形式的爭議對等的對等觀念揚棄轉而採取「實質的爭議對等」，該院的第一法庭於1980年判決中，[49]再度對實質的爭議對等予以確認。

(二)規範對等說

規範對等說一般被認為只是形式的對等說的一個種類。[50]依據規範的對等說理論，社會當事人之對等，並不表示雇主一方與勞動者一方必須一般的或在具體情況下同樣的強勢，而是他們被司法視為（規範為）力量對等。[51]在建立團結自由基本權時，同時地，即會與立法上對於團結體的力量對等的價值判斷發生關聯。[52]

正確的，應是如聯邦勞動法院反對此說採取之見解：協商所需要之力量對等，既無法形式的虛擬出，亦無法規範地加以指示；必須至少大略上能夠確定有一實際的力量對等。正如同形式的對等說，此處亦不以實際的情況及團體協約當事人的力量關係做為觀察的出發點。而吾人所需要的，卻正是一實質的對等觀察。[53]

(三)實質的對等說

團體協約當事人實際上的力量對等或機會平等，必須係建立在一實質

[47] Konzen, Der Arbeitskampf im Verfassungs-und Privatrechtssystem, AcP 177 (1977), 473 (525); Rüthers, in: Brox/Rüthers, Rdnr. 168.

[48] BAG AP Nr. 43 zu Art. 9 GG Arbeitskampf, Bl. 7 R.

[49] BAG AP. Nr. 64 zu Art. 9 GG Arbeitskampf, Bl. 8 R. ff.

[50] MünchArbR/Otto, §275 Rdnr. 59; Scholz, in: Maunz/Dürig, Art. 9 Rdnr. 291; Scholz/Konzen, a.a.O., 175.

[51] Mayer-Maly, Aussperrung und Parität, DB 1979, 95 (98); vgl. Richardie, Die Verhältnismäßigkeit von Streik und Aussperrung, NJW 1978, 2057 (2061).

[52] Mayer-Maly, DB.1979, 95 (98).

[53] BVerfGE 84, 212 (230); BAG AP Nr. 64 zu Art. 9 GG Arbeitskampf, Bl. 9.

的對等觀念之上。[54]能夠決定是否存在協商的力量對等以及因此所致之一個對於團體協約的正確機會（Richtigkeitschance）的，不是武器的（法律的）平等，而是其在爭議情形時的影響力。[55]因此，爭議對等原則必須確保團體協約當事人「盡可能相同的協商機會」，任何一方均不得擁有一優勢的力量，以致於他方當事人不再有相同的協商機會。[56]

一個如此意義下之實質的協商的對等，必須要將做為其確定的各種因素及做為其細部化基礎的觀點，予以具體化。

1.全部的對等或團體協約相關的對等

為了確定實質的對等，是否需要將所有在社會經濟的思想方式下可以想像涵蓋進來的因素，尤其是全部經濟的數據，以及全部社會的生產的及分配的條件，完完全全地加以考慮？德國的工會曾經強烈的主張此種論調，以顯示出雇主具有優勢的力量且因此而無須擁有鎖廠權，然而此種主張卻為聯邦勞動法院所駁回。[57]

一個在團結自由基本權所包含之集體的勞資爭議制度及調解制度（Ausgleichsordnung），並無法將全部政治上可能的不平等予以弭平及將市場經濟的法律予以廢止。[58]一個在雇主團結體與勞動者團結體間全面性的力量對等，先撇開它是否果真能達到及得否經由法律制度保障的問題不談，它並不是團結自由基本權的目標構想。[59]將所有必要的數據都涵蓋進

---

[54] Scholz, in: Maunz/Duerig, Art. 9, Rdnr. 291; Scholz/Konzen, a.a.O., 73, 175.

[55] Konzen AcP 177 (1977), 473 (525 f.); ders., Die besondere Entscheidung: Parität, Übermass-verbot und Aussperrungsquoten, Jura 1981, 585 (585).

[56] BVerfGE 84, 212 (230); BAG AP Nr. 43 zu Art. 9 GG Arbeitskampf, Bl. 7 R.; BAG AP Nr. 64 zu Art. 9 GG Arbeitskampf, Bl. 9; BAG AP Nr. 70 zu Art. 9 GG Arbeitskampf, Bl. 5; Birk/Konzen/Löwisch/Raiser/Seiter, Gesetz zur Regelung kollektiver Arbeitskonflikte-Entwurf und Begründung-, 17 f.; Seiter, Streikrecht und Außperrungsrecht, 170.

[57] BAG AP Nr. 64 zu Art. 9 GG Arbeitskampf, Bl. 9 R.; BAG AP Nr. 84 zu Art. 9 GG Arbeits-kampf, Bl. 3 R.; Zöllner, Aussperrung und arbeitsrechtliche Parität, 31.

[58] Konzen, AfP 1984, 1(4); Scholz/Konzen, 87; Zöllner, a.a.O., 31.

[59] BAG AP Nr. 64 zu Art. 9 GG Arbeitskampf, Bl. 9 R.; vgl. auch Rüthers, Kampfparität und Sol-idaritätsminimum bei Arbeitskämpfen im öffentlichen Dienst, AuR 1987, 37 (48); Seiter, RdA

來，對於立法者及司法界來講，都是一超出其能力之要求。

因此，應是從一個「團體協約相關的對等」做為出發點。[60]為了確定協商的力量對等，所考慮之因素只能置於其適宜對意思形成及在團體協商時的準備妥協，加以影響者。[61]這樣的評價，係將雙方當事人為訂定團體協約時之機會與風險，由於其在協商的情形及爭議的情形具有絕對的重要性，做為具有決定性的因素而包括進來。

2.抽象或具體的對等

對於團體協約相關的對等，吾人如以團體協約爭議的實際情況做為基礎，即須對於協商的力量對等做具體的確定；亦即在每一個發生的勞資爭議，均對於不同的因素加以考量。[62]

然而，正確的作法是：對於爭議對等的要求，以一個抽象的、實質的意義加以理解。為了維持協商對等所必要的爭議手段，並不是在每一單一的勞資爭議時，個別地加以確定。一個控制，可能經由立法者或實際活動的法官為之，均是與團體協約本質的自治相牴觸的。自治只是一為建構原則上允許的爭議手段的指導原則。[63]基此，爭議手段是在一般的及抽象的所表述之規則以及因此在一類型化思考始能加以理解的標準裡。[64]這裡並非涉及一具體的對等，而是一抽象的———一般的對等。[65]

(四)小結

對等的概念，本質上具有不確定性，其具體的標準為何，更是眾說

1981, 65 (74).

[60] BAG AP Nr. 64 zu Art. 9 GG Arbeitskampf, Bl. 9 R.; BAG AP Nr. 84 zu Art. 9 GG Arbeitskampf, Bl. 3 R.

[61] Konzen, DB 1990, Beil. 6, 1(8); Rüthers, in: Brox/Rüthers, Rdnr. 168.

[62] Für eine konkrete Paritätsbetrachtung vor allem Wolf, ZfA 1971, 151 (153).

[63] Birk/Konzen/Löwisch/Raiser/Seiter, a.a.O., 17 f.; Konzen, AcP 177 (1977); Löwisch/Rieble, Rdnr. 49.

[64] BAG AP Nr. 64 zu Art. 9 GG Arbeitskampf, Bl. 9 R.; BAG AP Nr. 86 zu Art. 9 GG Arbeitskampf, Bl. 5.

[65] Konzen, AcP 177 (1977), 473 (527); Scholz/Konzen, a.a.O., 177 f.

紛紜，為解決此一被聯邦勞動法院喻為「勞資爭議法最高原則之對等原則」，德國學界及實務界因此乃發展出不同的學說。及至今日，形式的對等說、規範的對等說及全部的對等說，或因其不考慮爭議手段的實際影響力，或因其試圖將所有可以想像的因素考慮進來而不可得，因此已不為學界及實務界所採。綜括起來，抽象的實質的對等以一般的標準來考量對等，顯然較諸於具體的實質的對等在每一個案才具體考量是否兩造確實對等，更具有客觀性、公平性及實用性，自屬較為可採。

果係如此，則在考量爭議行為所引起之遠距效果時，對於在其他團體協約區域遭受工資損失的勞工，即不宜完全否定其失業給付或失業保險金請求權（德國聯邦社會法典第三部第146條）；亦即，以德國為例，雖然聯邦勞工法院係完全以鎖廠決議為準而不考慮間接受到爭議波及的勞動者。[66]那些判決卻是涉及舊的就業促進法第116條的爭議行為，而且聯邦勞工法院認為在非爭議的區域，通常應給付短時工作津貼。它的考慮點，防禦性的鎖廠不得對於勞工的爭議力量造成不合比例的不利影響，亦得以在適用新的規定下，引伸出對於這樣的爭議措施的間接效果予以有效限制的結論（本章案例二(1)）。附帶一言，聯邦社會法院（BSG）至今尚未有機會來審理就業促進法第116條第3項是否適用於受到鎖廠的遠距效果而未能被僱用者。雖然按照爭議中條文的用語，並不區分罷工與鎖廠的間接的後果，但在解釋上做這樣的區分，是不能排除的。為了維護團體協約自治的運作能力，做這樣的區分亦是適當的，否則將可能出現雇主在爭議中擁有結構上的優勢力量。[67]

---

[66] Vgl. BAG AP Nr. 64 und 84 zu Art. 9 GG Arbeitskampf.

[67] BVerfG v. 4.7.1995, JZ 1995, 1171 f. = BVerfGE 92, 365 (401 f.).

第五節　爭議行為之限制

一、核心部分理論

假使團結自由基本權受到憲法的保障（憲法保障說），而非只是受到法律保障而已（法律保障說），那麼，憲法第22條或第14條或第15條所給予個人或團結體之團結自由基本權之保障，也並非係一個在內容上毫不受限制或不得加以限制的行動空間，相反地，憲法只提供一最小限度的保障〔核心部分〕而已。因此，立法者應將團結自由基本權的適用範圍，包括團結體的權限，予以具體地規範。在此，必須適當地調和憲法上所保障的其他的基本權或法益，例如雇主的財產權。

屬於此核心部分者，最典型的，是保障工會與雇主間之團結協約（商）自治，以便其能自行地協商工資及其他勞動條件，並且訂定團體協約。另外，工會之其他行動的保障也在其中，尤其是各種合法的爭議行為及手段。

二、禁止過度原則（比例原則）

爭議行為必須受到禁止過度（Übermaßverbot）原則之限制。此一原則，係導因於憲法上的比例原則而來。緣爭議行為不僅會侵害相對人之權利，也會損害到第三人及社會大眾的利益。爭議行為係國家司法獨占的一個例外，雖其造成相對人及不相干的第三人損害，卻原則上為法律所容許。從核心部分理論可以得知：只要是絕對必要的爭議手段，即會優先於為爭議行為所害之第三人的權益而受到保障。從現行的勞資爭議處理法觀之，立法者亦是肯定爭議行為的一方當事人，可以用爭議的手段侵害他方（及不相干之第三人──至少某種程度）的權利。惟立法者在允許對於憲法所保障之地位或權利侵害時，必須受到憲法上禁止過度之限制；亦即不僅國家的行政機關對於私人權利的干預，必須受到禁止過度原則之拘束，在立法者允許私人（含私法人）侵害他人之權利時，亦同樣地受到此一原則之限制。

依據憲法上的禁止過度原則，對於憲法所保障之權利或法律地位

的侵害，即使是基於法律的規定去實現一項目的，也必須符合適當的
（geeignet）、必要的，以及狹義的相當性；亦即為達到目的是合度的
（angemessen），或稱「比例性的」（proportional）。[68]在此一標準之
下，在勞資爭議法上，必須注意到立法者擁有一個法律形成空間，而非僅
是將憲法所直接保障之核心部分領域具體化而已。判斷一項爭議行為是否
符合必要性的標準，並非以憲法上所保障之核心部分為限。即使立法者規
定了不同種類的爭議手段，也未逸出禁止過度原則的界限。惟當事人在進
行爭議行為時，必須能夠預測何種爭議手段是合法的。也因此，爭議手段
之是否必要，並非視具體的個案而定，而是必須予以「類型化」。一項必
要的爭議行為，係指從抽象的觀點視之，絕對不能被棄而不顧的行為。至
於對於具體爭議措施能夠加以何種限制，則可以依據一般的法律原則而
定。[69]

(一)個別爭議形式的必要性

　　個別爭議行為的形式（例如罷工與鎖廠）及其實施的方式，應該受到
必要性的檢驗。設如為達到一定目的之強制罷工（Erzwingungsstreik）與
防禦性的鎖廠為憲法所保障，則罷工的形式及鎖廠的形式只能在最小的限
度下，侵害爭議的相關當事人的權利；亦即其不能違反禁止過度原則（本
章案例二(1)）。因此，警告性罷工及干擾策略（Nadelstichtaktik），只要
其不違反對等原則，即無違反禁止過度之疑慮（本章案例一(3)）。同樣
地，如果能夠遵守最後手段原則（das ultima ratio-Prinzip），亦無違反禁
止過度之疑慮，罷工及鎖廠所產生之「暫時中止勞動關係之效力」，亦是
符合必要性的。非爭議當事人參與（Außenseiterbeteiligung）罷工與鎖廠
之合法性，亦必須依據類型化的必要性的標準予以檢驗，因此，在某種情
況下，一個同情性罷工或一個同情性鎖廠或一個杯葛，有可能是合法的行
為。

---

[68] Seiter, Arbeitskampfparität und Übermaßverbot, 1979, 51 ff.

[69] Seiter, Streikrecht und Aussperrungsrecht, 150 ff.

(二)必要性與最後手段原則

只有在具體的個案中，當事人之一方只能經由爭議行為，始能獲得團體協約的締結時，該爭議措施始具有必要性。因此，用盡各種協商管道（所謂最後手段原則）原則上是屬於憲法所要求之禁止過度的內涵。畢竟，就如孫子兵法謀攻篇中所言的「上兵伐謀，其次發交，其次發兵，其下攻城」。工會如能以計謀即勝過／瓦解雇主的策略（必要時引用非會員或廠場外第三人的智慧），那是最屬上乘。其次是在協商中勝過雇主，也是勝之不武。而最下者，當屬與雇主罷工及爭議（正是交戰！）以定其勝負。同理者，謀攻篇所言「百戰百勝，非善之善者也，不戰而屈人之兵，善之善者也。」不問勞雇之任何一方，如能如此，自是最佳。而也是在最後手段原則之下，只要是經過訴訟可以實現的權利（權利事項的爭議），即不得以爭議行為的方式追求之。在台灣，權利事項的爭議「得」以裁決程序處理之（勞資爭議處理法第6條第1項），亦是此一原則的具體表現（畢竟，爭議行為／尤其是罷工，就類如孫子兵法計篇中所謂的「兵者，國之大事，死生之地，存亡之道，不可不察也」。爭議行為豈可小看之。更重要的是「夫未戰而廟算者，多算多也」「多算勝，少算不勝」）。雖然如此，禁止過度原則並未強加立法者對於協商的時期，要進行一定形式的規範。尤其是立法者可以將協商時期與爭議時期的區隔，儘量留給團體協商當事人自由為之。因此，當團體協商當事人之一方單方地宣布協商失敗時，並未牴觸禁止過度。在此，對於因為團體協商失敗及進行爭議行為而權利受到侵害的相關當事人，團體協約自治具有優先性。對於罷工決議是否應由工會成員以無記名的投票（Urabstimmumng）（台灣新勞資爭議處理法第54條第1項規定），憲法並未加以規定。

如上所述，依據最後手段原則，形式上（formalisiert）必須宣布協商失敗，才能進行爭議行為。將此種最後手段原則形式化，也可以避免「假最後手段原則之名，行團體協約自治控制之實」的情況出現。至於一旦進行罷工，其時間延續多久，原則上不會違反比例原則，只是，台灣的罷工本質上並非持久戰，故如孫子兵法作戰篇所言「兵貴勝，不貴久」、「其用戰也，貴勝，久則鈍兵，挫銳」。而是否有違最後手段原則，其最大的

爭議是在警告性罷工的進行。對此，德國聯邦勞工法院起初認為此種伴隨著談判的罷工（verhandlungsbegleitender Streik）係違法的舉動，但之後卻轉而承認此種示警罷工（Demonstrationsstreik）的合法性，[70]認為其不受到最後手段原則的拘束。德國金屬工會也認為警告性罷工合法，並且稱之為「新的運動」（Neue Beweglichkeit）。[71]

直到1988年6月21日的判決，聯邦勞工法院才廢棄其之前的判決，[72]並且認為警告性罷工並非一具有特權的爭議型態。警告性罷工所形成之壓力，並無法與壓力罷工作明顯的區隔，所以也應該遵守爭議行為的原理原則。基於最後手段原則，必須在當事人協商無成、在形式上宣布協商失敗後，才能合法地進行爭議措施。警告性罷工也必須遵守最後手段原則（本章案例一(3)）。[73]

有問題的是，當團體協商當事人正在協商時，工會或勞工卻呼籲發動罷工行動，是否可以解釋為默示地（konkludent）宣告協商失敗？即使工會的協商代表並不知道該罷工行動，是否做同樣解釋？或即使雙方的協商代表約定下週一繼續協商，但卻在本週五已有罷工行動出現，也做同樣解釋？對此，該伴隨著協商的罷工，均不應該解釋為默示地宣告協商失敗。協商失敗必須明白地宣布始為有效，民法上的默示的意思表示於此並不適用。

(三)禁止過度與相當性

一項原本合法的爭議措施，於其所可能造成之損害與追求的目的不成比例時，即屬於不具有相當性。立法者不得立法承認一未具有相當性之爭議手段的合法性；同樣地，爭議行為的任何一方當事人，也不可以採取不具相當性的爭議措施。由「禁止不具有相當性」（Verbot der Verhältnismäßigkeit）之爭議措施的負面用語觀之，在內容上，在此是涉及一

---

[70] BAG AP Nr. 51 zu Art. 9 GG Arbeitskampf.

[71] BAG AP Nr. 84 zu Art. 9 GG Arbeitskampf.

[72] BAG AP Nr. 108 zu Art. 9 GG Arbeitskampf.

[73] Konzen, Europäische Sozialcharta und ultima ratio Prinzip, JZ 1986, 157 ff.

個「過當之控制」（Exzeßkontrolle）。所以說，罷工必須受到過當控制的拘束，而此並不涉及團體協商（約）（Tarifzensur）審查的問題。同樣地，雖然德國聯邦憲法法院在1991年6月21日的判決已承認中止的、防禦性的鎖廠合憲，並且依據聯邦憲法法院法（Bundesverfassungs/gerichtsgesetz）第31條之規定具有拘束力，但是，鎖廠行為也必須遵守禁止過當之限制（本章案例二(1)）。[74]這表示防禦性鎖廠固為法所不禁，但是，在爭議對等或機會均等的觀點下，卻會受到比例原則的限制。依據德國論者所見，被鎖廠的勞工，頂多只能占一個團體協約領域中，所有參與罷工及被鎖廠員工的50%（Ulrich Zachert, Arbeitskampf in Europa – eine Bewertung aus Sicht des deutschen Arbeitsrechts, NZA Beil. 2/2006, 62）。依本書所見，由於集體勞動關係環境的不佳（包括工會團體的結構與力量、參與者與受波及者的價值觀、以及集體勞動法律架構的完善度等），雇主行使鎖廠行為所含蓋員工的人數，應該要較德國的標準更低（例如30%），始為合理。

　　具體的相當性的界限，尤其是在禁止爭議行為的一方當事人，以毀滅相對人或以對其生存造成威脅為目的，而發動罷工或鎖廠行為。

三、公正要求

(一)內涵

　　爭議措施與爭議目的間必須符合比例性原則。依據德國聯邦勞工法院大法庭（Großer Senat）之見解，爭議措施不得超出於為追求爭議目的之外而實施。過度禁止原則不僅涉及時期與目的，亦涉及實施之形式與爭議行為之強度。爭議行為唯有依據勞資爭議之公平原則而實施，始為合法。爭議行為不得以毀滅對造為目的，而是應於爭議結束之後，立即回復受破

---

[74] 德國印刷及紙業工會（IG Druck und Papier）1978年只有6個廠的2,300位勞工參加罷工，卻換來聯邦印刷聯盟（Bundesverband Druck）的全國性鎖廠，此應已違反比例原則。此也促使聯邦勞工法院建立了「額度規則」（Quotenregelung），以限制資方鎖廠的最多人數。

壞之勞資和諧。[75]基於爭議行為不得以毀滅對造為目的之要求，因此，在爭議期間，勞工負有義務提供維持性的勞務（Erhaltungsarbeiten）及緊急性的勞務（Notstandsarbeiten）。[76]

有關爭議行為必須公正實行之要求，實係源自Nipperdey以社會相當性理論，判斷爭議行為是否違反德國民法第826條之善良風俗條款，並且，融入禁止權利濫用及誠信原則之思想。[77]基於此一公正進行爭議行為原則的要求，爭議當事人遂不可以採行不正爭議手段（unlauteres Kampf-mittel）。這不僅適用於主要的爭議行為（罷工、鎖廠），也適用於伴隨罷工或「附屬的爭議措施」（sekundäre Kampfmaßnahmen）。[78]

至於公正爭議行為之要求，則是表現在實施爭議的種類、方式、時間、場所與強度上。以具體的爭議行為為例，爭議當事人之一方在進行爭議行為時，應將爭議目的於發動爭議行為之前通知對造，以便對造決定是否接受。[79]又，行政院勞工委員會早在1989年即已解釋：「間歇性罷工」有可能違反誠信原則及禁止權利濫用原則。[80]另外，罷工勞工為干擾人員

---

[75] Kalb, Arbeitskampfrecht, inHZA,Gruppe 18, 1994, Rn. 1137.

[76] 彭常榮，勞動者爭議行為合法性研究——以醫師罷工為中心，中原財經法律研究所碩士論文，2004年6月，頁98：「公正行為之要求」，要求於勞資爭議平息後能重建和諧之工作關係，並有恢復工作之可能性。

[77] 彭常榮，前揭書，頁61以下。依據新勞資爭議處理法第55條第1項規定，爭議行為應依誠實信用及權利不得濫用原則為之。

[78] Kalb, a.a.O., Rn. 1143.

[79] 楊通軒，爭議行為合法性之判斷基準，法學叢刊第170期，頁73。

[80] 行政院勞工委員會78年12月16日台 (78) 勞資三字第29111號函。這比較近於中國春秋時宋襄公與楚人泓水之戰，宋襄公堅持「不重傷、不禽二毛、不鼓不成列」的貴族與紳士之戰。同樣地，戰國時趙國陳餘與漢將軍韓信張耳在井陘之戰，也堅持正義之師。而不是孫子兵法計篇裡所講的「兵者，詭道也。」「奇正之變，不可勝窮。」如依孫武之意，則從工會的角度言，理應多運用非典型的罷工（間歇性罷工、警告性罷工等），甚至要多以不相干的第三人（不參加罷工的人、社會大眾）做為損害的對象矣。其相去真不可以道里計！惟中國宋朝名士呂祖謙則是譏誚宋襄公之所為，認為宋襄公誠不足及縱敵致敗，此可見其所為之「用兵」、「宋公楚人戰於泓」二文，收錄於「東萊博議」一書中。

與貨物、材料進出所採行的附屬的積極爭議行為，不得不合理地阻礙人員或物資的進出。一旦已達到完全阻絕人貨進出的圍堵或封鎖廠場或企業的地步時，即已違反公正的要求。對於違法的糾察線，也可將之歸屬於不正爭議手段；亦即罷工的勞工雖可設立糾察線以阻止想要進廠工作的勞工，[81]但必須謹守「在合法的界限內」（in den gebotenen Grenzen）。逾越界限的糾察線，即會履於刑法的構成要件。罷工權並不能令當事人免於公然侮辱罪及傷害罪（Tätlichkeit）的追訴。合法的糾察線，僅止於以好言相勸（gütliches Übereden）及呼籲團結一致的方式，影響想要入廠工作者之意願。雖然想要工作者應該忍受穿過罷工糾察線的不便與不舒服，但是，罷工者所設立的「破壞罷工者的小徑」（Streikbrechergasse），已使得穿過的人的人性尊嚴受到斲傷時，即已不合比例原則了。

(二)維持性勞務及緊急性勞務

如前所述，基於公正原則的要求，罷工的勞工在爭議期間應繼續提供維持性的勞務及緊急性的勞務。此一維持性的勞務，係要求爭議當事人雙方應維護工作場所必要之安全、衛生，以避免造成危害生命安全、身體健康或發生公共安全之威脅（新勞資爭議處理法第56條規定）；[82]也希望有助於爭議結束後，雙方和諧勞資關係的重建及工作的迅速恢復。例如，在一個有高爐的工廠（Hochofenbetrieb）中，如果由於勞工拒絕提供緊急性的勞務，以致於高爐爆炸，此一罷工行為即屬違反善良風俗（台灣民法第184條第1項但書）。[83]拒絕提供維持性勞務者，必須負損害賠償責任。

此種維持性勞務的必要性，因此是建立在：爭議行為不是以毀滅對手

---

[81] BAG v. 20.12.1963 AP Nr. 34 zu Art. 9 GG Arbeitskampr = EzA Art. 9 GG Arbeitskampf.

[82] 請參照行政院勞工委員會2006年10月勞資爭議處理法修正草案第49條本文及立法說明。令人遺憾的是，修正草案中並未有緊急性勞務的規定，使得與勞資爭議不相干的第三人及社會大眾可能在勞動鬥爭中蒙受極大的損害，也就是公共利益或公共福祉被棄而不顧。惟此種疑慮，隨著2011年5月1日修正施行的勞資爭議處理法第54條第3項規定之「必要服務條款」之設計，而不再存在。蓋必要服務條款即是緊急性勞務的設計。

[83] OLG Hamm v. 4. 3. 1925, JW 1925, 1886.從罷工的勞工對於雇主所負的義務來看，此一維持高爐運作之「緊急性勞務」（Notdienstarbeiten），實係指維持性勞務也。

為目的，而是希望將所破壞的廠場和平重新回復。[84]畢竟，如果壓力手段之不利益如此巨大，以致於造成對手經濟的毀滅或廠場技術上的毀滅時，將難免於兩敗俱傷的後（苦）果。因此，爭議措施如適宜「完全地或幾乎完全地」埋葬對手經濟上的生存時，即已符合台灣民法第184條第1項但書「故意以背於善良風俗之方法，加損害於他人者」的構成要件。[85]從另一方面來看，如果由罷工的勞工來提供維持性的勞務，也可以免去雇主找尋替代勞力所可能對其造成不利的疑慮。又，即使在雇主行使鎖廠權時，勞方並未免除繼續提供維持性勞務的義務，否則，雇主將可使用罷工替代勞力完成該必要維持的工作。

再就實際情況來講。一般而言，個別廠場或企業的爭議，其目的是在毀滅企業的生存者，實際上並不多見，這是因為勞工的工作位置也會隨之消失。反之，如果是在工會聯盟與雇主聯盟所進行的爭議行為，則是有可能在爭議行為之際，造成一些廠場或企業的瓦解或毀滅，[86]這是必須注意的。因此，在台灣因為都是個別廠場或企業的罷工，所以，應該不存在一開始即以毀滅雇主為目的者。只不過，爭議行為的進行蘊含著一定程度的不可預測性及風險性，其不自主地達到毀滅雇主的程度，仍然是有可能構成。對此，如果能夠由工會與雇主事先在團體協約中約定維持性勞務的提供，將可以相當程度地減低此一風險。此種禁止一開始或爭議進行中質變為以毀滅對方為目的的要求，實際上係奠基在留給對方一個機會，也等於留給自己一個往後繼續合作生產機會的想法上。蓋「亡國不可以復存，死者不可以復生」（孫子兵法火攻篇）。無論是勞方或資方，切莫將對方逼人死路，否則將同臨萬劫不復之境。對此，古代已經有很多警語，諸如「窮鼠吃貓」（太平紀），「窮鼠吃貍」（鹽鐵論），「圍師必闕，窮寇勿追」（孫子兵法九變篇），「刀橫直前，投鼠無他顧之意；寇窮安往，急兔起反嗜之心」（蒲松齡聊齋誌異「臙脂」一文）。畢竟，一旦將對方

---

[84] BAGE 23, 292 (307).

[85] 其實，早在德國帝國法院時代，即已採取此種看法。RGZ 51, 369 (385).

[86] Seiter, Streikrecht und Aussperrungsrecht, 1975, 533.

逼人死地，則對方將會「圍地而謀」，並且「死地則戰」（孫子兵法地篇），如此，將會墮入兩敗俱傷之地。這並不符合勞資爭議的本質。

四、公共福祉原則

(一) 緒言

　　勞動鬥爭之進行應該受到公共福祉或公共利益的限制，已明定於舊工會法第26條第2項規定。而爭議行為本質上為私法上的行為，其進行應遵守民法第148條「不得違反公共利益」之規定。惟此並不表示爭議行為與公共福祉必然居於對立的地位，而是表示第三人及社會大眾的利益，可以做為爭議行為合法性之審查標準。蓋由團體協約自治所導出、目的在輔助團體協商之爭議行為，也具有憲法保障的價值，因為並沒有較好的程序去確定勞動條件及經濟條件，因此，爭議行為自由也應該是公共福祉的組成部分之一。[87]此種爭議行為受到憲法保障的承認，內含著爭議相對人、第三人及社會大眾必須忍受一定程度損害的意涵，但也勾勒出「進行爭議行為當事人之公共福祉」必須與「第三人及社會大眾之公共福祉」權衡或折衷之要求；亦即所謂公共福祉之原因，係指為限制顯然之濫用情形，即工會之罷工權或雇主之鎖廠權應為維護重大法益而讓步。[88]

　　緣基於核心部分理論，團結體並非擁有一個毫無限制的行動空間，其具體的範圍為何，應由立法者加以規定。在此，憲法上只給予團結體最低限度保障而已，以確保第三人及社會大眾的權益不會受到過度的侵害。因此，立法者自然可以斟酌各種狀況，給予團結體超出最低限度保障範圍外的自由，但更重要的是，立法者應該立法禁止明顯侵害公共福祉之爭議行為，侵害公共福祉的爭議行為，也違反了禁止過度原則。[89]

　　此種公共福祉的尊重，顯示出國家在形成爭議行為法時，必須同時

---

[87] 蔡維音，前揭書，頁142；林炫秋，前揭書，頁24以下。Seiter, Streikrecht und Aussperrungsrecht, 544.

[88] 楊通軒，國家中立原則在勞資爭議中之運用，頁84。

[89] Birk/Konzen/Löwisch/Raiser/Seiter, a.a.O., 15, 16 f., 20 f., 35.

考量社會大眾的利益及爭議當事人的利益。此在德國制定基本法時，制憲國民大會一般編纂委員會（Allgemein Redaktionsausschuß des Parlamentarischen Rates）雖已明白承認罷工權的保障，但卻也認為一般的立法者可以基於公共的福祉加以限制。[90]類似的，德國在西元1945年前之舊邦Württemberg-Hohenzollern邦憲法第97條第2項也有如下之規定，「工會必須考量罷工對於公共福祉之影響」。雖然如此，公共福祉畢竟係一概括條款，必須藉由解釋加以具體化。

　　針對以公共福祉或公共利益來限制爭議行為，學者間的看法並不一致。反對公共福祉可以做為拘束爭議當事人者，或認為「根本不存在公共福祉」，或稱之為「只具宣傳的本質、空殼子（Leerformel）、拙劣的欺騙手段（Bauernfängerei）、掩飾的功能」。[91]也有認為若依憲法比例原則來衡量，則可得出勞工罷工權之重要性要比社會安寧、公共秩序重要。[92]不過，多數學者毋寧係採取肯定的態度。蓋就如同福利國或社會國原則一般，公共福祉概念的解釋並不可以任意擴張或緊縮。對於公共福祉內容的具體化，憲法應具有最後決定的作用。德國學者Gerhard Müller也認為：公共福祉已具體化到人性尊嚴、法治國原則，以及社會國原則的憲法價值當中。勞工法學者Brox/Rühters也說：對於公共福祉之無法忍受的侵害，使得爭議行為不具社會相當性。[93]

　　本章亦肯定公共福祉或公共利益可以限制爭議行為的說法。[94]蓋憲法所保障之爭議行為，並非不受任何限制。第三人相同位階或更高位階的權

---

[90] 制定基本法時，一般編纂委員會的基本法草案中，有如下之規定：「基於公共福祉的利益，罷工可予以限制」。MünchArbR/Otto, §282 Rn. 91; Seiter, Streikrecht und Aussperrungsrecht, 544.

[91] Vgl. Seiter, Streikrecht und Aussperrungsrecht, 544.

[92] 蔡震榮，集會遊行與罷工集會，頁152以下。

[93] Vgl. Seiter, Streikrecht und Aussperrungsrecht, 543 f.

[94] 台灣憲法第22條以下已有公共利益之規定，所以應已無爭議之必要。德國部分的討論，請參閱Berndt Keller, Die großen Streiks im öffentlichen Dienst – Verlauf und Erklärung, AuR 2017, G1 ff.

利、憲政秩序、刑法規定,以及禁止權利濫用原則等均可以限制爭議權的行使,而其不僅在保護社會自治相對人,更是在保障第三人及社會大眾的利益不受危害。即使歐洲社會憲章也承認「為保障其他人的權利與自由,或者為保護公共的安全或秩序、國家的安全、國民的健康與公序良俗」,必要時可以限制罷工權與鎖廠權。[95]在此,尤其有爭議的是「國家安全」的界定。對此,吾人雖無須以刑法的內亂罪及外患罪為範圍,而且不必以發布戒嚴令或者以緊急命令啟動全民防衛動員準備法為必要,而是可及於外交領域。在此,對於國家法益的內亂、外患及妨害國交,其保障的必要性及強度應有所不同。因此,國家法益與罷工權的權衡標準亦應有所差異。

正確而言,爭議權的行使,應以其是否針對國家法益的妨害或癱瘓、或者係為工作條件的調整,而做出合法與否的判斷。如其係在做為內亂或外患的途徑或手段,或者其主要目的在阻止或妨礙元首或其他重要人物外交禮儀的往來,則或者應將之歸類為刑事犯罪行為、或者將之界定為政治罷工而認其為非法爭議行為。

惟,如係(爭取勞動條件及經濟條件改善之)一般爭議權的行使,即使妨害一般性的國際外交往來,不問係我國元首的率團出訪或外國元首的來訪,雖然我國的國際環境艱困,此時尚難謂國家的利益當然優先於勞工的爭議權。除非有特殊的情形(例如已明顯具體到外交關係的受到動搖或建立),且有事證者,始能限制爭議權的行使。就此看來,發生在2016年6月22日的華航空艙組員的罷工,(先不論以桃園市空服員職業工會作為罷工主體,是否具有正當性或是否符合武器對等原則),似乎即有正當性(台灣高等法院106年度上字第591號判決參照)。

雖然如此,本書以為仍須納入時間點的考量,亦即確定總統專機任務的時間與工會通過罷工決議的時間。也就是說,如果國安單位較早確定總統專機出訪的時間及選定專機的機艙組員(不必以非工會會員為限),

---

[95] 同說,Seiter, Streikrecht und Aussperrungsrecht, 544 ff.。

則其應為單純的國安任務、而非為破壞罷工的繼續營運行為。如此，國安單位當可以國家安全法規的規定為由，主張罷工權的迴避或退讓。一旦如此，則參與專機任務的機艙組員當可免於工會統制權（包括停權、除名）的適用。蓋在我國並無總統專機的現實環境下，只能租用華航或長榮等民用航空器、並且調用其機艙組員，則國家利益、公共福祉、公共秩序或公共／眾利益的要求，即會適度地擴大。此處，工會罷工權或統制權的適度退讓，並不會影響工會的存續或行動權保障。

　　至於在法院見解方面，台灣司法院釋字第373號解釋即認為：國家制定有關工會之法律，應於兼顧社會秩序及公共利益的前提下，使勞工享有團體交涉及爭議等權利。而德國聯邦憲法法院在有關團體協約自治的判決中，認為「為了公共的利益」，團結體負有一個與社會自治的他方當事人，共同規範及使得勞動生活和平之任務，[96]凸顯出權利之行使仍須受公共利益之拘束。另外，德國聯邦勞工法院大法庭1955年1月28日的判決，即已提到：國家政策上有必要為了公共福祉的利益，對於爭議行為加以限制。[97]大法庭在1971年4月21日的判決，對於公共福祉的拘束更是具有指標的意義。依之：在一個錯綜複雜且互相依賴的社會，罷工及鎖廠不僅會影響直接參與爭議行為的人，而且也會持續影響到未參加罷工者、第三人，以及社會大眾。因此，爭議行為必須遵守最高指導原則的相當性原則的拘束。在此，必須考量經濟上的情況，並且不得明顯地侵害公共福祉。[98]1971年4月21日的大法庭也認為：是否應該將那些與公眾利益有關的事業排除於爭議行為之外，實在有必要設立一定的規則。

　　如上所述，公共福祉或公共利益可以限制爭議行為的行使。但是，問題是：公共福祉或公共利益具有高度不確定性，如何予以具體化？對此，首先應知道公共福祉可能受到不同形式的侵害：一是所提出要求的額度及標的，另一是爭議行為的方式與種類。通常，社會大眾的利益受到爭議行

---

[96]　BVerfGE 18, 18 (27, 28, 32).彭常榮，前揭書，頁75。

[97]　BAGE 1, 291 (311) = AP Nr. 1 zu Art. 9 GG Arbeitskampf.

[98]　BAGE 23, 292(306) = AP Nr. 43 zu Art. 9 GG Arbeitskampf.

為的方式與種類的影響，要遠大於爭議目的。[99]針對爭議行為的方式與種類明顯侵害大眾利益者，即應參酌德國聯邦勞工法院1971年4月21日大法庭的判決，由立法者排除或限制特定與公眾利益有關的事業的爭議行為。此在行政院勞工委員會2006年10月勞資爭議處理法修正草案第47條第3項及第50條第1、2項即有如此之規定。此一思想，終於在2011年5月1日修正施行的勞資爭議處理法第54條第2、3、5、6項規定中，予以落實。[100]而針對勞資爭議處理法第54條第2項及第3項各款的範圍，依據該條第6項規定，乃由行政院勞工委員會會同主管機關或目的事業主管機關訂定了適用對象，並且公告自2011年5月1日起施行。經由各機關所協調的適用對象，不僅釐清了疑義，也更能兼顧各方的利益，例如在電力、燃氣供應業及醫院服務方面，將公、民營事業單位均包括在內，即是以公共利益及民眾生活的照顧，為考量的重點。

　　其次，即應由法官將社會自治當事人自行解決爭議之利益，與受到波及的第三人的利益，加以權衡。[101]在此，由於欠缺公共福祉損害的具體標準，為了避免以相當性原則之名，以行秘密審查爭議目的的內容及合理性之實，只能進行一「過度的控制」（Exzeßkontrolle）而已。即使不相干第三人及社會大眾遭受爭議行為的損害大於爭議當事人的損害，也不能因此說違反公共福祉而非法。但如果已經危害到人民的生命與健康時，則已屬另一回事。尤其是供應民生必需物品的事業，不問其是否為公營或民營，在此即會受到公共福祉的拘束。無論如何，為了避免侵害公共福祉，爭議當事人可以組織緊急性勞務，以提供人民最低的服務（Mindestver-sorgung）。在此，工會應及時地與雇主協商設立緊急性勞務的事宜。不如此做，工會的罷工即為違法而應受到法律的處罰。[102]

---

[99] Kalb, a.a.O., Rn. 92 ff.

[100] Birk/Konzen/Löwisch/Raiser/Seiter, a.a.O., 21 f.：只能在基於保障公共福祉時，始可以制定法律禁止團體協商爭議。

[101] Seiter, Streikrecht und Aussperrungsrecht, 549：此種利益權衡的標準，在民法上是善良風俗（gute Sitte）。爭議權的行使，對於第三人之不利益影響，不得違反比例原則。

[102] 楊通軒，國家中立原則在勞資爭議中之運用，頁84。Kalb, a.a.O., Rn. 1148, 1150 f.

　　再就緊急性勞務一言者，面對涉及「如何進行爭議行為」時，則正確的解決途徑是提供緊急性的勞務，以避免出現權利濫用。如果是涉及公共部門的罷工時，政府機關或公營事業單位還可以透過自願的公務員的罷工替代，以完成罷工中勞工的工作，[103]並且藉以部分地減少大眾的損害。未提供緊急性勞務時，爭議行為將被作為濫用權利之行為看待。反面言之，尤其是與民眾生活密切相關的公用事業，無論是民營或公營，除非其係法令所明文禁止爭議之行業，否則其一旦提供緊急性勞務或最低限度的供應，即可為合法之爭議行為。而為求緊急性勞務的確實到位，工會與雇主應事先約定一供應方案（含繼續工作人員人數、供應次數、供應時間、地點等），如為避免屆時為此方案爭議不決，則允宜由雙方在先前的團體協約中約定或在正式進行協商之前即先就此方案達成協議。[104]

(二)爭議行為的期間過長與地區過廣，受到公共利益限制？

　　這是針對「非供應民生必需物質行業」之爭議行為，使得社會大眾的

---

[103] MünchArbR/Otto, §285 Rn. 188.就此觀之，在中華電信工會、台鐵工會，以及其他公營事業單位的工會罷工時，公務員均可以提供罷工替代勞務。倒是，如果是公營事業單位，針對公務員兼具勞工身分者，其是否可以參加罷工？此在行政院79年12月13日台79勞字第37527號函即是採取否定見解，至今未變。依之，「依公務員服務法第24條、第10條、第11條及勞動基準法第84條之規定意旨，縱工會依法決議罷工，公務員兼具勞工身分者，仍不得參加工會之罷工。」但是，在新勞動三法大幅放寬結社自由的限制及相當程度回歸團體協約自治之際，此種公務員兼具勞工身分的爭議權，也應該重新加以界定。本書認為公務員兼具勞工身分係公共利益極大化下的產物，目的在給予勞工身分者也擁有一些公務（人）員的保障，以換取該等身分者不罷工的社會安定。則在新勞資爭議處理法第54條第3項已有必要服務條款的規定下（該項各事業中的勞務提供者，應該也包含公務員兼具勞工身分者），讓該等人員脫去公務員的面紗回歸純勞工的身分，應是可行的時機。同時，銓敘部對於公務員服務法第24條、第10條、第11條等規定，也應改變其見解。如果我國要繼續維持民國79年12月13日的解釋，則基於法律保留原則，似應採取如新勞資爭議處理法第54條第2項的立法方式，直接禁止該等人員罷工，始為合法。

[104] 有關在何種範圍內，爭議當事人應該提供緊急勞務？Nipperdey主張罷工領導人完全不提供水、電、瓦斯等與生命重要物質時，始逾越合法的界限。但Söllner主張應充足地提供。本文以為Nipperdey及Söllner的見解均不正確。

利益受到損害而言。如前所述，公共福祉可能受到爭議行為的方式與種類的侵害。也就是說，爭議行為的方式與種類對於不相干第三人及社會大眾造成不合比例的侵害，甚至其損害大於爭議當事人的損害。此尤其是在爭議行為的期間過長或地區過廣時，第三人受到爭議行為不利影響之數量或程度，往往多於爭議之對手。果如此，其合法性如何？

對此，論者固然有可能認為在一個自由的社會法治國家，社會大眾應該忍受其不利益者。德國聯邦勞工法院也曾經表示：不能僅以罷工期間（過長）即判定罷工違法。[105]不過，假設爭議行為因其地區及時間之擴延而影響廣大社會各階層之生活或顯著危害整體經濟之平衡者，應該即已明顯地侵害公共福祉，也不符合相當性原則。[106]德國聯邦勞工法院在1971年4月21日的判決中，認為相當性原則也可運用於「爭議行為的強度」（Intensität des Arbeitskampfes），因此，法官應該依據此原則評量爭議行為「繼續發展下去」（seine weitere Entwicklung），是否還具有合法性。也因此，一旦爭議行為對於社會大眾已達不能忍受的程度時，自該時點起，原來合法爭議行為即「反轉」（umschlagen）為非法的爭議行為。當然，此處最大的困難，是在於確定何時為「反轉的時點」。以供應民生必需物質的行業而言，一旦爭議措施已達危害人民的生命、健康及維持生存所必要的基礎時，即已屬於侵害公共福祉的時點。又，假使經濟的停頓威脅到政府機構功能的發揮，即使其並無意於施加政治的壓力，也屬於反轉為非法的爭議行為。至於「非供應民生必需物質行業」，應是社會大眾受到過長或過廣的爭議行為嚴重的影響，以至於難於維持其基本生活或整體的經濟受到顯著的危害者。[107]遇到爭議時，則由法官具體認定之。

（三）爭議的目的不可違反公共利益。

如前所述，公共福祉或公共利益之受到侵害，有可能是工會所提出工

---

[105] 請參閱BAGE 23, 484 (501) = AP Nr. 44 zu Art. 9 GG Arbeitskampf。

[106] 楊通軒，國家中立原則在勞資爭議中之運用，頁84。BAGE 23, 292 (306)。

[107] 不過，此種客觀上危害到公共福祉的爭議行為，並不需要將其界定為一個具有「政治性」的罷工或總罷工（Generalstreik）。Seiter, Streikrecht und Aussperrungsrecht, 555 f.

資要求的額度及標的太高所致。雖然通常社會大眾的利益受到爭議行為的方式與種類的影響，要遠大於目的。但是，對於明顯與公共福祉不合之團體協約的目的（例如德國火車司機工會在2007年8月向德國鐵路提出調薪31%的要求），在法律上是否仍然具有合法性或正當性，實在值得懷疑。此種疑慮，無非是立基於團體協約的薪資係整體經濟的一個重要要素，其調整會持續影響到第三人及社會大眾的利益。團體協約的薪資也可能影響社會的安定。[108]

　　因此，在法制上，國家有無可能制定一具有拘束力的「工資指針」（Lohnleitlinie），以限制行業的最高工資或禁止工資調漲？或者由法官對於一個「符合社會安定的薪資調整」加以界定，並且明確化其「標準值」（Orientierungsdaten）？

　　對於上述問題，吾人如果從團體協約自治的內涵來看，團體協商當事人本來就可以自由地談判工資及其他勞動條件，不必擔心會受到國家機關的干預或審查。團體協約所約定的工資及其他勞動條件，原則上也不必顧慮社會大眾的立場。[109]蓋既然團體協約當事人可以自由協商其薪資，對於其爭議的自由自然也不應該加以限制，其爭議的行為也無須考慮社會大眾的利益。此種以同盟的方式形成薪資的水準，應該是受到「核心部分領域」所保障的。想要由國家訂定一具有嚴格拘束力的工資標準，將難免牴觸憲法所保障的團體協約自治。由此看來，台灣舊工會法第26條第3項之「標準工資」，實際上即會因其「工資指針」的作用，而有違憲之效果。所幸，在2011年5月1日修正施行的新工會法中，已經刪除標準工資的規定。

　　至於要由法官認定符合社會安定的工資，則在具體個案中，法官即必須審查標準值是否符合團體協約領域整體經濟的發展及將公共福祉具體

---

[109] 不可否認地，如果勞雇團體團體協商的薪資額度太高，而雇主藉由貨物的售價將之轉嫁給消費者的話，當會對消費者產生不利。同樣無疑地，團體協約的薪資額度太高的話，可能驅使一企業主破產或至少強制其進行解僱，因此而肇致勞工失業。

化。這裡即會發生一個問題：假使法官果真能夠正確地判斷薪資的調整是否與公共福祉相契合，那麼，一個國家以往至今的團體協約薪資的爭議，都有可能發生問題。進而，對於工資的控制必然會造成對於價錢的控制，而這就是邁向計畫經濟（Planwirtschaft）的第一步。[110]不可不慎。

　　雖然如此，權利的行使就不得達到濫用的地步。團體協約所約定的工資及其他勞動條件的標準，也應該謹守此一界線。此尤其是公務機構（含政府機關及公營事業單位）的工作者要求過高的工資時，其對於社會大眾的不利影響更是清晰可見。因此，法官自然可以判斷其是否已屬於權利濫用。當然，如能由立法者以法律設定一個最大容忍限度的工資標準，以避免社會大眾受到過度的不利影響，亦是一可行之道。為此，可以在法律中規定如何確定最大容忍限度的程序，一旦當事人提出超出此最大容忍限度之外之要求時，即屬於權利濫用而無效。[111]

（四）「供應民生必需物質行業」或公用事業的特殊限制

　　與公共福祉或公共利益尤其有關者，是「供應民生必需物質的行業」（Daseinsvorsorge）或公用事業，因其與人民的生命及健康息息相關也（Monika Schlachter, Streiks in der Daseinsvorsorge aus völkerrechtlicher Sicht, AuR 2017, 10 ff.），[112]故不問其係公營或民營，[113]均應受到特殊的限制。或者說，國家機關固然不得以「維護公共利益」為由，全面禁止供應民生必需物質的行業的爭議行為，但是，以該行業的特殊性，其爭議行為即會受到較為嚴格的限制。甚至，在特定的供應民生必需物質的行業，必須完全禁止其爭議行為，以確保生命及健康法益的優先性。

---

[110] Seiter, Streikrecht und Aussperrungsrecht, 559.

[111] MünchArbR/Otto, §282 Rn. 93, §287 Rn. 187; Seiter, Streikrecht und Aussperrungsrecht, 560.

[112] 不過，舊工會法第26條第2項後段規定並未列入「健康」法益，此似乎為立法疏漏。倒是該條項中規定了「財產」法益的保護，是否表示供應民生必需物質的行業，其保護的對象也包括財產？從立法上來看，答案似乎是肯定的。果如此，台灣供應民生必需物質的行業保障的對象，要比德國來得廣。

[113] 如果是公營的公用事業，則工會的罷工還有可能涉及是否為政治罷工的爭議。

因此，對於供應民生必需物質的行業的爭議限制，是建立在：爭議行為所造成之不利益，應該止於福利國或社會國為維護人性尊嚴，所負有滿足其需要的界線上。而且，一般來說，供應民生必需物質行業之罷工，常會造成社會大眾的不便及損害，而使其轉而向雇主施壓；亦即造成社會大眾損害，可以作為間接施壓於雇主的工具。對之限制或排除，也可以適度地減輕或免除雇主的壓力，有助於雙方協商及爭議的對等。因此，爭議當事人應確保提供最低限度的水、電、瓦斯、郵務、電報、電話、電信事業[114]、消防、垃圾清理[115]、交通運輸[116]、醫療服務（含醫師及護理人員、藥廠製藥）等給人民使用。[117]也就是罷工的勞工負有提供緊急勞務之義務。[118]而且，為了給予主管機關適時介入及周知社會大眾預先準備，供應民生必需物質的行業在發動爭議行為前一定期間，必須通知主管機關。台灣行政院勞工委員會2006年10月勞資爭議處理法修正草案第47條第3項及第50條已針對供應民生必需物質行業之爭議，規定了3天的通知期間，並且有完全禁止爭議以及部分限制（30天的冷卻期）的規定。惟該等規

---

[114] 電信機房之正常運作，以確保廣大一般用戶通訊之權益，這應是與生存需要有關的公用事業。

[115] 例如清潔隊員的罷工，不可以導致瘟疫的發生。但是，老鼠、蟑螂橫行應該還在容忍的限度之內。

[116] 針對1922年帝國鐵路工人的罷工，帝國法院判決其違反善良風俗，因此一罷工範圍擴及整個帝國領域，使得每一個人民受害。

[117] 有問題的是，所謂民生必需物質，是否除使得生命存活下去的基本物質外，也包括精神層次的產品，例如資訊自由，透過報紙、廣播電台及電視所散發的新聞等？對此，Seiter是採取肯定見解。Seiter, Streikrecht und Aussperrungsrecht, 551.另請參閱彭常榮，前揭書，頁80。

[118] 反對說，彭常榮，前揭書，頁79：「在供給民生必需事項之行為，即使提供緊急性勞務，也不會使罷工合法。」本人則綜觀2006年10月勞資爭議處理法修正案的條文，雖在第49條有維持性勞務的規定，但令人遺憾的是，並無緊急性勞務設計。這是否代表即使罷工的勞工提供緊急性勞務，也無法使該罷工合法？答案應該是否定的，至少在2011年5月1日的新勞資爭議處理法第54條第3項規定中，針對自來水事業、電力及燃氣供應業、醫院等事業，在勞資雙方約定必要服務條款時，即可進行合法罷工。

定，並未見之於2011年5月1日修正施行的勞資爭議處理法中。[119]倒是，第54條第4項規定中規定，「前項必要服務條款，事業單位應於約定後，即送目的事業主管機關備查」。本來，對於禁止進行爭議行為的供應民生必需物質的行業，法制上也應該提供其一爭議處理機制以作為補償，使其得以透過和平的途徑追求其利益。[120]但是，新勞資爭議處理法並未禁止任何供應民生必須物質行業的爭議行為。此所以2011年5月1日修正施行的勞資爭議處理法第25條第2項有一方申請仲裁之規定，並不適用及之。[121]

　　一旦供應民生必需物質行業發生爭議行為，而且波及到社會大眾時，即會發生法律責任之問題（惟之前或同一時間，即會引起社會大眾淪為公用事業工會的人質剝削感。英國在1978～1979年的垃圾長期堆放在街頭、大眾運輸系統的長期癱瘓、一整年的報紙停止出刊、以及部分醫療緊急救護系統必須出動軍警方能維持運作等亂像，終於逾越社會大眾所能夠忍受的紅線，也導致誓言打破工會獨占壟斷勢力的佘契爾女士（鐵娘子）獲選出任總理。工會罷工最鼎盛的代表例子，是1985年煤礦工人的一整年的罷工。該次事件警方強勢地鎮壓，雙方都有傷亡。佘契爾政府經由對工會力量的削弱（包括經由私有化的方式，使得單一工會的寡占，逐漸演變為多元或眾多工會林立的情勢，例如將英國火車逐步地私有化，原本的單一工具目前已經演變為22個工會），長久以來工會能夠左右政局的能量，乃逐步地瓦解。相對地，資方的力量卻不斷地壯大，終至於對於勞雇事務的發言權，凌駕於工會之上。工會只剩生活在資方的陰影之下。在2015年2月，英國現任總理客麥隆再度表示如其連任總理，將會修法提高罷工的門檻到工會會員40%的同意票，以進一步削弱工會的力量）。對此，首

---

[119] 在威瑪時代，針對一次柏林電廠的野罷工，威瑪政府在1920年11月10日發布一項行政命令（Verordnung）加以規範。依之，「供應瓦斯、水、電等民生必需物質的行業，必須在仲裁法庭判決（Schiedsspruch）後3天，始能進行罷工及鎖廠」。爭議當事人未能遵守此一部分限制之規定者，特定的組織爭議行為人將會受到刑事制裁。

[120] 林炫秋，前揭書，頁87。Seiter, Streikrecht und Aussperrungsrecht, 553.

[121] 一個已經不存在的問題是，面對此類行業之爭議，台灣勞資爭議處理法修正條文所設計之仲裁程序能夠發揮作用嗎？

先，警察只有一定程度介入處理的權限而已，警察也不能命令勞工回復工
作；其次，法官應將社會自治當事人自行解決爭議之利益，與受到波及的
第三人的利益，加以權衡。此種利益權衡的標準，在民法上是善良風俗
（gute Sitte）。爭議權的行使，對於第三人之不利益影響，不得違反比例
原則，[122]否則，即應負擔損害賠償責任。雖然如此，針對交通事業的罷
工所造成乘客的損害，我國法院實務上尚未處理過類似案例。蓋所謂「有
損害者」，除了已經購票（含月票、定期票及儲值票？）、訂位者外，是
否包括（每日、每週或甚至每月）規律地前往乘坐者？或者及於偶然前往
搭乘者？即非無疑。以基隆客運勞資爭議案為例，最高法院87年度台上字
第2559號判決認為：「交通事業之勞工如行使罷工權，對大眾生活固有
不利之影響，惟此乃罷工之性質使然。法律既賦與勞工以罷工之權，即不
得以罷工將造成大眾之不利，即謂其係權利濫用，或謂其行為違反公共利
益，而認係違法，否則無異係對從事交通事業之勞工罷工權之剝奪。」其
實，上述最高法院的見解並非全無可採。只是，本書以為至少已經購票、
訂位者，包括持含月票、定期票及儲值票且可證明規律搭乘者，在符合比
例原則之下，即可請求損害賠償。較有問題的是，針對水、電、煤氣事業
及鐵路等之停止供應之行為，是否會構成台灣刑法第188條妨害公用事業
罪？[123]對此，本文以為原則上並不構成，除非爭議當事人具有危害公眾
之意圖始會例外構成。[124]

　　再以醫療人員的罷工為例。醫療業員工罷工所引起之基本權衝突
（Kollision der Grundrechte），即人民生命及健康的保障，其重要性高於
其他的民生供應行業。德國基本法第2條第2項及歐洲社會憲章第31條第1
項均明白規定「國（全）民健康」（Volksgesundheit）之保護，此即可作

---

[122] Seiter, Streikrecht und Aussperrungsrecht, 548 f.

[123] 刑法第188條規定，妨害鐵路、郵務、電報、電話或供公眾之用水、電氣、煤氣事業
者，處5年以下有期徒刑、拘役或500元以下罰金。

[124] 德國第316條雖規定「抽離（Entzug）」電力供應者，應受到刑事制裁，但是通說卻認
為罷工並不符合抽離的定義。

為限制爭議行為自由之法益（Schutzgut）。早期德國聯邦勞工法院曾認為醫生及護理人員不得罷工。[125]但之後通說已認為醫院中醫生的罷工界線已被劃定，並未完全禁止其罷工，只要其不要危害病人的健康與生命即可。此一限制，即使在罷工的目的是為了讓病人獲得更好的醫療照顧，同樣有其適用，例如要求減少過重的工作負擔或者縮短工作時間。[126]另外，同樣與醫療有關的生產特定藥品的事業單位，不可以因其罷工而導致醫生無處取得必要的藥品，此在1971年夏天Darmstadt的Merck藥廠罷工即是如此。這都顯示出生命及健康保護優先於罷工。

　　附帶一言者，從比較法來看，德國在二次大戰後，並無嚴重影響人民生活的供應民生必需物質行業的罷工發生，有關勞資爭議的文章也採取較為寬容的態度。少數幾個案例，例如1954年8月5日至10日在漢堡市所發生的供應民生物質行業的罷工，該市的交通運輸也受到了波及。[127]另外，1958年公務、運輸及交通業工會（ÖTV）組織了一次地方民生必需物質行業的罷工，Kiel市因此做了一天警告性罷工，造成公共運輸完全停擺，發電廠的電力輸送也受到嚴重地影響。[128]又，自1971年夏天之後，Marburger Bund進行了幾次醫療人員的罷工，也造成了醫療院所及看病民眾相當程度的損失與不便。[129]

五、爭議行為合法性的判斷基準

　　爭議行為之合法與否，涉及到勞工與雇主之應否負擔民事責任、刑事責任及懲戒責任（在舊工會法時代，甚至還有行政責任，例如舊工會法第56條所規定之罰鍰）。[130]

---

[125] BAGE 12, 184 (194) = AP Nr. 13 zu §2 TVG.

[126] 聯合晚報2005年12月29日，第3版：長庚復健師揚言罷工。

[127] 請參閱BAGE 3, 346 = AP Nr. 2 zu §615 BGB Betriebsrisiko。

[128] 請參閱LAG Kiel, AP Nr. 8 zu §615 BGB Betriebsrisiko。

[129] Vgl. nähr Uhlenbruck, RdA 1971, 327.

[130] 但這倒不是說合法的爭議行為即不會有行政責任，因為每個行政法規都有其適用的要件，並不當然受到爭議法規的排除適用，例如集會遊行法、道路交通管理處罰條例等

　　緣勞資爭議行為雖亦為民事行為之一，但因民法傭傭之規定全然立於市民法契約自由之觀點，無法予勞工實質之保障，如一旦發生爭議行為即以民法之債務不履行及侵權行為令其賠償，甚且課予刑事責任（如脅迫、侵入住宅），而雇主亦可趁機加之以罷工者懲戒責任，如此將有背於憲法保障之原意，故學者認為應確立勞工之基本權，以修正市民法上傭傭之理論，於正當之爭議行為阻卻勞工之責任。即學者於此亦非認為勞動基本權全面優於憲法上所保障之其他權利，實應與其他權利相調和。於此，學者間或法院多以「正當性」作為判定之基準者，認為爭議行為於具有正當性時即可免於民事責任、刑事責任及懲戒責任。

　　有疑問者，我國實定法中原本只有刑法第22條有所謂「業務上之正當行為，不罰」之用語，至於在民法或勞工法則未有相同之用語。是否可以或有無必要援引「正當性」作為判斷爭議行為合法性之基準，並非沒有問題。不過，隨著2011年5月1日修正施行的勞資爭議處理法第55條第3項「爭議行為具有正當性者，不罰」規定的出現，刑事責任已被阻卻。如依立法理由，第1項規定之爭議行為應依誠實信用及權利不得濫用原則為之，指進行爭議行為之主體、目的、手段、程序等均必須具有正當性，則正當性作為認為爭議行為合法性之基準，在台灣已獲得實體法上的依據。具正當性的爭議行為，民事責任及懲戒責任也一併被免除。

(一)德國法之相關規定

　　德國法在其勞資爭議法發展之過程中，是以不同之理論加以處理爭議行為的各種責任。

1.勞動契約法

　　在勞動契約之層面來說，個別契約當事人因進行爭議行為而未履行其所負之勞動契約之主要義務，使得該爭議行為具有非法性，在契約法上是屬於債務不履行、給付遲延或受領遲延之範疇。因此在威瑪時代及二次戰

　　規定。重要的是，如何在爭議法規及行政法規（刑事法規也一樣）取得一個利益平衡。

後初期，罷工之前必須先將勞動關係終止，該罷工始被視為合法。該個別行為之合法性，亦使得整體的行為具備合法性。[131]相反地，現時德國通說及法院見解則是採取所謂「團體法上之一體理論」（Kollektivrechtliche Einheitstheorie），將爭議行為評價為一集體之現象（kollektives Phänomen），認為：爭議行為如集體觀察之為合法時，則該合法性應在個別勞動契約層面繼續存在。基於此對合法性之一體觀察，個別參與爭議者之行為即只能在一個相同的法律層面上加以評價。如一罷工就團體法之標準被評價為合法時，則契約法是否將其評價為合法並非所問。[132]即使從契約法上來看是非法的，但從集體法來看是合法時，集體法上合法性即可排除契約法上之非法性。此即為集體法優於契約法之理論。[133]

2.侵權行為法、刑法

(1)過去通說

從侵權行為法及刑法的層面來說，爭議行為可被歸類為侵權行為及違法行為，而受到侵權行為法及刑法相關條文之規範。然而Nipperdey將營業權（das Recht am eingerichteten und ausgeübten Gewerbebetrieb）視為德國民法第823條第1項之「其他權利」（sonstiges Recht），且認為：勞工之集體的不提供勞務，不問其是否基於個別法上之終止勞動契約而有效

---

[131] 在此種情形，表示國家只承認罷工自由（freedom of strike），而不承認罷工有法律上的特權（Privileg, privilege）。見勞工爭議權相關法規之研究，行政院經濟建設委員會健全經社法規工作小組，頁40、頁44。

[132] 令人訝異又難以理解的是，行政院勞工委員會2006年10月所提出之勞資爭議處理法修正草案第48條有關工會及其會員免除損害賠償之理由，竟是「自助行為」及「衡平原則」。將一個民法上概念的「自助行為」做為理由，顯得過時而不恰當。此正如德國學者Nipperdey主張以「正當防衛」防禦違法爭議行為的時代久遠，而顯得不符合現時的需要。至於將「衡平原則」做為理由，更是令人不知所云。詳請參閱該條文的立法理由三。令人遺憾的是，2011年5月1日修正施行的勞資爭議處理法第55條第2項規定之免責理由，仍然出之於「自助行為」及「衡平原則」。

[133] BAG AP Nr. 1 zu Art.9 GG; BAG AP Nr.37 zu Art.9 GG; Zöllner/Loritz/Hergenröder, Arbeitsrecht, 6. Aufl., 2008, 427f.; Hanau/Adomeit, Arbeitsrecht, 13. Aufl., 2005, Rn. 281：罷工之合法性不是來自於個別勞工法領域，而是來自於勞資爭議法。

地排除勞動義務，原則上是一侵害營業權之行為，除非此集體行動在特定
條件之下被評價為合法的；亦即當其具有社會相當性時，始能排除德民第
823條第1項之違法性（Rechtswidrigkeit）。[134]在此，Nipperdey係採取阻
卻違法說的觀念，而非阻卻責任說。

　　Nipperdey將刑法學者Welzel為刑法所建立之社會相當性學說（die
Lehre von der Sozialadäquanz）[135]引用到民法來，以判斷爭議行為之合法
性。氏認為：在歷史上已形成共同生活的社會倫理制度／規範（soziäth-
ische Ordnung）內活動之行為且為其所同意者，即具有社會相當性，而不
具有違法性。對於該當構成要件之行為而言，社會相當性是一已植根於共
同生活的社會倫理制度內、具有習慣法之合法理由（gewohnheitsrechtli-
cher Rechtfertigungsgrund）。[136]

　　由於Nipperdey將社會相當性作為一綜括的概念（Sammelbezei-
chnung），因此他設立了八個條件（或遊戲規則），以作為具體地評價爭
議行為之用。分別為：

① 爭議行為必須是為形成勞動條件而為。

② 必須對於社會相對人為之，而且社會相對人必須原則上有能力來
　履行該要求。

③ 只有一由具有團體協商能力當事人所發動之爭議行為，始具有社
　會相當性。

④ 爭議目的必須是團體法的，且可經由集體契約（Kollektivvertrag）
　規範的。[137]

---

[134] Nipperdey似乎仍認為一個罷工行為原則上符合德國民法第823條第1項之構成要件。

[135] Welzel, Das deutsche Strafrecht, 11.Aufl., 55 ff. 社會相當性理論意謂：刑法的構成要件是
　　對違反社會生活所禁止的行為的範式（Muster）。行為模式如受歷史形成的社會制度
　　所承認者，不在於上述構成要件之內。據此，Welzel認為：符合社會相當性之行為，在
　　構成要件上即不該當。

[136] 由此可知，Nipperdey對於社會相當性適用到爭議行為，是採取阻卻違法性說。
　　Hück/Nipperdey, Grundriß des Arbeitsrechts, 5. Aufl., 299.

[137] Nipperdey所指的「集體契約」，德文用語為Kollektivvertrag，與一般所用的團體協約

⑤ 爭議目的不得違反集體勞工法之規範。

⑥ 爭議行為須為最後手段。

⑦ 爭議行為須公平（fair）進行。

⑧ 以爭議行為來防衛不法爭議措施，必須以正當防衛（Notwehr）之原則加以評價。[138]

德國聯邦勞工法院早期亦跟隨Nipperdey，承認社會相當性是作為違反民法第823條第1項之合法理由，並且演變出一連串的爭議行為評斷原則。[139]德國學者Hans Brox/Bernd Rüthers在其早期所著的勞資爭議法（Arbeitskampfrecht）中，亦採取與Nipperdey相同之見解。[140]

關於社會相當性之特徵，Brox/Rüthers認為應依法規範允許爭議行為追求之目的而定。以團體協約形成勞動條件，乃是一在勞動市場上建立價格之過程；勞資爭議即是一價格的爭議。從制度而言，勞資爭議法必須將其視為團體協約法之一部分，它只在團體協約當事人無法獲得一致時，作為解決團體協商之爭議之用。爭議行為此項目的之規定，同時又表示了它的合法界限。[141]Brox/Rüthers由社會相當性原則乃導出了四個內容，整體觀之，其與Nipperdey為社會相當性所設立的原則，同樣具有相當程度的雷同。[142]

(2)目前通說

社會相當性一語，自Nipperdey以後即少有人使用。及至目前，不僅

的德文用語Tarifvertrag並不相同。因此，似乎可以推出其並不以團體協約為限。

[138] Nipperdey認為這些原則並不是作為用來評價爭議行為是否合法之僵硬的制度（starres System），而是一個開放的、會移動的目錄（Topoi-Katalog），它會隨著勞動生活及經濟生活之變動而轉變。

[139] BAG AP Nr. l, 2 zu Art. 9 GG Arbeitskampf; 而這些原則與Nipperdey為社會相當住所設立的原則，頗多相同之處。

[140] Brox/Rüthers, Arbeitskampfrecht, l. Aufl., 41 ff.

[141] Brox/Rüthers, a.a.O., 123 ff.

[142] 其內容，請參閱楊通軒，爭議行為合法性之判斷基準——最高法院84年度台上字第1074號民事判決評釋，法學叢刊第170期，1998年4月，頁68。

聯邦勞工法院（BAG），甚且學者間幾已完全捨棄之，[143]但由社會相當性所演繹而出之各項原則，卻繼續被實務及學者所援用，而成為爭議行為是否合法之判斷基準。[144]茲將爭議行為合法性之前提要件簡要說明如下：[145]

① 罷工須由具有團體協約能力的工會為之，否則即屬野蠻罷工而為非法。但罷工權係屬於全體勞工所有（包含非工會會員在內），因無非工會會員參加之罷工常無法發揮其效用。[146]只是其發動、進行必須經工會同意而已。[147]

② 罷工必須係追求一團體協約所可規範之目的；亦即，原則上只有具有團體協約相關性之爭議行為（tarifbezogener Arbeitskampf, Tarifarbeitskampf），始具有合法性。[148]否則，即無法合理化第

---

[143] 關於社會相當性退卻的過程，請參照Lieb, Arbeitsrecht,1. Aufl, §7 I 2 b。

[144] 此可從Brox/Rüthers,2.Aufl. Arbeitskampfrecht中完全未曾使用Sozialadäquans一語可知出。Rüthers且謂：社會相當性今日已成為爭議行為合法性問題之同義詞，見 Rüthers, Arbeitskampf und Pressfreiheit, AfP 1977, 305 ff., 316. Colneric, in: Däubler (Arbeitskampfrecht),Rdnr.1157：社會相當性只是一個空殼子，因大法庭（Große Senat）對之的定義是個循環定義（zirkuläre Definition）。同說Söllner, Arbeitsrecht, 11. Aufl., 1994, 94 f.; Zöllner/Loritz/Hergenröder, a.a.O.，頁429。仍舊使用sozialadäquat一詞者為 Hanau/Adomeit, a.a.O., Rn. 301。

[145] 詳請參閱楊通軒，爭議行為合法性的判斷基準——最高法院84年度台上字第1074號民事判決評釋，頁69以下。

[146] Birk/Konzen/Löwisch/Raiser/Seiter, a.a.O., 43, 66; Zöllner/Loritz/Hergenröder, a.a.O., 433.

[147] 此稱為工會之罷工特權（Streikmonopol）。相反地，野蠻罷工則因不僅明顯違反團結體之規範任務，且亦未能說明其在勞動爭議體系上形成法律規範之功能必要性（Funktionsnotwendigkeit），因此為不法。Kalb, Arbeitskampfrecht, in: HZA, Gruppe 18, 1994, Rdnr.1095 ff.

[148] 在此原則之下，政治罷工因是要求一團體協約無法規範之目的，而只能由國家高權經由有關機構為之，故無合法性。又示威性罷工（Demonsstrationsstreik）則雖與言論自由有關，但亦無法合理化為何雇主必須忍受勞工將其作為傾洩不滿清緒之標的，而具有不法性。同理，同情性罷工因所要求之標的主要罷工（Hauptstreik）之雇主無法履行，故原則上係非法的。BAG AP Nr.l zu Art .9 GG Arbeitskampf; BAG AP Nr. 64 zu Art. 9 GG Arbeitskampf; Birk/Konzen/Löwisch/Raiser/Seiter, a.a.O., 32f, 45f; Hanau/Adomeit,

三者，尤其是在罷工中居於契約關係而間接受到損害之雇主與勞工，及一般社會大眾所受到的損害。

③ 罷工只得於團體協約過期後，和平義務不存在時，始得為之。雖然和平義務是否可以加以限制仍有爭議，但卻不可約定加以排除。[149]

④ 爭議當事人須用盡所有協商可能性而罔效時，始可採取爭議手段，故其屬於最後手段原則。團體協約當事人須儘量地設法理解他方當事人，不得藉故挑起爭執（vom Zaun brechen）而發動爭議行為。故限於協商當事人確定協商失敗或相對人一開始即拒絕協商或繼續協商不能期待時，始可援引爭議措施。[150]

⑤ 爭議行為必須符合禁止過度原則。[151]這是因其不僅侵害相對人之權利，且及於不相干之第三者及社會大眾，它是屬於國家管轄權（Gewaltmonopol）之例外。由於其導致爭議相對人及不相干之人損害，且原則上其結果必須予以容忍，故憲法上之過度禁止原則乃要求其須符合妥當性（Geeinetheit）、必要性及比例性（Angemessenheit, Proportionalität, nicht Unverhältmäßigkeit, Mittel-Zweck-Relation）。[152]過度禁止原則不僅涉及時期與目的，亦涉及實施之方式與爭議行為之強度。爭議行為唯有依據勞資爭議之公平原則而實施，始為合法。

(二)台灣法之相關規定

1.實證法

原本，台灣法律上有使用「正當」一語者，見之於刑法第22條，依

---

a.a.O., Rn. 286 ff; Kalb, a.a.O., Rdnr.1102 ff; Lieb, a.a.O., Rn. 580 ff.; Söllner, a.a.O., 95 f.

[149] Birk/Konzen/Löwisch/Raiser/Seiter, a.a.O., 38.

[150] BAG AP Nr.43 zu Art.9 GG Arbeitskampf, Bl.6 R.; Birk/Konzen/Löwisch/Raiser/Seiter, a.a.O., 20,39; Hanau/Adomeit, a.a.O., Rn. 295 ff.; Lieb, a.a.O., Rn. 588 f.; Söllner, a.a.O., 96 f.

[151] BAG AP Nr.65 zu Art.9GG Arbeitskampf認為過度禁止原則是比例原則（Grundsatz der Verhältnismäßigkeit）之特殊型態（Ausprägung）。

[152] BAG AP Nr.43 zu Art.9GG Arbeitskampf; BVerfG v.26.6.1991 unter C l a der Gründe; Seiter, Arbeitskampfparität und Übermaßverbot, 1979, 51 ff.

其規定：業務上之正當行為，不罰。學者間見解，均將之解為社會相當性，為違法阻卻事由之一。[153]除此之外，民法及2011年5月1日前的勞工法相關法令規定，均未有「正當」或「社會相當性」之用語者。實務上及學者間雖都以舊工會法第18條但書作為爭議行為民事上契約責任之免責依據，[154]但觀其條文：工會之理事或其代理人「因關於勞動條件，使會員為協同之行為，或對於會員之行為加以限制，致使雇主受僱用關係上之損害者，不在此限」。亦並未見到所謂「正當」之用語。

值得注意的是，行政院勞工委員會1991年之勞資爭議處理法修正草案的條文中，第40條第1項規定，爭議行為應依和平理性之方式為之，不得有強暴、脅迫或其他不正當之行為。揭示了「正當行為」的概念，但在立法說明裡並沒有進一步就「正當」的意義加以演繹之。惟該條文第2項規定，爭議行為應依誠實信用及權利不得濫用原則為之，並應顧及其行為對公眾利益之影響。條文本文中雖未見到諸如「正當」之用語，但立法說明中卻謂：第2項明定爭議行為應依誠信及不得濫用原則。亦即進行爭議行為之主體、目的、手段、程序等均須遵守正當性之原則，且不得採取顯不相當之手段，同時亦應顧及該行為對公眾利益之影響，明白地使用了主體、目的、手段及程序之正當性原則。同樣之情況亦發生在該法第38條第4項，依其規定：鎖場，應於勞方開始罷工後，於必要限度內始得為之。立法說明則謂：勞方於開始罷工後，資方於符合正當性之情形在必要之限度，可為鎖場。由此推之，我國勞工行政主管機關似有意接受日本正當性之概念，以為爭議行為之判斷基準。[155]

---

[153] 蔡墩銘，中國刑法精義，頁121-123；林山田，刑法通論，1990年，2版再刷，頁140；陳樸生，實用刑法，1979年，5版，頁91。

[154] 蔡炯燉，前揭書，頁140，則認為民事免責範圍及於債務不履行責任與侵權行為責任。

[155] 行政院勞工委員會2006年10月所提出之勞資爭議處理法修正草案第48條雖已刪除「正當行為」的用語，但其立法理由二仍然標示出「進行爭議行為之主體、目的、手段、程序等均須具有正當性」。同樣地，2009年6月5日修正通過、並且自2011年5月1日施行的勞資爭議處理法第55條定之立法理由二，仍然是出之於正當性。

2.法院見解

例如台灣高等法院在基隆客運案件中表示：按「工會於罷工時，不得妨害公共秩序之安寧，及加危害於他人之生命財產及身體自由。」為（舊）工會法第26條第2項所明定，足見於罷工期間，關於超越「目的之正當性」之「妨害公共秩序之安寧」、「加危害於他人之生命財產及身體自由」行為，工會法亦明文禁止，故被上訴人等泛稱勞工法理上公認合法之罷工即享有民、刑事免責特權云云，尚無可取。[156]使用了目的正當性一語，似有意以之作為罷工之判斷基準。然「妨害公共秩序之安寧」、「加危害於他人之生命財產及身體自由」，在學說上被歸類為手段之正當性者，卻未見之於判決文中。因此是否可認法院已與學說見解一致，完全接受以主體、目的、程序及手段正當性作為爭議行為合法性之判斷基準，似仍有待繼續觀察。

3.學者見解

台灣學者中有明白採取正當性學說作為爭議行為之判斷基準者，亦有從罷工之要件或罷工權之限制，討論罷工之合法性者。前者分從行業、程序、時期、目的、手段加以說明者。兩種學說在判斷爭議行為合法性的基準不同，但兩者所討論之實質內容卻是相同的；亦即均為：誰可以進行爭議行為？何種目的的爭議行為合法？進行爭議行為之前要經過哪些程序？何種爭議手段始為合法？以下即就其內容加以說明。

(1)主體

此之爭議行為之主體，乃謂能合法地成為爭議行為之主體者。一般而言，在工會內部，工會會員將團體交涉之權限委任予工會，且使工會具有罷工特權（罷工獨占權），任何由個別勞工與其他勞工結合，而對雇主進行爭議，乃屬主體之不正當（野貓式罷工）。在此，由工會負責組織、策劃及管理之工作。工會幹部即是工會的代表人，其必須了解本身居於工會的領導地位，具有謀略的實戰主義者（非如同戰國時代趙國的趙括，只是

一個好高騖遠、紙上談兵的兵法理論家），應將整個工會看成一個戰鬥實體，確保工會的行動必須符合「其疾如風，其徐如林，侵掠如火，不動如山，難知如陰（即要保密），動如雷霆」等的要求（孫子兵法軍事篇）。他必須深切體會「故善用兵，譬如率然」（孫子兵法地篇）「主不可以怒興師，將不以慍而致戰」（孫子兵法火篇）的用兵方法、以及「合於利而動，不合於利而止。」的積極等待最佳發動爭議行為時機。而且，工會幹部的一舉一動，對於會員也具有表率及指引的作用，誠如孫子兵法謀攻篇所言「三軍既惑且疑，則諸侯之難至矣，是謂亂軍引勝。」故其當悉「知可以與戰，不可以與戰者勝。」即可以發動勞動鬥爭的時機。另外，工會幹部亦應深知左傳曹劌論戰一文中所言「夫戰，勇氣也。一鼓作氣，再而衰，三而竭。彼竭我盈，故克之。」的道理，以為爭議行為發動及停止的準繩。這就有如孫子兵法軍事篇所言的「朝氣瑞，晝氣惰，暮色歸」的道理。最後，就如孫子兵法形篇所言「勝者之戰，人也，若決積水於千仞之溪者，形也。」工會幹部應善用會員的向心力及戰鬥力，鼓舞全體罷工者發揮力量，使其如同高山瀉水之力。台灣舊工會法第26條規定只有工會始得以多數決決議罷工（新勞資爭議處理法第54條第1項規定：經全體會員過半數同意），因此多數勞工（新勞資爭議處理法第7條第2項參照）縱與雇主集體談判發生破裂，亦無進行罷工之可能，而只得依法請求調解、仲裁。惟未加入工會之勞工，為爭取勞動條件及經濟條件之維持或改善，仍得加入工會所帶領之罷工。所以，工會法第35條第1項第4款之「對於勞工參與或支持爭議行為」之勞工，並非以已加入工會之會員為限，而是包括非會員（只是，在新團體協約法第13條排除搭便車者的規定下，究竟還有多少非會員有動機加入工會帶領的罷工及附屬的爭議行為？實在令人懷疑。從自己利益考量計，非會員還不如依照勞資爭議處理法第7條第2項的規定，自己組團向雇主要求調整勞動條件，還更快速且有效）。[157]

---

[157] 黃程貫，由罷工權及工作拒絕權之法律性質談勞工集體休假，政大法學評論第37期，頁111以下、勞資爭議法律體系中之罷工的概念、功能及基本法律結構，頁216以下，均認為罷工權為個別之勞工所有。

至於同情性罷工，因其所要求之事項，相對人並無履行之可能，冀望同情性罷工之相對人發揮其對主要罷工相對人之影響力，以接受主要罷工工會之要求，乃是不確定與難以測量的，因此同情性罷工亦欠缺主體之正當性。[158]

　　另各國立法者對於勞動三權之行使，多有因其身分及所處地位之特殊，而不許其行使團結權組織工會，或許其行使團結權而限制其爭議權，不許其為爭議行為。舊工會法第4條規定各級政府行政及教育事業、軍火工業之員工，不得組織工會。如此，其自不得為爭議行為，否則即無主體之正當性可言。[159]

　　而在多元工會的制度下，以鐵路公司員工為例，不同的職務者（司機員、隨車服務人員、行李部員工、以及櫃台人員等）都可以組織個別的工會。果如此，其均具有罷工或爭議行為的主體資格（而且，罷工及爭議實力較強者，勢必會將別的工會的會員吸引過來。在極端的例子下，特定工會罷工的目的，實際上是在搶別的工會的會員，只是其以調整勞動條件的外套包裝而已），但是，立法者應得基於公共利益的考量，在法律設計上禁止多元工會同一時間罷工，以適度減少罷工發生的頻率。在台灣，雖然工會法目前不承認多元的企業工會，但現實上確曾發生鐵路工會與鐵路聯誼會等外表近似多元工會聯手進行爭議行為的例子（例如民國104年春節前的火車慢駛事件），因此，立法者仍應未雨綢繆的預為因應之道。依本書所見，立法者及勞工行政機關應在法理上及法律邏輯上同時納入考慮團體協約法第6條第4項「共同協商團體」的法律規定原意。

---

[158] 楊通軒，爭議行為與損害賠償之研究，私立東吳大學法律研究所碩士論文，1990年6月，頁79。反對說，黃越欽，勞動法新論，2000年7月，頁439以下。

[159] 依據2011年5月1日的工會法修正條文第4條第3項規定，「教師得依本法組織及加入工會。」同條第4項規定，「各級政府機關及公立學校公務人員之結社組織，依其他法律之規定。」基此，教師已享有團結權，而公務人員則享有結社權。雖然如此，2011年5月1日修正施行的勞資爭議處理法第54條第2項規定，仍然禁止教師進行爭議行為，而只是在第25條第2項規定承認其一方申請仲裁之權限而已。至於公務人員則完全禁止其罷工及單方申請仲裁。

(2)目的

　　爭議行為發生之目的，須係為增進勞工正當權益、改善勞動條件、提升勞工經濟之地位而為之者。爭議行為須係追求一團體協約之目的，始有正當性可言。亦即爭議權僅係擔負補助協商權之角色而已，具有補助性、手段性，須以團體交涉為前提，而於團體交涉未能達成目的時，始可發動爭議行為；亦即具有最後手段原則及完結性。故爭議行為不得以違反公共秩序或善良風俗為其目的，亦不得專以侵害他人為主要目的。[160]

　　爭議行為固係保障團結權與協商權，且依德國基本法第9條第3項團結權之目的係在維持及促進工作條件與經濟條件，故唯在此範圍內，始得使其造成第三者或者一般公眾損害之理由正當化，德國學者稱之為「團體協約相關性」（Tarifbezogenheit）。政治罷工與團體協約相關性無關，自無正當性。蓋雖然勞動者之經濟利益，與國政上之政策息息相關，惟工會為爭取政府採取其主張，業已有市民法上保障其集會、示威、選舉運動及街頭散發傳單等手段，勞工甚且可組織政黨，努力將自己之利益代表送進議會等，關於以團體交涉不能解決之政治問題，勞動者較之於社會之其他弱者或一般國民，並不享有較優越之地位。同樣地，呼籲各行各業勞工放下工作的總罷工（Generalstreik），其性質近於政治罷工，自然亦不具正當性。[161]

　　總之，學者之中雖有主張工會於要求改善勞動條件之際，其附帶之政治的、社會的活動應予以容忍者，[162]惟鑑於向政府機關所為之政治罷工已違反人民主權原則（Prinzipien der Volkssouveränität）及議會民主原則（Prinzipien der parlamentarischen Demokratie），故應不問其為純政治性

---

[160] 史尚寬，勞動法原論，1978年，頁253以下；陳繼盛，勞工法論文集，陳林法學基金會，1994年，頁386。

[161] 史尚寬，前揭書，頁254；陳繼盛，勞資爭議行為規範與處理規範之研究，頁31；朱石炎，論罷工，法令月刊，第40卷第7期，頁6以下；楊通軒，爭議行為與損害賠償之研究，頁83以下。

[162] 石井照久，勞動法，東京：弘文堂，昭和52年4月，3版9刷，頁364以下；黃程貫，論政治罷工，政大法學評論第40期，頁115以下。

罷工或經濟的政治罷工，皆無正當性可言。[163]

　　另外，同情性罷工因勞工不提起自身勞資關係內之請求，而以遂行支援其他業經與雇主處於爭議狀態之勞工為目的之罷工，故原則上不受保護。[164]蓋依德國基本法第9條第3項受保護之團結行動，係以雙方為維持協商對等與爭議對等以達到團體協約所適當（geeignet）、必要且不超越比例關係者為限，而同情性罷工則顯非在團體協約中為維持協商平等與爭議平等所必要者。

　　最後，爭議行為及罷工既係為爭取勞動條件的改善或維持而為，即必須以調整事項為前提，這在實務上亦係採此看法。只不過，實務上亦有未能明確區分權利事項爭議與調整事項爭議，以至誤認罷工合法者。例如發生在1992年6月至8月間的基隆汽車客運股份有限公司（以下簡稱基客）的勞資爭議案，當時的台北縣政府勞工局及之後的歷審法院判決（最高法院87年台上字第2559號判決、台灣高等法院88年度勞上（更）四第10號判決、最高法院89年度台上字第1795號判決、最高法院90年台再字第2號判決參照），即將原屬權利事項的爭議，誤以為調整事項爭議處理及判決。蓋該案件的源由，係基客單方面逕行將里程津貼、保養獎金及內勤人員薪資予以調整（降），並未與個別勞工協商合意，性質上屬於勞動契約單方不利益變更之問題。此與調整事項的案情並不相同。後者，是指工會或雇主／雇主團體向他方表示協商里程津貼、保養獎金及內勤人員薪資之意，且也經過團體協商的過程。但是，本案中，基客顯然並無與工會進行團體協商之意，所以也並未進行團體協商。因此，針對該里程津貼、保養獎金及內勤人員薪資的爭議，固然可以進行調解程序，惟一旦調解未果，即只

---

[163] 楊通軒，前揭書，頁84。

[164] 陳繼盛，勞工法論文集，頁386；勞工爭議權相關法規之研究，行政院經建會經社法規小組，頁48。只有在極端例外的情形，例如在工會特別弱小的場合，基於力量平衡之考量，同情罷工始有合法的空間。相關資料請參閱Bieback, in: Däubler, Arbeitskampfrecht, Rdnr.367 ff.; Birk, Die Rechtmäßigkeit gewerkschaftlicher Unterstützungskampfmaßnahmen, 1978, 42 ff., 46 ff; Zöllner/Loritz/Hergenröder, a.a.O., 455 f.：楊通軒，前揭書，頁84以下。

能經由訴訟途徑解決（舊勞資爭議處理法第5條參照）。令人不解的是，針對基客工會的決議罷工，當地勞工主管機關並未以違反勞資爭議處理法（權利事項不得罷工）規定加以禁止，而且，最高法院87年台上字第2559號判決尚且認為：罷工乃勞工要求雇主同意給予特定利益之行為。「並非僅就雇主之行為違法時，爭取法定之權益之手段」，而常係為爭取超過法定最低標準利益，以改善勞工生活之措施。本書以為該判決所言「並非僅就雇主之行為違法時，爭取法定之權益之手段」，似乎隱含著雇主單方變更勞動條件或不遵守勞工法令之行為。果如此，則其係誤解罷工之目的，並不足採。

(3)程序

　　爭議行為之實施，應遵守法律規定之程序。在此首須明瞭者，爭議權乃以團體交涉為具體之折衝，使之得到進展而為保障之權利。故爭議行為發動之前，須先經過調解或仲裁之程序；亦即惟有在爭議當事人之一方宣布協商失敗，且任何一方未立即申請調解（Schlichtung）或調解無效時，始能援引爭議措施。惟工會、雇主團體或雇主拒絕協商時，則調解程序自無發動之必要矣。至於仲裁，依勞資爭議處理法規定，固應適用於調整事項之勞資爭議，但並非爭議行為發動前所必須進行之程序（除非工會與雇主約定先行仲裁者）。在此，另欲一提者，由仲裁在勞動爭議實務上的數據觀之，仲裁的功效實在不彰，顯示出有大幅改進／修正的必要，否則只能淪為點綴的角色（或被研究的對象）而已。吾人如檢視以往的仲裁決議，似乎仲裁委員會也有不按照勞資爭議處理法「請求仲裁之事項」的規定（舊勞資爭議處理法第27條第6款、新勞資爭議處理法第38條準用第10條第2款），而作出決議者之疑慮。以基隆客運勞資爭議為例，既然調解事項是里程津貼、保養獎金及內勤人員的薪資，那麼，在調解不成立時，當時（1992年6月20日）台北縣勞工局的職權交付仲裁，其仲裁事項應當也是里程津貼、保養獎金及內勤人員的薪資，怎麼會出現「一、勞資雙方應依勞資爭議處理法第7條、第8條規定，在仲裁書送達7天內，全面恢復正常營運。」（最高法院87年台上字第2559號判決參照）？仲裁委員會似有逾越請求仲裁事項之嫌，果如此，則其決議難謂有法律效力，對於勞

雇當事人並無拘束力可言。不過，在該案中，由於資方在1992年6月18日
（交付仲裁前）解僱勞方當事人（工會理監事），因此，推想工會有以資
方違反舊勞資爭議處理法第8條，而請求仲裁解僱無效者。因此，遂有上
述仲裁決議「全面恢復正常營運」之由來。如此之決議，係依據請求仲裁
事項而作成。[165]

　　由此可知，爭議措施必須係以寬容之手段而未能達到目的時始可發
動。爭議當事人須儘量地設法理解他方當事人，而不得藉故挑起爭執而發
動爭議行為。故須援引爭議措施之時，限於協商當事人確定協商失敗，或
相對人一開始即拒絕協商，或繼續協商不能期待時，此謂之「最後手段
原則」。台灣舊工會法第26條第1項即屬此之規定。新勞資爭議處理法第
54條第1項規定意旨，亦同。論者間嘗有將罷工比喻為「外科醫生的手術
刀」者，以示醫生僅在必要時始會用之救人活命之用。此確有幾分神似。
但醫生之決定使用手術刀，並不以其先已進行其他治療（尤其是藥物治
療）無效為前提，而罷工最後手段原則，卻是要求爭議當事人必須先進行
其他較為緩和的措施，在未收效果後，始能發動罷工。

　　又爭議行為之本質為有組織之集體行為，由多數勞工個別所為之行為
非此之爭議行為，故爭議行為在勞方須經勞動者團體內部之決議。[166]發
動爭議行為之資方若為雇主團體時，亦須經其內部之決議。惟若資方為單
一雇主時，則循由經營管理體為之，即為已足。工會或雇主團體如未經內
部決議即進行爭議行為，其構成員並無參與之義務，工會或雇主團體也不
得以內部懲戒程序加以處分。

　　爭議當事人之一方進行爭議行為時，須向他方盡預告及說明之義務。

---

[165] 新勞資爭議處理法第7條第1項、第53條第1項參照。

[166] 新勞資爭議處理法第54條第1項之罷工須經工會會員以直接、無記名之方式進行罷工決
議，即為其內部意見形成之過程。但在我國亦具有外部之效力，不履行此項規定。不
僅會員不負參與罷工之義務，該罷工亦不具合法性。關於罷工須經會員大會以無記名
之方式進行罷工投票，且須經全體會員過半數之同意之批評，見黃程貫，前揭書，頁
265以下。持平而論，工會罷工的門檻是全體會員的過半數、或40%、或30%或更低同
意率，當然會影響罷工的難易。

未盡此項義務者，不問其為有意或無意，其爭議行為均無適法性（也就是不允許閃電式或突擊性爭議行為）。預告程序之目的，在於使對方有所準備與調整，以防止一方或雙方不可挽回之損失。蓋爭議之目的在於和好，而非在於雙方無利可圖或毀滅他方，故公平之爭議行為之前提，係將爭議目的於發動爭議行為之前通知對造。行為人之義務除在明確通知外，另須將法律狀態說明清楚，以便對造決定是否接受。[167]

　　至於與社會大眾息息相關之事業，於進行爭議行為之前，是否須先經過一冷卻期（cooling-off period），此在國際勞工公約第87號結社自由及組織權之保障公約雖有規定，但在我國現行之工會法或勞資爭議處理法均無規定，解釋上應無必要。[168]但如工會與雇主在團體協約中有此項約定，則雙方自須遵守之。

---

[167] Birk/Konzen/Löwisch/Raiser/Seiter,a.a.O., 48ff.楊通軒，前揭書，頁92以下。行政院勞工委員會1991年工會法修正草案第26條第2項規定，罷工前3天，應報請主管機關備查，同時通知雇主，方得宣告罷工。再以義大利1990年的罷工法令規定為例，罷工必須在10天前預告，初次罷工時間最長為8小時，其後的延續罷工則得持續24小時之久。被允許的罷工必須公布在網站上。同一部門的工會（例如公共運輸部門的火車員工工會及飛機駕駛員工會）則不得在同一時間罷工，以免影響民眾行的權利。惟如是總罷工，則不在此限。只是，即使是總罷工，也必須謹守預告的期限，而且，公共運輸部門必須保障6～9點、18～21點的必要服務。非法罷工將被處以罰鍰處分（台灣目前非法罷工的罰鍰處分，只限於勞資爭議處理法第8條之情形。請參照勞資爭議處理法第8條第2項及第3項）。

[168] 行政院勞工委員會2006年10月所提出之勞資爭議處理法修正草案第50條第2項規定，電信、大眾運輸、公共衛生、石油煉製、醫院、燃氣事業之勞資爭議，經調解不成立後，該管主管機關認有必要時，應報由中央主管機關同意後，命勞資雙方於通知之日起30日內不得為爭議行為。勞資爭議處理法修正草案第50條第2項之立法說明三謂：主管機關應於此勞資雙方冷靜思考期間內協助解決其爭議，並得就該爭議事件進行調查處理，如逾此期間仍無法達成協議時，勞資雙方得進行爭議行為。殊不問此項冷卻期之規定，可能導致政府機關過度監督勞資爭議，以及拖延爭議解決之時效與對整體經濟帶來不確定感，如未遵循此程序而進行爭議行為時，即屬不法之爭議行為。

惟2011年5月1日修正施行的勞資爭議處理法第54條第2項規定，雖然限制一定事業的勞工罷工，但已無冷卻期的規定。此應係一正確的立法。

(4)手段

　　爭議行為之實施必須以和平方式為之，不得涉及暴力行為。蓋勞工所謂之團結權、協商權之行使，以無形之力即為已足，而不應擴及物理的、有形的力。故以有形力之強制，當然不在勞動法保障之列。[169]如前所言，罷工係勞工在與雇主進行團體協商之際，不服從雇主所提出建議與見解，而期望勞動條件之維持或較佳勞動條件之實現，因自工作場所撤退，集體脫離雇主之勞務指揮權之謂。因此，其手段限於消極地勞務不提供。故若逾此而以積極之手段對機器或製品加以破壞、毀損（這通常是經由附屬的爭議行為所為），則不具合法性；亦即行使暴力究不能解釋為工會之正當行為，而為爭議權之濫用。又爭議權既僅應為消極之不作為，則實不宜允許生產管理，以免侵害雇主之經營管理權與財產權。[170]台灣相關之規定見之於舊工會法第26條第2項及第29條第1款至第6款。[171]

　　另爭議行為之手段須具備誠信原則與公正原則，因此項謹守過度禁止原則、最後手段原則及比例原則。[172]為遵守比例原則，爭議行為不得以毀滅對造為目的、爭議行為中應繼續維持性的勞務、爭議行為中應繼續緊急性的勞務。[173]

---

[169] 陳繼盛，勞工法論文集，頁387以下；楊通軒，前揭書，頁104以下。勞資爭議處理法修正草案第48條第3項規定，爭議行為不得以暴力為之。

[170] 朱石炎，前揭文，頁7；魏朝光，爭議行為正當性之探討——從日本的觀念與作法談起，勞工論叢第5期，頁120。

[171] 黃程貫，前揭書，頁268以下：認為（舊）工會法第26條第2項之限制，其實已逾越憲法第23條之必要限度，故應予以廢止或適當修正，而在未能修法之前，對（舊）工會法第26條第2項之適用應予以嚴格解釋，不應任意適用之。——（舊）工會法第26條第2項之適用範圍應嚴格解釋為只適用於非和平性之爭議動作，若是和平性之罷工動作應不受該條之限制。——該條項應只限於非和平性之爭議動作或逾越為確保進行有壓力效果之罷工行動的可能性而有必要之其他爭議動作始應受該條項之限制。

[172] 關於比例原則在憲法上意義之說明，請參閱陳新民，中華民國憲法釋論，1995年9月版，頁174以下。如以爭議行為而言，爭議之目的及行為必須相互配合，不應出現「以大砲轟小麻雀」（mit Kanonen auf Spatzen schießen）之情形。

[173] 楊通軒，前揭書，頁98以下。

（三）正當性原則之檢討及拙見

台灣舊工會法並無如日本工會法第1條第2項及第8條分別對刑事責任、民事責任（債務不履行責任與侵權責任）以正當性加以免責之規定，是否可以解釋的方式，將正當性概念引用到我國作為阻卻刑事責任及民事責任之依據，似乎是有問題而且也沒有必要的。因為正當性本屬於刑法上社會相當性理論，為違法阻卻事由之一。但在民法上，只要違反法律規定，而行為人具有歸責可能性時，即具有違法性。要將其移植到民法及勞工法來，當初在德國即引起極大之爭論，[174]這也是該國後來捨棄以社會相當性學說作為爭議行為判斷基準之理由之一。

另外，正當性（社會相當性）為不確定法律概念，必須要將之具體化成原則，始能作為判定基準。在日本係將正當性之內容區分成主體正當性、目的正當性、程序正當性及手段正當性。在德國則由其導出下列原則：罷工權雖為個人權，但必須經工會同意始能發動罷工、罷工之目的在於締結團體協約、必須遵守和平義務、手段上須謹守最後手段原則及禁止過度原則（妥當性原則、必要性原則、比例性原則）。兩者所探討之實質內容相同，只在一者仍使用正當性概念，一者已捨棄社會相當性概念而已。觀乎台灣目前實證法現況，可謂較近於德國法，因此似可直接從罷工權之主體、目的、程序及手段考量爭議行為之合法性，而毋庸適用現行民法及勞工法不存在之正當性（社會相當性）之概念。而台灣勞資爭議處理法企圖援引正當性原則的作法，似乎應該考量德國社會相當性在爭議行為上之起落過程。[175]

因此吾人原本主張：將舊工會法第18條第1項免除工會理事及其代理人契約上之責任，以團體法上之一體理論作為其理論基礎，而從進行罷工必須遵行之主體上、目的上、程序上及手段上之要件限制，直接衡量爭議行為之合法性，以阻卻其侵權行為責任及刑事責任。無須再引用正當性或

---

[174] Brox/Rüthers, Arbeitskampfrecht, l. Aufl., 122, Fn. 45, 46.
[175] 此部分之論述，詳請參閱楊通軒，爭議行為合法性的判斷基準──最高法院84年度台上字第1074號民事判決評釋，頁74以下。

社會相當性作為其判斷基準，畢竟其只是一空殼子（Leerformel），仍須假借較具體之原則才能適用。雖然如此，隨著新勞資爭議處理法第55條第3項規定導入「爭議行為具正當性者」觀念，而且，該條立法理由中亦分別說明主體、目的、手段、程序等正當性，則正當性一詞之引用，恐將逐漸普遍，終致完全取代合法性一詞。

六、跨國爭議行為之法律適用問題

早在1970年代、1980年代，多國籍企業所引發之國際勞工衝突法問題，即已引起世人的關注。[176]時至今日，時代的洪流促使世界經濟的連結日益加深、國際的分工越發細緻，以及跨國人力的交流日益綿密，連帶地，也造成具有涉外成分的勞工案件急速膨脹。針對此種複雜的案件，想要以單一國家的勞工法律加以解決，雖非不可行，但卻可能引發各國間誰有管轄權之爭議，因此，傳統上還是仰賴衝突法的方式予以解決。[177]此不獨是針對跨國企業或跨國人力之勞動契約的問題，即使針對跨國的爭議行為、同情性爭議行為以及遠洋航運之問題，也是以國際私法中之「最密切關聯原則」（Schwerpunkt）加以處理。[178]

然而，學者間也有提出檢討之聲者。以國際運輸工人工會（Internationale Transportarbeiter Gewerkschaft, ITF）呼籲其工會成員（港口工人）對於懸掛勞動條件較差之其他船旗國（billige Flagge）的船舶進行之杯葛行動而言，即被荷蘭法院（Kassationsgericht）單純視為拒絕向雇主提供勞務，因此是違法之行為。[179]此種一國的法官將國際性的勞資爭議，僅以

---

[176] 有關多國籍企業之法律衝突的探討，請參閱黃居正，勞工法律衝突之研究，東吳大學法律研究所碩士論文，頁26以下，1989年6月。

[177] Zöllner/Loritz/Hergenröder, a.a.O., 104 f., 115, 119.

[178] 其中，國際性的支持罷工所引起的國際私法的問題最為複雜。蓋不僅要選擇一個適用的勞工法律外，更要考慮到：在何種限度內也應該將主罷工的合法性納入考量？以免支持性的或同情性的爭議措施動輒變為非法的舉動。

[179] "Panhonlibco"-Urteil der niederlaendischen Hoge Raad, Niededrland Jurisprudente 1960, Nr. 84.又，國際運輸工人工會最近一次的爭議行動，呼籲其所屬的工會會員（在此主要是指芬蘭海員工會）不要與芬蘭商船運輸企業Viking Line ABP及其愛沙泥亞子公司OU

地方的及職業的視野來加以裁判，顯然是不當的，而且也忽略了國際經濟
關係的複雜性。只不過，令人為難的是，爭議行為所引起的法律問題，畢
竟與一般的勞工案件性質上有相當大的差異，因此，大多數國家的法官均
將一國的爭議行為法視為與公序良俗有關，不宜選擇外國法適用。[180]由
此可見，想要以衝突法的方式解決跨國的勞資爭議將會遭遇到一股不小的
阻力。

　　再就歐洲（盟）的團體協約而言，歐洲（盟）的團體協約係屬於國際
的團體協約的一環，可以作為橫跨歐盟數國的歐洲股份公司（Societas Eu-
ropae）所簽訂團體協約的特殊形式及多國籍企業在團體協約上的連結。
惟歐盟團體協約可能涉及數個法的領域的衝突法上的問題，卻未同時被加
以探討。亦即不僅學者間對此的論述不多，連實務界或政府機關對此問題
解決之先頭作業，也往往闕如。[181]

　　連接著歐盟的團體協商與團體協約，發生在歐盟層次的勞資爭議與爭
議行為，其處理的方式或處理的法律依據，同樣闕如。既然歐盟條約或基
本權目錄中，並無統一的爭議權之規定。那麼，對於發生在歐盟層次之爭
議行為，傳統以衝突法方式選擇適用之法律應該仍然有其適用。只不過，
歐洲聯盟統合過程推動至今，其主體性雖然仍非聯邦或邦聯可言，但畢竟
與一般的國際組織（例如聯合國）的鬆散結構不能相提並論，以一般國際

Viking Line Eesti進行有關「船旗移轉 Ausflaggen」及團體協約工資維持之協商。芬蘭商
船運輸企業及其愛沙尼亞子公司遂向法院提起暫時處分及不作為之訴。此案在英國高
等法院（High Court）審理時，法院判決芬蘭商船運輸企業及其愛沙尼亞子公司勝訴。
國際運輸工人工會上訴至英格蘭及威爾斯上訴法院，英格蘭及威爾斯上訴法院遂向歐
洲法院提起前置判決程序，以釐清爭議行為是否有侵犯歐盟條約第43條之設廠自由與
歐盟條約第49條之勞務自由。相關資料請參閱 (2005) EWCA Civ 1299, AuR 2005, 45;
Thomas Blanke, Streikende Wikinger vor dem Europäischen Gerichtshof – Streikrecht und
wirtschaftliche Grundfreiheiten im EU-Recht, AuR 2006, 1, 6。

[180] Antonie T. J. M. Jacobs, Das kollektive Arbeitsrecht in der Europäischen Gemeinschaft, in: Heinemann(Hrsg.), 1999, 111, 114.

[181] Rolf Birk, Internationales Tarifvertragsrecht – Eine kollisionsrechtliche Skizze-, in: FS für Günther Beitzke, 1979, 831, 833.

私法的方式來處理歐盟層次的爭議行為，究竟是否妥當？不能說無疑。論者因此認為針對在歐盟境內所發生之跨國的集體協商及爭議行為，最好有一部統一的、可以預先知道其內容的爭議行為法可用，以適當的、根本的解決所發生的法律問題。[182]目前以國際私法的途徑，來解決歐盟的爭議行為，只不過是一個暫時的權宜之計而已。

其實，吾人如觀察歐盟勞工法的形成過程，此種衝突法的解決方式，實際上一直都是歐體條約為了促成一部超國的勞工法（ein supranationales Arbeitsrecht）的方式之一（協調方式Koordinierung）（另外兩種是：整合及法律統一方式）。[183]詳言之，協調方式，是希望將共同體內各會員國之法律制度作一校準。此一目的需藉由發布統一的衝突法規始能達成。因此，各會員國遂無法自行決定在何時及在何種條件下，適用本國法律或其他會員國的法律。藉由此種協調各會員國法規之方式，是希望排除消極的或積極的適用上的衝突（negative oder positive Anwendungskonflikte）。[184]

第六節　爭議行為之種類

一、爭議行為與罷工之不同

爭議行是否即為罷工的同義詞？或者兩者並不相同？學者間有不同的看法。而台灣的法令中，一直到2011年5月1日新勞資爭議處理法第5條第5款修正施行之前，並無對於罷工加以定義者。同樣地，作為罷工上位概念的「爭議行為」，在之前同樣未加以規範。[185]即使在憲法，也未有對於

---

[182] Dagmar Schiek, Europäisches Arbeitsrecht, 2. Aufl., 2004, 283; Antonie T. J. M. Jacobs, a.a.O., 114.

[183] 楊通軒，歐洲聯盟勞工法律之研究，中原財經法學，7期，2001年12月，頁174以下。

[184] MünchArbR/Birk, §18, Nr. 22.

[185] 在2006年10月行政院勞工委員會所提出的勞資爭議處理法修正案第46條第1項中，已有如下之規定，「爭議行為，指爭議當事人為達成其主張所為之罷工及其他阻礙事業正常運作與對抗之行為。」此在2011年5月1日修正施行的勞資爭議處理法第5條第4款

勞動基本權或爭議權的明文規定。

(一)爭議行為概念

台灣過去法令未對「爭議行為」加以定義的作法，是與德國現行之勞資爭議法（Arbeitskampfrecht）相同。[186]與此相反者，2011年5月1日修正施行的勞資爭議處理法第5條第4款規定，「爭議行為：指勞資爭議當事人為達成其主張，所為之罷工或其他阻礙事業正常運作及與之對抗之行為。」換言之，如屬集體性（此可由罷工推知）之「為達成爭議當事人主張所為阻礙事業正常運作或對抗之行為」，即為爭議行為，而為勞資爭議處理法所處理之對象。[187]至於論者謂此一定義規定，已將爭議行為受保護的範圍擴大到積極性的爭議行為，則是誤解了新勞資爭議處理法第5條第4款規定之「……與之對抗之行為」之意義，其是在指雇主的對抗行為，而非工會及勞工的積極性行為，此從立法理由中可以得知。

依據學者間及實務上共同的看法，爭議行為係勞資之一方為貫徹其主張，以集體之意思對於他方所採取之阻礙業務正常營運之行為及對抗之行為。傳統上勞方之爭議行為型態有罷工、怠工、杯葛、糾察、占據及生產管理，甚至集體休假戰術、集體辭職戰術。[188]至於資方之爭議行為型態有閉廠（鎖廠）、繼續營運及黑名單等。就勞方而言，罷工可以說是主要之爭議手段，杯葛、糾察及占據則是附屬於罷工之爭議手段，兩者雖常一起被使用，但其合法與否，仍應分別加以評價。

規定，亦有幾乎相同的用詞定義。依之，「爭議行為：指勞資爭議當事人為達成其主張，所為之罷工或其他阻礙事業正常運作及與之對抗之行為。」

[186] Schaub, Arbeitsrechts-Handbuch, 12. Aufl., 2007, 1872.

[187] 值得注意的是，雖然2011年5月1日修正施行的勞資爭議處理法第5條第4款規定中未將「鎖廠」納入，但在立法說明裡已將罷工、怠工、杯葛、鎖廠、黑名單等爭議行為列出，可知雇主亦有採取爭議措施的權限。

[188] 陳繼盛，勞工法論文集，陳林法學基金會，1994年，頁380以下；黃越欽，勞動法新論，頁438；楊通軒，爭議行為與損害賠償之研究，私立東吳大學法律研究所碩士論文，1990年6月，頁23以下。

(二)罷工概念

　　罷工與杯葛一樣，都不是工業革命後所衍生的產物，而是由來已久。一般歷史學家所公認的世界上第一場罷工，是埃及法老王拉美西斯三世在公元前12世紀的在位期間，皇家墓園工人所發動的罷工，顯示出工人階級的訴求首次獲得重視。就現代眼光來看，其應可歸類為公部門勞資關係的一環。罷工之定義，可以區分為狹義說及廣義說兩種。前者，將罷工界定為「罷工係指一由工會有組織、有計畫地發動多數勞工透過違反勞動契約義務之手段，如不上工或怠工等，對雇主施加壓力，以達改善其共同勞動及經濟條件之目的的行動。」後者，則是將罷工界定為「罷工係指多數勞工（有計畫地）不法拒絕履行其工作之義務。」無論是學者間或法院實務的判決，大多採取廣義說的立場，法院甚且也都能明確地區分主要爭議行為與附屬爭議行為的不同。[189]依據2011年5月1日修正施行的勞資爭議處理法第5條第5款規定，「罷工，指勞工所為暫時拒絕提供勞務之行為。」顯然也是採取廣義的見解。而無論係廣義或狹義的見解，罷工都只是勞工自己【作者按：一身專屬權】單純不工作，消極地不提供勞務而已，以圖獲取一定之經濟利益。故不得有其他影響資方營運之行為，亦即不得積極阻止公司營運，否則即屬不必要之破壞舉動，為法所不許。於罷工期間，罷工之工人不得占據雇主之廠房、生產設備或營運設備，使雇主無法營運，否則即屬不法。工人及工會亦不得將廠房設備置於自己實力支配之下，而自行營運[190]（台灣高等法院88年度勞上更（四）字第10號判決、最高法院89年度台上字第1795號判決、最高法院90年度台再字第2號判決參照）。

　　本文對於罷工之定義，也主張廣義說的見解。依之，在罷工定義的階段，並不須如同狹義說，亦斟酌其行動是否由工會所組織、發動及爭議目的是否有團體協約相關性；而是應該在價值判斷階段始

---

[189] 參照最高法院84年度台上字第1074號判決、最高法院86年度台上字第2980號判決。

[190] 也就是說，工會法第5條第9款之「依法令從事事業之舉辦」，並不包括自行營運原來雇主所屬廠房設備之情形。

加以斟酌，以辨明其行動是否具有合法性。經由定義之過程，並無法解決一實體問題。因此雖為非法罷工（例如政治罷工、同情性罷工），仍然不失其為罷工的本色，例如以德國勞工法上的大量變更解雇（Massenänderungskündigung）[191]或民法第273條之給付保留權（Zurückbehaltungsrecht）[192]來進行爭議行為，原則上在概念上即被歸類為違法的爭議行為。只有不符合罷工的條件之行為，例如單一勞工所進行之罷工，才不被視為罷工處理。[193]

按照多數德國勞工法學者的看法，罷工也應該採取廣義說；亦即，廣義爭議行為之定義，係指勞工或雇主為了達到一定之目的，經由壓力集體地干擾勞動關係之謂。在廣義的爭議行為之下，每個單一或個別爭議措施之合法與否，應該分別予以評價。在廣義的爭議行為之下，也包括了野罷工及追求政治目的的罷工。在此階段，目的及施行壓力的手段並不重要，在法律體系上重要的界定標準是「集體的現象」（Kollektiv Aspekt）。個別勞工的放下工作及雇主對於個別勞工所進行的解雇〔含變更解雇（Änderungskündigung）〕，並不得被視為爭議行為。

二、勞工之爭議行為

(一)罷工

罷工的種類，大約可以區分成如下數種：

首先，罷工，必須係為維護及促進勞動條件與經濟條件而發動，即必須具有團體協約相關性，這是勞工法所欲規範或保障的罷工（arbeitsrechtlicher Streik）[194]。因此，依據勞資爭議處理法第53條第1項規定，權

---

[191] Zur Massenänderungskündigung, BAG AP Nr. 37 zu Art. 9 GG Arbeitskampf.

[192] Zum Zurückbehaltungsrecht, BAG AP Nr. 32 zu Art. 9 GG Arbeitskampf.

[193] 黃鼎佑，罷工集會作為集會遊行法的警察權發動對象？——勞動法的觀點，發表於爭議行為之行使所涉及相關法律問題學術研討會，2006年12月8日，頁103以下。將我國法院對於罷工所採的廣義解釋，誤解為「最狹義的罷工定義」，亦有待於改正。

[194] 請參閱林更盛，從華航罷工事件看幾個罷工相關的法律問題——一個德國法的觀點，月旦法學雜誌，第256期，2016年9月，頁5以下；劉士豪，勞動三法修正後罷工規範之

利事項之勞資爭議不得罷工。反面言之，勞工及工會只得針對調整事項的爭議罷工。再依據該法第5條第3款之規定，調整事項爭議是針對「勞動條件」維持或變更之爭議。本書認為基於團體協約相關性理論，該條款之「勞動條件」，即是團體協約法第12條第1項第1款所規定之事項而言。至於同條項第2～7款之事項，均非勞動條件，如果工會與雇主為該等事項協商不成，並不得進行罷工。此一團體協約相關性及可罷工性，與團體協約之法規範性及不可貶低性亦有關聯（團體協約法第20條第1項參照。但該項認為同法第12條第1項第2款規定之事項，亦具有第19條之效力，似乎係一誤解。正確而言，其應該只具有債法效力而已）。如果工會及勞工係以罷工追求其他的目的，例如以罷工迫使國會制定勞工法律，則係一政治罷工，將難免於負擔勞動契約債務不履行及侵權行為的責任。同樣應以政治罷工評價的是：工會以罷工迫使國會不得制定特定的勞工法律，例如與非典型僱用相關的法律，尤其是勞工派遣法、定期勞動契約法律，以及部分時間工作法律等。[195]定期勞動契約法〔如德國已廢止的僱用促進法（Beschäftigungsförderungsgesetz）及目前正施行的部分時間工作及定期勞動契約法、勞工派遣法〕是「反罷工的法律」（Antistreikgesetz）？

　　其次，合法的罷工必須要由工會來組織及領導，蓋其係負責簽訂團體協約的當事人也。所謂野罷工係非法的，只因其非由工會組織領導而已，並不代表其一定是亂成一團的或只是烏合之眾。有問題者，未經工會同意之野罷工，如其未違反和平義務，可否由工會嗣後予以承認而溯及既往合法？對此，雖然有比較多的學者贊成可以溯及合法，[196]不過，本文

研究，中正法學集刊第51期，2016年4月，頁133以下。

[195] Detlef Hensche, in: Muhr (HrsG), Streikrecht, Demokratie und Sozialstaat, 1987, 130 f.：政府有關部分時間工作及定期勞動契約的法令，均是在鼓勵形成一個不受保障的勞動關係。非典型僱用法〔例如已廢止的僱用促進法〕均是「反罷工的法律」。

[196] BAG AP Nr.3 zu Art.9 GG Arbeitskampf, Bl.l R.; BAG, AP Nr.32 zu Ar. 9 GG Arbeitskampf, Bl.9; Birk/Konzen/Löwisch/Raiser/Seiter,a.a.O., 67; Hanau/Adomeit, a.a.O., Rn. 282 f.; Kalb, a.a.O., Rdnr. 1100.此項見解係基於德民第184條第1項（相當於台民第115條）之事後同意（nachträgliche Zustimmung）理論所為之。

毋寧以為只可往後合法而已。[197]如此，除了能適當地切割承認前後的法律責任外，也能促使工會早日承認或承接野罷工。另外，德國學者也有肯定在一定條件之下，非工會之罷工（Verbandsfreier Streik）係屬合法者，亦即：1.缺乏可代表員工利益之有團體協商能力之工會；2.廠場裡無工會；3.工會拒絕接受經由團體協商而得之團體協約；4.工會與會員利益衝突。[198]

　　三者，工會在罷工的策略上，可以選擇讓所有的勞工在企業或團體協約區域進行罷工，此稱為全面罷工。但是，也可以只讓部分的勞工在企業內罷工，此稱為部分罷工；或者，只讓部分的勞工在團體協約區域內罷工，[199]此稱為重點罷工（Schwerpunktstreik）。只要罷工是為了維持對等所需要的，工會即有其自由選擇的空間，相對人或其他的第三人不能要求其先選擇其他形式的罷工，例如要求工會先進行部分罷工，而不是直接進行全面罷工。

　　四者，罷工又可依其目的是在示威或簽訂團體協約，而區分成警告性罷工或強制罷工（Erzwingungsstreik）。警告性罷工係在團體協約和平義務結束後，伴隨著新的團體協商而進行，通常只有一、二小時之久。德國聯邦勞工法院曾經有一段時間承認警告罷工的合法性，[200]其主要理由為：短暫的罷工只有一輕微的、溫和的壓力，並不適用最後手段原則，蓋雙方當事人仍有協商的意願。不過，由於工會隱藏地將其作為強制罷工使用，甚至將之形成為所謂的「新的行動」（neue Beweglichkeit），遂導致了警告性罷工在協商過程中一再地被濫用，這也引起學者尖銳地批評。蓋

---

[197] Konzen, ZfA 1970,159 ff., 181; Lieb, a.a.O., Rn. 580 ff.

[198] Birk/Konzen/Löwisch/Raiser/Seiter,a.a.O., 95 ff.其他之條件為：規範之目的為一般勞動條件、缺乏一團體協約的規定、不存在一企業協定、必須一星期前通知罷工相對人。至於對於爭議行為一般之限制，如平等原則、禁止過度原則（即比例原則）、最後手段原則等，亦適用之。Zöllner/Loritz/Hergenröder, a.a.O.，頁440以下認為：主張非工會所進行之罷工合法者，必須說明其理由及條件。

[199] 此處的團體協約領域，可能是一公司或企業為範圍，也可能是以整個聯盟為範圍。

[200] BAG AP Nr. 51 zu Art. 9 GG Arbeitskampf, BAG AP Nr. 81 zu Art. 9 GG Arbeitskampf.

既然是示威或警告之用，應該在團體協約領域中只能短暫地使用一次而已，不得一再地重複。[201]本章以為此種見解值得肯定。

　　聯邦勞工法院在多方批評之後，終於又回到最後手段原則之路，認為：警告罷工與強制罷工實際上並不容易分辨，所以集體勞工法的原則也應該一體適用之。聯邦勞工法院也認為最後手段原則應該公（形）式化（formalisieren）；亦即應該正式地宣告協商失敗，而後才能進行罷工。不過，假使工會已在某處帶頭進行罷工，當可以推知其已默示地宣告協商失敗。依據聯邦勞工法院的見解，本來正在進行中的協商，將會隨著某處罷工的開始而結束，而且該罷工係一合法的罷工。此種看法與其原來主張警告罷工不適用最後手段原則的看法，差異並不大。不過，聯邦勞工法院顯然忘記雙方當事人仍然存有協商的願望。因此，其見解又有點過頭而不切實際。正確來講，如果協商當事人正在協商中，而且也已約好下次協商的日期（如明天在同一地點繼續協商），雖然在公司中或團體協約領域中發生工會帶領的罷工，但只要下次協商日期沒有被取消，團體協商即沒有被宣告失敗。這種解釋也適用於：協商雖因罷工而中斷，雙方協商當事人卻在離開協商場所後又約定了一個新的協商日期。所以說，所謂的「罷工默示地宣告協商失敗」，應該只適用於協商因罷工而中斷，而協商當事人事後也並未約定一個繼續協商的日期時。

　　五者，罷工依據其目的在同情或簽訂團體協約，可以區分成同情性罷

---

[201] BAG EzA Nr. 75 zu Art. 9 GG Arbeitskampf mit Anm. Konzen. 如由德國公部門／公務機構在2014年3月27日所發動的警告性罷工（多年來世人多稱之為「春天的音樂Frühlings-musik」）來看，依據服務業聯合工會（Vereinte Deinstleistungsgewerkschaft, ver.di.）的立場，罷工才能讓雇主認真看待工會的要求。自2004年以來，警告性罷工的次數即不斷增加，因為該類罷工不僅是要展現工會的力量，也在聚集更強的能量。服務業聯合工會的領導階層認為：在布滿衝突的團體協商過程中，經由罷工可以更有效地吸引同事們加入工會（資料來源：VSA-Verlag, Organisieren am Konflikt）。因此，可以說罷工也是最好的廣告。至於漫長的協商過程，也會給會員留下協商代表努力堅守或實現我方立場的印象，有助於爭取新會員的加入【作者按：所以，假設誠信協商果能真正落實，在短暫協商即能獲致共識的情況下，是否會反而不利於會員的招募？】。就實際會員數據來看，自服務業聯合工會成立後至2013年，工會會員數才首度呈現增加。

工或主要罷工（Hauptstreik）。主要罷工，係指在團體協約領域內進行一強制的罷工，其可以是全面罷工，也可以是重點罷工。在一個團體協約領域中，工會與雇主應該以罷工及鎖廠的手段，對等地解決其爭議。[202]由其他團體協約領域的工會以罷工來支援主要罷工，原則上應該沒有必要性，因此也是違法的行動。除非在極端的情況下，例如：1.航行在公海上的商船員工與雇主發生勞資爭議，而工會與雇主實際上均難以進行罷工或鎖廠時，即可以容許一替代罷工（Ersatzstreik）存在，此一替代罷工或者為同情性罷工，或者為團結罷工／支持性罷工（Solidaritätsstreik）；2.在工會特別弱小之場合，如無第三者之介入，則明顯地不能期待其力量平衡地協商工作條件，基於力量平衡之考慮，仍應例外地允許同情罷工之存在[203]；3.跨國的支持性或同情性罷工，似乎與單純一國之內的勞工組織彼此支援所發動的罷工，本質上有所不同。[204]早在1950年代，德國印刷廠工人即已發動支持性罷工，以拒絕接手印刷英國報紙The Times的方式，支持The Times員工所進行的罷工，[205]隨後，德國勞工法院在1959年首度作出判決。[206]在當時，歐洲共同體正在發軔之中，而德國勞工法院也沒有意識以衝突法的方式解決跨國勞資爭議。因此，法院係以傳統對待同情性罷工的看法，判決德國印刷工人工會敗訴。惟在之後的跨國支持性爭議行為案件中，德國各級勞工法院的見解，則已趨於多元化。舉例而言，

---

[202] BAG AP Nr. 64 zu Art. 9 GG Arbeitskampf.

[203] Bieback, in: Däubler, Arbeitskampfrecht, Rdnr.367 ff.; Birk, Die Rechtmäßigkeit gewerkschaftlicher Unterstützungskampfmaßnahmen,1978, 42 ff., 46 ff; Zöllner/Loritz/Hergenröder, a.a.O., 441 ff.;楊通軒，前揭書，頁84以下。

[204] 而且，依據Antonie T. J. M. Jacobs的見解，在國際運輸工人工會（ITF）所採取之要求港口工人杯葛（Boykottierung）之行為，其爭議的效力要遠較罷工或占據來得強。Antonie T. J. M. Jacobs, Das kollektive Arbeitsrecht in der Europäischen Gemeinschaft, in: Heinemann (Hrsg.), 1999, 109 ff.

[205] Antonie T. J. M. Jacobs, Das kollektive Arbeitsrecht in der Europäischen Gemeinschaft, 111 Fn. 10.

[206] Curt Wolfgang Hergenröder, Der Arbeitskampf im europäischen Zusammenhang , in: Grundlagen und Praxis des Arbeitsrechts, Heinemann (Hrsg.), 1991, 55 Fn. 39.

1.法蘭克福邦勞工法院第2庭在「空服員案件」（Stewarddessen-Fall）中，判決跨國的拒絕提供罷工替代勞務（Streikarbeit）係違法之行為；[207]但是，2.歐芬巴哈地方勞工法院則認為：不問支持性的爭議措施，目的是在輔助國內的罷工或國外的罷工，均無損於其合法性。這是因為經濟的國際連結日益加深，勞工的社會連帶自然不能侷限於一國境界之內，更何況英國也是歐盟的會員國之一也。[208]

　　歐盟層次的支持性或同情性罷工，在歐洲聯盟經過漫長的統合過程後，其合法性的評價已然進入另一個時期。這是由於歐盟的企業及其生產過程的連結日益加深，各會員國間的勞動條件與經濟條件互相連動的情形日益緊密，使得傳統上的罷工限於保障團體協約制度的構想，已然到了改弦更張之時。論者有認為應將罷工權超脫於團體協約制度之外，而擴大到保護所有為維護及促進經濟條件之行動方式。此從歐盟的市場及歐盟條約所賦予之訂定跨國協議的可能性，也使得爭議行為法必須因應跨國的連結，顯得相當有必要。再加入歐盟在朝向「社會歐洲」（social Europe）的發展過程中，馬斯垂克條約第118b條（舊）及其社會政策議定書、社會政策協定所公開之勞動市場的連結，對於跨國的支持性罷工及抗議罷工是否合法的評價上，也扮演一定的角色。[209]

　　雖然學者間有主張從歐洲聯盟的角度，來評價支持性或同情性罷工之合法性者。但至今為止，究仍未看到歐洲法院有任何的判決或見解出現。因此，其後續的發展為何，仍有待吾人持續加以關注。

　　最後，針對勞工以集體預告終止契約（集體辭職）或集體休假或集體拒絕加班的方式進行爭議行為，均難免於權利濫用的疑慮。蓋個別勞工或多數勞工固然可以辭職，這是其契約自由的表現，也是其作為一個人可以自由決定任何事項的價值所在。但是，從罷工歷史的進展觀之，早期要

---

[207] Curt Wolfgang Hergenröder, Der Arbeitskampf im europäischen Zusammenhang, 55 Fn. 37.

[208] ArbG Offenbach v. 27.3.1981, Az.: 4 Ca 542/80, Bl. 11.

[209] Martin Coen, Die Europäische Dimension der Tarifautonomie nach Maastricht, in: Europa'93 – Auf dem Weg zur Europäischen Union, Coen/Hölscheidt/Pieper (Hrsg.), 1993, 10 f.

求勞工須先離職才能進行罷工的理論已被推翻，進而以契約暫時中止效力的理論取而代之。因此，從勞資雙方都希望爭議結束後重歸於好的前提下，自然不應該承認勞工以集體辭職達到罷工目的的合法性。何況，假使承認集體辭職的合法性，那表示勞資雙方已不存在契約關係，雇主應該可以另行聘僱其他的人入廠工作，勞工將永遠喪失其工作？除非勞工「集體辭職」有成，雇主願意「重新僱用」之，工作年資始有重新起算之機會矣。[210]這種風險恐怕不是勞工所樂意承擔。

　　至於集體使用特別休假部分（依據2017年1月1日修正施行之勞動基準法第38條第2項規定，由於特別休假期日係由勞工排定之，雇主只能基於企業經營上之急迫需求與勞工協商調整。因此，自然較有利於集體休假之進行），由於休假權係個別勞工法上之問題，而且有其藉休假以回復勞動者精神、體力而達到其永續工作之目的，今以休假之名以行罷工之實，自係屬於休假權之權利濫用，欠缺合法性。[211]其理由在於：如果法律規範已承認罷工係勞動者之特權，且勞動者可免除其契約責任、侵權行為責任、刑事責任及懲戒責任，那麼它當可要求爭議目的只能藉由罷工手段為之。勞動者當不得脫離這條集體爭議的途徑，而仍希冀獲得免除其責任的特權。[212]此種集體休假的非法性，似乎也可由102年勞裁字第16號裁決的推論脈絡得出。依之，「一般而言，當工會組成後，勞工及雇主應該透過工會來進行團體協商；不透過工會，雇主直接與勞工協商是侵害勞工的團結權乃至於團體行動權，構成不當勞動行為的違反（拒絕團體協商）。」既然工會具有團體行動權的獨占權，則會員停止提供勞務當然只能由工會帶領行之，否則無論是少數或多數會員的集體休假，均將難免被界定為非法罷工。

---

[210] 同樣地，在勞資爭議期間，雇主也不可捨棄鎖廠權不用，而回到行使集體的解僱權。這也是新勞資爭議處理法第8條所欲禁止者。

[211] 反對說，最高法院84年度台上字第1074號判決。

[212] 但設如團體協約制度有漏洞或無法發揮其效力時，則可考慮將集體休假作為自力救濟（Selbsthilfe）之手段，而承認其效力。請參閱Hanau/Adomeit,a.a.O., Rn. 284。

　　不過，上述以集體使用特別休假為非法罷工之理由，並不適用於短暫的（例如一、二天的國定假日、例假日）的休假或病假的情形，這是因為：前者既然是自有權利之行使，而且時間不長，對於相對人、第三人，及社會大眾的影響相對有限；後者如果確有病假的事實，而且雇主可以要求其提出有關證明文件，[213]當不至於淪為濫用的途徑。

　　就此觀之，行政院勞工委員會針對公用事業勞工不按所輪班次上班，將其解釋為勞基法第32條第3項之「突發事件」，並且依據該條文處理之作法，似乎並不妥當。[214]蓋公用事業固然與社會大眾生活息息相關，勞工不按所輪班次上班，也的確可能嚴重影響社會大眾生活秩序與社會安全。但是，一者，如果只是短暫地一、二日的國定假日（如五一勞動節）或例假日，時間的長度尚屬確定、有限，雖會造成社會大眾的不便或些許損害，但應該還是在可以容許的界限之內；二者，如果工會確實已按勞動三法的相關規定進行爭議（尤其是程序、手段的規定），則自應將其置於爭議行為或罷工的合法性評價，實在不需要，也不應該再回到勞基法第32條第3項的「突發事件」處理。

　　至於工會以集體拒絕加班（含停止休息日、例假及休假日）的方式，拒絕提供勞務，同樣有罹於權利濫用的疑慮。緣對於延長正常工作時間的工作，勞基法第32條第1項明定應經工會或勞資會議同意，至於停止休假日或國定假日，亦應經勞工同意（勞基法第39條），而停止例假則須有天災、事變或突發事件（勞基法第40條第1項）等事由。現在，如經工會或勞資會議、或勞工同意、或者有天災、事變或突發事件等特殊事由，勞工本應提供勞務，如工會再經決議拒絕加班，即會有違法的疑慮，其主因還是在以個別法的手段、以達到集體勞動的目的。對此，法院有未將之與罷工加以區別，而從其爭議手段認定其為非法者（最高法院107年度台上字第1172號判決參照）。惟亦有採取肯認其為合法手段之見解者（最高法院

---

[213] 勞工請假規則第10條規定。

[214] 行政院勞工委員會78年4月20日台(78)勞動二字第09229號函，行政院勞工委員會84年7月7日台(84)勞動二字第123423號函。

104年度台上字第836號判決參照），依之，「系爭活動為不同意延長工時加班之工會集體行動，且有系爭決議存在，屬正當之工會活動，與罷工為勞工互相團結暫不履行依勞動契約所負勞務供給義務之集體行動，或多數勞工為達一定爭議目的之有計畫共同終止工作行為不同。再按集體勞動條件之維持或變更，或其他與會員權利義務有關之重大事項，應經會員大會或會員代表大會之議決，工會法第二十六條第一項第十款、第十一款雖有明定。惟系爭活動係臺勤高雄工會會員集體行使拒絕加班同意權，非屬集體勞動條件之維持或變更，且係繼續執行系爭決議，自不違反上開工會法規定。」

(二)附隨著罷工的附屬爭議行為

罷工係消極的行為，也是勞動鬥爭的主要行為，勞工以集體放下工作迫使雇主屈服並與之訂定團體協約。不過，勞資雙方集體的鬥爭過程中，雇主的使用替代勞力的繼續營運政策，可能使得勞工罷工行動所散發出的壓力復歸於無。因此，勞工及工會乃發展出幾種積極的附隨的爭議措施，以確保其罷工的效果。亦即從勞動鬥爭的過程觀之，一旦工會發動罷工（即罷工先行），其大體上也會採取防堵雇主繼續生產的措施以及向社會大眾爭取支持的措施。這裡所牽涉的個別行為，包括有杯葛[215]、糾察、圍堵、占據，以及向罷工替代者與社會大眾的呼籲〔含宣傳〕支持。至於其最常見的方式是阻絕人員、原料及成品的進出，以使得整個廠場的生產停頓。值得一提者，戰場上由來已久的善用情報，以提早確知對方的戰略及戰術思想（例如談判領導者是誰？談判的內容及底線為何？對方進行爭議行為的決心為何？），也可用之於爭議行為上，此誠如孫子所言「故明君賢將，所以動而勝人，成功出於眾者，先知也」（孫子兵法用間篇）。在此，善用內間（「內間者，因其官人而用之」）及反間（「反間者，因其敵間而用之」）尤其重要。尚且，值得注意者，晚近一些社會運動的形式或手段，似乎也可運用於勞工及工會的集體行動。例如快閃行動

---

[215] 杯葛係一傳統的、典型的附隨爭議措施。

（Flash）及網路駭客（mail bom (bing)）行動。即勞方藉之以干擾、甚至停頓資方的生產營運活動。至於在爭議手段的運用上，搭配著罷工，勞工及工會應靈活運用騷擾性的輔助爭議行為，試圖在正攻法之外，採取奇策制勝。這就是孫子兵法勢篇中所言的「凡戰者，以合正，以奇勝。」也是在漢韓信與西楚霸王項羽「明修棧道，暗渡陳倉」的實戰例示。爭議行為也講求虛實之戰，「兵之所加，如比碬投卵石，虛實是也。」巧妙運用虛實之計，始能有力地與雇主進行攻防。這也符合孫子兵法虛實篇中所言的「兵無常勢，水無常形」的理論。尤其重要的是，勞工及工會的發動罷工更要有石破天驚的氣勢，在人力、物力不足的環境下，聲勢上尤其不能氣短，這是勢篇所言的「善戰者，求之於勢，不求於人。」「激水之疾，至於漂石者，勢也。」行軍篇亦云「辭卑而益備者，進也」「辭強而進駐者，退也。」道理意蘊深遠悠揚。這一切，實際上是在追求落實「軍爭之難者，以迂為直，以患為例」的爭議策略，將爭議過程中不利之處，轉換為自己的利基。

　　面對著傳統的及新興的附屬的爭議措施，首先應確定的是：無論是勞方的或資方的此類措施，均是伴隨罷工或鎖廠產生而已，其本身並無法自外於主要的爭議措施而發動。此不僅杯葛、占據、圍堵以及黑名單是如此，即使罷工糾察線（行政院勞工委員會101年8月20日勞資3字第1010126744號函參照）、使用替代勞力（繼續營運）以及給予不罷工勞工津貼（Streikbruchprämie）也是如此。[216]也就是說這些爭議措施雖然具有一定的自主性（Eigenständigkeit），其本身的違法性不一定使得整個罷工違法，而是原則上應採取部分無效理論。[217]但是，其必須或與主要爭議行為同時發動，或伴隨著先行的罷工或鎖廠而稍後發動。無論如何，原則

---

[216] 反對說，MünchArbR/Otto, §287 Rn. 1：罷工糾察線、使用替代勞力（繼續營運）以及給予不罷工勞工津貼通常伴隨著先行的罷工或鎖廠而發動，其欠缺自主性，因此只是伴隨的爭議措施（Begleitmaßnahmen）而已，此與杯葛、占據、圍堵以及黑名單不同。

[217] 原則上，罷工的合法性及罷工中暫時中止契約之效力，並不會受到個別刑事行為的影響，例如杯葛。請參閱RGZ 76, 35 (47)。

上不應該承認不發動罷工或鎖廠，而單獨進行杯葛、糾察、占據、圍堵、罷工替代以及黑名單之合法性。只是，在法律邏輯上，如果工會只欲發動罷工而無欲伴以糾察線，則當然係一合法之舉。立法者強制罷工及糾察線必須同時為之（新勞資爭議處理法第54條第1項規定），顯然未能正確認清糾察線的本質。

其次，應確定的是：無論是勞方的或資方的附屬爭議行為，有者僅在一定界限內始合法，有者是自始非法，蓋其侵害了雇主的財產權及企業經營自由。亦即積極行為中之糾察、杯葛或繼續營運限於和平非暴力之方式行之，始具有合法性，而圍堵、占據及生產管理則自始被視為非法。[218] 至於向社會大眾解釋爭議發生的原因及目的的手段，尤其是宣傳及分發傳單，則不可有與事實不符或誹謗之情節。也就是說，附屬的爭議措施不可以構成刑法上的相關刑責，蓋憲法雖然保障爭議行為，但卻無法對於違反刑法之行為予以免責。[219]

1.杯葛

所謂杯葛（Boykott），是指勞方或資方有計畫地實施阻絕對手從事交易之行為。阻絕，並沒有固定的形式，它可以用來阻止僱用新的人力，也可以用來阻止不被雇主僱用。[220] 杯葛也可以用來呼籲友善的團體或社會大眾不要購買雇主的產品（阻絕販賣）或不要運送物品或材料給雇主（阻絕運送）。從杯葛的特徵來說，杯葛係施壓於相對人，以妨害其與第三人成立法律關係或繼續原來的法律關係。因此，其與職場圍堵不同，其對象典型的是第三人，可以區分為對人的（arbeitsrechtlich）及對物的（güterumsatzrechtlich）杯葛。所謂對人的杯葛，係在阻止相對人成立一新的法律關係，從勞方的角度看，係要防堵增援部隊的進廠（Zu-

---

218 楊通軒，爭議行為合法性之判斷基準，法學叢刊第170期，頁73、頁75。

219 請參閱BAG AP Nr. 125 zu §125 StGB.

220 Kalb, Arbeitskampfrecht, in HZA, Gruppe 18, 1994, Rn. 1033：進行阻絕行為之人，可以是爭議當事人，也可以是第三人。惟本人並不贊成第三人可以擔任勞資爭議杯葛行為人。

zugssperre）；至於所謂對物的杯葛，係指勞工意欲切斷雇主物品的或勞務的交易，例如杯葛原物料的輸入或杯葛顧客的購買產品。[221]

　　杯葛係一傳統典型的爭議手段。罷工的勞工可能經由糾察線的方式，或者經由宣傳、呼籲的方式進行杯葛。[222]也有認為呼籲防堵增援部隊不要與雇主簽訂勞動契約，是罷工糾察線傳統的工作。雖然有學者認為杯葛係在契約義務繼續存在下的一種行為方式——此與罷工不同，而且也存在爭議行為法外的其他法律關係。[223]也就是說，勞工與雇主的主要義務仍然存在，參與爭議的勞工仍可一邊進行杯葛，一邊請求工資之給付。不過，本文並不贊同此一說法。本文以為所有附屬的爭議行為（包括杯葛），都必須配合罷工來使用，不能單獨發動，以免發生權義不清的現象。

　　至於在杯葛的合法性方面，首先，本文以為杯葛也必須遵守團體協約相關性、爭議對等原則、禁止過度原則、和平義務、最後手段原則、遵守團體協約之事物的及空間的範圍、內部表決（Urabstimmung）及通知等要求。其合法性也必須依據必要性加以衡量。杯葛的合法界限，是不能使用身體來阻止想要工作者入廠。其次，一般認為合法的杯葛，有如下情形：呼籲防堵增援部隊不要與雇主簽訂勞動契約；向社會大眾宣傳或呼籲友善的團體或社會大眾不要購買雇主的產品（阻絕販賣）或不要運輸物品或材料給雇主（阻絕運送）；[224]以糾察線對於顧客及運送者／零件商（Lieferrant）進行杯葛；呼籲全體勞工不要提供非屬自己工作的替代勞務（Streikarbeit）。至於屬於非法杯葛的，則有：對於貨物的或服務的市

---

[221] MünchArbR/Otto, §286 Rn. 115 f.

[222] 至於杯葛是否可以圍堵的方式行之？本文則採否定見解，蓋完全阻絕人貨進出的杯葛係一非法行為也。

[223] MünchArbR/Otto, §286 Rn. 119。

[224] 反對說，MünchArbR/Otto, §286 Rn. 116：一個呼籲杯葛具有契約關係的人毀約（例如不要運送原物料給雇主），係明顯違法的。唯一的例外是：訂定契約的目的是在完成罷工替代（Streikarbeit），如此，杯葛是合法的行為。

場進行有組織的杯葛；[225]不實的宣傳。

　　2.糾察

　　為使罷工確實能發揮其效力，組織罷工的人通常也會設立罷工糾察線。所謂糾察（線），係指由罷工的勞工組織中間保持一定寬度的人牆，以勸諭或阻止想要進廠工作的勞工放棄進廠的念頭。[226]並且，糾察可以為難貨物及原料的進出。解釋上，為使糾察線發揮最大的功能，糾察線應該設置於雇主營業處所的緊鄰區域（行政院勞工委員會101年8月20日勞資3字第1010126744號函參照）。此處的寬度，德國法院實務上有認為應該有2到3公尺寬度者。至於罷工糾察線的長度，並不會影響其合法性，只要糾察線保持足夠的寬度（Streikgaßen），以免想要工作者受到不具人性尊嚴的對待或免於憂慮受到暴力對待即可。[227]至於可以參加罷工糾察線的人，有：工會幹部、參加罷工的勞工、同一廠場中的非工會會員。[228]其他的外人應該不可參加，以免激化雙方間的爭議氣氛。

　　在糾察的進行上，糾察線可以設立於出入口的兩旁，並以口頭說服或攀談的方式，勸諭想要入廠工作的「罷工破壞者」，放棄入廠的念頭。以發證照的方式控制人員的進出，係一非法的行為，蓋其對於罷工並不必要。至於發通行證給從事維持性及緊急性勞務的勞工，以免其與罷工糾察線發生爭執，則係合法的舉動。糾察線不可以從事搜身及照相、錄影之行為或以發證照的方式控制人員的進出。如果員工是乘坐車輛進入廠場，罷工糾察線不可以要求車輛離開，蓋法律並無規定想要工作者應該接受糾察

---

[225] Birk/Konzen/Löwisch/Raiser/Seiter, a.a.O., 35 f.

[226] 因此，正確而言，糾察的目的並不是在向社會大眾及員工「告知」當時正在進行爭議。有關糾察目的是在「告知」的主張。請參閱衛民，我國集體勞資關係的發展與現況——從中華電信產業工會517抗爭行動的觀察，發表於95年度勞資爭議行為學術研討會，2006年7月4日，頁1-5-10。

[227] 彭常榮，前揭書，頁67：不得不合理地阻礙人員或物資的進出。

[228] 如果是屬於工會聯盟與雇主聯盟間的勞動鬥爭，則屬於同一工會聯盟的其他廠場或企業的勞工亦可加入糾察。

線的勸說。[229]

　　糾察必須遵守「在合法的界限內」，逾越界限的糾察線，即會屬於刑法的構成要件。糾察線應注意人身安全、公共秩序、交通安全及環境衛生之維護，並遵守相關法律規定（行政院勞工委員會101年8月20日勞資3字第1010126744號函參照）。其行為的方式是「好言好語地勸說」及呼籲大家團結一致，以影響想要入廠工作者之意願。雖然想要工作者應該忍受穿過罷工糾察線的不便與不舒服，但是，罷工者所設立的「破壞罷工者的小徑」（Streikbrechergasse），已使得穿過的人的人性尊嚴受到斲傷時，即已不合比例原則了。也就是說，糾察線必須一直保持寬度，短暫地關閉即已構成強制罪。[230]糾察線不可以使用身體的或精神的強暴手段，以暴力阻止想要工作者入廠，可能會構成傷害罪，[231]具體的表現有打耳光、用拳頭毆打，以及用腳踢。至於故意用肘、臂或上身輕微的衝撞，則學者看法不一。但無論如何，輕微的衝撞已侵害了他人的一般人格權，而且也具有違法性。

　　當然，罷工糾察線一直是存在某種壓力程度或能量的，尤其是其會散發出「精神強制」的效應，而與些微體力的使用，實際上已很難區隔，或甚至無所軒輊。只是在確定其違法性及可責性時，仍然必須個案地予以認定。無論如何，對於想要工作者所為之客觀上構成刑法可罰行為之個別爭議措施，即已屬法所不許。雖然說爭議行為法已逐漸擺脫刑法的桎梏，因此，在適用上，應將刑法的規定做一個較為保守的解釋。但是，刑法的規定仍然有其適用的餘地，吾人也不將之視為「刑事化下的罷工」（Pönalisierung des eigentlichen Streiks）。學者間看法不同的是，超出罷工界限外的爭議行為，如其在客觀上已符合刑法的構成要件，是否仍然有正當性的

---

[229] MünchArbR/Otto, §287 Rn. 5 ff.

[230] 既然是糾察線，就不允許出入口的控制變成全面地封鎖出入口，否則即是已過度到圍堵了。這也可以從工會法第29條第1款規定「不得封鎖商品或工廠」推論出。反對說，衛民，我國集體勞資關係的發展與現況——從中華電信產業工會517抗爭行動的觀察，頁1-5-11。

[231] 台灣刑法第277條，§223 StGB。

空間？對此，以公然侮辱罪的構成來講，對於雇主及想要工作的人的公然侮辱，會受到刑法的制裁。[232]在個案上，罵人家是「同事的豬玀」（Kameradenschwein）或「骯髒的母豬」已構成公然侮辱，另外，「叛徒」、「雇主的奴僕」亦已侵害消極的團結權，[233]無法免責。至於其他「粗鄙的聲音」（rauher Ton）則可以依照個案的認定，以其有無社會相當性而予以免責。

最後，一旦糾察是違法時，對於想要工作的人已侵害其一般人格權，對於雇主則是侵害其設立及經營廠場的權利。後者，台灣公法學者多認為憲法第15條之財產權，包括企業經營自由在內，因此，非法糾察線係侵害了雇主的企業經營權無疑。不過，在罷工過程中所施行的罷工糾察線，通說係將其作為個別獨立的行為加以評價。[234]假使附屬的爭議行為違法，例如糾察，原則上將不會整個罷工違法，而是採取分別評價的方式處理。

3.圍堵

所謂圍堵（Blokade），係指罷工的勞工完全阻絕想要工作的人及貨物、原料的進出，其並沒有如糾察線般的兩排人牆，但也可以由原來的糾察線轉變而來。罷工的勞工也可以一開始即以靜坐罷工的方式，完全堵住廠場的大門口，圍堵的目的，仍然是在對抗雇主的繼續營運，而非對抗鎖廠。發生在1992年6月至8月間的基隆客運勞資爭議案，工會及其會員拉布條圍住發車總站，並且將車子輪胎放氣以阻止車禍及人員乘客的進出，其即是圍堵的著例（最高法院87年台上字第2559號判決、台灣高等法院88年度勞上（更）四第10號判決、最高法院89年度台上字第1795號判決、最高法院90年台再字第2號判決參照）。

原則上，職場圍堵是與集體放下工作的壓力手段（罷工）有所區別的。罷工的勞工可以採取糾察措施，以適度地干擾人貨的進出，其不一定要採用手段激烈的圍堵措施。但是，一旦其伴隨著罷工發動而行圍堵，則

---

[232] 台灣刑法第309條，§185 StGB。

[233] 反對說，MünchArbR/Otto, §287 Rn. 13認為「叛徒」、「雇主的奴僕」或其他「粗鄙的聲音」均可以在社會相當性的觀念下獲得免責。

[234] 此可稱為「區隔說」，以示糾察、杯葛等附屬的爭議行為，並非為罷工的內涵所包。

其違法性的評價原則上應與罷工切割開來，[235]一般認為圍堵違反了公正進行爭議行為的要求。[236]蓋圍堵，使得想要工作的勞工及雇主新僱用的人，無法進廠工作，已經遠遠地逾越合法罷工的界線，侵害了雇主經營廠場權利。[237]尤其是圍堵伴隨著心理的及身體的壓力時，更具違法性。圍堵時所採取的動作，例如牽制住想要進廠工作者或威脅使用身體的暴力，通常已符合刑法強制罪的構成要件。除非憲法上團結自由基本權的規定有給予明文保障，否則其將難逃違法之認定。這是因為圍堵並非係回復實質的爭議對等所必需，即使雇主只要使用少數的人力即可保持廠場運作，也很難認定的力量對等已嚴重傾斜。[238]也就是無法以「實質的－典型的爭議對等」為理由，試圖使圍堵合法化。[239]

4.占據

所謂占據，係指罷工的勞工積極地突破雇主的禁止入廠的命令進入廠場或消極地停留在工作位置上，以防堵罷工替代人力及阻止產品的運出，並藉以妨害雇主的生產利益者。[240]相異於杯葛、糾察及圍堵是從廠場外面干擾或阻絕人員及貨物、材料的進出，占據則是進入廠場進行從中的瓦

---

[235] 工會如果命令進行圍堵廠場或者可以阻止圍堵的進行但卻未阻止者，必須負擔損害賠償責任。

[236] 林炫秋，前揭書，頁62。Kalb, Arbeitskampfrecht, in HZA, Gruppe 18, 1994, Rn. 1144.

[237] Seiter, Streikrecht und Aussperrungsrecht, 522：例如聯邦最高法院1972年5月30日的判決，即認為以示威的方式阻止報社運出報紙的行為違法，BGHZ 59, 30 (34 ff.)。

[238] 林炫秋，前揭書，頁51; MünchArbR/Otto, §286 Rn. 58 f.反對說，Nauditt, a.a.O., 155。

[239] 依據舊工會法第29條第1款規定，罷工糾察線不得封鎖人員或貨物進出。不過，台灣公法學者蔡震榮卻認為「例如德國也有參與示威人員於馬路或通道出入口，以靜坐方式阻擋其他人車進出，但近年德國聯邦法院在處理此種行為時，認定其並不構成強制罪，值得我國實務借鏡參考」。蔡震榮，集會遊行權與罷工集會，發表於「爭議行為之行使所涉及相關法律問題」學術研討會，2006年12月8日，頁144。本文以為其見解似有錯誤，蓋聯邦最高法院的見解一向認為成立強制罪，至於聯邦憲法法院雖曾經有過搖擺，但在2001年10月24日判決後，亦已確定地肯認成立強制罪。

[240] Hensche, in: Muhr (HrsG), Streikrecht, Demokratie und Sozialstaat, 1987, 128：「針對鎖廠的威脅，工會可以短暫的占據廠場予以回應」。對此，本文以為其見解並不正確。

解。罷工勞工在職場占據後，可能不再有後續動作，也可能會進行自主生產管理，更有可能在廠場內進行罷工集會，而這一切都是違反雇主的意思所為。一般認為，職場占據係勞工最強烈的爭議手段。

　　占據的形成，係在於罷工勞工不願意依據勞動契約提供勞務，而卻又執意進入廠場或逗留在工作位置上時。蓋勞工只能基於有效的勞動契約要求僱用，卻不能基於「有效的勞動關係」，進入廠場遂行占據之目的。緣在爭議期間，企業主的機器及其他財產仍享有不受第三人侵害的保障。而且，勞工也不能以非上班時間工作位置是一個溝通交流的地方，而想要將占據合法化。更不能以確保罷工中的高度技術領域的生產停頓，而讓占據合理化。[241]無論從雇主對於其所有廠場的使用權限或爭議對等來看，占據均屬非法，其侵害了憲法所保障的雇主的財產權，構成非法侵入住宅罪。[242]當然，對於短暫停留的靜坐罷工或留在工作位置上，於雇主要求罷工的勞工離開而其遵命離開時，似乎無必要科以侵入住宅罪（Hausfriedensbruch）。[243]

三、雇主之爭議行為

（一）鎖廠

　　鎖廠，係指雇主向欲進入廠場工作的勞工宣告不欲受領其勞務之行為。在雇主欲進行鎖廠時，原則上必須明示地向工會宣告，而非以單純地

---

[241] 反對說，Nauditt, a.a.O., 155：以印刷工業為例，隨著技術的發展，即使大部分的勞工都參與罷工，只要還有少數的職員或外面的罷工破壞者進廠工作，即可以發行號外（Zeitungsnotausgaben），這將危及勞方的對等。也因此，勞工有必要使用新的、補強的爭議手段，因此他可以選擇圍堵措施及留在工作位置上。尤其是留在工作位置上，通常是與合法的警告性罷工一起施行的。

[242] 彭常榮，前揭書，頁54以下。但是，依據MünchArbR/Otto, §286 Rn. 64, §287 Rn. 20：國際勞工組織的監督委員會（Überwachungsausschuß）卻是認為和平的靜坐罷工（Sitzstreik）及職場占據係合法的爭議行為。

[243] 有趣的是，彭常榮，前揭書，頁64註解121：主張「雇主可以終止勞動關係的鎖廠對抗職場占據者」。這是否代表占據者即無須受到刑法的科處了？對此，本文並不認為如此。

拉下大門即認其已有默示鎖廠的意思。

一般而言，在鎖廠與罷工的規範上，並不需要在形式上予以同等對待，而是應以對等原則為準，保留一些空間給立法者及司法者。也就是說，吾人所談的鎖廠，首先是指暫時中止勞動契約效力的鎖廠，而非永久終止勞動契約的鎖廠（lösende Aussperrung），因為後者在追求雙方對等的態勢上，原則上並不具有必要性。

在分類上，吾人以為防禦性的、具有暫時中止勞動契約效力的鎖廠係一雇主合法的爭議手段，蓋其係為了回復對等狀態而為。而既是為回復權力平衡狀態，即應在工會先發動罷工後，始能啟動鎖廠動作，並且依據罷工的範圍與強度，合乎比例地鎖廠（此種依恃對手的舉動而作的反擊，除了合法性的考量外，也寓意著雇主要善握鎖廠的時機，亦即雇主雖可在罷工伊始，即抗之以鎖廠，但是，衡情度勢，或者恃罷工一定時間後，才開始反擊，反而更能收效，如此，也更合乎孫子兵法所言的「客絕水而來，勿迎之於水內，令半渡而擊之，利」（行軍篇）的戰法）。至於攻擊性的、具有暫時中止勞動契約效力的鎖廠（Angriffsaussperrung），原則上則無必要性及合法性，[244]蓋其運用的結果可能導致勞動條件的進一步下降。因此，可以推想合法的情況只有下述兩者之一：一者，在雇主想要變動團體協約領域，而工會並不同意時，假設工會並不願發動罷工抗拒，則雇主應可進行攻擊性的鎖廠，以鬥爭的方式迫使工會退讓。二者，在經濟情況進入（如1929年的）蕭條期時——在此只要特定的行業面臨蕭條即足，攻擊性的鎖廠始有合法的空間。

雇主除了能以具有暫時中止勞動契約效力的鎖廠對抗工會的罷工外，是否也能一定的情況行使終止勞動契約的鎖廠？這在德國聯邦勞工法院1955年的判決時，[245]固然採取肯定的見解，蓋其係主張形式的對等說，因此，在工會採取全面罷工時（Vollstreik），必須賦予雇主一項超出暫時中

---

[244] Brox/Rüthers/Henssler, Arbeitsrecht, 16. Aufl., 2004, Rn. 825，則是肯定攻擊性鎖廠的合法性。

[245] BAG AP Nr. 1 zu Art. 9 GG Arbeitskampf.Also BAGE 23, 292, 313 ff.

止契約效力的手段，此一手段即為具有終止勞動契約效力的鎖廠。

　　然而，除了形式上的對等說並不恰當外，考量爭議行為的目的係在爭取勞動條件，而非在終止勞動契約，因此，即使面對全面罷工，雇主應該還是不能行使具有終止勞動契約效力的鎖廠；亦即在此種情況下，該種爭議手段並不具有必要性。假設罷工違法，勞工應該負擔契約上的責任時，雇主仍然可以對之直接懲戒解僱，而不需要回到具有終止勞動契約效力的鎖廠。或許，只有在一個時間過長而且對於雇主經營造成嚴重影響的罷工或其他爭議行為，而其又不符合勞基法第12條或民法第489條的解僱規定時，具有終止勞動契約效力的鎖廠才有存在的空間。[246]

　　最後，在雇主進行鎖廠時，也可採取不同的策略，例如接續的鎖廠（Sukzessivaussperrung）；亦即先對一個特定的族群進行，然後再選定其他族群勞工進行。這正有如工會輪流地進行全面罷工及部分罷工一樣。不過，雇主倒是不可以將鎖廠的對象限定在工會會員〔此稱為「選擇性的鎖廠」〕，或者在不區分工會會員或非會員鎖廠後，再給予非會員工資或其他名稱的補助，即使其額度僅達工會給予其會員的罷工補助，亦是違法之舉。蓋雇主的此種舉動，將會侵害工會集體的團結權──正確而言係會員存續的保障。惟如本書前面所言，由於立法者經由團體協約法第13條的設計，原則上已將工會會員及非會員區分成兩個團體，而且利潤與風險並不共享。因此，雇主行使選擇性鎖廠及給予不參加罷工者（至少在非會員部分）的補助或津貼，已有合法空間。[247]

(二) 附隨著鎖廠的附屬爭議行為

　　雇主面對著勞工的罷工行動，首先思考的是如何繼續營運。他可以嘗試使用替代勞力或者給予不罷工勞工津貼（Streikbruchprämie），以維持生產相較於鎖廠係一正面的攻防動作，繼續營運的手段更符合孫子兵法所言的「無邀正正之旗，無擊堂堂之陣的作法」（軍事篇），其更可確保雇

[246] Birk/Konzen/Löwisch/Raiser/Seiter. a.a.O., 82 ff.
[247] BAG AP Nr. 66 zu Art. 9 GG Arbeitskampf.

主的戰略目標；他也可以宣傳的方式，向社會大眾解釋爭議發生的原因及爭取其諒解；他也可以散發黑名單的方式，以杯葛罷工中的勞工受到其他雇主的僱用。其中的宣傳及黑名單的散發，雇主在其採取防禦性的鎖廠反制時，也可以配合著使用，以確保或強化鎖廠的實效。

　　有疑問的是，如果只是在團體協商過程中，雇主對於協商的事項，轉而與個別工會會員協商（非會員本來即可與雇主達成繼續工作的合意，且不問其是否獲有不罷工津貼。如從團體協約法第13條規定的反面解釋，非會員本來就要靠自己與雇主爭取較好的勞動條件），以尋求繼續營運，其合法性如何？對此，不當勞動行為裁決委員會從團體協約法第6條誠信協商的規定，採取否定的見解。依據其102年勞裁字第16號裁決，「按團體協商之主體為工會與雇主，協商過程中，自應以他方為協商對象，方符合團體協商、協約自治之真諦，因之，原則上雇主如迴避工會，而直接與工會會員進行個別協商，或徵求個別工會會員之同意或意見，或向個別會員為說明或通知，此等行為實係忽視團體協商，其結果將使團體協商空洞化，令進行中之團體協商意義盡失，故應解為係違反誠信協商義務。」對於此一裁決意見，本書以為並不可採，蓋禁止個別工會會員與雇主接觸或協商，係工會內部紀律之問題，雇主並不受其規制。雇主固可一方面（不迴避地）與工會誠信協商，他方面又與個別工會會員協商，以尋求維持營運之道，此有何違誠信協商？在此，不當勞動行為裁決委員會似乎誤認為所有的工會會員都會認同並支持工會的協商政策、目的與手段，並將不採此態度者歸類為非我族類之感。此種看法會否過於冒險或偏頗？從勞動關係的主人是個別勞工來看，強加以工會代表非會員或不參與工會事務的會員的意見表達或決定權限，令人有重回全體主義或集體主義的凜冽感！如依不當勞動行為裁決委員會的推理，則雇主在與工會協商期間聘用替代勞力，恐怕亦難逃違反誠信協商的制裁。其見解不當之處，實在顯而易明。

　　上述雇主的附屬爭議行為，屬於積極的行為，並不可以將其視為繼續營運或鎖廠的內涵。其是因應雇主的繼續營運及鎖廠而發動，雖然具有自主性，但卻不可以單獨發動。至於伴隨著繼續營運及鎖廠的附屬行為違法，並不會使得罷工整個違法或者罷工暫時中止契約的效力喪失；亦

即採取一部無效說。只要遵守一定的界限，雇主的附屬爭議行為即為合法，[248]在此，尤應考量勞工與雇主的協議力量及爭議力量是否對等。

1.繼續營運

雇主面對著先行的罷工，可以採取一種由來已久的爭議手段「開門策略」（Politik der offenen Tür），使用想要工作者入廠工作，以有效地對抗之，[249]此即為繼續營運。此一嘗試繼續營運下去的手段，如果大體上成功，實際上即會大大降低罷工或爭議行為的效力。藉此，雇主即能掌握「無恃其不來，無恃其不攻」的爭議策略。從罷工進行中，雇主仍然擁有十足的廠場所有權，可以隨意決定繼續經營或鎖廠觀之，[250]繼續營運本質上並非嚴格意義的對抗罷工的「手段」。而且，雇主繼續營運的人力，首先是考慮其所僱用的員工，[251]不必然會牽涉到外面新僱用的人力。因此，一般是在討論使用替代勞力的合法性上。另外，也及於是否可使用廠場警衛或保全人員排除罷工？

---

[248] 雇主固可以使用宣傳的爭議手段來影響對方，但同樣的，宣傳不可以不實。

[249] 發生在1992年6月至8月間的基隆客運勞資爭議事件，法院即明白地承認雇主有權繼續營運，勞工不得以罷工行為積極阻止公司營運（台灣高等法院88年度勞上（更）四第10號判決、最高法院89年度台上字第1795號判決、最高法院90年台再字第2號判決參照）。另外參閱，Nauditt, a.a.O., 153。

[250] 至於雇主可否以永久的關廠歇業對抗之？新勞資爭議處理法第8條固然僅作「調解、仲裁或裁決期間」的限制，但是，從公正原則所導出來的不可毀滅他造的要求觀之，一旦雇主永久關廠，將會毀滅掉勞工的工作位置。因此，應該是採取否定說。再一言者，新法第8條規定之「歇業、停工」，究竟意義為何？本書以為解釋上包括雇主企業經營上欲採取的歇業及停工行為、以及雇主主觀上以之作為對抗罷工的實質上的暫時性「鎖廠」行為（雖然本案仍然只在勞資爭議期間，而未至罷工）。所以，如果部門的整併或裁撤，也是雇主以企業經營手段對抗勞資爭議、或者可以將之解釋為鎖廠者，雇主即不得採取。

[251] 不過，這裡卻會涉及未參與罷工行動的勞工，依據其本身的勞動契約，有義務完成罷工中勞工所留下來的工作嗎？雇主可以指示權命令其完成？或者雙方應該先變更勞動契約之內容？有關此部分之討論，請參閱楊通軒，Der Einsatz von Beamten auf bestreikten Arbeitnehmerplätzen im öffentlichen Dienst, Universität Mainz, Dissertation, 1995, 74 ff.。

　　首先，針對合法的（在廠場外靜坐的）罷工及附隨的爭議行為，雇主應不得以其自請的警衛或保全排除之，以達到繼續營運之目的（在1992年6月至8月的基隆客運勞資爭議事件中，由於工會的派員看管大客車係一非法行為，雇主當得以警衛或保全排除該侵害。即使為對抗工會及會員自行營運之行為，而以報廢車輛阻礙發車站之出入口，以阻止車輛進出，解釋上也是其繼續營運的內涵。台灣高等法院88年度勞上（更）四第10號判決、最高法院89年度台上字第1795號判決、最高法院90年台再字第2號判決參照）。此種以強力解散合法阻礙之行為，可能構成刑法上的傷害罪或／及強制罪。即使雇主誤以為其有權行使警察的權限，以自有工廠警衛或保全人員的力量，將聚集於工廠大門口的罷工勞工強制解散，亦難免於強制罪的苛責，除非雇主的行為已符合正當防衛（Notwehr）的要件時，始能免責。至於警察也不可以幫助雇主繼續營運的目的，介入勞資爭議，否則即是有違警察中立原則或國家中立原則。[252]頂多是在圍堵的情況下（因為已經違法），警察始得介入，而雇主也才有請求警察介入處理的權利與義務，此處雇主的義務，是指面對想要工作的人不得其門而入的困境，負有請求警察機關維持廠場門口通順之作為義務也。[253]

　　至於雇主僱用替代勞工繼續營運，係其合法權利之運用，本不會破壞爭議對等原則。[254]就目前台灣的法制來看，派遣勞工也可以擔任替代勞力的工作，[255]台灣實務上也曾經發生銀行間的「同業支援」，以協助罷工中的銀行營運不中斷，實際上也是罷工替代的運用。在台灣實務上，往

---

[252] 這倒不是說雇主不可以請求警察到工廠大門外維持秩序。

[253] 請參閱Seiter, Streikrecht und Aussperrungsrecht, 521。

[254] 業務外包也屬於繼續營運的手段之一。最高法院104年度台上字第836號判決參照。反對說，陳宛玲，銀行組織變革下勞工行使爭議權之研究——以2005年台企銀工會罷工案為例，國立中正大學勞工研究所碩士論文，2006年12月，頁159以下。

[255] 蔡震榮，前揭文，頁144，即是採取此種看法。惟此在德國，卻為2017年4月1日修正施行的勞工派遣法第11條第5項所禁止。Thomas Klein/Dominik Leist, Kein Einsatz von Leiharbeitnehmern als Streikbrecher – Die Neuregelung in § 11 Abs. 5 AÜG n.F. im Hinblick auf Auslegung, Schutzlücken, Rechtsfolgen und Durchsetzung, AuR 2017, 100 ff.

昔也曾發生客運業者彼此支援車輛，以對抗司機員罷工的舉動。因此，當可推知：如果火車／鐵路司機員工罷工（含集體休假之行動）之情形，雇主得以援用公車或海上航運（甚至空運）載送之方式，以達到繼續營運的目的。而此一公車或海上航運（甚至空運）載具，得為第三人所提供支援者，也得為雇主所設立之另一事業單位或關係企業所提供者。[256]不過，不論是僱用一般的勞工或派遣勞工，或同業間的互相支援，罷工的勞工當然都可以合法的杯葛、糾察線對抗之。

2.黑名單

面對著罷工的勞工，無論雇主是決意繼續營運或以鎖廠對抗，黑名單（Schwarzer Listen）一直是其傳統的附屬爭議手段；也就是雇主以黑名單的方式阻止罷工中的勞工被其他的雇主所僱用。這種以黑名單的方式杯葛罷工勞工的找尋工作，其嚴重性顯然超過單純地呼籲第三雇主善用其契約自由，不要與罷工中的勞工訂定勞動契約。[257]因此，正確的理解應該是：如雇主呼籲其他的雇主在爭議行為進行期間不要僱用罷工中的勞工或被鎖廠的勞工，係一合法的杯葛。相反地，如其係以黑名單的方式要求其他雇主不要僱用，由於其目標明確地破壞勞動契約之訂定，該杯葛行為違法。這是因為這種在爭議期間所進行的杯葛行為，可能拖延勞資爭議的結束使然，因此，此種黑名單的使用，可以將之歸類為權利濫用。[258]也就是說，黑名單侵害了勞工自由發展職業生涯的的權利，係一不合比例性原則的爭議措施，因此違法。[259]

---

[256] 請參閱韓仕賢，我合法罷工！你依法舉牌？——警察權介入台企銀罷工的觀察與檢討，發表於「爭議行為之行使所涉及相關法律問題」學術研討會，2006年12月8日，頁3。

[257] 不過，罷工中或鎖廠中，勞雇雙方的勞動關係仍然存續，只是其主要義務暫時停止而已，罷工勞工應無權受僱於其他人，否則即會違反專職原則。也就是說，罷工勞工固然有權另尋其他工作，但其一旦受僱於他人，即構成原來雇主對之合法解僱的理由。

[258] MünchArbR/Otto, §286 Rn. 118.

[259] Birk/Konzen/Löwisch/Raiser/Seiter, a.a.O., 36 f.

第七節　合法爭議行為之法律效果

一、合法之罷工

（一）主要義務之停止（勞動關係之終止）

勞工依據勞動契約，本應提供勞務，惟在爭取勞動條件調整時，必須以罷工及其他爭議行為來迫使雇主退讓。在此種情況下，原本勞動契約的拘束力乃暫時地受到罷工中止。之所以如此處理，是考量到：勞工很難各自先遵照不同的解約預告期間向雇主提出解約後，再以同一時點發動罷工；而是要跳脫出預告期間外，在同一時間放下工作，罷工的效力才會顯現。這也是為達到協商對等及爭議對等所必要的。

另外，撇開就勞（僱用）請求權（Beschäftigungsrecht）在台灣勞工法有無存在的空間不論，既然是在罷工期間，參與罷工的勞工自然不得再向雇主要求僱用。至於未參與罷工的勞工，不問其是否為工會會員或非會員，仍然得依據其勞動契約到廠工作。不過，一者要看雇主在爭議行為之下是否還有生產或銷售的可能（受領勞務的可能）；再者，（即使其有受領勞務的可能）一旦雇主行使其鎖廠權，即表示雇主已暫時拒絕履行其僱用義務，則勞工自然無法入廠工作，連帶地，其報酬請求權也會隨之喪失。[260]

雖然在爭議行為期間，勞動契約的主要義務暫時中止，勞工可以暫時停止提供勞務而不會違反勞動契約。[261]此處的勞工，包括未加入工會而參加爭議行為者。但是，這並不包括維持性的勞務及緊急性的勞務在內。蓋勞工應該維護重要生產機器設備的安全，以便爭議結束後可以很快地回復生產。[262]而對於影響社會大眾的事業（尤其是公用事業），勞工也應

---

[260] 依據2006年10月行政院勞工委員會勞資爭議處理法修正草案第51條規定，「爭議行為期間，勞工未為勞務之提供時，雇主得拒絕給付工資。」惟此一「未工作、無工資」的原則，並未在2011年5月1日修正施行的勞資爭議處理法中有所規定。

[261] 既然勞工沒有違反勞動契約，雇主當然也不能對之進行警告或其他的懲戒處分。

[262] 依據2011年5月1日修正施行的勞資爭議處理法第56條規定，「爭議行為期間，爭議當

該提供一定限度的服務，以免過度地損及不相干的第三人的權益。[263]蓋
基於比例原則，爭議行為不可以過度（Exzeß），否則即屬濫權、不法。
勞工或工會拒絕提供維持性勞務或緊急性勞務，或從事一會毀滅雇主生存
之罷工，均已違反比例原則。為避免此種過當的情況出現，應該由工會與
雇主共同協商、約定相關的事宜。

在勞工參加罷工期間，由於其未提供勞務，雇主也無須給付報酬（民
法第225條）。[264]此種停止給薪的狀態，一直要到工會通（告）知雇主罷
工結束，而勞工事實上又回到職場工作時（如同其他留職停薪情況，必須
完成申請復職手續），才會結束；亦即雖然爭議結束後，主要義務會復
活。但如果雇主沒有辦法讓廠場回到可以生產及受領勞務的狀態，那麼，
基於爭議風險理論，勞工仍將喪失工資請求權；亦即，只有回到爭議發生
前的生產狀態，而雇主又執意不讓勞工回廠工作時，雇主才會履於受領遲
延（民法第487條）。

又，雖然勞動契約的主要義務暫時中止，但附隨義務卻仍然繼續存
在，例如勞工在該期間不可洩露廠場的營業秘密、不可從事競爭業務的行
為。[265]同樣隨著主要義務（工作）累積的工作年資也暫時停止，等待爭

事人雙方應維持工作場所安全及衛生設備之正常運轉。」

[263] 令人遺憾的是，2006年10月行政院勞工委員會勞資爭議處理法修正草案中，並未納入
緊急性勞務的觀念；亦即並未有如第49條之類似規定，而是採取「全有或全無」的規
範方式。詳言之，針對特定的公用事業，修正草案第50條第1項、第2項規定，或禁止
其進行爭議或要求其先忍受一段冷卻期而後再進行爭議，至於其他未列入第50條第1
項、第2項規定的公用事業，則是可以不受任何限制的進行罷工及其他爭議行為。此種
「非有即無」的規範方式，簡單化了公用事業爭議的複雜性，也忽略了社會大眾（尤
其是農民、勞動階層等弱勢族群）的最低限度需求（minimum service）。值得欣慰的
是，在2011年5月1日修正施行的勞資爭議處理法第54條第3項規定中，已經納入必要服
務條款，亦即緊急勞務的規定。

[264] 這裡並不包括爭議行為發動前，雇主本應給付已經到期的工資。

[265] 至於勞工是否可以兼職？完全依據當初勞資雙方契約的約定，不會受到勞資爭議的影
響。不過，兼職畢竟是有一定工作時間限制的（例如每日不超過2、3小時），所以，
當勞工已與其他雇主訂定一新的全職的勞動契約時，應該即可以推知其已無意續行與

議行為結束勞工回到職場工作後，才繼續累積。這樣的解釋，才能符合爭議風險理論的內涵，也不致於有損於勞資的任何一方。如前所述，罷工的法律性質為不可抗力，鎖廠也應作相同的解釋，因此，勞基法施行細則第2條第4款之不列入計算平均工資之工資及日數，[266]包括罷工鎖廠及其他的爭議行為在內，如此計算的退休金的平均工資及基數將並不會隨之降低，不會不利於即將退休的勞工。

　　因此，行政院勞工委員會84年8月26日台勞資三字第127289號函試圖將年資予以繼續累計，[267]顯然並未了解爭議行為的本質，其不妥當自不待言。

　　與上面有關者，針對勞工退休金條例第20條暫停提繳退休金之規定，是否適用於爭議行為期間（尤其是罷工、鎖廠）？對此，首先，雇主繼續或停止提繳退休金，應該謹守著「有工作、有工資，即應提繳退休金」的原則運作。其次，本文以為該條文並非列舉規定，而只是例示規定而已，在合法罷工或鎖廠期間，勞動關係暫時中止，勞資雙方因此可以暫停主要義務（包括提繳退休金之義務）之履行。不同的是，社會保險法對於投保資格的保障，採取較寬鬆的態度。因此，一旦到職後，尚未離職前，則在合法的罷工或鎖廠期間，投保單位仍然必須為勞工繳交保險費，不得逕行予以退保。[268]所以，勞工成就老年給付的可能性，將不會受到影

原雇主的勞動契約，雇主應該即可以勞工無工作的意願（勞基法第11條第5款之不能勝任工作）將之資遣。

[266] 勞基法施行細則第2條第4款規定「雇主因天災、事變或其他不可抗力而不能繼續其事業，致勞工未能工作者。」解釋上，罷工、鎖廠及其他的爭議行為屬於其他不可抗力。

[267] 該函示的解釋如下：依勞動基準法施行細則第5條規定，「勞工工作年資以服務同一事業單位為限，並自受僱當日起算」，因之勞工如於合法罷工期間，勞動契約仍屬存續，其工作年資自應予以併計。惟如工會藉故採行長期罷工、違反權利濫用之禁止原則者，工會應負法律責任。

[268] 楊通軒，勞工退休金條例相關法律問題之解析，台灣本土法學雜誌第72期，2005年7月，頁112以下。Marburger, Erhaltung der Mitgliedschaft in der Sozialversicherung, BB 1999, 2295 f.; Schmidt, Zum Harminisierungsbedarf arbeits-und sozialrechtlicher Konflichtlö-

響。

又，雇主其他的給付，會受到罷工影響的，還有資遣費的計算基數。也就是說，雇主在給予勞工資遣費時，可以扣除勞工因罷工及其他爭議行為未到場工作的時間。而且，全勤獎金也可以免於給付，因其以勞工實際出勤為給付的前提。至於年終獎金的額度，雇主也有權斟酌罷工的長度及強度適度地予以調整。除此之外，勞工法上的其他給付及各種期間規定，殆係以勞動關係存續的長短為準，不應受到罷工及其他爭議行為的影響，這包括婚假等各種假期、[269]產假與產假期間的工資續付、育嬰留職停薪期間、試用期間的經過、特別休假的長短，以及預告終止契約的長短。以特別休假而言，勞基法第38條係規定「勞工繼續工作滿一定期間者，分別給予3日、7日、10日、14日、15日，或加至30日」的用語。再以預告期間而言，勞基法第16條係規定預告期間之長短，「一、繼續工作三個月以上一年未滿者，於十日前預告之。二、繼續工作一年以上三年未滿者，於二十日前預告之。三、繼續工作三年以上者，於三十日前預告之。」兩者均未使用「工作年資」之用語。[270]

再就特別休假觀之，如果勞工已排定休假日期，且已開始休假者，即使發生罷工，也不會受到影響，勞工仍可照常休假，休假期間的工資也不會喪失。除非勞工明白地表示要停止休假而投入罷工，那麼，自該時起，勞工自可保留未休完的假期，但其將隨之喪失工資請求權。不過，假使已排定休假日期，但還未開始休假即已發生罷工及其他爭議行為，則雇主可以暫時拒絕讓勞工休假及給付休假期間的工資，一直到罷工及其他爭議行為結束為止。

最後，在勞動契約終止方面，即使在罷工及其他爭議行為期間，勞工

---

sungen, AuR 2001,125 f.

[269] 另外，勞工的傷病是在罷工及其他爭議行為前發生，而其又未加入爭議行為者，雇主仍應給予傷病假及工資。

[270] 楊通軒，勞工退休金條例相關法律問題之解析，頁110。

仍可照常地預告終止契約。在此，勞工仍須遵照預告期間的規定，[271]除非雇主有勞基法第12條規定事由或民法第489條之重大事由，否則，勞工並不能立即終止契約。反面而言，在勞工進行爭議行為期間，如果其有勞基法第11條、第12條，或民法第489條等規定的情形，雇主原則上仍可行使普通解僱或特別解僱，但必須依據個案而定。例如勞工既然是在罷工，當然會造成雇主營業額的衰退，甚至虧損，因此，雇主應無權依據勞基法第11條第2款的「虧損」事由予以資遣。但是，如果勞工罷工或爭議行為的程（強）度，已造成雇主關廠、歇業的結果，自然不應否認雇主行使解僱的權限。[272]又，勞工既然是參加罷工，當然不會到場工作（曠工），所以勞基法第12條第1項第6款的規定即無適用的餘地。但是，勞工罷工期間仍然不可實施暴行、毀壞機器設備（勞基法第12條第1項第2款、第5款），勞工更不可以有占據工作位置或廠場，或圍堵廠房等非法行為。

二、合法之鎖廠

在勞資爭議期間，雇主在一定條件下可以行使鎖廠權，以阻止想要工作的勞工入廠工作，並且藉以避免給付工資。但是，鎖廠的人數與罷工的人數相較，不可以差距過大，以免不具相當性或違反比例原則。例如在德國實務上，曾經發生3,000位勞工罷工，但雇主卻對24,000位想要工作的勞工鎖廠的案例，對此，實務界及學術界均認其已違反比例原則矣。

一旦雇主合法鎖廠時，[273]基於勞動契約而來之主要義務亦暫時中止：亦即其暫時免除僱用義務及給付報酬義務。在此，雇主原則上

---

[271] 勞基法第15條第2項規定觀之。

[272] 在爭議行為期間，雇主可否以有勞基法第11條第1款或第20條「轉讓」之事由，而資遣勞工？對此，法無明文禁止，故應予以肯定。不過，在勞資爭議（的非常）期間，是否有新的雇主願意（冒險）承接廠場或企業？實在令人頗為懷疑，而這才是問題的所在。

[273] Kalb, a.a.O., Rn. 1301 ff.：鎖廠的對象可以包括受到母性保護者、因傷病無法工作者、身心障礙者、擔任員工代表會（Betriebsrat）代表的勞工等。所以，本書以為鎖廠的對象當然會包括工會幹部及工會會員，這並不會有違反不當勞動行為之疑慮。

應明白地宣告其欲進行鎖廠。例外地，當勞工及工會係行使雇主難以應付的、變形的爭議手段時〔例如一再重複的短時間的重點罷工（Schwerpunktstreik）[274]、警告性罷工，或無預警罷工等〕，雇主始得不經宣告、以事實上的行動拉下鐵門，以暫時停工的方式對抗之。在此，勞工必須承喪失工資的風險。[275]

　　在鎖廠期間，雇主仍應繼續履行勞動契約之附隨義務，例如必須為勞工繼續投保勞工保險及就業保險、[276]繼續保管勞工帶至廠場內的一般物品。有問題的是，雇主可否以具終止效力的鎖廠對抗勞工的爭議行為？對此，德國聯邦勞工法院曾經數度採取肯定的見解，如前所述之著名的1955年的判決。另外，在1971年，聯邦勞工法院大法庭（Großer Senat）再次肯定雇主在下列情況下，可以行使終止性的鎖廠：[277]爭議行為期間過長時、雇主採取合理化措施時、作為對抗非法的罷工手段時。本文以為大法庭所採之永久終止勞動契約的鎖廠的見解過於廣泛，並不妥當，應該加以適度的限縮。亦即，勞工及工會爭議行為期間過長，而且嚴重影響雇主的企業經營或雙方勞動關係之存續時，固應讓雇主有終止性鎖廠的權限；[278]其他的情況（雇主採取合理化措施時、作為對抗非法的罷工手段時），則從爭議對等的角度來看，終止性鎖廠並不具有必要性。在爭議行為中，雇主僱用新的人力或採取合理化措施，以致於工作位置過多時，如其符合一定的要件，[279]雇主應可採取普通的解僱。如其將公司組織進一步加以「改組」，則其亦能符合普通解僱的條件。又針對非法的罷工，雇主也可以以其違反勞動契約行使立即解僱權（依據個案而定）。

---

[274] 此或稱之為「波狀罷工」（Wellenstreik）。

[275] Brox/Rüthers/Henssler, Arbeitsrecht, 16. Aufl., 2004, Rn. 820, 821, 823.BAG EzA Art. 9 GG Arbeitskampf Nr. 115, mit Anm. Fischer/Rüthers, BAG RdA 1999, 404 ff.

[276] 不過，假使爭議行為中的勞工發生傷亡意外，因與執行職務無關，只能請求普通事故給付。

[277] BAG AP Nr. 43 zu Art. 9 GG Arbeitskampf.

[278] 反對說，Kalb, a.a.O., Rn. 1307。

[279] 例如台灣勞基法第11條第2款之業務緊縮、第4款之業務性質變更。

總而言之，以法官造法的方式，在爭議行為法制中創造一個（自外於勞基法第11條、第12條，以及民法第489條）獨特的、個別的終止契約的途徑（Einzellösung）或一個個別的具有終止效力的鎖廠（einzellösende Aussperrung），並不必要，也不恰當。

第八節　非法爭議行為之法律效果

　　從上面之分析，可知爭議行為並非是在一個法外空間進行，而是在雙方還有一定的契約關係下進行。工會如欲以罷工追求團體協約規定時，實應遵守以下之原則：1.不得違反身體的不受侵害性，亦即不可使用身體暴力；2.爭議手段不可損害雇主經營實體，雇主的財產權不可以被掃除；3.所使用的爭議措施有助於維持或恢復雙方當事人的爭議對等。[280]否則，即會受到法律上的不利益後果。

　　也就是說，參與爭議行為之勞動者（或工會）與雇主（或雇主團體），其法律效果如何，端視其是否具備特殊的合法性而定，於其具備特殊的合法性時，基於憲法第14條或第15條或第22條之保障，而免除其刑事、民事責任及懲戒責任，則勞資之任何一方不負損害賠償責任，亦不發生工資給付請求權〔未工作、無工資理論（no work, no pay; Ohne Arbeit, kein Lohn）〕之問題。惟於無合法性或正當性（新勞資爭議處理法第55條第3項規定參照）之場合，則涉及刑事、民事責任及懲戒責任之發生。以下僅針對民事責任及刑事責任加以說明。

一、民事責任

　　有關工會違法爭議行為之民事責任，見之於舊工會法第18條第1項規定。依之，「工會之理事及其代理人因執行職務所加於他人之損害，工會應負連帶之責任；但因關於勞動條件使會員為協同之行為，或對於會員之

---

[280] Nauditt, Die Eingriffsbefugnisse der Polizei im Arbeitskampf, AuR 1987, 155.

行為加以限制，致使雇主受僱用關係上之損害者不在此限。」如從此項但書規定觀之，所免除者，似乎只有「僱用關係上」之責任而已，侵權行為之責任並不在免除之列。[281]惟吾人以為參考先進國家之立法例，合法之爭議行為，工會、職員、會員、非會員但參加爭議行為者，均免除於契約上及侵權行為上之責任，我國舊工會法第18條第1項但書之規定或有不夠精確之處，但解釋上亦應令其免除侵權行為之責任為是。所幸，依據新勞資爭議處理法第55條第2項規定，「雇主不得以工會及其會員依本法所為之爭議行為所生損害為由，向其請求損害賠償。」其所謂「依本法所為之爭議行為」，意指合法之爭議行為而言，果如此，則不分債務不履行或侵權行為，均免除其損害賠償責任。法條規定不足之處，係其使用「工會及其會員依本法所為之爭議行為」的用語，那麼，如果是「非會員」也參與合法的爭議行為，是否仍須要負擔損害賠償責任？從文義解釋而言，顯然應採肯定見解。這樣一來，非會員應該不會再來參加爭議行為了，這難道是立法者原始的用意？

　　在此，參加爭議行為之工會、職員、會員、非會員但參加爭議行為者，其所須負責之對象，包括爭議行為之相對人（雇主）與雇主為交易之上下游廠商[282]，以及不相干之社會上的第三人。既然雇主可以向工會、職員、會員請求損害賠償（含提起損害賠償之訴），理論上就不會有不當勞動行為的情事。因此，針對新工會法第35條第1項第4款規定，雇主或代表雇主行使管理權之人，不得「對於勞工參與或支持爭議行為，而解僱、降調、減薪或為其他不利之待遇。」新工會法施行細則第30條第2項規定，本法第35條第1項第4款所稱其他不利之待遇，除前項規定外，並包括雇主對於勞工參與或支持依工會決議所為之行為，「威脅提起或提起

---

[281] 劉志鵬，違法爭議行為之責任主體——高等法院84年勞上更（一）字第6號判決評釋，收錄於：勞動法理論與判決研究，頁435。

[282] Ulrike Wendelimg-Schrörder, Schadensersatz drittbetroffener Unternehmen bei Streiks? AuR 2017, 96 ff.; Wolfgang Däubler, Haftung der Gerwerkschaft für Millionenschäden? AuR 2017, 232 ff.; BAG v. 26.7.2016-1 AZR 160/14 mit Anmk. Friederike Malorny, RdA 2017, 149 ff.

顯不相當之民事損害賠償訴訟之不利待遇。」這一條項規定，就具有法律問題。蓋提起訴訟係合法權利的行使，不能提起訴訟雇主還能採取何種途徑救濟？還可以按照仲裁法提起仲裁之訴嗎？吾人觀該施行細則條項的規定，似不區分合法或非法之爭議行為，一律要禁止雇主的提起損害賠償之訴。但是，爭議行為畢竟也只是民事（私法）行為的一種，並非不受法律管轄或適用。如果是非法的爭議行為，雇主「威脅提起或提起」訴訟，何來不當勞動行為？又，如何判斷提起的損害賠償訴訟「顯不相當」？所以，該施行細則對於「不利之待遇」的定義性規定，顯然已逾越母法的規定，不當地剝奪雇主的訴訟權，法律上應屬無效。裁決委員會如要引用該施行細則的規定，以決定雇主的訴訟行為無效，法理上即有問題。其實，在爭議行為中，會發生問題的，是雇主較易以自己的眼光判斷爭議行為的「非／違法性」，進而採取訴訟的手段維護自己的權益。這樣一來，即會相當程度地削弱爭議行為的力量。但是，訴訟技巧的運用，本來也是爭議行為法制發展到一定成熟地步的國家勞資雙方常見的作法，何況，勞工法官也常從勞工訴訟的特殊性思考，從集體團結權保障的角度作出決定，何必擔心正常訴訟管道之運用？否則，任何「威脅提起或真正提起」的訴訟，都有可能掉入「顯不相當」的深淵，終致雇主只能在訴訟外請求（比較像是「拜託」！）賠償或以其他途徑求償。但是，即使是「以其他途徑求償」，會不會又履於工會法施行細則第30條第1項規定之意圖減損工會實力或影響工會發展，而對勞工為直接或間接不利對待之不利待遇？

　　另外一個問題是，工會法第35條第1項第4款之被請求人是「勞工」，但是，如本書所主張者，工會也是損害賠償的主要負責人。那麼，在雇主向工會及/或工會幹部求償時，在法律上是合法的？或者，也是不當勞動行為？裁決委員會會否援引工會法施行細則第30條第1項規定加以處理？

　　針對上述之說明，本文以為對於下列爭議點可以進一步加以分析，亦即：

(一)損害賠償之責任主體

1.採個人責任說

在損害賠償之責任主體方面，依據劉志鵬律師引用日本的學說，[283] 可以區分為個人責任說、工會單獨責任說，以及分擔責任說。個人責任說是從民法法人責任的觀點，來規範工會、職員、會員之行為責任，並未區別爭議行為有其特殊的集團性格。至於分擔責任說，則是將損害賠償責任區分為團體責任（工會責任）及個人責任（工會會員及工會幹部責任）。團體責任與個人責任之關係，屬於不真正連帶債務，而且違法爭議行為若是經工會多數決投票通過時，工會應負第一次責任，參加爭議之會員所負之責任為第二次責任。

值得注意的是工會單獨責任說。依據德國學者Hueck/Nipperdey的見解，[284]應該從集體法的觀點來評價爭議行為的主體為工會而已，個別勞工的行為已被整體事件（Gesamtgeschehen）所吸收。[285]因此，個別勞工即使是參加違法的爭議行為，也不應追究其民事或刑事責任。此說是從爭議行為之集團性格出發，顯然較能符合勞資爭議之特性，所以在相當期間內成為各界所接受的通說。

雖然如此，對於參加違法爭議行為之勞工完全不追究其民事及刑事責任，究竟並不妥當。[286]其理由如下：如依據現時德國通說及法院見解所採取之所謂的「團體法上之一體理論」（Kollektivrechtliche Einheitstheorie），係將爭議行為評價為一集體之現象（kollektives Phänomen），而認為：爭議行為如集體觀察之為合法時，則該合法性應在個別勞動契約層面繼續存在。基於此一對合法性之一體觀察，個別參與爭議者之行為即只能在一個相同的法律層面上加以評價。如一罷工就團體法之標準被評價為合法時，則契約法是否將其評價為合法並非所問。即使從契約法上來看是非法的，但從集體法

---

[283] 劉志鵬，前揭文，頁419以下。

[284] Hueck/Nipperdey, Lehrbuch des Arbeitsrechts, Bd. II/2, 7 Aufl., 1970, 934.

[285] 學者稱此為「爭議行為之二面集團性本質」（Das Weiseitig Kollektive Wesen des Arbeitskampfes）理論。

[286] 楊通軒，爭議行為合法性之判斷基準，頁67。

來看是合法時，集體法上合法性即可排除契約法上之非法性，此即為「集體法優於契約法之理論」。[287]

上述「集體法優於契約法之理論」，係從勞動契約的觀點出發，使得爭議行為免於債務不履行、給付遲延之評價。然而，不可否認的，整體的爭議行為是由所有參與爭議之個別勞工的行為集結而成，而在工會的決議及領導下所進行而已。一旦爭議行為違法，個別勞工違反勞動契約之責任也不能免責。因此，為避免爭議行為相對人之濫行爭議，並且確保受損害人之獲得清償，似應令工會、職員、會員、非會員但參加爭議行為者連帶負損害賠償之責為宜（發生在1992年6月至8月間的基隆客運勞資爭議事件，法院即是採取此看法。只是，基隆客運並未將工會及參與罷工之132名員工列入損害賠償的求償對象。法院因此引用民法第276條第2項規定，使得被告／被上訴人同免其責任（法院曰：自公平之見地及防止求償關係之循環）。台灣高等法院88年度勞上（更）四第10號判決、最高法院89年度台上字第1795號判決、最高法院90年台再字第2號判決參照）。只不過，（較為困難的是）對於工會所作成之罷工決議，除非其係明顯的違背法令，否則個別勞工當可相信該決議的合法性，如此一來，個別勞工即可因其欠缺有責性（Verschulden）而免除其責任。[288]

2.勞工單純地違反勞動契約，僅依比例（anteilig）分擔責任

爭議行為滿足侵權行為之要件者，參與爭議之勞工固應依民法第184條及第185條負連帶責任。惟勞工如僅係違反勞動契約提供勞務之義務者，基於證明其相當因果關係之困難性，以及較輕微的非法內容，實毋庸也令其負連帶責任。[289]不過，如果勞工是參與沒有工會帶領的野罷工，則因其具有歸責可能性較為明顯，似應令其負連帶責任較妥。

---

[287] BAG AP Nr.l zu Art.9 GG; BAG AP Nr.37 zu Art.9 GG; Hanau/Adomeit, Arbeitsrecht, 13. Aufl., 2005, Rn. 281：罷工之合法性不是來自於個別勞工法領域，而是來自於勞資爭議法。

[288] BAG AP Nr. 62 zu Art. 9 GG Arbeitskampf m. Anm. Seiter; Lieb, a.a.O., Rn. 619 ff.

[289] BAG AP Nr. 47 zu Art. 9 GG Arbeitskampf ; Birk/Konzen/Löwisch/Raiser/Seiter, a.a.O., 70 f.

3.雇主非法鎖廠時之責任

在雇主進行非法鎖廠時,勞動關係並不會暫時中止,雇主仍須負擔給付工資之義務。而且,此一給付工資之義務,係因為雇主的主要義務沒有被暫時停止而來,並不是追究其違反勞動契約之責任,故不須過問其是否具有故意或過失。換言之,雇主在此必須負擔一無過失的責任。

(二)程序問題

首先,對於違法的爭議行為(罷工或鎖廠),勞資之一方是否可提出假處分或定暫時狀態處分的聲請,以令他方繼續依勞動契約履行義務?對此,學者間或有認為法院在面臨假處分或定暫時狀態處分的聲請時,僅是簡要地審查該案的事實狀況及法律狀況,容易導致憲法所保障之團結體的行動自由受到侵害,因此,原則上不應肯認之。只有在爭議行為明顯的違法時,始能例外地承認假處分。惟學者間亦有認為民事訴訟法如無特別的規定,對於爭議行為當亦得提出假處分或定暫時狀態處分之聲請。就德國目前的現況而言,肯定說顯然係通說。[290]在台灣,法律並無禁止規定,故應肯定勞資爭議當事人的任何一方,均可聲請定暫時狀態處理或假處分。此一聲請,並不屬於不當勞動行為。

又(與假處分或定暫時狀態處分相似但不同者),勞資之一方對於違法的爭議行為(罷工或鎖廠),是否可提出不作為之訴,以令他方停止爭議行為?對此,德國聯邦勞工法院先是在針對罷工行為時判決雇主之不作為之訴敗訴。[291]惟其後在針對雇主之鎖廠行為時,肯認工會之不作為之訴,同時亦承認雇主之不作為之訴也。[292]

最後,對於違法的罷工行為,雇主當可向警察機關提出保護的聲請,

---

[290] Lieb, a.a.O., Rn. 626 ff. Sieh. auch Rainer Bram, Aktuelle Prozessrechtliche Fragen im einstweiligen Rechtsschutz von Arbeitkampfmaßnahmen, AuR 2017, 242 ff.

[291] BAG AP Nr. 76 zu Art. 9 GG Arbeitskampf, BAG NZA 1984, 393 ff., NZA 1985, 508.

[292] BAG NZA 1988, 775 ff. = EzA Nr. 74 zu Art. 9 GG Arbeitskampf, m. Anm. Rüthers/Bakker; Konzen, JZ 1989, 754 ff.

以免其財產權及經營權受到工會及其成員之破壞。[293]

(三)侵權行為責任

1.工會或雇主之受到侵權行爲保護

　　無論是工會或雇主，其基於憲法第14條或第15條或第22條所推演而來之團體行動權（Betätigungsrecht），應係民法第184條第1項之「權利」之一，因此亦受到侵權行為的保障。[294]設如勞資之任何一方採取爭議行為，非法阻礙他方的內部的行動時，他方即可基於侵權行為而主張不作為之訴及損害賠償之訴（最高法院104年度台上字第836號判決參照）。至於其所採取之行為約有：舉行反罷工的投票（verkehrte Urabstimmung）、對於雇主的協商代表採取特殊的爭議措施、妨害他方組織的工作或財政的運作。這些行為，有些是雇主的不當勞動行為，有些是工會的不當勞動行為，所以會受到新工會法規定的適用。只是，在立法者有意的考量下，工會的不當勞動行為並沒有被規定，形成雇主只能尋求一般訴訟途徑救濟、而無裁決委員會協助的現象。

2.雇主及勞工之受到侵權行爲保護

　　罷工，符合了侵害民法第184條第1項之所有權或營業權之構成要件，至於其他附屬的爭議行為，尤其是呼籲杯葛、圍堵工廠及占據廠場，亦侵犯了雇主的所有權或營業權，甚至是占有權（Besitzrecht）。[295]

　　對於非法罷工的禁止規定，例如刑法第304條之強制罪，係民法第184條第2項之保護他人之法律。至於民法第184條第1項下半段之「故意以背於善良風俗之方法加損害於他人者」，係以該爭議手段故意的、違反風俗的造成雇主損害為前提。一般而言，爭議行為固然符合「故意的」要件，但卻不至於達到「違反風俗的」程度，只有在下列情況下，始能視為達到「違反風俗的」地步：(1)爭議的目的，係在於毀滅爭議的對造；(2)為了貫徹爭議的目的，採取了違法的或違反善良風俗的手段；(3)爭議的

---

[293] Vgl. Ronellenfitsch, BB 1987, Beil. 6; Nauditt, AuR 1987, 153 ff.

[294] Heinze, Anm. Zu BAG v. 21.12.1982, SAE 1983, 224, 227 ff.

[295] Löwisch/Krauß, in: Arbeitsrechts-Blattei, Bd. 17, 1989, Rn. 686 ff.

手段與目的間不成比例。

　　對於因為勞資爭議所引起之損害，一般損害賠償法之原理原則，例如全部賠償原則，亦適用及之。在勞資爭議造成雇主無法生產或營運的情況，可以請求因無法生產或營運所造成收入的減少或所增加的費用（例如聘僱替代人力或購買補充原料）。[296]其損害也包括所受損害及所失利益，如係勞工因雇主的鎖廠而受到損害，則不僅是薪資的損失，勞工所受到的延伸損害（例如向金融機構貸款所支出的費用），也可以求償。

　　設如損害係由勞資爭議中個別的爭議手段所造成，而該爭議手段不至於導致全部的勞資爭議非法者，則他方當事人原則上僅能就此部分之損害求償。同樣地，如果罷工的勞工拒絕提供維持性的勞務，亦應就該部分所造成的損害負責。[297]

　　非法勞資爭議所造成之損害，最為複雜的，係賠償的主體及其分擔的問題。在此，無論是工會或雇主、雇主團體，如係基於理事會、董事會或經營階層的決議而發動非法爭議者，則應依民法第28條負責（Gesamtschuldner）。如爭議係由其他的職員或勞工所發動或進行，則其應依民法第188條負責。又，工會或雇主團體即使未發動勞資爭議，而只是提供非法爭議資金的贊助者，也應令其負責。至於工會之損害賠償，係以其自有的財產為限，不及於會員私人所有的財產。[298]

　　帶領工會或雇主團體進行非法爭議的幹部，無論是在全國層級或地方層級，必須為其行為負連帶損害賠償責任。至於參與非法勞資爭議之勞工，則應區別狀況而決定其負責任的方式；亦即：(1)如其行為僅具有較輕微的非法內容（Unrechtsgehalt）者，只宜令其負擔違反勞動契約之義務，而使之依比例分擔責任；(2)但如其行為已達到過度的行為，例如參與非法杯葛或圍堵工廠、占據廠場、生產管理等，則其行為已同時違反勞動契約之義務及侵害雇主之所有權或經營權，而應負連帶賠償責任。與此

---

[296] 有關營運損失之計算，請參閱台灣高等法院84年度勞上更（一）字第6號判決，頁13。

[297] Löwisch/Mikosch, Erhaltungsarbeiten im Arbeitskampf, ZfA 1978, 169 ff.

[298] 此部分可比較劉志鵬，前揭文的論述，頁435以下。

相對的，雇主所進行之爭議行為，亦應區別狀況而決定其負責任的方式；亦即：(1)如其僅係單純地對於爭議的勞工非法地鎖廠時，僅負違約之責任；(2)如其以散發黑名單的方式，非法進行爭議，則應令其負侵權行為之連帶賠償責任。[299]之所以在黑名單的情況令雇主負較重的責任，係因為勞工針對黑名單欠缺一對抗的工具，失去了爭議手段的對等也。

二、刑事責任

　　爭議行為之合法與否，涉及到勞工及工會應否負擔民事責任、刑事責任、行政責任及懲戒責任。其中，就刑事責任（如脅迫、侵入住宅）來說，由於罷工，只是多數勞工所為暫時拒絕提供勞務之集體行為。單純不提供勞務之行為，就算是違反勞動契約而進行，甚至已有侵權行為之發生，也不見得會符合刑法的構成要件。一般來說，伴隨著罷工一起或前後進行的附屬的爭議行為，例如圍堵、糾察、占據廠場，甚至生產管理時，才會構成刑事犯罪行為，至於其是否會受到制裁，則視其有無違法阻卻事由而定。在2011年5月1日新勞資爭議處理法施行後，依據第55條第3項規定，即使爭議行為該當刑法及其他特別刑法的構成要件，而其具有正當性者，不罰。但免除刑事責任者，不包括以強暴脅迫致他人生命、身體受侵害或有受侵害之虞者。

　　從比較法的角度來看，德國早在1950年代一件罷工中的砌牆工毆打罷工替代者的行為所引起的刑事責任案件中，刑事法庭即有如下之表示：刑法中的破壞國家治安罪（Landfriedensbruch），可以適用到罷工所引起的騷動，已經超出單純放下工作而侵害刑法所保障的法益者，並不會受到罷工權的合法化。這不僅是適用於對於想工作勞工的強制罪及傷害罪，而且也適用於刑法第125條之破壞國家治安罪。[300]刑法第125條之破壞國家治安罪，係以「公然聚眾鬧事」（Menschenmenge öffentlich zusam-

---

[299] Löwisch/Krauß, a.a.O., 719 ff.
[300] 德國刑法第125條之破壞國家治安罪，應該等同於台灣刑法第150條之聚眾施強暴脅迫罪。

mengerottet）為構成要件，也就是聚集的人群已施行暴力行為；至於該群眾係自始決定或嗣後起意進行暴力行為，並不論。如果暴力行為的一部分係在建築物內發生，亦不影響本罪之構成。即使某些人未參與暴力行為，也無損於此罪之成立。

此種勞動鬥爭構成妨害公務罪（台灣刑法第135條以下）、妨害秩序罪（台灣刑法第249條以下），固然有其可能；[301]至於供應民生必需物質的行業，尤其是水、電、燃汽業等之停止供應行為，是否有可能構成刑法第188條之妨害公用事業罪，而受到5年以下徒刑、拘役或500元以下罰金之制裁？則是有待於學者專家的進一步探討。對此，本文以為只要勞工及工會維持一最低限度的供應（所謂緊急性勞務），則原則上應不會構成本罪。

無論如何，爭議行為並非是一個不受任何限制的行為。爭議行為不可以違反一般刑法的規定或憲政秩序。德國聯邦勞工法院即認為：[302]「與罷工同樣受到保護」（vom Streikrecht mit umfasst）的是，可以用和平勸說及呼籲團結一致的手段，嘗試令目前不屬於廠場之人士不要進入廠場為雇主工作。同樣地，對於目前尚未加入罷工行列之勞工，也可以嘗試以和平勸說及呼籲團結一致的手段，鼓勵其加入罷工。一旦超出和平勸說及呼籲團結一致的範圍，甚至已侵害雇主或第三人在刑法上所保障的利益，即無法受到罷工權的合法化。同樣不合法的，是阻止貨物及顧客的進入及離開廠場，以及以逾越好言規勸外的手段阻止想要工作者進入廠場。此種非法的行為，「正如同一個非法的罷工一樣」，侵害了雇主的設立及經營廠場的權利。

因此，杯葛、（罷工）糾察（線）及圍堵等，均必須謹守「在合法的界限內」。以糾察為例，逾越該合法界限的糾察線，即會履於刑法的

---

301 台灣1989年5月的遠東化纖爭議事件即為顯例。Hans Reichel, DJZ 1922, 175 f.曾主張鐵路工人將貨車停在結冰的軌道上導致貨物嚴重受損時，即符合刑法上毀損罪（Sachbeschädigung）的構成要件。

302 BAG AP Nr. 108 zu Art. 9 GG Arbeitskampf, Bl. 743.

構成要件（行政院勞工委員會101年8月20日勞資3字第1010126744號令參照）。罷工權並不能令當事人免於公然侮辱罪及傷害罪的追訴。合法的糾察線，僅止於以好言相勸及呼籲團結一致的方式，影響想要入廠工作者之意願。雖然想要工作者應該忍受穿過罷工糾察線的不便與不舒服，但是，罷工者所設立的「破壞罷工者的小徑」（Streikbrechergasse），已使得穿過的人的人性尊嚴受到斲傷時，即已不合比例原則了。同樣地，為阻止貨物進出之圍堵措施，也必須公正進行，否則即屬違法。[303]

(一)勞工刑法之適用

為了貫徹勞工法，立法者多有以刑事罰及行政罰作為手段者，此尤以勞工保護法的領域為然，例如職業安全衛生法、勞動基準法、職業災害勞工保護法。[304]惟性質為勞動市場法之就業服務法，亦有相當多勞工刑罰及行政罰之規定（第63條至第76條）。又，性質屬於社會保險法之勞工保險條例第72條之規定，則係行政罰相當重要之條文。至於傳統的刑法典，則有關因違反勞動契約或僱傭契約的處罰規定，並不多見（例如第342條之背信罪）。[305]由目前的法制現況得知，台灣尚欠缺一部統一的「勞工刑法典」（Arbeitsstrafgesetzbuch），相關的規定係分散於不同的法令中。[306]整體而言，勞工刑法不僅在保護勞工，同時也在保護雇主。[307]

刑法對於勞工違反勞動契約之行為，並不加以處罰，但雇主可以經由「違約金」（Vertragsstrafe）條款，約定勞工違約時所應負之責任。只不過，該違約金條款究非刑法上之刑罰，而是損害賠償的總額（民法第

---

[303] Kalb, Arbeitskampfrecht, in HZA, Gruppe 18, 1994, Rn. 1143 f.

[304] 在德國，勞工刑法之適用，有相當大部分係規定在企業組織法中，例如該法第119條至第121條。

[305] 以（與中華民國刑法第344條相當之）德國刑法第302a條第1項第1句第3款之「重利罪」的規定而言，雖有學者主張應將雇主利用求職者急迫或無經驗所訂定之過低的薪資〔薪資重利罪（Lohnwucher）〕，以該條的罰則加以處罰，但在實務上終究未被採納。

[306] 就這一點而言，德國目前也並無勞工刑法典。

[307] Reinecke, Die Rolle des Strafrechts bei der Durchsetzung des Arbeitsrechts, AuR 1997, 139 f.

251條）。約定之違約金額過高者，法院得減至相當之數額（民法第252
條）。[308]

　　總之，如將台灣與德國有關勞工刑法之適用加以比較，可能會發現
兩國有諸多類似的地方，例如：1.勞工刑罰或行政罰之自由刑、罰金刑或
行政罰鍰之額度均不高。雖然勞基法第75條之規定，「雇主如有強制勞
動之行為者，處5年以下有期徒刑、拘役或科或併科新台幣75萬元以下罰
金。」又就業服務法第63條規定，「違反第44條或第57條第1款、第2款規
定者，處新台幣15萬元以上75萬元以下罰鍰。5年內再違反者，處3年以下
有期徒刑、拘役或科或併科新台幣120萬元以下罰金。」刑度似乎不低，
惟實務上大多並未從嚴處罰[309]；2.在貫徹勞工法的作用上，刑事罰僅扮演
了配角的角色。對於違反勞工法令的處罰，台灣還是以行政罰為主，以刑
事罰為輔，此與德國二次戰後勞工法令大幅度的「非刑事化」（entpönal-
isiert）──即將之蛻化成秩序罰（Ordnungswidrigkeiten），其結果是不
謀而合的；[310]3.在追究刑事罰或行政罰的程序上，也存在不少缺陷。很多
程序不是未被提起，就是被中止進行。不少人且認為違反勞工法令之行
為，只不過是一個「騎士的過失」（Kavalierdelikte）而已，無傷大雅。
還有，勞工刑法的專家實在寥寥可數；亦即，「勞工法專家少有了解刑法
者，反之，刑事專家少有專精勞工法者。」

　　為了貫徹勞工法令，勞工刑法及行政罰係一不可偏廢的手段。尤其是

---

[308] 有關違約金在勞動關係中之適用，請參閱楊通軒，勞動關係中之合理損害賠償，收錄
　　　於：勞資關係論文集，1999年1月，頁241以下。

[309] 至今為止，台灣的學界或官方，尚未有針對勞工刑法或行政罰之社會研究出現，否則
　　　將更能有助於吾人了解此一態勢。而就德國的實務調查而言，也僅有一次而已，而且
　　　是發生在1963年由學者Müller針對違反工時保護規定之刑事或行政責任所作成的，距
　　　今已相當久遠，資料也亟待更新。請參閱Müller, in:Fechner, Probleme der Arbeitsbere-
　　　itschaft, 1963, 188 ff.。

[310] Reinecke, a.a.O., 144：就單純地違反刑法典第242條之竊盜罪，即可以處以5年以下有期
　　　徒刑或罰金而言，在違反企業組織法第121條之秩序罰時，竟然僅能處以1萬歐元以下
　　　之罰鍰，兩者間似乎有畸輕畸重之疑。

在高失業率的時代，由於勞工為了保住工作而更無心藉由訴訟的管道實踐其權益，勞工刑法的重要性更是有增無減。因此，(1)或許可思制定一部統一的「勞工刑法典」，以便與傳統的刑法典取得較佳的協調；(2)適度地提高刑事罰或行政罰的額度，以及加強程序上的訴追；(3)透過適當的途徑，教導民眾認知違反勞工保護法、勞動市場法、社會保險法等規定，將會遭致刑事罰或行政罰的制裁。[311]

(二)公正進行爭議行為原則之要求

為使陷於泥淖之團體協商再度啟動起來所發動之爭議行為，固然受到憲法所保障，但侵害雇主、第三人及社會大眾生命、身體或財產法益之爭議行為，卻無法免於刑法的究責；也就是刑事法律、憲政制度等應可作為爭議行為的界限。蓋依據通說，罷工權不可以牴觸刑法規範，因為刑法即是在保護勞資爭議中，與勞工權益互相衝突之另一造的基本權。[312]德國聯邦最高法院早在1954年10月19日判決即已謂：任何的罷工行為，一旦超出單純的停止工作之外而侵害了刑法所保障的利益，並無法免於刑事責任。[313]

緣罷工目的之達成，往往需要依賴附屬爭議行為（sekundäre Kampf-maßnahmen）的發生功效，故該等附屬爭議行為「與罷工同樣受到保護」（vom Streikrecht mit umfasst）。但是，違法爭議行為之出現，主要也是發生在工會採取附屬的爭議行為時，包括杯葛、糾纏、圍堵、職場占據等。[314]一旦該等行為超越合理的程度，主要是限於短時間的違反及輕微的強度時，即會逾越合法的界限而進入各種刑事的構成要件。以糾察線為

---

[311] Reinecke, a.a.O., 145.

[312] Seiter, Streikrecht und Aussperrungsrecht, 520.

[313] BAG AP Nr. 125 zu §125 StGB.

[314] 不過，在行政院勞工委員會2006年10月勞資爭議處理法修正草案第46條第1項規定中，並未對於罷工以外爭議行為之類型、方式加以明確規範。此在2011年5月1日修正施行的勞資爭議處理法第5條第4款及第5款中，也是作如此之規定。倒是，在第54條第1項中有「設置糾察線」之規定。

例，基於公正進行爭議行為原則的要求，爭議當事人不可以採行不正爭議手段（unlauteres Kampfmittel），因此，勞工雖可設立糾察線以阻止想要進廠工作的勞工，[315]但必須謹守「在合法的界限內」。逾越界限的糾察線，即會履於刑法的構成要件。罷工權並不能令當事人免於公然侮辱罪及傷害罪的追訴。合法的糾察線，僅止於以好言相勸及呼籲團結一致的方式，影響想要入廠工作者之意願。

學者因而認為工會以罷工追求團體協約規定時，應遵守以下之原則：1.不得違反身體的不受侵害性，亦即不可使用身體暴力；2.爭議手段不可損害雇主經營實體，雇主的財產權不可以被掃除；3.所使用的爭議措施有助於維持或恢復雙方當事人的爭議對等。[316]

另外，一旦爭議行為違法且構成刑事責任時，即應注意者有二：1.刑事責任之主體為誰？蓋依據舊工會法第55條、第56條及第57條之規定觀之，包括職員、會員及雇主（依據新勞資爭議處理法第55條第3項規定，則是工會及其會員）。惟實不以此為限，如係非會員而加入違法爭議行為者，亦同樣負此責任。至於非企業或廠場員工（亦即外面之第三人而加入爭議行為者），如有刑法上所規定之構成要件出現，似亦應令其負純粹身分犯之責任；2.有可能觸犯之刑事構成要件為何？舉凡強制罪、侵入住宅罪、妨害公務罪、公然侮辱罪、傷害罪（甚至殺人罪）、毀損罪、煽惑罪，均有可能。[317]一般而言，參與違法爭議行為之人均為共同正犯，但亦有可能有正犯、教唆犯，甚至幫助犯之形式存在。

(三)構成犯罪行為之爭議行為

1.侵入住宅罪

一旦勞工進行罷工，雇主可以使用替代勞力繼續營運，因此，對於雇主想要繼續生產的最有效對抗方法，係阻絕廠場或占據廠場，尤其是職場

---

315 BAG v. 20.12.1963 AP Nr. 34 zu Art. 9 GG Arbeitskampr= EzA Art. 9 GG Arbeitskampf.

316 Nauditt, Die Eingriffsbefugnisse der Polizei im Arbeitskampf, AuR 1987, 155.

317 此部分可比較劉志鵬，違法爭議行為之責任主體——高等法院84年勞上更（一）字第6號判決評釋，收錄於：勞動法理論與判決研究，頁423以下。

占據係勞工最強烈的抗議手段。但是，上述勞工所採取的爭議措施實已構成刑法的相關刑責，蓋憲法雖然保障爭議行為，但卻無法對於違反刑法之行為予以免責。雖然如此，學者間仍有採取不同之看法者。

首先，刑法第302條之侵入住宅（建築物）罪，係以人之住居及看守場所之平和與安全為其保護法益，係以對於防護場所之平穩並免於侵害或威脅為其本質。從客觀上來看，若得判斷係以違反所有者、住居者、管理者或看守者意思之型態而進入者，即應解為侵入行為。另外，侵入住宅罪也包括消極地停留於其內者，亦即經要求而不退去（不法滯留）者。[318]該等人員最初雖為適法進入，但受有權者退去之請求而不退去。以勞資進行團體協商為例，最初因團體交涉而進入廠場之勞工或工會幹部，後來受到雇主或管理者等的要求離開而不從者，即會該當此不退去。因此，可以說勞資爭議所涉及之侵入住宅的類型，大多是屬於此類消極地滯留於廠場之內者。

對於罷工的勞工停留於工作位置的情形，少數學者認為並不構成侵入住宅罪。其理由或為「基於勞動契約，勞工有一停留在工廠的權利（Aufenhaltsrecht）」或為「勞工有一對於工作位置的準絕對權」（ein quasi-absolutes Recht am Arbeitsplatz）雇主並不得單方剝奪勞工的停留權。此種結論，也可以從對等原則導出。[319]也有認為針對單純地不離開工作崗位，應該不符合侵入住宅罪的構成要件，這是因為廠場是由勞力與資本共同組成的。[320]就算不存在一個勞工絕對的工作位置權，但是假使是為確保當事人雙方的爭議對等，應可從基本法第9條第3項導出伴隨著

---

[318] 詹振寧，勞動集體爭議行為與各種犯罪，刑事法雜誌第41卷第1期，1999年，頁70以下。

[319] 在這種論調下，即使雇主要求勞工離開廠場而勞工不從時，亦不構成侵入住宅罪。請參閱Däubler/Wolter, Arbeitskampfrecht, Rn. 298 ff.; Däubler/Bieback, Arbeitskampfrecht, Rn. 418 ff.; Däubler, Strafbarkeit von Arbeitskämpfen? In: Baumann/Dähn, Studien zum Wirtschaftsrecht, Tübingen 1972。

[320] Schwegler, in: Muhr (HrsG), Streikrecht, Demokratie und Sozialstaat, 191 f.：具體而言，在工業的領域或勞動的領域，罷工權應該優先於企業主的住宅權，在此，其所有權已具有社會的連結了。

罷工的留在工作位置的權利。只有當雇主對於廠場與廠場設備的所有權受到掃除，而且雇主的爭議對等受到不利影響時，雇主的住宅權始會受到侵犯。例如罷工的勞工違反雇主的意思，自行長久地接收生產，並且排除雇主任何干預的可能性時，即屬構成犯罪。所有低於此一門檻者，只要是為爭議對等所需，雇主均須予以忍受。[321]特別是配合短暫警告性罷工的停留在工作位置上，在刑法上及警察法上應該沒有違法的問題。

　　不過，多數學者則是認為職場占據係一非法的爭議行為，蓋勞工在罷工期間沒有工作意圖地進入廠場，或在雇主宣告鎖廠期間進入者，通常均已違反雇主的意願，因此是非法侵入。尤其是雇主明確地宣告其本意時，更是不容懷疑。在此，不問勞工是否進行自主的生產管理或只是單純地占據職場，均無不同。一經占據，不僅雇主的生產受到阻礙，其住宅權（Hausrecht, §903, 1004 BGB, §123 StGB）也受到侵害。[322]對於廠場或企業的勞工，至遲在雇主要求罷工者離開、合法地行使鎖廠權或行使解僱權時，即必須尊重雇主的住宅權，如其不順從時即已成立侵入住宅罪。至於對於廠場或企業外的第三人（非勞工），無論其係違反雇主的意思強行進入廠場或在雇主要求下仍然逗留於廠場內，均已構成台灣刑法第302條（德國刑法第123條）之侵入住宅罪。[323]違法的占據也侵害了憲法第15條所保障之雇主的財產權。

　　本章原則上持肯定說的立場，但也認為可以區分時間的長短、內容或者強度而作不同的對待。對於目的只是在配合罷工（尤其是警告性罷工）之短暫停留在工作位置上，且未有任何生產管理之勞工，可以認其為法所容許之行為。只不過，一旦雇主明確地要求勞工離開工作位置或職場，勞工還是要照辦。否則，勞工將有可能以此種停留在工作位置的方式，達到

---

[321] Nauditt, a.a.O., 156.

[322] 因此，當論者謂「當勞資爭議是發生在室內，例如占據職場時，警方就不宜遽予介入。」顯然其未能明瞭占據職場係非法的爭議手段，構成刑法上的侵入住宅罪，已屬於司法警察刑事追緝的範圍。請對照蔡震榮，前揭文，頁149。

[323] MünchArbR/Otto, §286 Rn. 60 ff.

迂迴取得（erschleichen）職場占據的可能性。[324]

2.強制罪

所謂強暴，乃指施用優勢之體力，予他人現時之惡害，形成對於他人之強制作用或逼迫作用，而能妨害或壓制他人之意思決定自由或意思活動自由，以遂行犯罪目的。刑法第304條強制罪之強暴，即係指施用暴力而強制他人，剝奪或妨害他人之意思形成、意思決定或意思活動之自由，以迫使其行無義務之事或妨害他人行使權利。不過，本罪之強暴，描述極具概括性之強制行為，故行為是否屬於本罪之強暴，判斷之關鍵乃在於施暴有無發生強制作用，行為若能具有強制成效者，自可判定為本罪之強暴。[325]

本來，勞資爭議並非在本質上即具有「強暴」（Gewalt）的特質，這是由於罷工及鎖廠僅在於單純不依據勞動契約提供勞務或接受勞務而

---

[324] 對此，Otto認為短暫地、目的在示威的留在工作位置上的靜坐罷工及罷工集會（Streik-versammlung），似乎尚不必要認定其為違法。本文則認為如其已成為靜坐罷工及罷工集會，則已屬侵入住宅罪了。MünchArbR/Otto, §286 Rn. 65.

[325] 林山田，刑法各論，1999年9月，頁135以下。針對「全國關廠工人連線」為抗議勞委會追討債款，聚眾跳下鐵道臥軌抗爭，造成台鐵誤點、旅客大罵的社會事件。台北地檢署2015年3月11日認定不構成公共危險罪而予以不起訴處分，其似乎即是採取此一見解，蓋其認為火車停下靜止後，關廠工人才臥軌，沒有損壞或擁塞鐵道致生公共危險之虞。對此，本書以為最大的問題，是只得由集體勞動法的觀點，予以不起訴或減免刑罰的特殊保護，亦即其必須是一由工會所帶領的集體爭議行為，始能將可能一發不可收拾的社會運動，控制在可以與社會秩序或公共利益實際上調和的地步，要社會公眾的利益適度退讓也才具有正當合理性。然而，「全國關廠工人連線」並非是一個工會組織，而是一個由聯福製衣等自救會所組成的社運團體，其應該並無享受此一優待的權利。同樣採取批評聲音者，中國時報，2015年3月15日，A 11版短評：臥軌抗爭無事？其認為「檢察官理應明白《刑法》第185條第1項之妨害公眾往來安全罪，採具體危險概念；也就是行為人只要有造成『往來之危險』，就有構成犯罪嫌疑，不須達到實害地步。……更令人憂心的是，如果臥軌癱瘓火車沒事，未來抗爭事件是否會有人仿傚，更激進的臥軌癱瘓捷運甚至高鐵？這恐怕已違背妨害公眾往來安全罪立法意旨。」講開來，其實是擔心（如德國1980年代赤軍連RAF般的）勒贖效應的不斷擴大、甚至數十年無法收拾的苦果。

已。[326]雖然如此，在個案中，爭議行為確實可以有計畫地伴隨著強暴進行之，例如罷工中伴隨著衝入廠場辦公室、占據廠房、違法杯葛，以及圍堵工廠的四周等。至於雇主則是以配合打擊部隊（例如工廠警衛）強力地移開罷工糾察隊。在此種情形，不僅僅是個別的行為，而且是整個勞資爭議均應受到強制罪的論斷矣。[327]

　　詳言之，在罷工的勞工方面，其固然可以在廠場的出入口附近組成糾察線，以好言好語的方式勸說想要入廠工作的勞工加入罷工的行列，這是基於勞工社會連帶（Solidarität）的關係，所賦予工會及參與罷工的勞工的權責。但是，糾察線所組成之人牆必須完全沒有危險、充足的寬度，並且容易辨識，想要進入廠場工作的勞工不應該受到人牆夾道嘲笑蔑視（Spießrutenlaufen），以避免其受到身體體力的或精神上的強制。[328]否則，即已符合強制罪的「強暴」構成要件。[329]至於圍堵，係表示罷工者將工廠的大門完全阻擋起來，以完全阻絕人員及貨物的進出。圍堵通常是與糾察線一起運用，或者說原本保留足夠寬度進入廠場的糾察，一變而為完全封閉廠場大門的圍堵，其係強制阻止人物出入的極致表現。圍堵，使得想要工作的勞工及雇主新僱用的人，無法進廠工作，已經遠遠逾越合法罷工的界線，尤其是圍堵伴隨著心理的及身體的壓力時，更具違法性，通常已符合德國刑法第240條（台灣刑法第304條）強制罪的構成要件。除非基本法第9條第3項規定給予明文保障，否則其將難逃違法之認定，這是因

---

[326] 有趣的是，德國勞工法學者Seiter曾經提到：在供應民生物質行業之罷工，對於受到波及的第三人而言，是否會構成刑法第240條之強制罪？對此，他並沒有定見，他只是認為「警察只有一定程度介入處理的權限而已，警察也不能命令勞工回復工作。」Seiter, Streikrecht und Aussperrungsrecht, 1975, 548.

[327] Löwisch/Krauß, Erhaltungsarbeiten im Arbeitskampf, ZfA 1978, 890 ff.

[328] 此稱為稱為「強暴概念的精神化（Vergeistigung des Gewaltbegriffs）」，係德國聯邦憲法法院及德國聯邦最高法院所採取的見解；亦即其對於強暴概念係採取較寬的見解。

[329] 尚不構成強制罪的是，如果只是威脅破壞罷工的人，事後不再將其看待成同事或將其排除於工會之外，則雖然已具有「可感受的惡害威脅」，但因仍合於社會相當性而無非難性。請參閱MünchArbR/Otto, §287 Rn. 17。

為圍堵並非係回復實質的爭議對等所必需。

如從雇主的角度來看，其亦可能構成強制罪。這是指對於合法的罷工時，雇主以工廠警衛或保全人員的力量，強制解散罷工行動，或者強制解散合法的杯葛及糾察線。如果雇主宣布在爭議行為結束之後，不再與他方忠誠的合作或宣布會採取報復的措施，[330]例如嗣後將對其為不利之處置（例如不予升遷），亦屬於強制罪，蓋其已對於他方構成心理的壓力或威脅。至於雇主如是利用自有工廠警衛或保全人員的力量，解散非法的杯葛、糾察或圍堵等爭議行為，應可以符合正當防衛要件的理由免於責任。

3.恐嚇危害安全罪

依據刑法第305條規定，「以加害他人生命、身體、自由、名譽、財產之事恐嚇他人致生危害於安全者」，為恐嚇危害安全罪。本罪為危險犯，採列舉制。其係指將對生命、身體、自由、名譽、財產等五種法益加以不法害惡之意旨，通知他人，使人產生恐怖之心理狀態，其恐嚇之方法以言詞、文字、舉動為之，均無不可。[331]以加害他人財產而言，係指加害人意圖造成被害人財產的損害，並且藉之獲得不法的利益。因此，勞工藉由罷工改善其勞動條件及雇主藉由鎖廠以降低勞工的勞動條件，似乎會符合此一要件。惟一般以為其違法性尚不至於達到恐嚇危害安全罪的強度。至於在罷工進行中或其所採取的附屬的爭議行為，則視罷工的勞工是否已採取恐嚇的行為或已達到恐嚇的程度，而決定是否按本罪加以處罰。

(四)個別爭議行為之刑事責任

勞資爭議進行中，常會出現零星的違法行為，其是否應受刑事的制裁，應與整體爭議行為之刑事責任分別以觀。尤其是勞資之任何一方，均不能以爭議手段自由原則（Grundsatz der Kampfmittelfreiheit）為藉口，作為個別違法行為免責的理由。惟無論如何，在合法罷工中所發生的個別的或零星的犯罪行為，並不至於使得整個罷工陷入非法。只有在該等非法

---

[330] 這一情況同樣亦適用於工會或罷工的勞工。

[331] 褚劍鴻，刑法分則釋論，2004年2月，頁1065。有關恐嚇危害行為部分（恐嚇配合班表服勤同仁），請參閱最高法院104年度台上字第2185號判決。

行為係由罷工領導者所計畫，以強化罷工的效力時，整個罷工才會陷入非法。在此是採取一部無效之理論。

　　也就是說，原則上，罷工的合法性及罷工中暫時中止契約之效力，並不會受到個別刑事行為的影響，例如杯葛。[332]但是，只要罷工一開始即是為破壞法律秩序，則似應讓整個爭議行為變成非法行動。這樣的處理，是將杯葛限於零星個別的事件。因此，假使附屬的爭議行為違法，例如糾察，其不會使得整個罷工違法，而是採取分別評價的方式處理的前提，同樣也必須是非經工會或工會幹部預先計畫的、屬於少數勞工臨時起意而為之零星個案。[333]例如在糾察當中，突然有勞工向想入廠工作的勞工大喊「同事的豬玀」或「骯髒的母豬」已構成公然侮辱。至於稱其為「叛徒」者，亦已侵犯到勞工的消極團結權，而且也達到公然侮辱之程度。[334]當然，在糾察具體個案的認定時，通說固然認為只能以好言好語勸阻想入廠的勞工，但實際上即使以強而有力的方式勸阻（intensive Überredung），應該也還在法所容許的範圍。問題的是，如何界定「強而有力的勸阻」及非法的強制或脅迫？

(五)刑事責任追訴之放棄

　　在勞資爭議中，勞資雙方所為之構成刑事責任的爭議行為，如其為告訴乃論之罪或自訴的案件（Antrags- bzw. Privatklagedelikten）（例如侵入住宅、毀損、公然侮辱、一般的或過失傷害等），當事人即有自由處分之權。亦即只要沒有違反民法中之權利濫用原則（台灣民法第148條第2項、德國民法第138條），加害人與受害人即得自由協議有關提出刑事訴訟或自訴與否的約定。惟在公共利益的考量下，即使當事人未提出申請，檢警機關仍然可以偵查上述所舉的案件。而且，針對告訴乃論之罪，即使告訴

---

[332] 請參閱RGZ 76, 35 (47)。

[333] 因此，Otto未設定任何的前提，一律採取分別評價的方式處理，並不妥當。MünchArbR/Otto, §287 Rn. 22.

[334] 反對說，黃鼎佑，罷工集會作為集會遊行法的警察權發動對象？——勞動法的觀點，發表於「爭議行為之行使所涉及相關法律問題」學術研討會，2006年12月8日，頁116。

人曾約定拋棄告訴權,但隨後又提出告訴者,該告訴仍為合法(台灣最高法院26年第1906號刑事判決)。須注意者,此種限制或拋棄刑事追訴(告訴權)的有效約定,只有受害的當事人才有權利合意。因此,聯盟的團體協約(Verbandstarifvertrag)(指雇主團體與工會(團體)所簽訂的團體協約)中有關限制或放棄刑事追訴的規定,雖然或者具有規範的效力或者具有債法的效力,但對於受害的當事人卻不適用。在此,團體協約當事人只能向當事人提出一無拘束力的呼籲而已[335]。

一旦限制或放棄刑事追訴的約定有效,則在雇主已向刑事法院提出追訴勞工的責任時,其處理方式如下:如其是一公訴案件,只有雇主向管轄機構表示放棄或撤回案件時,訴訟程序始會停止。在此,勞工也可以以雇主違反約定為由,提起一個撤回之訴(依據德國強制執行法第888條執行)。相對地,在自訴案件時,只要自訴人有效地放棄,即已生一訴訟阻礙事由,法院即應停止訴訟的進行[336]。

三、行政責任

(一)概說

集體的爭議行為雖是民事上的紛爭,但因會影響到相對人、第三人及社會大眾的生命權、身體權及財產權,因此,違法爭議行為之進行,原則上會受到刑事上及行政上的制裁。反過來說,爭議行為的進行,除了現行的勞工法令(尤其是勞動三法)之外,還必須遵守刑事法令及行政法令的規定。[337]舊工會法第26條第2項之規定「工會於罷工時,不得妨害公共秩序之安寧及加危害於他人之生命、財產及身體自由」,並未終局地規定爭議行為的刑事及行政責任,而是必須參照其他的刑事法規及行政法規,才能確定違法爭議行為人的責任。[338]即使在新勞資爭議處理法第55條第3項

---

[335] MünchArbR/Otto,同註44,§ 291 Rn. 42, 43。

[336] MünchArbR/Otto,同註44,§ 291 Rn. 44。

[337] 德國一直到威瑪時代,以公權力介入勞資爭議,均被認為是保護公共安全的合法手段。

[338] 不同意見說,Schwegler, in: Muhr (HrsG), Streikrecht, Demokratie und Sozialstaat, 1987, 189 ff.。

規定施行後,並未改變此種法律狀態。

詳言之,對於爭議行為的規範法令,包括爭議行為法(含憲法、勞動三法)、民法、行政法(尤其是警察法),以及刑法等規定,再加上法院對於爭議行為所形成的原理原則也具有一定的重要性。這些憲法、行政法、警察法、刑事法及法院的判決彼此間關係密切,具有一定的上下位階、環環相扣、互補有無或互相競合的關係,無論是法院或警察機關,均有必要對於該等錯綜複雜法規有所了解與掌握,不宜單純地引用民法的及公法的規定,而未考量到爭議行為的特殊狀況而做校準。[339]這其中,警察法規與刑事法規的關係尤其密切,蓋警察法中有關概念的具體化,往往要依據刑法的規定為準。例如是否危害公共安全,即以其是否違反刑法規定而定。理由無他,警察負有防止危害及追緝犯行之責任也。

就行政法規來看,就勞工組織工會開始,即會受到社團法(人民團體法)的拘束,除非工會法中有特殊之規定者。例如新工會法第11條既然規定工會的組織採登記制,則工人組織工會自然不需要獲得警察事先的許可。之所以免於社團法的嚴格規範,是因為工會的本質是在「爭取得到較好的工資及勞動條件」;也就是在爭取經濟條件的改善上享有一定的特權。也因此,如其長時間地逸出單純的經濟條件及勞動條件之外而追求社會政策的目的時,例如要求國家縮短法定的工作時間,即可能蛻變為具有政治性格的政治團體或其他人民團體,而受到較為嚴格的社團法的拘束。[340]至於工會在有舊工會法第40條破壞安寧秩序之行為時,主管機關可將之解散,其所指之破壞安寧秩序,並非輕微地引起社會大眾的不便即是,而是必須達到嚴重影響大眾的生活始屬之。[341]惟此一破壞安寧秩序之規定,在新勞資爭議處理法中並未見之。

---

[339] 這裡會產生另外一個問題:針對警察應該如何介入處理勞資爭議事件,台灣現行有關警察法的書籍中(尤其是教科書)有加以介紹的嗎?

[340] 採取嚴格限制的態度者,可參閱德國帝國法院刑事法庭1887年10月10日判決。RGStr. 16, 383 ff.

[341] 而且,由行政機關來行使解散權也不適宜,立法上應由法院為之,始為正確。今日在修法未完成前,行政機關行使此權限時,必須特別謹慎戒懼。

(二)警察機關介入爭議行為時之限制

由團體協約自治制度而來之集體的協商及爭議行為，固然亦為憲法所保障的「公共利益」，[342]但是，爭議行為不可以違反一般刑法的規定或憲政秩序。[343]一般刑法的構成要件與少數刑法的特殊條文，以及警察的保安規定（poliziliche Präventivnormen），均構成爭議行為的外圍界限，不容爭議當事人的侵犯。至於在爭議行為自由與憲法所保障之基本權發生衝突時，必須採取利益衡量的方式解決之。尤其是當罷工權與社會安寧、公共秩序衝突時，孰輕孰重，即應加入公共福祉（公共利益）的考量因素。

傳統上，警察負有防止公共安全與秩序的危險〔防止危害（Gefahrenabwehr）〕的任務，[344]並且擁有採取必要措施的權限。即其工作為保護法律規範及個人主觀權益與法益的不可侵犯性，以及私人的權益。必須等待為防止與公共秩序或社會安全有關之危害形成時（所謂「公共性危害」），[345]警察權之介入始有合法性與正當性。[346]論者認為危害已經發生或即將發生，警察權之發動並無疑義。警察甚至應依台灣刑事訴訟法第231條第2項之規定，發動偵查，以釐清及追查犯罪行為。[347]若危害尚未具體化或危害尚未發生而預測其可能發生，公權力並不得以預防危害為名預

---

[342] 蔡維音，罷工行為規範之憲法基礎探討，台灣大學法律研究所碩士論文，1992年6月，頁142。

[343] 林炫秋，論罷工權之行使與限制——中德法制之比較研究，政治大學法律研究所碩士論文，1990年6月，頁34以下。

[344] 參照台灣警察法第2條、第9條、第10條，以及施行細則第2條、第10條規定。

[345] 就違法罷工來看，並不見得會造成公共性危害。

[346] 李震山，罷工糾察線作為預防犯罪的警察權發動對象——警察法觀點，頁88。

[347] 依據德國刑事訴訟法第163條規定，警察職務的機關及公務員應調查犯罪行為及採取所有立即的措施，以防止掩蓋事件真相的出現。此一規定即相當台灣刑事訴訟法第231條第2項規定。持反對態度者，Zechlin, in: Muhr (HrsG), Streikrecht, Demokratie und Sozialstaat, 1987, 210：在密集的罷工糾察線時，警察擁有充分的理由，而在留在工作位置時（雖然目前仍是少數說），也可以具有理由地否定刑法犯罪行為的存在。刑事訴訟法第163條所規定之警察強制介入的要件，並不存在。

先介入，而必須要有立法明確授權或依概括條款授權後始可介入。就台灣目前的法制觀之，由於欠缺法律授權依據，對於罷工及其附屬的爭議行為，警察尚不得在「危害先前領域」即行介入，或採取事前預防性措施。[348]

如就爭議行為而言，一般認為爭議行為合法與否的界線，往往是警察權介入或維持中立的分際所在。不過，實際上不只爭議要違法，而且還要具有公共性危害（例如目的在妨害生產的占據廠場），警察始能發動其職權。[349]也就是說，即使是違法的，警察也不見得一定可以或應該介入。如果違法性還未達到刑法或行政法所定介入處理的程度，[350]那麼，還只是停留在民事紛爭的範疇，基於警察公共原則，警察應不得介入。[351]而且，警察尚應該注意一系列一般的法律原則及長久以來法律發展所形成的原則（例如與警察行使職權有關的警察補充原則[352]、警察比例原則[353]、警察中立原則[354]等）。因此，警察面對勞資爭議進行時，必須依據現場的狀況、本身的經驗、社會的通念，判斷是否介入。尤其是在決定直接強制（例如騰空占據廠場的罷工勞工）時，更應謹慎為之。至於適度維持爭

---

[348] 李震山，罷工糾察線作為預防犯罪的警察權發動對象──警察法觀點，頁94。氏在頁96以下提到：警察為蒐集罷工糾察線有關資料，得否依警察職法第10條規定，預先在特定地點設置監視錄影器？依此所行使之職權，涉及個人資訊自決權（Recht auf informationelle Selbstbestimmung）或資訊隱私權，須謹慎為之。

[349] 在這裡，供應民生必需物質行業之罷工，尤其容易達到公共性危害的程度。

[350] 即使未侵害個人生命或身體，而只是單純地侵害財產權，亦已符合此一要求。Friederich, Betriebsbesetzungen als Mittel des Arbeitskampfes-Ihre verfassungsrechtliche, straf- und polizeiliche Zuordnung, DOEV 1988, 199.反對說，Zechlin, a.a.O., 221：單純的財產權並非是「較高的法益」。

[351] 蔡震榮，集會遊行與罷工集會，頁154。

[352] 林炫秋，前揭書，頁143：法律途徑優先原則。

[353] 所謂警察比例原則，係指警察原則上應該選擇最溫和的手段，例如可以詢問罷工領導幹部的姓名與住址，以及必要時在擔任罷工糾察線的勞工結束糾察工作後，對之進行偵訊，以避免對於爭議措施造成不利影響。

[354] 警察本應保持中立，否則即是在為爭議當事人之一方擔任奴僕（Büttel）而已。

議現場的秩序，則是警察固有權限的執行。

　　再一言者，警察面對違法勞動鬥爭時，固應依據起訴權衡原則（Opportunitätsprinzip），審時度勢善用其裁量權限，決定是否（決定裁量）及如何（選擇裁量）介入。[355]但是，另一方面，也不可忘卻依據合法原則（Legalitätsprinzip）所導出的義務，警察有進行初步處理違法行為之義務與責任，[356]否則即會受到妨害刑事訴追程序（ein Verfahren wegen Strafvereitelung im Amt）的追究。一旦其進行為防止危險所作的違警處分（polizeiliche Verfügung）及使用直接的強制力，性質上均屬於行政處分（Verwaltungsakt），其合法性會受到行政救濟途徑的審查。例如針對罷工期間的圍堵行為，警察發布一違警處分，要求勞工必須作一定之行為（亦即要離開廠場出入口），同時準備以直接強制（例如加以架離現場）。[357]不過，對於勞資任何一方所提起的訴願或行政訴訟（撤銷訴訟），原則上並不會有停止執行之效力（訴願法第93條、行政訴訟法第116條），除非該違警處分的合法性受到嚴重的懷疑或者違警處分的執行會給罷工中的勞工帶來過於嚴苛（unbiliige Härte）的後果時，法院始可

---

[355] Zechlin, in: Muhr (HrsG), Streikrecht, Demokratie und Sozialstaat, 221. Lutz, , in: Muhr (HrsG), Streikrecht, Demokratie und Sozialstaat, 197：警察也知道社會的進步，常常不是經由立法者所制定的法令而來，而是經由「正當性（Legitimität）應優於合法性（Legalität）」的抉擇而來。

[356] 即台灣刑事訴訟法第231條第2項及德國刑事訴訟法第163條規定。

[357] 這裡會產生另外一個問題：面對警察即將採取行動介入處理勞資爭議，勞工或工會是否有權向行政法院申請發布一緊急處分程序，以獲得暫時的法律保護？對此，德國行政法院法（Verwaltungsgerichtsordnung, VwGO）第123條規定了暫時命令程序（das einstweilige Anordnungsverfahren）以暫時凍結警察的作為，只要當事人能夠適當釋明即可。該暫時命令程序之設立，係參考民事訴訟法定暫時狀態處分（einstweiliges Verfügungsverfahren）而來，以便在提起本訴前申請使用。吾人如參照台灣行政訴訟法第116條第3項規定，「於行政訴訟起訴前，如原處分或決定之執行將發生難於回復之損害，且有急迫情事者，行政法院亦得依受處分人或訴願人之聲請，裁定停止執行。但於公益有重大影響者，不在此限。」似乎亦可得出具有此一緊急處分程序之意涵。

命令停止執行效力。[358]

　　最後，在勞動鬥爭進行當中，如已出現「有明顯事實足認相對人有攜帶足以自殺、自傷或傷害他人生命或身體之物」之情形時，警察對於爭議當事人即得行使即時強制處分。[359]對此，行政執行法為特別規定，應優先於警察職權行使法第28條之規定適用。而且，警察行使對人管束或對物扣留之即時強制，必須具有預防犯罪或防止危害而具急迫性之前提，否則即為違法之職權行使。再者，依據警職法第28條所規定之概括性的即時強制行為，必須審慎地判斷其發動時機；亦即，必須輔以「最後手段性原則」，即以第19條至第27條已無法適用為前提。另外，必須限於「非有警察之幫助，即會產生無法逆轉之權利損害的急迫情形」（所謂「有益幫助原則」）。[360]但對於此一即時強制處分，勞動鬥爭的當事人即可依警職法第29條之「即時異議制」，迅速地，且有效地獲得權利救濟及權利保護。[361]其後，再依一般的行政救濟程序尋求權利的終局救濟。

1.警察任務與警察職權之區別

　　台灣警察法制的向前邁開一大步，可以2003年6月25日警察職權行使法（以下簡稱警職法）的公布施行做為分水嶺。在警職法施行之前，警察機關殆皆依據警察法第2條規定「警察任務為依法維持公共秩序，保護社會安全，防止一切危害，促進人民福利」，做為其權限行使之依據，各界並未能截然劃分任務法、組織法、職權法、勤務法之不同，以致誤以為法

[358] 有關此一部分之論述，請參閱Nauditt, Die Eingriffsbefugnisse der Polizei im Arbeitskampf, AuR 1987, 159 ff.。

[359] 反對說，Schwegler, in: Muhr (HrsG), Streikrecht, Demokratie und Sozialstaat, 192：對於罷工，原則上法院不可以進行暫時的處分或行政機關不可進行緊急處分（einstweilige Handlungen），這是因為罷工的狀況並不容許隨意重新再來。

[360] 有關此一部分之論述，請參閱林明鏘，法治國家與警察職權行使，警察法學第4期，2004年3月，頁319、頁339以下、頁348。另外，蔡震榮，警察職權法之評析，警察法學第2期，頁24以下。

[361] 蓋警察職權之行使具有即時性，一般行政救濟管道恐怕緩不濟急，警職法乃參考司法院大法官釋字第535號解釋及行政執行法第9條之規定，設計了異議程序。

律若明白賦予警察任務、勤務，警察依法則有「執行到底」之職權，甚至以實力完成之職責，忘卻了人民權利之干預應依據法律保留原則之法治國家基本原則。[362]此可以「行政法院82年度判字第2903號判決」係基於「有組織法即有行為法」之認知所作成為例，即可知其殊欠妥適。[363]

實者，早在警職法制定施行前，學者間即有論及警察法第2條規定僅係警察任務授予規範之所在，惟其並未設有「為維持公共之安全與秩序，得採取必要之措施」之規定，因此，並不宜將警察任務之規範，也解為警察權限之一般授權規定。蓋基於法治國家的觀念，警察法制應明確區分為警察任務與警察權限兩個不同的領域，即警察法之性質係組織法之規範及作為警察干預權行使之職權條款。[364]而在警察法制定施行後，學者更是明確認為警職法是作為規範警察行為的作用法規範。[365]警察法原則上係組織法性質，無法作為規範警察權限行使的作用法根本依據。至於警職法作為危害防止之基本法，其立法的源由，係在呼應司法院大法官會議釋字第535號解釋之意旨：警察執行職務法規有欠完備，為確保「依法行政」符合法治國原則下的「法律優位」與「法律保留」，保障人民權利以及提供警察行使職權之明確規範。警職法為基本法的性質，意在於釐清以往有組織法即有行為法之爭議。

如前所述，在爭議行為已構成公共性危害時，警察權之介入始有合法性與正當性。警察職權行使之依據，固然也可能在其他的法律（例如舊工會法第26條第2項），[366]但其根本大法還是在警職法。因此，有必要了

---

[362] 李震山，警察任務法論，1993年9月，頁122。

[363] 有關本案之敘述，請參閱梁添盛，警察任務與警察權限，收錄於：警大法學論集第2期，1997年3月，頁58以下、頁84以下。

[364] 梁添盛，前揭文，頁76、頁81、頁83。

[365] 林明鏘，前揭文，頁278以下；蔡震榮，警察職權法之評析，頁1以下。蔡文於頁11以下謂：職務Amt與職權Befugnis的意義不同，前者是組織上之意義，指個人在其職位上所負擔之任務，屬組織內部，而非具有對外之權限；後者是作用法之意義，指行政機關行使公權力，對外採取具體措施之權。

[366] 李震山，罷工糾察線作為預防犯罪的警察權發動對象——警察法觀點，頁92以下：

解警職法的重要內容。茲綜合學者之見解如下：警職法的立法目的是側重「保障人民之權益」，並且兼顧「維持公共秩序與保護社會安全」之功能。若目的不能兼顧時，宜以「保障人民權益」為最優先之考量。[367]警職法應定位為行政法性質，而非刑事法。警職法設計偏向德國法制度，採取行政與刑事並進的制度。警察可以進行行政調查與刑事調查，也可以從事「防止危害」與「犯行追緝」。但綜觀其規定，原則上仍然是偏重於警察任務之事前預防（präventiv）的「危害防止」──即所謂「行政警察」。警察職權之行使，應避免「以行政之名，行刑事之實」；亦即凡與犯行追緝有關者，應遵照對於人權保障較為周密的刑事訴訟法處理。[368]尤其是對於已經犯罪者，已屬刑事偵查活動之範圍，依據法治國原則及司法二元體系，應該遵照刑事訴訟法的相關規定進行，例如應持搜索票以進入私人營業或非公共場所。在此，不得以「行政檢查」之名以達「刑事搜索」之實。[369]

2.警察公共原則之限制

(1)原則

所謂警察公共之原則，係指警察對於與公共安全及秩序之維持無關之私生活、私住所及民事上之法律關係，原則上不得介入。[370]亦即民事紛爭由當事人合意解決為原則，若無法合意解決，可透過法院訴訟的途徑解決，警察不應輕易介入，只有在民事上之法律關係影響到公共安全及秩序

（舊）工會法第26條第2項之「妨害公共秩序之安寧」及「加危害於他人之生命、財產及身體自由」，已構成警察介入的公共性危害的時機。但因其為不確定法律概念或事實認定，警察在判斷時必須事實與要件涵攝具高度一致性時，方得依法採取必要之措施。

[367] 林明鏘，前揭文，頁278。反對說，蔡震榮，警察職權法之評析，頁10以下。

[368] 林明鏘，前揭文，頁281。蔡震榮，警察職權法之評析，頁21以下：台灣並非採如德國般之「雙重規定」（亦即在刑事訴訟法中並無相同的規定），是否可能造成警察「假行政之名而行司法之實」及過度擴權，將難免啟人疑慮。

[369] 例如警職法第7條之「檢查」，不可達到司法搜索的程度，後者必須要有搜索票；或者不可由行政調查手段如查證身分，擴充至刑事調查手段，如蒐集資料。

[370] 梁添盛，前揭文，頁71。

時，始能發動介入。[371]此種「私生活不可侵原則」之要求，是希望將警察權的行使，侷限在保持現狀或採取必要的措施而已，以避免代替法院行使審判權，也避免引起警察權力任意擴張之疑慮。[372]

　　在警察公共性原則之下，當事人應自循法律途徑解決私法上的紛爭（例如土地所有權歸屬的爭議），任何一方不可以挾警察以自重。但是，如果私權紛爭已形成「公共性危害」，[373]警察權之介入始有合法性與正當性，在此時，警察或依相關法令具體授權，或依概括條款，或依補充性條款（Subsidiaritätsklausel）介入處理。設如人民的生命、身體或財產的危害尚未具體化或危害尚未發生，惟所遭受的危害已經達到「不可遲延性」、「可能性」及「傷害性」時，自應構成警察介入的義務與責任，否則警察機關將難免被請求國家賠償責任。尤其是如果私權的侵害已達到不可遲延性，而警察機關仍然堅持不介入原則，將可能造成人民以自助行為對抗侵害的後果，也引發更大的法律紛爭。因此，台灣民法第151條自助行為規定之「其他機關」自應包括警察機關在內，始為允當。[374]

　　而在具體的作法上，依據司法院大法官會議釋字第535號解釋意旨及警職法第6條之規定，警察不得任意進入私人居住空間，從事進行臨檢與查證身分的工作，以保護個人之隱私權、家宅權與不受非法搜索之權利。[375]雖然如此，也有學者主張針對室內集會，為確保社會治安、防止危害起見，警察可依據警察法第2條之規定，實施任意手段。在此，可使用

---

[371] 前述之行政法院82年度判字第2903號判決，原來係涉及占有權有無之爭議，屬於民事紛爭，但因工地工程屢遭破壞，顯示犯罪事實已經具體化了，警察機關也以毀損、妨害自由將犯罪人移送地檢署偵辦。此種情況之下，應已進入公共性危害之範圍矣。

[372] 朱源葆，警察執行集會遊行時之法律界限，中央警察大學警學叢刊第32卷第2期，2001年9月，頁77。

[373] 李震山，罷工糾察線作為預防犯罪的警察權發動對象——警察法觀點，頁88：公共性危害，係指為防止與公共秩序或社會安全有關之危害。

[374] 李震山，罷工糾察線作為預防犯罪的警察權發動對象——警察法觀點，頁94以下：一般認為「其他有關機關」，乃指派出所、警察局、機場航警、海關港警等有權阻止逃亡的機關而言。

[375] 林明鏘，前揭文，頁292以下。

內線布建或向檢察官報准後裝設竊聽器也。[376]

(2)對於爭議行為之適用

勞資爭議係民事上的紛爭，如當事人所使用之爭議行為未影響社會公共秩序與社會安全，警察本不得介入，以留給私法領域自治空間。[377]況且，即使是違法之爭議行為（尤其是沒有附屬爭議行為的罷工），也不見得一定會造成公共性危害，有可能只停留在民事損害賠償的領域之內。如此，警察機關更不能以維護公司正常運作為由，舉牌警告、命令解散。但是，例外地，如果基於重大公益之必要，警察應可在危害防止之先前領域即可採取「危害預防措施」，包括行政上的危害預防及犯罪預防。[378]例如針對供應民生必需物質行業的勞動鬥爭。

如從整個勞動鬥爭的流程來看，在勞方發動爭議行為時，由於時間上尚不構成危害急迫性，雇主並不得預先主動請求警察協助。當然，警察也不得主動介入護送想要工作的人入廠工作或要求糾察線人牆保持3公尺寬。如果罷工糾察線未擴及公共場所，則因其本質乃民事上的紛爭，警方應以私法關係之勞資爭議處理，頂多派員警在場戒備即可，並以「事先警告、事後追究」原則表達立場，不得貿然介入。[379]而對於逾越合法界限、進入刑事法或行政法的領域的圍堵、罷工糾察線，及占據廠場等，警察即

---

[376] 朱源葆，前揭文，頁79。

[377] 台灣首度出現政府動用警察干預罷工，是在1988年7月14日至8月9日的苗栗客運罷駛事件。工會也首次採用罷工糾察線，以對抗前往支援苗栗客運的其他縣市客運業者。李震山，罷工糾察線作為預防犯罪的警察權發動對象——警察法觀點，頁88。張鑫隆，罷工糾察線作為預防犯罪的警察權發動對象？——勞動法的觀點，發表於「爭議行為之行使所涉及相關法律問題」學術研討會，2006年12月8日，頁71：日本警察依據憲法勞動基本權、警察法，以及警察官職務執行法第5條之規定，負有不介入勞資爭議之原則。

[378] 蔡震榮，集會遊行與罷工集會，頁148。反對說，李震山，罷工糾察線作為預防犯罪的警察權發動對象——警察法觀點，頁100：由於欠缺法律授權依據，對於罷工糾察線，警察尚不得在「危害先前領域」即行介入，或採取事前預防性措施。

[379] 蔡震榮，集會遊行與罷工集會，頁148稱此為「警察本於警察責任原則」所為。但是，學者一般都是以公共原則為理由。

應採取行動，否則，即有可能被請求國家賠償。這是因為其已構成侵入住宅罪、強制罪。因此，針對在廠場內舉行的罷工集會，已構成刑事責任，警察並不可以公共原則拒絕使用命令或強制權力，[380]反而是應發動其偵查犯罪的權限，以保障雇主的所有權。在此，警察應即採取一定之手段蒐集資料，可以預先在特定地點設置監視錄影器，[381]也可以使用內線布建或向檢察官報准後裝設竊聽器。[382]不過，受到警察處分的勞資爭議當事人，可以依據警職法第29條之規定，向警察當場提出異議，以使警察重新思考其執行職權之合法性。

3.警察補充原則之限制

(1)原則

所謂警察補充原則，係指在警察權之作用與其他機關之作用或依其他法令規定所為之作用重疊時，如對於一定任務之執行或危險之排除，具有特別權限之機關時或特別法已有特別規定，則應由該機關行使權限或依據特別法之規定處理。在此，警察只居於一補充的角色或地位，其管轄權限應該退讓。[383]這尤其是指針對私權之保護，應該先由法院處理。若不及法院處理，且警察若不介入援助，當事人之權利將無法實現或顯難實現時，警察始有介入之義務。至於相對於其他的行政機關的職務協助，[384]警察機關亦應遵守「被動性」、「臨時性」及「輔助性」原則。只有在一般行政機關「不能或不可能適時防止」其應防止之危害時，經請求或情況急迫不須請求，方得由警察依職權協助處理之。易言之，危害之防止，必須具有不可遲延性。[385]現行的警職法第28條第1項係即時強制之規定，而

---

[380] 反對說，朱源葆，前揭文，頁78。

[381] 李震山，罷工糾察線作為預防犯罪的警察權發動對象——警察法觀點，頁96以下：警察為蒐集罷工糾察線有關資料，得否依警職法第10條規定，預先在特定地點設置監視錄影器？依此所行使之職權，涉及個人資訊自決權或資訊隱私權，須謹慎為之。

[382] 朱源葆，前揭文，頁79。

[383] 梁添盛，前揭文，頁73以下。

[384] 警察法施行細則第10條第1項第6款，係警察對於其他機關的職務協助之規定。

[385] 朱源葆，前揭文，頁84。

警職法第28條第2項則係「補充性條款」之規定，以補充其他機關職權行使之不足。[386]整體來看，警職法第28條係一概括條款規定，目的在使得警察能依之處理新興之危害，以免人民的生命、身體、自由、名譽及財產受到侵害。

進一步言之，警職法第28條第2項規定之補充性條款，係立基於該管行政事務之任務機關，並不可能如警察般地隨時可以到場處理危害之思想。藉之將國家政府機關間水平的關係予以劃分（此稱為「水平間的補充性原則」），[387]希冀處理該當危險或障害之第一次的權限，歸屬於具專門知識之其他國家機關。[388]惟在公共安全、公共秩序或人民的生命、身體、自由、名譽及財產受到侵害，而其他機關有無法或不能即時制止或排除時，即應讓警察補充地發動即時強制之權。此時，或可由其他行政機關請求警察機關提供職務協助，或可由警察機關主動介入處理。此一補充原則的規定，也可以彌補行政機關消極的權限衝突，以致人民的權益受損的遺憾。亦即警察在具有下列二項特徵時，即應介入處理：一者，危害之防止在時間上具有急迫性；二者，該危害防止之執行應經常使用強制力。如未具有該二項特徵，即應由一般行政機關負責處理。[389]

(2)對於爭議行為之適用

有關勞資雙方間的爭議，首先應該由當事人雙方自行尋求解決之道，尤其是經由對話、協商或勞動鬥爭解決。在此一階段，法院及勞工主管機關或基於「不告不理原則」，或基於「補充性原則」，均不得介入處理。而警察面對著此一私權領域的紛爭，更應該儘量避免侵入私人的法律關係，致使破壞法治國原則之警察國家的出現（此稱為「垂直間的補充性原則」）。[390]

---

386 蔡震榮，警察職權法之評析，頁13。
387 林明鏘，前揭文，頁346以下。
388 張鑫隆，前揭文，頁72。
389 林明鏘，前揭文，頁349以下。
390 林明鏘，前揭文，頁346以下。

　　一旦當事人雙方無法自行解決糾紛，而爭議行為的進行又有侵害公共安全、公共秩序或個人的生命、身體、自由、名譽或財產之虞時，法院及勞工主管機關即有其管轄權限。警察機關則應謹守補充原則，不得搶先介入。[391]尤其是針對非法的爭議行為，如其違法性仍只是在民事領域內，則勞工主管機關本可依據勞工法令所賦予的權限，積極地介入處理，特別是使用勞資爭議處理法所規定的調解及仲裁的權力。但是，一旦雙方所涉及的是權利事項的爭議，而當事人雙方事前或事後向法院起訴者，勞工主管機關的管轄權限即被排除，如其行政處理手段正進行中，即應立刻停止。但是，如果是涉及調整事項的爭議，且係經由仲裁途徑解決爭議者（或者當事人雙方合意申請，或者勞工主管機關依職權交付），則勞工主管機關具有優先的管轄權。此種針對在民事領域內的勞資爭議，要求警察機關遵守補充原則，目的是在避免警察只在保護企業主的私人法益的疑慮。而且，也可以免去警察要在現場判斷勞資爭議是否合法的困境。

　　承上，如果勞動鬥爭是嚴重地影響公共利益或公共福祉時，警察機關是否仍應謹守補充原則，由勞工行政機關優先介入處理？這是因為針對勞動鬥爭所使用的鬥爭手段持續相當之時日，而且嚴重妨礙產業秩序並影響第三者及公共利益時，為維護公共利益之迫切需要，勞工主管機關應可例外地將之交付仲裁以阻止勞資爭議手段濫用或違法使用之繼續。不過，針對上述的勞動鬥爭，如其尚未進入妨害公共安全或已屬於刑事犯罪行為的領域，警察的介入權限是否因為有仲裁之設計而被排除？此一問題也可以反面思考：與其由警察機關介入處理勞資爭議，不如放寬勞政機關行使強制調解及強制仲裁之空間及權限，對於勞資雙方爭議的解決更有助益，也更能夠契合勞資雙方的要求？對於此一問題，本文以為牽涉到警察補充原則與警察中立原則的連動，勞工主管機關固然可以行政處分（強制仲裁）

---

[391] 梁添盛，前揭文，頁20；韓仕賢，我合法罷工！你依法舉牌？──警察權介入台企銀罷工的觀察與檢討，發表於「爭議行為之行使所涉及相關法律問題」學術研討會，2006年12月8日，頁7；李震山，罷工糾察線作為預防犯罪的警察權發動對象──警察法觀點，頁94；黃鼎佑，前揭文，頁114。

處理，但是，警察機關亦可同時發動其權限，採取一些防止危害發生的事前動作，以作為將來提供給法院審理時證據之用。[392]

　　但是，一旦勞動鬥爭的違法性已經達到刑法及行政法的科處程度時，例如已發生公共性危害或即將發生，則補充性原則是否仍有其適用？不無疑問。例如在占據廠場的行為，[393]不僅是涉及民法上的侵害財產權及占有權，也涉及刑法上的犯罪行為（侵入住宅罪、強制罪），而警察應該恪遵刑法規範的保護，卻是其原本的、不受輔助原則影響的任務。[394]對於非短暫性地停留在工作位置的行為，警察或可以在整個事件過程中維持一定的狀態，直到雇主獲得法院的保護為止。但是，由於雇主的繼續營運受到嚴重的阻礙，如其請求警察機關發動直接強制處分，警察機關應無拒絕的理由；亦即警察可以進行騰空廠場占據的行動。[395]不過，一旦占據廠場的勞工已經提起行政救濟途徑，尤其是依據行政訴訟法第116條第3項規定提出緊急處分程序的申請，則警察機關即應停止騰空廠場占據的行動。[396]在此種情況之下，雇主勢必要向法院提起訴訟，並且於勝訴後再

---

[392] 有關此一部分之一般論述，請參閱楊通軒，國家中立原則在勞資爭議中之運用，國家科學委員會研究彙刊：人文及社會科學，2000年1月，頁98以下、頁100；氏著，勞資爭議仲裁制度之研究──兼論德國勞資爭議仲裁法制，華岡法粹第27期，1999年12月，頁254以下。

[393] 針對刑法為保障私有的住宅權所設立的侵入住宅罪，德國學者稱之為「刑事化的民法條文（pönalisierte Zivilrechtsnorm）」，以示其民法上已經有禁止或要求的規定，只是經由刑罰制裁的威脅予以強化而已。Friederich, Friederich, Betriebsbesetzungen als Mitteldes Arbeitskampfes-Ihre verfassungsrechtliche, straf-und polizeiliche Zuordnung, DOEV 1988, 200; Nauditt, a.a.O., 157.

[394] 如果是罷工的勞工對於雇主或想要工作者的毆打行為，警察的介入處理更無問題。

[395] Friederich, a.a.O., 200：畢竟，原則上私權的保護也是警察的職責，因此，應該可以忍受管轄的競合（Konkurrenzzuständigkeit）。何況，法院的救濟往往有時間上的落差，如果不讓警察介入處理違法的狀況，恐怕會引起人們部分法規已被廢除的錯覺。

[396] 如果占據廠場的勞工未提出行政訴訟法第116條第3項的申請，那麼，其可能將遭遇到嚴重的不利。依據Friederich, a.a.O., 200：當警察決定騰空廠場占據時，實際上會導致雇主無須採取民事救濟途徑的後果。不僅不需要進行主要訴訟（Hauptsacheverfahren），也不需要採取暫時的法律保護程序（einstweiliges Verfügungsverfahren），連

以強制執行的途徑或者在判決占據廠場的勞工構成侵入住宅罪或強制罪等時，其才能終局地獲得權利的救濟。

　　總之，針對勞動鬥爭（含罷工及積極的附屬爭議行為）的進行，假使其僅具有民法的違法性，而法院及勞工主管機關均未能及時地提供救濟時，警察即可（應）介入處理，以防止危害的發生。

4.警察比例原則之限制

(1)原則

　　比例原則又稱相當性原則，可再分成適當性原則（Geeignetheit）、必要性原則及均衡性原則（Proportionalität），其不僅是台灣憲法上的重要原則（第23條），且又明定於行政程序法第7條中，足見其重要性。吾人從憲法第23條之比例原則規定，可知該條文一方面宣示基本權得予以限制，另一方面又充滿了必要性的設計，調和了公益與私益間的保障衝突。在行政法的領域，有關比例原則的規定可謂散見於各個法律中，例如警職法第3條第1項、警械使用條例第6條、社會秩序維護法第19條第2項與第22條第3項、集會遊行法第26條等。即使在行政機關行使裁量權時，也被要求不得違反比例原則。[397]

　　從警察行政與比例原則的關係來看，比例原則係源自於具有古典行政法之實質內容的警察法而來，可見警察比例原則之重要性。而德國學者Fleiner早就有如下之名言：「警察不得以炮打麻雀」（die Polizei sole nicht mit Kanonen auf Spatzen schießen），[398]例如一般認為警察在處理集會遊行時，不宜舉槍射擊不遵守法令者。吾人如觀警察行政具有強烈之侵益、干涉性質，則其更應遵守、實踐比例原則，毋寧係一極為自然之事。至於如何更具體詮釋比例原則於警察行政之適用？則有待於案例的累積，建立類型後，再予以成文化。[399]另外，警職法第3條第2項為「執行無益

帶地，法院強制執行的程序（§ 885 ZPO）也免了。
[397] 請參閱行政法院71年度判字第811號判決。
[398] 朱源葆，前揭文，頁73以下。
[399] 林明鏘，前揭文，頁304、頁341以下。

原則」之規定，其為必要性原則（最小侵害性）之具體化，使得警察機關可以停止執行。

(2)對於爭議行為之適用

在處理勞資爭議事件時，警察必須遵守比例原則，以一方面確保法律被遵守，另一方面也確保爭議行為不會被架空。[400]同時，警察的介入處理，也必須依據比例原則考量其介入的形式，所可能帶給雙方當事人的不利益。尤其是應考慮選擇最溫和的介入措施，以免給予爭議行為過當的阻礙。如為不影響勞資爭議的進行，對於違法的爭議行為，警察應首先考慮採取諸如「身分確認」（Identitätsfeststellung）的溫和措施。[401]又如基於警職法第3條第2項為「執行無益原則」之規定，警察對於勞資爭議之介入處理，應隨時注意現場情況之發展，隨時決定是否停止執行。例如工會或會員已停止違法之爭議手段時，警察即無命令解散或強制驅離之必要。

如以具體的個案而言，針對違反雇主意思的占據廠場，除了係短暫地停留在工作位置之情況之外，如其係積極地侵入廠場或超過短暫地留在工作位置上，不問其是否有進行生產管理，[402]由於已構成刑法的侵入住宅罪或強制罪，警察當得命令勞工離開廠場（Platzverweisung），必要時，警察可以使用直接強制迫使勞工離開。[403]此種權限的行使，是在排除公共性的危害，並非在確保想要工作的人可以入廠工作及促成雇主的繼續營運。因此，占據廠場的勞工並無權主張警察的直接強制處分，違反了比例原則，侵害其憲法所保障的爭議權。爭議權並非係一個不受任何限制的權利。警察理應依據比例原則，來適當地調和爭議權與社會安寧、公共秩序

---

[400] Lutz, a.a.O., 198.

[401] Nauditt, a.a.O., 158.

[402] Nauditt, a.a.O., 158：警察應採取最溫和的手段要求勞工停止生產。本文以為Nauditt的見解並不可行，蓋勞工都已經生產管理了，命令其停止會有效嗎？實應讓警察直接勒令勞工離開廠場也。

[403] 在占據廠場時，Ronellenfitsch認為警察的裁量歸零（Ermessen auf Null），無論如何應介入處理。Ronellenfitsch, Der Anspruch auf polizeiliches Einschreiten bei Betriebsbesetzungen in der Druckindustrie, BB 1987, Beilage 6, 28 f.

間的關係。[404]當然,不可避免的是,警察的介入勞資爭議,有可能會激化雙方的衝突,但也不能因此就說:基於適當性及合目的性的考量,警察還是應該不使用直接的強制為宜。[405]否則,大概警察的直接強制處分都無適用的餘地了。

另外一言者,如果勞工非法地進行罷工及附屬的爭議行為,而其選擇坐在道路旁邊時,警方可以依據集會遊行法第26條之比例原則,不命令其解散。簡單地說,在非法爭議行為時,警方仍應衡量相關法益、現場狀況等因素,來決定是否應予以命令解散。[406]

5.警察中立原則之限制

(1)原則

警察中立是屬於行政中立的一環。所謂行政中立是指:公務員處理公務時,須秉持公正、客觀、超然之立場,一切以全民利益或福祉為依歸。公務員在執法上應採取同一標準,公平對待任何個人、團體或黨派,既不徇私,也無畸輕畸重之別,這是對社會大眾利益確保之宣示,為組織體系中立的範疇。[407]

就警察中立原則來看,係要求警察機關對於任何個人、團體[408]或黨派,無畸重畸輕之別,即警察權之行使或發動,不得因對象而異,一切依法行政。至於在面對集會遊行事件時,有認為申請集會遊行之團體,如確屬於社會弱勢族群(如殘障人士),警察機關基於特別之關懷,可以協助其完成申請手續。尤其是行政中立原則仍然相當抽象,須將之具體化。而

---

[404] 不過,本文以為有關爭議權與社會安寧、公共秩序之孰輕孰重,實際上係公共福祉(公共利益)之調和關係,與比例原則較無關係。

[405] Nauditt, a.a.O., 頁158:即是採取此種論調。

[406] 蔡震榮,集會遊行與罷工集會,頁152。

[407] 陳德禹,我國當前政治發展與行政中立問題,理論與政策第4期,1991年7月,頁44以下;許濱松,英美公務員政治中立之研究——兼論我國公務員政治中立應有之作法(上),人事月刊第20卷第4期,頁13以下;蔡良文,論行政中立法制建立應思考的問題,人事月刊第19卷第2期,頁39以下。

[408] 這裡的團體,當然包括工會(聯盟)及雇主聯盟在內。

且，台灣警察處理集會遊行活動的經驗及執法能力，與歐美先進國家相較仍有一段距離，且警察行政裁量權之行使，常有受到濫權之非議。處理之道，或在於基於警察中立原則及平等原則，盡早由上級警察機關訂定明確的裁量規則，以為所有警察人員參照遵循之用。[409]

(2)對於爭議行為之適用

首先就國家機關面對勞動鬥爭之態度而言，基於憲法保障團體協商當事人之基本權，當事人擁有相當大的自治空間，可以免於國家的干預而自行形成勞動條件及經濟條件。由此可得出：國家機關應嚴格遵守中立。也因此，在勞資爭議中，國家不可以採取單純有利於一方或不利於一方的行動。協商當事人可以免於法院、行政機關及警察機關的干預，自行以爭議的方式追求其目標。[410]

其次，再就行政機關面對勞動鬥爭之態度而言，行政機關在面對具體爭議案件時，必須遵守國家中立原則。尤其是行政機關介入勞資爭議的行政措施的態樣繁多，再加上多有因法律的授權而得行使廣泛的行政裁量權，因此除了應遵守裁量的原則外，更應依循「行政中立」的立場從事。蓋罷工及鎖廠既為憲法、法律所承認之自由權，則除因確具有公共福祉之原因外，行政機關自不得以調解或仲裁之名，行實際上禁絕罷工及閉廠之實。[411]

基於行政中立，如爭議行為是合法時，則行政機關不得藉詞為維持生產秩序或公共安寧而發動警察權，而將工廠或生產場所包圍起來，如此將導致勞資之任何一方無法正常地行使其爭議權；反之，如果爭議手段已達違反刑法或秩序法之規定時，警察人員當然即須介入處理，不得再以國家中立原則怠忽職守。而且，對於勞資雙方爭議之訴求，如其合法時，行政機關不得做有利於其中一方之公開聲明或者對之加以譴責，亦不應透過大

[409] 朱源葆，前揭文，頁88以下。

[410] Nauditt, a.a.O., 156.

[411] 楊通軒，國家中立原則在勞資爭議中之運用，國家科學委員會研究彙刊：人文及社會科學，2000年1月，頁84。

眾傳播媒體加以責難，企圖以道德的壓力令其中一方放棄其訴求。

　　吾人如再就行政與立法、司法相較，行政機關運用行政手段處理勞資爭議，對於勞資雙方影響更為重大，集體勞工法上所強調之團體協約自治能否落實，完全繫之於行政機關的態度而定。換言之，從舊工會法上解散破壞安寧秩序的工會（第40條）與對工會及其職員或會員因怠工之罰鍰（第29條、第56條），到舊團體協約法上對團體協約內容之認可、修改或刪除（第4條），再到舊勞資爭議處理法上之調解與仲裁勞資爭議，終至對違法爭議行為之處以罰款（第40條、第41條），均提供行政機關大力介入的可能性，由於裁量空間大而有流於恣意擅斷之虞，因此如何確實遵守行政中立，關係到勞資雙方爭議權之落實及爭議是否能真正消弭的結果。因此，在勞動三法未修法完成前，行政機關行使上述權限，均必須特別謹慎戒懼，以免侵害團體協約自治當事人的集體權限。[412]而在2011年5月1日新勞動三法修正施行後，雖然上述舊法時代可能產生流弊的法條，大多已遭到廢止或修正。但是，新增訂的法條，卻又引發新的疑慮。例如新工會法第45條有關雇主不當勞動行為的認定，如果再加上新工會法施行細則第30條第1項及第2項的模糊不清的定義性規定，給予裁決委員會極大運用的空間，難保不會觸及行政中立的界線，除非裁決委員會不受行政中立的規範。新工會法第46條規定之未給予公假之處罰鍰新台幣2萬元以下「10萬元以下」的區間極大，運用時必須謹慎。新團體協約法第32條規定，有新工會法第46條規定的疑慮，特別是其第2項規定之限期「為一定行為」，是否包括要求進行團體協商？理論上應採否定見解（更不說要求直接締結一個團體協約）。至於新勞資爭議處理法第62條之規定，係舊勞資爭議處理法第41條及第42條之規定。倒是，新法第63條規定對於調解的罰鍰規定，使得調解任意主義的本質已受到相當程度的改變，特別是該條第3項規定「無正當理由未出席調解會議」的罰鍰規定，使得國家統合主義的陰影再現，並不可取。

---

[412] 楊通軒，國家中立原則在勞資爭議中之運用，頁97以下。

　　三者，就勞動鬥爭中警察之中立而言，在勞動鬥爭期間，所有的國家機關均應嚴格遵守國家中立。一個能發揮功能的、免於國家影響的自由的團體協約自治，係以雙方的爭議對等為前提。此種爭議對等狀態，將會因警察的介入而受到嚴重干擾。[413]因此，如果爭議行為未侵害他人人身或財產上的法益、爭議當事人未違法使用或濫用爭議手段，以致侵害公共利益或公共福祉時，警察機關即應保持中立。面對勞工合法的罷工及附屬的爭議行為，警察機關自然不能將訓練有素的警察派至雇主營業場所邊，以提供其單方有利的服務，例如不得以實力排除合法界限內的杯葛或糾察線，以免陷入是在幫助雇主順利進行繼續營運之疑慮。[414]政府機關或警察機關更不能將警察派至發生爭議的事業單位（尤其是供應民生必需物質的公用事業），直接接替完成罷工者所留下來的工作（即擔任罷工替代勞力）。

　　但是，一旦爭議行為已妨害公共安全或已屬於刑事犯罪行為時，警察的中立義務即已不再存在，反而應該採取積極的介入措施。[415]蓋警察依法即有防止公共安全危害及偵查犯罪行為之職責。無論是勞資爭議的相關法令或警察法令，均未有警察不得介入處理侵害公共安全或構成刑事罪責案件之規定，警察自然不得以國家中立原則拒絕干預。[416]

---

[413] Friederich, a.a.O., 199.

[414] Lutz, a.a.O., 196.韓仕賢，我合法罷工！你依法舉牌？——警察權介入台企銀罷工的觀察與檢討，頁7：警察介入勞資爭議的目的之一，是在幫助雇主繼續營運的順利進行。又，潘鴻麟，警察權之發動與罷工權之行使，頁27：「鐵路局警察派員把守南港及樹林調車廠，以防止員工被帶離現場。」本文以為上述警察之行為已違反中立原則及補充原則。

[415] Friederich, a.a.O., 199.楊通軒，國家中立原則在勞資爭議中之運用，頁81以下、頁84。

[416] 有趣的是，或許台灣將來在警察機關裡也會有針對職員與勞工適用的團體協約，則其發生罷工時也會引起國家的干預，甚至國家會使用公務員（警察）替代工作。如此，是否也違反警察中立原則？有待進一步釐清。

(三)爭議行為涉及集會遊行法時

1.集會遊行的權利

台灣憲法第14條規定，人民有集會及結社之自由。[417]集會遊行法（以下簡稱集遊法）第1條第1項亦規定，為保障人民集會、遊行之自由，維持社會秩序，特制定本法。緣言論自由、集會自由、組織社團及從事社團活動的權利，均屬於原始意義的溝通型態，[418]以確保市民社會下人民意見的表達與形成，並且也影響社會公意的形成。集遊法第8條乃將集會分成室外集會及室內集會，並採取原則許可例外禁止的制度。對於此一許可制，論者雖有主張予以廢除而改為報備制者，[419]但因台灣實證的經驗是採取寬鬆的許可制，與德國所採行的嚴格的報備制相去不遠，而且集遊法第1條第1項規定也明定立法目的之一是「維持社會秩序」，也就是在兼顧社會大眾的利益，所以，是否有必要廢除許可制實在值得各界多加討論。

因此，集會遊行之進行，首先原則上應得到主管機關的許可。[420]警察機關對於提出集會遊行者，不得因其個人、團體（例如工會）或黨派的身分，而給予差別對待。而且，警察機關准駁集會遊行案件時所進行之行政裁量，應該依照比例原則為之（集遊法第26條）。同樣地，針對依法舉行之集會遊行，當中如有逾越合法之行為時，其所選擇之執法手段，亦應遵守比例原則。依據集遊法第25條的規定，如以實施警告即可達到勸阻之目的時，不得逕行命令解散或強制驅離。[421]在一般的室內集會時，依據警察公共原則，應避免使用命令或強制權力，除非其已達立即而明顯危害，警察並不宜介入。尤其重要的是，即使針對未受法律保障之偶發性集會遊行，警察亦應依據比例原則，公平合理地考量集會遊行權利與其他法

---

[417] 蔡震榮，集會遊行與罷工集會，頁140以下：遊行權的憲法依據是第22條。

[418] Seiter, Streikrecht und Aussperrungsrecht, 116.

[419] 吳豪人，集遊法修法Q＆A手冊，發表於「爭議行為之行使所涉及相關法律問題」學術研討會，2006年12月8日，頁33。

[420] 集遊法第3條第1項規定，本法所稱主管機關，係指集會、遊行所在地之警察分局。

[421] 朱源葆，前揭文，頁75以下。

益（公共利益或社會秩序）間的均衡維護，儘量以勸導的方式為之，不宜遽然對之命令解散或強制驅離。[422]

　　雖然台灣的集會遊行採寬鬆的許可制，理論上不至於過度地侵害人民的集會遊行及表達意見之自由。但是，畢竟台灣警察處理集會遊行活動的經驗及執法能力，與歐美先進國家相較仍有一段距離，且警察行政裁量權之行使，常有受到濫權之非議。處理之道，或在於基於警察中立原則及平等原則，盡早由上級警察機關訂定明確的裁量規則，以為所有警察人員參照遵循之用。[423]此在勞資爭議案件也應該朝此方向處理。另外，為了補充集會遊行法規定之不足，警職法第9條也規定了警察在集會遊行中可以蒐集資料，此一資料蒐集部分屬於所謂的「犯行預先抗制」；亦即是在危害發生以及犯罪發生的前階段，警察即採取一定之手段蒐集資料。[424]

2.集會遊行法對於爭議行為之適用

　　勞工為爭取工資及其他勞動條件改善所進行之罷工，如其未採取積極的附屬爭議行為時，並不會有集會的形式出現，蓋其只是單純地放下工作、未到廠工作而已。一旦勞工罷工的同時或先後採取糾察線、圍堵、占據廠場的行動時，即會形成外表上有如集會的形式，或者為室外集會（糾察線、圍堵），或者為室內集會（占據廠場）。[425]如此，即會產生是否

---

[422] 這表示罷工糾察或罷工集會如已形成集會遊行的外表，即使工會未事前申請許可，警察亦應公平衡量罷工人之集會遊行權與公共利益或社會秩序，不宜遽然對之命令解散或強制驅離。

[423] 朱源葆，前揭文，頁88以下；潘鴻麟，前揭文，頁29：2005年5月17日中華電信工會進行警告性罷工，並在公司門外拉起罷工糾察線，但被警方以違反集會遊行法舉牌3次、下令解散，警方並逮捕4位工會幹部。在台企銀罷工時，警方雖也以違反集會遊行法舉牌警告，但卻未進一步採取行動要求解散。情況似乎顯示警察對罷工所採取的態度有所轉變。

[424] 蔡震榮，警察職權法之評析，頁14以下。

[425] Friederich, a.a.O., 198：在一些條件之下，占據可以作為實現基本法第8條第1項之集會理解。聯邦憲法法院在Brokdorf案件中，即認為基本法第8條所保障之對象，並不以典型的討論集會（Diskussionsversammlung）為限。為了示威，可以有一系列的類型種類（Typenvielfalt），例如人龍（Menschenketten）及勸告部隊（Mahnwachen）、街頭劇

受到集遊法規範之問題。除此之外，針對並非為爭取改善勞動條件之抗議罷工、示威罷工，以及政治罷工，亦會有適用集遊法之問題。

　　首先，須釐清者，憲法所保障之團結自由基本權固然內含有意見自由及溝通自由的成分，使得勞資雙方可以自由地交換有關勞動條件及經濟條件的意見，必要時也可以實力迫使他方屈服。但是，團結權、協商權及爭議權畢竟具有其特殊性；亦即其可以爭議行為作為勞資雙方彼此間停止對待給付的手段，此即與原始意義的溝通型態（言論自由、集會自由、組織社團及從事社團活動的權利）有所不同。即使在附屬爭議行為中的杯葛，爭議當事人可以之試圖影響社會的公意，並藉以獲得對自己訴求的支持。惟其僅係一附屬或伴隨的措施而已，無法獨立於主要爭議行為（罷工、鎖廠）外存在，也無法單獨獲得憲法的保障，更不會因杯葛行為的附隨而使得罷工權或鎖廠權變為溝通基本權（Kommunikationsgrundrecht）。[426]因此，爭議權的內函並未當然隱含集會之本質，爭議行為並不會當然免於集會遊行法的規範。

　　至於勞工及工會所進行之為表達一定意見或訴求的抗議罷工、示威罷工，以及政治罷工，對於雇主而言固然是違法的爭議行為，但這些行為必定以集體（會）的方式進行，性質上反而是屬於溝通自由的內涵，如能遵照集遊法的規定提出申請及進行，似可承認其合法性，也就是應該受到集遊法的拘束。

　　其次，一旦勞工配合著罷工也採取了占據廠場的行為（尤其是配合著警告罷工的廠場占據），無論其係於大廳中靜坐，或集結在廠場內的特定處所，或單純地停留在工作位置上，如其也「舉行會議、演說或其他聚眾活動」時，即已符合室內集會的要件，應該依據集遊法第8條第2項規定受到保障。但是，占據廠場的室內集會畢竟是在雇主所有的處所內舉行，與一般室內集會可能是由集會的群眾合法所有或租賃而來的場地不同。因此，除了為示威之用的短暫的廠場占據之外，占據廠場的室內集會仍然已

院（Straßentheater）、「坐在屋內（Sit-in）」的集會。

[426] Seiter, Streikrecht und Aussperrungsrecht, 116.反對說，彭常榮，前揭書，頁17。

經侵害雇主的所有權及財產權，會受到刑事的制裁。蓋如前所述，占據廠場會構成侵入住宅罪或強制罪，此一犯罪本質並不會因具有室內集會的形式而獲得治癒，此已構成司法警察刑事追緝的範圍。[427]

　　再者，較有爭議的是，針對在廠場外由糾察線（或圍堵）所形成的室外集會，其是否應受到集遊法第8條第1項本文的適用？學者間及實務界的看法並不一致。對此，論者有認為罷工糾察行為必為聚眾活動，也就是一種集會。基於罷工糾察對罷工目的之達成有其必要性，是在憲法所保障的罷工權的範圍內，所以，即使是在事業單位外公眾得出入的場所舉行，亦不需要依集會遊行法向主管機關申請。設立糾察線如須申請許可，即是國家機關對於罷工權的侵害，如須經主管機關許可，也顯然有違國家中立原則。如依集遊法設立罷工糾察線，所有罷工將成為固定期限的罷工，罷工的貫徹力將大打折扣。總之，罷工糾察線的聚眾活動，應解為依法令規定舉行的集會，無須向主管機關申請（集遊法第8條第1項但書第1款）。[428]也有論者認為勞動三權是勞工受憲法所保障的基本權利，如依循工會法等相關法定程序進行，即應符合集會遊行法第8條第1項但書第1款，不須申請許可。如果罷工集會的地點是在私人場所，即資方的土地、建築物上舉行，為了保障勞工的勞動基本權，應認定勞資爭議符合集會遊行法第8條「無須申請許可的例外規定」，場地無須申請核准。[429]

　　雖然如此，本文以為以糾察線所形成的罷工集會，仍然應該受到集遊法第8條第1項本文的適用。蓋如上所述，罷工只是集體的勞工單純地不

---

[427] 反對說，蔡震榮，集會遊行與罷工集會，頁149：室內的集會受到較大的保障，無須申請許可，警察也不得任意介入，因此，當勞資爭議是發生在室內，例如占據職場時，警方就不宜逕予介入。

[428] 林炫秋，前揭書，頁95以下。在2011年5月1日修正施行的新勞資爭議處理法第55條的立法說明中，即主張「鑑於正當合法之罷工行為，當屬集會遊行法第八條不需申請許可之範圍，毋需於條文明訂。」

[429] 蔡震榮，集會遊行與罷工集會，頁149以下。採取同說者，韓仕賢，前揭文，頁7以下；陳宛玲，銀行組織變革下勞工行使爭議權之研究——以2005年台企銀工會罷工案為例，國立中正大學勞工研究所碩士論文，2006年12月，頁162以下。

提供勞務而已，不見得有糾察線的配合行動，也就是糾察線並不在罷工的定義或內涵之內。而且，即使罷工的勞工配合發動糾察線，也不見得構成「集會」，蓋其未必有「會議、演說或其他聚眾活動」之舉。[430]論者一般所稱的「罷工集會」在用語上並不精確。[431]而一旦罷工的勞工已採取室外集會的方式活動，由於工會法中並未有明確排除集遊法適用之規定，其自然要受到集遊法的拘束。吾人如再以歷史解釋法及體系解釋法來解讀集遊法第8條第1項但書第1款之規定，恐怕亦無法將舊工會法第26條第1項、第2項的規定（新勞資爭議處理法第54條第1項規定）歸入其內，並進而導出無須申請許可的結論。因此，無論是台北市政府訴願決定書[432]所持的見解「罷工縱符合（舊）工會法第26條所規定之法定程序，惟非屬集會遊行法第8條第1項但書各款所規定無須申請許可之活動」，或台北高等行政法院的判決的看法「……工會法與集遊法所規範者各有不同領域，彼此間並無特別法與普通法之關係，即工會依工會法舉行罷工，仍應受集遊法之規範……主管機關對於工會所舉行之罷工活動，為維護交通安全或社會安寧等重要公益，亦得於事前採行必要措施，妥為因應。……。……查本件活動既符合集會遊行法所規定之室外集會，又非屬無須申請許可之例外樣態，原告自應依同法第8條第1項規定向被告申請許可，方屬合法。……」應均屬正確而可採。[433]

(四)爭議行為涉及道路交通管理處罰條例時

罷工的勞工如同時或先後採取杯葛、糾察或圍堵之附屬的爭議行為時，無論其是否已形成集會的態勢或仍保持單純的杯葛、糾察或圍堵的形式，均有可能違反道路交通法規的規定。[434]此在前述台北高等行政法院

---

[430] 例如其人牆形成後，自始至終只做好言好語的勸說，呼籲想要入廠工作者放棄入廠的念頭。

[431] 黃鼎佑，前揭文，頁103、頁106。

[432] 台北市政府訴願決定書府訴字第09572686800號，2006年1月20日。

[433] 在結論上與本文相同者，黃鼎佑，前揭文，頁107以下。

[434] Zechlin, a.a.O., 220; 陳宛玲，前揭書，頁165以下。

95年簡字第201號判決中，其實就已有如此之表示：「主管機關對於工會
所舉行之罷工活動，為維護交通安全或社會安寧等重要公益，亦得於事前
採行必要措施，妥為因應。」學者間也有持相同的見解者，[435]以為：糾
察線之範圍應限縮在資方之場辦內部，[436]若延伸出道路，應以不妨害交
通為限，若妨害民眾通行，則警方可以違反道路交通相關法規處以罰鍰。
若有封路、集結車輛等重大妨害交通之行為，依警察公共原則，警方有義
務介入排除公共秩序之危害。

　　不過，值得注意的是，學者間也有從國家對於人民提供適當集會場
所之義務，導出否定違反道路交通法規之責任者。依之，「罷工示威的場
所，如係向公共開放的道路（無論是否為私有），基本上多屬於『公共
論壇』（public forum）的領域，國家有提供集會場所的義務。」而且，
依據釋字第445號解釋「國家為保障人民之集會自由，應提供適當集會場
所」之意旨，國家也有著「積極給付場地」之義務。[437]

四、懲戒責任

　　此處之懲戒責任，首先係指雇主得對於違法爭議行為之職員、會員及
非會員但加入爭議行為之人，行使其懲戒權之謂。在此，雇主應區分違法
爭議行為之態樣、嚴重性，依據比例原則加以懲戒，最嚴重者，雇主得對
之行使懲戒解僱。實務上，雇主常以勞基法第12條第1項第4款及第6款之
規定，將勞工予以解僱。

　　其次，針對進行違法爭議行為之雇主，勞工亦可分別情形，依勞基法
第14條第1項第5款或第6款之規定，不經預告終止契約，並且請求給付資
遣費。[438]

---

[435] 蔡震榮，集會遊行與罷工集會，頁147。

[436] 針對這一點，本文則以為蔡文的見解並不正確。蓋資方並無須容忍糾察線在場辦內舉
　　行，糾察線一般也都是在工廠門口舉行，才有辦法達到目的。

[437] 廖元豪，集會遊行與罷工集會，發表於「爭議行為之行使所涉及相關法律問題」學術
　　研討會，2006年12月8日，頁133、頁127。

[438] 勞基法第14條第4項規定，第17條規定於本條終止契約準用之。

第九節　勞資爭議之仲裁

一、緒言

　　台灣對於勞資爭議之處理，除了任令當事人自行和解或由第三人加以調解外，亦賦予國家干預之權利，此在行政機關基於法律規定或行政指導所為之調解、仲裁或協調，即可得其明證。[439]而我國由於受到德國勞資爭議法制之影響甚深，因此勞資爭議之種類，長久以來即區分為「權利事項的爭議」及「調整事項的爭議」，且依之而在立法上採取「調解、司法判決」及「調解、仲裁」之處理方式。[440]學界及實務界對於此種處理方式，少有加以非難者。[441]惟隨著新勞資爭議處理法的施行，依據第6條第1項及第2項規定，權利事項之處理方式有「調解、仲裁、裁決、司法判決」。

　　然而，勞資爭議法制之設計，其最主要者，為必須兼顧國家中立原則、禁止過度原則及對等原則，而這些原則皆與團體協約自治有關。我國勞資爭議法制是否有遵守上述原則，其實值得吾人逐項加以檢驗。例如實務上運用甚為廣泛的協調，在學理上如從國家中立原則加以觀察，似乎即有問題。[442]再者，在舊法時代以「權利事項之爭議」及「調整事項之爭

---

[439] 值得注意者，在2011年5月1日修正施行的勞資爭議處理法第39條至第52條，新設了第四章「裁決」，以處理雇主、有法人資格之雇主團體之不當勞動行為。此種將法院審理的權限移至或分享給裁決機關之立法設計，在法理上有無問題？有無與其他爭議處理機制疊床架屋之嫌？能否解決不當勞動行為之發生？確實值得各界再加以深入討論。

[440] 依據舊勞資爭議處理法第24條第3項的規定，「調整事項之勞資爭議，經當事人雙方同意，得不經調解逕付仲裁。」但是，依據新勞資爭議處理法第25條第3項規定，「勞資爭議經雙方當事人書面同意，得不經調解，逕向直轄市或縣（市）主管機關申請交付仲裁。」解釋上，此一條項規定，同時適用於調整事項及權利事項的勞資爭議。

[441] 陳繼盛，勞資爭議行為規範與處理規範之研究，民事法律專題研究(六)，頁13以下；廖義男，現行勞資爭議法規與抗爭手段規定之檢討，台大法學論叢第19卷第1期，頁81以下。

[442] 王金豐，勞資爭議處理制度中國家角色之研究——中德法制之比較，政大勞工研究所

議」來區分「調解、司法判決」及「調解、仲裁」之處理方式,在立法上
是否確能達到解決爭議之目的?例如,面對著我國實務上無數的權利爭議
事項(而卻以罷工的方式出之),乃引起吾人懷疑:權利事項之爭議究竟
能否以仲裁加以解決?[443]又強制仲裁是否絕對無存在之餘地?再者,國
家的仲裁──尤其是國家的強制仲裁──涉及了團體協約自治之確保、國
家中立原則,以及最後手段原則(Ultima-ratio-Prinzip),也關乎團體協
約當事人對於形成勞動條件的自我負責態度。另外,2011年5月1日修正施
行的勞資爭議處理法中,對於仲裁部分也多所規定,只不過,該等規定
(例如第37條第1項之仲裁判斷具有確定判決同一之效力)在法理上是否
無誤?是否應該再加以斟酌?蓋勞資爭議處理法中之仲裁委員會,畢竟與
仲裁法中之仲裁法庭之組成及進行程序不同。凡此等等,均為本文所關心
而擬加以討論者。不過,由於我國勞資爭議仲裁法制涉及諸多問題,而我
國相關資料並不充裕,因此本文也考證德國勞資爭議仲裁法制,以為我國
建構法制參考之用。

二、勞資爭議仲裁之一般原理

在修法之前,對於勞資爭議之仲裁,在我國係單指為締結團體協約時
所發生之爭議,而由仲裁機構進行仲裁而言,與德國之仲裁兼指包括為締
結團體協約及企業協定所生之爭議,而由仲裁機構進行仲裁者,不同。德
國有關對於勞動條件之集體規定,係由雇主或雇主聯盟與工會或員工代表
會(Betriebsrat)所共同談判協商或對話,而將其結果訂定於團體協約或
企業協定(Betriebsvereinbarung)。協商或對話未果時,雙方可採行之行
動如下:任令原來之法律狀態存續下去;其中一造採行爭議行為以貫徹其
要求;或者採行仲裁程序對雙方爭議之標的進行仲裁。[444]進一步言之,
為了調和雙方之利益,在團體協商之範圍可進行爭議行為,而兩造在此範

碩士論文,1995年7月,頁128。

[443] 黃程貫,關於權利事項與調整事項勞資爭議之區分,收錄於:勞動法裁判選輯,頁
524。

[444] Söllner, Grundriß des Arbeitsrechts, 11. Aufl., 111 f.

圍所進行之仲裁稱之為「狹義之仲裁」；反之，在企業組織法之領域，由於要求充滿信任的合作，因此雙方並不得進行爭議行為，而必須於仲裁委員會（Einigungsstelle）進行強制仲裁，此一仲裁稱之為「廣義的仲裁」。[445]

（一）定義

對於仲裁之定義，各家看法並不完全相同。我國學者謂：「仲裁乃指爭議發生時，勞資雙方無法自行獲得和解，而由法定之機構就勞資爭議之情況調查後，作出解決之決定而要求爭議當事人接受之制度。[446]」至於德國學者則認為：仲裁，係指為幫助解決一集體的爭議以締結一集體的協議（Gesamtvereinbarung）所提供之助力。[447]依據歐洲社會憲章（Europäische Sozialcharta，簡稱ESC）第6條之規定，為了確保集體談判權利之有效進行，聯邦德國負有促進設立適當的調解的程序（Vermittlungsverfahren）及任意的仲裁程序（freiwillig Schlich-tungsverfahren）之義務。[448]

在仲裁期間，係將和平之義務加以延長，當事人負有遵守之義務；[449]亦即爭議行為僅於仲裁而無結果時，始得發動（和平義務之時間界限），以及所有之爭議行為〔包括警告性罷工[450]〕均不得為之（和平義務之內容界限）。至於爭議行為之準備動作，例如內部之決議，亦不

---

[445] Schaub, Arbeitsrechts-Handbuch, 12. Aufl., 2007, 1897.

[446] 陳繼盛，各國勞資爭議處理制度之研究，1991年6月行政院勞工委員會委託，頁17。

[447] Brox, in: Brox/Rüthers, Arbeitskampfrecht, 2. Aufl., Rn. 683; MünchArbR/Otto, §286, Rn. 1.

[448] 附帶一言者，美國學說認為：「仲裁，係指爭議當事人依其合意或法律規定，將其紛爭交由一或一以上之第三者，以取得一終局並具拘束力（final and binding）之裁決」。請參閱蔡信章，美國勞資爭議仲裁制度之研究，中國文化大學勞工研究所碩士論文，1996年12月，頁12以下。

[449] 調解期間也一樣。又，針對權利事項之勞資爭議，根據2011年5月1日修正施行的勞資爭議處理法64條第2項規定，「第8條之規定於前二項之調解及仲裁適用之。」基此，經依鄉鎮市調解條例提起調解者，在該調解期間，勞資雙方亦不得有爭議行為。

[450] BAG AP Nr. 81 zu Art. 9 GG Arbeitskampf.

得為之。[451]由於仲裁約款具有團體協約之效力，如果當事人違反和平義務，即必須負擔損害賠償責任。[452]在此，如是公司的或廠場的團體協約時，是由個別雇主或工會負擔責任，而不是工會的會員。

惟仲裁人並未被賦予提出一最正確解決途徑之義務，而只是應提出一適當的建議，以避免當事人採行爭議行為。須注意者，仲裁的目的在於期能迅速公平解決勞資爭議，而並不在於貫徹經濟上的適當的分配政策，國家如為維護特定勞動者族群之最低薪資，必須以制定最低工資法或最低勞動條件法（Gesetz über die Festsetzung von Mindestarbeitsbedingungen）的方式為之，[453]而不得命令雙方當事人至官署仲裁或給予仲裁人具拘束力之指導綱領，[454]否則將有違團體協約自治與國家中立原則。

(二) 種類

仲裁，我國學者認為依其開始須否雙方之合意，可區分為任意仲裁與強制仲裁，而雖為任意仲裁，但就仲裁之結果是否另須合意始受拘束而有別；同樣地，強制仲裁亦可就是否強制其受拘束而有別。[455]惟仲裁，實可依不同的標準而為如下之分類：

1. 依其法律基礎之不同

可分為約定的仲裁（vereinbarte Schlichtung）及國家的仲裁（staatliche Schlichtung）。[456]在約定的仲裁，仲裁機構（Schlichtungsstelle）之

---

[451] BAG AP Nr. 2 zu §1 TVG Friedenspflicht認為已違反和平義務。反對説，Brox, in: Brox/Rüthers, a.a.O., Rn. 698; Löwisch/Rumler, Schlichtungs-und Arbeitskampfrecht, Rn. 138 f.：除非當事人在仲裁約款中明白表示不得為之，否則即無違反和平義務可言。

[452] Löwisch/Rumler, a.a.O., Rn. 172 ff.

[453] 德國的最低勞動條件法已於1952年1月11日公布施行，但該法僅在團體協約當事人不存在時，始有適用之餘地。另外，德國在2015年1月1日起施行最低工資（Mindestlohngesetz）。

[454] Söllner, a.a.O., 113 f.; MünchArbR/Otto, §286, Rn. 5.

[455] 陳繼盛，勞資爭議行為規範與處理規範之研究，民事法律專題研究(六)，頁34。

[456] 美國法上則依仲裁發動主體之不同而區分為自願仲裁（voluntary arbitration）、強制仲裁（compulsory arbitration）及必要仲裁（obligatory arbitration），請參閱蔡信章，前揭書，頁16以下。其中，必要仲裁即為德國法上之義務仲裁。

職權係基於一團體協約〔所謂的仲裁約款（Schlichtungsabkommen）〕而發動；而國家的仲裁則是基於一項法律。[457]但在約定的仲裁，雙方當事人亦得約定向國家的仲裁機構申請仲裁。[458]在台灣，雙方當事人如已有仲裁約款，而一方當事人仍然直接發動爭議行為時，即應向他方負損害賠償責任。

2.依仲裁程序是否具有拘束力

可分為簡易的仲裁（einfache Schlichtung）、義務仲裁〔（Schlichtungszwang）或稱仲裁強制〕。所謂簡易仲裁，係指在具體的調整事項爭議時，雙方當事人皆一致同意申請仲裁，仲裁程序始能發動。而在義務仲裁，又可區分成參與強制（Einlassungszwang）及申請強制（Anrufungszwang）兩種。參與強制，係指當事人之一方負有在他方當事人申請仲裁時，參與之義務。申請強制，係指當事人約定一「仲裁自動程序」（Schlichtungautomatik），當事人之一方負有在團體協商失敗時，向仲裁機構申請仲裁之義務。[459]而無論是參與強制或申請強制，均只要一方提出申請即可使仲裁程序發動。

3.依仲裁之效力

可分為仲裁決定僅具建議性者，及仲裁決定具有團體協約之效力者。後者之拘束性，可由團體協約當事人事前約定之，且由於仲裁決定具拘束力，故其為強制仲裁（Zwangsschlichtung）。須注意者，強制仲裁實係義務仲裁與仲裁決定具拘束力之結合體，當事人之一方負有被動參與或主動

---

[457] 德國實務上利用國家仲裁的次數並不多，例如自1980年至1987年間，在所締結的56,000個團體協約中，只有130個是經由邦的仲裁人（Landesschlichter）仲裁而成。請參閱Löwisch/Rumler, Schlichtungs-und Arbeitskampfrecht, Rn. 124。

[458] Löwisch/Rumler, a.a.O., Rn. 123, 127.

[459] MünchArbR/Otto, §286, Rn. 7. 德國早在1921年的仲裁法草案即已有申請強制之構想；亦即，如未向仲裁機構申請仲裁，可處以刑法上的罰金，未申請仲裁即發動之爭議行為，均須負損害賠償責任。請參閱v. Brauchitsch, Arbeitskampf und Schlichtung, AuR 1993, 138。

申請仲裁之義務。[460]

　　依據以上之分類標準,如欲將我國傳統上對於勞資爭議之仲裁所區分之任意仲裁與強制仲裁,強予納入,大概只能依其法律基礎之不同,而分別為約定的仲裁及國家的仲裁,由於在台灣的仲裁程序均具拘束力,而且在台灣的仲裁決定也均具有拘束性,因而在台灣應只有約定的仲裁與國家的強制仲裁而已。然而即使如此,台灣約定的仲裁,當事人(工會與雇主)也只有在是否進行仲裁須得到雙方之同意而已,至於如何進行仲裁程序,勞資爭議處理法第25條以下已有詳細規定,當事人似無權捨棄不用而另行自訂遊戲規則。至於台灣仲裁之分類,在新的仲裁法公布施行後,新增了權利事項之仲裁,關於此部分,擬於後面加以敘述。[461]

　　對於適用團體協約所發生之爭議,在現行德國勞資爭議仲裁制度上,由於屬於權利事項的爭議,並非屬於約定的仲裁、國家的仲裁或企業組織法上之仲裁所得處理者,而為法院審理之對象。但德國勞動法院法第101條至第110條則例外允許團體協約當事人得約定以仲裁法庭(Schiedsgericht)加以審理。[462]

(三)仲裁之標的

　　不論是台灣或德國,均將勞工法上之爭議歸納為四種:個別的與集體

---

[460] MünchArbR/Otto, §286, Rn. 10.

[461] 值得注意者,在美國勞資爭議法上,另可依爭議案件本身實質內容之差異而區分為權利仲裁〔(rights arbitration),又稱契約解釋之仲裁(contract-interpretation arbitration)〕及利益仲裁〔(interest arbitration),又稱契約協商之仲裁(contract-negotiation arbitration)〕。所謂權利仲裁,係指就現有團體協約某一條款對特定問題之意義與適用所發生之爭議所為之仲裁;而所謂利益仲裁,則係指對於團體協約之形成或致力於推動團體協約之形成過程中所發生的爭議事項所為之仲裁。美國勞資爭議之仲裁,權利之仲裁占了絕大多數,而利益仲裁僅約占1%。蔡炯燉,勞動集體爭議權之研究──中美日三國法制之比較,國立政治大學法律研究所博士論文,1992年6月,頁277以下。

[462] 對此,本章將於下述加以說明。

的爭議，以及權利事項的與調整事項的爭議。[463]台灣勞資爭議之仲裁標的，如以勞資爭議處理法之規定觀之，當只限於集體的、調整的事項爭議無疑。然一者，1988年本法修正前，並未如現行法般區分其所處理之勞資爭議種類為「權利」及「調整」事項之爭議，故在解釋上其所仲裁之對象當包括兩者在內；二者，新的仲裁法於1998年6月24日公布，並自同年12月24日施行，其適用對象及於個別的、權利的事項爭議，形成了台灣雙軌制的仲裁現象，其所造成之問題，擬於後面再加以說明。

在德國勞資爭議仲裁制度之演變過程中，曾將個別的爭議（einzelarbeitsrechtliche Streitigkeiten）做為仲裁的標的者，[464]有：(1)1890年工商法院法（Gewerbegerichtsgesetz，簡稱GGG）第61條以下規定「團體協約當事人得向合意的機構（Einigungsämter）申請個別的爭議及集體的爭議的仲裁」；(2)威瑪共和國在1919年時為維護經濟生活的安定，規定仲裁機構亦掌管個別的爭議；(3)威瑪共和國1923年的仲裁命令（Verordnung über das Schlichtungswesen，簡稱SchliVO）亦有相同的規定。但截至目前為止，學者及實務之通說均認集體爭議中之調整事項之爭議始得作為仲裁之標的。

調整事項之爭議係指為締結一未來的集體的協議所發生之爭議。此一利益的衝突，只能經由雙方當事人意思之合致或一具拘束力之決定（Spruch），始能予以解決，而仲裁的目的即在於此。如果原來之團體協約仍在存續期間內，則基於和平義務，團體協約當事人必須受其拘束而不得進行爭議行為，同理，仲裁程序亦無存在之餘地。[465]進一步觀之，此一集體的協議，實係包括團體協約及企業協定在內。然則，雖然為解決團體協商爭議之仲裁與為解決企業組織法上爭議之仲裁有一共同的歷史根

---

[463] 陳繼盛，勞資爭議行為規範與處理規範之研究，頁14以下。Leinemann, Die Arbeitsgerichte-bewährte Gerichtsbarkeit mit gefährdeter Zukunft? BB 1997, 2323; vgl. Dütz, Die Beilegung von Arbeitsstreitigkeiten in der Bundesrepublik Deutschland, RdA 1978, 291.

[464] V. Brauchitsch, a.a.O., 137, 138, 139.

[465] Söllner, a.a.O., 113 f.

源，且兩者均係針對調整事項之爭議而為，但今日已被分別對待，而有
不同的法律依據。[466]對於兩者仲裁之差異，吾人可以說：仲裁機構的職
責，原則上應限於盡力折衝以促成爭議當事人利益的平衡，只有在例外
的狀況，亦即企業組織法上（Betriebsver-fassungsgesetz，簡稱BetrVG）
之爭議，仲裁機構始能在未能獲得一致的協議時，作出一具拘束力之決
定。[467]

　　調整事項之爭議並非涉及法律的問題，而係為形成一未來的集體規定，
為解決此種爭議，爭議行為乃被允許，而在此情況下，仲裁乃有適用之餘
地。仲裁並非司法裁判，而是輔助契約的形式；亦即助其達成集體規定之
締結。仲裁機構所作成之仲裁決定（Schlichtungsspruch），並非植基於法律
規定，而是植基於合目的性的考量（Zweckmäßigkeitserwägung）。[468]之所以
在法院的審理制度外允許調整事項之仲裁得獨立出來，其理由係來自於基
本法第9條第3項之團體協約自治及企業組織法上之共同決定權（Mitbestim-
mungsrecht）所衍生出的立法自治（Rechtssetzungsautonomie）。在此種範圍
內，當事人內部的解決爭議的途徑，原則上優先於國家司法的管轄權。[469]

　　與此相對者，為權利事項之爭議，亦即法律的爭議。此種爭議涉及法
律規範的適用或解釋，只能經由法院加以判決，而無法以爭議行為加以解
決，自然亦無採行仲裁之可能性。[470]

三、台灣勞資爭議之仲裁制度

　　對於勞資爭議之仲裁，以往只有勞資爭議處理法之規定，但隨著新的
仲裁法於1998年6月24日公布，並自同年12月24日施行，對於權利事項之

---

[466] Löwisch/Rumler, Schlichtings-und Arbeitskampfrecht, Rn. 120.同理，調解程序亦不得發
　　　動。

[467] Leinemann, a.a.O., 2323.

[468] Brox, in: Brox/Rüthers, a.a.O., Rn. 684.

[469] Leinemann, a.a.O., 2324.在台灣，性質上可歸類為勞工參與的「勞資會議實施辦法」並
　　　無共同決定權之設計，當然也就沒有類似仲裁委員會的規定。

[470] MünchArbR/Otto, §286, Rn. 2.

爭議，已另開啟一仲裁之門，遂形成台灣雙軌制仲裁之現象。

(一)約定之仲裁

對於仲裁之分類，論者以為依其開始須否雙方之合意，可區分為任意仲裁與強制仲裁。任意仲裁即為勞資雙方或團體協約當事人約定仲裁條款，且由爭議當事人雙方提出申請，仲裁人因得以發動其職權。其實體法上之依據為新勞資爭議處理法第25條第1項（「勞資爭議調解不成立者，雙方當事人得共同向直轄市或縣（市）主管機關申請交付仲裁」）及第3項（「勞資爭議經雙方當事人同意，得不經調解，逕向直轄市或縣（市）主管機關申請交付仲裁」）。

然而，台灣的約定仲裁卻具有如下之特色：一者，當事人雖有決定是否要交付仲裁之權，但對於仲裁程序應如何進行，一以勞資爭議處理法第25條以下之規定為準，不容當事人依本身之狀況訂定自有的規則；再者，因台灣勞資爭議處理之基本架構深受強制主義之影響，故一旦仲裁人作出決定，即屬終局的確定，在舊法時代，雙方當事人均不得聲明不服（舊勞資爭議處理法第35條第1項）。[471]對此，首先針對後者，學者間有認為雖為約定仲裁，但仍可就仲裁之結果是否另須合意始受拘束而加以區別者；亦即1.雙方爭議當事人對於交付仲裁與否須雙方合意，而服從仲裁與否仍須雙方之合意；2.雙方爭議當事人合意交付仲裁，同時即合意服從仲裁之決定，此時仲裁人所為之決定對於當事人即有拘束力。[472]值得注意的是，隨著新勞資爭議處理法的修正施行，舊法時代的「不得聲明不服」規定已被刪除，已被新法區分權利事項或調整事項而做不同規定。在權利事項爭議部分，代之以「權利事項之仲裁判斷，於當事人間，與法院之確定判決有同一效力。」（第37條第1項）此一規定，顯然係取法仲裁法中之仲裁判斷而來，此可從第37條第3項之規定，「對於前二項之仲裁判斷，勞資爭議當事人得準用仲裁法第五章之規定，對於他方提起撤銷仲裁判斷

---

[471] 黃越欽，前揭書，頁466以下；黃程貫，勞動法，頁331；蔡烱燉，試論我國勞資爭議之仲裁制度，月旦法學雜誌第14期，1997年7月，頁21。

[472] 陳繼盛，勞資爭議行為規範與處理規範之研究，頁34；王金豐，前揭書，頁64以下。

之訴。」即可得知（參照勞資爭議處理法修正案立法說明，亦同）。有問題的是，仲裁法上之仲裁，係以仲裁法庭的方式進行，仲裁人須具有法律或其他各業專門知識或經驗，信望素孚之公正人士、且具有法官或律師等資格者出任（仲裁法第5條以下規定），這與勞資爭議處理法中之仲裁委員會的組成，有相當大的差異（勞資爭議處理法第32條規定）。況且，有關仲裁程序的進行，仲裁法的規定相對較為嚴謹。所以，想要將仲裁法中之「仲裁人之判斷，於當事人間，與法院之確定判決，有同一效力」（仲裁法第37條第1項規定），引用到勞資爭議處理法來，顯然是有疑義的。疑義尤其大的是，獨任仲裁人仲裁判斷的效力，也準用第37條第1項規定（新勞資爭議處理法第27條第3項規定）。再者，如果真要引用，那麼，為何仲裁法第37條第2項之「仲裁判斷聲請法院為執行裁定後，得為強制執行」之規定，沒有被一併規範？而在調整事項部分，依據新勞資爭議處理法第37條第4項規定，「勞資雙方當事人不得再為爭議行為」，至於仲裁效力，則是保留原來舊勞資爭議處理法第35條第2項之規定，或者為契約、或者為團體協約（新勞資爭議處理法第37條第2項規定）。

　　至於針對前者，當事人得否以「仲裁條款」約定仲裁機關之設立或利用，以取代勞資爭議處理法上之仲裁程序規定，實即涉及約定之仲裁相對於國家仲裁得否優先適用之問題，學者間亦有持肯定見解者。其語略謂：「仲裁程序之進行，並非必須依勞資爭議處理法之仲裁程序規定不可，蓋（舊）團體協約法第1條第2項第4款既容許當事人『就仲裁機關之設立或利用』加以約定，[473]則當事人不以勞資爭議處理法所規定並具有官方性質之勞資爭議仲裁委員會為仲裁機關，而另約以第三者為仲裁機關，並就該第三者仲裁之法律效果加以約定者，仍為法之所許。換言之，勞資爭議處理法有關仲裁之規定，尤其有關仲裁機關及仲裁拘束力之規定，並不具有絕對適用而排他之性質，即不排除當事人以合意設立『意定之仲裁機關』及賦予另具其他效果之作用。準此而論，勞資爭議當事人在原有之團

---

[473] 就調解機關之設立或利用，亦同。依據2011年5月1日修正施行的團體協約法第12條第1項第2款規定，團體協約得約定「勞資爭議調解、仲裁機構之設立及利用。」

體協約中訂有仲裁條款，並合意指定第三者為其仲裁機關，且約明該第三者之仲裁效果，對當事人有拘束力或並無拘束力而僅有『團體協約草案之建議案』[474]性質時，則在勞資雙方就未來之勞動條件談判不成時，即應依協約所定仲裁條款進行該『意定仲裁程序』。[475]」本書以為，為了體現約定仲裁（或任意仲裁）之原意，以及落實約定仲裁之效果，對於仲裁機構之設立及仲裁程序之進行，允宜令當事人有主導權，只在當事人約定利用勞資爭議處理法第25條以下之規定時，行政機關之仲裁程序始能發動，否則約定之仲裁程序應優先被引用。

(二) 國家之仲裁

　　除了約定的仲裁之外，論者認為仲裁如係由主管機關之決定而發動者，為強制仲裁。台灣勞資爭議處理法上之仲裁制度，形式上似以約定仲裁為主，強制仲裁為輔。但實質上卻是以強制仲裁為主，而以約定仲裁為輔。這從上面之分析，勞資爭議當事人只有共同合意開始進行仲裁之權，至於仲裁機構及仲裁程序卻須依法定方式為之，再加上新勞資爭議處理法第25條第4項賦予直轄市或縣（市）主管機關認「有影響公眾生活及利益情節重大，或應目的事業主管機關之請求，得依職權交付仲裁」強制仲裁之權，即可得到明證。新法甚至賦予目的事業主管機關請求仲裁之權，擴大了強制仲裁的適用可能性及範圍。

　　再進一步言之，台灣的國家仲裁，實際上只有國家的強制仲裁（staatlich Schlichtungszwang）而已，立法者不僅備置了仲裁程序之相關規定，且強制要求團體協約當事人必須遵守之，並非在當事人約定適用國家仲裁程序時始發動之，仲裁程序之進行由行政機關主導之，而且仲裁決定對於雙方當事人具有終局的拘束力。[476]德國勞資爭議實務上所運用

---

[474] 所謂約定仲裁僅具有「團體協約草案建議案」之性質，係指仲裁之結果尚須勞資雙方當事人之同意，始能成為雙方間之團體協約，否則如經拒絕，則意定之仲裁程序亦告終止。請參閱廖義男，前揭文，頁93，註釋第14。

[475] 廖義男，前揭文，頁93。

[476] 曹行健，我國勞資爭議處理強制仲裁之探討，勞工行政第121期，1998年5月15日，頁

之義務仲裁,亦即參與強制或申請強制,並不為台灣勞資爭議處理法所採。[477]

對於台灣勞資爭議處理法國家強制仲裁之規定,學者間雖多有批評之語,但論者亦有持肯定態度者,其理由為:一者,從工會組織體系及運作觀之,台灣工會組織係以廠場工會為主體,工會在既有環境、法令之侷限、規範下,並無能力經由團體協商與資方訂定一旦發生爭議時應共同申請仲裁的團體協約條款。……以中立之強制仲裁的適當發動應當做是爭議權行使之代償性措施,避免勞工因爭議權之未獲充分保障導致無法以對等地位與資方設立勞動條件。二者,從強制仲裁制度設計之目的觀之,其主要關心者在於公共生活與公共安全之維護;亦即以公益考量為制度設計之主體,其與歐美先進國家制度之設計顯有不同。[478]

對於台灣勞資爭議實質上偏向國家強制仲裁的立法,以及上述論者所持之肯定理由,實際上均是因未能全盤考慮集體勞工法上重要之原則:團體協約自治、國家中立原則及最後手段原則,所使然。從大方向言,如果集體勞工法之制定未能遵循團體協約自治等原則,就表示勞資自主地、終局地解決其爭議,是達不到的,因此正確的處理方式應是透過修法方式回歸到團體協約自治,而不是反過來說:台灣工會並無能與雇主協商仲裁條款,所以強制仲裁有其必要性。果如此,則一旦有強制仲裁,恐怕永久都難加以更易了。所謂「以中立之強制仲裁的適當發動應當做是爭議權行使之代償性措施」,真不知何以謂之?強制仲裁與中立本是相對立者,如何共處?再者,上述集體勞工法之重要原則,實具有其一貫性,並不可割裂

---

[33]謂:我國勞資爭議處理法所定強制仲裁之要件相當寬鬆,主管機關,特別是地方主管機關握有對勞資爭議案件是否要予以依職權交付仲裁(強制仲裁)之絕對掌握。

[477]陳繼盛,勞資爭議行為規範與處理規範之研究,頁34謂:強制仲裁亦可就是否強制其受拘束而有別,即(1)國家認為必要時或僅有爭議當事人一方之要求即應交付仲裁,然對於仲裁決定當事人服從與否仍有選擇之自由。此僅為「交付強制」之仲裁。(2)不但交付強制,對於仲裁之決定雙方當事人亦有服從之義務,即交付與決定俱為強制之仲裁。

[478]曹行健,前揭文,頁33以下。

而視之；亦即，國家強制仲裁之運用，不可能僅觸及勞資自治原則而已，也同時觸及國家中立原則及最後手段原則，對此，將於下面加以檢討。

(三)仲裁法上之仲裁

台灣現行的勞資爭議處理法仲裁之標的，雖僅限於調整事項之爭議，但隨著1998年6月24日公布並於同年12月24日施行之仲裁法，勞資爭議之仲裁乃形成為雙軌制，因後者之適用範圍可及於勞資爭議之權利事項之爭議。此種結果，固然可便宜地提供吾人處理權利事項仲裁之依據，但法理上有沒有問題？這是因為，一方面舊勞資爭議處理法係刻意將權利事項之爭議排除在仲裁之外，他方面仲裁法則係為促進國際商務仲裁而從商務仲裁條例修正而來，並未考慮到權利事項之爭議之仲裁。具體言之，如果吾人採取權利事項之爭議不得仲裁之見解，則學者間當不可能只因仲裁法之施行而改變其見解，反而應該對仲裁法是否得適用於權利事項之爭議加以質疑。[479]再者，如謂仲裁法可適用於權利事項之爭議，則在實體法的規定上，以及理論的架構上，應如何加以圓滿化？以避免其齟齬？

首先，仲裁法適用之範圍是否應及於權利的事項的爭議？對此，實係涉及仲裁容許性（arbitrability, arbitrabilite'）之問題；亦即當事人對於何種爭議得約定依仲裁方式解決。各國對於仲裁容許性之範圍並不一致，有寬至連一些刑事案件（例如誹謗）都可約定仲裁者，[480]但也有將公序良俗事件如身分、婚姻、破產等事件排除在約定仲裁之外者，[481]完全視各該國家所採行之仲裁政策而定。如以台灣而言，仲裁容許性係規定於仲裁法第1條及第2條。按照仲裁法第1條規定「有關現在或將來之爭議，當事人得訂立仲裁協議，約定由仲裁人一人或單數之數人成立仲裁庭仲裁之。前項

---

[479] 解決勞資爭議處理法與仲裁法不相一致之現象，當不能簡單化地以後法（仲裁法）優於前法（勞資爭議處理法）之理論，或特別法（勞資爭議處理法）優於普通法（仲裁法）之理論為準。

[480] 如英格蘭仲裁法，引自藍瀛芳，爭議的仲裁容許性，輔仁法學第5期，頁263。

[481] 如德國民事訴訟法第1025條，引自藍瀛芳，爭議的仲裁容許性，輔仁法學第5期，頁265。

爭議,以依法得和解者為限。」第2條規定「約定應付仲裁之協議,非關於一定之法律關係,及由該法律關係所生之爭議而為者,不生效力。」由條文觀之,得以仲裁解決之對象已不限於商事事件,但仲裁容許性仍應受公序良俗及強制禁止規定之限制,除此之外,仲裁法亦得將特殊事項排除在仲裁容許性之外。[482]基此,權利事項爭議之仲裁應無違背公序良俗或強制規定,而且仲裁法亦無將其排除在外,故從仲裁法上之仲裁容許性觀之,應可推論出:權利事項之爭議當在適用範圍之內。[483]

　　至於勞工法學者間對於仲裁法是否應及於權利事項之爭議,似仍未有加以評論者。論者嘗論及權利事項之爭議是否得依勞資爭議處理法上之仲裁程序解決,而持肯定之立場,其語略謂:「就司法程序之本質而言、就司法審判權之有無而言,固要區別權利事項爭議與調整事項爭議,惟對勞資爭議處理法所規定之行政處理程序,即調解與仲裁程序而言,則並無必要非區分權利事項與調整事項之爭議二者不可。換言之,不問權利事項與調整事項之爭議,均應得依調解與仲裁程序解決之,並無須如現行勞資爭議處理法之嚴格區分權利事項只得循調解程序解決之,而仲裁程序亦只得解決調整事項之爭議。蓋此等行政處理程序與司法訴訟程序之本質究竟並不相同,因此,不問在制度上或在學理上均無非採現行勞資爭議處理法之嚴格區分不可的必要與必然。[484]」但得否推論其見解亦同樣適用於仲裁法上之仲裁?似未可必,畢竟勞資爭議處理法之仲裁程序本係為解決「勞資爭議」而設,將之擴大適用於權利事項之爭議,理論上較易貫徹;相反地,仲裁法上之仲裁程序原本卻是為「商務爭議」而設,性質本有不同,當不能一視同仁。[485]再者,勞資爭議處理法之仲裁,原則上為國家之強制

---

[482] 藍瀛芳,爭議的仲裁容許性,輔仁法學第5期,頁269。

[483] 法務部法律事務司「仲裁法說明全文」,勞務仲裁,1998年7月10日,頁10。

[484] 黃程貫,前揭書,頁327。採取同樣見解者,衛民,我國第三屆勞資爭議仲裁委員基本資料分析──兼論美國仲裁協會勞資爭議仲裁人的資格與甄選過程,收錄於:我國勞資爭議仲裁委員與仲裁案例分析,頁17。

[485] 即使行政官員主張修法,以便在勞資雙方合意約定仲裁時,得對權利事項爭議進行仲裁,其所指的修法亦是指修改勞資爭議處理法而言,而非指仲裁法。請參閱古松茂,

仲裁，其仲裁程序之規定明確，而仲裁法上之仲裁須本於仲裁協議為之；亦即只有約定仲裁，而無強制仲裁，亦是其明顯不同之處。三者，仲裁法之仲裁法庭係真正的法院程序，其仲裁判斷本質上為法院判決（仲裁法第37條第1項、第2項），與勞資爭議處理法上之仲裁為行政處分者，不同。[486]（只是，隨著新勞資爭議處理法第37條第1項規定「權利事項之仲裁判斷，與法院之確定判決有同一效力」。該仲裁判斷，性質上已不是行政處分矣。）

即使吾人以仲裁法之規定，得適用於權利事項之爭議，但仍應釐清以下諸點疑義：首先，如依仲裁法得對權利事項之爭議進行仲裁，則是否仍應遵循勞資爭議處理法第6條第1項或第9條第3項之規定，調解不成立時，始得為之？對此，法務部持肯定見解。吾人則以為，權利事項之爭議既係對於既有權利義務之爭議，其間必存在一既定之規範得以決定當事人間之權利義務。況且調解之結果並無強制性，必須雙方當事人同意接受始有效力，故應無必要先經調解之程序不可，雙方當事人當可合意直接進入仲裁。

仲裁的優點為迅速、經濟、保密（第32條）及和諧（第44條）。但如以迅速而言，仲裁法第21條規定，仲裁進行程序，當事人未約定者，仲裁庭應於接獲被選為仲裁人之通知日起10日內，決定仲裁處所及詢問期日，通知雙方當事人，並於6個月內作成判斷書；必要時得延長3個月。作成仲裁判斷之期限長達6個月，甚至9個月，如以權利事項之勞資爭議而論，似嫌過長，仍應大幅縮短。至於仲裁的費用，申請仲裁時應繳交費用（仲裁法第54條第2項），雖然仲裁費用普遍均低於向法院提起訴訟所需支付之訴訟費用，但此一收費原則，必將使得提付仲裁之意願為之降低，為了鼓勵當事人樂用仲裁程序，實應回歸勞資爭議處理法上仲裁免費之原

勞工行政第117期，頁57以下。

[486] 即使如黃程貫所主張之權利事項爭議可以仲裁，仍無法改變其法律性質為行政處分。除非如新勞資爭議處理法第37條第1項規定，直接將之定性為「與法院之確定判決有同一效力」。

則。

　　基於仲裁法第1條第1項係規定「有關現在或將來之爭議，當事人得訂立仲裁協議」，因此個別的勞動者亦可能與雇主約定仲裁條款。由於仲裁法已明定仲裁協議與司法管轄之關係；亦即仲裁協議如一方不遵守另行提起訴訟時，法院應依他方聲請裁定停止訴訟程序，並命原告於一定期間內提付仲裁，所謂「妨訴抗辯」（仲裁法第4條第1項）。而且一般見解亦均認為一旦有仲裁條款之約定，仲裁庭即在行使法院之權限，法院原則上只應居於監督之地位而已，[487]亦即審查其得否強制執行（仲裁法第37條第2項）或有無撤銷之訴之原因（仲裁法第40條）[488]等。那麼，就可能出現一種狀況：雇主將會單方地在勞動契約上訂立訴權放棄條款，要求勞工放棄以訴訟途徑實現權利之權，而完全以仲裁程序處理其間之爭議。[489]由於個別勞動者實際上缺乏與雇主協商仲裁條款之力量，希冀仲裁條款合乎公平正當之程序，似乎即不可能。為了彌補此種缺陷，維護仲裁程序之公

---

[487] 吳光明，衡平原則與衡平仲裁，中興法學第43期，頁347；陳煥文，論仲裁程序，萬國法律第96期，1997年12月，頁24。

[488] 就仲裁法的規定觀之，與美國法上之仲裁實無何不同，見蔡信章，前揭書，頁12以下所列出仲裁之特徵有：仲裁乃解決紛爭的方式之一；紛爭係由當事人所選任的仲裁人解決之；仲裁人的權限來自仲裁契約之授權；仲裁人應以司法方式（judicial way）決定爭議，但此司法方式並非嚴格依循法律之意，而係賦予當事人公平交付仲裁陳述事實，提出證據之機會；仲裁人的權力與義務係由私人而非國家所賦予；亦即仲裁屬於私的審判制度（a private system of adjudication）；仲裁人作成之裁決具終局確定的效力；仲裁人之裁決具有拘束力，係因當事人合意訂立仲裁契約時的默示承認；仲裁程序與仲裁裁決完全獨立於國家之外，法院只能依仲裁地法院的規定干預仲裁契約之效力、仲裁程序及賦予仲裁裁決執行力。

[489] 對於雇主與新進員工間放棄法律上訴權之仲裁條款，1991年美國聯邦最高法院在Gilmer v. Interstate/Johnson Lane Corp一案中認為是具有拘束力的，見Can Alternative Dispute Resolution help resolve employment disputes? International Labour Review, Vol. 136 (1997), No. 1 (Spring), p. 101。相對地，勞資爭議處理法中之仲裁（含權利事項之勞資爭議），依據勞資爭議處理法第25條以下之規定，原則上均必須經由雙方當事人共同申請交付仲裁，所以不會發生訂定勞動契約時，勞工即被剝奪提起民事訴訟權利的現象。

平性，美國的仲裁協會（American Arbitration Association）等組織乃共同草擬了正當程序議定書（Due Process Protocol），作為判斷仲裁程序公平性之標準，即使雇主單方擬定之仲裁條款亦須符合該標準。[490]台灣目前並沒有類似正當程序議定書之約定，惟雇主在擬定仲裁條款時並非毫無任何限制，其理由為仲裁法中仲裁程序之規定已頗為仔細，甚至在第52條規定「法院關於仲裁事件之程序，除本法另有規定外，適用非訟事件法，非訟事件法未規定者，準用民事訴訟法。」然而，畢竟現行仲裁法之規定未能鉅細靡遺，也無法確實符合各行業之需要，因此理應由民間的仲裁協會及其他團體擬定仲裁規則，一方面既能約束雇主濫用其權利，他方面亦能兼顧各行業之性質而達到迅速解決爭議之目的，故實有必要適度放寬法令上的拘束。

值得一提的是，仲裁法第31條規定「仲裁庭經當事人明示合意者，得適用衡平原則為判斷。」揭示了仲裁人得依正義與衡平為基礎，而為衡平仲裁。由於仲裁程序係以當事人立於主導地位，原則上得自由訂定仲裁程序及應適用之實體法，故其當亦得選擇不採「法律仲裁」而採「衡平仲裁」，仲裁人應優先適用衡平原則，但究不得違反法律強制、禁止規定。依據衡平仲裁條款，仲裁人得自由地針對個案情況為仲裁判斷，其所參考者為法律一般原則、衡平原則、一般商業慣例，賦予仲裁人判斷時較大之彈性，故有利於商務爭議之解決，國際仲裁組織之規則及國際公約因此多有採用者。[491]對於施行於國際商務爭議且有一定成效之衡平仲裁，如依據仲裁法第31條之規定，勞資爭議當事人對於其間之爭議，亦得明示合意適用之。相較於商務的爭議，勞資爭議往往涉及社會正義之實現，而現行的法令卻仍多以契約自由理念為其出發點，因而造成不少爭議在公平正義觀

---

[490] 正當程序議定書之重要內容有：員工之選拔代表權、相關資訊提供請求權、訓練與選任、給付仲裁人之仲裁費用、仲裁人之權限，以及審理之範圍，見Zack, 前揭文, pp. 102.

[491] 陳煥文，論仲裁程序，萬國法律第96期，1997年12月，頁30、頁41以下；吳光明，衡平原則與衡平仲裁，中興法學第43期，頁336以下；林俊益，論我國衡平仲裁制度之創新，全國律師，1999年3月，頁28以下。

念下應加以保護，但在現行法下卻是違法的不合理現象，司法實務上類此之案例多年來不知凡幾？基於此，吾人以為雖然衡平仲裁必須輔以週邊的制度，而我國勞務爭議適用衡平仲裁之經驗尚缺，惟為落實社會正義之實現，衡平仲裁適用於勞務爭議，應是值得肯定的。

(四)2011年5月1日修正施行的勞資爭議處理法有關仲裁規定之檢討

1.與權利事項爭議有關之規定

依據2011年5月1日修正施行的勞資爭議處理法第6條規定，權利事項之勞資爭議，得依本法所定之調解、仲裁或裁決程序處理之（第1項）。法院為審理權利事項勞資爭議，必要時應設勞工法庭（第2項）。權利事項之勞資爭議，勞方當事人提起訴訟或依仲裁法提起仲裁者，中央主管機關得給予適當扶助；其扶助業務，得委託民間團體辦理（第3項）。前項扶助之申請資格、扶助範圍、審核方式及委託辦理等事項之辦法，由中央主管機關定之（第4項）。

藉由此一修正，多年來權利事項之爭議得否仲裁之問題，乃獲得解決。自此而後，行政機關的仲裁委員會及法院均有處理及審議權利事項爭議之權限，當事人也有權選擇是向行政機關申請仲裁或向法院提起訴訟。差異點是在於：申請仲裁必須當事人雙方共同行之，而提起訴訟只要當事人之一方即可行動。

2011年5月1日修正施行的勞資爭議處理法第6條第3、4項規定了勞工提起訴訟或仲裁的扶助，因為訴訟及仲裁均是採取有償主義。此一補助，在勞工提起訴訟時固無問題，但在勞資雙方共同申請仲裁時，卻只給予勞工補助，是否會造成雇主心理的不平衡而減少「共同」申請仲裁的動機？值得繼續觀察。不過，無論如何，本條項可以視為勞工司法的一環，與目前已有的勞工訴訟輔助的各種行政命令，[492]共同組成台灣勞工司法的內容，但卻只是將其重點置於訴訟輔助而已，忽略了訴訟程序的迅速、費用

---

[492] 最重要的，當然是勞工訴訟輔助辦法。其他還有：大量解僱勞工訴訟及必要費用補助辦法、兩性工作平等訴訟法律扶助辦法，以及行政院原住民族委員會就業歧視及勞資糾紛法律扶助辦法等。惟勞工訴訟輔助辦法已在2009年4月17日廢止適用。

的免除等規定，而後者才是勞工司法的重心。就目前的法規觀之，針對僱傭或勞動契約的訴訟，民事訴訟法中已有部分訴訟強制調解的規定，另外，訴訟救助的規定也可因個案而適用於勞資爭議。而仲裁法中仲裁法庭的審理本來就取其迅速的優點（仲裁法第21條）。這兩個法律的規定，更適合擴大為勞工司法的規範所在。現行各種訴訟輔助的行政命令，都只是著眼於單方給予勞工金錢輔助的作法，並未全面考量勞工訴訟的特殊性而擬定各種對策。因此，或許能給予個案正義的幫助，但想要發揮制度面的規範作用，仍然有相當程度的落差。

　　配合權利事項爭議的仲裁，勞資雙方已不得在該仲裁期間進行爭議行為或其他影響工作秩序之行為（新勞資爭議處理法第8條規定）。不過，此處之「其他影響工作秩序之行為」，當然不包括當事人一方向法院提起訴訟之行為。至於行政機關也不可以因其情節重大，而依職權交付仲裁，蓋法律明定只有調整事項之爭議時，主管機關始有此一權限（2011年5月1日修正施行的勞資爭議處理法第25條第4項）。

　　有關權利事項爭議的仲裁規定，最具疑義者，應在2011年5月1日修正施行的勞資爭議處理法第37條。蓋，即使立法者允許仲裁委員會可以針對權利事項爭議仲裁，本質上仍未改變其行政處理程序的色彩，其所為之仲裁判斷，本質上仍然是行政處分，怎麼會「於當事人間，與法院之確定判決，有同一效力」？立法者似乎將仲裁委員會當做（仲裁法中的）仲裁法庭看待，此從2011年5月1日修正施行的勞資爭議處理法第37條第3項規定，[493]也可以獲得某種程序的印證。蓋依其規定，立法者係將仲裁委員會當做在行使法院的權限，而令法院居於監督的地位。[494]只不過，此卻是涉及兩者的組成份子的差異性比較，換言之，立法者忽略了兩者組成份子本質的不同：仲裁委員會的組成份子是熟悉勞資關係的行政者（2011年5

---

[493] 2011年5月1日修正施行的勞資爭議處理法第37條第3項之規定為「對於前二項之仲裁判斷，勞資爭議當事人得準用仲裁法第五章之規定，對於他方提起撤銷仲裁判斷之訴。」

[494] 詳細論述，請參閱楊通軒，勞資爭議仲裁制度之研究──兼論德國勞資爭議仲裁法制，華岡法粹第27期，1999年12月，頁234。

月1日修正施行的勞資爭議處理法第26條、第27條），而仲裁法庭的組成份子則是熟悉法令的司法者（仲裁法第8條）。因此，如欲給予仲裁委員會仲裁判斷確定判決的效力，那麼，其組成份子自應朝向司法者設計，亦即獨立於2011年5月1日修正施行的勞資爭議處理法第26條、第27條外另行設計。

再者，配合2011年5月1日修正施行的勞資爭議處理法第6條第1項及第37條第1項的規定，乃產生了一項疑義：在權利事項勞資爭議上，誰具有最終的管轄權？這是因為當事人可能先後向仲裁委員會及法院提出仲裁或訴訟，而修正條文中並未有仲裁法第4條第1項「妨訴抗辯」的設計也。這種疑義，同樣會發生在如下的情況：當事人雙方已有仲裁法庭的約定，但是，雙方或一方卻先後向仲裁委員會及仲裁法院提出仲裁或訴訟。或許這種可能性不高，[495]但一旦出現，即須予以處理，以免受理機關做出「兩個確定判決」。吾人似乎不應以「先受理、先贏」的態度看待此事。因此，本文以為首應將2011年5月1日修正施行的勞資爭議處理法第37條第1項回歸到行政處分的性質，即可免除此種法規衝突的現象。否則，在處理上，後面受理仲裁申請或訴訟之仲裁委員會，或法庭，或仲裁法庭，其應該準用民事訴訟法第249條第1項第6款「起訴不合程式或不備其他要件者」，或準用仲裁法第4條第1項「妨訴抗辯」之規定，不受理或裁定駁回當事人仲裁或訴訟的請求，以免雙軌進行權利事項爭議之處理，浪費國家資源。此種主張，其實也可以從2011年5月1日修正施行的勞資爭議處理法第37條第3項規定，獲得某種程序的支撐，蓋其有意將仲裁委員會當作仲裁法庭看待也。

另外，依據2011年5月1日修正施行的勞資爭議處理法第37條第3項所提起撤銷仲裁判斷之訴，係指仲裁具有一般瑕疵而已，如其具有重大瑕疵

---

[495] 一個可能導致當事人雙方或一方先後向仲裁委員會、法院或仲裁法庭請求處理的因素是：依據仲裁法庭作成仲裁判斷之期限長達6個月，甚至9個月（仲裁法第21條），但依據仲裁委員會所作成之仲裁判斷，時間可能只需要40天左右（2011年5月1日修正施行的勞資爭議處理法第33條）。

時，該仲裁即當然歸於無效。至於其理由有：仲裁之程序違法、仲裁委員會之人員組成違法（2011年5月1日修正施行的勞資爭議處理法第27條）、當事人或相關人員為虛偽之說明或提供不實資料（2011年5月1日修正施行的勞資爭議處理法第63條）等。不過，對於2011年5月1日修正施行的勞資爭議處理法第36條仲裁時所作成之和解，則無適用撤銷之訴的餘地。

　　最後，依據2011年5月1日修正施行的勞資爭議處理法第64條之規定，「權利事項勞資爭議經當事人雙方合意，依仲裁法所為之仲裁，其效力依該法之規定。」（第2項）由於仲裁法庭係團體協約當事人依據團體協約自治所做的約定，其並無牴觸團結自由基本權，而仲裁法庭所為者係真正的法院程序，故其仲裁判斷，「於當事人間，與法院之確定判決，有同一之效力」（仲裁法第37條第1項）。

　　2.其他規定

　　有關調整事項之仲裁規定，最重要者，應屬2011年5月1日修正施行的勞資爭議處理法第25條第2項加入「當事人一方申請交付仲裁」之規定。其內容為，「勞資爭議當事人之一方為第54條第2項之勞工者，其調整事項之勞資爭議，任一方得向直轄市或縣（市）申請交付仲裁；其屬同條第3項事業調整事項之勞資爭議，而雙方未能約定必要服務條款者，任一方得向中央主管機關申請交付仲裁。」

　　針對此一規定，應說明者如下：首先，經由此一修正條文，立法者顯然已承認將來「教師、國防部及其所屬機關（構）、學校之勞工、以及自來水事業、電力及燃氣供應業、醫院、經營銀行間資金移轉帳務清算之金融資訊服務業與證券交易期貨、結算、保管事業及其他辦理支付系統業務事業」亦可要求維持或變更勞動條件。因此，其未獲事業單位同意者，自然可以要求以調解程序排解紛爭。惟該等事業或者為重要的公用事業，或者為國防教育機關，影響人民日常生活所需或者國家安全（定）甚鉅，故不宜令之以爭議行為追求意見的一致[496]。故乃有一方申請仲裁之替代性

---

[496] 2011年5月1日修正施行的勞資爭議處理法第54條第1項及第2項觀之。

的設計。此一規定，性質上屬於任意仲裁的一種，而非強制仲裁。不可誤解。

　　雖然如此，由於2011年5月1日修正施行的勞資爭議處理法第25條第4項已有針對情節重大依職權交付仲裁之規定，[497]則其與2011年5月1日修正施行的勞資爭議處理法第25條第2項規定之關係為何？對此，雖然中央主管機關已對於「情節重大有交付仲裁之必要」以注意事項及要點加以細部規定，不過，解釋上，吾人以為仍應以與重要的公共利益有關者為限，[498]以免主管機關過於寬濫地發動職權，致使仲裁制度淪為僅剩強制仲裁而已。因此，2011年5月1日修正施行的勞資爭議處理法第25條第2項所規定之事業一旦發生調整事項的勞資爭議，確實有可能符合2011年5月1日修正施行的勞資爭議處理法第25條第4項所規定的要件，則在考量團體協約自治以當事人的意思為優先及兩個條文對於當事人意思的排斥程度不同的情況下，應優先適用2011年5月1日修正施行的勞資爭議處理法第25條第2項規定。如兩造當事人均未有任何一方申請交付仲裁時，2011年5月1日修正施行的勞資爭議處理法第25條第4項規定始有適用的餘地。

　　其次，「當事人一方申請交付仲裁」之規定，並非絕無僅有，或只見於台灣。蓋如前所述，依仲裁程序是否具有拘束力，可分為簡易仲裁與義務仲裁（或稱仲裁強制）。其中，所謂義務仲裁，又可區分成參與強制及申請強制兩種。參與強制，係指當事人之一方負有在他方當事人申請仲裁時，參與之義務。申請強制，係指當事人約定一「仲裁自動程序」，當事人之一方負有在團體協商失敗時，向仲裁機構申請仲裁之義務。此種存在於德國的法制，只要一方申請仲裁即可發動。

　　承上之問題為：在主管機關依照當事人一方之申請交付仲裁，並以書面通知當事人他方後，他方當事人是否有義務加入仲裁（亦即參與強制）？對此，本文以為應持肯定的態度，其後並依據一般仲裁的程序選定仲裁委員、進行仲裁，以及做成仲裁判斷。如果只是賦予一方當事人申請

---

[497] 舊勞資爭議處理法第24條第2項規定參照。

[498] 楊通軒，勞資爭議仲裁制度之研究——兼論德國勞資爭議仲裁法制，頁242、頁252。

仲裁的權限，而他方當事人卻可以毫不理會地不參與，[499]那麼，此一仲裁將難以為繼，其後，將可能引發雙方爭議行為的攻防，失去2011年5月1日修正施行的勞資爭議處理法第54條第1項及第2項規定的目的。如此的解釋，也才能與2011年5月1日修正施行的勞資爭議處理法第25條第4項「依職權交付仲裁，並通知勞資爭議當事人」，當事人雙方即負有參與仲裁之義務，不相矛盾。

四、德國勞資爭議之仲裁制度

就德國的仲裁制度而言，狹義的仲裁係為促成締結團體協約，而廣義的仲裁則兼包括促成締結企業協定。仲裁既係為解決調整事項之爭議之程序，因此與勞動法院法中之仲裁法庭係為解決權利事項之爭議有別。[500]以下即對德國勞資爭議仲裁制度之內涵加以說明之。

(一)約定之仲裁

基於團結體行動（Koalitionsbetätigung）的權利，團體協約當事人有權約定一任意的仲裁以及仲裁進行之程序。尤其是工會及雇主或雇主聯盟有權決定是自己進行仲裁，或委由中立的第三人，或利用國家的仲裁機構為之。團體協約當事人亦可事先約定願意接受仲裁決定的拘束。此種約定由於並未排除當事人進行爭議行為之權利，因此無牴觸基本法第9條第3項之規定。[501]德國目前實務上，在雇主聯盟與工會間存在無數的仲裁約定，其中較有名的有建築業的、金屬工業的、化學工業的及印刷業的仲裁約定。約定的仲裁的效力優先於國家的仲裁，當事人必須先加以引用。[502]

---

[499] 依據2011年5月1日修正施行的勞資爭議處理法第33條第3項規定，主管機關於仲裁委員調查或仲裁委員會開會時，應通知當事人、相關人員或事業單位以言詞或書面提出說明。

[500] Löwisch/Rumler, Schlichtings-und Arbeitskampfrecht, Rn. 121.

[501] Birk/Konzen/Löwisch/Raiser/Seiter, Gesetz zur Regelung kollektiver Arbeitskonflikte, 21; Brox, in: Brox/Rüthers, a.a.O., Rn. 688.

[502] Art. II 1 KRG; Zöllner/Loritz/Hergenröder, Arbeitsrecht, 6. Aufl., 452 f.; Löwisch/Rumler,

　　約定仲裁的目的，在於拉進雙方當事人的觀點，以獲致一個合意，如未能達成，則仲裁機構須作出一合意的建議（Einigungsvorschlag），該建議即為仲裁決定，並無拘束力，必須獲得兩造當事人的同意，始具有拘束力，因該建議經由雙方之同意已成為一團體協約。[503]

　　仲裁機構所為之仲裁決定如無拘束力時，由於在法律上並無效力，因此並無法院事後審查之可能。相反地，對於具拘束力之仲裁決定，為了確定作成該決定之仲裁程序有無瑕疵或何種權利由仲裁決定而生，當事人可以聲請勞動法院事後予以審查（勞動法院法第2條第1項第1款）。[504]

(二)國家之仲裁

　　德國經過漫長的演變之後，今日國家仲裁的法律基礎是1946年8月20日第35號有關調解及仲裁之法律。依據基本法第123條第1項及第125條之規定，聯軍管制委員會第35號法律視同聯邦法律。第35號法律首先規定了調解的程序（Ausgleichs-oder Vermittlungsverfahren）。

　　對於經過調解而無效之爭議，團體協約當事人得向邦勞工官署所成立之仲裁委員會（Schiedsausschuß）申請仲裁。仲裁委員會係行政機關，[505]有關仲裁程序之進行亦適用直接、言詞審理，但除巴登邦外，其審理的進行並不公開。仲裁程序之目的亦在於使得當事人意思的合致〔所謂合意原則（Einigungsprinzip）〕，而仲裁程序係免費的。仲裁決定係仲裁委員會為締結一集體的協議所作的建議，其性質為行政處分，[506]且不得撤回。除了在巴登邦得對仲裁決定宣告拘束性外，仲裁決定只在當事人事前約定

---

a.a.O., Rn. 125.

[503] Schaub, a.a.O., 1903; Zöllner/Loritz/Hergenröder, a.a.O., 453.

[504] Brox, in: Brox/Rüthers, a.a.O., Rn. 695 f.; Löwisch/Rumler, a.a.O., Rn. 171; MünchArbR/Otto, §287, Rn. 35 ff.

[505] 這與台灣是一樣的。

[506] 否定說，MünchArbR/Otto, §287, Rn. 26謂：仲裁決定係私法領域內的自治行為（ein autonomer Akt im Bereich des Privatrechts）。另Löwisch/Rumler, a.a.O., Rn. 193 f.亦採否定說。

受其拘束或事後接受時，始具有拘束力。[507]具拘束力之仲裁決定具有團體協約之效力。[508]由於仲裁決定及經拘束性宣告之仲裁決定其性質皆為行政處分，因此得在行政法院被撤銷。[509]如仲裁決定的瑕疵重大時，行政法院並得予以宣告無效。[510]

　　而為了貫徹第35號法律，少數邦乃頒行了施行細則（Durchführungsverordnungen）或行政命令（Verwaltungsvorschriften），另外一些邦則在邦法中重新制定了仲裁法。其中較著名者為巴登邦（Baden）於1949年10月19日所公布施行之勞資爭議仲裁法（Landesgesetz über das Schlichtungswesen bei Arbeitsstreitigkeiten vom 19.10.1949，簡稱為 Landesschlichtungsordnung），[511]其較重要的內容有：基於一造當事人之申請，即可發動仲裁程序，而在爭議具有重要的公共的意義（wesentliche öffentliche Bedeutung）時，官署甚至可主動地提起仲裁（巴登邦仲裁法第12條第2項）。除此之外，第18條第1項規定，對於仲裁機構之仲裁決定，如其基於公共利益之需要，可對之進行拘束性宣告（Verbindlicherklärung）。由於此拘束性宣告，該仲裁已成為強制性仲裁矣，也引發學者間對於該仲裁是否已侵犯基本法第9條第3項所保障之團體協約自治之爭議。[512]

(三)企業組織法上之仲裁

　　早在1952年企業組織法的第49條即已規定，員工代表會基於和平義務，對於爭議之解決必須以仲裁的形式為之。[513]再依據1972年聯邦企業

---

[507] 但即使是巴登邦的經拘束性宣告之仲裁決定，其法律性質仍為行政處分。

[508] 亦即仲裁決定同時具有私法的（團體協約）及公法的（行政處分）雙重性格。

[509] Brox, in: Brox/Rüthers, a.a.O., Rn. 705; Schaub, a.a.O., 1900 ff.

[510] Brox, in: Brox/Rüthers, a.a.O., Rn. 707 ff.

[511] GVBl. 1950, 60.

[512] Söllner, a.a.O., 115; Zöllner/Loritz/Hergenröder, a.a.O., 453 f.; Brox, in: Brox/Rüthers, a.a.O., Rn. 706.

[513] 但勞動法院法第2a條第1項第1款規定，勞工法院對於企業組織法上之事項，有裁定之權限。因此，判斷的標準是：法律的問題（權利事項的爭議）歸屬於勞動法院；規範

組織法第2條第1項規定，雇主與員工代表會彼此充滿信任，且為勞工與企業之福祉而相互合作；亦即，雙方間之爭議不應經由公開地衝突，而是經由不斷地對話來解決。彼此間之合作應以相互間之誠實及公開來實施。[514]基於此，勞資雙方意見不一致時，其衝突之解決只能經由仲裁委員會加以仲裁——在此為一強制仲裁——仲裁委員會之決定即可取代勞資雙方間之合意。[515]

　　仲裁委員會在共同決定權之案例，尤其是第87條第1項之十種情形，只須雇主或員工代表會一造之申請，即可發動仲裁程序，且其仲裁決定具有拘束力。[516]反之，在其他的案例，只有兩造當事人共同申請或事後同意其仲裁時，仲裁委員會始可發動職權，且其決定只在兩造當事人事先表示受其拘束或事後表示接受時，始具有拘束力，否則僅具有建議之性質而已。[517]

　　仲裁委員會之仲裁決定並非純依特定法律規範而為，而係一裁量決定（Ermessensentscheidung），受有一定之拘束。依據第76條第5項第3句之規定，仲裁委員會必須同時考量企業的與所涉及的勞工之利益，按照公平衡量（nach billigem Ermessen）而作出決定。[518]法院對於仲裁委員會之決

的問題（調整事項的爭議）歸屬於仲裁委員會，請參閱Hanau/Adomeit, Arbeitsrecht, 11. Aufl., 121 f.; Söllner, a.a.O., 162。

[514] BAG AP Nr. 3 zu 23 BetrVG; Brox/Rüthers/Henssler, Arbeitsrecht, 16. Aufl., 2004 Rn. 1011.

[515] Löwisch, Betriebsverfassungsgesetz, 1985, Vorbemerkung vor §1 Rn. 7; §76, Rn. 1; 楊通軒，勞工參與企業經營在德國所引起之勞工法問題，法學叢刊第166期，1997年4月，頁46。Zöllner/Loritz/Hergenröder, a.a.O., 頁509謂：仲裁委員會之法律性質既非法院亦非國家的機關，寧可視其為「私法上自動的協助締訂契約之機構」（autonomes privatrechtliches Vertragshilfeorgan），其決定因此是「契約的代替物」（Vertragersatz），此一決定之效力等同於被其取代的契約的效力。

[516] 在此，並不需要做一拘束性宣告。

[517] Hanau/Adomeit, Arbeitsrecht, 11. Aufl., 121 f.; Löwisch, a.a.O., §76 Rn. 9, 15; Söllner, a.a.O., 161 f.

[518] 對於仲裁委員會有關社會計畫（Sozialplan）之決定，企業組織法第112條第4項第2句有同於第76條第5項第3句之規定。

定，在一定程度內得加以審查。[519]另須注意的是，仲裁委員會之委員
係由員工代表會及雇主各別指定，但如係主席時則必須雙方均同意始
可，[520]至於其對象並不限於企業體內勞方及資方的人員，甚且可聘請企
業外中立的第三人（擔任主席或陪審員均可），重要的是外聘的第三人能
獲得員工代表會或雇主的信任而能在協議時維護其利益。仲裁委員會運作
之費用由雇主負擔之（企業組織法第76a條第1項），實務上常發生對於外
聘之主席或陪審員應如何給付報酬之爭議。[521]與此相反的是，聯軍管制
委員會第35號法律之國家仲裁並不收費。[522]

(四)勞動法院法上之仲裁法庭

　　最後，係有關勞動法院法上之仲裁法庭規定。基於三權分立之原則，
司法與立法及行政各自執行同等的國家權力；而基於司法獨占原則，對於
權利事項爭議之決定，法院雖不需要有第一的發言權（das erste Wort），
但一定要有最後的發言權（das letzte Wort）。由此一原理可以得出，只有
在確保國家的法院能對私有的仲裁法庭的決定審查時，始能將法院的任務
交由私有的仲裁法庭執行。基於此，依據勞動法院法（Arbeitsgerichtsge-
setz，簡稱ArbGG）之規定，原則上勞動法院對於權利事項之爭議，[523]具
有專屬的管轄權，只在第101條至第110條始例外地允許仲裁法庭得審理特
殊的案件，[524]仲裁法庭因得以實施真正的審判權而與上述之諸種仲裁程
序有異。對於大多數勞動關係之爭議，當事人並無主張以仲裁法庭審理之
可能。[525]

---

[519] Löwisch, a.a.O., Rn. 12, 17 ff.

[520] 雙方如未能合意由某人出任主席，則由勞動法院指定（企業組織法第76條第2項第2
句）。

[521] BAG v. 24.4.1996, SAE 1997, 191, mit Anm. Bengelsdorg.

[522] Neumann, Kirchliches Schlichtungswesen, ZTR 1997, 143.

[523] Hauck, Arbeitsgerichtsgesetz, 1996, §2, Rn. 1; Leinemann, Die Arbeitsgerichte – bewährte
Gerichtsbarkeit mit gefährdeter Zukunft? BB 1997, a.a.O., 2324..

[524] §4 ArbGG.

[525] 實者，經由1953年9月3日勞動法院法（BGBl. I, 1267）對於約定仲裁法庭之限制，其目

　　依據勞動法院法第4條規定，勞動法院在第2條第1項及第2項案例之管轄權，得依第101條至第110條之規定排除之。勞動法院法第2條第1項及第2項係涉及判決的程序，因此如係裁定的程序（第2a條），則不能約定排除。例如對於仲裁委員會決定之事後審查，不能約定由仲裁法庭為之。[526]惟如約定向勞動法院提起訴訟之前，必須先進行一定之訴訟外程序，則因並未影響勞動法院之專屬管轄權，故是有效的。[527]至於第101條之規定亦無違憲之虞，因為依據第110條，法院得經撤銷訴訟之途徑對仲裁決定加以控制。

　　依據勞動法院法第101條之規定，勞資雙方得約定以仲裁法庭之決定解決其爭議者，限於1.團體協約當事人間就團體協約或就團體協約之存在或不存在所引發之私權上爭執（bürgerlich-rechtliche Rechtsstreitigkeiten）；2.演藝人員、製作影片人員、藝人或船長及海事人員有關之勞動關係之私權上爭執，而又由團體協約當事人以團體協約明定可以仲裁決定處理者，始得為之。只有團體協約當事人，始得約定仲裁法庭條款。一旦約定仲裁法庭條款，雙方當事人即負有設立仲裁法庭及負擔仲裁程序費用之義務。第101條第2項之職業族群（演藝人員、製作影片人員、藝人或船長及海事人員）係列舉規定，其他的職業族群不能約定仲裁法庭條款。

　　依據第102條第1項規定，對於權利事項之爭議，團體協約當事人如已約定交由仲裁法庭決定，而其中一方仍向勞動法庭起訴者，他方當事人得以仲裁契約（Schiedsvertrag）向法院提出異議，法院即須將該訴訟駁回。此一妨訴抗辯（prozesshindernde Einrede），必須由當事人主張，否則法院即不得加以斟酌。[528]

　　勞動法院法第108條係有關仲裁決定之作成與形式的規定，仲裁決定

的即在於避免法院的管轄權被掏空及作為法律安定基礎之法律適用的一致性受到不利的影響。由於勞動法院係由勞方及資方的專業人員以對等的人數組成，而且法院的訴訟程序迅速、不收費用，因此並不需要以私有的仲裁法庭補充勞動法院之不足。

[526] BAG AP Nr. 43 zu §76 BetrVG 1976.

[527] Hauck, a.a.O., §4 Rn. 5.

[528] BAG AP Nr. 33 zu §611 BGB Bühnenengagementvertrag.

係以仲裁法庭成員的普通多數決（einfache Mehrheit）為之，但仲裁契約另有其他規定者，不在此限。除非當事人明確表示仲裁理由無須以書面為之，否則仲裁決定之理由必須以書面為之，且記載日期由仲裁法庭之成員簽名；亦即仲裁法庭之仲裁決定，其形式與內容必須與勞動法院之判決一致，且由其主席（Obmann）及陪審員（Beisitzer）簽名（第108條第2項）。而且無論其原先是否支持該項決定均同，設如有任何一成員拒絕簽名，則仲裁決定即無法作成。仲裁決定於當事人間具有如同勞動法院判決之效力（第108條第4項），[529]但對第三人則不生效力。[530]

五、勞資爭議仲裁所涉及之相關問題

　　仲裁制度所涉及之問題，較為重要者有團體協約自治、國家中立原則及最後手段原則，以下即分別說明之。

(一)團體協約自治

　　所謂團體協約自治，是指工會和雇主或雇主團體擁有一個締結團體協約之自由，而經由這個團體協約對於勞資雙方的勞動條件有所規範。勞動條件之內容完全由勞資雙方以團體協約加以規定，國家不得加以干預。此一制度可以說是對於勞動生活秩序具有立法權限的立法者的一個輔助，[531]國家因此不必事事涉入，而可令勞資雙方自行規範其勞動生活，由其自行判斷可以要求或接受的勞動條件，國家亦可藉此減輕其負擔。[532]此在德國，學者及實務均認其係由基本法第9條第3項團結自由基本權（「為維護與促進勞動的及經濟的條件而組織之權」）所導引而來，

---

[529] 此一規定，與台灣仲裁法第41條第1項、第2項的規定相同。

[530] 有關德國勞動法院法上之仲裁法庭，詳請參閱楊通軒，勞資爭議仲裁制度之研究——兼論德國勞資爭議仲裁法制，頁246以下。

[531] BVerfGE 44, 322 (344).

[532] Müller, Arbeitskampf und Recht, 1987, 60 ff. 蔡炯燉，勞動集體爭議權之研究——中美日三國法制之比較，政治大學法律研究所博士論文，1992年6月，頁270以下：美日勞動集體爭議立法，係出於協助之立場，而非積極地介入及干預。

且自逾八十年來即屬於德國勞工法規範中一個不可動搖的部分。在我國，學者間使用所謂「團體協約自治」者，似乎並不多見，[533]但鑑於學者及實務對於勞動三權大多持憲法上的保障說，團體協約自治在我國憲法上自亦有其法律依據。雖然理論上自1946年制定憲法至今，團體協約自治在我國亦已有逾60年的實踐，然而學界及實務界真正加以重視而討論者，實係1987年7月解嚴以後始發其軔。至於所謂的「勞資自治原則」，雖然亦係指應由勞資雙方自行處理勞資事務，國家應居於中立而不介入之地位，但其內涵除包括團體協約自治之外，亦包括個別的勞工與雇主自治地協商各自的勞動條件在內，[534]因此勞資自治原則與團體協約自治並不完全相同。

團體協約自治的意義是對於契約自由原則及以供給與需求〔競爭〕所形成之市場制度做了部分的修正，團體協約以其具強制力之規範性的效力取代了個別勞動契約。然而團體協約並不全然排除（取代）勞動契約，勞動關係仍須經由勞動契約始能建立，而且勞動關係之內容仍以勞資雙方自行協商而定，設如勞動契約之內容，例如薪資的額度，比團體協約所訂者對勞工較有利的話，則適用勞動契約。[535]

為了落實憲法所保障之團體協約自治，立法者有權利且有義務對於團體協約之拘束性、爭議行為之合法性以及爭議行為之方式等，以法律加以規範下來。例如台灣團體協約法第16條即已對於個別勞動契約與團體協約間之關係，有所規定。而2011年5月1日修正施行的勞資爭議處理法第2條亦明訂：勞資雙方當事人應本誠實信用及「自治原則」，解決勞資爭議。由此觀之，工會法、團體協約法及勞資爭議（處理）法，本係立法者為形

---

[533] 黃程貫，勞動法，頁178；黃瑞明，迴光返照的團體協約法，全國律師雜誌，1998年7月，頁60；Horst Konzen（楊通軒譯），團體協約自治在德國集體勞工法體系中之地位，律師雜誌第220期，1998年1月，頁77以下。

[534] 請參閱王金豐，前揭書，頁19以下。

[535] 團體協約法第19條；§4 III TVG.

成團體協約自治及規定團體協約自治運作之條件所為，而非對團體協約自治之侵害。[536]只是，立法者的形成權限必須受到客觀的內涵（objektiv Gehalt）的限制，不得因其立法而致使團體協約當事人受到國家的干預而無法自我負責地規範自己的事務。[537]當然，國家只須為團體協約自治備置好法律的架構即可；亦即設立運作的條件，至於團體協約自治是否果真能發揮其功能，則非其所能保證的。憲法上也並未強制社會自治的當事人須行使其團體協約的權利，它只是要求提供一能發揮效用的團體協約制度而已。[538]因此，行政院勞工委員會在2010年左右開始推動的所謂「入場輔導事業單位締結團體協約」的行動，實屬過當之舉，事業單位及工會並無接受入場輔導的義務。話又說回來，要不要成立工會、要不要及如何進行團體協商，都須要中央主管機關的介入輔導，那真正的團體協約自治並不會到來。想想看，那一天主管機關也可以輔導要不要爭議及如何進行爭議行為嗎？

在說明團體協約自治之意義後，以下擬針對仲裁與團體協約自治之關係加以探討。在仲裁制度中，企業組織法上之強制仲裁由於係基於充滿信任的合作原則而來，因此寧可視之為團體協約自治之互補制度，而無牴觸團體協約自治。[539]至於勞動法院法上之仲裁法庭，其法律基礎即是根植於基本法第9條第3項之團體協約自治（而非私法上之當事人自治），故允許團體協約當事人在特定的情形得約定成立仲裁法庭，以排除勞動法院之審理。[540]

---

[536] Otto, Zur Neutralität der Bundesanstalt für Arbeit bei Arbeitskämpfen - BVerfG vom 4.7.1995 - 1 BvF 2/86 und 1, 2, 3, 4,/87 und 1 BvR 1421/86 -, Jura 1997, 24.

[537] BVerfG v. 4.7.1995, JZ 1995, 1169. = BVerfGE 92, 365 (394).有問題者，聯邦憲法法院從未提出客觀的內涵的觀念，其真正的意義及判斷的標準為何？並不清楚，請參閱Lieb, Anm. zu BverfG v. 4.7.1995, JZ 1995, 1174; Otto, a.a.O., 27。

[538] Rüfner, Verantwortung des Staates für die Parität der Sozialpartner? RdA 1997, 131 f.

[539] 請參閱楊通軒，勞工參與企業經營在德國所引起之勞工法問題，頁44以下。

[540] Vogel, Die Bühnenschiedsgerichtsbarkeit-ein Modell für Tarifvertragsgerichte zur arbeitsrechtlichüen Streitbeilegung? NZA 1999, 28.

　　而基於團體協約自治，團體協約當事人得於團體協約中約定成立一仲
裁機構以排解集體的爭議，該仲裁約款只是限制當事人必須於仲裁程序結
束且無效果時始得進行爭議行為而已，並沒有將爭議行為完全排除，因此
亦無牴觸團體協約自治。[541]即使團體協約當事人事先約定願意受到仲裁決
定的拘束或事後接受之，無論該仲裁機構是否依聯軍管制委員會第35號法
律或巴登邦的勞資爭議仲裁法所設立與否，均非國家的強制仲裁，其與團
體協約自治亦無關。而在義務的仲裁，無論是參與的強制或申請的強制，
均未強制當事人必須接受仲裁的決定，與國家的強制仲裁有異，亦無牴觸
團體協約自治。

　　因此，所須探討者，只唯國家的仲裁，尤其是國家的強制仲裁而已。
在一般的國家仲裁部分，學者及實務界均認為約定的仲裁具有優先的效
力，應優先引用之，在此即是基於團體協約自治之考量。而在強制仲裁部
分，如以巴登邦的勞資爭議仲裁法為例，在有公共利益需要時，邦政府得
對仲裁決定宣告拘束性，此一邦的強制性仲裁是否違反團體協約自治，完
全視「公共利益」是否應優先於團體協約自治而受到保護而定。綜觀多數
學者之見解，約可得出以下之結論：1.國家在極端例外情形時（Extrem-
situationen），例如「極為重要的利益衝突或基本權利衝突」（eine ganz
überwiegende Güter-oder Grundrechtskollision）[542]、「涉及極為重要的大
眾的利益或者特殊的緊急狀況」（hoch Allgemeininteresse oder besondere
Notsituation）[543]、「社會的急迫狀況」（akute soziale Notstannd）[544]、
「重要的公共的利益」（schwerwiegende öffentliche Interesse）[545]時，則
其並無違反團體協約自治[546]；2.國家在無極端例外情形時，如允許其進行

---

[541] Brox, in: Brox/Rüthers, a.a.O., Rn. 688.

[542] Brox, in:Brox/Rüthers, a.a.O., Rn. 706.

[543] Birk/Konzen/Löwisch/Raiser/Seiter, a.a.O., 20; Löwisch/Rieble, Schlichtungs-und Arbeits-
kampfrecht, Rn. 27 f.

[544] Schaub, a.a.O., 1899.

[545] Zöllner/Loritz/Hergenröder, a.a.O., 454.

[546] 有關學者間用語之不同，請參閱MünchArbR/Otto, §288, Rn. 14 ff.。

強制仲裁，則該強制仲裁即有違團體協約自治。

　　設如國家雖命令團體協約當事人在發動爭議行為之前，必須進行仲裁程序，但卻任令當事人決定是否接受該仲裁的結果，則此並非國家的強制仲裁，應亦無牴觸團體協約自治。[547]

（二）國家中立原則

　　所謂國家中立原則，是指國家有義務對於勞資爭議之當事人採取中立之行為，尤其是不得經由公權力措施單方地給予爭議當事人限制或特權，藉此將爭議行為的過程做導引到特定方向之影響。[548]

　　國家中立原則係由社會自治、團體協約自治與爭議行為所導引而來。[549]為了令社會自治當事人能夠履踐維護、促進勞動條件或經濟條件之任務，國家必須建構一團體協約制度。之後，國家即由確定勞動條件的過程中全面撤退，而留待由社會自治當事人之力量自行解決。畢竟，所謂合理的勞動條件（尤其是報酬額度），並無一客觀的量定標準，此一隨著各種狀況而異之合理的勞動條件，並無人能比直接受到影響的當事人決定得更好，如將此一任務賦予國家，即顯得其受到過度且不當之要求。[550]況且，即使由國家來訂定勞動條件或以強制仲裁來處理勞資爭議，也未必能達到勞動生活的和平。因此，國家將確定勞動條件之責任留待予社會自治當事人，毋寧係基於以下之信念：團體協商之當事人能自行創造一合理的利益平衡。而此一對於團體協約能夠確保合理性的信念，又係根植於工會與雇主團體之力量係相等的前提，至於如何量定其是否相等，由實務上雙方的運作中即可得知。

　　如從國家中立原則觀之，約定的仲裁由於係當事人以團體協約方式

---

[547] Zöllner/Loritz/Hergenröder, a.a.O., 454; Brox, in: Brox/Rüthers, a.a.O., Rn. 706.

[548] Nipperdey-Säcker, Arbeitskampfrecht II/2, 927; Seitern Streikrecht und Aussperrungsrecht, 27.

[549] Scholz/Konzen, Die Aussperrung im System von Arbeitsverfassung und kollektivem Arbeitsrecht, 181 f.; Seiter, Staatliche Neutralität im Arbeitsrecht, 12.

[550] Gamillscheg, Die Grundrechte im Arbeitsrecht, 89 f.

所約定，並非受到國家之要求所為，故與國家中立原則無關。至於第35號法律的一般的國家仲裁，由於只具輔助的地位，屬於任意的仲裁，亦無牴觸國家中立原則。比較有關的是企業組織法上之強制仲裁及巴登邦的國家強制仲裁。前者，由於係企業組織法上為落實充滿信任的合作原則所不得不採的措施，且仲裁委員會亦係由員工代表會及雇主所選任的人所共同組成，並非行政機關，亦未違反國家中立原則。後者，國家在立法、司法及行政上已積極地介入團體協約當事人調整事項之爭議，而基本法上之國家中立原則，原則上應禁止國家的強制仲裁，[551]故已牴觸之。

如就台灣而言，在舊法時代，在立法方面，如就勞資爭議處理法觀察，由社會自治當事人基於團體協約自治的精神自主地解決爭議，顯然不被立法者所重視，反而是以防止發生爭議及以強制手段強制當事人進入法定爭議處理程序為重心，賦予國家強制介入勞資爭議處理之權限。[552]首先，舊勞資爭議處理法第7條、第8條規定，勞資爭議在（調解或）仲裁期間，勞資雙方不得因該勞資爭議事件而採取爭議行為。此種規定，完全無視該（調解）仲裁是雙方同意進行或國家片面強制進行，一律剝奪社會自治當事人之爭議權，顯然並不恰當。[553]值得注意的是，舊勞資爭議處理法第24條第2項「勞資爭議情節重大」之強制仲裁規定，賦予主管機關依

---

[551] 楊通軒，爭議行為合法性之判斷基準，法學叢刊第43卷第2期，1998年4月，頁69。惟作者在該處誤用「強制調解」之用語，應將之更正為「強制仲裁」。

[552] 勞資爭議處理法1991年修正草案第1條第2項規定，勞資雙方當事人應本誠信、自治原則，解決勞資爭議。

[553] 王金豐，前揭書，頁114。另外，吾人觀勞資爭議處理法第8條（舊勞資爭議處理法第7條及第8條）係規定「勞資爭議在調解、仲裁或裁決期間，資方不得……。勞方不得……」。解釋上，其所謂「勞資爭議」，包括權利事項與調整事項（甚至非屬於權利事項與調整事項之「第三類的勞資爭議」）、以及個別的與集體的爭議。至於其禁止勞雇雙方採取爭議行為的期間，限於調解、仲裁或裁決期間，而不包括訴訟審理期間。所以，舉例而言，甲勞工因其雇主乙未給付加班費而提起給付加班費之訴，在訴訟期間，雇主仍得（以勞基法第11條及第12條規定之事由）對之進行終止勞動契約或為其他不利勞工之行為。如此一來，甲如認為乙係對之非法解僱，即必須另外提起確認僱傭關係存在之訴。

職權交付仲裁，使得雙方當事人立即喪失爭議權，團體協約自治所要求之由勞資雙方協商、爭議勞動條件之原意，消失殆盡，國家違反中立義務，實不待而言。[554]為避免此種弊端，所謂「勞資爭議情節重大」應將其限縮於「具有重要的公共利益者」，而且，意定的仲裁程序應有優先於法定仲裁程序之效力，此從舊團體協約法第1條第2項第4款「團體協約之內容得約定關於勞資糾紛調解機關或仲裁機關之設立或利用」，獲得理論依據。[555]

　　至於在行政方面，就仲裁程序而言，依據舊勞資爭議處理法第6條第1項的規定，其標的限於調整事項之勞資爭議，雖然學者間有主張「對於勞資爭議處理法所規定之行政處理程序，即調解與仲裁程序而言，並無必要非區分權利事項與調整事項之爭議二者；換言之，不問權利事項與調整事項之爭議，均得以調解與仲裁程序解決之，並無須依現行勞資爭議處理法之嚴格區分權利事項只得循調解程序解決之[556]」，但該主張一者有違現行法規定；[557]再者，權利事項之勞資爭議已不適宜強制調解（惟勞資爭議處理法第9條第3項之強制調解，解釋上亦包括權利事項之勞資爭議在內），則更具強制效力之仲裁，當更不適用之，而應由法院依照相關法令裁判為是。不過，在2011年5月1日修正施行的勞資爭議處理法第6條第1項中，已明確規定權利事項勞資爭議得交付仲裁，而且2011年5月1日修正施行的勞資爭議處理法第37條第1項更規定仲裁委員會所做的仲裁判斷，具有與法

---

[554] 廖義男，前揭文，頁91以下；林炫秋，論罷工權之行使與限制——中德法制之比較研究，國立政治大學法律研究所碩士論文，1990年6月，頁173以下；蔡炯燉，試論我國勞資爭議之仲裁制度，月旦法學1996年7月，頁27。德國聯邦勞動法院大法庭於1971年4月21日判決中（BAG AP Nr. 43 zu Art. 9 GG Arbeitskampf），曾主張勞資雙方採取爭議行為之前，必須先進行仲裁程序（Schlichtungsverfahren）。然而，此種程序必須勞資雙方先行約定始可，且其與最後手段原則較為有關，故擬於該處加以說明。

[555] 史尚寬，勞動法原論，1978年重刊，頁288；廖義男，前揭文，頁93以下。

[556] 黃程貫，關於權利事項與調整事項爭議之區分，勞資關係論叢第2期，1994年12月，頁21。

[557] 蔡炯燉，試論我國勞資爭議之仲裁制度，頁22、頁27。

院之確定判決同一之效力。因此,權利事項爭議之得否仲裁問題,將會隨
著修法的完成而獲得解決。只是,從新勞資爭議處理法第25條的規定觀
之,強制仲裁只適用於調整事項的爭議,而不及於權利事項的爭議。至於
權利事項之爭議可否依據仲裁法加以仲裁,以及其相關之問題,請參照上
文「仲裁法上之仲裁」部分之說明。

依新勞資爭議處理法第25條第1項及第4項規定,仲裁亦分為任意仲
裁與強制仲裁,惟異於任意調解的是,任意仲裁亦須由爭議當事人雙方共
同申請。[558]倒是,新勞資爭議處理法第25條第2項新增「一方申請仲裁」
規定,本質上為任意仲裁。惟在台灣法上,論者均認為不問是任意仲裁或
強制仲裁,對於爭議事件而言,均是終局的解決,或者權利事項之仲裁判
斷「與法院之確定判決有同一效力」(第37條第1項);或者調整事項之
仲裁判斷「不得再為爭議行為」(第37條第4項)。[559]其對於社會自治當
事人團體協商及爭議的權利,限制尤大,此在任意仲裁時,由於係雙方當
事人共同合意申請,當事人已經過本身利益的衡量,例如認為自己協商或
爭議力量不如對方而要求、接受仲裁,則行政機關的仲裁恰可彌補力量的
不對等,對於仲裁結果自會接受。

但如是強制仲裁,只要行政機關認為情節重大有交付仲裁之必要時,
即得依職權交付仲裁,之後,勞資雙方即無法再發動爭議權,對於團體
協約自治之影響,可謂至深且鉅。雖然依據實務上的統計,仲裁書的作
成極少,可謂成效不彰;[560]再加以主管機關強制仲裁的決定是一行政處
分,[561]當事人如認為不當或不法,可採取行政救濟,提起訴願及行政訴

---

[558] 依據2011年5月1日修正施行的勞資爭議處理法第25條第2項之規定,針對特定公務機構
或事業單位的調整事項爭議,可以由當事人之一方申請交付仲裁。

[559] 衛民,前揭文,頁14以下。不過,此一規定似有問題,蓋仲裁判斷係行政處分,至少
於其具有瑕疵時,當事人應可採取行政救濟。

[560] 王金豐,前揭書,頁128。

[561] 在此,形成了一個有趣的現象:一旦行政機關做成仲裁決定,則其不僅具有公法上行
政處分的性質,也同時具有私法上契約或團體協約的性質(舊勞資爭議處理法第35條
觀之)。此種雙重性質的現象,即使在新勞資爭議處理法第37條第2項及第4項的規定

訟。但可能使得工會或雇主除了與他方當事人爭議外，還得分心與行政機關或行政法院對壘，影響當事人之權益不言自明。基此，只要法制上存在強制仲裁，團體協約自治受到不法侵害的威脅，即存在著。

　　既然強制仲裁侵害社會自治當事人之爭議權，行政機關自應秉持謹慎戒懼的心情，判斷是否存在「情節重大有交付仲裁之必要」的前提要件。對此，學者以為[562]：「主管機關於調整事項之勞資爭議，縱使勞資雙方已各採抗爭手段而在爭執中，基本上，仍應採『行政中立』之原則，不應貿然主動介入，[563]蓋何為公平及合理之勞動條件，勞資爭議之當事人，本於其為直接之利益關係，知之最曉。因此，應讓其彼此繼續談判以達共識。而主管機關保持行政中立之立場，亦是尊重團體協約發揮自治功能之表現」、「勞資爭議當事人使用抗爭手段使勞資爭議持續相當之時日，嚴重妨礙產業秩序並影響第三者及公共利益，而可認為該抗爭手段顯係濫用或本係違法使用時，因而為維護公共利益之迫切需要，以交付仲裁而阻止勞資爭議手段濫用或違法使用之繼續，係屬必要之情形而言。」如僅是雙方談判破裂而可能即將採取抗爭手段，尚不能認係「情節重大有交付仲裁之必要」，「蓋此時如依職權交付仲裁，則依（舊）勞資爭議處理法第7條、第8條之規定，勞資雙方即不得為罷工、歇業等抗爭行為，其結果無異於自始即剝奪勞資雙方採取合法抗爭手段之可能，且使（舊）工會法第26條容許工會依一定程序宣告合法罷工之規定形同具文。」

　　最後，為使仲裁能夠獲得成果，國家能否在勞資爭議法制上規定一冷卻期（Abkühlungsphase），而要求當事人在進行爭議行為之前，必須先經過該冷卻期？由於我國目前並無冷卻期之規定，故其屬於國家有無違反立法中立之問題。至於在2006年10月勞資爭議處理法修正草案第50條第2項中，已針對特定重要的公用事業已有冷卻期的規定。對此，吾人以為該條文並未明確地規定冷卻期的施行時間是在仲裁之前、仲裁之後，或與仲

　　中，仍然可以窺見之。

[562] 廖義男，前揭文，頁92以下。

[563] 更重要的是，警察機關不可介入處理，應該謹守警察補充原則。

裁同時進行，而帶來法律適用上的困擾。尤其甚者，吾人實應考量此一冷卻期是否會授予國家機關不當監督（Zensor）團體協商所生爭議之機會？況且，冷卻期的效果也不是很明確，它可能拖延團體協商爭議的解決，而長期的不確定也會損害整體的經濟。因此，僅在極端例外的狀況時，冷卻期的規定始無侵害團結體行動的權利，也才沒有違反國家中立原則。值得肯定的是，此一冷卻期的規定，立法者已在2011年5月1日修正施行的勞資爭議處理法予以捨棄。[564]

　　以下謹舉我國法院實務個案加以評析。緣我國法院實務上多有將勞資爭議處理法第8條（舊勞資爭議處理法第7條及第8條）認定為冷卻期規定者，其見解似有誤[565]。其言曰「查（舊勞資爭議處理法第5條第1項。第7條、第8條之立法目的旨在保障合法之爭議權，並使勞資爭議在此期間內得以暫為冷卻，避免爭議事件擴大）」（東和紡織印染公司案）[566]（西北航空公司案）[567]。更有進一步加以闡釋者：「勞資爭議之處理專法「勞資爭議處理法」係規定勞資爭議處理程序，且程序正義乃實體正義之前提。勞資爭議處理法第7條及第8條之規定，顯然是有意在勞資爭議期間內，盡可能維護勞資雙方並且可讓企業之正常運作與勞工之工作權獲得暫行性之穩定狀態，學理上稱為「冷卻期間」，其法律效果類似訴訟法之「定暫時狀態的假處分」。……勞資爭議處理法第7條及第8條規定之目的，係在於達成一種暫時停火狀態，……預告資遣……屬勞資爭議處理法第7條規定「其他不利於勞工之行為」，……。本件調解係有關「機場

---

[564] Birk/Konzen/Löwisch/Raiser/Seiter, a.a.O., 40 f. 反對説，Löwisch/Rieble, a.a.O., Rn. 30。

[565] 相對於此，舊工會法第37條規定也與此有關。依之，「在勞資爭議期間，雇主或其代理人，不得以工人參加勞資爭議為由解僱之。」根據最高法院87年度台上字第2559號判決：所謂勞資爭議，應從廣義解釋，即包括自勞資爭議事件發生開始，以至爭議事件全部結束為止，否則不足以保護為經濟上弱者之勞工，不得與勞資爭議處理法第7條、第8條作相同之解釋，僅限於調解或仲裁間。

[566] 最高法院97年度台上字第1459號判決、98年度台上字第600號判決、98年度台再字第47號判決。

[567] 最高法院97年度台上字第1880號判決。

劃位櫃檯業務移轉外包與外家航空公司」之勞資爭議事項，其請求調解事項係「停止外包作業，保障員工之工作權」，乃上訴人竟於調解期間內，預告將在95年11月30日資遣×××等20名員工，自與調解之目的相違。」（西北航空公司案：最高行政法院98年度判字第1127號判決）。

依據本書所見：與社會大眾息息相關之事業，於進行爭議行為之前，是否須先經過一冷卻期（cooling-off period）。此在國際勞工公約第87號結社自由及組織權之保障公約雖有規定，但在我國現行之工會法或勞資爭議處理法均無規定，解釋上應無必要。但如工會與雇主在團體協約中有此項約定，則雙方自須遵守之。本書認為冷卻期應該以特定的公用事業為限，並且以會造成公眾嚴重不利或不便的行業為對象，僅有少數的行業可以考慮訂法納入。而修法過程中既然沒有納入冷卻期的設計，現行勞資爭議處理法第8條又僅是適用於各行各業的一般性規定，應該不得解釋為冷卻期，充其量它只是一個避免惡化爭議行為的規定而已，或者在避免（雇主）毀滅工作位置、或者在要求（勞工及工會）將罷工作為最後手段使用[568]。其設計就如團體協商要先行於爭議行為一樣，不允許一開始即以激烈的手段進行勞動鬥爭。試想，我們會把團體協商也看成冷卻期的規定嗎？

由此觀之，最高行政法院98年度判義第1127號判決將舊勞資爭議處理法第7條認定為冷卻期的規定，甚至其法律效果類似訴訟法之「定暫時狀態的假處分」，此似乎值得再斟酌。如果勞方真的要達到「定暫時狀態的假處分」的效果，應該是要尋求民事訴訟法或行政訴訟法上的救濟規定才對。

在此，最高行政法院98年度判義第1127號判決誤認勞資爭議處理法第8條「該勞資爭議事件」意義。蓋所謂「該勞資爭議事件」，當然是指勞資雙方正在進行調解或仲裁的該件勞資爭議事件而言。至於「該勞資爭議

---

[568] 令人好奇的是，法院判決中也引用憲法第154條規定之「勞資雙方應本協調合作原則，發展生產事業；勞資糾紛之調解與仲裁，以法律定之。」難道，法院係將之視為冷卻期的設計？

事件」是否（最後認定是否）合法，則並非勞工主管機關接受調解或仲裁申請的重點。其立法目的是在程序上的考量，要求資方靜待調解或仲裁的結果，不可採取激化勞資爭議的手段。所以，假使在調解或仲裁期間，雇主如果有「其他的」事由，仍然可以進行歇業、停工、終止勞動契約或為其他不利於勞工之行為，該條規定並非全面凍結資方的企業經營自由（最高法院93年度台上字第1614號民事判決、最高法院94年度台再字第5號民事判決、最高法院97年度台上字第1880號民事判決）。這也包括勞資雙方一開始就有數件爭議事項，但勞資雙方並非全部聲請進行調解或仲裁，如此一來，雇主即有「其他的」事由，可以進行歇業、停工、終止勞動契約等行為。這是雙方在程序進行上所必須注意的。

整體來看，在最高行政法院98年度判義第1127號判決所處理的個案中，產業工會係以「機場劃位櫃檯業務移轉外包與外家航空公司」作為調解事由，亦即以外包為勞資爭議事項。問題是，外包（outsourciong）是企業經營權的表現，也是企業自由的範圍，企業基於自身的考量，例如擴大事業範圍或者緊縮沒有經營效益的部門，都可以進行外包的行為，目前法令上並沒要求其以虧損為前提。所以，如果經過企業的民主程序及法定程序進行，外包實難想像會成為「勞資爭議」的對象。換言之，外包本身並不會有爭議，而是外包後如果有發生減薪或裁員的現象，才會有勞資爭議的問題。這是兩個不同層次的問題。依據現行勞資爭議處理法第5條第2款規定，「權利事項之勞資爭議：指勞資雙方當事人基於法令、團體協約、勞動契約之規定所為權利義務之爭議。」；第3款規定，「調整事項之勞資爭議：指勞資雙方當事人對於勞動條件主張繼續維持或變更之爭議。」就上述條款規定觀之，外包顯然不是權利事項的爭議（企業併購、分立或設廠等事由也不是），除非我國法令中有禁止外包的規定、或者團體協約或勞動契約中有禁止外包或者外包須經過工會或個別勞工的同意，但雇主卻未取得同意即進行外包。本案中，顯然並沒有上述的規定或約定。另外，外包也不是調整事項來的爭議，因為外包與勞動條件的維持或變更無直接關聯。所以，當法院企圖將企業經營事項作為勞資爭議看待時，是否隱含著它是「第三類的勞資爭議」的用意？連帶地，如果外包可

以調解，是否也隱含著工會及勞工可以對之進行罷工？最後，也必須同時思考的是，同樣屬於企業經營自由的併購是否也會受到同樣的審理及對待？

(三)最後手段原則

在約定的仲裁、義務仲裁（參與強制及申請強制），以及極端例外情形下合法之國家強制仲裁，除了蘊含著團體協約當事人因和平義務之延長而不得採行爭議行為外，也代表著未進行仲裁，則當事人並未用盡所有諒解可能性，基於最後手段原則（Ultima-ratio-Prinzip），當事人不得驟然發動爭議行為。[569]

換言之，爭議措施必須係以寬容之手段而未能達到目的時始可發動。爭議當事人必須儘量地設法理解他方當事人，而不得藉故挑起爭執而發動爭議行為。故須援引爭議措施之時，限於協商當事人確定協商失敗或相對人一開始即拒絕協商或繼續協商不能期待時，此即為最後手段原則。[570]

仲裁，即是團體協約當事人取得諒解的可能性之一。此從聯軍管制委員會第35號法律與一些邦的仲裁法令（法律、施行細則、行政命令）特別強調國家的仲裁，而大多數的行業（甚至公務機構）均訂有仲裁約款（Schlichtungsabkommen），可以得知其受重視之程度。聯邦勞動法院於1971年4月21日的判決還特別要求團體協約當事人應訂定仲裁條款。其語略謂：團體協約當事人必須約定解決利益衝突之方法。這些約定正如同團體協約般，具有優先於法令的規定的效力。作出這樣的約定，係團體協約當事人基於團體協約自治而來之權利與義務。為了維護團體協約自治，團結體（即工會及雇主）必須在立法所釋放出來的範圍約定具有拘束力的規定。這也是考量整體經濟情勢的需要。尤其是團體協約當事人必須詳細地約定仲裁的程序，對此，他們特別負有責任且了解事情的本質（sachnahe）。……如欠缺此類的規定及約定，則必須依比例原則來檢驗該爭議行

---

[569] Zöllner/Loritz/Hergenröder, a.a.O., 452 f.; Brox, in: Brox/Rüthers, a.a.O., Rn. 682.
[570] 楊通軒，爭議行為合法性之判斷基準，頁73。

為依據動機、開始、進行的方式及其他的發展，在法律上是否合法。[571]

　　雖然聯邦勞動法院1971年4月21日判決明白地要求團體協約當事人應約定仲裁條款，但學者間大多仍持自由約定的態度。因此，只有在約定的仲裁、義務的仲裁（參與強制及申請強制），以及極端例外情形下合法之國家強制仲裁，當事人在發動爭議行為之前，必須先經過仲裁程序，而在仲裁無結果時，始可為之。反之，若無約定仲裁條款或義務仲裁之情形，且國家亦因無極端例外情形而不得加以強制仲裁時，則當事人即可直接進行爭議行為，並無違背最後手段原則。這是因為當事人若無意以仲裁解決爭端，即使強令其一定要先進行仲裁，也僅是徒具形式的意義，只會拖延爭議的解決而已。[572]

六、小結

　　我國勞資爭議仲裁制度之歷史並不長，其種類可區分為約定之仲裁、國家之仲裁及仲裁法上之仲裁，並無企業組織法上之仲裁，亦無勞動法院法上仲裁法庭之制度。然而所謂約定之仲裁，也僅表示當事人雙方有共同合意交付仲裁之權而已，關於仲裁程序及其效力，均已規定於勞資爭議處理法之中，可知我國勞資爭議處理法上之仲裁，係以（國家）強制仲裁為主，約定仲裁為輔。所謂約定仲裁應優先於國家仲裁被引用，在我國實際上無多大意義。至於仲裁法上之仲裁，從條文的解釋上固可適用及於權利事項之爭議，但如果從法理上觀之，則仍有不少問題有待釐清，即使可以便宜將之適用，亦必須針對勞務爭議之特性，做相對應之調整。雖然我國因無勞動法院法，所以似無仲裁法庭之設置，但吾人如將仲裁法與德國勞動法院法第101條至第110條之仲裁法庭做一對照，即會發現兩者間多有雷同之處，只不過仲裁法之適用範圍廣泛得多，並不限於團體協約之爭議及特定族群之勞動者之爭議而已。對此，吾人如觀我國勞動法制未如該國之健全，例如解僱保護法制，則擴大仲裁之適用範圍，以求能合理、迅速，

---

[571] BAG AP Nr. 43 zu Art. 9 GG Arbeitskampf, Bl. 7.

[572] Birk/Konzen/Löwisch/Raiser/Seiter, a.a.O., 39 f. ; MünchArbR/Otto, §286 Rn. 31.

及經濟地解決爭議，應係一當然之結果。

　　在仲裁所涉及的相關問題方面，只有在國家無極端例外的情形而進行強制仲裁時，始有違反團體協約自治。而基於國家中立原則，國家只須在立法上備置一仲裁程序，以備團體協約當事人約定利用（輔助原則），而在司法及行政上不偏頗地協助仲裁即可。由此可知，國家的強制仲裁實已違反國家中立原則。至於在最後手段原則方面，只有在約定仲裁、義務仲裁及極端情況下合法之國家強制仲裁，當事人在發動爭議行為之前，始必須先經過仲裁程序。反之，若無約定仲裁或義務仲裁之情形，且國家亦不得以極端例外情形加以強制仲裁時，當事人當得直接進行爭議行為而無違反最後手段原則。至於冷卻期之設置，也應限於極端例外的狀況始可，否則將可能會造成國家不當監督團體協商及拖延爭議的解決。

　　經過比較台灣與德國勞資爭議仲裁法制之後，本文對於台灣勞資爭議仲裁法制之建議如下：

(一)台灣勞資爭議處理法上之約定（任意）仲裁，只令當事人有合意交付仲裁之權，至於仲裁程序及仲裁決定之效力，已由法律強制規定，顯然與團體協約自治、國家中立原則有違，應加以修正。而國家強制仲裁應僅限於極端例外之狀況下始可。台灣並應確認約定仲裁優先於國家仲裁之效力。

(二)台灣勞資爭議仲裁法制在仲裁法公布施行後，形成勞資爭議處理法與仲裁法雙軌制，如何避免兩者間法理上之衝突，實係首要之務。本文甚至認為，勞資爭議處理法修正時，應將權利事項爭議之仲裁，回歸至勞資爭議處理法上，避免處理法規割裂之情形。此一主張，在2011年5月1日修正施行的勞資爭議處理法第25條以下規定，並未完全獲得落實。亦即一方面新增權利事項爭議的仲裁判斷，另一方面仍然保留仲裁法中的仲裁決定，形成雙軌並存的現象。而且，其新引發若干的法律問題。例如第37條第1項規定之「與法院確定判決有同一效力」之疑義。

(三)即使仲裁法雖以合意仲裁為之，但賦予當事人約定仲裁程序及仲裁判斷之效力之權力仍然不足，應可酌量放寬之，由各行業依其特性自訂

其仲裁規則。

(四)以仲裁法適用於權利事項之爭議時，應採取免費原則，以鼓勵當事人約定引用，而且仲裁時限不應長達6個月，應可大幅縮短至1個月或2個月。

(五)為落實勞動法社會正義之原意，對於權利事項之爭議，應可採用衡平仲裁。當事人可以因應各行業之特性、勞動慣例，而約定適用之。

第七章　勞工參與法制之內涵

案例 1

甲事業單位在某日早上接到一張乙所下的大訂單，乙要求甲必須在夜間10時之前將貨物打包及寄送給乙。甲因此指示負責打包及寄送的部門一直加班到完成工作為止始能下班。問：(1)甲的指示有效嗎？(2)甲事業單位中的勞資會議丙（假設甲事業單位中並未成立工會）拒絕加班要求，甲是否有權挑選10位自願加班者留下工作？(3)如果甲事業單位中也有成立工會丁，而丁同意加班，則究竟以丁的意見為準？或以丙的意見為準？

案例 2

甲事業單位中已成立勞資會議乙，但並未有工會的組織。有一年，甲與乙在會議中達成調薪5%的合意，問：(1)勞資會議有此權限嗎？又，甲可以嗣後不予履行而不會受到不利的法律效果嗎？(2)另外，乙風聞甲想到中國投資生產，乃要求甲向乙提供資訊，甲可否拒絕？如甲給資料後乙覺得不妥，是否有權拒絕同意？(3)甲想要依據勞基法第11條第5款資遣丙，是否應向乙報告或聽取其意見？

案例 3

甲國營事業單位中有乙丙丁3位勞工董事。請回答下列問題：(1)勞工董事有企業經營、典型的董事權責嗎？(2)勞工董事可以要求資方提供辦公處所？(3)可以在董事會中從事工會的活動（散發訊息、工會報紙）？(4)勞工董事負有減少罷工的責任？(5)（為保護與公司為交易行為之第三人）勞工董事違反職務之行為，由工會或董事會（雇主）負責？(6)勞工董事與強制入會有無關聯？

第一節　概　說

　　勞工參與企業經營，在工業先進國家已行之有年，尤其是在施行社會福利國家原則的西歐更為徹底。甚至連公務機構中，也有勞工參與的組織〔例如德國的人事代表會（Personalvertretung）〕。反觀國內，相較於其他國家的勞工參與制度（如德國），台灣的勞工參與係散見於各種法令規定中。[1]從歷史的延革來看，雖先後有1919年公布施行之工廠法中有工廠會議，及現行依據勞動基準法第83條而頒行實施之勞資會議實施辦法，[2]但一者其施行的層次只限於廠場層次，並未及於企業層次，對於社會事項及人身事項容或有些許的聽取報告、諮商及建議等權限，但並不涉入雇主的經濟事項；二者，在2014年4月14日修正施行前的舊辦法時代，勞資會議所作之決議，並未具有規範的性格（normatives Character）（即其並無制定規範的權限），故無強制執行之效力，只為君子協定而已〔其法律性質實為自然債務（Naturobligation）〕，致使雇主及工會（代表）即使違反決議亦毋庸憂懼會遭到不利之後果。這表示立法者並無意賦予勞資會議維護憲法所保障的自由權之義務（與此不同者，德國聯邦勞工法院承認依據企業組織法所成立的員工代表會負有此一義務。BAGE 137, 300 = NZA 2011, 989 Rn. 20; BAG, NZA 2013, 338 Rn. 36）。亦即立法者並無以勞資會議自治輔佐團體協約自治落實的用意。所以，勞資會議並無規範實質的

1　在實務的運作上，常見將團體協商、勞資會議、職工福利委員會、勞工退休準備金監督委員會、勞工安全衛生委員會、分紅入股及工作崗位的參與（品管圈）均視為產業民主的作法。其中，雇主與工會係狹義的社會夥伴，至於勞資會議及其他各種形式的合作委員會，性質上為廣義的社會夥伴。請參閱BAG v. 5.3.2013, NZA 2013, 916 ff.; vgl. EuGH, Slg. 2004, I-11491 = AP EWG-Richtlinie Nr. 75/117 Nr. 20 Rn. 38 - Hlozek。

2　請參閱陳繼盛，我國勞工參與企業經營法制之研究，行政院勞工委員會委託，頁83以下。勞資會議實施辦法最近一次的修正，是在2014年4月14日，總共修正了第2、3、4、5、6、7、8、9、10、11、12、13、14、15、16、21、22及23條等條文，變動幅度達七成以上，不可謂不大。尤其是此次修法增／修訂不少選舉勞資會議勞方代表的規定，甚至較工會選舉更為繁密，或許隱含著勞資會議的角色與功能將會越形加重的寓意。

及形式的工作條件的廣泛權限。惟新法第22條第2項已經部分提升決議規範的性格，蓋「勞資雙方應本於誠實信用原則履行前項決議，有情事變更或窒礙難行時，得提交下次會議復議。」亦即只在「有情事變更或窒礙難行時」，工會及有關部門始得舉證後不予辦理（所以，台灣高等法院98年勞上字第78號民事判決認為「是以勞資會議，一旦決議即生效力，分送工會及有關部門部分，僅屬執行層面，是以工會法第二十條第四款雖規定勞動條件之維持或變更應經會員大會或代表大會之議決，揆諸前開勞基法第一條規定，勞資會議有關勞動條件之變更之決議，仍優先適用該辦法第二十二條規定而生效，不應適用工會法第二十條第四款規定」。只是，此一見解並不為其上級審的最高法院99年度台上字第1655號判決所採。依之，「勞方代表就經會員大會或代表大會之議決之勞動條件之維持或變更事項與資方代表於勞資會議為決議，或就該事項為決議後經會員大會或代表大會決議追認者，該勞資會議之決議，始對工會會員發生效力。」雖然如此，本書以為最高法院的見解並不可採，畢竟工會與勞資會議在功能、結構上本就有所不同，勞資會議也非工會的下屬單位，所以，（舊）工會法第20條第4款並非針對與勞資會議的關係而為。也因此，只在勞資會議的勞方代表全部由工會指派時，工會始「得」要求勞資會議勞方代表的意見應經其同意或追認，惟此究非謂勞方代表「應」經工會同意或追認始有其參與會議及做成決議的效力），理論上，「情事變更或窒礙難行」均屬極端例外的狀況，吾人實難想像其會形成（例如團體協約法第31條規定）。惟，即使無此狀況，而工會及有關部門不予履行，由於本辦法中並無類似團體協約法第24條之規定，勞資的任何一方（此處由於勞資會議為勞資代表混合團體，並不具有法人資格或獨立的法律地位，故應跳脫勞資會議而回歸到勞方及資方的地位）恐難向他方訴訟請求損害賠償（採取同說者，台灣高等法院107年勞上字第8號民事判決認為「然勞資會議是為協調勞資關係、促進勞資合作並防患各類勞工問題於未然而制定的一種勞資諮商制度，其基本精神在於鼓勵勞資間自願性的諮商與合作，藉以增

進企業內勞資雙方的溝通減少對立衝突，使雙方凝聚共識，進而匯集眾人之智慧與潛能，共同執行決議而努力。其決議之效力，與勞資雙方經由團體協商簽訂之團體協約，及勞動基準法所定勞動條件最低標準，須由勞資雙方依法遵守之效力有別。」）。剩下的，就是勞資任何一方得否請求履行的問題。對此，本書仍然採取否定的見解，蓋該決議主要仍然只是雙方針對討論事項及報告事項（勞資會議實施辦法第21條第6款規定參照）交換意見後的共識（勞資會議實施辦法第19條第1項規定，……，協商達成共識後應做成決議，無法達成共識者，其決議應有出席代表四分之三以上之同意），而非層次更高的共同決定權的展現。所以，理論上，例外地只在勞資會議實施辦法第19條第1項下半句規定「決議有出席代表四分之三以上之同意」之情形、而且該決議適合執行時，始得承認其有請求履行的權利。在此，假設由勞資的任何一方訴請履行，則其是否具有訴訟的適格性？實非無疑。蓋勞資會議畢竟具有一定程度的獨立性，其法律地位與勞方（工會）或資方（雇主）仍然有所區隔，由工會或雇主起訴請求，恐會遭致不受理的裁判（惟依據2018年12月5日制定公布的勞動事件法第2條第1項規定，勞動事件包括勞資會議決議所生民事上權利義務之爭議。勞方代表／工會及雇主似乎即具有當事人適格）。即便如此，台灣此種形式的「勞工參與」，仍然不能免於少數論者已牴觸雇主所有權、經營權之疑惑。[3]由此可見勞工參與在台灣現行實務上可謂仍困難重重，有必要在理論上再加以深入探討。

第二節　勞工參與之理論基礎及指導原則

一、理論基礎

勞工參與之理論基礎有：

3　楊通軒，德國產業民主之實效，發表於產業民主研討會，1996年3月，頁3-5。

(一)資本與勞力之平等

亦即所有權觀念之轉變。所有權絕對之理論必須加以修改，企業主所擁有之機器係其生產財，透過生產財之所有會影響一大群勞動者之生活及行動，如嚴格實行所有權絕對之觀念，將使得一大部分人受制於少數之企業主而喪失人格之獨立，這將與私有財產制度確立時之真正目的有違，因為私有財產制之目的在維持人們之人格獨立。工業民主制正是改變這種不正現象之制度，它加諸企業主一個要同時考量公司的股東及勞動者之利益的義務。[4]當然它只是對所有權有所限制而已，並不是表示剝奪了企業主之所有權。[5]

(二)經濟力之控制

為防止經濟力之集中所可能引發之濫用，必須加以控制。這在股份有限公司中即表示：董事會所進行之業務必須向股東大會及監事會負責。惟公司法上仍以企業內資財所有人為企業所有人，但由於企業本身如只有機器並不能成立，企業也不僅是機器及其他資財之集合而已，而是機器等資財與勞動者之勞力相互之結合。故所謂企業經營並不是單純的財產管理，企業專家所營運之對象是股東之資財與勞動者之勞力，營運之妥善與否為資財所有人所關心，但也為勞力所有人所關心，因此在企業專家之人選及監督方面，勞動者仍然有其參與之必要，即對於擔任此項職權之監事會有所要求參與之理論基礎。[6]

4　陳繼盛，有關西德工業民主制之幾個基本觀念，收錄於：作者「勞工法論文集」，頁399以下。

5　Art. 14 Abs. I, Satz 2 GG; vgl. BVerfGE 50, 290 ff.

6　陳繼盛，我國勞工參與法制之研究，頁72以下、頁80以下。不過，須注意者，此種廠場是由勞力與資本共同組成的理論，卻不能合法化爭議行為發生時，罷工的勞工停留在工作位置或強行進入廠場或企業的刑事責任。蓋勞工是依據勞動契約入廠，而且目的是在提供勞務。勞工一旦參與爭議行為，即表示其已無意再提供勞務，其自無權逗留在廠場內。反對說，Lutz, in: Muhr(HrsG), Streikrecht, Demokratie und Sozialstaat, 1987, 198。

二、指導原則

關於勞工參與之指導原則，作者以為可以德國聯邦企業組織法所採取異於團體協約制度之諸項原則為準，台灣勞資會議之運作當亦須謹守這些原則始可。德國聯邦企業組織法（Betriebsverfassungsgesetz，簡稱Be-trVG）對於勞工參與要求遵循一定之原則：[7]

(一)充滿信任的合作原則

聯邦企業組織法第2條第1項規定，雇主與員工代表會（Betriebsrat）充滿信任且為勞工與企業之福祉而相互合作。意即：雙方間之爭議不應經由公開地衝突，而是經由不斷的對話，予以解決。彼此間之合作應以相互間之誠實及公開來實施。[8]以此，在勞資雙方意見不一致時，其衝突的解決只能經由仲裁委員會加以仲裁（在此為一「強制仲裁」）仲裁委員會之裁決即可取代勞資雙方間之合意。[9]

彼此間合作之目的是在促進勞動者及企業體之福祉，因此雙方各別之利益均不應較企業體及全部勞動者之總合的利益來得優先。[10]彼此間合作

---

7 詳請參閱楊通軒，德國勞工參與制度之研究，勞工研究第3卷第2期，2003年12月，頁5以下。

8 BAG AP Nr. 3 zu §23 BetrVG; Brox/Rüthers/Henssler, Arbeitsrecht, 16. Aufl., 2004, Rn. 1010 f.; Söllner, Grundriß des Arbeitsrechts, 11. Aufl., 1994, 176. 也是在此一原則下，2014年4月14日修正施行的勞資會議實施辦法第12條第3項規定「勞資會議代表依本辦法出席勞資會議，雇主應給予公假」，始具有其合法性及合理性。如參考工會法第36條第1項會務假係指「於工作時間內」辦理會務所必要者，此處的公假，當事指勞資會議在工作時間內舉辦者而言。至於勞資會議代表之處理議事範圍內之事項，如果係在工作時間內，也只能請事假辦理。

9 Löwisch, Betriebsverfassungsgesetz, 1985, 24 Rn. 7; Zöllner/Loritz/Hergenröder, Arbeitsrecht, 6. Aufl., 2008, 508 f. 台灣勞資會議實施辦法中，並無此類組織的設計，而是依據該辦法第19條第1項規定，「勞資會議應有勞資雙方代表各過半數之出席，協商達成共識後應做成決議；無法達成共識者，其決議應有出席代表四分之三以上同意。」至於如未協商共識、且無法由出席代表四分之三以上同意者，即屬決議不成立／不通過。此時，在法理上，勞資會議任一方代表並不得依據勞資爭議處理法規定申請進行調解。

10 BAG, BB 1956, 77; Löwisch, a.a.O., §2 Rn. 3; Söllner, a.a.O., 177.

已在條文中有制度化（institutionalisiert）之規定。依照聯邦企業組織法第74條第1項之規定，雇主與員工代表會負有每月至少會談一次之義務（台灣勞資會議實施辦法第18條規定，「勞資會議至少每三個月舉辦一次，必要時得召開臨時會議。」），雙方且須以最誠懇的意志討論爭議之問題，以求得意見之一致（因此，為確保勞資會議代表的行使職權，台灣勞資會議實施辦法第12條第4項規定，「雇主或代表雇主行使管理權之人，不得對於勞資會議代表因行使職權而有解僱、調職、減薪或其他不利之待遇。」此項規定，同時適用於勞方代表及資方代表，故資方代表毋須擔心其未能貫徹資方的意志，而受到解僱等不利益待遇。惟此項規定，只限於「勞資會議代表行使職權時」，並非表示擔任代表期間即不得予以解僱、調職、減薪或其他不利之待遇之行為。也就是說，雖然此一規定的形式及用語，似乎係參考工會法第35條第1項第1款而來。但究不得謂工會法或團體協約法中不當勞動行為理論，即可引用於此。所謂的「雇主對勞資會議勞方代表之不當勞動行為」或「工會對勞資會議資方代表之不當勞動行為」的理論，並不存在。倒是，長久以來，台灣工會與勞資會議的勞方代表結合密切，甚至由工會會員或會員代表大會選舉勞資會議勞方代表（勞資會議實施辦法第5條第1項規定參照），如此，是否即得由「雇主對勞資會議勞方代表行使職權之不利待遇」，而得出工會法第35條第1項第1款或第5款之不當勞動行為之推論？對此，本書毋寧採否定見解，蓋不論我國勞工參與或產業民主的規範模式為何，勞資會議畢竟具有一定程度的獨立性，與工會的目的與功能並不相同，所以，在處理方式上，似應將勞資會議勞方代表的選舉由全體勞工直接為之（勞資會議實施辦法第5條第2項第1、2款規定參照），而廢止工會會員或會員代表大會選舉勞資會議勞方代表及由工會辦理選舉的規定，怎麼可以倒果為因式地反而推論出工會法第35條第1項第1款或第5款之不當勞動行為？話又說回來，勞資會議的勞方代表本應由勞資會議籌辦及選舉（勞資會議實施辦法第13條第1項二（五）款規定參照），而不應由工會選舉或舉辦，更不應由雇主／事業單位辦理（勞資會議實施辦法第5條第3、4項規定參照）。否則，試問雇主／事業單位的出而代為辦理選舉，是否亦屬不當勞動行為之一？這主要

是在有工會的事業單位，其未能完成選舉，可能存在內部的爭議，現在規
定事業單位代為辦理選舉，工會領情嗎？屆時一定能順利地選出勞方代表
嗎？依本書的見解，如果無法確定辦理選舉的法律上主體為「誰」，則由
他人所進行或代為的選舉，不僅名不正言不順，也會複雜並拖延選舉的進
行。到時，在上屆代表任期已屆滿、而下屆代表選舉舉出的空白期間，
勞資會議是否即暫停運作（勞資會議實施辦法第10條第2項但書規定參
照）？在該空白期間，也不存在勞方候補代表依序遞補之問題（勞資會議
實施辦法第10條第3項下半項規定參照））。

　　員工代表會如重大地違背與雇主的相互合作時，即屬於聯邦企業組織
法第23條第1項之違背職務（Amtspflichtverletzung）。[11]相同地，如雇主
違反相互合作之義務時，員工代表會即可依據勞工法院法第9條第1項第1
款向勞工法院要求裁定。如該項違背義務之行為已達重大之程度時，員工
代表會尚可依聯邦企業組織法第23條第3項提起強制處罰之程序（Erzwin-
gungsverfahren）。設使雇主的該項行為已合於第78條之妨礙或阻止員工
代表會之情形時，則員工代表會更可依第119條第2項第2款要求對之加以
刑事處罰。[12]

（二）和平義務

　　第2條第1項充滿信任的合作原則乃於第74條被明文規定；亦即每月
的商談義務、企業之和平義務，特別是禁止罷工及禁止政黨政治的活動；
另於第75條之中立義務及平等對待義務亦是由其所導出者。於此，即先說
明企業之和平義務。[13]

　　依據第74條第2項之企業和平首先即要求：在員工代表會及雇主之間
不得進行爭議行為。因此，員工代表會不得呼籲進行罷工以達締結企業協

---

11 BAG,, BB 1959, 848; Löwisch, a.a.O., §2 Rn. 9; Kraft, in Fabricius/Kraft/Thiele/Wiese, Be-
　triebsverfassungsgesetz, §2 Rn. 34 f.

12 BAG, BB 1966, 79; Löwisch, a.a.O., §2 Rn. 9; Dietz/Richardi, §23 Rn. 67 f.

13 Rudolf Aufhauser/Manfred Bobke/Norbert Warga, Einführung in das Arbeits-und Sozialrecht
　der Bundesrepublik Deutschland, 2. Aufl., Rn. 238.

定之目的，同樣地，雇主也不得對員工代表會進行閉廠之行為。[14]雙方僅得依企業組織法所規定的求得合意之程序（亦即透過仲裁委員會）為之。

員工代表會也不得以企業組織的機構的身分支持工會的罷工，因此它負有一個絕對的和平義務。[15]甚而當雇主（或相反情形）已嚴重且持續地違背充滿信任的合作原則時，它仍須遵守企業和平義務。[16]

(三)政黨政治活動之禁止

雇主及員工代表會依據第74條第2項第3句，必須放棄在企業體中進口任何政黨政治的活動。這項禁止可視為是遵守企業內之和平義務而生。實務上對於「政黨政治」是採取廣泛的解釋，其所禁止者有：以發傳單、貼標語的方式，做出支持或反對某一政黨或團體之宣傳。政治人物到企業大會（Betriebsversammlung）演說，就算其所選的題目是中性的，也是不允許的。[17]至於在企業中偶而地談論政治，則並非屬於政黨政治的活動，因而在企業工作範圍中不應予以完全禁絕。[18]

(四)中立義務及平等對待義務

雇主及員工代表會依據第75條第1項必須注意到，在企業中工作的人們均須受到公平合理的原則（Grundsätze von Recht und Billigkeit）的對待，特別是不應該因其出身、宗教、國籍、種族、政治或工會的活動、觀念或性別而受到不同地對待。例如：當雇主給予提供同質勞務的外籍勞工

---

14 Dieter Sadowski/Uschi Backes-Gellner/Bernd Frick, Works Councils: barriers or Boosts for the Competitiveness of German Firms? Britisch Journal of Industrial Relations 1995, p. 493; Schaub, Der Betriebsrat, 4. Aufl., 66 ff.; Dieter Stege/F. K. Weinspach, Betriebsverfassungsgesetz, 5. Auf. , §74 Rn. 2 ff.

15 Dietz/Richardi, §74 Rn. 42; Thiele, in Fabricius/Kraft/Thiele/Wiese, a.a.O., §74 Rn. 21.

16 Zöllner/Loritz/Hergenröder, a.a.O., 461, 470f.

17 Rudolf Aufhauser/Manfred Bobke/Norbert Warga, a.a.O., Rn. 239; Brox/Rüthers/Henssler, a. a.O., Rn. 1012; BAG, BB 1976, S. 1116; BAG, BB 1978, 43. 然而這項法律所要求之節制，在實務上卻每每被忽視了，見Kittner, Arbeits-und Sozialordnung, 580 f., 549 f.; Zöllner/Loritz/Hergenröder, a.a.O., 469ff.。

18 BVerfG, BB 1976, S. 1026; Manfred Löwisch, a.a.O., §74 Rn. 8.

明顯較低的薪水，而該外籍勞工為了保有工作位置而不敢起訴時，員工代表會即可依據第75條第3項及第23條第3項向勞工法院起訴。[19]然而第75條第1項之中立義務在對於工會的活動時，更顯得其重要性。依此，身為工會成員的勞工不得在企業中受到優待或歧視。[20]

　　關於上述勞工參與之基本原則，不僅適用於員工代表會與雇主之間（所謂廠場層次之勞工參與），亦適用於勞工參與董監事會（所謂企業層次之勞工參與），因此，勞工監事或勞工董事必須遵守充滿信任的合作原則、企業組織法上之和平義務、政黨政治活動之禁止及中立義務與平等對待義務。其與雇主間之意見不一致，不得以爭議行為求得解決。

第三節　勞工參與之合憲性問題

　　勞工參與合憲性之問題主要涉及兩個層次：[21](1)勞工參與是否已侵害憲法第15條所保障之私有財產自由？(2)勞工參與是否已侵害到憲法所保障之雇主結社自由（或團體協約自治）？[22]以下先就第一個問題從憲法之觀點[23]說明之。

一、勞工參與與所有權之關係

　　財產權保障是現代自由市場經濟與民主政治的重要支柱之一，其意義是指人民只要是以合法方式所獲得之財產，就應該受到國家的保障。一

---

19 Gitter, Arbeitsrecht, 154.

20 Zöllner/Loritz/Hergenröder, a.a.O., 470f.

21 德國聯邦憲法法院1979年3月1日判決認為勞工參與董監事會，在憲法上會產生是否與憲法所保障之基本權牴觸之疑義，這些基本權利不外乎個人發展之基本權、結社自由之基本權、雇主的團結權、職業自由之基本權及私有財產之基本權（財產權）。

22 此一問題尤其會發生在勞工參與董監事會之際。

23 洪貴參，從財產法的觀點及勞工法的觀點評價勞工參與企業經營，勞工參與企業經營之研究，台大法研所碩士論文，1976年6月，頁59以下；吳光明，勞工參與企業經營之探討——德國與我國現行制度之探討，中興法學37期，1994年5月，頁184以下。

般的見解，是認為財產權所保障的就是以私人基於自利動機、對自我負責而自行決定如何利用其財產的私有財產制。[24]其目的在實現人格發展之自由，亞當斯即曾斷言：財產必須保障，否則自由即無所存。[25]

　　然而隨著工商業的發達，大型企業及財團擁有巨大的財富，其財產早已逾越追求人格完滿之界限，甚而已危害到他人人格發展之自由。為此，自20世紀以來，工業先進國家對於財產權普遍已採取社會職務說（Social Function）之觀念，主張財產權應加以限制。此種思想尤見於法儒狄驥：基於財產權為個人在於社會連帶關係（Social Solidarity）中履行經濟行為之規範，故個人財產權之行使，負有增進社會公益之義務；易言之，即是個人財產權之行使，須在不背公益，或能增進公益之前提下，方始應受法律之保護。[26]基於台灣憲法係採取民生主義之福利國家原則，財產權具有社會義務性亦是當然之理，因此財產權如與公共利益發生衝突時，亦必須以公共利益的保護為優先，此亦為大法官歷來解釋所採取的態度。

　　再以勞工參與董監事會為例，勞工得否參與董監事會，在憲法所涉及之問題，其實即是：得否以憲法第23條之「為增進公共之利益」，而來限制雇主依憲法第15條之財產權？所謂增進公共利益，乃指為大眾福祉（相對於個人私利）之目的，可對個人之權利、自由事項加以限制之法律保留規定。吾人以為基於憲法上勞動憲章之規定，[27]勞工生存權及工作權之保障，由於已涉及到社會上之一大群人，應已構成憲法第23條之公共利益之目的。[28]基於憲法第153條規定，國家為改良勞工之生活，增進其生產

24 陳新民，憲法財產權保障之體系與公益徵收之概念，憲法基本權利之基本理論（上），頁286、頁288以下；蘇永欽，財產權的保障與司法審查，國科會研究彙刊：人文及社會科學，1996年5月1日，6卷1期，頁51以下。

25 請參閱法治斌，憲法保障人民財產權與其他權利之標準，收錄於：氏著人權保障與釋憲法制，1993年，頁229。

26 曾繁康，比較憲法，頁111以下；劉慶瑞，中華民國憲法要義，1993年6版，頁84。

27 關於憲法上的勞動憲章：王惠玲，社會基本權與憲法上工作權之保障，勞動學報第1期，1992年1月，頁82；陳新民，中華民國憲法釋論，1995年9月，頁793。

28 王惠玲，前揭文，頁91註22謂：憲法第15條以工作權在財產權之前，而第143條第3項謂

技能，應制訂保護勞工之法律，實施保護勞工之政策。又同法第154條規定，勞資雙方應本協調合作之原則，發展生產事業。由此觀之，實可認係勞工參與董監事會之合法性基礎。蓋所謂「協調合作原則」，即等同於勞工參與所強調之充滿信任之合作原則，實含有要求勞資雙方平等合作、共同經營企業之寓意；或可解為就企業經營事項，勞資雙方應為共同參與、共同決定之意涵。[29]

　　吾人如再由經濟層面來看，財產權賦予雇主經營管理權，在其經營管理權限內，雇主對受雇人有指揮命令權；然就社會面而言，雇主對受雇人並無社會支配權。而即知財產權之經濟支配權亦須受工作權之限制，必須遵守勞工保護之規定，如受到國家對勞動市場之干預（例如殘障人員僱用比例之規定），而且也應讓勞工能參與企業經營管理。[30]

　　再以勞工的生存權而言，就憲法第15條觀之，生存權應重於財產權而受到保障。對財產權而言，除基本國策中有關財產權限制之特別規定外（憲法第143條至第145條），生存權為財產權之一般拘束條款（allgemeine Bindungsklausel），基於占有慾而產生對於財產權之追求，常易危害他人權益；而有限之財貨亦凸顯出對財產權行使，有加以規範之必要。為避免不合理及不合乎經濟效益之財產使用，產生財產權之社會拘束（Sozialbindung），個人權利之行使不得有害於社會；亦即個人基於社會連帶關係，對整體社會負有責任，不得危及他人生存之權利。[31]

　　基於以上之說明，由於大企業之經營涉及了資本主之投資及勞動者之提供勞務，股東所擁有之股票所有權已與社會大眾發生一定的社會關係，因此該所有權負有社會義務性。而且該企業經營之好壞，可謂與勞工之工作權及生存權息息相關，因此基於此公益上之理由，得在不逾越比例原則

「土地價值非因施以勞力資本而增加者，應由國家徵收土地增值稅，歸人民共享之」；亦即表明憲法對「勞動力」賦予較「財產」為高之價值。

29 吳光明，前揭文，頁184。

30 王惠玲，前揭文，頁87。

31 林紀東，中華民國憲法逐條釋義第一冊，3版，頁227以下；王惠玲，前揭文，頁85以下。

之限度內，對之加以限制。其實，從經濟法的角度而言，令勞工得以參與董監事會，亦符合了經濟法追求公平正義實現之終極目的。[32]

二、勞工參與與團體協約自治之關係

　　勞工參與企業經營與團體協約自治之關係為何？是否侵及了團體協約自治之固有範疇？換言之，團體協約自治之內涵之對手純正性（Gegnerreinheit）及對手獨立性（Gegnerunabhängigkeit），是否受到勞工參與之妨礙？或者兩者是居於互補之關係，共同對勞工勞動條件及經濟條件之促進與改善提供助力？

　　首先，關於勞工參與是否已違害到對手的純正性及雇主（與雇主聯盟）的對手獨立性，[33]且因此而妨礙到一個憲法上所保障的團體協約自治的必需條件。詳言之，這是因為公司中的監事會由勞動者的代表與資方平等地占有，則資方在特別與團體協約政策（tarifpolitisch）的問題及勞資爭議策略的問題上，不再能獨立地做出決斷，而這也正是為團體協約制度上的力量平衡（Gleichgewichtigkeit）所必需的。換言之，由於公司中代表資方的董事仍須經由在監事會有平等席次的勞方的監事選任，如此，資方的董事在談判桌上即無法平等地與勞方進行團體協商。[34]

　　對於上述之問題，德國憲法法院於1979年3月1日的判決中採取否定的見解。其理由為：共同決定並沒有排除團體協約自治，而是補充了它。[35]雖然妨害對手獨立性可以構成違反基本法第9條第3項之理由，然而勞工代表在監事會中行使共同決定之權限，並沒有強到會嚴重影響對手之

---

32 廖義男，企業與經濟法，1980年4月，頁29。

33 所謂對手純正性，是指團體協約之一方均是只由自己（或勞方，或資方）所組織而成；所謂對手獨立性，是指團體協約之一方可獨立進行團體協商而不受到他方之影響或控制。Lieb, Arbeitsrecht, 6. Aufl., 1997, Rn. 554 ff.; Seiter, Die Rechtsprechung des Bundesverfassungsgerichts zu Art. 9 Abs. 3 GG, AÖR 1984 (Bd. 109), 88 (113 ff.).

34 參照Lieb, a.a.O., Rn. 469 ff.；楊通軒，德國產業民主制度之實效，頁9。

35 BVerfGE 50, 290 (369 f.).

獨立性之程度。[36]共同決定法（Mitbestimmungsgesez）強化了企業層次的勞工參與，以將其作為除了團體協約制度外的另一個促進勞動條件及經濟條件的形式。基本法並未具體規定団體協約制度及爭議行為制度的存在保障。基本法第9條第3項也未明定団體協約制度，是其所欲保障的唯一（ausschließlich）促進勞動條件及經濟條件的形式，這將有違基本思想及團結權的歷史發展。[37]

　　吾人以為上述的爭議，主要是因為德國採行了二元制度（Dualsystem）——一為団體協約制度，一為勞工參與制度——所引起。而因為採行了勞工參與制度，基本法第9條第3項所承認的団體的規範勞動關係的權限也自然地受到了一些限制。因此，不能認為一有限制基本法第9條第3項團體之權限時即是違憲的。況且在聯邦企業組織法中，對員工代表會及基本法第9條第3項的團體間的關係，也有加以規定。[38]

　　團體協約制度之目的，是在保護勞動條件及經濟條件之促進，然而卻不能將其認為是保障公平的勞動條件的唯一途徑；相反地，經由法律及勞工參與也能夠達到實質的契約的正義之目的。因此，團體協約自治並非絕對優於勞工參與。[39]

　　相對於德國採行二元制度，台灣制度上之設計是否同於德國，並不明確。學者間亦少有論及者。然而，吾人鑑於勞工參與（不問是廠場層次或企業層次）之基本原則與工會迥異，一者以團體協商、勞資爭議作為手段，一者以充滿信任的合作協調勞資關係，如此即可顯現兩者之間具有互補之作用，對於勞工而言，如能兼有這兩種勞工組織，則其權益之保障將更為完備。雖然學者間有以為我國現時的廠場工會兼具有如德國之工會與

---

36 BVerfGE 50, 290(373 f.).但該判決畢竟還是承認：勞工參與董監事會對於雇主聯盟的對手獨立性會造成某種程度之影響，只是該影響不致於危及對手獨立性原則而已，因此仍與基本法第9條第3項相一致。Sieh. S. 376.

37 BVerfGE 50, 290 (371).

38 Löwisch, a.a.O., S. 23, Rn. 3.

39 Horst Ehmann/Thomas Lambrich, Vorrang der Betriebs-vor der Tarifautonomie kraft des Subsidiaritätsprinzip? NZA 1996, 346 (349 f.).

員工代表會之雙重性格者，[40]其是否隱含著在廠場層次即毋須再設立一勞工參與之機制，實不得而知。然而這種見解是因未清楚認識工會與勞工參與之機制本質上有所不同所致，應不值得採信。況且，對於企業層次之勞工參與應如何解決，論者亦無解決之道。環視國內目前的廠場工會，大多頗為弱小，而工會間聯合的限制又尚未開放，均無法負起促進、維護勞動條件與經濟條件之任務。因此，加強勞工參與（廠場層次、企業層次）的功能，當有其必要性。

又如果工會是以總工會之形式與雇主締結（聯盟的）團體協約，則該團體協約只能採取所有企業皆能適用之中庸標準；亦即該標準僅為某一行業或某一地區或某一身分之一般勞動條件，無法顧及個別企業之特殊勞動環境，因此只有藉由勞工參與之機制，才能考量個別企業之情形。由此觀之，為提高勞工之地位，改善工作環境，激勵工作情緒，加強勞工參與之功能，是一解決之道。而勞工參與董監事會即是其核心部分，[41]值得在法制上加以慎重考慮。

基於以上之說明，雖然台灣在勞工參與與團體協約自治上是否採取如德國之二元制度並不明確，然而團體協約制度及勞資爭議制度應不得視為促進勞動與經濟條件的唯一機制（ausschließliche Form），而是勞工參與亦可被視為另一種促進勞動的與經濟的制度的機制。況且勞工參與係以合作、協調作為重點，對於企業的和睦卓有助益。[42]因此，雖然勞工參與在某種程度或會對團體協約自治造成不利影響，但吾人毋寧將此兩種制度視為互補關係，共同為勞工之維護、促進勞動的與經濟的條件提供助力。[43]

---

40 黃程貫，強制入會！？台灣社會研究季刊第13期，1992年11月，頁56以下。

41 洪貴參，前揭書，頁59以下；吳光明，前揭文，頁184以下。

42 BVerfGE 50, 290 (371).

43 以我國目前的勞資會議而言，一來只是廠場層次之勞工參與，二來只是具有君子協定之效力而已，此種型態之勞工參與根本不會對團體協約自治造成不利之影響。

第四節　勞工參與之型態

　　勞工參與的權限並不是無所不包或無所不在的。相對於工會，勞工參與具有輔助或補強的功能。尤其是在產業工會與雇主團體的對抗模式中，對於未加入雇主團體的雇主，勞工參與機制即可將部分勞動條件適用於該雇主，免於雇主藉由不加入雇主團體逃脫團體協商（約）之風險。台灣由於盛行企業工會，其地域的及事物的適用範圍與勞資會議相同，使得勞資會議的功能受到擠壓。只是，在企業工會無意或無能與雇主團體協商時，勞資會議即可取代發揮規範的功能。惟台灣的勞資會議實施辦法只規定廠場層次的勞工參與而已，其只具有行政命令的位階，而且勞工參與的型態也不足。依據勞資會議實施辦法第13條之規定，參與之權限限於報告事項、討論事項及建議事項，其廣度及深度均有所不足。至於其適用對象，由於勞資會議實施辦法係依勞基法第83條的規定訂定之（勞資會議實施辦法第1條規定），理論上，在勞基法無適用門檻的規定下，只要僱用1人的事業單位，即應依勞資會議實施辦法第2條規定舉辦勞資會議（但是，本條的「應」舉辦勞資會議，前提是「已組成」勞資會議，如果勞方代表及／或資方代表未選出或指派，即無勞資會議。對此，違反勞基法第83條或本辦法者，並無不利益制裁的規定）。這也是為什麼2014年4月14日修正施行的勞資會議實施辦法第2條第2項規定，「事業單位勞工人數在3人以下者，勞雇雙方為勞資會議當然代表委員，不受第3條、第5條至第11條及第19條規定之限制。」，的由來。亦即，當雇主只僱用1位勞工時，即由該雇主與勞工「1對1」組成勞資會議，並且進行各種議事（勞資會議實施辦法第13條規定）。這種不分事業單位大小、一律要組成勞資會議的規定，似乎太過偏離事實且又不合法理。蓋勞工參與代表勞工意見的進入企業經營，即使參與的程度不深，也意味著雇主必須多經過一道程序，無形中會影響決策的程序與速度，終致經營成本的增加。對於微型廠場，其是否有能力負擔此一參與程序所肇致的成本？實在令人懷疑。這也是德國企業組織法第1條規定，將適用對象限制在「經常至少僱用5人的廠場」的緣故。再者，如果事業場所（廠場）在30人以上者，始應分別舉辦勞資會

議，則事業單位（企業）為何僱用1人即應舉辦？兩者舉辦的門檻何以差距如此之大？所以，本書以為勞基法第83條應該為組成勞資會議設置一最低的門檻，而非如勞資會議實施辦理第2條第1、2項規定的不清不楚，徒留解釋的空間。至於其門檻，當然不應該是1人，但也不須要高到（如組織工會般的）30人（新工會法第11條第1項規定），或許將之設定在「5」人，會是一個較為適中的、且為各界接受的門檻。其實，勞資會議實施辦法第2條規定，不僅涉及適用本辦法的人數門檻太低及事業場所與事業單位人數不一的不當現象。而且，觀第2條第1項與第2項規定，還有可能發生人數較多（30人以上）的事業場所，應準用人數較少（3人以下）的事業單位（包括母公司）的奇特現象。這是否代表勞資會議之組織基礎是事業單位（企業），而非事業場所（廠場）？果如此，其與工會的組織基礎並不相同（工會法第6條第1項第1款），也與勞基法第11條、大量解僱勞工保護法第2條第1項第1、2、3款的計算基礎不同。如此設計的思考邏輯為何？實在令人費解。從法理上來看，基於每一廠場都有其特定的生產目的，且具有一定的獨立自主性，將其作為主要的組織基礎，擁有較大的勞資會議自治的權限，應該是正確之舉。現在原則上以整個事業單位（所有廠場的組合）做為組織基礎，例外以廠場組織的勞資會議的「運作」（含會議決議）只能準用事業單位的相關規定，是否會發生以事業單位的勞資會議決議為準、而排除事業場所（廠場）的勞資會議的權限的結果？不無疑慮。對此，本書以為仍應以行政院勞工委員會92年7月16日台(92)勞動二字第0920040600號令的見解為準，亦即「（三）事業單位之分支機構分別舉辦勞資會議者，分支機構勞資會議之決議優先於事業單位勞資會議之決議。」例如針對是否延長工作時間（勞基法第32條第1項），事業場所（廠場）勞資會議之同意與否的決議，優先於事業單位勞資會議之決議。

　　但是，即使如上所言，將組成勞資會議的門檻設定在「5」人，仍然會碰到如何合法化及合理化「由工會會員或會員代表大會選舉之」之問題。雖然，在微型廠場無工會組織，所以也不會發生「由工會會員或會員代表大會選舉」勞資會議的勞方代表（勞資會議實施辦法第2條第2項規定參照）的問題。惟，最大的問題，是勞資會議的勞工代表，理應由全體勞

工所選出,以彰顯為全體勞工的共同利益代表。相對地,工會只是由部分勞工所組成而已,其只須為工會及工會會員的利益進行協商及爭議,目光通常不會及於全體勞工的利益,這也可以從新團體協約法第13條使用者付費的規定,反面推知之。況且,在一些情況,也可能發生工會與勞資會議的爭權(例如延長工作時間、大量解僱時的協商權等),形成彼此競爭的態勢。由此觀之,中央主管機關規定勞資會議的勞工代表,「由工會會員或會員代表大會選舉之」,似乎未能認清其中所可能涉及的法理問題,並不足採,連帶地,勞資會議實施辦法的相關規定,即有儘速修正的必要。

　　相對地,德國廠場層次的勞工參與有三個重點:在社會事項上之勞工參與(第87條);在人身事項上之勞工參與(第92條以下,尤其是第99條以下)——已經非常接近企業層次的勞工參與,以及在經濟事項上之勞工參與(第106條以下,尤其是第111條以下)。[44]至於其參與的強度,是依所涉及的勞工參與之標的物之特徵與意義而不同。亦即員工代表會對於雇主做決定時之影響可能性之強度是不同的:它們從只有被告知的權利(第105條)到有諮詢的權利(第92條),再到一定條件下可行使異議權(第99條),到最強時可行使其真正的、具強制性的共同決定權(第87條)。

一、資訊權(Informationsrechte)

　　聽取報告的權利係員工代表會的參與權中最弱的型態。此項權利並不能在雇主組織企業及做決定時產生直接之影響,但它卻是勞工參與能否有權實施的必要的前提。它確保能及早獲知雇主的計畫而使得員工代表會能形成它的意見及採取必要的相對措施,因此雇主負有全面的與及時的報告員工代表會之義務。[45]就台灣勞資會議實施辦法第13條第1款規定的報告事項觀之,其性質上即屬資訊權。資方應在勞資會議中報告生產計畫及業務概況,包括投資計畫在內(案子二(2))。惟此處雇主只須提供資訊即

---

44 Hanau/Adomeit, Arbeitsrecht, 13. Aufl., 2005, Rn. 443 ff.; Söllner, a.a.O., 179 ff.

45 例如雇主欲僱用有督導權之職員(Leitende Angestellte),依第105條只須告知員工代表會即可。

可，無須取得勞資的同意（勞資會議實施辦法第19條第1項規定參照）。

二、聽取說明的機制（Anhörungsrechte）

雇主於實施其計畫的措施之前，必須先聽取員工代表會陳述其意見始可。這是為確保員工代表會之意見及理論仍然有機會對雇主的決定加以影響。因此，當雇主在做決定之前未徵得員工代表會的意見時，則員工代表會得以聽取說明權阻止雇主的該項決定。例如解雇勞工而員工代表會未事先聽取說明，則該解雇是無效的（企業組織法第102條）。然而，只要員工代表會已經依規定聽取說明，雖其陳述反對意見，雇主仍然得實施該計畫，雇主並無義務採取員工代表會的意見。[46]

三、諮詢權（Beratungsrechte）

在諮詢權的案例上，雇主必須徵求員工代表會的意見及與員工代表會共同對此進行討論。相異於共同決定權，在此並不須達成一個合意。當雇主已與員工代表會進行詳盡的諮詢之後，仍可反於員工代表會所宣示的意思而行動。諮詢權的例子有：工作場所的組織、人事的計畫、職業訓練的問題、營業的變更（Betriebsänderung）及在廠場中引進新的技術（第90條、第92條第1項2款、第96條第1項2款、第97條及第106條第1項2款）。就台灣勞資會議實施辦法第13條第2款規定的「討論事項」及第3款規定的「建議事項」觀之，其性質上屬於諮詢權，但也兼具聽取說明權。而不論是討論或建議，勞資會議的勞資雙方代表，均可以在會議中陳述意見，甚至可以做成決議，只是對於雇主不具有拘束力而已。此其中，尤其是第13條第2款（二）的關於勞動條件事項的討論，特別重要，因為，其可以包括工資、工時及其他的勞動條件，內涵與可以團體協商的勞動條件無殊。只不過，兩者的效力差異極大，團體協約具有法規範的效力，勞資會議的決議具有部分規範的性格，即「勞資雙方應本於誠實信用原則履行前項決議，有情事變更或窒礙難行時，得提交下次會議復議。」亦即只在「有情

---

[46] Gitter, Arbeitsrecht, 1991, 166; Hanau/Adomeit, Arbeitsrecht, 9. Aufl., 122.

事變更或窒礙難行時」，工會及有關部門始得舉證後不予辦理（勞資會議實施辦法第22條第2項規定）。惟如上所述，即使雇主不予辦理，亦不會遭到不利的法律後果（損害賠償或被訴請履行）（案例二(1)）。倒是，第13條第2款（二）的討論，僅止於勞動條件事項，而不及於勞動契約的訂定與終止事項。所以，在討論事項部分，並不包括雇主行使解僱（含資遣）權時，應先讓勞資會議有先聽取說明或進行諮詢之機會（案例二(3)）。

四、共同決定權（**Mitbestimmungsrechte**）

　　員工代表會最強的參與型態是一個真正的、完全權利平等的，且具有強制性的共同決定（echte, volle gleichberechtigte, erzwingbare Mitbestimmung）。依此，雇主在做決定時，需要先獲得員工代表會之同意。至於員工代表會是不是同意該措施，乃完全由它自己斟酌。如員工代表會拒絕同意，不問其理由為何，雇主即不得公布該措施，且不得向法院申請以判決取代員工代表會之同意。[47]

　　當雇主及員工代表會在一個完全的共同決定之範圍意見分歧時，則任何一方均可申請仲裁委員會仲裁（第76條第5項）。仲裁委員會之裁定即可做為雙方間之合意。[48]

　　員工代表會之完全權利平等的共同決定權最重要的範圍是在第87條之社會的事項（soziale Angelegenheiten），在此雇主乃不能獨力決定。例如：工作規則（Betriebsordnung）的問題、每日工作時間的情況、機械的控制工具的引進與使用、休假規則的制訂及社會性機構的組織與管理。就台灣現行勞資會議實施辦法的全部規定觀之，並無共同決定權的設計。惟在其他法律中，卻有「同意權」的規定，例如勞基法第32條第1項之延長工作時間。另外，也有協商權的規定，例如大量解僱勞工保護法第5條之解僱計畫書。先就前者而言，表示雇主不得以指示權的方式，要求勞工加

---

47 共同決定是雇主實施一項規定或措施的生效要件（Wirksamkeitsvoraussetzung）。
48 聯邦企業組織法第87條第2項。關於協調委員會之組織見聯邦企業組織法第76條。

班，而是要獲得工會（先）或勞資會議（後）的同意。此處，如果是勞資會議同意或不同意，由於勞資會議是全體員工之代表，其決議具有拘束力，員工或雇主均不得為相反的意思決定（案例一(1)(2)）。但是，如果是工會，由於在自由入會的前提下，不可能達到百分之百勞工均加入工會的情形，而且，工會的同意只能對於工會會員產生拘束力，工會同意與否的利或不利，本來即與非會員無所關聯，非會員本可自由決定要不要延長工作時間。就勞基法第32條第1項規定觀之，同意權的行使，工會具有優先權，勞資會議不得為不同的意思表示，否則無效（案例一(3)）。實務上，勞資會議同意權（含勞基法第32條第1項之延長工時、第30條之1之變形工時及第49條之夜間工作），主要發生在兩個爭議點上。一者，雇主得否將之規定於工作規則，經勞資會議共識決後，即視為已經同意程序？二者，先經勞資會議同意之延長工時、變形工時及夜間工作，在嗣後工會成立後，應否再提交工會同意？前者，法院實務有持肯定見解者（最高法院85年度台上字第2042號判決、台北高等行政法院105年度訴字第1033號行政判決參照）；後者，法院實務則有持否定見解者（最高行政法院105年度判字第165號判決、台北高等行政法院105年度訴字第1033號行政判決、台灣台北地方法院行政訴訟105年度簡字第268號判決、台灣彰化地方法院106年度簡字第4號行政判決參照），但亦有持肯定見解者（台灣桃園地方法院行政訴訟106年度簡字第102號判決、台灣苗栗地方法院106年度簡字第6號行政判決參照。另請參照勞動部105年8月18日勞動條2字第1050131534號函釋、106年3月15日勞動條3字第1060130575號函釋）。

就後者而言，針對大量解僱勞工保護法中之解僱計畫書，事業單位應依順序將之通知涉及大量解僱部門所屬之工會、勞資會議之勞方代表、涉及大量解僱部門之勞工（大解法第4條第2項規定）。既謂依順序，自然是要全部通知，而非僅是通知工會、或者無工會時通知勞資會議即可。如從勞資會議／勞工參與的角度來看，「通知」性質上即屬資訊權。只是，該條項的規定似乎太過粗糙、或者思慮不週之處，(1)試想，所謂涉及大量解僱「部門」所屬之工會究何所指？如依據新工會法第6條第1項之規定，企業工會之成立，至少是以「整個」廠場為單位，如何而來「部門」所屬

之工會？(2)我國勞工參與／產業民主之機構設計，是由勞資雙方同額代表組成的勞資會議為之，所有參與的權限，也都是由事業單位指派人員向全體勞資會議的代表（含資方代表）報告、進行討論，其後並由全體勞資會議的代表（含勞方及資方代表）作成決議。所以，解僱計畫書的通知，其對象當然是勞資會議的全體代表（含勞方及資方代表），怎麼會只須向勞資會議之「勞方代表」通知呢？(3)再者，任何大量解僱，必然會牽動到整個事業單位勞工的權益，有必要讓全體勞工獲得資訊（並且心理上預作準備），所以，只須向涉及大量解僱「部門」之勞工通知之規定，顯然太過狹隘，與企業經營的實態不合，立法方式令人不解。

五、無行政權（Exekutivrechte）

員工代表會之參與權限只是純粹組織法上的型態（Konstitutionelle Art）而已，它並沒有延伸至行政權。雇主仍然是唯一得對勞動者行使指示權者。企業組織法第77條第1項第2句規定：員工代表會不得以單方式行為干涉企業的經營。因此，它不得與新進的員工訂立勞動契約，也不得與第三人訂立設置安全防護設備的契約，尤其是它不得對員工下達命令（指示權）。員工代表會對話的對象只是雇主而已。

第五節　企業層次之勞工參與

台灣企業層次的勞工參與僅存在於國營事業，但其與德國企業層次的勞工參與差異極大。為幫助了解台灣勞工董事的法律問題，有必要先簡介德國的制度。[49]

德國企業層次的勞工參與具有兩個重點：一者，企業層次的勞工參與並沒有自己的機關，而是勞動者的代表加入企業的機關〔亦即監事會（Aufsichtsrat）或董事會（Vorstand）〕裡；二者，企業層次之規範對象

---

[49] 至於詳細的部分，請參閱楊通軒，勞工參與企業經營在德國所引起之勞工法問題，法學叢刊第42卷第2期，第166期，1997年4月，頁52以下。

則是整個「企業」。[50]企業層次之勞工參與確定了一點：企業的經營不應該僅顧慮到股東的利益，勞工也可以在監事會或董事會中有效地為他們所關心的事出力。勞工參與企業重要的計畫及決定，乃得藉由企業的勞工參與而被保障。

　　德國何種形式勞工參與（Arbeitnehmer-Mitbestimmung）能適用到某一特定公司，特別是取決於三個標準：企業的法律形式（Rechtsform）、企業的大小及經濟的領域（Wirtschaftsbereich）。要求對企業層次之問題進行勞工參與之權，則是僅存在於大型的、法律形式上以資合股份公司出現的企業（共同決定權法第1條）或公司之營業是與採礦業、鋼鐵業有關者（採礦及鋼鐵業共同決定權法第1條）。[51]

　　然而，不問是勞工之代表或股東之代表，所有監事會之成員均享有同樣之權利並負擔同樣之義務。他們並不受到委任或指示之限制（kein imperatives Mandat），他們在資訊及參與上有同樣之權利，他們同樣須遵守保密義務（Verschwiegenheitspflicht）。

　　勞工在企業層次之參與不僅可加入監事會，在一定之情況下亦可經由監事會之選舉而進入董事會擔任勞工董事（Arbeits-direktor）。目前採礦及鋼鐵業共同決定權法第13條與共同決定權法第33條都有勞工董事的強制規定，雇主不得以章程約定勞方放棄勞工董事之選任。[52]

　　勞工代表一經被選任為勞工董事後，即成為法定的企業的代表機關（Vertretungsorgan）的一個成員，他必須對內及對外均代表公司之利益。

---

50 廠場（Betrieb）及企業（Unternehmen）均是組織之單位（organisatorische Einheiten），它們是依照目的（Zweck）而作區分：廠場追求一工作技術上之目的（arbeitstechnisch Zweck），而企業則是追求一廣泛的，通常是經濟之目的。Richardi, Betriebsverfassungsgesetz, 6. Aufl., §1, Rn. 52.

51 Kittner, Arbeits-und Sozialordnung, 18. Aufl., 592.

52 但兩者選任勞工董事之程序卻有別：依據採礦及鋼鐵業共同決定權法第13條，監事會不能違反勞動者代表之多數決而任命勞工董事。與此相異者，共同決定權法對於勞工董事之選任並無特殊之規定，基此，勞工董事可以在勞動者代表之反對下被選任。關於因此所引發之爭議，請參閱Lieb, a.a.O., Rn. 915 ff.。

亦即他是雇主的代表人，因此他對於勞動者有指示權，及在企業組織裡他是代表雇主與員工代表會對話的夥伴；[53]他完全融入了雇主的代表機關，他與董事會裡的其他成員有相同的地位。[54]

第六節　台灣勞工董事之法律問題

　　長久以來，台灣勞工參與法制的發展一直有一個現象：並無勞工參與董監事會之法律規定。依據勞資會議實施辦法第13條規定，勞資會議之議事範圍（參與權限）只有報告事項（資訊權）、討論事項及建議事項（諮商權），並無德國勞工參與法制中之共同決定權，遑論勞工參與董監事會之權限。因此，不論是勞工欲擁有共同決定權，或者是欲擔任勞工董監事會，如欲強制雇主遵守，實際上唯有制定或修正法律一途。而且，由於共同決定權已涉入雇主企業經營權甚深，唯有以法律明定始可，不得以修正行政命令之勞資會議實施辦法的方式為之。直到2001年5月1日修正施行的國營事業管理法第35條第2項、第3項，始增列了工會推派代表由國營事業機關聘請擔任勞工董事之規定。惟也有民營化的事業，（繼續）實施勞工董事者。此一規定，不僅涉及勞工董事與雇主財產權、團體協約自治之關係，在與其他法律間，包括公司法、勞動基準法等，也可能引起一定的疑義，值得吾人關注。尤其重要的是，國營事業勞工董事實施的成效（敗），將可能是民營企業是否引進勞工董監事的指標，足以提供政府機關決策及立法的參考。

---

53 Fitting/Wlotzke/Wiβmann, Mitbestimmungsgesetz, 2, Aufl., §33, Rn. 11.

54 OLG Frankfurt AG 1985, 220；Brox/Rüthers/Henssler, a.a.O., Rn. 1065; Söllner, a.a.O., 207 ff.

一、台灣勞工董事參與董事會的特色

(一)異於德國的勞工董事

1.非由全體勞工選舉，而是由工會推選及撤換（與強制入會之關聯），勞工董事只是工會的手腳（至多只是機關）

如前所述，德國的勞工代表一經被選任為勞工董事後，即成為法定的企業的代表機關的一個成員，他必須對內及對外均代表公司之利益。亦即他是雇主的代表人，因此他對於勞動者有指示權，及在企業組織裡他是代表雇主與員工代表會對話的夥伴；他完全融入了雇主的代表機關，他與董事會裡的其他成員有相同的地位。[55]任期中成員之解任，唯有勞工監事會有權為之，但須有正當之理由，例如該名成員有義務違反之情事，無能力從事經營，或股東會對於該名成員失去信任。

然而，台灣國營事業的勞工董事，其推派與撤換顯然與德國的制度不同。雖然國營事業管理法第35條之規定有「代表政府股份」之意涵，主管機關也具體要求勞工董事的具體資格，包括職等與專業知識、經歷等，更有要求勞工董事退出工會者。但實務的運作上，似乎沒有一家國營事業的勞工董事確實這麼做；亦即不承認、不接受與國營事業間係一委任契約關係。無論是工會或勞工董事的認知，均認為勞工董事就是工會董事，就是工會代表，必須受工會指揮監督；只要不符合工會的要求，工會就可以隨時要求撤換。也有勞工董事認為：勞工董事與工會理事長間具有從屬關係。至於在公股董事方面，也有認為勞工董事只是理事會的打手而已。

2.勞工的代表（勞工董事）並未「加入」企業的機關？只是旁觀者？公股代表可以忽視他們的存在？

如再觀實務的運作，公股董事大多數不將勞工視為「同一族類」，在包括企業經營事項的討論上，公股董事與勞工董事大多各自表述，並無主管機關「事前指揮」或「事後監督」之情事。而主管機關的提案也只會找經營團隊的董事，而不會找勞工董事。兩者本質上沒有任何的關聯。換言

---

55 楊通軒，德國勞工參與制度之研究，頁18。

之，勞工董事即便不是旁觀者，但似乎也不能說全然地「加入」企業的機關，這是因為公股代表儘管會跟他們溝通討論，但重大議案的提案與通過卻可以完全自行為之，無視他們的存在。

(二)台灣勞工董事的權力

以德國的勞工董事而言，勞工參與企業重要的計畫及決定，乃得藉由企業的勞工參與而被保障。經由對企業領導者的控制及在企業政策的原理的共同形成，使得在經濟的決定上能夠及早地納入社會的利益。

亦即，藉由勞工進入董事會，使得在董事會的層次，除了典型的董事任務（財務、技術、採購及販賣等）外，也有一位成員來處理有關人身的及社會的事項（Personal-und Solzialangelegenheiten）所發生之問題。因此，他在經營職務中的任務是：立即將已出現之人身的及社會的問題帶進企業之計畫裡。社會之計畫（Sozialplanung）應平等地與技術的、商業之計畫一起出現；亦即，一個企業之社會的政策不應該是在商人與技術工人已經決定之後，然後才出現。

雖然勞工董事之法律地位為代表機關之成員及他完全融入企業之機關，然而由於歷史上之因素，使其必須擔負起做為企業經營者與全體員工或員工代表會中間人之角色（Mittlerrolle）。因此，他在共同形成企業政策時，除了要顧及利潤與效率原則外，尤其要注意社會的成分（soziale Komponente）。他必須帶有「社會良知」（soziale Gewissen），而且在所有與勞動的及社會的有關之事項上盡可能地顧及勞動者之利益。這在經濟情勢不佳時，使得勞工董事必須為工作位置之保有而努力。

然而，台灣國營事業勞工董事的權力，顯然要較德國的勞工董事大得多，其可以參與所有議題的討論與表決，不僅侷限於人事事項、福利事項而已。由於藉由諮詢委員會的協助，對於企業經營的有關事項，也有相當程度的了解與把握。除了有參與企業經營的權力之外，理論上其也能夠享受股東董事所擁有的權利（案例三(1)）。

雖然如此，為了參與企業的財務、營運，勞工董事往往必須加強自身的程度，並且提升專業的知識。為此，便涉及到應該由誰來對於勞工董事

施以訓練、辦理課程的問題，由國營事業本身？政府？或工會自己為之？

(三)台灣勞工董事的義務與責任

以德國而言，不問是勞工之代表或股東之代表，所有監事會之成員均享有同樣之權利並負擔同樣之義務。他們並不受到委任或指示之限制，他們在資訊及參與上有同樣之權利，他們同樣須遵守保密義務。監事會之成員係受僱於企業，他們不得因為工作之關係而受到歧視。然而，台灣的情況又是如何呢？

1.對於工會

由於勞工董事是由工會推派，大多由工會幹部出任勞工董事（也有工會理事長本身出任勞工董事者），因此，一般而言，勞工董事都有勞工董事就是工會董事，就是工會代表，必須受工會指揮監督的共同想法。其負有向工會轉達資訊與報告義務，並聽取諮詢委員會提供各種意見之義務。勞工董事與工會理事長間具有從屬關係其與工會的立場、態度原則上是一樣的，某種程度而言，只扮演工會的橡皮圖章的角色而已。

2.對於雇主（含董事會）

由於勞工董事是由工會所推派，理論上應向工會負責，乃引起一項根本的問題：在董事會中，勞工董事是與股東董事攜手合作？還是單純地從工會的角度出發，以對抗資方的態度執行工作（董事會是勞資雙方的另一個戰場）？德國勞工參與上對於員工代表會及勞工董監事所要求之充滿信任的合作（亦即其不是雇主的對手），有無適用之餘地？

其實，以德國而言，不管是涉及企業的決定或在廠場有關事項的發言權，無論如何均須遵守一項原理：共同決定，亦即共同負責。在員工代表會及監事會中勞方必須如資方般，為企業長期之發展著想。因而勞工參與法制也寓含了一個使得勞資雙方富有成果的合作能夠實現之目的。此一「共同決定、共同負責（為企業長期之發展著想）」的理論基礎，在台灣廠場層次的勞工參與（勞資會議）既為學者間及實務上所贊同；同樣地，為求理論之一貫，理應適用於企業層次的勞工參與（勞工董事）。

對此，在目前國營事業的運作上，勞工董事似乎也遵循著這一個原理

原則在執行工作。亦即勞工董事雖然不見得贊同公股股權政策或認同資方的提案,但是,其也不僅扮演著傳達訊息及資訊透明的角色,而是在員工權益與公司利益間尋求一個平衡點。

　　在勞工董事參與董事會的運作中,一個極為重大而難解的問題是:勞工是否應盡善良管理人的注意義務?對此,雖然主管機關提出一個委任契約的構想,以為國營事業與勞工董事簽訂之用,並且規範雙方間之權利義務關係,但未為國營事業工會所接受。因此,勞工董事既然仍舊單純具有勞工的身分,則其與雇主間之關係應依民法第220條「債務人就其故意或過失之行為,應負責任(第1項)」及第482條以下之規定解決之。依據學者間及實務界的見解,債務人依據民法第220條及第482條以下之規定,仍是負有一善良管理人的注意義務。所以,在結果上與受任人所應負之義務並無不同。由此推知,在勞工董事有重大過失時,例如背信、洩密行為,雇主是否真的不得撤換勞工董事?是否不能回到勞基法第12條之規定而予以解僱?似乎是有問題的。

　　另一項亟待釐清的問題是:勞工董事對外也代表國營企業,在勞工董事有違反職務之行為,究竟應由工會或董事會(雇主)負責?這是為了保護與公司為交易行為之第三人,在法律上所必須加以之責任。在此,也涉及了勞工董事保護的問題。在這裡,我們會發現一個難解的問題:由於勞工董事與國營事業間並無委任關係,而只是一個勞動關係或僱傭關係,對於勞工董事因執行職務而侵害第三人權利之行為,國營事業應依民法第188條負連帶損害賠償責任。另一方面,由於勞工董事是由工會推派、監督,勞工董事間普遍均認為與工會理事長間具有從屬關係,因此,對於勞工董事的行為,工會似應類推適用民法第28條之規定,與勞工董事負連帶損害賠償責任(案例三(5))。果然如此,則國營事業與工會的責任關係又是如何?誰應負最後的責任?

二、台灣勞工董事的身分

　　以德國的勞工董監事而言,其身分已非勞工,而是具有法人機關身分之董事或監事。雖然有人會擔心身分的改變,導致其權限的膨脹,惟由其

歷史發展、設計目的及實務現況而言,勞工董事因其任務所占有之地位既未造成他地位之過度提高(Überhöhung),也未承認他擁有一個「社會政治上特殊的地位」(gesellschaftspolitische Sonderstellung)。[56]

然而,目前台灣國營事業中之勞工董事,並非委任關係,而是勞動關係,在其執行勞工董事的職務時,原來勞動關係下之工作義務並未停止或免除。現行法下並未給予特殊的解僱或調職保護,而是適用勞基法之解僱規定,這也許是為什麼經濟部會擔心「其身分將造成公司法、工會法與勞基法之競合」的理由。

三、台灣勞工董事的其他問題

目前台灣的勞工董事僅存在於國營事業中,其所面臨之問題,首先是民營化的問題。在此,民營化當然會牽動國營事業員工的權益,勞工董事及工會的關心與提出對策也是一極為自然之事。然而,為了民營化而民營化的作法固然不足取,也沒有意義,但是,如係為了提升整體的經營效益,以俾益於全體人民,並且保留政府一定的股份(權)在那裡面,那麼,民營化就不是一個絕對不能碰觸的禁忌。當然,民營化是否一定要牽動勞工董事席次的減少?也不見得沒有爭議。立法院2003年6月6日院會決議,國、公營事業移轉民營後之事業,政府資本在20%以上時,仍應至少一席勞工董事,似乎是因為現行民營事業單位並無義務設置勞工董事而為。但是,一者,如果股份低於20%就無須設置勞工董事,是否妥當?二者,在民營化之時,勞工董事之任期可能還未屆滿,原來的公股董事也尚未改選,至少是否應該在任期屆滿時,才能要求工會將之解任或撤換?

另外,與外部董事或獨立董事配合之法律面與現實面之問題,不僅是存在於未民營化的國營事業中,尤其重要的是,民營化既然可能導致勞工董事的縮減,那麼,就必須加強研究以勞工董事充當外部董事的可能性,以利企業的中長期經營。在這一點上,雖然公司法上尚未有明文規定,公

---

56 Fitting/Wlotzke/Wiβmann, Mitbestimmungsgesetz, 2, Aufl., §33, Rn. 12; A.A., Hoffmann/Lehmann/Weinmann, Mitbestimmungsgesetz, §33, Rn. 9.

司法學者可能也較傾向於否定的見解，但是，勞工董事既是勞工參與的一環，且在憲法上具有合法的理論依據，以之充當外部董事，並非絕對不可，大不了修改配套的相關法令規定（特別是公司法）即可。

其次，面對著非典型僱用時代的來臨，包括外包、去中心化、人力派遣、國營事業與其他事業間的合併等，無論是工會或勞工董事，均應深入研究並且提出因應對策。

四、將勞工董事施行於大型民營企業？

以德國的勞工參與而言，何種形式勞工參與能適用到某一特定公司，特別是取決於三個標準：企業的法律形式、企業的大小及經濟的領域，勞工的影響是按照法律的根據而大有不同的。因此，在廠場層次之勞工參與原則上適用於全德國具有私法人地位之廠場；相反地，要求對企業層次之問題進行勞工參與之權，則是僅存在於大型的、法律形式上以資合股份公司出現的企業（共同決定權法第1條）或公司之營業是與採礦業、鋼鐵業有關者（採礦及鋼鐵業共同決定權法第1條）。企業層次之勞工參與之所以限制在資合股份公司，其理由有二：一者，人合公司中至少有一部分股東個人需要負責，且他們經常參與執行業務；二者，資合股份公司加上監事會證明是一個適合於勞工參與之基礎。

由此觀之，台灣企業層次的勞工參與僅侷限於國營、公營事業，且不區分其法律型式與規模大小，一律以五分之一為準，顯然並不恰當。雖然立法者有意先將勞工董事的適用範圍限制在國營事業的構想，避免衝擊民營企業，惟試想：國營事業的勞工董事既然認為其能「反映員工的意見」，「讓基層的員工有機會去參與公司的經營」。那麼，在施行一段時日後，實證的經驗果然證明勞工董事制度的成效是正面的，則政府機關或許可以思考大型的民營企業也施行勞工董監事的可能性。

詳言之，筆者以為：國營事業管理法第35條是我國目前唯一有企業層次勞工參與之規定。惟撇開其仍有諸多疑點未釐清不論，其適用對象只有國營事業員工，導致「公營事業及民營化後之公營事業，應有勞工代表擔任董事」，而「民間企業（只實行一般）產業民主」的雙軌制的不合理現

象，必須儘速加以修正。其作法有二：一是重新制定一個可以適用於所有公民營事業勞工之「勞工可進入董事會」之法律。二是保留現行的國營事業管理法第35條，另外再制定一部專門適用於民營事業單位的勞工董監事的法律。以國營事業管理法第35條而言，論者間有認為其係公司法的特別法，具有優先適用性。而如果再制定一部專門適用於民營事業單位的勞工董監事的法律，則必然要同時修正公司法，以排除公司法上「股東→公司監事→公司董事」之適用，避免兩個法律發生衝突。無論是採取哪一種立法方式，最重要的是應在法律中明定勞工董事所擔任之職務、勞工董事對外代表事業單位，與具股東身分之董事無殊，而且目的在於確保整體企業經營的利益。

　　整體而言，勞工董事必須有法律的強制規定，才能推行、落實。在台灣民營企業的適用勞工董監事制度規劃上，應該將之限制於大型的股份有限公司及有限公司（例如員工人數超過1,000人者）為限。而為求制度的有效落實，在相當期間的過度時期，或許可以先將重點置於「勞工監事上」；亦即由勞工監事做起。至於為逐漸導引人民相信勞工董監事對於企業經營的正面功能，立法上先任意規定，而到一定時日之後才改採強制規定，也是一個可能的思考方向。

索 引

國家圖書館出版品預行編目資料

集體勞工法：理論與實務／楊通軒著. -- 六
版. -- 臺北市：五南, 2019.08
　　面；　公分
　　ISBN 978-957-763-554-9（平裝）

　1.勞動法規

556.84　　　　　　　　　　108012382

1R31

集體勞工法─理論與實務

作　　者 ─ 楊通軒（315.7）

發 行 人 ─ 楊榮川

總 經 理 ─ 楊士清

總 編 輯 ─ 楊秀麗

副總編輯 ─ 劉靜芬

責任編輯 ─ 林佳瑩

封面設計 ─ 王麗娟

出 版 者 ─ 五南圖書出版股份有限公司

地　　址：106台北市大安區和平東路二段339號4樓

電　　話：(02)2705-5066　　傳　　真：(02)2706-6100

網　　址：http://www.wunan.com.tw

電子郵件：wunan@wunan.com.tw

劃撥帳號：01068953

戶　　名：五南圖書出版股份有限公司

法律顧問　林勝安律師事務所　林勝安律師

出版日期　2007年11月初版一刷
　　　　　2010年 1 月二版一刷
　　　　　2012年 1 月三版一刷
　　　　　2015年 9 月四版一刷
　　　　　2017年 9 月五版一刷
　　　　　2019年 8 月六版一刷

定　　價　新臺幣600元